泉州年鉴

YEARBOOK OF QUANZHOU

2016

泉州市地方志编纂委员会　编

方志出版社
Publishing House of Local Records

图书在版编目（CIP）数据

泉州年鉴. 2016 / 泉州市地方志编纂委员会编. --
北京：方志出版社，2016. 12
ISBN 978-7-5144-2323-5

Ⅰ. ①泉… Ⅱ. ①泉… Ⅲ. ①泉州市-2016-年鉴
Ⅳ. ①Z525. 73

中国版本图书馆CIP数据核字（2016）第317287号

泉州年鉴（2016）

编　　者：泉州市地方志编纂委员会
责任编辑：刘方圆
出 版 人：冀祥德
出 版 者：方志出版社
地址 北京市朝阳区潘家园东里9号（国家方志馆4层）
邮编 100021
网址 http://www.fzph.org
发　　行：方志出版社发行中心
电话（010）67110500
经　　销：各地新华书店
印　　刷：福州远榕印刷有限公司
开　　本：889×1194　1/16
印　　张：23.5
字　　数：1155千字
版　　次：2016年12月第1版　2016年12月第1次印刷
印　　数：0001～1500册
ISBN 978-7-5144-2323-5　定价：320.00元

泉州市地方志编纂委员会
暨《泉州年鉴》编辑委员会

编 辑 说 明

一、《泉州年鉴》是中共泉州市委、泉州市人民政府主办，泉州市地方志编纂委员会组织编纂的地方综合年鉴。

二、本年鉴以马克思列宁主义、毛泽东思想、邓小平理论、“三个代表”重要思想和科学发展观为指导，实事求是地记载泉州市经济、政治、文化和社会的建设发展状况，反映物质文明、精神文明、政治文明、生态文明建设的新成就、新经验以及出现的新情况、新问题，为社会各界和海外人士了解泉州、研究泉州、置业泉州、旅游泉州提供尽可能全面、翔实的地情资料。

三、本年鉴采用小编结构分类编辑。本卷设有卷首（含图说泉州、城市名片、基本市情、数字泉州、特载、专记）、人口 资源 环境、中共泉州市委员会、泉州市人民代表大会及其常委会、泉州市人民政府、政协泉州市委员会、民主党派和工商联、社会团体、对外及侨港澳台事务、政法 法治 司法、人民武装、经济管理与市场监督、财税 金融 保险 证券、经济开发合作与产业园区、民企与泉商、农业（农林牧渔业）、工业、第三产业、港口建设与口岸管理、文化（文艺 社科 体育 传媒）、教育、科学与技术、城乡规划建设管理、民生及社会保障、县（市、区）、荣誉 人物26个类目，类目下根据内容需要设1—2个层次的分（子）目，条目为内容的基本载体形式。

四、本年鉴创刊以来致力创新，力求贴近实际，增强实用性和科学性，突出地方特色，体现时代精神。

五、本卷记述的时限为2015年1月1日至12月31日，选介资料、相关链接及部分图表跨年度选编。

六、本卷文字、标点符号、计量单位均依国家现行规范（农田土地面积计量单位保留“亩”的旧称）；文中凡简称“党员”均指中国共产党党员，“省、全省”均指福建省，“市、全市”均指泉州市；人物所及男性、汉族均不注。

七、本卷统计数据采用《泉州统计公报》和《泉州统计年鉴》的数据；统计局统计范围之外的数据出自各供稿单位，因各单位统计口径不尽相同，个别数据可能有差异，读者引用时务请注意统计口径的不同。

八、本卷资料除了由全市各级机关、人民团体、企事业单位提供外，还有部分由编辑人员采编。

泉州市地图

图 例
设区市行政中心
县级行政中心
乡、镇、街道
村委会、社区居委会
自然村
设区市行政区域界
县级行政区域界
高速公路
在建高速
高速公路出入口
铁路及车站
在建铁路
国道及编号
省道及编号
其他道路
主要旅游资源
飞机场
开发区
自然保护区
河流 水库
G324
S201
审图号：闽S（2015）100号
比例尺：1:870 000
福建省制图院编制
2015年12月
泉州市
鲤城区
丰泽区
洛江区
（万安街道）
泉港区
（山腰街道）
石狮市
（湖滨街道）
晋江市
南安市
（溪美街道）
惠安县
（螺城镇）
安溪县
（凤城镇）
永春县
（桃城镇）
德化县
（浔中镇）
金门县
泉州经济技术开发区
泉州台商投资区
三明市
福州市
莆田市
龙岩市
漳州市
厦门市
永泰县
仙游县
大田县
长泰县
同安区
翔安区
湖里区
城厢区
荔城区
戴云山
自然保护区
戴云山
1856
石牛山
1782
台湾海峡
泉州湾
湄洲湾
围头湾
深沪湾
金门岛
小金门岛
大嶝岛
晋江深沪湾海底古森林自然保护区
崇武古城
清水岩
浔中瓷窑址
仙公山
泉州晋江机场
G15沈海
G72泉南
G1517莆炎
G2517厦沙
G355
G356
G324
G228
福厦铁路
漳泉肖铁路

图说泉州

TU SHUO QUAN ZHOU

（分类按时序排列）

责任编辑：吴寿民

1月12日，泉州市入选工信部公布第二批国家信息消费试点城市名单，试点内容为：以地方政府、行业、企业、社区为主体，围绕建设宽带和TD-LTE等信息基础设施、开发智能信息产品、培育新型信息消费示范项目、整合政府公共服务云平台、拓展中小企业电子商务服务平台、引导信息消费体验等开展试点示范。图为航拍丰泽广场—泉州最大的“WiFi” （图 黄祥吕）

厦门银行 Xiamen Bank

5月12日，泉州湾大桥建成通车。该桥全长26.7千米，贯通后，泉州湾南北两岸连通，环城高速公路闭合成环，直接推动环泉州湾980平方千米经济圈的建设，助力“21世纪海上丝绸之路”先行区的发展

（图/吴寿民　陈起拓）

10月25日，市政府召开会议，研究西街保护规划和闽南生态文化园规划建设工作。古城是泉州作为首批国家历史文化名城的核心区。市委、市政府高度重视古城保护工作，保存完好的泉州历史街区和传统风貌，一直深受国内外古城保护专家的肯定。图为20世纪末的西街老照片 （图/吴寿民）

11月8日，“海上丝绸之路艺术公园·亚洲园”正式开园。公园集中展示了海上丝绸之路沿线国家的文明创作和文精华，表现丝绸之路沿岸国家共同建设丝绸之路的盛况，是亚洲唯一一个以“海上丝绸之路”为主题的艺术公园

（图/吴寿民）

领 导 活 动

9月9日，世界贸易中心协会主席加齐·阿布纳尔带团到泉州访问。市委书记郑新聪会见加齐一行，并共同见证泉港区政府与世界贸易中心控股（塞浦路斯）有限公司签订促进贸易投资合作谅解备忘录　（图/陈起拓）

10月26日，郑新聪到晋江市磁灶镇东山村、青阳街道阳光社区、池店镇桥南小区调研基层党建工作，并与基层干部座谈　（图/陈起拓）

9月5日，市长康涛到安溪县调研泉州（湖头）光电产业园，要求入驻企业加快建设进度，尽快形成产能和规模 （图/刘伯怡）

9月29日，康涛到市防汛抗旱指挥部检查防御台风“杜鹃”工作

（图/市防汛办）

6月3日，市人大常委会主任陈万里带队检查重点督办件办理情况

7月10日，陈万里到惠安县开展“促进项目落地、帮扶企业发展”活动

（图/陈意鸣）

4月21日，市政协主席杨俊峰带队到洛江区罗溪镇建兴村开展进村入户活动

9月23日，杨俊峰带队调研泉州市公立医院改革情况

（图/陈　翔）

泉 州 制 造

4月28日，福建省“数控一代”新产品现场推介会在泉州举行，全省113家“数控一代”生产与运用企业与会

（图/戴涵琦）

7月22日，福建省智能制造暨创业创新现场推进会在泉州召开。省领导，工信部、中国工程院有关领导，省直有关单位负责人，有关金融机构，部分高校、科研院所负责人，各设区市政府和平潭综合实验区管委会主要负责人，重点县、市、区主要负责人，智能装备制造、研发企业代表，“创客空间”代表等近300人参加会议

（图/陈起拓）

①福建南王包装有限公司的全自动纸袋生产线
（图/陈晓东）

②晋江三创园的在野软件开发有限公司，设计人员正在设计手机游戏的卡通角色
（图/黄祖祥 李艳仪）

③永春新尚领科技服饰有限公司研发的3D成型针织鞋面技术，将企业原本一人管理5—6台机器提高到一人管理10—12台，不仅为企业减少用工成本，还缩短产品生产周期（图/林劲峰　姚德纯）

7月28日，中国工程院院士、中国自动化学会理事长郑南宁和中国科协学会学术部副部长刘兴平到泉州开展“创新驱动助力工程”调研活动
（图/泉州晚报社）

泉州企业积极打造智能化生产线
（图/陈小阳）

12月4日，由科技部火炬中心主办的全国“装备制造+互联网”创新型产业集群工作现场会在泉州召开，与会代表参观泉州“数控一代”科技创新中心　（图/华研智能）

位于南安的福建达宇重型数控机床有限公司生产的高精度数控轧辊磨床，首次出口欧洲，成为国内首批进入欧洲市场的高精度数控轧辊磨床设备。图为土耳其客商在企业验收设备（图/林劲峰 陈鑫炜）

泉州“数控一代”展馆亮相中国·海峡项目成果交易会　（图/陈起拓）

泉州鞋企开足马力完成春夏订单。图为晋江361° 公司车间（图/陈起拓）

永春南德针织公司引入智能吊挂系统，实现生产流程的改造提升（图/陈起拓）

泉州晋江国际陆地港（图/晋江陆地港）

特色展会

2月3日，泉台农业精品展举行 （图/吴寿民）

4月18日，第18届“海博会”、2015石狮国际时装周举办 （图/吴寿民）

4月18日，第十七届“鞋博会”举办（图/吴寿民）

6月18日，“6·18”海峡项目成果交易会在福州举行，图为泉州馆（图/陈起拓）

9月5日，第八届海峡两岸“农订会”举行　　（图/吴寿民）

10月10日，第六届安溪“茶博会”举行（图/吴寿民）

11月8—11日，第十六届中国（南安）水头国际石材博览会举行（图/张九强）

对 台 交 流

2月3日，2015泉台农业精品展销会在丰泽区举行

3月3日，2015泉澎乞龟民俗文化活动分别在泉州天后宫、泉州霞洲妈祖宫举行

“六一”儿童节期间，台州市委会和泉州市台资企业协织到泉州三中开展“关爱台生我同行”慰问活动

7月10—14日，台湾三清元妙观科仪文化交流参访团一行到泉州参访

6月14日，第七届海峡论坛·“海丝风情”两岸青少年联谊周活动在中国闽台缘博物馆举行开幕式

6月15日，第六届海峡两岸生物多样性与森林保护文化研讨会在泉州德化县举行

6月19日，第九届闽台对渡文化节暨蚶江海上泼水节在蚶江后垵澳古渡头举行

9月29—30日，闽南韵·海峡情——2015海峡两岸闽南语歌曲创作演唱大赛在泉州电视台举行

（本版图片由泉台民间交流协会提供）

第十四届

亚洲艺术节

第十四届亚洲艺术节开幕式文艺晚会 （图/吴寿民）

第三届亚洲文化论坛现场

第四届中国泉州国际木偶节举行

第十四届亚洲艺术节网络亚艺节启动仪式

“海丝情怀——名家画泉州·泉州名家画”美术作品展开幕式

海上丝绸之路艺术公园亚洲园

（本版图片/吴寿民）

民　生　保　障

动车驶过福厦铁路泉州段

泉州建成全省最大人工湿地　　（图/陈小阳）

石狮市开展城市绿化工程和景观风貌建设
（图/颜华杰）

田安公园

笋江江滨慢道 （图/吴寿民）

安溪龙涓的有机茶园 （图/林百兰）

黎明大学　　（图/吴寿民）

泉州师范附小　　（图/吴寿民）

福州大学石化学院泉港校区　　（图/王春武）

8月11日，泉州市中医院整体搬迁至新址——泉州市中医联合医院 （图/吴寿民）

泉州儿童医院新院区内部设更为完善 （图/林劲峰）

12月26日，泉州首个台资医院泉州颐和医院奠基 （图/陈龙山）

石狮城北片区 （图/颜华杰）

安溪县青少年宫、科技馆 （图/刘伯怡）

11月18日，泉州江南老年颐乐园正式投用 （图/张九强）

泉州市区主要生活必需品价格日报

	早籼米	鸡蛋	茄子	草鱼	带鱼
新门菜市场	2.6元/斤	5.2元/斤	2.5元/斤	8.5元/斤	20元/斤
东街菜市场	2.7元/斤	5.5元/斤	2.8元/斤	8元/斤	23元/斤
西菜	3元/斤	6.3元/斤	3元/斤	8元/斤	24元/斤
永辉东街店	2.78元/斤	5.39元/斤	2.99元/斤	6.99元/斤	29.9元/斤
百旺超市	—	5.68元/斤	2.98元/斤	7.28元/斤	25元/斤
汇都生鲜超市	2.68元/斤	5.18元/斤	2.38元/斤	8.8元/斤	18.8元/斤

	中段鲜猪肉	精瘦猪肉	猪排骨	鸡肉	白萝卜
新门菜市场	10.5元/斤	13.5元/斤	22元/斤	13元/斤	1.5元/斤
东街菜市场	10.5元/斤	13.5元/斤	22元/斤	15元/斤	1.3元/斤
西菜	12元/斤	14元/斤	25元/斤	12元/斤	1.4元/斤
永辉东街店	10.9元/斤	10.9元/斤	19.9元/斤	15.99元/斤	1.18元/斤
百旺超市	8.98元/斤	16.48元/斤	19.9元/斤	—	1.08元/斤
汇都生鲜超市	9.58元/斤	10.98元/斤	17.98元/斤	15.8元/斤	0.98元/斤

	大白菜	小白菜	上海青	西红柿	包菜
新门菜市场	1.5元/斤	2元/斤	2元/斤	3元/斤	1.5元/斤
东街菜市场	1.3元/斤	2元/斤	2元/斤	3元/斤	1.8元/斤
西菜	2元/斤	3.5元/斤	2.8元/斤	3.5元/斤	2.2元/斤
永辉东街店	1.18元/斤	1.58元/斤	1.28元/斤	3.58元/斤	1.58元/斤
百旺超市	0.88元/斤	1.38元/斤	0.58元/斤	1.98元/斤	0.98元/斤
汇都生鲜超市	0.78元/斤	0.78元/斤	0.78元/斤	2.58元/斤	0.83元/斤

（来源：新浪乐居；时间截至2015年2月5日）

泉州市区主要生活必需品价格日报

	早籼米	鸡蛋	茄子	草鱼	带鱼
新门菜市场	2.5元/斤	5.5元/斤	4元/斤	8元/斤	23元/斤
东街菜市场	3元/斤	5.5元/斤	3.5元/斤	8元/斤	18元/斤
东美菜市场	2.6元/斤	5元/斤	4元/斤	8.5元/斤	21.5元/斤
东湖菜市场	2.5元/斤	5元/斤	4元/斤	8元/斤	24元/斤
汇都生鲜超市	2.68元/斤	4.18元/斤	3.58元/斤	9.8元/斤	—
百旺超市	2.69元/斤	5元/斤	4.98元/斤	5.98元/斤	36.8元/斤

	中段鲜猪肉	精瘦猪肉	猪排骨	鸡肉	白萝卜
新门菜市场	13元/斤	16元/斤	28元/斤	10元/斤	2.5元/斤
东街菜市场	14元/斤	17元/斤	28元/斤	14元/斤	2元/斤
东美菜市场	14元/斤	15元/斤	27.5元/斤	13元/斤	2元/斤
东湖菜市场	13元/斤	16元/斤	26元/斤	12元/斤	1.8元/斤
汇都生鲜超市	11.68元/斤	13.98元/斤	21.98元/斤	—	1.38元/斤
百旺超市	13.8元/斤	13.8元/斤	21.8元/斤	10.8元/斤	1.98元/斤

	大白菜	小白菜	上海青	西红柿	包菜
新门菜市场	2元/斤	3.5元/斤	3.5元/斤	3元/斤	2元/斤
东街菜市场	2元/斤	3.5元/斤	4元/斤	4元/斤	3元/斤
东美菜市场	2元/斤	3.5元/斤	3.5元/斤	3.5元/斤	2.5元/斤
东湖菜市场	2元/斤	3.5元/斤	3.5元/斤	4元/斤	2.5元/斤
汇都生鲜超市	1.28元/斤	2.38元/斤	2.98元/斤	3.58元/斤	2.38元/斤
百旺超市	1.98元/斤	2.98元/斤	2.98元/斤	4.98元/斤	2.88元/斤

（来源：泉州市物价局、鲤城区物价局、丰泽区物价局 采价日期：2016年12月8日）

楼　市

丰泽均价	东海湾御花园 13000元/平方米 泉州星光耀广场 8800元/平方米	海悦府 12000元/平方米 中骏天峰 14000元/平方米	天元未来城 起价5680元/平方米 富临新天地 16000元/平方米	泉州万科城 10800元/平方米 西湖豪苑 11000元/平方米	—
鲤城均价	卓辉金色外滩 8000元/平方米	财智尊邸 9000元/平方米	鼎盛大观 6500元/平方米	中骏四季阳光 9200元/平方米	建发珑璟湾 7800元/平方米
洛江均价	津汇红树湾 8800元/平方米	中源领第 8600元/平方米	钻石美尔奇 7000元/平方米	铭基新天地 8800元/平方米	汇龙大江盛世 8800元/平方米
南安均价	南安中骏世界城 5600元/平方米	南安碧桂园 5100元/平方米	中浩世纪豪庭 5400元/平方米	力志世丰 5400元/平方米	丽景新城 3900元/平方米
石狮均价	中骏天誉 10000元/平方米	百德汇峰广场 10500元/平方米	龙喜华城 8500元/平方米	百德康城美墅 8700元/平方米	石狮泰禾广场 9600元/平方米
晋江均价	中骏四季花城 7300元/平方米	世茂御龙湾 8000元/平方米	中嘉财富天下 7500元/平方米	恒隆国际花园 5000元/平方米	龙湖嘉天下 7500元/平方米
安溪均价	连捷山水悦城 4300元/平方米	安溪金域龙湾 5500元/平方米	安溪万达广场 5600元/平方米	金沙水岸 4800元/平方米	蓝溪国际水晶城 7000元/平方米
台商投资区均价	万道克拉公馆 5000元/平方米	隆城盛世 4000元/平方米	世茂海上世界 起价140万元/套	圣莎拉尊湖 6300元/平方米	鸿盛名邸 5700元/平方米

（来源：新浪乐居；时间截至2015年2月4日）

车　市

	品牌	车型	价格	备注
10万元以下	本田 北汽威旺 北京现代	2012款锋范1.5L手动舒适版 2013款威旺205加长版1.3手动旺业型 2014款瑞纳三厢1.6自动顶级型	7.88万元 3.78万元 9.39万元	降幅1.1万元 降幅0.3万元 降幅1.3万元
10万元—20万元	北京现代 传祺 长安	2013款途胜2.0L四驱手动尊贵型 2015款传祺GS5速博1.8T自动两驱精英版 2013款致尚XT1.5T自动劲酷型	16.88万元 15.88万元 11.79万元	降幅3.5万元 降幅0.5万元 降幅0.2万元
20万元—50万元	凯迪拉克 本田 雷克萨斯	2014款凯迪拉克ATS28T自动领先型 2014款奥德赛2.4L自动明鉴领秀版 2013款RX270精英版	41.8万元 25.68万元 43.6万元	降幅2万元 降幅3万元 降幅3.3万元
50万元—100万元	英菲尼迪 雷克萨斯 大众	QX60两驱卓越版 2014款雷克萨斯GS350豪华全驱版 2014款辉腾3.0L自动行政型汽油版	50.95万元 79.51万元 65万元	降幅10.85万元 降幅4.39万元 降幅16.32万元
100万元以上	奥迪A8 保时捷 雷克萨斯	2014款A8L 6.3 FSI W12 quattro旗舰型 2014款Panamera 4S Executive 3.0T 雷克萨斯LS 2014款460L	223.4万元 129.1万元 128.8万元	降幅33.4万元 降幅47万元 降幅20.2万元

（来源：新浪乐居；时间截至2015年2月4日）

楼 市

丰泽均价	东海湾十二宴 9800元/平方米 海悦府 12500元/平方米	富临新天地 16800元/平方米 香缤国际 13000元/平方米	泉州上实海上海 9500元/平方米 中骏广场 12000元/平方米	海景国际 12000元/平方米 海宸尊域 10000元/平方米	—
鲤城均价	建发珑璟湾 7800元/平方米	鼎盛大观 6800元/平方米	开元盛世广场 31000元/平方米	新天城市广场 9500元/平方米	财智尊邸 8300元/平方米
洛江均价	城建康桥学府 6100元/平方米	泉州恒大翡翠龙庭7300元/平方米	汇龙大江盛世 8500元/平方米	嘉琳广场 7500元/平方米	津汇红树湾 9300元/平方米
南安均价	华骏翰林华城 4100元/平方米	南安万星城市广场4500元/平方米	山水花园城 5400元/平方米	南安中骏世界城 5500元/平方米	丽景新城 4300元/平方米
石狮均价	阳光城丽兹公馆 6300元/平方米	龙嘉华城 6500元/平方米	世贸摩天城 8000元/平方米	中骏天誉 8000元/平方米	石狮恒大名都 8400元/平方米
晋江均价	格林春天 6800元/平方米	苹果公园 6800元/平方米	恒隆国际花园 4500元/平方米	和平国际广场 11000元/平方米	龙湖紫晋城 6800元/平方米
安溪均价	安溪万达广场 5900元/平方米	隆恩博汇商城 5400元/平方米	恒禾湾美 6500元/平方米	中国茶博汇 4600元/平方米	茶博汇学府壹号 4900元/平方米
台商投资区均价	万道克拉公馆 5000元/平方米	圣莎拉尊湖 6650元/平方米	蓝郡国际 6100元/平方米	万道紫云台 6300元/平方米	世贸海上世界 6000元/平方米

（来源：搜房网；时间截至2015年12月8日）

车 市

	品牌	车型	价格	备注
10万元以下	骐达 威驰 科鲁兹	2016款 1.6L 手动酷动版 2017款 1.5L 手动智行版 2015款 1.5L 经典 SE AT	9.29万元 8.18万元 9.09万元	降幅1.10万元 降幅0.50万元 降幅1.90万元
10万元—20万元	卡罗拉 缤智 凌派	2016款 双擎 1.8L CVT领先版 2015款 1.8L 手动两驱精英型 2016款 1.8L CVT领先版	15.48万元 13.48万元 12.98万元	降幅0.60万元 降幅0.40万元 降幅1.00万元
20万元—50万元	奔驰GLA 西玛 沃尔沃XC60	2016款 GLA 260 4MATIC 运动型 2016款 2.5L XV 至尊版 2017款 2.0T T5智进型	34.20万元 25.18万元 30.99万元	降幅5.60万元 降幅1.60万元 降幅6.90万元
50万元—100万元	奥迪Q7 奥迪A6L 凯迪拉克CT6	2016款 45 TFSI S line尊贵型 50 TFSI quattro尊享型 2016款 40T 领先型	98.89万元 58.00万元 64.99万元	降幅10.99万元 降幅16.60万元 降幅3.00万元
100万元以上	特斯拉MODEL S 奔驰 保时捷	2016款 MODEL S P100D 2017款 G 500 14款 Panamera 4S Sport Edition 3.0T	131.52万元 169.80万元 140.80万元	无优惠 无优惠 降幅35.30万元

（来源：新浪网；时间截至2015年12月8日）

古城风貌

威远楼

府文庙

泉州天后宫

保　护　提　升

中山路

德济门遗址

开元寺

（本版图片/吴寿民）

旧馆驿

李贽故居

清净寺

（本版图片/吴寿民）

市情概况

特 载

专 记

人口 资源 环境

中共泉州市委员会

泉州市人民代表大会及常委会

泉州市人民政府

政协泉州市委员会

民主党派和工商联

社会团体

对外及侨港澳台事务

政法 法治 司法

人民武装

经济管理与监督

财税 金融 保险 证券

经济开发合作与产业园区

民企与泉商

农业（农林牧渔业）

工业

第三产业

港口建设与口岸管理

文化（文艺 社科 体育 传媒）

教育

科学与技术

城乡规划建设管理

民生及社会保障

县（市、区）

荣誉 人物

城市名片

国务院首批公布的历史文化名城

首届东亚文化之都

联合国教科文组织认定的“海上丝绸之路”起点城市

全国综合配套改革试点城市

全国改革开放18个典型地区之一

共和国60年中国最具投资潜力城市

国家民营经济综合改革试点地区

全国金融服务实体经济综合改革试验区

国家知识产权示范城市

中国优秀创新型城市

全国科技进步先进城市“九连冠”

全国技术创新工程示范城市

全国制造业信息化工程重点城市

全国十佳和谐可持续发展城市

最佳中国魅力城市

全国文明城市

国际花园城市

国家园林城市

国家环保模范城市

全国卫生先进城市

国家行政服务标准化试点城市

中国十大品牌城市

中国品牌经济城市

全国文化模范城市

中国民族民间文化保护工程综合性试点城市

中国优秀旅游城市

大陆居民赴台湾地区个人旅游试点城市

国家电子商务示范城市

“宽带中国”示范城市

国家信息消费试点城市

信息惠民国家试点城市

“中国制造2025”唯一地方试点城市

国家生态市

全国绿色模范城市

中国快递示范城市

基本市情

泉州市现辖鲤城、丰泽、洛江、泉港四区，石狮、晋江、南安三市，惠安、安溪、永春、德化、金门（待统一）五县和泉州经济技术开发区、泉州台商投资区，常住人口851万人。

自然条件优越。气候温和，属亚热带海洋性季风气候，有“四序有花长见雨，一冬无雪却闻雷”之称。山地面积占土地总面积的4/5；海域面积11360平方千米，海岸线541千米，可开发建港的自然岸线长112千米。盛产乌龙茶、龙眼、柑橘等特色农产品。

历史沿革悠久。吴永安三年（公元260年）始置建安郡东安县，县治在今泉州南安市丰州镇，辖今泉州、厦门、莆田以及漳州局部地区，唐久视元年（公元700年）始迁至今泉州鲤城，设为武荣州，并于唐景云二年（公元711年）改名泉州。

文化积淀深厚。是闽南文化生态保护区的核心区，国务院首批公布的24个历史文化名城之一、古代“海上丝绸之路”重要起点。在唐朝，是中国对外贸易的四大口岸之一，宋元时期，“刺桐港”被称为“东方第一大港”，与100多个国家和地区通商贸易，呈现出“市井十洲人”“涨海声中万国商”的繁荣景象。被誉为“世界宗教博物馆”，联合国教科文组织将全球第一个“世界多元文化展示中心”定址泉州。2013年8月，与韩国光州、日本横滨一道当选为首届“东亚文化之都”。有李贽、俞大猷、郑成功、施琅、李光地等历史杰出人物，各级文物保护单位810处（国家级31处），博物馆71个，约占全省总数的1/3，其中，中国闽台缘博物馆、泉州海外交通史博物馆为国家一级馆；保留着弥足珍贵的戏曲文化遗产，其中南音是中国音乐的活化石，入选人类非物质文化遗产代表作名录，梨园戏、高甲戏、打城戏、提线木偶是全国独特剧种。2015年，成功举办第十四届亚洲艺术节。

港澳台侨乡亲众多。是全国著名侨乡和台湾汉族同胞主要祖籍地之一。分布在世界130个国家和地区的泉州籍华侨华人872万，其中90%居住在“海丝”沿线。旅居香港同胞70万人，旅居澳门同胞6万人。44.8%的台湾汉族同胞、约900万人祖籍泉州，台湾地名与泉州相同的达180多处，全市现有台属近16万。改革开放以来，港澳台侨捐资家乡超100亿元。

实体经济实力雄厚。民营经济发达，全市市场主体突破50万家，民企创造增加值、公共财政收入均占全市约八成，拥有上市企业96家、中国驰名商标144个，已形成纺织服装、鞋业、石化、装备制造、建筑建材五大千亿产业集群，产值分别达2118亿元、1645亿元、1793亿元、1240亿元、1104亿元，经济总量连续17年位居全省首位。2015年，全市生产总值6137.74亿元，增长8.9%；工业增加值3345.09亿元，增长8.7%；一般公共预算总收入804.74亿元，增长11.3%；固定资产投资3406.25亿元，增长18.5%。

先行先试优势明显。是全国首批沿海开放城市之一，被列为全国18个改革开放典型地区之一，2015年全市外贸进出口271亿美元。获批国家“金改区”“民综改革试点”；在国家“一带一路”战略规划中被列为“21世纪海上丝绸之路先行区”“海上合作战略支点”，海上丝绸之路国际艺术节永久落户泉州，海陆丝绸联盟理事会秘书处落户泉州。

刺桐双塔

（图/泉州晚报社）

数字泉州

综合 全年实现地区生产总值（GDP）6137.74亿元，增长8.9%，经济总量连续17年保持全省第一。按常住人口计算，人均地区生产总值72422元，增长7.9%。全市城镇新增就业人员15.29万人。年末城镇登记失业率为1.27%。居民消费价格总水平上涨1.8%。全市一般公共预算总收入合计完成804.74亿元，增收81.62亿元，增长11.3%；一般公共预算支出536.07亿元，增加59.34亿元，增长12.4%。全年社会消费品零售总额2459.59亿元，增长12.3%。

农业 全年农林牧渔业完成总产值320.59亿元，增长2.0%。粮食种植面积211.55万亩，减少3.99万亩，下降1.9%。粮食总产量72.82万吨，减少1.75万吨，下降2.3%。肉蛋奶总产量20.44万吨，下降16.1%。水产品总产量112.98万吨，增长5.6%。

工业和建筑业 全年全部工业实现增加值3345.09亿元，增长8.7%，工业对经济增长的贡献率达57.7%。其中规模以上工业增加值2902.86亿元，增长8.9%。规模以上工业实现销售产值10964.78亿元，增长6.1%。拥有超亿元企业2167家，比上年增加105家，其中超10亿元企业163家，比上年增加28家。全市工业用电量295.85亿度，与上年持平。全社会建筑业实现增加值399.48亿元，增长10.3%。全市资质等级以上的建筑企业有564个，完成建筑业总产值1285.87亿元，增长11.3%。

固定资产投资 全年固定资产投资3406.25亿元，增长18.5%。全市340个市级在建重点项目全年完成投资1001亿元，占固定资产投资的29.4%，全年建成（或部分建成）投产123个项目，新开工90个项目。

对外经济 全年进出口总额达271.04亿美元，下降12.2%。其中，出口182.93亿美元，增长0.6%；进口88.11亿美元，下降30.5%。全年新签外商直接投资合同项目102项，下降19%，投资总额20.6亿美元，下降38.9%；合同外资金额9.9亿美元，下降35.6%；按验资口径统计，实际利用外资15.8亿美元，增长6.1%。新批外商投资超千万美元（含增资）的项目由上年的68家下降到44家。外商投资企业当年开业投产29家。签订对外经济技术合作合同517项，增长6.8%；合同金额4366万美元，下降46.6%；完成营业额4777万美元，增长14.0%。批准境外投资企业20家，境外投资总额5.93亿美元。

交通 邮电和旅游 全年交通运输、仓储和邮政业实现增加值437.03亿元，增长8.7%。公路通车总里程达16877千米，比上年增加351千米。民用汽车保有量达100.56万辆，增长10.6%。其中私人汽车91.76万辆，增长11.9%。全市营运汽车总数68684辆。拥有省际运输船舶260艘，总载重270.99万吨。全市货物运输量24120.49万吨，增长14.6%，货物周转量1574.66亿吨公里，增长17.8%；客运量9582.67万人次，下降3.5%，客运周转量75.41亿人公里，增长4.6%。全市港口完成货物吞吐量12241.21万吨，增长9.3%；集装箱吞吐量201.51万标箱，增长6.9%。完成邮电业务总量264.54亿元，增长27.8%。固网交换机总容量437.57万门，移动通信交换机总容量1610万门。全市城乡固定电话用户达213.90万户，移动电话用户930.54万户。互联网用户995.79万户，其中固定宽带用户229.36万户。接待国内外游客5125.31万人次，增长15.7%。实现旅游总收入617.89亿元，增长16.9%，旅游创汇13.3亿美元，增长8.1%。

金融 年末全市金融机构本外币各项存款余额6612.31亿元，增长8.8%，其中人民币各项存款余额6352.56亿元，增长9.6%。全市金融机构本外币各项贷款余额5429.17亿元，增长10.1%，其中人民币各项贷款余额5284.98亿元，增长13.1%。证券市场通过发行、增发、配售股票筹集资金107.3亿元，比上年增加62.8亿元。截至年末，境内上市公司（A、B股）增加到18家，总市值1366.63亿元，增长71.1%；境外上市公司增加到78家。保险业实现各项保费收入157亿元，增长14.7%，

人口 人民生活与社会保障 年末全市常住人口851万人，比上年末增加7万人。65岁及以上老年人口占7.0%。人口出生率13.5‰，死亡率6.4‰，自然增长率7.1‰。全市城镇化水平63.6%。全市城镇居民人均可支配收入37275元，增长7.1%；人均消费支出24016元，增长2.7%；人均住房建筑面积61.3平方米。农村居民人均可支配收入15861元，增长8.7%；人均生活消费支出12605元，增长8.8%；人均住房建筑面积67.9平方米。全市年末已参加养老保险人数500.59万人，比上年新增5.72万人。年末全市收养性社会福利单位有382个，床位数14247张，年末在院人数5671人。全市社区服务机构1733处。城市有19471人、农村有108077人得到最低生活保障救助。

中共泉州市委十一届十次全体会议工作报告

中共泉州市委书记　郑新聪

（2015年11月26日）

今年来，在中央、省委的正确领导下，市委常委会全面贯彻党的十八大和十八届三中、四中、五中全会精神，深入贯彻习近平总书记系列重要讲话和来闽考察重要讲话精神，紧紧围绕“四个全面”战略布局，认真落实省委决策部署，主动适应经济新常态，深入实施“三大战略”，推动经济、政治、文化、社会、生态文明建设和党的建设取得新的进展。

加快推动产业转型升级

认真落实李克强总理对泉州的指示要求和省委关于泉州要“带个头、走前面、作榜样、探索经验”的要求，立足抢抓、深入具体、激活主体、全面动员，加紧谋划推动，加快重点工作突破。

深入调查研究。密集开展重点行业专题调研和一系列专场座谈会，充分征求龙头企业、行业协会、科研专家以及各民主党派、工商联、无党派人士的意见建议，系统梳理三次产业、重点行业转型升级需要突破的瓶颈制约和努力方向。集中组织13个事关泉州中长期发展的重点专题调研，聚焦新生事物，着眼补足短板，抓好“加快产业转型升级，争当福建发展领头羊”“加快推动互联网金融发展”“建立产业投资基金体系”“发展众创空间，推进创新创业”“培育发展新型科研机构和创新服务平台”“推动泉州高校人才培养和产业发展需求紧密结合”等研究和成果转化。目前，已出台组建产业基金体系、推广运用PPP模式、推进大众创业万众创新等政策。

全面动员部署。召开市委十一届九次全会，制定出台《关于进一步推动产业转型升级的实施意见》《关于加快实施〈泉州制造2025发展纲要〉的若干意见》，推进智能制造、服务型制造和提升质量品牌三个专项行动，千方百计抓龙头带动、“数控一代”应用、服务业与制造业融合发展、创新服务能力提升和人才团队建设、金融服务跟进、帮扶企业效率提升6项重点工作。细化编制17个重点产业转型升级路线图，既梳理产业链缺失的生产环节，又梳理创新链急需的研发平台、检测中心、科技中介等，策划生成项目库，同步开展招商选资、平台引进。

深化工作抓手。把发展特色现代农业放在重要位置，推动“接二连三”融合，新增设施农业1.65万亩、新培育家庭农场等新型经营主体698家，安溪县入选国家现代农业示范区。持续推进“数控一代”示范工程，坚持以市场换技术、换项目、换产业，加快示范扩面提量、就地研发制造、智能装备园区建设，全省智能制造暨创业创新现场会在我市召开，今年底还将在泉召开全国数控一代经验交流会。深化“第三产业发展年”活动，推动出台互联网经济发展实施方案，率先创办网商虚拟产业园，致力建设“泉州购”综合大平台，促进网络经济由虚变实、新业态由小变大，全市电商交易额保持40%以上增长，成功创建中国快递示范城市，德化电商园、安溪弘桥智谷入选“国家电商示范基地”。下大力气引进建设创新公共平台，督促各县域明年上半年内引进1家以上大型综合创新平台。目前已集聚国家数控技术泉州分中心、中科院泉州装备所、华中科大智能研究院等17个平台，各种方式引进高层次人才600多位，其中院士15人。启动创新驱动助力工程，中国科协组织10个全国学会、8名院士、30多名高级专家到泉对接服务。

保持经济运行稳定

面对改革开放以来泉州最困难的一年，年初伊始我们及早预估预判困难复杂局面，切实加强对经济工作的领导，集智聚力、多措并举，打出“先手棋”，确保经济运行总体平稳。1—10月，全市生产总值增长8.8%，一般公共预算总收入增长11%，工业增加值增长8.6%，第三产业增加值增长8.8%，固定资产投资增长18.1%，外贸出口增长1.2%。

强化一线调度。认真组织“三比一看”活动，常委同志会同相关市领导每季度带队到各县域开展“促进项目落地、帮扶企业发展”活动周，督促干部集中精力抓落实、干事创业，着力稳定“军心”。10月份，针对指标普遍滞后的情况，分片区开展全市工作检查，层层传递信心、传导压力。同时，逐一与各县域党政主要领导谈话、相互交底，并派出工作组深入各地，督促抓好第四季度冲刺和2016年项目筛选、增长点摸排等工作。

强化精准帮扶。对接落实中央、省系列稳增长措施，整合梳理2008年以来86份惠企政策，归并为5类专项进入行政服务中心专窗办理，并督促加快兑现节奏。坚持什么行业困难、什么问题突出，就果断出手应对，推动出台纺织鞋服、石材水暖、陶瓷、香产业、家居工艺等5个扶持专项，以及稳增长10条、金融8条、房地产11条等措施，打好帮扶“组合拳”。

强化投资拉动。分级分类抓好重大项目协调调度，加快跨越发展行动计划项目落实，从城市公用设施、水利等七大领域扩大有效投资，全力争取国家专项建设资金申报打个“翻身仗”。1—10月，全市340个重点项目完成投资823亿元。坚持党政主要领导“三个亲自”引龙头，开展外资（台资）和央企专场招商，今年新对接“三维”项目277个、总投资2815.4亿元，中化乙烯、莲花汽车、富德新型能源、国乔石化等一批大项目加快推进。进一步规范安征迁，研究出台国有土地上房屋征收与补偿、中心市区国有土地上实施房屋征收补偿及未经登记建筑调查认定处理的意见。

强化风险防控。市县两级联手联动，建立完善金融风险处置机制，及时研判企业资金链断裂的苗头性、趋势性问题，推动政、银、企、保、司协同处置，有效防范区域性、系统性风险。坚持防范在先、帮扶在前，发挥应急保障专项资金和政府性担保公司的作用，及时提供“过桥”资金、融资应急保障等支持。支持法院成立金融审判庭，推动企业重整和银行不良资产清收、核销、打包转让等工作，化解企业担保链风险，全力控制不良贷款率。严厉打击暴力逼债追债、恶意逃废债、非法集资、金融诈骗等违法违规行为，坚决维护好信用环境和“金改区”金融生态。

持续推进重点领域改革

始终把改革摆在突出位置，坚持问题导向、注重基础优先、持续重点突破。

加强组织领导、统筹谋划。召开两次全面深化改革领导小组会议，先后研究出台经济社会事业体制、民主法制领域、社会治理体制、农村体制、党的建设制度、党的纪律检查体制等11份专项改革方案，逐一明确重点任务、项目清单、责任部门和工作节点安排。坚持分步实施、项目化推进，重点抓好61项任务、38个项目，今年来新增20多个省级以上改革试点。

推动职能转变、简政放权。重点推进行政审批、职业资格、教科文卫领域等六方面改革，先后发布实施政府行政权力、基本公共服务、政府部门责任、涉企收费项目、投资准入负面清单“五张清单”，并建立动态调整机制，全面取消“非行政许可”审批类别。着力推进行政服务提速提效，开展“办证难、办事难”专项整治，清理规范审批前置和中介服务，市级简易审批事项全部改为即办件、复杂事项审批时限统一压缩至法定时限35%以内，对中小微企业“两证”抵押登记实行“快速办理”。严格落实控编减编要求，探索“政府购买服务、养事不养人”编制管理，各级各单位行政和事业编制精简5%—10%。

深化国家级改革试点。持续推进金融改革，抓好区域金融、产业金融、民间金融、对台对外金融四方面29项创新，恒丰银行泉州分行开业，广发银行泉州分行获批筹建，金融租赁公司、企业集团财务公司等设立运营，买方信贷、设备按揭等金融工具大力推广。中小微企业信用信息共享平台扩容升级，小微企业信贷覆盖率比年初提高3.89个百分点。海峡股权泉州交易中心建立与新三板转板合作机制。落实民综改革三年行动计划，实行“一照一码”、电子执照，率先开展集群注册，加强事中事后监管，1—10月，全市新增市场主体登记9.03万户、增长21.5%；推进不动产统一登记职责整合、机构组建，基本完成10个试点村的宅基地和集体建设用地使用权确权登记发证。

加快建设“21世纪海上丝绸之路先行区”

积极对接省“21世纪海上丝绸之路核心区”建设，成立建设推进协调领导小组，抓紧编制相关《规划》和行动方案，策划实施“十大行动计划”“十大重点工程”，突出抓好38个示范项目。

成功举办第十四届亚洲艺术节暨第二届海上丝绸之路国际艺术节。召开常委会、专题会、动员会等部署推进筹备工作，确保了整个活动有序、安全、精彩、节俭，圆满完成国家文化外交重大任务，海上丝绸之路国际艺术节永久落户泉州，海上丝绸之路艺术公园•亚洲园建成开放。围绕“海丝”主题，策划表演艺术、视觉艺术、文化交流对话、文都魅力、网络亚艺节、主题公园等六个板块16项主要内容，举办“文化的力量”论坛、海丝文化特展、世界（永春）白鹤拳大会等200多场活动，组织24个国家和地区的艺术团队走入社区、高校、农村举行公益演出。五大洲40多个国家1500多名嘉宾汇聚泉州，7月启动的首届网上亚艺节官网点击率超百万，亚洲文化论坛达成“泉州共识”，“共建‘文化之都’城市联盟泉州倡议”得到响应。启动泉州城市国际形象推广工程，央视新闻联播、人民日报、新华社、中新社等境内外80多家媒体对亚艺节活动作了报道，央视大型纪录片《海上丝绸之路》、“中国—东盟共建21世纪海上丝绸之路”等来泉拍摄、采访，推动四大洲华文媒体定期开设“海上丝绸之路—泉州”专版。

持续扩大交流合作。联合国“海陆丝绸之路城市联盟”工商理事会在我市设立，并将秘书处永久设在泉州，推动在贸易壁垒、商事调解、跨国投资、产业升级与产能合作等方面开辟民间对话渠道；成功举办21世纪海上丝绸之路国际研讨会、“海上丝绸之路起点•泉州”图片世界巡回展。引导民企抱团“走出去”，承办马来西亚、老挝“中国福建周”系列活动，赴柬埔寨开展经贸活动，组织企业家组团洽谈对接设立境外产业园区。开展泉州品牌“境外行”“海丝行”，1—10月，组织412家企业参加28场境外展销活动，全市出口“海丝”沿线国家和地区增长13%。

推动港口开放开发。抓住泉州港列入“一带一路”战略规划15个重要港口的契机，主动融入全省新一轮港口发展大局，召开港口建设发展现场会和务虚会，制定加快港口发展三年行动计划。及时移植复制省自贸试验区创新做法，推广商事、税务、口岸通关等领域的便利化措施。突出基础设施互联互通，兴泉铁路年底将动工建设；1—10月，全市港口货物吞吐量10062万吨、增长8.5%，集装箱吞吐量164.5万标箱、增长2.8%。

稳步推进社会主义民主政治建设

坚持党的领导、人民当家做主、依法治国有机统一，进一步推进法治泉州建设。

总揽全局协调各方。支持市人大及其常委会依法履职，设立法制委员会及法制工作委员会，着手开展地方立法工作，加强对“一府两院”的监督，依法讨论决定重大事项，发挥代表作用，开展“十三五”规划编制、公立医院和基层卫生机构综合改革、食品安全监督管理等专题调研、询问、检查。学习贯彻中央《关于加强人民政协协商民主建设的实施意见》，发挥人民政协作为协商民主重要渠道作用，支持围绕促进电商产业健康发展、加大农村改革创新、新《安全生产法》等开展专题协商、视察调研、建言献策。认真落实中央统战工作会议精神和《中国共产党统一战线工作条例（试行）》，按照“寻求最大公约数、做大同心圆”要求，扎实做好各领域统战工作，支持各民主党派、工商联和无党派人士参政议政，促进民族宗教领域和谐稳定。启动“南洋华裔族群寻根谒祖综合服务平台”建设，进一步做好新生代华侨的工作。拓展泉港澳合作，建立“双延伸”联络协调工作机制，积极参加“闽港合作推介会”。支持工会、共青团、妇联等人民团体依法按照各自章程积极开展工作、履行职责，出台进一步加强关心下一代工作的意见。重视加强党管武装工作，严格落实双重领导、党委议军、工作述职和现场办公等制度，出台《推进军民融合深度发展实施办法》，进一步规范国防动员准备运行机制，争创全国双拥模范城“八连冠”。

加快推进依法治市。出台落实《关于全面推进法治泉州建设的实施意见》。举办全市领导干部学习贯彻党的十八届四中全会精神全面推进依法治市专题培训班。积极衔接上级司法体制改革，推进人民监督员改革试点，法院“跨域•连锁•直通”式诉讼服务平台、建立行政诉讼专家库、检察院证人鉴定人侦查人员出庭作证和未成年人刑事检察等工作走在全国、全省前列。探索跨部门联合执法，建立公安、城管执法协同机制。大力推进阳光信访、网上信访、法治信访、责任信访，开展通过法定途径分类处理信访事项省级试点，创新引入律师、人大代表、政协委员等第三方力量参与化解涉法涉诉信访。推动人民调解组织在公安派出所、人民法院和检察院实现全覆盖。1—10月，全市信访人次下降4.86%。积极推进“六五”普法，率先在全省建成市级公共法律服务中心。

扎实做好村级组织换届选举工作。把抓好村级组织换届作为落实党建主体责任、巩固党执政基础的重要工作来抓，常委会先后4次专题研究，并在今年5月召开全市动员会，作全面部署。注重抓早抓紧、分类推进，派出4个调研组摸清253个换届难点村的基本情况、存在问题，指导“一村一策”研究制定措施。坚持依法依规，认真落实“七不宜”要求，理直气壮把关，严格换届纪律。加强挂钩指导，7月份在南安召开村级组织换届选举工作座谈会，常委同志和人大、政协党组书记均联系一个县、一个乡镇、一个重难点村，深入基层实地调研，督促换届选举，解决实际问题，全面完成村“两委”换届选举工作。开展村级组织换届选举成果巩固提升行动，加强对新当选村“两委”的教育培训，加强建章立制，提升村级组织建设规范化水平。

扎实抓好宣传思想文化工作

强化正面宣传和舆论引导，加强对宣传思想文化阵地的有效管理，牢牢掌握意识形态工作的领导权和主动权。

加强思想理论武装。深化中国特色社会主义和中国梦、党的十八大和十八届三中、四中、五中全会精神，习近平总书记系列重要讲话和来闽考察重要讲话精神的宣传教育，运用“微宣讲”、主流媒体开设理论专版、讲师团基层宣讲等方式，开展各类宣讲2000多场次、受众近40万人次。完善市、县党委中心组学习制度，“华大讲堂”被评为“福建省十大社会科学讲坛”。组织开展纪念抗日战争胜利暨世界反法西斯战争胜利70周年主题教育活动，加强爱国主义宣传教育。全市“农村宣传思想文化工作示范乡镇”全部达标。

提升舆论引导水平。坚持用中央关于发展新常态的重大判断统一干部群众的思想认识，对经济形势、民生问题等进行正面宣传和引导，积极协调中央和省级主要媒体对“泉州制造2025”、产业转型升级、“海丝”先行区建设等重大成就进行集中宣传，组织市直媒体广泛宣传党委政府稳增长措施、创新转型企业典型经验，营造攻坚克难氛围。深入开展打击整治网络违法犯罪“净网行动”、打击网络政治谣言和有害信息等专项行动，进一步清朗网络空间。

加快文化产业文化事业发展。出台“文都”五年建设规划，加快推进古城—古港—新区—全域联动。完善重大文化产业项目库，重点抓好178家亿元龙头企业、11家省级重点园区、125家市级文化产业基地建设，上半年全市文化产业主营收入489.5亿元、增长13.1%。颁布《〈闽南文化生态保护区总体规划〉泉州实施方案》，抓好20个整体性保护重点区域，组织编写《中小学生闽南文化读本》。加大古街区、古民居和文物单位保护，市区中山路入选首批中国历史文化街区，惠安、德化分别获评世界石雕之都、世界陶瓷之都。积极创建全国公共文化服务体系示范区，启动市公共文化服务中心建设，数字公共文化服务平台、乡镇（街道）综合文化站等文化惠民项目扎实推进。开展文艺工作者“深入生活、扎根人民”主题实践活动，加大文艺精品创作及人才培养支持力度，出台《关于传承和弘扬泉州戏曲的实施意见》，7个项目获省文艺发展基金资助。圆满完成第一届全国青运会泉州赛区工作。

深化全国文明城市建设。召开全市深化创建全国文明城市工作会，大力弘扬“接续奋斗、问题导向、合力共为、为民惠民”的创城精神，出台《关于推动创全国文明城市机制化常态化的实施意见》。实施践行社会主义核心价值观“六大行动计划”，积极争创全国未成年人思想道德建设工作先进城市，加强“讲文明树新风”“最美人物”“道德模范”等宣传，2人被推荐为“全国道德模范”候选人，2人入选“中国好人榜”。突出薄弱环节整治，出台落实中心市区交通秩序、卫生保洁、集贸市场管理、占道经营整治4个管理规则，实现市政设施精细化管理全覆盖。

深化泉台交流合作

积极推进泉台经济、文化、社会融合，多次赴台湾开展项目招商、农业考察、闽南文化和基层党际交流等活动。金门供水工程开工，习近平总书记和俞正声主席对此作出重要批示。

实施泉台产业对接升级计划。支持泉州台商投资区加快开发建设，积极开展两岸服务贸易合作，泉台金融、健康医疗、装备制造、工业设计等领域合作实现突破，泉台跨境人民币贷款业务正式启动，全市新批台资企业20家、总投资1.05亿美元，海峡两岸医事交流协会医疗健康产业项目、巨大机械自行车生产基地落地。出台加强对台农业合作促进特色现代农业发展《意见》，加快台湾农业技术交流推广中心、惠安台湾农民创业园、海峡两岸（福建安溪）茶业合作示范基地等载体建设。

拓展提升双向交流。推进民间信仰、宗教团体、宗亲姓氏、传统戏曲、民俗工艺等领域交流，第二届海峡两岸高校大学生记者挑战赛、泉港台湾姓氏文化对接暨苗栗林姓宗亲回乡谒祖活动等8个项目列入2015年国台办对台交流重点项目，1—10月，双向交流107项、2771人次。推动2015世界闽南文化节在金门成功举办。着力做台湾民众特别是青少年工作，举办第七届海峡论坛“海丝风情”两岸青少年联谊周、两岸“同名村•心连心”等活动，鼓励和支持台湾青年来泉创业、就业。推动直接往来更加便利化，1—10月，泉金航线运营2084航次，运送旅客10.3万人次、增长24.2%，空中直航运送旅客增长19.6%。

着力建设国家生态市

认真落实中央、省里关于建设

生态文明先行示范区的要求，坚持经济发展与环境保护同步推进，组织专题调研、作重点部署，着手编制生态文明建设示范区规划、生态文明体制改革实施方案，通过国家生态市验收。

强化节能减排。实施重点节能工程和减排项目，全力推进污水处理厂及其配套管网建设、工业废水深度治理、建陶业LNG替代、重点企业脱硫脱硝等。继续实施差别电价、以奖代补、区域限批等政策，严格落实落后产能退出机制。基本实现晋江流域1公里范围内乡镇污水及垃圾处理设施全覆盖，所有工业园区污水集中处理、达标排放。“十二五”节能减排任务预计可顺利完成。出台进一步推进国土资源节约集约利用实施意见，推进地下空间开发利用、矿山用地复垦等。加快清理处置批而未用土地，规范土地出让行为，严守耕地保护红线。

抓好水、大气、涉危涉化污染防治。将环境突出问题治理纳入经济运行统一调度，实行一季度一督查、一通报。实行流域保护“河长制”，持续开展重点流域、跨境流域综合整治和小流域“赛水质”活动，抓好电镀、皮革、印染集控区建设运营，晋江流域省控断面Ⅲ类水质达标率、全市13个集中式饮用水源地水质达标率均为100%。实施大气污染防治行动计划，强化建筑工地、土方车“滴撒漏”、城市道路等扬尘整治，全力推进2005年底前注册营运黄标车淘汰工作，中心市区空气质量优良率98.4%，所有县（市、区）空气质量均达到或优于国家二级标准。加快泉港惠安石化园区绿化隔离带、工业危险废物处置中心建设，加强重点部位和敏感地带排查和监控，坚决守住环境安全底线。

加强自然生态系统建设和保护。积极创建“全国绿化模范城市”，继续开展矿山复绿行动，超额完成“四绿”工程、水土流失综合治理任务。加强水利建设，140个水利项目完成投资47.2亿元，白濑水利枢纽工程前期取得突破性进展，彭村水库、七库联通、山美水库生态保护试点等建设加快。开展企业环境污染责任保险试点，扩大重点污染源自动监控设施第三方运维覆盖面，基本形成排污权有偿使用和交易工作体系。

着力保障改善民生和维护社会稳定

坚持保基本、兜底线、补短板，让发展成果更多更公平地惠及人民，不断增强群众的获得感和安全感。

推进扶贫攻坚。开展扶贫专项调研，召开全市深化精准扶贫工作会，进一步延伸和调整扶持政策，确保2017年全面消除贫困人口、扶贫重点村农民年均纯收入达9500元以上。加大扶贫开发投入，市级每年继续统筹1亿元专项资金，集中帮扶30个扶贫开发重点乡镇、300个重点村；从明年开始，市财政每年安排1000万元，扶持村财“空壳村”发展创收项目。坚持分类施策、精准到户，对丧失劳动能力、因病致贫、特困群体人员等8类贫困人口逐类制定脱贫措施，把丧失劳动能力贫困人口纳入最低生活保障，力争2018年低保标准与扶贫标准“两线合一”。目前，按照市定农村扶贫线4000元标准，全市还有贫困人口14.7万，占农村人口2.86%，今年预计可再脱贫5万人。

抓好新型城镇化。开展优化城镇规划布局、拓宽城镇建设融资渠道、推动农业转移人口市民化等10个专项工作，推进“多规合一”省级试点，支持各地探索推行城市现代化、产城融合、大城关、特色新市镇、美丽乡村等五种新型城镇化发展模式。深化“环湾规划建设年”活动，推动基础设施对接、城市功能提升，环湾建成区面积206.5平方公里，泉州湾大桥建成通车，环城高速闭合成环。晋江、石狮、南安、惠安、安溪入选2015全国综合实力百强县，晋江、石狮分别入选国家“新型城镇化综合试点”、“中小城市综合改革试点”，南安沿海三镇获批省级“小城市综合试点”。拓展“点线面”攻坚，启动山线绿道工程精品示范段建设，实施中心市区夜景提升工程，通过国家园林城市复查。实施农村生活垃圾治理三年行动，133个村庄和5条美丽乡村景观带纳入全省“千村整治、百村示范”工程。石结构房屋改造和“两违”综合治理扎实推进。

提升基本公共服务。推动新增财力更多用于民生，投入10.5亿元重点抓好新建公办幼儿园20所、提升城乡居家养老服务中心300个、提升农村乡镇卫生院综合服务能力、低保户安居工程、贫困残疾人救助工程等39项为民办实事项目。进一步扩充优质教育资源，全面完成标准化学校创建任务，推动职业教育、高等教育人才培养与产业升级需求紧密衔接。出台《深化医药卫生体制改革试点实施方案》，在扩大公立医院用人自主权、鼓励社会资本办医等方面加大探索，全面实行药品零差率销售，新增医疗机构床位2000张，列入第三批公立医院改革国家联系试点城市。不断健全社会保障体系，推动城乡医保、养老保险提标扩面，启动机关事业单位工作人员养老保险制度改革，加强保障性安居工程建设。

强化社会治理创新。加强党委对政法综治、公共安全工作的领导，召开市委常委会听取汇报、分析形势、部署工作，多次开展专题调研，现场办公解决实际困难。加强矛盾纠纷排查化解，建立市委、市政府定期研究解决基层群众反映突出问题的制度。全力做好亚艺节、青运会等重大活动、重要节点的维稳安保工作。健全立体化治安防控体系，抓好“城安系统”四期工程，推动视频网络向镇、村延伸，基本实现城区镇区、要害要道、出入卡点视频全覆盖。率先在全省建成城乡社区网格化服务管理统一平台，推进公安、交巡警、人社、计生、民政等领域信息资源共享。保持严打高压态势，开展"猎狐2015""亮剑—扫毒"集中会战、打击严重暴力犯罪、虚假信息诈骗违法犯罪和盗窃电动车等系列专项活动，出台进一步加强禁毒工作的实施意见，社会治安形势持续向好。1—10月，全市刑事案件立案下降12.3%，其中八类刑事案件下降24.8%、破案率达86.1%。严格落实安全生产"党政同责、一岗双责"，深入开展危险化学品、易燃易爆物品和油气管道大检查大排查大整治，集体约谈全市重点炼化和化工企业，督促企业落实主体责任，安全生产"四项指数"全面下降。全面加强食品药品监管。成功防抗"苏迪罗""杜鹃"等台风。

推动全面从严治党落到实处

切实担负起管党治党的政治责任，突出抓好党建主业，召开市委党建工作领导小组会议，实施党建工作项目化管理，推动党建工作从"软任务"变成"硬指标"。

切实把政治纪律和政治规矩挺在前面。坚持纪在法前、纪严于法，把政治纪律和政治规矩摆在首位，做政治上的"明白人"。始终在思想上、政治上、行动上与以习近平同志为总书记的党中央保持高度一致，坚决维护中央权威，坚决贯彻执行中央、省委的重大决策部署。及时认真学习党章党规党纪，贯彻落实《中国共产党廉洁自律准则》《中国共产党纪律处分条例》，请来专家、老师授课，用好正反两方面典型警示，特别是从周永康、薄熙来、郭伯雄、徐才厚、令计划、苏荣以及苏树林、徐钢等违纪违法行为中汲取教训、受到警示，对干部严格要求、严格管理、严格监督。

深入开展"三严三实"专题教育。按照中央、省委部署，在县处级以上领导干部中开展"三严三实"专题教育，175个单位、49名厅级干部、1383名处级干部参加。坚持领导带头示范，市委常委会带头开展专题教育，每月召开1次专题会议听取汇报。市委常委带头讲专题党课，用高质量党课推动专题教育启动开局；带头学习提高，带头查摆问题，带头整改落实，带头到挂钩联系县（市、区）或分管单位参加2次以上学习研讨，督促抓好分管领域、挂钩联系县（市、区）的专题教育。坚持抓好学习教育，在中央规定的3个专题学习研讨基础上，增加"学习习总书记系列重要讲话以及对福建工作一系列重要指示精神"专题。深入学习弘扬谷文昌精神，推动做"四有""四个人"领导干部。坚持学改并进，将党的群众路线教育实践活动中整改不到位的问题列入专题教育整改范围。市、县两级党委常委班子初步查摆"不严不实"问题202个，并针对社会反映强烈的"为官不为"的5方面26种具体表现，组织专项整治；要求县级党委逐乡逐村逐单位摸排并解决不作为、乱作为、贪腐谋私、执法不公等4方面问题。坚持两手抓两促进，开展"三比一看勇担当打头阵"主题实践，每位领导干部结合分管工作，确定1—2个实践比学项目，深入企业、项目一线现场办公、解决问题。

持之以恒狠抓作风建设。紧盯重要时间节点、关键岗位、敏感场所，强化监督检查，持续通报曝光。在重大节假日前，都对落实中央八项规定精神进行专门部署，重申纪律规定，并加强明察暗访。突出查处穿上隐身衣的"五种行为"，持续释放执纪必严、违纪必究的强烈信号，今年来查处违反中央八项规定精神问题101个，处理134人，给予党政纪处分105人，点名道姓公开曝光40批82起典型案例。组织开展查处发生在群众身边的"四风"和腐败问题专项工作，严肃查处80个损害群众利益的案件。

着力选好、用好、管好干部。学习贯彻《党政领导干部选拔任用工作条例》，修订规范处级干部选任工作流程、市管干部职务名称等，完善干部选拔任用制度和考核评价机制。坚持新时期好干部标准，坚持先定规矩再定人，今年来市委常委会研究调整4批229名市管干部。开展选人用人专项整治，完成超职数配备干部和违规在企业兼（任）职整改任务，对市管干部个人有关事项报告进行抽查核实。加大各级干部培训力度，省委党校"干部学习在线"处级干部网上学习实现全覆盖，开设市直机关"东海干部学堂"。实施"海纳百川"高端人才集聚计划，通过建立人才工作特派员制度、组建人才工作协会联盟、创新开展人才项目试点等方式，引进培养各类优秀人才。

全面增强基层党组织战斗力。组织党委书记抓基层党建工作述职评议考核，建立"三级约谈"制度，逐级强化直接责任。开展基层党建专题调研，召开全市农村基层党建暨非公有制企业（园区）党建工作会，总结推广经验，推动基层各领域党建工作更加精细化。进一步完善村级组织运转经费保障机制，安排30个市直单位"一对一"挂钩帮扶市级重点帮扶村，选派643名市、县机关干部驻村蹲点。做强非公党建工作品牌，开展"红色力量•助推发展"系列专项活动，探索总结"龙头带动型、网格推动型、同业互动型、共建共享型、混合联动型"等五种园区党建工作模式，推动非公党建由"抓点"向"抓面"、由"有形覆盖"向"有效覆盖"转变。对全市现有党组设立、成员配备、工作规则进行清理规范，落实《发展党员工作细则》，推广石狮疏通党员队伍出口"126"工作机制。

深入推进党风廉政建设和反腐败工作。制定落实党风廉政建设主体责任、监督责任和责任追究等工作制度，按照"四种形态"的要求，加强日常执纪监督，抓早抓小抓预防。市纪委全会首次对各县（市、区）党委书记述廉述责报告进行测评。严格落实谈话提醒制度，约谈全市各级党委、政府、纪委“一把手”，与市直各部门“一把手”进行廉政谈话，层层传导压力和责任。认真抓好省委检查组反馈我市党风廉政建设检查发现的问题、省委巡视五组反馈4方面11条问题的整改工作，目前已基本整改到位。由市委常委和党员副市长带队到各地开展落实党风廉政建设责任制专项检查，并组织整改情况“回头看”。严格落实责任追究，今年来追究85名领导干部的党风廉政建设责任。深化纪检体制改革，推动市县两级效能办管理体制整体划转调整、纪委监察局机关参与议事协调机构清理。进一步加大纪律审查力度，提高惩治威慑力，1—10月，全市纪检监察机关共立案698件、上升20.8%，其中涉及处级干部17件、科级干部123件，分别上升21.4%、11.8%；结案653件，给予党政纪处分649人，移送司法机关101人。

深入研究规划“十三五”发展

高度重视“十三五”经济社会发展谋划，广泛调研、多次专题研究“十三五”发展重大问题，对未来五年发展的理念和指导思想、目标任务和保障措施等进行深入论证。围绕国家、省里支持导向，加紧百大战略性项目的策划储备报批，积极争取更多项目列入国家、省里盘子。党的十八届五中全会、省委九届十五次全会后，我们原原本本传达学习上级精神，深刻把握中央关于“五个发展”的新理念、省委“五个坚持”的要求，进一步深化细化“十三五”发展思路。坚持开门搞规划，发扬民主、集思广益，召开多场专题座谈会，分别听取民主党派、专家学者、老同志的意见和建议，并广泛征求各方面的意见，形成了《中共泉州市委关于制定泉州市国民经济和社会发展第十三个五年规划的建议》（讨论稿），提交本次全会审议。

一年来，市委常委会高度重视加强自身建设，要求每位常委同志严格遵守党章、狠抓工作落实、带头廉洁自律，为全市党员干部作出表率。我们严守党的政治纪律和政治规矩，坚持民主集中制，加强集体学习，努力提高把方向、抓重点、谋大事的能力水平。制定出台市委常委会改进作风的意见、重大事项决策征求制度，不断促进决策科学化和民主化。

一年来取得的成绩，得益于省委的正确领导，是全市上下、方方面面共同努力的结果，各位市委委员、候补委员为贯彻市委决策部署、完成各项任务作出了积极努力和重要贡献。我们的工作还存在差距和不足，希望同志们对市委常委会的工作多提宝贵意见和建议，我们将虚心接受、积极改进，努力把工作做得更好。

11月27日，中共泉州市十一届十次全会召开 （图/陈起拓）

泉州市十五届人大七次会议政府工作报告

泉州市人民政府市长 康 涛

（2016年1月19日）

2015年和“十二五”时期经济社会发展回顾

2015年，在省委、省政府和市委的坚强领导下，全市上下深入学习贯彻党的十八大和十八届三中、四中、五中全会精神，学习贯彻习近平总书记系列重要讲话精神，紧紧围绕“四个全面”战略布局，着力保稳、求进、攻坚，经济社会保持良好发展态势。

突出精准施策 经济保持稳定增长

开展“三比一看”活动。进一步提振精气神，有为适应新常态，推动 “比学赶超”。全市生产总值、一般公共预算总收入、规模以上工业增加值、固定资产投资分别增长8.9%、11.3%、8.9%、18.5%。充分发挥政策效应。出台稳增长10条、促进房地产市场平稳发展等综合措施，以及纺织鞋服、建材水暖等5个行业专项政策，开展政策落实评估、督查和整改。全年兑现扶持资金31亿元，争取国家和省级补助124亿元。突出“一企一策”帮扶。坚持每季度开展“帮扶企业发展、促进项目落地”活动周，帮助企业化解困难问题。政府主动站台搞促销，组织品牌“境外行”“海丝行”和建材“中国行”，支持名优地产工业品开拓市场；推广企业“手拉手”活动，对接产能712亿元。强化投资拉动作用。340个市级在建重点项目完成投资1001亿元；城市公用设施、水利等七大领域新增投资150亿元。39个项目获国家专项建设基金16.1亿元支持。有效防控金融风险。落实政府维护良好金融生态环境的主体责任，政司银保企全线动员，采取“堵、缓、化”方式，协调解决120多家企业资金链问题，为企业提供“过桥”资金541亿元，严厉打击恶意逃废债，金融运行总体平稳。

加快转变提升 产业结构持续优化

出台进一步推动产业转型升级系列文件，研究制定17个重点产业转型升级路线图。发布“泉州制造2025”发展纲要。实施智能制造、质量品牌、服务型制造3项行动。组织“三个一千”推广计划，兑现智能制造扶持资金近1亿元，建成34个（条）智能工厂、数字化车间和“数控一代”示范生产线，累计引进建设高端科研平台33个。全市新增高新技术企业88家，制修订标准70项，授权专利2万多件。德化获评国家新型工业化产业示范基地。突出培育产业龙头。推动联合石化脱瓶颈、晶安光电（二期）、德润电子等45个制造业重点项目建成投产，实施重点技改项目201个，新增亿元企业105家、中国驰名商标8件，上榜中国品牌价值评价企业20家。强化招商选资，参加省民企对接会和“9•8”投洽会，举办央企和外资（台资）专场招商会，共对接项目277个，总投资2814亿元。中化乙烯、莲花汽车、富德新型能源化工等重特大项目前期工作加快推进。发展特色现代农业。完成农林牧渔业总产值321亿元，粮食播种面积211.6万亩，新增设施农业1.5万亩，新增远洋渔船21艘，新增农民合作社、家庭农场、专业大户等新型农业经营主体1028家，动工建设市区标准化中心粮库。组建农村产权交易平台，新增耕地流转3万亩。深化“第三产业发展年”活动。485个项目完成投资744亿元。出台加快互联网经济发展实施方案，电商交易额超1900亿元、增长35%，快递业务量增长45%，获批中国快递示范城市，德化电商园、安溪弘桥智谷入选国家电商示范基地。中国国际信息技术（福建）产业园建成投用。全市接待游客5125万人次，旅游总收入618亿元，分别增长15.7%和16.9%。出台推进大众创业万众创新措施。重点建设众创空间59个，孵化“双创”企业626家、项目1080个；在全省率先启动网商虚拟产业园建设，入驻企业1700多家。强化人才支撑。深入推进“海纳百川”高端人才集聚计划，新建院士专家工作站4家、博士后科研工作站5家。实施技能人才素质提升工程，新增高技能人才1万多名。出台县域经济特色人才评价办法，评审特色人才500多名。

致力先行先试 改革开放步伐加快

持续深化金融改革。金融资源加快集聚，恒丰、广发银行泉州分行开业。区域资本市场建设取得新进展，新增境内外上市企业5家、新三板挂牌企业12家，实现直接融资158亿元；海峡股权泉州交易中心挂牌企业410家，海峡金融资产交易中心交易额达180亿元。实体金融成效凸显，全市各项贷款余额5429亿元、比年初增加499亿元，小微企业信贷覆盖率提高到35.1%；中小微企业信用信息交换共享平台导入企业14.8万家，授信280多亿元。对台对外金融合作实现新突破，率先开展泉台跨境人民币贷款业务。深入实施“民综”改革三年行动计划。支持各县（市、区）开展特色主题改革。鼓励引导民间投资，推出PPP项目90个、总投资1050亿元。深化工商登记制度改革，在全省率先开展集群注册，全面实施“三证合一、一照一码”登记，全年新登记市场主体12万家。加快推进“海丝”先行区建设。出台行动方案和发展规划。成功举办第十四届亚洲艺术节暨第二届海上丝绸之路国际艺术节、21世纪海上丝绸之路国际研讨会，“海丝”亚洲艺术公园开园，联合国“海陆丝绸之路城市联盟”工商理事会秘书处落户我市。复制推广自贸区创新举措108项，实现与“海丝”沿线国家和地区进出口额131亿美元。泉州出口加工区升级为综合保税区。泉州晋江国际机场旅客吞吐量达363.6万人次，完成港口吞吐量1.2亿吨、集装箱201万标箱，泉金航线运送旅客12万人次。

推进城乡统筹　区域发展更趋协调

深化“环湾规划建设年”活动。467个项目完成投资536亿元。开展“多规合一”试点，编制环泉州湾城乡一体化规划，中心城区实现控规全覆盖。深入实施城乡基础设施“六大提升工程”，泉州湾大桥、泉三高速安溪连接线、国道324线丰洛段改造工程等建成通车，湄洲湾南岸铁路支线、厦沙高速泉州段等项目加快推进，泉厦漳城市联盟路泉州段开工建设，刺桐大桥取消收费。进一步规范优化环湾公交线网，投用新能源公交车248辆，着手建设公共自行车租赁系统。出台实施城市交通秩序、卫生保洁、集贸市场、占道经营等四个管理规则，推动文明城市创建机制化常态化。获批国家“智慧城市”试点。加快新型城镇化步伐。晋江“国家新型城镇化综合试点”深入推进，石狮列入“国家中小城市综合改革试点”。21个省市级试点小城镇实施项目641个、完成投资351亿元。有序推进农业转移人口市民化，新办理流动人口居住证77万张。实施宜居环境建设行动计划。新建改造市政提升“五千工程”883公里，建成江滨北路亲水慢道，启动山线绿道工程精品示范段项目，建设人居环境整治村171个、美丽乡村示范（宜居）村32个、美丽乡村景观带9条。拆除改造石结构房屋2914万平方米，拆除“两违”建筑581万平方米。完成公路安保工程371公里，建设升级农村配电网2038公里。完善农村水利设施，白濑水利枢纽工程项目建议书通过水利部审查，彭村水库主体工程基本完成，泉州向金门供水工程动工建设，农村8.3万人饮水安全问题得到解决。实施精准扶贫，全市减贫5.4万人，造福工程搬迁1.7万人。

注重惠民利民　社会事业全面进步

全市财政安排民生支出421亿元，占财政支出比重达78%，39件为民办实事项目顺利完成。健全社会保障体系。新增城镇就业15.3万人，农村劳动力转移就业6.2万人。城乡医疗保险、养老保险进一步提标扩面，新增养老床位5980张，新建农村居家养老服务中心（站）100个、农村老年体育活动中心20个，启动机关事业单位养老保险制度改革。加强老龄、老干部和关心下一代工作。不断完善社会救助体系，救助困难群众46万人，惠及低保对象13.4万人，泉港“救急难”工作列入全国综合试点。全市慈善机构增加善款近9亿元。打通商品房与安置房转换通道，开工建设保障性安居工程2.7万套，新增配租配售1.7万套。用好用足住房公积金，全年投放77亿元。落实教育优先发展战略。进一步扩充优质教育资源，新增公办幼儿园学位1万个，新扩容城镇中小学学位2万个。公办普通高中全面取消招收择校生。义务教育阶段外来工子女35.4万人，90%以上在公办学校就读。建成泉州特教学校扩建项目和20个青少年社会教育活动中心。教育信息化建设步伐加快。高等教育、职业教育的人才培养与产业需求更加紧密衔接，建成福大泉港石化学院。提升卫生健康水平。出台深化医药卫生体制改革试点实施方案，启动公立医院综合改革，全面实行药品零差率销售。出台加快推进社会办医的实施意见，全市新增医疗机构床位2000张，市中医联合医院、永春县医院新院等完成整体搬迁，颐和医院奠基建设。加强公共卫生和妇幼保健，有效防控重点传染病。计生服务管理水平进一步提升。推动文化传承发展。出台闽南文化生态保护区总体规划泉州实施方案，扶持建设21个重点区域非遗展示馆、25个传习所、25个重点传承项目，完成17个传统工艺美术濒危艺种的抢救保护任务。惠安、德化分别荣获世界石雕之都、世界陶瓷之都称号。公共文化服务体系不断完善，市四大公共文化中心开工建设。获批国家体育产业联系点城市，圆满完成第一届全国青运会泉州赛区各项工作，成功举办市第十届运动会。加强生态保护治理。通过国家生态市、全国绿化模范城市考核验收。173个重点流域、跨境流域污染整治项目完成投资17.7亿元，第二批小流域“赛水质”活动整治河道55公里，晋江干流水质达标率100%。实现建陶业LNG替代和饰面石材矿山开采全行业退出，完成2005年底前注册营运黄标车淘汰任务，中心市区空气质量优良率达98.9%。开展生猪养殖污染整治攻坚，关闭拆除禁养区生猪养殖场1995家。完成植树造林12.7万亩、水土流失治理24万亩、矿山整治恢复370万平方米。桃溪流域获评国家级湿地公园和水利风景区。深化平安泉州建设。狠抓社会治安综合治理，严厉打击各类刑事犯罪，切实做好信访工作。认真执行市人大进一步加强食品安全监督管理议案的决议，大力治理“餐桌污染”。落实安全生产“党政同责、一岗双责”，加强危化、交通、消防等领域隐患整治，四项指数全面下降。通过全国新一轮双拥模范城考核评估。国防动员、民兵预备役、海防、人防、支前、民族宗教、统计、物价、外事侨务、地震、气象、方志、档案以及青少年、妇女儿童、残疾人等工作取得新成绩。

切实转变作风 政府服务提速增效

扎实开展“三严三实”专题教育，巩固党的群众路线教育实践活动成果，严格落实“八项规定”，着力解决“四风”问题。认真落实市委全面推进法治泉州建设的实施意见，被赋予地方立法权，政府法制建设得到加强，府院联系机制不断完善，顺利完成“六五”普法规划。自觉接受市人大及其常委会监督，依法执行市人大及其常委会决定决议，主动配合市人大依法履职，办理人大代表建议371件，满意和基本满意率达100%。支持政协履行职能，主动接受市政协民主监督，深化重大事项事前协商，办理政协提案535件，满意和基本满意率达100%。公布实施行政权力清单、公共服务事项清单、责任清单、内资准入负面清单，建立动态调整机制。开展“办事难、办证难”专项整治，推进审批服务提速，复杂事项审批时间压缩至法定时限35%以内。加强廉政建设、行政监察、审计监督等工作，强化效能督查、政务督查，严肃查处“庸、懒、散”行为，加大对失职渎职的追究力度。

2015年工作任务的完成，标志着“十二五”规划基本实现。过去五年，我们紧紧把握中央和省里支持泉州发展的重大机遇，深入实施市委“三大战略”，全力推动科学发展跨越发展，有效应对各种风险和挑战，改革开放和现代化建设事业迈上新台阶。

这五年，泉州的经济更具规模、更具实力。2015年，全市完成生产总值6138亿元、规模以上工业增加值2903亿元、一般公共预算总收入805亿元、固定资产投资3406亿元，分别比2010年增长71%、104%、101%和182%，经济总量连续17年位居全省首位，人均地区生产总值达7.2万元。形成纺织服装、鞋业、石化、装备制造、建筑建材五大千亿产业集群。高新技术产业增加值达620亿元，占地区生产总值10.1%。

这五年，泉州的改革更显深度、更显广度。国家级金融服务实体经济综合改革、民营经济综合改革等获批实施、成效明显。21世纪海上丝绸之路先行区建设列入国家战略。“晋江经验”内涵进一步丰富提升。农业农村、科教文卫、社会治理、政府职能等重点领域改革取得新的突破。2015年全市外贸进出口270亿美元，比2010年增长240%。

这五年，泉州的城乡更有品位、更有魅力。连续5年开展“环湾规划建设年”活动，完成投资1900多亿元；环湾建成区面积206.5平方公里，比2010年增加56.5平方公里；全市城镇化率达63.6%，比2010年提高5.2个百分点，海湾型城市框架逐步成型。率先启动美丽乡村建设，实现村庄规划全覆盖，初步建立保洁常态化机制，永春成为全国典型。城乡基础设施更加完善，陆海空交通全面跨越，环城高速闭合成环，实现县县通高速，正式迈入高铁时代、亿吨大港、国际机场行列。

这五年，泉州的文化更富美誉度、更富软实力。闽南文化、“海丝”文化的世界影响力进一步彰显，获评中国首个“东亚文化之都”，成功举办2013世界闽南文化节，海上丝绸之路国际艺术节永久落户泉州。全市新增国家文保单位11个、非遗项目6个，新增世界非遗名录1项、记忆遗产1项，成为全国唯一拥有联合国教科文组织全部三大类别非遗名录的城市。

这五年，泉州的社会更加和谐、更加文明。全面完成义务教育标准化建设，所有县（市、区）通过国家义务教育基本均衡发展验收。医药卫生体制改革全面推进，新增医疗机构床位1.14万张。城乡医疗保险、养老保险基本全覆盖。人民生活持续改善，城乡居民人均可支配收入分别达37275元和15861元。荣膺全国文明城市，保持国家级科技、卫生、环保、综治、园林等城市荣誉。

“十二五”发展成就来之不易，这是省委、省政府和市委正确领导的结果，是全市人民齐心协力、拼搏奋斗的结果。在此，我谨代表市人民政府，向全市广大干部群众，人大代表、政协委员，各民主党派、工商联、无党派人士、各人民团体、离退休老同志，向驻泉省部属单位、驻泉部队、武警官兵，企业界人士和来泉创业务工人员，向广大港澳同胞、台湾同胞、海外侨胞、海内外朋友们，表示衷心的感谢和崇高的敬意！

我们也清醒地认识到，泉州正面临应对经济下行和加快转型升级的双重压力：传统产业扩量提质遭遇瓶颈，部分产能外移趋势初显，落后产能转化任务艰巨，三产增速多年低位徘徊；新旧动力还在转换，技术、人才储备不足，大众创业、制度红利等新增长因子作用尚未显现；部分企业生产经营困难，金融风险防控化解任务繁重；区域竞争更趋白热化，高端要素被“虹吸”的压力越来越大；中心城市辐射带动功能不强，农业农村基础仍较薄弱；资源环境约束日益加剧，环境保护压力加大；优质教育、卫生资源相对不足，民生保障与群众期望存在差距；安全生产、食品药品监管、社会稳定还有不少隐患；政府职能转变还不到位，营商环境有待进一步改善。“十二五”规划和2015年部分指标未能达到预期。

对于这些问题，我们将高度重视，切实加以解决。

“十三五”时期主要目标任务

未来五年是全面建成小康社会的决胜期，是全面深化改革的攻坚期。对接省“十三五”规划《纲要》，根据市委十一届十次全会通过的“十三五”规划《建议》，市政府编制了“十三五”规划《纲要（草案）》。“十三五”时期我市经济社会发展的总体要求是：全面贯彻党的十八大和十八届三中、四中、五中全会部署，深入落实习近平总书记系列重要讲话精神，坚持“四个全面”战略布局，牢固树立和贯彻落实创新、协调、绿色、开放、共享的发展理念，认真落实中央、省委和省政府支持泉州发展的重大决策部署，以转型升级、跨越发展为主线，以提高发展质量和效益为中心，加快形成引领经济发展新常态的体制机制和发展方式，努力建设创新泉州、智造泉州、海丝泉州、美丽泉州、幸福泉州。

“十三五”时期总体目标和重要任务是：到2020年，力争全市生产总值超9000亿元、年均增长8.5%左右，人均地区生产总值超10万元，提前实现地区生产总值和城乡居民人均收入比2010年翻一番。一要打造“创新泉州”。深化创新驱动发展战略，支持企业全方位创新，每个主导产业和新兴产业均形成一个以上高端创新服务平台，力争到2020年全市研发投入占地区生产总值比重达2%，争创国家自主创新示范区。大力推进重点领域和关键环节改革，进一步抓好金融改革、“民综”改革、新型城镇化等国家级试点，形成促进改革创新的体制架构。拓展提升“晋江经验”“泉州模式”，最大限度激发大众创业、万众创新的活力。二要打造“智造泉州”。着力加强供给侧结构性改革，全面实施“泉州制造2025”，力促主导产业高端化、特色产业集群化、新兴产业规模化，建设“中国制造2025”样板城市。加快现代服务业集聚扩量，着力发展“大旅游、大物流、大健康”产业。培育壮大特色现代农业，促进农村一二三产业融合发展。推动移动互联网、云计算、大数据与传统产业深度融合，提升发展网络经济。力争到2020年，重工业比重达42%、第三产业比重达40%、高新技术产业增加值比重达16%。三要打造“海丝泉州”。围绕建设21世纪海上丝绸之路先行区，全面实施十大行动计划，加快泉州港复兴，办好海上丝绸之路国际艺术节，致力深化与“海丝”沿线国家、地区的政策沟通、设施联通、贸易畅通、资金融通和民心相通，推动泉州与台港澳合作向更广范围、更大规模和更高层次发展。按照全省三大中心城市定位，坚持新城集聚、老城提质，做大做强环湾中心城市，实施古城保护提升计划，建好县域“大城关”及镇域“小城市”。积极稳妥并加快推进新一轮行政区划调整。力争到2020年，环湾区域建成区面积达233平方公里，全市城镇化率达68.5%。大力保护弘扬“海丝”文化，持续建设东亚文化之都和闽南文化生态保护核心区。四要打造“美丽泉州”。实施主体功能区战略，大力推进“多规合一”，加快形成生产空间集约高效、生活空间宜居适度、生态空间山清水秀的国土空间体系。大力发展绿色生产力，因地制宜建设美丽乡村。深入实施大气、水、土壤污染防治，推广绿色循环低碳的生产生活方式，构建生态文明制度体系。五要打造“幸福泉州”。加大民生投入，致力补齐民生短板，推进基本公共服务均等化，健全社会保障体系。大力发展社会事业，加快优质教育、卫生等资源的优化布局和有效供给，培育一批民生领域的知名服务品牌。实施脱贫攻坚工程，推动现行标准下贫困人口全部脱贫。加快构建和谐社会，提高依法治市的能力和水平，加强平安建设，全面提升人民群众的安全感、获得感和幸福感。

2016年政府主要工作安排

2016年是实施“十三五”规划的开局之年，也是推进结构性改革的攻坚之年。经济社会发展主要预期目标为：全市生产总值增长8.5%，农业总产值增长3%以上，工业增加值增长8.5%；一般公共预算总收入增长7%，一般公共预算收入增长5.5%；全社会固定资产投资增长16%；实际利用外资增长6%，出口增长4%；社会消费品零售总额增长11.5%，居民消费价格涨幅控制在3%左右；居民人均可支配收入增长7%左右；完成节能减排任务。

为此，我们要在市委统一领导下，坚持稳增长、调结构、强动力、惠民生、防风险，突出供给侧结构性改革，全力推进“五个泉州”建设，确保开好局、起好步。推动经济发展，要注重优化产能、创造增量、攻坚项目、化解风险；推动城市建设，要注重统筹集聚、共建共享、“点线面”提升；推动社会治理，要注重兜住底线、扩量提质、满足多元需求。具体抓好7个方面工作：

稳中求进　提高经济发展质量效益

进一步扩大有效投资。把投资重点放在基础设施、产业升级和民生领域上，突出抓好在建、前期、招商等关键环节。全年实施在建重点项目350个、总投资7390亿元，年度计划投资947亿元。开展“项目前期工作活动年”，强化重大项目协调调度，落实项目建设全过程提速机制，实行“时间倒排、任务倒逼、责任倒追”；结合“帮扶企业发展、促进项目落地”活动周，每季度推动一批重大项目开竣工。加大项目策划、储备和对接力度，每个产业链都打造一支相对稳定、懂业务、能谈判的招商队伍，全力对接一批大型央企、知名民企和重大外资项目。深入实施“回归工程”，大力促成在外乡贤回归投资先进制造业、传统优势产业提升和现代服务业项目。创新投融资体制机制，大力争取国家专项建设基金，通过政银企对接、产业基金、PPP、债券融资等渠道，有效保障项目资金需求。

实施产业转型升级路线图。围绕产业发展方向、龙头项目、集聚区域、发展平台、组织架构、政策措施等六要素，进一步找准定位、落实举措，努力在产业链条的关键领域、重点环节取得更大突破。推动制造业高端延伸。实施传统产业转型升级行动，坚持“加减乘除”并举，优化产业生态环境，提升优质资源的集聚和配置能力，真正让主导产业、特色产业“留下来、发展好”，在技术、品牌、市场等方面继续保持国内外领先地位。实施新兴产业倍增计划，重点发展集成电路、新一代信息技术、新材料等产业，力争在中下游环节快速突破、形成规模，加快建设中心市区、安溪、晋江、南安光电信息产业带。突出龙头带动，开工建设中化乙烯、莲花汽车、火炬电子材料、晶安光电（三期）、天电光电等一批扩量提质项目。加快实施“泉州制造2025”，大力推进以“机器换工”为核心的智能化改造，落实新一轮智能装备应用推广计划，新建15个以上示范性智能工厂、数字化车间；乘势培育壮大智能装备产业，建好洛江、晋江、南安等智能装备产业园区。深入开展技术改造，实施重点技改项目200个以上，全市完成技改投资800亿元以上。积极稳妥推进企业兼并重组、化解过剩产能，打造百亿企业、巨型企业；支持中小企业融入产业生态链，围绕大企业开展配套协作，实现优势互补、协调发展。实施质量品牌提升计划，加快创建全国质量强市示范城市，健全检验检测与认证技术服务，鼓励企业参与标准建设，加强知识产权保护，争创国际品牌。加快发展海洋经济，规划建设石狮、台商区、晋江等海洋经济园区。扶持建筑业发展壮大，实施建筑工业化试点。推动现代服务业加快发展。把培育专精服务新业态作为“第三产业发展年”的重要内容。生产性服务业要突出与实体经济有机融合，重点发展电商、物流、工业设计、服务外包等产业，有力支持制造业生产方式、商业模式、供应链服务等转变提升。认真实施“互联网+”行动计划，引导电商平台、专业市场、生产企业无缝对接，推进网商虚拟产业园、“泉州购”综合大型供货平台等项目建设。加快完善物流配套设施，鼓励大数据、云计算在物流领域的运用，抓好菜鸟网络科技、晋江快递产业园等项目。积极发挥新消费引领作用，大力发展健康养老、文体娱乐、休闲养生、家政护理等生活性服务业。加快发展体育产业，发挥我市体育运动品牌优势，举办环泉州湾国际公路自行车赛、南少林五祖拳武术大赛等赛事，促进体育消费。

激发创业创新活力。以建设福厦泉国家自主创新示范区泉州片区为契机，推进国家高新区“一区九园”建设，打造新的经济增长极。强化科技公共服务，建好中科院、华中科大、哈工大等在泉高端创新平台，深入千家企业开展技术开发应用和咨询服务。落实推进大众创业万众创新措施，借鉴中关村创业大街运作经验，大力发展众创、众包、众扶、众筹等新模式，整合厂房、设备、金融、技术等要素资源，打造晋江“三创园”等一批具有泉州特色的众创空间。举办众创众筹电视大赛。

加强人才集聚服务。实施企业家素质提升培训计划，进一步提高企业家战略把握、形势研判和实操能力。完善柔性引才机制，突出“高精尖缺”导向，加强带团队、带项目、带资金的高层次创业创新人才引进。支持企业与院校开展“订单式”人才培养工作，加快打造一支产业转型升级所需的技能人才队伍。健全人才激励评价体系，探索实行“积分制”，落实人才落户、子女就学等政策，营造良好人才环境。

夯实基础 扎实推进农业农村工作

建设特色现代农业。加强农业供给侧结构性改革，整合设立农业发展专项资金，强化投入精准性，加快推进农业现代化。严格耕地保护，落实粮食储备，加快建设市区标准化中心粮库。实施农业“五新”推广，创建高产示范片35万亩，引进台湾新品种、新技术，推动乌龙茶、芦柑等特色农产品转型升级。推进农业设施化规模化高端化，年度实施项目80个，开工三安植物工厂、道�农业、喆畋农业等龙头项目。加大农产品品牌建设，加强地理标志产品保护和运作，新增农业“三品一标”认证20个，完善农产品质量安全可追溯体系。突出“接二连三”，加强农产品精深加工，培育发展冷链物流，支持农产品电商平台、农业物联网示范企业建设，大力发展休闲农业、观光农业。推进土地承包经营权有序流转，发展多种形式适度规模经营。积极培育新型农业经营主体，扶持市级农业龙头企业30家、农民合作社示范社30家。发展远洋渔业，规划建设渔港经济区。

深入推进新农村建设。注重改善农村人居环境，加强农村自然风光、人文风情、传统风貌建筑保护，抓好220个人居环境整治村、美丽乡村示范（宜居）村和8条美丽乡村景观带建设，让农村“留得住青山绿水，记得住乡愁”。加快完善农村生产生活基础设施，推进县乡公路、农村配电网等提级改造，实施水利项目137个、年度投资55亿元，开工建设白濑水利枢纽工程，全面实施七库连通、山美水库流域生态保护试点等重大项目，抓好水库和海堤除险加固、农村饮水安全等民生水利工程。

推进精准扶贫精准脱贫。打好脱贫攻坚战，对接落实赣闽粤原中央苏区振兴发展规划，安排1亿元市级扶贫开发专项资金，广泛动员汇集更多社会扶贫资源，加大对30个扶贫开发工作重点乡镇和300个重点村的支持力度。坚持因人因地施策，做好贫困户全面核查、建档立卡和滚动管理，对丧失劳动能力、缺乏资金技能、因病、因灾、因学等致贫人口实行精准帮扶，推进最低生活保障线和市定贫困线“两线合一”，确保年度脱贫5万人以上。致力增强内生“造血能力”，在贫困地区实施一批基础设施、生态建设和民生工程项目。推进易地扶贫搬迁，完成省市搬迁任务。支持薄弱村发展村集体经济。

重点攻坚 深化关键领域改革开放

推进体制机制创新。深化金融改革。致力拓展金融资本进入实体经济、民间资本进入金融领域“两个通道”，推动小微企业信贷覆盖率37%以上，直接融资占社会融资比重达14.5%。建设金融业态集中区，争取获批民营银行、金融租赁公司，做大做强泉州银行，推动准金融机构创新发展。优化实体金融服务，深化全产业链金融服务试点，完善中小微企业信用信息交换共享平台功能，扩大小微企业贷款保证保险业务规模，提升农村普惠金融服务覆盖率和可获得性。加快发展区域资本市场，累计实现上市企业100家以上、“新三板”挂牌企业25家以上、海峡股权泉州交易中心挂牌企业500家以上。深化对台对外金融合作，扩大泉台跨境人民币贷款规模，加快推进外资企业资本金意愿结汇。维护良好金融生态，完善守信激励和失信惩戒机制，规范发展民间金融，开展打击恶意逃废债专项行动，坚守不发生系统性、区域性金融风险底线。深化“民综”改革。开展降低实体经济企业成本行动，进一步激发民营经济活力。深入开展“一照一码”改革，加快推进全程电子化登记和电子营业执照应用，提升注册便利化水平。发展壮大产业股权投资基金，加快设立新兴产业、高新技术、集成电路、重整并购、城市发展等专项子基金，鼓励民间资本参与。积极拓展公共资源市场化配置范围，整合市、县公共资源交易平台。深化资本、资产等领域改革。抓好农村宅基地和集体建设用地使用权确权登记颁证，推进晋江国家级农村宅基地制度改革试点。全面开展土地承包经营权确权登记颁证，稳妥实施土地承包经营权和农民住房财产权抵押贷款试点。启动不动产统一登记工作。抓好国资、供销社、林业、价格等方面改革，推动国有企业重组整合、发展壮大。

推进高水平双向开放。加快“海丝”先行区开放合作。认真落实行动方案和发展规划，重点抓好中兴海丝路跨境电商服务平台、海丝指尖物流公共服务平台等97个早期收获项目。积极推动 “海丝”沿线国家和地区来泉共建石油化工、汽车制造等产业合作园区。办好第二届“海丝”国际品牌博览会。加强与国际友城的合作。提高投资贸易水平。坚持“请进来”与“走出去”双联动。创新利用外资方式和工作机制，加快培育利用外资新增长点。落实外贸扶持政策，打造服务企业“走出去”的政策、金融、风险预警等综合保障平台；大力支持企业赴境外办展参展，抱团开展国际产能合作、品牌并购、资源开发和营销网络布局。主动复制推广自贸区制度创新经验，加快实行“单一窗口”和“三互”大通关。促进泉台融合发展。高水平推进台商投资区开发建设。积极组织赴长三角、珠三角等台资密集区开展招商，有针对性引进台湾微电子、光电、石化等产业链关键项目，抓好台湾海峡两岸医事交流协会系列项目落实。支持台资企业转型升级。致力增进泉台人文情感交流，拓展直接往来，促进客货运直航发展壮大。完成泉州向金门供水工程建设。深化泉港澳侨合作。落实与香港合作三年行动方案，加快南洋华裔族群寻根谒祖平台、华侨捐赠公益事业资料库等项目建设，做好新华侨华人和华裔新生代工作。

统筹集聚 做大做强环湾中心城市

推进城市“点、线、面”提升。在城市总体规划和环湾向湾发展的框架下，强化城市设计，探索“低冲击”开发模式，从城市的关键节点、组团连线、重点片区入手，推动规划从墙上走到地上，加快塑造城市崭新形象。“点”，要突出抓好重大城建项目、标志性工程，组织实施城建重点项目395个，年度计划投资超500亿元，打造市公共文化中心、东海会展中心、泉州歌舞剧院、泉州植物园等城市精品点。“线”，要突出完善城市山体系统、滨水系统和快速路网，制定实施“两江”沿岸景观提升规划，抓好晋江下游生态整治工程、山线绿道、崇武至秀涂海岸带等城市风景线，提高山江湖海的易达性，让山水走近城市，让人们亲近自然。“面”，要突出重点区域城市空间轮廓线控制，统筹建筑布局，协调景观风貌，围绕东海滨海片区、百崎湖周边等区域，完善开发策略、业态布局、项目支撑，推动要素集聚、功能配套、产城融合，培育城市高档商圈、总部经济、众创空间等现代服务业集聚区，打造若干示范片区。修订出台“三旧”改造政策，引导旧厂房改造发展新兴业态。有效化解房地产库存，完善“泉房通”商品房与保障房购销服务平台，加快棚户区和石结构房屋改造，力争征迁货币化安置比例不低于50%。抓好新型城镇化各级各类试点。

强化基础设施支撑。加快环湾路

网建设，推进重要主干道和交通节点改造提升，开工建设现代有轨电车、城东至北峰快速通道，提高跨组团快速通达能力。优化对外互联互通，开工建设兴泉铁路、福厦客专（高铁）、泉州综合交通枢纽，加快泉厦漳城市联盟路（高速）、厦沙高速泉州段等建设步伐。突出以港兴城、港城联动，修订完成《泉州港总体规划》，出台港口发展三年行动计划，抓好石湖5#—6#泊位、湄洲湾航道（三期）等项目，科学论证建设秀涂人工岛，开展泉州湾国际邮轮码头规划，完善港口集疏运体系和港后区配套，扶持集装箱运输发展，培育壮大港口经济。实施新一轮宜居环境行动计划，动建垃圾处理产业园，抓好省级“海绵城市”试点，建设新区地下综合管廊示范工程，加强中心市区防洪排涝、内沟河截污工作。

创新城市治理方式。完善市县两级规划管理体制，强化“多规合一”，制定规划建设“负面清单”，加强对古城、新区、“两江”、南北翼的规划统筹和有效管控。有序推进农民工市民化，提高户籍人口城镇化率。加快“智慧城市”建设，抓好智能交通、智慧医疗、智慧社区等信息惠民工作，建设数据交换共享平台，完善城市应急体系。实施城市畅通工程，优先发展公共交通，加快公共自行车租赁系统运行，抓好公共停车场建设，做好城市道路微循环系统规划和改造。深化城市执法体制改革，加强城乡“两违”源头监管和分类治理。抓好新型社区治理试点，完善物业协调管理体系。落实创建全国文明城市常态化机制，培育志愿服务文化，鼓励市民参与城市治理，实现共治共管、共建共享。

传承弘扬 深度挖掘释放文化的力量

擦亮千年古城名片。增强历史文化名城保护意识，把古城作为泉州的最大财富、最亮名片进行策划提升。坚持修旧如旧，完成历史文化名城保护规划修编，注重街区整体提升与个体建筑修缮相结合，抓好西街、中山路保护整治及闽南文化生态园等项目，保持古城格局和风貌的完整性。探索建立“千年古城、家园共造”的管理机制，提升古城居住环境和服务能力，推动生活方式、风俗习惯活态传承，精心培育发展适合业态，让古城“见人见物见生活”。加强对历史名街、名镇、名村、名人故居等保护整治。

集中打响文化品牌。主动担起传承弘扬“海丝”文化的责任，大力推进“海丝”申报世界文化遗产工作，加强“海丝”遗产点修缮保护和环境整治，建设中国海上丝绸之路博物馆。弘扬闽南文化，深化提升“十百千”基础工程，建好29个“非遗”生产性保护示范基地，继续抓好21个闽南文化整体性保护重点区域建设。加强文物保护。扶持泉州戏曲传承与发展。

大力发展文化旅游。实施文化产业倍增计划，抓好源和1916、领SHOW天地等建设，鼓励发展文化新业态，促进大众文化消费。创新发展“1+N”大旅游模式，推动旅游与文化、宗教、工业、农业、休闲等深度融合。加强“海丝泉州”“东亚文化之都”旅游品牌宣传推广，策划推出一批特色旅游主题和精品线路。推进泉州古城旅游、安永德山区绿色生态旅游、崇武和永宁滨海旅游等项目，加快A级景区、旅游特色街区、旅游集散中心等建设，引进和培育发展知名旅行社。

提升公共文化服务。深入实施“万千百十”文化惠民工程，抓好少儿图书馆、城市街区24小时自助图书馆等项目，推进基层文化设施达标提升，提高公共文化数字化水平。加快广播电视节目无线数字化覆盖，积极推动文艺演出及文艺精品创作创新。推进第二轮修志工作。办好第八届亚洲世界语大会。

绿色发展 建设国家生态文明示范市

铁腕重拳治理环境污染。全面落实水污染防治行动计划，严格实行“河长制”，加强饮用水源保护，突出生活污染、工业污染、畜禽养殖污染专项治理，深化重点流域、跨境流域整治和小流域“赛水质”活动，建设安全生态水系。认真落实大气污染防治行动计划，重点整治工业粉尘、餐饮油烟、建筑施工、垃圾焚烧等污染源，改善空气质量。制定实施土壤污染防治行动计划，开展耕地重金属、农田残膜污染治理，加快固废、危废处置中心建设。严厉打击各类环境违法行为。

推进资源节约集约利用。深化能效对标行动，充分挖掘企业节能潜力，实施节能重点项目50个以上，抓好燃煤锅炉节能环保提升工程。深入推进德化陶瓷园区、泉港石化园区循环化改造，开展石狮国家级循环经济示范市创建工作。继续实施最严格水资源管理制度，争创国家节水型城市。推进节约集约用地，盘活利用闲置土地，建设绿色矿山。发展农村沼气工程。

完善生态文明制度体系。严格落实生态保护红线管控措施，完善森林生态效益和“两江”流域生态保护补偿机制。强化重点生态功能区和生物多样性保护，加强山体、水域、湿地、海岸带生态修复，抓好造林绿化、水土保持，创建国家森林城市。推进重点生态区位商品林赎买试点。推广实施环境污染责任保险，探索推行环境污染第三方治理。实行生态环境损害责任终身追究制。

补齐短板 不断提高人民幸福指数

织牢就业和社会保障安全网。落实就业创业扶持政策，设立创业担保贷款专项资金，统筹抓好高校毕业生、就业困难人员等重点群体就业。开展“全民参保登记计划”试点，进一步提高社保覆盖面，实行城乡居民基本医疗保险政策一体化。加快金保工程建设，实现社保数据跨部门、跨区域交换共享。构筑完善养老服务体系，抓好市社会福利中心等项目，建设居家养老服务信息平台，推进医疗卫生和养老服务融合发展。深化机关事业单位养老保险制度改革。强化兜底责任，提高城乡居民最低生活保障水平，深化“救急难”试点，建立健全救助标准自然增长机制。发展慈善公益事业和残疾人事业。深入实施妇女儿童发展纲要。关心关爱农村“三留守”群体。

提高教育发展水平。基础教育要突出增加优质资源、推动均衡发展，实施新一轮学前教育三年行动计划和特教三年提升计划，新改扩建公办幼儿园15所，实现特教学校标准化建设；发挥“名校、名师、名校长”辐射带动作用，加快城东、东海、江南学园和台商区实验学园等项目建设，推进农村义务教育薄弱学校改造和城镇中小学扩容，全市新增学位2万个。高等教育、职业教育要突出服务产业转型升级，推行现代学徒制，建设一批示范性现代职业院校、职业教育集团和生产性实训基地；启动职业院校专业群对接产业群建设工程，打造有竞争力的特色学科和专业。扶持和规范发展民办教育。抓好老年教育、终身教育。持续加强和改进未成年人思想道德建设，开展中小学劳动教育实验，做好关心下一代工作。

加快卫生计生事业发展。医药卫生体制改革要以解决看病难、看病贵为重点，突出“三医”联动，扩充优质卫生资源，努力满足人民群众多层次、多样化的健康需求。新建市妇产医院、老年医院、颐和医院，扩建一院新院、福医大附属二院新院、医高专附属人民医院、光前医院，续建石狮医院新院、晋江医院新院和泉州滨海医院，当年全市新增医疗机构床位2000张以上。深化公立医院综合改革，建立现代医院管理制度，加强县级医院综合能力和基层医疗服务体系建设，加快培养引进紧缺急需卫生人才。大力推行分级诊疗，建立健全分工协作、双向转诊、财政补偿制度。落实基本公共卫生服务，推进妇幼保健和计生技术服务资源整合共享。加强传染病和慢性病防控。积极创建全国基层中医药先进市。落实“全面两孩”政策，发挥计生协会作用，加强基层计生工作。深化全民健身运动，倡导健康生活方式。

进一步强化社会治理。完善矛盾纠纷多元化解机制，推进“阳光信访、责任信访、法治信访”。深化社会治安综合治理，依法严厉打击违法犯罪活动。建立健全食品安全社会共治体系，严厉整治食品药品违法行为。抓好道路交通、消防、危化、建筑施工等重点行业领域安全生产，加快泉港石化园区安全控制区建设，争创全国安全发展示范城市。支持工会、共青团、妇联等人民团体发挥更大作用。深入开展民族团结进步创建活动。加强宗教事务依法管理。持续推进军民融合深度发展，实施一批民参军、军转民重点项目，打造双拥建设升级版。

切实加强政府自身建设

发展新起点，人民新期待，要求我们必须全力推进政府建设，加快职能转变，以更加开阔的视野、更加昂扬的斗志、更加务实的作风，推动泉州新一轮跨越发展。

始终坚持解放思想、创新争先。要爱拼敢赢、争创一流，高标准、高要求推动“十三五”发展，保持全省平均水平之上，确保“红旗不倒”。要创新理念、创新方法，坚决破除各种思维定势和体制障碍，推出一批具有重大牵引作用的改革举措，进一步开拓泉州发展新境界。要主动担当、敢于负责，不满足于一般化，勇于突破发展中遇到的复杂问题和深层次矛盾，在各个岗位上创造新业绩，展示新形象，体现新作为。

始终坚持执政为民、人民至上。时刻不忘政府前面“人民”二字，始终把人民利益放在第一位，努力把市民的期待变成我们的行动，把市民的希望变成生活的现实。坚持保基本、兜底线、补短板，把新增财力更多用于民生，抓好为民办实事项目，不断加大公共服务产品供给。巩固“三严三实”专题教育成果，弘扬“滴水穿石”“四下基层”的好作风，严肃查处损害群众利益的行为。积极开展接访、走访、回访活动，真诚倾听群众呼声，真实反映群众愿望，真情关心群众疾苦。

始终坚持简政放权、务实高效。经济形势越是严峻，越需要政府主动作为、靠前服务。要对标国内国际先进，从影响企业开办、营运、退出等10个领域入手，建立与国际接轨的营商规则和评价体系。落实清单管理模式，优化审批流程，清理规范中介机构。深化“互联网+”政务服务，打造“指尖上的行政服务中心”。强化效能督查，杜绝“吃拿卡要”，有效治理慢作为、不作为、乱作为。充分发扬政企互动的好传统，旗帜鲜明支持企业经营发展，理直气壮维护企业合法权益，不遗余力为企业排忧解难，进一步夯实泉州实体经济的根基。

始终坚持依法行政、清正廉洁。认真贯彻《中国共产党廉洁自律准则》和《中国共产党纪律处分条例》，全面落实党风廉政建设主体责任和监督责任。自觉接受人大法律监督、工作监督和政协民主监督，提高人大代表建议和政协委员提案的办理质量，充分听取各民主党派、工商联、无党派人士以及各人民团体的意见和建议，广泛接受新闻舆论和人民群众监督。加强行政监察和审计监督。抓好公务用车制度改革。强化法治政府建设，做好地方立法工作，全面启动“七五”普法，深化政务公开，加强行政复议和行政应诉工作，拓展府院良性互动内涵，进一步提升法治泉州建设水平。

泉州人有精神，企业有根，社会有活力，泉州的发展前景无限广阔！让我们紧密团结在以习近平同志为总书记的党中央周围，在中共泉州市委领导下，紧紧依靠全市人民，脚踏实地，锐意进取，为建设“创新、智造、海丝、美丽、幸福”的现代化泉州，为在更高水平上全面建成小康社会而努力奋斗！

“三严三实”专题教育

以上率下引领深学细研

通过市委常委带头上专题党课、带头学习研讨、带头督促抓好分管领域或挂钩县（市、区）的专题教育，引导各级党组织持续深化学习教育，打牢严和实的思想基础。市委中心组先后邀请著名经济学家厉以宁教授、国家行政学院周文彰教授作《新常态与中国经济的走向》《“三严三实”的内涵和意义》等专题辅导讲座，全市开展各类学习研讨活动200多场次。

落细落小整改突出问题

结合党的群众路线教育实践活动整改落实“回头看”活动，及时把未完成的后续整改任务纳入专题教育边学边改范围。组织县处级以上领导班子及个人紧密联系自身思想作风实际，查摆找准“不严不实”问题，特别是深入查找创新转型、帮扶企业、优化服务等方面的问题，逐一列出问题清单，明确整改时限和整改措施。同时，列出“为官不为”5个方面、26种具体表现形式，要求各级领导干部对号入座、深查细找。先后组织3场专题效能督查，对项目建设滞后、审改落实不到位、审批体外循环等9个方面突出问题予以通报批评，责成限期整改。

严实相济推动改革发展

坚持把“三严三实”专题教育与全市中心工作有机结合，深入开展“三比一看、勇担当打头阵”主题实践活动，督促党员干部结合查摆出来的问题分别确定1—2个实践比学项目，推动党员干部深入项目一线现场办公、解决问题。每季度定期开展“促进项目落地、帮扶企业发展”活动周，市、县两级党政班子成员分别深入基层一线，协调解决项目落地、企业发展中遇到的困难问题1586个，相关做法在中组部《组工信息》上刊发。

7月6日，市委常委会举行“三严三实”专题教育第一次集中学习研讨　（图/陈起拓）

推动产业转型升级

贯彻落实国务院总理李克强对泉州的指示要求和省委关于泉州要“带个头、走前面、作榜样、探索经验”的要求，立足抢抓、深入具体、激活主体、全面动员，加紧谋划推动，加快重点工作突破。

调查研究

密集开展重点行业专题调研和一系列专场座谈会，征求龙头企业、行业协会、科研专家以及各民主党派、工商联、无党派人士的意见建议，系统梳理三次产业、重点行业转型升级需要突破的瓶颈制约和努力方向。集中组织13个事关泉州中长期发展的重点专题调研，聚焦新生事物，着眼补足短板，抓好“加快产业转型升级，争当福建发展领头羊”“加快推动互联网金融发展”“建立产业投资基金体系”“发展众创空间，推进创新创业”“培育发展新型科研机构和创新服务平台”“推动泉州高校人才培养和产业发展需求紧密结合”等研究和成果转化。已出台组建产业基金体系、推广运用PPP模式（政府和社会资本合作的一种项目融资模式）、推进大众创业万众创新等政策。

动员部署

召开市委十一届九次全会，制定出台《关于进一步推动产业转型升级的实施意见》《关于加快实施〈泉州制造2025发展纲要〉的若干意见》，推进智能制造、服务型制造和提升质量品牌三个专项行动，千方百计抓龙头带动、“数控一代”应用、服务业与制造业融合发展、创新服务能力提升和人才团队建设、金融服务跟进、帮扶企业效率提升6项重点工作。细化编制17个重点产业转型升级路线图，既梳理产业链缺失的生产环节，又梳理创新链急需的研发平台、检测中心、科技中介等，策划生成项目库，同步开展招商选资、平台引进。

工作抓手

把发展特色现代农业放在重要

7月22日，全省智能制造暨创业创新现场会在泉州召开 （图/陈起拓）

泉州华中科大智能制造研究院产业化基地自主研发的绿色环保餐具自动化生产线
（图/陈晓东）

位置，推动“接二连三”融合，新增设施农业1100公顷、新培育家庭农场等新型经营主体698家，安溪县入选国家现代农业示范区。推进“数控一代”示范工程，坚持以市场换技术、换项目、换产业，加快示范扩面提量、就地研发制造、智能装备园区建设，全省智能制造暨创业创新现场会在泉州召开。深化“第三产业发展年”活动，推动出台互联网经济发展实施方案，率先创办网商虚拟产业园，建设“泉州购”综合大平台，促进网络经济由虚变实、新业态由小变大，全市电商交易额保持40%以上增长，创建中国快递示范城市，德化电商园、安溪弘桥智谷入选“国家电商示范基地”。下大力气引进建设创新公共平台，督促各县域2016年上半年内引进1家以上大型综合创新平台。集聚国家数控技术泉州分中心、中科院泉州装备所、华中科大智能研究院等17个平台，各种方式引进高层次人才600多位，其中院士15人。启动创新驱动助力工程，中国科协组织10个全国学会、8名院士、30多名高级专家到泉州对接服务。

配套政策

组建产业基金体系和城市建设发展基金。采取“1+N”即母基金+若干子基金的方式运作，用有限的财政资金撬动更多的社会资本支持泉州产业发展、城市建设。在产业基金方面，设立母基金即产业股权投资基金并注册成立管理公司，组建运作新兴产业、并购重组2个子基金；城市建设发展基金方面，筹建母基金，由市国投公司和金融机构联合发起设立。出台推进大众创业万众创新鼓励措施。市、县两级统筹财政涉企资金2.4亿元，支持各类众创空间建设、大学生创业、创业导师队伍建设等，已有众创空间59个（孵化“双创”企业626家、项目1080个），其中9家入选省级众创空间（丰泽创客领SHOW、石狮星期YI创客空间、晋江陆地港众创空间等）。推广运用PPP模式，设立泉州市PPP专项增信资金3亿元，策划生成PPP推介项目90个、总投资1050亿元，2个项目纳入省推荐试点项目。

专项突破

重点推动企业家思维理念和产业组织形态“两个转变”。强化企业转型主体意识。警醒一批“守摊守旧、一根筋死撑”的企业主，早转早主动，不转没前途。实施企业家素质提升培训专项行动，相继举办23期培训活动，晋江还组织3批政府人员和企业家小分队赴深圳开展学习观摩，起到很好效果。解决技术人才储备不足的制约。大规模推进技术研发平台、创新机构引进和建设，督促各县域2016年上半年内至少引进1家大型综合创新平台。全市已集聚33个高端平台（国家数控技术泉州分中心、中科院泉州装备所、华中科大智能研究院等），新建院士专家工作站4家、博士后科研工作站5家，各种方式引进高层次人才600多位，其中院士15人。同时，高度重视培养“会开智能机器”的蓝领，实施技能人才素质提升工程，新增高技能人才1万多名。推进“数控一代”示范工程。坚持以市场换技术、换项目、换产业，加快示范扩面提量、就地研发制造、智能装备园区建设，兑现智能制造扶持资金近1亿元，建成34个（条）智能工厂、数字化车间和“数控一代”示范生产线。培育“互联网+”新业态。出台互联网经济发展实施方案，率先创办网商虚拟产业园（入驻企业1700多家），筹划打造“泉州购”“泉商汇”“泉智汇”“泉州仓”四大平台（“泉州购”即全渠道供货平台；“泉商汇”即集群注册与信用服务平台；“泉智汇”即各种服务商在线分工协作平台；“泉州仓”即在“泉州购”平台交易数据的基础上，建设物流仓储“虚拟仓”开放性平台，并叠加票据、金融等杠杆），促进网络经济由虚变实、新业态由小变大，全市电商交易额超1900亿元、增长35%，创建中国快递示范城市。

国家级金融综合改革试验区建设

“金改”获批3年来，泉州市贯彻落实中央有关部委和省委、省政府关于“金改”一系列重要决策部署，以金融服务实体经济为主线，以改善小微企业金融服务为重点，以深化金改项目化运作为抓手，推进重点环节改革和底层自主创新，建设具有泉州特色的实体金融服务体系，结合实际、突出特色，积极探索、稳步推进，创新突破、成效显著。一些创新举措走在全国、全省前列，央行在《2014年中国区域金融运行报告》的主报告中对泉州“金改”予以肯定。

打基础　促提升
探索金融服务实体经济新举措

泉州“金改”以来，立足打好基础，力促提升，探索金融服务实体经济的新举措。打通金融资本进入实体经济和民间资本进入金融领域“两个通道”，构建“一个平台、两项工程、三大体系、四大支撑”，推动金融与实体经济融合发展，服务产业转型升级。

一个平台：在全国率先建成中小微企业信用信息交换共享平台，整合导入14.84万多家中小微企业、704万条基础信息数据，实现分散在工商、税务、质监、海关、科技、住建、水电气等条块部门单位及准金融机构的企业信用信息的交换共享，同时依托平台建设“重点小微企业融资项目库”，构建小微企业增信服务模式（“定向普惠+信息服务+信用增进+动态管理”模式），推动银行机构向入库企业授信。“重点小微企业融资项目库”入库企业4875家，银行给予入库企业授信超过280亿元，银行与中小微企业的融资对接通道基本打通，破解银企之间信用信息不对称问题。

两项工程：推进“引金入泉”工程。引进菲律宾首都银行、厦门国际银行、恒丰银行、广发银行入驻泉州开业，新设银行机构网点204家，实现乡镇银行机构网点全覆盖，已开业村镇银行5家、获批筹建3家、获银监会备案同意1家。兴业消费金融公司和七匹狼企业集团财务公司获批开业，金融租赁公司抓紧申报筹建。民生电商全国纺织服装事业部（品尚电商互联网金融）落地运营。海峡金融资产交易中心、海峡石化产品交易中心已在泉州开业。实施金融创新工程。泉州银行在全国率先创新无需还本、直接续贷的“无间贷”，带动银行机构从贷款还款、贷款担保、审批流程等方面创新小微金融产品5大系列、189项，各类创新业务超过1000亿元、受益企业9.34万户，一批创新成果如“无间贷”“流水贷”“连连贷”等在全省推广。涉农金融机构创新“三农”金融产品及服务方式38项，茶业“茶三通”、渔业“海融通”、船业“信用船”等一批特色支农金融产品形成良好经济社会效益，农户信用、服务网络和适农金融产品等农村普惠金融覆盖面不断提高。

三大体系：建立地方监管体系。“金改”以来，泉州建立准金融机构监管联席会议制度和监管责任人制度，开展准金融机构评级和分类监管，建设准金融机构监管信息系统；健全重点上市后备企业指导服务、场外市场挂牌后备企业指导服务及上市企业跟踪服务制度；创新“民间融资登记服务模式”，在全省率先出台《民间融资管理暂行规定》，建立民间融资登记备案制度，石狮市金融服务中心和晋江恒盛民间借贷登记服务公司开业以来累计登记民间融资业务3645笔、金额236.94亿元，初步形成地方金融发展监测体系。建立金融服务体系。全市有13万余家中小微企业、120.43万农户建立信用档案，构筑小微金融、普惠金融服务信用基础，已建档农户获贷288.81亿元。在石狮市设立全国首个县级金融公共服务平台，向社会提供集社会信用信息、民间融资登记、中小微企业融资推介、产业金融对接等功能为一体的一站式公益性金融服务。建立风险防控体系。建立财政出资4.6亿元的企业应急保障专项资金，设立行业协会、龙头企业出资9.69亿元的行业性转续贷周转基金，为2947家企业提供“过桥”转贷资金540.76亿元。加强政、司、银、企携手联动，组建市县两级政府主导的融资担保公司和行业性融资担保公司，建立防范民间借贷风险向金融体系渗透传导的隔离机制。

四大支撑：产业金融支撑，设立晋江鞋业协会、石狮布料市场等11个产业融资合作平台，设立石材、海洋等产业金融专营机构和高新区科技金融服务中心，开展“全产业链金融服务创新试点”，推广买方信贷、设备按揭和融资租赁等金融创新产品，推动企业成长全过程、重点产业全产业链和产业转型升级全过程金融服务。小微金融支撑，创新“小微企业金融综合服务模式”，发展183个小微企业金融服务机构、44个小微金融合作社，建立小微企业“线上”“线下”综合金融服务平台，推进112家龙头企业与一大批上下游小微企业开展“1+N”供应链综合授信，强化对小微企业的融资辅导服务。三农金融支撑，在全省率先实施农业经济作物种植保险（安溪县财政补贴型茶叶种植保险）和农村增信服务公司试点，设立全省首家县级（德化县）农村产权交易中心，开展财政补贴受益权、大型农用生产设备、土地承包经营权、农村宅基地使用权、农民房屋财产权、林权、海域使用权等抵（质）押贷款，实现农户信息建档和信用评级全覆盖，涉农贷款增速高于各项贷款平均增速。区域资本市场支撑，建设海峡股权泉州交易中心，在全国地级市中率先与新三板建立转板合作机制，在全国率先开展区域股权交易市场委托债权交易业务，在全省率先开展排污权、林权、海域使用权专场交易；与上海证券交易所签订《战略合作框架协议》，支持企业境内外上市融资；推动符合条件的企业发行企业债、中小企业私募债、中期票据和短期融资券；出台规范准金融机构发展系列指导意见，建设晋江融资租赁特区，积极稳妥发展准金融机构。

走前列 显实效
开创产业与金融融合发展新局面

在维护良好金融生态的同时，推动金融与产业互动融合，服务实体经济发展。主要体现在：

资金保障更加扎实。出台《加强信贷服务支持实体经济发展八条措施》，市政府与在泉银行业金融机构签定《支持实体经济发展责任书》，推动银行业金融机构落实“五不”（不减少信贷规模、不釜底抽薪、不提高续贷门槛、不随意抽贷、不随意压贷）要求，持续扩大信贷投放，降低企业融资成本，保障实体经济资金需求，促进产业转型和经济持续发展。2015年末，全市银行业各项贷款余额5429.17亿元，比年初增加499.34亿元；表外业务余额1846.86亿元。支持“泉州2025”智能制造的创新改造、产业转型升级、重点项目建设等，推动这些项目的不断进展。

政策环境趋于优化。随着泉州“金改”效应的逐渐显现，国家部委和福建省持续加大对泉州“金改”的政策支持力度，国务院表示支持泉州设立民营银行，将晋江市和石狮市列为全国农民住房财产权抵押贷款试点、永春县列为全国农村承包土地经营权抵押贷款试点；人总行将泉州列为首批全国小微企业信用体系建设试验区，支持泉州在资本项目开展创新试点等部分自贸区金融政策，批准泉州开展泉台跨境人民币贷款、外商投资企业资本金结汇管理方式改革及跨境电子商务外汇支付业务等三项试点等。

两个通道有效打开。通过“金改”，金融资本加快进入实体经济，产业金融加快发展。2015年，全市制造业、批发零售业等五个重点行业新增贷款（新口径）134.86亿元，占各项贷款增量的25.8%。小微金融成效显著，2015年底小微企业授信户数15.56万户，比年初增加4.19万户。直接融资规模持续扩大，海峡股权泉州交易中心挂牌企业达410家，海峡金融资产交易中心交易额突破180亿元，16家企业在“新三板”挂牌；2013年以来新增上市企业20家，目前境内外上市企业达96家，居全国地级市前列；新增发债企业34家，直接债务融资305.8亿元。民间资本有效进入金融领域，民间资本参与地方法人银行发展，辖内11家地方法人银行业机构民间资本占总股本超过90%；辖内10家农村中小金融机构中，9家实现民间资本控股；已开业的村镇银行非金融企业发起人全部是民营企业；正在申报设立的民营银行100%由民资发起。民间资本加快进入非银行金融机构，已开业的兴业消费金融公司和正在申报设立的金融租赁公司民资分别参股10%和15%，已开业的七匹狼集团财务公司100%由民资发起。由民资新设准金融机构73家，2家小额贷款公司开展跨县域经营，准金融机构向中小微企业投放资金547.39亿元，发挥民间资本进入实体经济的桥梁和载体作用。

服务体系日趋完善。推进“金改”项目化运作，把“金改”政策和重要工作策划成为具体项目，三年来实施“金改”项目171个、“金改”重点创新突破工作29项，培育金融创新示范点18个，以项目为抓手推动金改取得突破进展和提升实效。泉州通过“金改”，初步形成区域金融服务模式、互联网金融发展模式、金融支持产业转型升级模式及金融支持新型城镇化建设模式，提升金融服务水平和实际效果。

菲律宾首都银行泉州分行 （图/吴寿民）

国家发改委民营经济综合改革试点地区建设

泉州民营经济发展概况

改革开放30多年来，泉州民营经济经过不断发展壮大，是中国18个改革开放典型地区之一、先进制造业基地，获中国十大品牌城市、国家商标战略实施示范市等称号。创造“泉州模式”和“晋江经验”，经济总量约占全省的1/4，形成石油化工、纺织服装、制鞋产业、机械装备、建筑建材5个产值超千亿元的产业集群；拥有产值超亿元工业企业2167家、上市企业99家、中国驰名商标144件。

2012年，泉州市获批省级民营经济综合配套改革试验区，在此基础上，泉州积极申报国家发改委综合改革试点。2014年3月，国家发改委批复《福建省泉州莆田民营经济综合改革试点总体方案》，泉州成为全国六个综合改革试点地区之一。

2015年，泉州民营经济增加值达4965.23亿元，增长7.9%，占全市经济总量的80.9%；民营固定资产投资投资2262.10亿元，增长8.5%；民营企业法人单位数13.90万家，增长27.2%；个体工商户数34.95万家，增长25.9%；民营国税收入257.84亿元，民营地税收入284.26亿元；全市新增城镇就业15.3万人，农村劳动力转移就业6.2万人，培训各类劳动者19.8万人次，新培养高级工6664人、技师737人、高级技师364人。

民营经济综合改革进展情况

推动企业全方位创新。推进科技体制创新。率先发布实施“中国制造2025”，制定出台《关于加快实施〈泉州制造2025发展纲要〉的若干意见》，启动智能制造、服务型制造和提升质量品牌三项行动计划。推广技术创新。组织“三个一千”推广计划，兑现智能制造扶持资金近1亿元，建成34个（条）智能工厂、数字化车间和“数控一代”示范生产线，引进建设高端科研平台33个，全市新增高新技术企业88家，“科技小巨人”企业108家、省级创新型企业6家。助推商业模式创新。获批全国“电子商务示范城市”，开展“电子商务在行动”等活动，全年电子商务交易总额达1917亿元，增长35%。推进大众创业万众创新。重点建设众创空间59个，孵化“双创”企业626家、项目1080个，在全省率先启动网商虚拟产业园建设，入驻企业1700多家，星期YI创客空间59个、创客领SHOW和晋江陆地港众创空间获评省级众创空间。

推进供给侧结构性改革。推动传统产业转型升级。制定出台《关于进一步推动产业转型升级的实施意见》，编制实施产业转型升级路线图，围绕产业发展方向、龙头项目、集聚区域、发展平台、组织架构、政策措施等六要素，对17个重点产业链条进行梳理。积极稳妥化解过剩产能。深化本地企业“手拉手”活动，全年对接产能712亿元，发布166家企业近500种产品的《名优地产建材产品供应商推荐目录》，推进政府性投资工程采购名优地产建材产品。推动企业兼并重组。出台实施《关于推进企业兼并重组的十条措施》《关于推进企业兼并重组和破产重整实施方案》，设立兼并重组投资基金，基金规模20亿元。继续抓好企业家培训。全年举办各类培训交流活动近20场，培训企业家及高级管理人员2000多人次。

深化投融资体制改革。推行政府和社会资本合作（PPP）机制。推出支持和鼓励民间资本参与投资基础产业和公用事业的项目90个，总投资1050亿元。开展投资项目审批改革。组织实施投资项目在线审批监管平台建设，印发《泉州市2015年深化投资审批改革工作的通知》，精简下放投资项目审批事项，严格概算审批，开展20多场点点审批辅导服务。争取国家专项建设基金支持。组织筛选四批项目申报国家专项建设基金，39个项目纳入国家专项建设基金安排计划，项目总投资376.27亿元，安排专项基金16.07亿元。推行政府购买服务。出台《2015年度泉州市政府购买服务目录》，印发《关于进一步推进泉州市政府购买服务工作的通知》，市本级9个政府购买服务项目中，8个项目完成政府采购，1个项目进入协商阶段。

深化金融服务实体经济改革。金融组织体系更加完善。恒丰银行泉州分行、广发银行泉州分行开业，七匹狼企业集团财务公司落地运营，兴业消费金融公司贷款余额突破20亿元，实现银行机构网点乡镇全覆盖；小微企业信贷覆盖率提高到35.8%，比年初提高3.9个百分点。加强中小微企业服务力度。中小微企业信用信息共享平台导入企业14.84万家，帮助企业获得授信超过280亿元。“无间贷”“流水贷”“连连贷”等金融创新产品在全省推广。区域资本市场不断拓展。新增上市企业5家、“新三板”挂牌企业10家、海峡股权泉州交易中心挂牌企业84家、发债企业10家，海峡金融资产交易中心交易额突破160亿元，设立产业股权投资基金。在全省率先开展泉台跨境人民币贷款业务。

开放合作不断深入。“海丝”先行区建设稳步推进。编制“海丝”先行区行动方案，策划“十大行动计划”“十大重点工程”，确定“海丝”重点项目200个。与“海丝”沿线国家的交流合作不断深入。联合国“海陆丝绸之路城市联盟”工商理事会在泉州设立，并将秘书处永久设在泉州；承办“中国福建周”系列活动，开展泉州品牌“境外行”“海丝行”等境外展销活动；举办海丝国际研讨会、“海上丝绸之路起点•泉州”图片世界巡回展和第十四届亚洲艺术节暨第二届海上丝绸之路国际艺术节，海上丝绸之路艺术节永久落户泉州，海上丝绸之路艺术公园•亚洲园建成开放。港口功能不断增强。实现港口货物吞吐量1.2亿吨、集装箱吞吐量200万标箱，分别增长7.1%、6.1%。

推进行政管理改革。开展工商登记制度改革。全市市场主体突破50万，推进“一照一码”登记制度，超过1.7万家企业领取加载统一社会信用代码的营业执照。深化行政审批制度改革。国家级行政服务标准化试点通过验收，280项简易审批服务事项实行即收即办，复杂事项承诺时限压缩至法定的35%以内，全面取消“非行政许可”审批类别，下放县级和取消事项101项。推行内资投资负面清单管理模式。出台实施《泉州市内资投资准入特别管理措施（负面清单）（试行）》，在产业门槛、项目投资额度、生产工艺、产品等方面采取的禁止、限制等297项内资投资准入特别管理措施。推行政府权力清单改革。精简行政权力2906项，精简率达41.7%，公布47个部门共4060项行政权力事项，编制完成市、县两级行政权力和公共服务事项运行流程图。推行政府责任清单改革。梳理市级责任事项6069项、多部门监管责任事项125项。

开展县域特色改革。晋江国家级新型城镇化、石狮中小城市综合改革、永春县国家主体功能区建设获批国家级试点，石狮全域城市化发展改革、德化做强城关统筹城乡推动城镇化健康发展、丰泽和晋江服务业综合改革、南安沿海三镇产城融合培育小城市等获批省级改革试点，晋江安海、金井、南安水头、安溪龙门、湖头等获批省级小城市培育试点。加快推进鲤城区“金融服务科技创新”改革试点、洛江区城乡土地统一市场建设改革试点、泉港区产城联动发展试点、南安市沿海城镇产城融合试点、惠安县雕艺产业转型升级试点、安溪县茶业经营体制改革试点、永春县桃溪流域生态经济试验区建设试点、泉州开发区转型升级示范区建设和企业股权投融资服务平台建设试点、泉州台商投资区创新对外开放机制改革试点等县域特色改革试点试验，推动各试点争创国家级或省级改革试点。

恒丰银行泉州分行 （图/吴寿民）

21世纪海上丝绸之路国际研讨会在泉州举行

海陆丝绸之路城市联盟工商理事会成立仪式　（图/吴寿民）

2月11—12日，由国务院新闻办公室主办，新华社、中国社科院、中国外文局、福建社会科学院承办的21世纪海上丝绸之路国际研讨会在泉州举行。会议以“打造命运共同体，携手共建21世纪海上丝绸之路”为主题，在开幕式暨全体会议和高峰论坛后，设三个并行圆桌会议，议题分别是“海上丝绸之路：价值理念与时代内涵”“共同建设、共同发展、共同繁荣”“抓住发展新机遇，拓展合作新空间”。11日，六位嘉宾在开幕式上发表致辞和演讲。

国务院新闻办公室主任蒋建国在致辞中表示，建设21世纪海上丝绸之路战略构想是中国政府面向国际社会提出的重大合作倡议，围绕“打造命运共同体，携手共建21世纪海上丝绸之路”主题举办此次国际研讨会，邀请中外专家学者共商合作大计、共谋发展良策，是一次智力对接、舆论对接的有益尝试。

省委书记尤权在致辞中表示，福建是中国改革开放的先行地区和重点发展区域，长期以来与东南亚等海丝沿线国家有着紧密的经贸合作关系。在建设21世纪海上丝绸之路核心区过程中，将从丰厚的历史积淀中吸取营养，主动顺应时代发展要求，采取加强互联互通建设、深化多元贸易往来、积极推进海洋合作、推动人文密切交流等举措，全方位推进与海丝沿线国家的交流合作，为建设21世纪海上丝绸之路作出积极贡献。

新华通讯社社长蔡名照在演讲中表示，媒体是信息传播的载体和文化交流的使者，对增进各国人民之间的相互了解和友谊，发挥着不可替代的作用。媒体要做21世纪海上丝绸之路建设进程的真实记录者、积极参与者，增进沿线各国人民认知认同，加深各国人民友谊，凝聚起共商共建共享的强大力量。新华社将通过加大对海上丝绸之路建设的报道力度、创办海上丝绸之路建设新闻信息产品和服务、为海上丝绸之路建设提供智力支持等方式，聚焦海丝，助力海丝。

中国社会科学院院长王伟光在演讲中表示，建设21世纪海上丝绸之路是传承历史的重大举措，是历史发展的必然选择。中国提出共同建设21世纪海上丝绸之路，旨在适应经济全球化新形势，扩大与沿线国家的利益互惠，与沿线各国共同打造政治互信、经济融合、文化包容、互联互通、互利共赢的命运共同体，实现沿线国家和地区的共同发展、共同繁荣。同时，还要将海上丝绸之路的建设与世界政治经济新秩序的构建联系在一起，以推动全球经济的大发展与大繁荣。

中国外文出版发行事业局局长周明伟、福建社会科学院院长张帆在开幕式上分别围绕在建设21世纪海上丝绸之路进程中，如何建立利益、命运、责任共同体意识，如何从时空、多元、开放、包容、互利等多角度开展理论研究发表演讲。

12日，中共中央政治局委员、中央书记处书记、中宣部部长刘奇葆出席研讨会，发表《扬帆海上丝路　实现共赢发展》主旨演讲。省委书记尤权出席研讨会。刘奇葆指出，当今世界，经济全球化、区域一体化深入发展，各国相互依存、相互联系更加紧密。顺应这样的时代潮流，习近平提出共同建设丝绸之路经济带和21世纪海上丝绸之路的合作倡议。共建“一带一路”战略，知古鉴今、面向未来，相融相近、相辅相成，洋溢着创新进取的时代精神，为沿线各国共谋发展、共同繁荣提供新的重大契机，得到国际社会特别是沿线各国的积极回应。福建泉州是联合国教科文组织认定的海上丝绸之路重要起点。千百年来，泉州港“吞吐四海云帆，鼓荡八面来风”，海上丝绸之路在这里流溢着奇光异彩，展现出蓬勃生机。泉州也是中华文明走向世界的重要出发站，是沿线各国多元文化交汇交融之地，镌刻着中华民族和沿线各国人民友好交往的永恒记忆。古老海上丝绸之路兴盛发展的历程说明，辽阔的海洋可以成为连接彼此的纽带，文化的交流可以促进生产力的发展，和平的环境可以创造共同繁荣的机遇。海上丝绸之路是沿线各国人民共同走出来的，它凝结的“和平合作、开放包容、互学互鉴、互利共赢”的丝路精神，是人类社会的共同财富，值得我们倍加珍惜。我们在这里举办21世纪海上丝绸之路国际研讨会，共商复兴海上丝绸之路大计，具有特别意义。当前，中国进入经济发展新常态，全面深化改革蹄疾步稳，政府和市场“双引擎”动力强劲，经济结构不断优化，传统产业加快升级，新兴产业加快成长，保持中高速增长、迈向中高端水平成为中国经济发展的主旋律。在新常态下，中国经济的“列车”不仅不会掉挡失速，反而会跑得更加稳健有力，这既为中国发展带来新机遇，也为世界发展提供新动力。欢迎世界各国搭乘中国经济发展的快车。建设“一带一路”，为沿线各国分享中国发展红利创造了条件。建设21世纪海上丝绸之路，要坚持和弘扬丝路精神，树立开放发展、合作发展、共赢发展的理念，向前展望、凝心聚力，构筑沿线各国经贸和文化交流的大通道。21世纪海上丝绸之路沿线各国，是你中有我、我中有你的命运共同体。要共同建设开放包容的互信之路，相互支持、求同存异，维护地区发展稳定大局。要共同建设互利合作的共赢之路，深化贸易投资合作，推进互联互通建设，发展好海洋合作伙伴关系。要共同建设和谐共处的和平之路，坚持以和平方式、外交手段解决争端，共谋和平、共护和平、共享和平。要共同建设文明互鉴的友谊之路，加强治国理政理念和实践经验交流，推进科技、教育、文化、体育等领域合作。要共同建设对接梦想的圆梦之路，把中国梦与沿线各国人民的美好梦想对接起来，一起追逐梦想、实现梦想。

国家发改委副主任何立峰、美国库恩集团主席库恩博士、埃及前驻华大使穆罕默德•贾拉尔博士、外交部原部长李肇星、商务部副部长高燕、国务院发展研究中心副主任张军扩、新加坡工商联合总会主席张松声、土耳其马尔马拉基金会主席阿坎苏威尔博士、缅甸战略与国际问题研究所秘书长钦貌林在论坛上作演讲。

与会人士认为，中国经济新常态赋予21世纪海上丝绸之路新的时代内涵。当今世界正发生复杂深刻的变化，国际金融危机深层次影响继续显现，世界经济复苏乏力、发展分化，国际投资贸易格局和多边投资贸易规则酝酿深刻调整，各国面临的发展问题依然严峻。中国经济进入新常态，经济发展动力正寻求新的增长点。建设海上丝绸之路将带动中国与东南亚、南亚、中亚、非洲、阿拉伯、拉丁美洲国家的经济伙伴关系升级，并增进人文交流，推动亚太区域一体化，具有广泛的积极意义。

开幕式　　（图/陈英杰　陈起拓）

泉州获全国文明城市称号

长期以来，泉州市委、市政府高度重视精神文明建设工作，将其作为战略工程、惠民工程，锲而不舍的抓，一以贯之的抓。特别是在1995年启动文明城市创建以后，紧盯全国文明城市目标，绵绵用力，久久为功，泉州市于2002年、2008年、2011年三度获得创建全国文明城市工作先进城市（提名资格城市）称号，2015年2月获评全国文明城市。

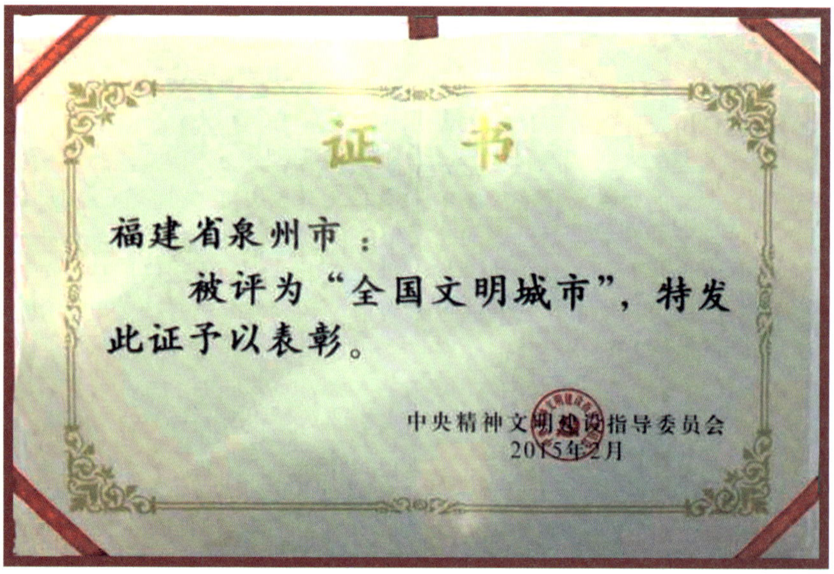

全国文明城市证书

着眼提升城市功能，强化建设管理。实施城市更新工程。深化“环湾城市规划建设年”活动，1114个项目完成投资1193亿元。实施“点线面”攻坚项目133个，完成投资30多亿元。环湾县（市）新一轮城市总体规划修编，东海、城东、北峰丰州、晋江滨江、江南、万安、台商区等环湾新区建设加快。晋石、金安、莆永、南石高速建成通车，实现县县通高速公路的历史性突破。田安大桥、黄龙大桥、泉州湾跨海大桥等建成通车。中心城区建成区面积197.6平方千米，城镇化率达62.9%。实施管理提升工程。率先在全省启用“数字城管”系统平台，环湾建成区实现“数字城管”全覆盖，成为全国数字城市建设示范市。深化“畅通工程”，实施文明交通行动计划，推动公交优先，缓解城市交通拥堵。推行市政公用行业常态化考评，组建市容市貌观察团、市民文明巡访团，城市卫生综合考评被列为全省典型。实施生态修复工程。深化创建生态市活动，城市建成区绿地率达39.5%，人均公园绿地面积达13.9平方米。率先在全国建成水资源动态管理系统，市区内河水质功能区达标率100%，被列为全国节水型社会建设示范区。启动重点用能企业能效对标行动，开展污染源自动监控设施“第三方运行”，减排工作、市长环保目标责任书完成情况省级考核均位列第一，继续保持国家卫生城市、国家环保模范城市称号。

着眼创新社会治理，强化公共服务。提高群众民生幸福感。建立欠薪保障调剂金，公布工资指导线，推行劳动合同集体签订制度，将企业拖欠工资信息纳入企业征信系统。在全省首推被征地人员养老保险工作，率先实现新农保城乡全覆盖。改善农村医疗卫生条件“三百工程”、基本公共卫生服务项目全面完成。市财政用于民生支出占总支出的七成以上。启动“文都”和“海丝”先行区建设，全面完成闽南文化生态保护实验区“十百千基础工程”，文化信息资源共享工程在全国推广。国家级非遗和文保单位数量、等级位居全省第一、全国前列，成为全国唯一拥有全部三大类联合国非遗项目的城市，成功当选中国首个“东亚文化之都”。提高群众办事便利感。实施窗口行业文明服务工程，行业优质服务指数走在全省前列。推进行政审批制度改革，在全国率先启动全程式网上审批，建立民企直通直达服务制度，被列为全国15个行政审批改革试点城市。贯彻“八项规定”，推行“马上就办”，加大行政问责力度，成为国家级行政服务标准化试点。结合群众路线教育实践活动，开展边学边改活动，包括办证时间长等40个问题的整改已基本到位。提高群众社会安全感。深化“平安泉州”创建活动，安全生产事故4项指数全面下降，实现市区监控系统全覆盖。非公企业综治工作得到中央综治办肯定，被确定为全国科技强警示范建设城市。设立市长信箱，开通“12345”政企沟通热线，开辟“政风行风直通车”“一线通”等，市直单位领导轮流掌线接访群众，为群众合理表达诉求提供平台，综治总评和群众满意率连续多年居全省前列，继续保持全国综治“长安杯”称号。

着眼夯实创建基础，强化城乡互动。**加强结对共建**。完善以城带乡、城乡共建机制，制定新农村建设规划和加强精神文明创建工作的实施意见，把支持农村精神文明建设纳入文明城市、文明单位测评。在全省率先启动“美丽乡村”建设，组织文明单位（学校）等与农村结对共建，促进城乡文明互动发展。“世纪之村”农村信息化服务平台建设的典型经验在全国推广。深化基层创建。修订市级精神文明创建活动管理办法，在全省率先实施文明单位考评量化记分等级制，被省委文明办推广。及时总结提炼基层创建经验，形成“一县一品”，鲤城“文明人•文明城•文明风”、丰泽“和谐社区”、洛江“经典诵读”、泉港“乡风文明”等各具特色，连同其他县（市）特色创建，打造“和谐泉州”创建大品牌。顺应新型城镇化发展趋势，支持推动涵盖市本级和7个县（市、区）的环泉州湾文明城市群创建工作。3个县（市）获得全国县级文明城市提名城市，2个县获评全国文明县城，群众性精神文明创建活动继续走在全省前列。倡导文明新风。修订《泉州市市民文明公约》，编印《泉州礼数》。启动“摒弃丧葬陋俗、倡导文明新风”活动，引导市民丧事简办、文明殡葬。出台《关于厉行节约、文明举办婚丧喜庆事宜的暂行规定》，规范党员干部操办婚丧喜庆等事宜的行为。建设“讲文明树新风”公益广告发布平台，实现市区电力环网柜公益广告全覆盖。探索民营企业精神文明创建新途径，组织开展万家企业“诚敬做产品”活动，发布失信被执行人名单和企业产品质量“红黑榜”、企业环境信用评价“红黑榜”等。

着眼提升文明素质，强化道德养成。推进公民道德建设。以“讲文明、树新风”为主题，培育和践行社会主义核心价值观，推进“中国梦”“做谦恭有礼的泉州人”“光盘行动”等宣传教育实践活动，举办学习节、文化周、温陵论坛、市民大讲堂。组建泉州市千家企业道德讲堂联盟，实现市级以上文明单位道德讲堂全覆盖。推进道德领域突出问题专项教育和治理，食品药品安全、社会服务和公共秩序方面的突出问题得到有效整治。开展“我们的节日”主题活动，制作刊播《中华长歌行•泉州篇》宣传片。承办的闽台对渡文化节，推进两岸互动，被评为中国最具地方特色民俗节庆。培育先进道德典型。连续评选表彰四届泉州市道德模范，100多名市民获评省级道德模范及全国提名奖，入选中国好人榜、福建好人榜，涌现出 “大山深处领路人”陈其伟等一批先进典型。承办中央宣传部、中央文明办主办的全国道德模范与身边好人现场交流等活动。编辑制作《道德之光》《美德少年》《德耀泉州》丛书和光盘，凡人善举得到传扬，崇德向善成为主流强音，讲道德、做好人在泉州蔚然成风。加强未成年人思想道德建设。实施做一个有道德的人等 “十大行动计划”，开展争做美德少年等“四项集中”活动，促进未成年人心向党、爱劳动、有礼貌的价值追求。乡村（城市）学校少年宫建设项目列为市、县两级党委政府为民办实事项目，建成153所乡村（城市）学校少年宫，率先实现乡镇（街道）中心小学全覆盖目标。加强文化市场监督，开展整治互联网、“黑网吧”和校园周边环境等专项行动，建设1000多个学校“阳光网吧”和社区“绿色网吧”。推进志愿服务。开展“关爱他人、关爱社会、关爱自然”等一系列主题活动，营造志愿服务氛围。开展“文明传播”行动，组建2000多人网络文明传播志愿者队伍。承办中央文明办主办的保护泉州湾红树林志愿服务活动启动仪式。承办海峡论坛•海峡两岸关爱自然志愿服务论坛，用志愿服务文化联结两岸情谊。保护泉州湾红树林、关爱台湾海峡环保活动入选全国100个重点志愿服务项目。在全省率先开展公共文明引导活动、率先成立老龄服务志愿者协会、率先实现“县县建协会”目标。3个社区入选全国社区志愿服务联系点。志愿者注册人数达18.7万人，为城市建成区常住人口的15.6%。石狮市志愿者联合会、真情在线作为全省唯一团队分别获评2012、2014年度全国志愿服务示范团队（优秀组织）。

着眼推动工作落实，强化机制建设。强化统筹规划。市委、市政府把创建全国文明城市工作纳入经济社会发展规划，写入党委、政府工作报告，列入领导班子和领导干部考核内容，融入城市建设管理各个方面，作为市政府、市政协专题协商议题。出台实施精神文明创建工作规划、精神文明创建管理办法、创建全国文明城市工作方案等一系列指导性文件。强化组织领导。建立市委书记、市长担纲挂帅，各套班子分管领导、市直单位主要领导组成的精神文明建设指导委员会，成立创建全国文明城市工作指挥部及11个职能组，形成上下联动、左右协同、创建工作一盘棋“大合唱”的局面。强化督促落实。建立会议点评、实地点评、部门点评、群众点评“四点评”制度，健全文明创建与市领导挂钩、与文明奖挂钩、与绩效考核挂钩、与效能督查挂钩“四挂钩”制度，实施列清单、发传单、开药单、对账单、给成绩单“五单”工作法，同时把创建工作融入“五大战役”、“美丽乡村”建设、生态市建设和创卫工作，发挥联动叠加效用，推动创建工作常态化。

泉州市被赋予地方立法权

7月18日，省十二届人大常委会第十六次会议第三次全体会议召开，表决通过关于泉州等七个设区的市人民代表大会及其常务委员会开始制定地方性法规的决定。意味着泉州市是日起起可开始行使地方立法权，制定地方性法规。相关人士表示，这是泉州市政治民主生活中的一件大事，也是事关全市改革发展大局和民主法治进程可以载录史册的大事，具有里程碑意义。

中共十八届四中全会决定赋予设区的市地方立法权后，泉州市“紧锣密鼓”推进地方立法的准备工作。1月，市委在制定《关于全面推进法治泉州建设的实施意见》中对做好地方立法准备工作作出部署安排；3月15日，十二届全国人大三次会议通过《关于修改〈中华人民共和国立法法〉的决定》，完成《中华人民共和国立法法》实施15年来的首次修改，赋予设区市地方立法权，可针对城乡建设与管理、环境保护、历史文化保护等方面的事项制定地方性法规，泉州迎来重要机遇；4月初，市人大常委会立即成立立法筹备组，制定工作计划；4月中旬，立法筹备组开始着手起草《泉州市人民代表大会及其常务委员会立法条例》，这是泉州市第一部有关立法程序的地方性法规，是一部“管法的法”；5月中旬，市委常委会同意市人大常委会设立泉州市人民代表大会法制委员会、泉州市人大常委会法制工作委员会；6月21日，市人大常委会向省人大常委会申请开始制定地方性法规；7月15日，市委常委会研究批准市人大常委会提出的关于市人大法制委员会成员建议名单。一连串动作使得泉州市人大常委会的立法筹备工作走在全省前列，获得广泛推广。目前泉州市立法条例（草案）正在向社会各方面征求意见。同时，市人大常委会将向市人大代表、一府两院有关工作部门、各县（市、区）人大常委会及社会各界广泛征集立法项目建议，争取8月中旬确定2015年立法项目2—3个，并开始起草编制2016年立法年度计划；9月初拟确定泉州第一部实体法立法项目，力争2016年制定1—2部地方性法规。

4月23日，市人大常委会邀请省人[illegible]副主任徐平到泉州开展地方立法知识专题讲座
（图/王虎文）

第十四届亚洲艺术节暨第二届海上丝绸之路国际艺术节在泉州举办

11月8—15日，由中华人民共和国文化部和福建省政府主办，福建省文化厅和泉州市政府承办的第十四届亚洲艺术节暨第二届海上丝绸之路国际艺术节在泉州举办。本届艺术节主体活动包括文艺展演、艺术博览、文化交流对话、魅力文都、网络亚艺节、主题公园活动6个版块16项，共举行130多场活动。文化部部长雒树刚、省委书记尤权、文化部副部长丁伟，福建省有关领导及国家有关部委领导，40多个国家和地区政要、使节、著名专家学者、演艺人员和媒体记者等近6000人参加活动，参与群众达200多万人次，是泉州迄今为止举办的规格最高、规模最大的区域性国际艺术盛会。经中央批准，海上丝绸之路国际艺术节永久落户泉州，每两年举办一届。

第十四届亚洲艺术节开幕式　（图/吴寿民）

举行开幕式大型文艺演出

演出突出展现“亚洲风情、国家水准、地方特色”，以亚洲、中国、福建、闽南文化元素为内容，以《海之梦》为主题，分为《人•天》《家•海》《国•梦》三个篇章，韩国、日本、蒙古、印度尼西亚、马来西亚、菲律宾、泰国、越南、柬埔寨、巴基斯坦、孟加拉国、马尔代夫12个外国艺术团体带来独具各国特色的节目。妙音鸟、提线木偶、南音、南少林武术、惠安女、蟳埔女等闽南文化元素融入其中，别具特色。

举办第三届亚洲文化论坛

来自中国、日本、韩国、柬埔寨、沙特阿拉伯等13个亚洲国家的111名代表，围绕“亚洲合作对话中文化的角色与作用”“从亚洲文化的特性看‘一带一路’合作”“亚洲文化合作共赢的路径”等议题，畅所欲言，各抒己见，形成《泉州共识》。

举办第三届“文化的力量”论坛

来自联合国科教文组织的官员、专家，世界各地有影响力的华人领袖、商界巨擘，以及北京、浙江、香港、澳门、台湾等地嘉宾和海内外专家学者113人，以“海上丝绸之路和泉州文化”为主题，以提升企业家社会责任和精神文化为切入点，围绕“海峡两岸暨港澳经贸合作与文化交流新格局”“大数据时代的文化创造产业”和“21世纪海上丝绸之路展望”三个专题，研讨文化与经济、文化与贸易的关系，取得较好成果。

启动第十四届亚洲艺术节“魅力文都”系列活动

中国泉州、宁波，比利时蒙斯，法国马赛，德国鲁尔，韩国光州、清州，以及日本横滨8座“亚欧文化之都”城市的代表，首度携手、欢聚泉州。该版块分别在古城新门街、西街片区和城东新区举办，在已确定的12项主活动基础上又精心组织、延伸拓展61个子项目，其中古城区举办57项活动，主要有艺术团演出、主题展览展示、灯光晚会、文艺汇演、主题讲座等；城东新区举办16项活动，主要有灯光艺术、国际美食、设计影像、文都城市艺术团演出、泉州高校艺术团演出、展览展示等。

举办国外优秀节目、国内精品剧目展演活动

来自韩国、日本、蒙古国、印尼、马来西亚等11个亚洲国家的艺术团展演32场；参加第四届中国泉州木偶节的25家国内外艺术团体，在36个地点演出58场；南音大会唱15场次；戏剧会演21场次。越南丝竹、印尼民歌、蒙古赛马舞、韩国传统舞等原汁原味的亚洲表演艺术“走街串巷”“下乡演出”，进校园、进社区、进农村、进广场，服务群众100多万人次，老百姓足不出户便可看遍亚洲艺术风景。在呈现精彩演出的同时，泉州艺术家与来自德国、法国、荷兰、日本、韩国等20多个国家和地区的艺术家默契配合，超越国籍的界限，突破语言的藩离，为民众带来丰富的视觉盛宴，实现全民文化共享，把亚艺节办成“人民的节日”。

举办网络亚艺节

本届亚艺节首创设立“网络亚艺节”版块，以“互联网+亚洲艺术节”模式拓展亚洲艺术节活动空间，丰富活动内容，调动亚洲艺术家和网民关注参与亚洲艺术节的积极性，成为本届亚艺节的一大创新和亮点。网络亚艺节开展“第十四届亚洲艺术节节徽、吉祥物、会歌征集”、“乐享中国——发现亚洲艺术之美”全球征集、“情系亚洲 逐梦海丝”国际招贴海报创作大赛、“海丝情怀——名家画泉州•泉州名家画”展、“2015泉州•798国际儿童艺术节”“记住乡愁 发现泉州之美”摄影图片征集等活动，收到来自中国、美国、德国、越南、韩国等10多个国家和地区的参与作品近万件。“网络亚艺节”相关新闻报道的百度搜索统计数达100多万条，亚艺节“你好泉州”微话题阅读量超1200万人次，成为一场人人可参与、全球能共享、永不落幕的艺术盛宴。

建设“海上丝绸之路艺术公园•亚洲园”

该项目作为文化部确定的亚艺节活动主要场地之一，文化部和省政府高度重视，明确支持建设“海上丝绸之路艺术公园•亚洲园”。为配合本届艺术节的举办，在文化部的支持下，先期建设以亚洲艺术为内容的亚洲园，并预留一定的空间将第十四届亚洲艺术节的成果以视觉艺术形式进行表达。新建的“海上丝绸之路艺术公园•亚洲园”在艺术节开园迎宾，公园占地71.27公顷，为全国乃至世界首座以“海丝”为主题的大型艺术公园，成为泉州新的文化地标。

第十四届亚洲艺术节开幕式文艺晚会 （图/吴寿民）

发展"数控一代"示范工程和"泉州制造2025"

2015年，泉州市组织实施国家"数控一代"示范工程与"泉州制造2025"取得显著进展和良好成效，得到国务院总理李克强和国家科技部、中国工程院以及省委、省政府的肯定。泉州市承担的"福建省数控一代机械产品创新应用示范工程"项目被列入2015年国家支撑计划，争取国拨资金支持，在全国率先建立"数控一代"科技创新中心。4月23日，李克强考察泉州"数控一代"示范工程、"泉州制造2025"示范企业及创新成果。12月，科技部火炬中心在泉州召开"全国装备制造+互联网"创新型产业集群现场会，肯定泉州取得的经验和成效。12月，泉州市科技局作为全国唯一地级市代表，在全国县市科技工作经验交流现场会作典型发言。4月21日，全省"数控一代"机械产品创新应用示范工程现场会在泉州召开。7月22日，福建省智能制造暨创业创新现场推进会在泉州召开。

4月28日，福建省"数控一代"新产品推介会在泉州举行　（图/戴涵琦）

组织编制泉州制造2025发展纲要

3月，泉州市委托中国工程院专家编制完成《泉州制造2025发展纲要及2020行动计划》以及《泉州市发展智能制造专项行动计划》《泉州市发展服务型制造专项行动计划》《泉州市提升质量品牌专项行动计划》。提出"泉州制造2025"的发展环境与基础；总体思路与发展目标；重大战略任务；政策措施保障以及提升纺织服装、制鞋、石油化工、机械装备、建筑材料、电子信息、食品饮料、纸业印刷、工艺制品九大产业集群转型的主要方向。8月7日，市委、泉州市政府发布《关于加快实施"泉州制造2025"发展纲要的若干意见》。

实施国家"数控一代"示范工程与"泉州制造2025"取得初步成效

开展千家企业技术需求征集，面向全国学校、科研院所征集数控与智能制造整体解决方案，建立百家示范企业和百个示范项目，支持研发纺织、建材、工程机械数控化装备新品种，带动相关研发费用投入达10亿多元，年专利申请3000多件。在全市推广应用国产工业机器人1008套、3C钻攻中心1834套，推广应用国产数控装备、伺服电机、控制系统2239台（套），相关开发与应用企业减少劳动力用工20%—30%，国产替代进口的装备降低成本30%—50%，推动纺织鞋服、建材家居、食品加工等行业领域数控装备研发应用和制造技术水平显著提升，改善制造业用工环境，降低工业生产能源资源消耗，缓解劳动用工压力，成为打造泉州经济升级版的重要抓手。

全面推进"数控一代"示范工程和"泉州制造2025"向纵深发展

精准施策。做好细化落实"泉州制造2025"实施意见和3个专项计划实施方案，把"1+3"政策体系转化为可操作的目标任务、具体措施、时间节点和完成时限，分解落实到各部门、各县（市、区）和各行业，确保中期和长远目标的实现。落实政策支撑。省政府出台推动智能制造九条措施和支持泉州推进数控和智能制造的实施意见，省科技、发改、经信等部门全力帮助推动，每年统筹3000万元资金专门奖励泉州市推动实施。市委、市政府出台《关于加快实施〈泉州制造2025发展纲要〉的若干意见》及推动智能制造、质量品牌和服务型制造3个专项行动计划实施方案和《泉州市关于加快推进"数控一代"促进智能装备产业发展的实施意见》。市、县两级财政每年筹集上亿元专项资金支持企业开发和推广应用数控和智能制造技术。打通支持民间资本进入金融领域和实体经济通道。设立市产业股权投资基金有限公司，规模100亿元；同时推动县（市、区）加快设立各类产业基金，目前已设立6只基金，规模20亿元。

平台支撑。建设科研平台。坚持不求所有，但求所用，引进高等院校和科研机构在泉州设立数控技术公共服务平台。华中科技大学智能制造研究院、中科院泉州装备所、哈工大工研院等10多个平台已集聚700多位专家、高层次人才为泉州企业开展技术研发和服务。建设产业平台。选择丰泽、洛江、晋江和南安作为“数控一代”和“智能制造”产业园发展区域，规划建设数控机床与工业机器人产业园，其中洛江园区已经投入运营生产。

就地研发。抓撮合。首先在国家“数控一代”专家组指导下，组织对全市重点产业的数控技术需求进行全面调研和论证，启动千家企业技术需求征集和百个示范项目、百家示范企业。同时，针对纺织鞋服、石材、水暖和机械装备等领域的关键共性技术难题，引导各创新平台和专家团队与企业联合攻关。重带动。全市九大产业集群行业协会、产业技术创新战略联盟，1000多个传统制造业相关企业都参与到示范工程建设中，带动全社会相关研发费用投入达10亿元，全市R&D占比首次突破1%，增幅达30%，居全省最高，形成全社会支持推动示范工程建设的协同创新态势。

推广应用。现场推广。把试点企业作为样板，组织一批机器换工、智能改造等转型升级的典型企业负责人，与中小微企业经营者面对面，算细账、讲前景，推广创新典型。举办数控一代工业设计大赛，鼓励企业开展数控和智能制造技术创新研发设计。突出市场开拓。承办全省“数控一代”新产品现场推介会，同时举办纺织服装“数控一代”应用现场会等多场对接活动。

拓展提升。改造升级传统产业。加快探索建设智能工厂、数字车间，推进以“机器换工”为核心的智能化、数控化生产线改造，大力提升工效，提高品质，减少损耗。加快发展高端装备产业，推动机械装备产业向数控化、自动化、智能化发展，推进机械装备“泉州制造”向“泉州智造”转型。推进系统集成。推进“互联网+智能制造”行动，将信息技术融合到研发设计、产品生产、经营管理及客户终端的全过程，打造“两化”深度融合典型示范企业，培育“智能制造”集成生产模式。同时，加强区域间、行业间和产业上下游之间的产业资源整合，培育跨界联盟，形成无缝对接，促进协同发展、同步升级。

落实三个专项行动计划和“三个一千”工作

发展智能制造。在全市各县（市、区）及企业中开展智能制造试点示范工作，实施智能化、数控化改造，在减少人工、提高生产效率上取得明显成效。组织纺织鞋服和机器人两大领域的典型示范企业共同申报福建省科技重大专项，组织一批示范企业和项目申报省区域科技重大专项和省级智能制造专项，正在实施200多个示范项目和60多项“数控一代”应用推广示范项目，引导企业应用“数控一代”产品。推荐洛江区、晋江市和南安市申报省级智能制造示范基地，其中晋江市已通过答辩；海天材料、九牧厨卫、阳光大地被列为省级智能制造试点示范企业。突出兑现政策红利并落实到具体企业。全市已兑现科技部、福建省、泉州市政策资金1.85亿元。

提升质量品牌。以创建“全国质量强市示范城市”为抓手，打造机械装备企业品牌，支持数控和智能制造龙头企业创建省级、国家级及国际知名品牌，主导、参与各种标准制修订，加大对泉州市自主研发的数控系统、智能装备和机器人品牌的扶持。对数控和智能制造领域技术获得专利和自主品牌的企业给予重奖，提高自主品牌比例。

发展服务型制造。以创建国家电子商务示范城市为重点，推进泉州网商（虚拟）产业园、泉州软件园建设，发展“互联网+制造业”，打造工业云服务平台，推动企业应用大数据、物联网等新一代信息技术，重点支持供应链电子商务平台和专业市场建设，提高服务型制造水平及其在制造业中的比重。

落实“三个一千”任务。 海天、黑金刚、梅洋、百宏、微柏、瑜鼎、通达和嘉泰等企业与泉州智能制造研究院、泉州装备所、哈工大机器人中心等高校院所合作建设10多条自动化生产线线和智能车间正在有序推进。其中，泉州智能制造研究院与嘉泰公司等企业合作建设的数控3C产品辅助机器人自动化生产线、梅洋工业高速全伺服五轴机械手开发应用示范线、力达机械异形餐具恒压力智能磨边机、培新机械全伺服生活用纸自动化生产线等项目，10月底完成验收。黑金刚与特步合作建设柔性制鞋全过程自动化示范生产线已经组装完成并试运行，3C 钻攻中心机器人辅助自动化生产线项目已完成自动化生产线的现场调试及试运行，并在洛江产业化基地正式投入生产。全市完成1008套国产工业机器人、1834套3C钻攻中心和2239台（套）数控系统、伺服电机、控制系统的开发和推广应用。洛江数控机床和机器人产业园建设进度加快，华数机器人装配生产线已经建成投入使用。丰泽区智能制造研发与创业孵化基地、晋江智能装备产业园、南安滨江机械装备产业园等园区正在积极推进。

引进培养高端人才 转化应用创新成果

在全国率先建设首个“数控一代”科技创新中心，集聚入驻泉州智能制造研究院等10多个公共技术服务平台。支持中科院海西研究院泉州装备制造研究所按照“边基建、边招人、边科研、边转化”加大建设发展步伐，引进德国等海外高端科研人员70名，组织实施高水平科研项目34个，转化中科院系统科技成果30个。柔性引进中国工程院段正澄、李培根等知名院士专家到泉州指导“数控一代”示范工程。引进北京卫星导航中心授权国防科技大学泉州工业技术研究中心建设卫星导航仿真与测试开放实验室，成为福建省第一个北斗应用开发、仿真测试实验室。推动哈工大晋江机器人研发中心升级建设福建（泉州）哈工大工程技术研究院。

发挥平台作用集聚人才培训熟练技术工人。加大数控技术熟练工人培训力度。泉州信息工程学院与泉州智能制造研究院合作，设立教学机器人示范点，与嘉泰数控机床公司、微柏工业机器人公司联合设立实训基地；厦门理工学院与嘉泰等企业合作开展数控与智能制造技术“卓越工程师”培训；泉州市高级技工学校与泉州华中科技大学智能制造研究院签订合作协议，共同培养工业机器人安装、操作、维护等应用型人才。同时，组织实施“泉州市科技型企业家培训计划”，把数控和智能制造作为重点，推动泉州实施国家“数控一代”示范工程的实施。抓紧建设一批智能制造众创空间，加快兑现推动众创空间发展的相关政策，推进大众创业、万众创新。落实引进人才政策。鼓励数控和智能制造领域的高层次人才参评“2015年度引进高层次创业创新人才”，已兑现2000万元用于支持引进高层次人才。

引导各类资本流向数控和智能制造产业。引导融资租赁、创投、天使投资、中关村“天使汇”等一批创投机构入驻，引导民生、兴业等金融机构提供战略支持，推动科技金融紧密结合。注册成立泉州市产业股权投资基金有限公司，正筹备设立泉州市新兴产业股权投资基金，重点投资泉州市以数控和智能制造装备企业和项目，加快推进“数控一代”示范工程。

推动数控技术创新成果推介应用。承办全省“数控一代”创新产品现场推介会、纺织服装等重点产业领域“数控一代”应用现场会等多场对接活动，成功对接企业308个，达成合作项目390项、对接金额130亿元。同时，支持高校、龙头企业设立“数控一代”实训点，举办“数控一代”人才专项培训班7期，联合华侨大学开展机械工程在职硕士研究生教育项目，培训数控技术人才1000多人次，提高企业数控技术应用水平。

扩大对外科技交流合作。引进台湾精密机械中心等产业技术研发单位，以及台湾海洋大学等8所大学育成中心到泉州设立联合办事处，开展创新技术推展工作。与香港生产力促进局开展交流合作，建立区域战略合作关系，为企业提供升级、转型及转移服务。举办以色列、俄罗斯、白俄罗斯、乌克兰等多场先进科技成果推介会，推动实现泉州市“数控一代”机械产品出口独联体国家。

12月4日，全国“装备制造+互联网”创新型产业集群工作现场会在泉州召开，与会代表参观泉州“数控一代”科技创新中心　（图/泉州晚报社）

深化“第三产业发展年”活动

2015年市政府决定持续深化“第三产业发展年”活动，全市实现第三产业增加值2217.13亿元，同比增长9.3%，增幅首次超过二产（8.9%）。服务业增加值对经济增长的贡献率为34.6%，拉动经济增长3.1个百分点，占GDP的比重为36.1%。其中，交通运输邮电仓储业完成增加值437.03亿元，增长8.7%；批发零售业完成增加值587.17亿元，增长7.6%；住宿和餐饮业完成增加值78.17亿元，增长2.9%；金融业完成增加值284.11亿元，增长11.5%；房地产业完成增加值250.74亿元，增长4.2%；其他服务业完成增加值573亿元，增长13.8%。组织实施485个第三产业重点建设项目，全年完成投资743.83亿元，完成年度计划投资的102.48%。提出五大重点任务：抓项目，强化支撑带动作用；抓改革，优化服务领域机制；抓龙头，放大产业引领效应；抓“2.5产业”，加快产业有效联动；抓业态，持续培育新增长点。

1月1日，泉州始发出省至深圳动车开行 （图/陈晓东）

泉州环球广场 （图/李芸生）

推动大众创业万众创新

10月11日，泉州市政府印发《关于推进大众创业万众创新的若干意见（试行）》。意见从8个领域26个方面提出推动泉州市大众创业、万众创新的具体工作措施。

激发创业创新主体活力

鼓励科技人员创业创新。深化科技体制改革，高等院校、科研机构职务科技成果转化收益可由重要贡献人员、所属单位约定分配，未约定的，从转让收益中提取不低于50%比例用于奖励对完成、转化职务科技成果作出重要贡献的人员和团队；鼓励市内高等院校、科研机构、企事业单位的科技人才离岗创业，可在3年内保留人事关系，工龄连续计算并与原单位其他在岗人员同等享有参加职称评定、社会保险等方面的待遇，3年以内要求返回原单位的，可按原职级待遇安排工作；从事创业创新活动的业绩可作为职称评定、岗位聘用、绩效考核的重要依据。市科技局统筹设立每年1000万元的市级创业创新奖，对科技成果完成及转移转化作出重要贡献的科技人员进行奖励。

扶持大学生创业创新。实施“大学生创业引领计划”，在校大学生休学创业的修业年限在原有学制基础上可延长2至5年。对高校大学生（包括毕业5年内）在泉州首次创业，领取工商营业执照，且正常纳税经营6个月以上的，由所在地政府给予最高3万元的开业补贴。加强创业贷款扶持，青年和大学生自主创业可申请市青年创业小额贷款资金池最高10万元的免息周转金、市就业专项资金最高30万元创业贷款的贴息。毕业5年内高校毕业生创业者享受所在地公共租赁住房政策，申请租赁住房不受家庭年收入限制。支持泉州台商投资区和其它有条件的园区加快台湾青年创业基地建设，泉州台商投资区管委会给予入驻台商投资区的台湾青年创业项目最高20万元的启动资金扶持。

支持返乡创业。支持各类返乡创业园建设，对创业和创新用地需求量较大的县（市、区）予以适当倾斜；对以土地租赁方式建设的返乡创业园，形成的固定资产归建设方所有。鼓励返乡创业人员因地制宜围绕休闲农业、农产品深加工、乡村旅游、农村服务业等领域开展创业。引导妇女从事家政、手工业等传统技艺创业；扶持城镇困难人员、失业人员、残疾人员等自主创业，对享受城乡最低生活保障的人员，在创业期间可继续享受不超过12个月的最低生活保障待遇。鼓励农村互联网创业园建设，提供仓储物流、网络技术、从业培训等服务，对从业人员超过100人的，在省人社厅奖励20万元的基础上，所在地政府配套奖励20万元。实施农民工创业扶助三年行动规划，每年扶持100个农民工创业扶助项目，每个项目给予5万—10万元的资金补助，所需资金由市、县财政和工会扶持农民工创业专项资金分别承担40%和60%。落实社会保险政策，简化返乡创业人员社会保险关系转移手续。

吸引域外高端人才和海归人才创业创新。吸引海外高端人才和国家“千人计划”、“万人计划”、中科院“百人计划”等领军人才和高端团队带技术、带项目、带资金到泉州创办科技型企业，开展外国留学生毕业后在泉州创业试点，简化外籍高端人才到泉州开办企业审批流程，推行事前审批改为事后备案，给予中国籍公民同等待遇。对入选泉州市引进高层次创业创新人才的高端海外人才，市人社局按规定给予资金补助，落实社会养老、医疗保障、配偶就业、子女入学等待遇。对泉州籍科技工作者和工程技术人才回乡参与创业创新，支持研发项目立项，采取弹性职数解决职称评定问题。

加快构建众创空间

2020年底前建成45家市级及以上众创（创客）空间，其中，各县（市、区）分别建成省级及以上众创空间1家、市级众创（创客）空间2家，推进全市高等院校建成市级及以上众创（创客）空间5家。

搭建创业创新载体。培育提升创业示范基地。培育一批运行模式先进、配套设施完善、服务环境优质、影响力和带动力强的品牌众创空间，争取和创建国家小微企业创业创新基地城市示范。对民营资本投资设立在泉州市注册并经认定的市级以上众创示范空间，面积规模在300—3000平方米，由市科技局给予一次性50万元的建设资金补贴；面积规模3000平方米以上，投资500万元以上，由市科技局按其投入资金的30%给予建设资金补贴，最高不超过200万元，所在地政府按一定比例予以配套。引进运营能力强、创新资源丰富的科技服务机构（技术转移机构）和运营商到泉州创办众创（创客）空间，所在地政府对引进机构给予20万—100万元启动资金补助，重大项目按“一事一议”予以扶持。

鼓励创建大学生创业场所。支

持泉州高等院校利用现有教育教学资源、大学科技园、产学研合作基地以及各类开发区（园区）等，建设公益性大学生创业创新场所，设立不少于2000平方米的大学生创业园（孵化基地），市就业专项资金根据吸纳创业主体数量给予30万—50万元的资金补助。对入驻创业园（孵化基地）的大学生创业企业，3年内免费提供50平方米以内的办公经营场地。

利旧改造创客天地。利用老厂房、旧仓库、存量商务楼宇以及传统文化街区等资源改造提升一批新型众创空间。经认定省级众创空间的孵化用房，新建的按100元/平方米、最高100万元，改扩建的按50元/平方米、最高50万元的标准给予补助，所需补助资金根据《福建省科技企业孵化器新增孵化用房补助办法》，由省、市分别承担60%和40%。使用原属划拨国有土地，改变用途后符合规划但不符合《划拨用地目录》的，除经营性商品住宅外，可经评估后补交土地出让金，补办出让手续；利用工业用地建设的作为创业创新场所房屋，在不改变用途的前提下，可按幢、层、套、间等固定界限的部分作为基本单元进行登记，并依法出租或转让。

改造提升科技孵化器。2017年底前，各县（市、区）都要建成1个以上产业特色突出、承载力强、使用面积不低于3000平方米的科技企业孵化器。鼓励与天使基金、创投基金合作，形成“投资+孵化”模式的新型孵化器。经认定的市级示范科技企业孵化器，所在地政府给予一次性30万元奖励。对获评的国家级或省级小微企业创业基地，在省级及以上补助基础上，市经信委分别配套给予一次性奖励20万元、10万元。

拓展“互联网+”众创空间。依托科技创新园、创业基地、孵化器、电商园、淘宝村等，开展互联网众创空间建设，加快构建互联网创业服务平台。对符合条件的互联网众创空间，且数据业务租用或托管在中国国际信息技术（福建）产业园数据中心，在省级补助的基础上，由市产业转型升级引导资金按每年实际发生的数据中心租用费的15%予以补助，年补助额度最高15万元；对经认定的省级互联网孵化器，在省级补助的基础上，由市科技局再给予一次性15万元补助。推进泉州市网商（虚拟）产业园及其分园区建设，搭建集群注册与信用服务平台、众包协作平台、全渠道供货平台及专业网货批发市场，鼓励个人网商向个体工商户或电商企业转型。推动政务信息资源和社会信息资源适度开放，鼓励社会资本利用开放信息资源开发便民利民、服务经济的应用系统。

提供创业创新便利。对入驻政府投资建设的众创空间的符合条件初创企业，给予不超过5年的房租减免，对入驻非政府投资建设的，所在地政府给予连续3年的租金补贴。由众创空间孵化的企业且完成投资200万元以上，所在地政府给予创新团队不超过20万元的创业奖励。对众创空间投资建设、供创业企业使用、带宽100M以上的，可按照其年宽带资费的50%标准给予补贴；众创空间每成功孵化1家企业，实际注册运营6个月以上，奖励众创空间1万元，企业实际运营超过2年的，奖励累加至3万元，奖励资金由所在地政府承担。简化专项资金、奖励资金等政策兑现手续，探索由众创空间、孵化器、高等院校、科研机构等载体运营单位组织统一申报。

建立创业创新公共服务体系

加快公共服务平台建设。引进央企、国家级科研机构在泉州建设全国性或者区域性的知识产权交易中心、产业公共服务平台等，按照重大项目“一事一议”的方式给予扶持。鼓励企业与高等院校、科研机构、全国学会共建各级各类研发中心，对新认定的国家级、省级工程研究中心、工程实验室，市产业转型升级引导资金分别给予100万元、50万元的资金补助。鼓励综合运用购买服务、资金补助、无偿资助、业务奖励等方式，支持研发设计、科技中介、金融服务、中试孵化、成果交易、认证检测等中小企业公共服务平台建设。支持成立泉州市众创空间联盟、科技服务业产业联盟、技术转移公共服务机构，经市科技局认定每家给予10万元的资金支持。对经认定新成立的博士后科研工作站，市人社局给予30万元的资金补助。建立创业项目库、创业信息交流平台和创业者信息管理服务系统，整合创业创新信息资源并实施集中发布。

促进创业创新资源开放共享。推动各级财政补助建设的企业技术中心、工程研究中心、工程实验室等科研基础设施，以及利用财政资金购置的重大科学仪器设备按照成本价向创业创新企业开放。鼓励和引导高等院校、科研机构和企事业单位向社会开放共享各类实习基地、仪器设施、专业技术服务平台、加工车间等资源和设施。建立和健全科研设施、仪器设备和科技文献等资源向创客企业开放的运行机制。市科技局探索以创新券的形式对小微企业有偿使用高等院校、科研机构、企事业单位的专业仪器设备、检验检测设备的费用给予补助。对购置用于创业服务的公共软件、开发工具和公用设备，经认定后，市科技局给予不超过购置费用15%的补助，最高不超过50万元。

建立知识产权保护和服务体系。建立创业创新专利申请绿色通道，每年评选奖励一批技术水平高、经济和社会效益显著的优秀专利项目。鼓励专利转化实施及企业购买专利技术，对在泉州境内注册具有法人资格的企业购买高等院校、科研机构职务专利技术交易额单项达20万—200万元，属非关联交易并实施转化的，市知识产权局按技术交易额的5%给予补助。推进企业开展专利权质押融资工作，市财政每年安排100万元以上，用于企业专利权质押贷款贴息，每家企业贴息资金最高30万元。建设全市专利转移转化、专利价值分析以及信息发布等运营公共服务平台，鼓励企业或中介服务机构参与专利技术交易公共服务平台建设。加大知识产权保护力度，及时受理企业专利侵权纠纷处理请求，缩短侵权处理周期；加强专利、商标等知识产权侵权案件执法，完善跨地区、跨部门案件通报协查和信息共享、案件移交等制度。

拓宽创业创新投融资渠道

拓展股权融资方式。发挥财政资金对投资基金的引导作用，设立市产业股权投资基金，各县（市、区）也要设立县级产业股权投资基金，以产业股权投资基金作为发起人，吸引知名股权投资管理机构、金融机构和社会资本参与设立新兴产业股权投资基金，支持项目孵化期、种子期、初创期中小微企业和众创空间平台等创业创新企业发展。建立创业投资、天使投资退出和流转机制，政府投资基金退出时，优先转让基金合伙人；基金到期清算时出现亏损，先行核销政府资金权益。各金融机构要给予股权融资支持，积极开展企业股权质押融资业务，拓宽企业融资渠道。

增强资本市场融资能力。鼓励符合条件的互联网和高新技术创业创新企业到境内外资本市场上市，推动上市公司与暂不符合上市条件的互联网和高新技术创业创新企业对接合作。优先将创业创新企业纳入市级场外市场挂牌后备企业资源库，支持创业创新企业在“新三板”和海峡股权泉州交易中心挂牌交易。依托海峡股权泉州交易中心设立“小微企业发债增信资金池”，对在海峡股权泉州交易中心发债的创业创新企业提供增信支持。推动海峡股权泉州交易中心设立互联网股权众筹平台，发挥区域性股权交易市场的融资功能，打通科技初创企业多元化融资渠道。

加大信贷支持力度。 引导银行业机构开发适合创业创新企业经营特点和融资需求的金融产品和服务，加大信贷投放力度，提高创业创新企业申贷获得率。对资信记录良好的创业创新企业给予贷款利率优惠，适当延长贷款期限。拓宽企业贷款抵押质押物范围，探索股权和债权相结合的融资模式，形成直接融资与间接融资相匹配的服务体系。鼓励有条件的商业银行在创业创新企业集聚区设立特色支行，提供更加专业和便捷的金融服务。

加大融资担保力度。推动建立“政府融资担保机构为主，民营融资担保机构为辅”的担保行业发展模式。加强对创业投资、股权投资基金投资的初创期、成长期创业创新企业的融资担保服务。推动有条件的县（市、区）抓紧组建政府主导的融资担保机构，加强与省、市政府主导的融资担保机构的业务合作，提升三级联动效应。市、县两级政府主导的融资担保机构对经审查符合条件的创业创新科技企业，按贷款总额的70%，最高不超过500万元的标准予以担保，担保费由企业所在地政府补贴。银行业机构要降低银担合作保证金比例，下调对融资担保机构承保初创期、成长期创业创新企业的贷款利率。

深化适合创业创新审批改革

降低创业创新门槛。简政放权，建立创业创新审批服务事项动态调整机制。衔接落实省政府公布的市场准入负面清单，深化商事登记制度改革，实行“三证合一”“一照一码”，加快推行电子营业执照和全过程电子化登记管理，企业设立推行“一表申报”，允许“一址多照”“一照两址”，按工位注册企业。试行网商（虚拟）产业园集群注册，允许创业群体借助“虚拟产业园运营公司”地址托管申办营业执照。探索对债权债务关系明晰的企业实行简易注销登记制。

减免创业创新规费负担。清理各类行政收费事项，取消收费项目或者降低收费标准。对初创企业免收登记类、证照类、管理类行政事业性收费。事业单位开展各类行政审批前置性、强制性评估、检测、论证等服务并收费的，对初创企业均按不高于政府价格主管部门核定标准的50%收取。

加大财税政策扶持

加大财政资金扶持力度。统筹整合财政专项资金，创新财政资金支持方式，灵活运用奖励、补助、创新券、政府购买服务等多种支持方式，加大对创业创新支持力度。市产业转型升级引导资金、工业经济和信息化发展专项资金、科技创新专项资金、电子商务发展扶持资金、外经贸发展专项资金等优先支持优秀创业创新项目。

落实税收减免政策。落实扶持小微企业发展和高新技术企业、研发费用加计扣除、固定资产加速折旧、科技企业孵化器、软件产业和集成电路产业、创业投资抵免所得税等各项税收优惠政策。执行促进高校毕业生、残疾人、退役军人、登记失业人员等创业就业税收政策。落实个人非货币性资产投资分期缴纳个人所得税政策；争取获批实施企业转增股本分期缴纳个人所得税、股权奖励分期缴纳个人所得税政策；推行小微企业按季度申报纳税，全面实行预约办税、简化审批程序、缩短办税流程，提高工作

泉州在全国的电商行业版图中占据重要地位，图为一家电商企业的工作人员与消费者在线交流　　（图/王　图）

效率。

支持创客开拓市场。发挥政府采购支持作用，不得以注册资本金、资产总额、营业收入、从业人员人数、利润、纳税额等规模条件设置政府采购准入条件。鼓励企业开展首台（套）数控装备开发和采购本市生产的智能制造生产设备，市、县两级经信部门按照《关于加快实施〈泉州制造2025发展纲要〉的若干意见》予以补助。支持创客抱团参加省级及以上大型展会，对经认定的5个及以上创客联合设立的展位或展区，所在地政府按展位费用的50%给予补助。

营造创业创新社会氛围

强化创业创新培训。支持引进经认定的优质社会培训机构，探索创业培训新模式，每年开展100期以上创业培训班，所在地政府按不超过1000元/人标准给予补助。市财政每年新增1000万元专项经费，用于大学生创业创新教育与指导。鼓励普通高等院校、职业学校、技工院校创办“创客学院”，开设创业创新类课程。建立以高校工程学科教师参与应用研究、产品研发、实践能力培养提升为目标的产学研践习基地，对经认定的市级高校毕业生创业培训基地，按照要求完成培训任务的，每年给予3万元补贴。组织实施“万名大学生创业培训计划”，每年组织2000名有创业愿望和培训需求的大学生参加创业培训，培训课程设计不少于56课时。

加强创业培训师资队伍建设。建立创业导师制度，设立创业培训指导导师专家库，吸纳优秀创业培训师、成功企业家、知名职业经理人、天使基金投资人、高校及科研机构专家学者和有关部门专家加入创业师资队伍。鼓励、聘请知名企业家、企业中高级管理人员、咨询师、律师、专业人员志愿担任创业导师，为创业者提供技术和管理顾问。建立创业导师绩效评估和激励机制，市人社局每年评选30—50名市级优秀创业培训导师，给予每人不超过2万元的奖励。

广泛传导创业创新扶持政策。开展国家、省、市关于创新体制机制、发展众创空间、优化财税政策、扩大创业投资等方面创业创新政策的梳理和汇编，加强政策解读和辅导，发挥各级政策的叠加效应。各级各部门要利用报纸、广播、电视、网络等新闻媒体和渠道，宣传泉州市支持大众创业万众创新的新政策和新举措，提高政策的知晓性和受益面，增强优惠政策透明度，最大限度发挥各种扶持政策的促进作用。

营造创业创新文化氛围。宣传劳动者自主就业、自主创业和用人单位促进就业的事迹，加大对成功创业者、青年创业者、创业服务机构的追踪报道。鼓励和支持相关文学影视作品创作，培育泉州创客文化。支持众创（创客）空间举办各种创业创新大赛和投资路演等交流活动，所在地政府对其活动规模、影响、效果等进行评估后，可给予10万—20万元的资金补助。树立和强化创业创新意识，培育企业家精神、团队精神、合作精神，倡导“爱拼敢赢”的泉州精神，弘扬“崇尚创新、勇于探索、敢冒风险、宽容失败”的创新理念和价值取向，营造大众创业、万众创新的文化氛围。

加强组织保障

建立泉州市推进创业创新工作联席会议制度，加强对创业创新工作的统筹、指导和协调，及时研究解决有关重大事项。各级各部门结合实际制定具体实施方案，明确工作任务，加强协调联动，加大资金投入、政策支持和要素保障力度，优化创业创新和留住企业的政策环境。实时开展创业创新政策的调查与评估，完善政策措施。加强创业创新政策落实情况、工作推进情况的统计、督查和考评，将创业和创新工作纳入市绩效考核范围。

深化“环湾规划建设年”活动

2015年泉州市继续深化“环湾规划建设年”活动，全年实施项目467个，年度计划投资512.9亿元。截止12月底，完成投资535.9亿元，占年度投资计划104.48%，超额完成既定目标。其中市直管理项目138个，完成投资75.6亿元，占年度计划101.18%；县（市、区）级管理项目329个，完成投资460.3亿元，占年度计划的105.33%。市住建局负责在建项目28个，全部列入2015年“环湾规划建设年”活动，年度计划投资21.45亿元，截至12月底，完成投资21.68亿元，占年度计划的101.1%。市住建局负责项目列入市重点项目17个，年度计划投资17.92亿元，截至12月底，完成投资18.24亿元，占年度计划的101.79%。泉州市公共文化中心按PPP模式加快推进，东海学园晋光小学、泉州一中项目全面完工，海星小区扩建、浦西安置房等项目基本完成。环湾区域加快互联互通，片区更新改造全面推进，公共配套设施日趋完善，城市景观项目不断提升，总部经济带形象凸显，环湾同城得到有力推进。

公共文化中心将成为城市文化新地标 （资料图片）

泉州市区一角 （图/李芸生）

加快新型城镇化建设

《国家新型城镇化规划（2014—2020年）》发布实施以来，全市

永春县桃溪流域成为群众休闲娱乐的好去处　（图/姚德纯）

各地、各部门抓紧行动、改革探索，新型城镇化各项工作取得积极进展。坚持点面结合、统筹推进。统筹规划、总体布局，促进全市城市和小城镇的协调发展，全面提高城镇化质量。坚持纵横联动、协同推进。加强部门间政策制定和实施的协调配合，推动户籍、土地、财政、住房等相关政策和改革举措形成合力。坚持补齐短板、重点突破。以促进农民工融入城镇为核心，以加快新生中小城市培育发展和新型城市建设为重点，瞄准短板，加快突破，优化政策组合，弥补供需缺口，促进新型城镇化健康有序发展。从各方面释放新型城镇化蕴藏的巨大内需潜力，为经济持续健康发展提供持久强劲动力。全市21个省市级试点小城镇共实施项目641个，计划投资287.15亿元。至年底，完成投资350.9亿元，占年度计划的122.2%。其中，6个省级试点镇完成年度计划的122.1%；15个市级试点镇完成年度计划的122.3%，各试点镇均超额完成年度投资任务，综合承载力持续增强。金井镇入选省建制镇示范试点；崇武镇获评第三批全国特色景观旅游名镇。

晋江市金井镇入选省建制示范试点，图为金井滨海新城规划效果图　（资料图片）

王伟光到泉州调研
肯定泉州地方志“四位一体”工作机制

王伟光听取张惠评介绍泉州方志书库情况　　（图/滕元明）

2月11日，中国社会科学院院长、中国地方志指导小组组长王伟光在泉州出席“21世纪海上丝绸之路国际研讨会”期间，在福建省方志委主任冯志农、福建社会科学院党组书记陈祥健、省委宣传部部务会成员肖贵新、泉州市政协副主席李冀平、福建省方志委副巡视员林浩、泉州市方志委常务副主任张惠评和副主任林龙海、许晓松等的陪同下，到泉州市、晋江市调研地方志工作。王伟光一行亲切看望慰问了修志人员，察看办公环境，了解地方志工作进展情况，并在新春佳节将到来之际，向泉州市以及我省广大地方志工作者表示节日的慰问。

调研组先后实地走访了中国社会科学院文化研究中心闽南文化研究基地、泉州市方志书库、泉州海外交通史博物馆、晋江市方志文献中心和晋江五店市传统文化街区，并听取有关汇报。

在中国社科院文化研究中心闽南文化研究基地，大量具有深远影响力的研究论文，一个个创新型科研项目吸引着王伟光等领导的目光。王伟光说，闽南文化既是中国传统文化，又是中国社会主义文化的经典，中国社会科学院将全力发挥专家优势、科研优势，为泉州闽南文化的发展贡献力量。

在泉州市方志委，王伟光组长看望和慰问全体修志人员，并与大家座谈。在听取泉州市方志委常务副主任张惠评关于泉州地方志工作汇报后，王伟光作了重要讲话。泉州抢救地方文献遗存、开发利用地方志资源、动员社会力量“众手成志”和志书、年鉴、月报、日记“四位一体”的记录地情资料机制等工作亮点纷呈，“四位一体”成为方志工作的泉州经验，在福建省得以全面推广。王伟光对泉州地方志工作成绩给予了充分的肯定。他说，泉州市地方志工作环境好，修志人员精神面貌也好，工作做得很有成效、很有特色、很有经验。比如泉州市方志委提出的“把日常工作做好，把基础工作做实，把特色工作做靓”三句话总结得好，还有日记、月报、年鉴、志书“四位一体”的工作机制，以及调动一切力量修志这些有特色经验，都值得很好地加以总结，并在全国推广。王伟光要求，要认真学习习近平总书记、李克强总理和刘延东副总理关于地方志工作的重要讲话和批示精神，贯彻落实好全国第五次地方志工作会议精神，做到把地方志工作纳入到地方经济社会发展规划之中，做到认识到位、领导到位、机构到位、编制到位、经费到位、设施到位、规划到位、工作到位；要进一步提高马克思主义理论水平，始终坚持用马克思主义的世界观和方法论观察分析、研究解决地方志实际问题，用历史唯物主义和辩证唯物主义指导修志工作；要坚持依法开展地方志工作，推动建立与法律规章相配套的制度体系，出台具有泉州特色的管理办法，推动建立各级政府依法履行领导责任、各级地方志工作机构依法履行组织实施和管理职责、社会各界依法参与和提供支持的法治化工作格局。

在看完泉州海外交通史博物馆的珍贵文物及中世纪东方第一大港泉州的发展史后，王伟光建议，泉州应加大与海丝沿线国家的文化交流力度，进而加大经济共同体、利益共同体的建立和联系，进行互通有无、共赢共利的经济

贸易往来，并建立政治互信，通过和平道路推进沿线国家共同发展。

王伟光在泉州市方志委了解“四位一体”工作情况　　（图/吴寿民）

11日下午，王伟光在福建省和泉州市、晋江市领导的陪同下，到晋江调研海丝文化和地方志工作，参观了晋江方志文献中心，并欣然题词“修志立史”。在听完晋江市长刘文儒、副市长史思泉关于晋江地方志的工作汇报后，王伟光满怀深情地说：“我到基层来，一个是听你们介绍情况，向你们学习。另一个是给你们打气。我担任地方志工作小组组长，虽然是冷部门，但是热走动，只要我到哪个地方去，我就去哪个地方的地方志去看看，让那个部门热起来，让那里的领导重视起来，大家的劲头鼓起来。”

王伟光充分肯定了晋江市地方志工作取得的成绩。一是领导重视，“一纳入、八到位”落实得很好，方志办编制、人、物、经费都有保证，而且有自己独立的办公场所。二是晋江市的地方志工作体现了地方侨乡特色，抓住族谱和姓氏等最能体现晋江特色的方面，从族谱、姓氏的入手开展地方志工作，可以获知很多海外华人及台湾等家族根都在晋江，通过寻根问祖、族谱文化等的两岸的频繁交流，对祖国的统一大业起到积极作用。三是对下阶段的方志工作部署很满意，并同意向晋江倾斜一个全国方志系统先进工作者候选人的名额，请省里及时做好上报工作。

王伟光最后提出了两点希望：一是希望晋江市政府进一步重视地方志工作，按照“一纳入、八到位”的要求，继续给予大力的指导和支持；二是希望晋江市方志办要按照全国地方志工作会议的精神，认真履职，干出成绩来，干出政绩来，干出经验来，真正做到“修志立史”。

泉州市地方志工作汇报会现场　　（图/吴寿民）

人口 资源 环境

REN KOU ZI YUAN
HUAN JING

责任编辑：吴远鹏

人口

2015年泉州市人口保持低速平稳增长。年末全市常住人口为851万人，比上年末增加7万人。其中：城镇人口541.2万人，农村人口309.8万人；男性433.2万人，女性417.8万人。65岁及以上老年人口占7.0%。人口出生率为13.5‰，死亡率为6.4‰，自然增长率为7.1‰。全市城镇化水平为63.6%。

表 1　　泉州市2015年年末人口数及其构成表

指　　标	年末数(万人)	比重(%)
常住人口	851	100
其中：城镇	541.2	63.6
农村	309.8	36.4
其中：男性	433.2	50.9
女性	417.8	49.1
其中：0—14岁	155.7	18.3
15—64岁	635.7	74.7
65岁及以上	59.6	7.0

表 2　　2015年各县（市、区）主要人口指标数据表

市、县、区	常住人口(万人)	出生率(‰)	死亡率(‰)	自然增长率(‰)	城镇化水平（%）
泉州市	851	13.5	6.4	7.1	63.6
鲤城区（含开发区）	43.2	8.9	5.5	3.4	100.0
其中：鲤城区（不含开发区）	38.9	8.9	5.5	3.4	100
其中：开发区	4.3	9.4	6.0	3.4	100
丰泽区	56.5	9.4	5.2	4.2	100
洛江区	20.9	15.5	8.0	7.6	55
泉港区	32.5	14.1	6.8	7.3	48.3

续表 2

市、县、区	常住人口(万人)	出生率(‰)	死亡率(‰)	自然增长率(‰)	城镇化水平（%）
惠安县（含台投区）	99.5	15.0	7.4	7.6	55.2
其中：惠安县（不含台投区）	74.6	15.1	7.5	7.6	55.4
其中：台投区	24.9	14.6	7.0	7.6	54.5
安溪县	100.5	14.2	6.0	8.2	42.8
永春县	45.8	13.7	6.5	7.2	57.8
德化县	28.4	14.2	6.5	7.7	73.6
石狮市	68.3	12.3	5.6	6.7	78
晋江市	207.8	13.4	6.4	7.0	64.2
南安市	147.6	15.0	6.7	8.3	55.8

表 3　2015泉州市人口年龄构成表　单位：（%）

年龄别	合计	男	女
总计	100	50.85573	49.14427
0—4岁	6.953428	3.916647	3.036781
5—9岁	6.439023	3.573251	2.865772
10—14岁	4.92	2.66	2.26
15—19岁	5.49	2.78	2.71
20—24岁	6.89	3.44	3.46
25—29岁	10.82	5.34	5.48
30—34岁	9.20	4.60	4.60
35—39岁	8.41	4.28	4.13
40—44岁	9.76	4.99	4.77
45—49岁	8.74	4.34	4.40
50—54岁	6.72	3.40	3.33
55—59岁	4.56	2.31	2.25
60—64岁	4.04	2.00	2.04
65—69岁	2.62	1.30	1.31
70—74岁	1.60	0.76	0.83
75—79岁	1.32	0.58	0.74
80岁及以上	1.51	0.58	0.93

表 4　2015年泉州市各种文化程度人口占总人口的比重表　单位：（%）

大专以上	8.71
高中（含中专）	13.07
初中	35.34
小学	28.54
文盲、半文盲	6.05

表 5

2015年户籍人口情况表（一）

单位：人

地 区	年末总户数（户）	年末总人口（人）								
		合计	合计中：		性别		年龄			
			城镇人口	乡村人口	男	女	18岁以下	18—34岁	35—59岁	60岁以上
泉州市	1965886	7224541	3507702	3716839	3740326	3484215	1447484	2202040	2615866	959151
市辖区	311863	1075106	728044	347062	542450	532656	199858	308328	410384	156536
鲤城区	81744	251671	251671	0	124270	127401	40720	56254	105940	48757
丰泽区	74925	235318	235318	0	115248	120070	45238	61048	95793	33239
洛江区	48880	186146	49032	137114	97205	88941	38522	54053	70073	23498
泉港区	106314	401971	192023	209948	205727	196244	75378	136973	138578	51042
台商投资区	58191	218513	91973	126540	109277	109236	41348	67446	78638	31081
惠安县	210456	787477	365265	422212	395500	391977	151914	245978	283015	106570
安溪县	315867	1184188	2822242	901946	632624	551564	275848	375773	397257	135310
永春县	167966	590848	271530	319318	311202	279646	124534	164007	224013	78294
德化县	93703	332104	99501	232603	176006	156098	65196	98527	127496	40885
石狮市	90809	327599	251133	76466	166948	160651	59106	98110	126221	44162
晋江市	300850	1118178	597607	520571	572567	545611	211439	337273	411744	157722
南安市	416181	1590528	820407	770121	833752	756776	318241	506598	557098	208591

表 6　　2015年户籍人口情况表（二）

单位：人

地　区	本年度人口变动									
	出生			死亡			迁入		迁出	
	合计	男	女	合计	男	女	省内迁入	省外迁入	迁往省内	迁往省外
泉州市	120721	70972	49749	33566	19711	13855	57721	17590	65454	13489
市辖区	16732	9329	7403	4994	2957	2037	17319	3818	15503	2589
鲤城区	2682	1437	1245	1375	788	587	3739	719	4362	591
丰泽区	2982	1639	1343	697	402	295	7292	1574	4433	1348
洛江区	3229	1952	1277	909	542	367	1952	697	1262	205
泉港区	7839	4301	3538	2013	1225	788	4336	828	5446	445
台商投资区	3198	1879	1319	913	514	399	955	275	1253	291
惠安县	12352	7465	4887	2857	1765	1092	5427	1343	6182	728
安溪县	22074	13070	9004	6385	3611	2774	5036	2453	11133	1345
永春县	10302	5924	4378	3298	1952	1346	2570	863	4784	780
德化县	5173	3141	2032	1187	746	441	4131	461	4680	307
石狮市	4358	2524	1834	1706	1002	704	3525	1210	3179	1097
晋江市	16465	9625	6840	4688	2831	1857	9398	3136	7013	3118
南安市	30067	18015	12052	7538	4333	3205	9360	4031	11727	3234

资　源

【土地资源】　2015年度泉州市土地变更总面积为2178.7公顷，各类土地利用变化总体趋势为：耕地、园地、林地、草地、水域及水利设施用地的面积呈减少趋势，城镇村及工矿用地、交通运输用地的规模有所增加，土地利用率有所提高。全市耕地年内减少771.07公顷，年内增加349.28公顷，年末面积为14.49万公顷；园地年内减少207.68公顷，年内增加0公顷，年末面积为11.22万公顷；林地年内减少328.18公顷，年内增加0公顷，年末面积为56.22万公顷；草地年内减少257.5公顷，年内增加0公顷，年末面积为3.58万公顷；城镇村及工矿用地年内减少172.37公顷，年内增加1198.67公顷，年末面积为14.12万公顷；交通运输用地年内减少34.78公顷，年内增加536.7公顷，年末面积为3.13万公顷；水域及水利设施用地年内减少154.65公顷，年内增加69.02公顷，年末面积为6.15万公顷；其他用地年内减少252.48公顷，年内增加25.03公顷，年末面积为3.97万公顷。

【矿产资源】　2015年，全市有效探矿权39个，勘查面积313.93平方千米，勘查主要矿种有8个。全市勘查资金投入1728.5万元，其中地方资金306.4万元，社会资金投入1422.1万元。主要勘查成果：煤矿，在永春县新村、上姚、含春北等地开展煤矿预查，预查报告估算新增煤炭资源量（334？）4329万吨；地热，安溪县汤埔探明地热资源可采水量3286立方米/日，水温58.8℃；水质类型为SO4OHCO3—Na型水，氟含量7.94—9.75毫克/升，偏硅酸含量77.82—91.26毫克/升，可命名为氟水、硅水理疗热矿水，安溪县佛仔格探明地热资源可采水量860立方米/日，水温57.65℃；铁矿，在德化县后溪坑开展铁多金属矿普查，圈定4个磁铁矿体，预测（334）矿石量53.35万吨；金矿，德化县东洋矿区际头—大冻坑矿段金矿勘探已提交1处中型岩金矿床，提交金的金属量9.8吨；德化县十字格等地新发现一批矿体或矿化体，具备进一步勘探前景；银矿，安溪接天山矿区铜多金属矿普查，估算新增银矿资源量（333）37万吨，银金属量32.21吨；铜，无大的进展；钼矿，德化县岭头格、丘埕等地钼矿预查，探求钼矿石资源量（332+333+334？）373吨，钼金属量6016吨；水泥用灰岩（大理岩），永春县纸坑、湖丘头等地水泥用石灰岩详查探求资源储量（331+332+333）共33697万吨。2015年，全市共有矿山企业116家，开发利用矿种23种，煤、铁、金、水泥用灰岩、陶瓷土、建筑石料为主要开发矿种，全年矿石采掘量657万吨，矿业产值7.5亿元。全市共出让采矿权3宗，成交金额225万元，探矿权出让2宗，成交金额225.62万元，全市饰面石材矿山全部关闭，全行业退出。全年共完成废弃矿山生态恢复治理面积370万平方米（不含安溪官桥龙门治理工程），废弃矿山迹地绿化治理、尾矿库闭库绿化治理13处；治理面积76.87万平方米，开垦菜地7公顷、新增耕地6.53公顷；超深废弃采石坑回填土16处，复垦利用土地226.9万平方米；企业和个人出资治理废弃矿山建设乡村公园一座，开垦茶园、菜园、生态养殖场5处，治理废弃矿山面积13.58万平方米，综合利用煤矸石120万吨，综合利用尾矿34万吨。列为国土资源部矿山地质环境治理示范工程的安溪县官桥—龙门石材矿区地质环境治理示范工程获得财政部、国土资源部三期拨款共2.84亿元。项目第一期2.28平方千米治理工程通过竣工验收，第二期5.78平方千米治理工程8个施工标段全部开工建设，平整场地17.7万平方米，清理废石堆87.7万立方米，砌挡土墙12.5万立方米，绿化面积21万平方米。加快推进石狮市全市域废弃采石场整体治理项目，项目由省国土资源厅以第二顺位上报国土资源部，提交实施方案并报省国土资源厅审查。

【海洋资源】 泉州海域面积11360平方千米，海岸线长541千米，岸线资源居福建省设区市第四位，拥有湄洲湾、大港湾、泉州湾、深沪湾、围头湾等5大海湾，适宜建港的岸线长达113.7千米，其中深水岸线57.2千米，可建各种泊位197个。湄洲湾南岸的肖厝港和斗尾港被誉为“世界不多、中国少有”的天然良港。全市共有500平方米以上的海岛168个，大部分处于自然状态。近海渔场面积50.6万公顷，其中，浅海适宜养殖面积约14953公顷，滩涂适宜养殖面积11473公顷。海洋生物种类627多种，其中鱼类291种，蟹类68种，头足类24种，贝类128种，其他116种。海洋矿产能源资源丰富，其中，玻璃砂储量约9600万吨、型砂储量8000万吨；海砂、花岗岩、高岭土等滨海非金属矿产总储量达26亿吨以上；沿海风能累年平均风速4.0—6.0米/秒，有效风能大于2500千瓦时；沿海潮汐能蕴藏量1.59亿千瓦时，可装机容量166万千瓦，年发电量可达5200万千瓦时。

【水资源】 泉州市境内溪流密布，发源于本市境内流域面积100平方千米以上的河流有34条。其中晋江水系15条，九龙江水系5条，闽江水系9条，单独入海5条。晋江、洛阳江为泉州市主要河流，全市多年平均水资源总量为96.79亿立方米，其中主要供水水源晋江为福建省第三大河，流域面积5629平方千米，河长182千米，多年平均水资源总量51.2亿立方米，洛阳江（含黄塘溪）流域面积371平方千米，河长39千米，多年平均水资源总量2.3亿立方米。2015年全市平均降雨量1724.8毫米，折合年水量187.414亿立方米，比多年平均值偏多5.33%，比2014年偏多23.7%，属平水年份。2015年全市地表水资源量（河川径流量）82.279亿立方米，比多年平均值偏少15.1%，与2014年地表水资源量相比偏多9.91%。2015年全市地下水资源量27.1529亿立方米，扣除重复计算量，2015年全市水资源总量82.479亿立方米，人均拥有水资源量为969立方米。至2015年底，全市19座大中型水库总蓄水量7.34亿立方米，占正常蓄水量的75.5%，比多年同期多1.46亿立方米，比2014年底同期多蓄2.04亿立方米。其中，山美水库蓄水量为3.77亿立方米，占正常蓄水量的79.87%，比多年同期多5739万立方米；惠女水库蓄水量为6840万立方米，占正常蓄水量的86.58%，比多年同期多1470.82万立方米。全市现有各类水利工程6万多处，其中，水库465座（大型2座、中型17座、小型446座），总库容达15.68亿立方米；泵站94处，水井工程2万多口，各类堤防总长525.57千米。初步形成以山美水库为主要水源、以龙门滩引水为补充、以各大中型水库为支撑、以金鸡拦河闸为分水枢纽、以南北渠和湄南工程为主要输水通道的沿海配供水网络体系。

【林业资源】

林地、林木资源　泉州市现有土地总面积109.97万公顷，其中林业用地68.53万公顷，占全市土地总面积的62.3%，非林地41.25万公顷，占37.7%，森林覆盖率58.7%。在林业用地面积中，有林地面积64.50万公顷，占林业用地面积的94.1%，疏林地1.28万公顷，占1.9%，灌木林地0.70万公顷，占1.0%，未成林造林地1.28万公顷，占1.9%，苗圃地71.41公顷，无林地1.47万公顷，占2.1%。在有林地面积中，用材林面积24.39万公顷，占有林地面积的37.8%，薪炭林1.41万公顷，占2.2%，防护林20.29万公顷，占31.5%，特用林3.27万公顷，占5.1%，经济林12.12万公顷，占18.8%，竹林3.02万公顷，占4.7%。在无林地面积中，宜林荒山荒地4991.99公顷，占34.0%，采伐迹地2614.92公顷，占17.8%，火烧迹地1139.35公顷，占7.8%，宜林沙荒地14.69公顷，占0.1%，可封育成林的荒山荒地819.29公顷，占5.6%，林中林缘空地303.94公顷，占2.1%，暂未利用荒山荒地4798.76公顷，占32.7%。在林分优势树种面积中，杉木8.91万公顷，占优势树

彭村水库　（图/市水利局）

永春辣木苗木培育 （图/市林业局）

种面积的18.0%，马尾松27.75万公顷，占56.2%，阔叶树9.01万公顷，占19.9%，木麻黄3323.11公顷，占0.7%。桉树3.35万公顷，占6.8%。全市区划生态公益林面积27.03万公顷，占全市林地面积的39.4%。全市林木总蓄积3807.84万立方米，其中用材林1828.04万立方米，占林木总蓄积量的18.0%，薪炭林54.29万立方米，占1.4%，防护林1439.40万立方米，占37.8%，特用林330.12万立方米，占8.7%，疏林地30.08万立方米，占0.8%，散生木113.65万立方米，占3.0%，四旁树12.26万立方米，占0.3%。毛竹株数1.19亿株。全市林分蓄积量3651.85万立方米，每公顷平均74.0立方米。其中幼龄林217.83万立方米，占林分蓄积量的6.0%，中龄林1122.68万立方米，占30.7%，近熟林684.28万立方米，占18.7%，成过熟林1627.06万立方米，占44.6%。在林分蓄积量中，杉木（含珍贵针叶树）蓄积量683.94万立方米，占林分蓄积量的18.7%，马尾松1687.15万立方米，占46.2%，阔叶树（含珍稀阔叶树、硬阔、软阔、桉树）1028.40万立方米，占28.2%，木麻黄16.55万立方米，占0.5%，桉树235.81万立方米，占6.5%。

野生动物资源 泉州市野生动物资源丰富，记录有两栖类2目7科32种，爬行类3目13科61种，鸟类19目51科260种，哺乳类6目14科32种。国家一级重点保护野生动物有鼋、蟒蛇、黑鹳、黄腹角雉、华南虎、豹、云豹、金斑喙凤蝶、中华白海豚、中华鲟、红珊瑚等11种。国家二级重点保护动物有蛇雕、大灵猫、黑熊、穿山甲等57种。

野生植物资源 泉州市野生植物资源丰富，记录有野生维管束植物212科903属2201种（包括逸生和归化种），其中蕨类植物42科84属199种，裸子植物8科15属20种，被子植物162科804属1982种。其中，有国家一级重点保护野生植物有银杏、南方红豆杉、水松、伯乐树等4种。国家二级重点保护植物有半枫荷、花榈木、桫椤等17种，省级重点保护植物有油杉、长苞铁杉、福建青冈等11种。

环 境

【气候】

气温 2015年全市年平均气温为21.2℃，比常年高0.8℃，比2014年高0.2℃，与2002年并列历史第二高（1998年21.3℃为历史最高）。其中：晋江平历史记录；安溪、德化破历史记录。各县（市）年平均气温在19.4℃（德化）—22.4℃（安溪）之间，气温距平为0.2℃（永春）—1.2℃（安溪），异常度为0.5（永春）—2.2（安溪），永春正常，惠安偏高，晋江、南安显著偏高，安溪、德化异常偏高。其中，冬季平均气温正常；春季、夏季、秋季平均气温偏高0.6℃—1.0℃。气温≥35℃的高温日数分别为惠安1天、晋江3天、南安29天、安溪45天、永春18天。与常年相比，南安、安溪偏多，其余正常。极端最高气温分别为：惠安36.3℃（7月10日）、晋江37.2℃（7月11日）、南安37.5℃（7月10日）、安溪38.6℃（6月29日）、永春36.7℃（6月30日）、德化34.7℃（6月30日）。与常年相比，惠安、晋江偏高，永春略低，南安、安溪、德化正常。极端最低气温分别为：惠安6.6℃（2月10日）、晋江5.5℃（2月10日）、南安4.1℃（2月10日），安溪4.3℃（2月10日）、永春1.3℃（2月10日）、德化-0.4℃（2014年12月30日）。与常年相比，永春略高，其余偏高。

降水 2015年全市平均年降水量为1646.5毫米，比常年多76.8毫米，比2014年多473.4毫米。各县（市）年降水量在1428.8（晋江）—1870.3毫米（德化）之间，降水距平为-56.7毫米（安溪）—404.1 毫米（惠安），降水距平百分率为-3%（安溪）—36%（惠安），除惠安异常偏多外，其余正常。其中：8月降水量惠安偏多，创历史新高（1961年以来）。2015年前汛期从5月9日开始（较常年偏晚14天），6月19日结束（偏早6天），历时42天，偏短23天，位居1961年以来历史第6位。汛期降水相对集中时段为：5月19—22日、30—31日；6月19—20日；7月20—24日；8月8—11日、24—25日、27—

31日；9月1—2日、9月7日。出现大雨及以上的日数分别为：惠安8天，晋江9天，南安11天，安溪18天，永春、德化12天。其中暴雨日数分别为：惠安6天，晋江4天，南安8天，安溪5天，永春6天，德化7天；大暴雨日数分别为：惠安1天，晋江1天，永春1天。受南海辐合带北抬影响，7月20日全市普降暴雨—大暴雨；9月29日受台风“杜鹃”主体影响，全市普降暴雨—大暴雨。日最大雨量主要出现在7月20日和9月29日，分别为：惠安170.9毫米（9月29日）、晋江108.5毫米（9月29日）、南安77.6毫米（12月9日）、安溪92.4毫米（7月20日）、永春102.5毫米（7月20日）、德化82.6毫米（7月20日）。

日照　2015年全市平均年日照时数为1819.6小时，比常年少2.6小时，比2014年少197.8小时。各县（市）年日照时数在1605.5小时（永春）—2102.3小时（晋江）之间，日照时数距平为-90.8（南安）—108.8小时（德化），异常度为-0.7（南安）—0.7（德化），均属正常。

【水文】　2015年全市平均降水量1709.0毫米，折合年水量185.700亿立方米，比上年偏多22.6%，比多年平均偏多4.4%，属平水年。全市最大点降水量为南安市向阳乡巷仔站2344.5毫米；最小点降水量为泉州市泉州大桥站1258.0毫米。全市地表水资源量86.56亿立方米，地下水资源量25.52亿立方米，地表水和地下水不重复量0.20亿立方米，水资源总量86.76亿立方米，人均拥有水资源量为1020　立方米；全市出境水量　27.90亿立方米。水文部门对全市各主要河流和重要水源渠道共605.7千米河长进行评价，其中符合和优于III类水的河长为529.3千米，占评价河长的87.4%；污染（Ⅳ、Ⅴ类和劣Ⅴ类）河长为76.4千米，占评价河长的12.6%。水体的主要超标项目为氨氮和总磷。

【海洋】　2015年，泉州市海洋环保工作按照“陆海统筹、河海兼顾、综合治理”思路，持续开展近海水域污染综合治理，推进海洋生态环境整治修复，强化海洋保护区管护与建设，严厉打击海洋环境违法行为，海洋生态环境质量持续改善，海洋生态文明建设取得明显成效。各级海洋部门和市环保局在泉州市海域组织开展海洋环境质量趋势性监测、主要海湾环境、陆源入海排污口及其邻近海域环境监测、海洋功能区环境监测、海洋灾害监测等多项海洋环境监测工作，共完成180多个站位的监测工作，获得各类海洋环境有效监测数据14000

泉州海域各类水质面积比例图

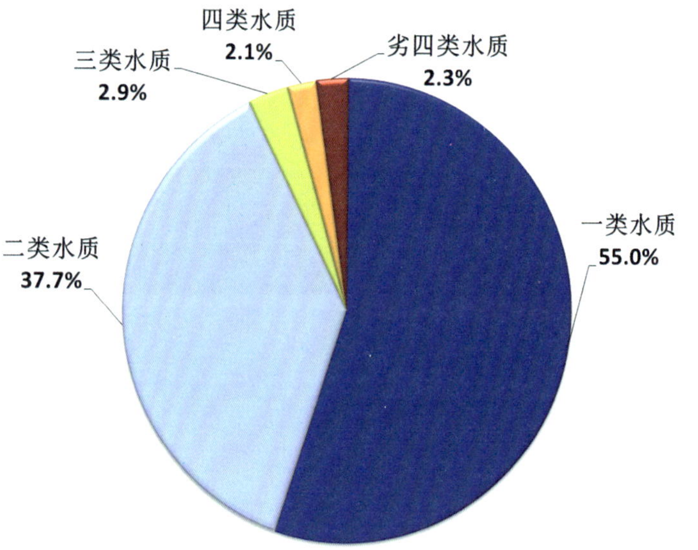

图 1

泉州海域水质等级分布图

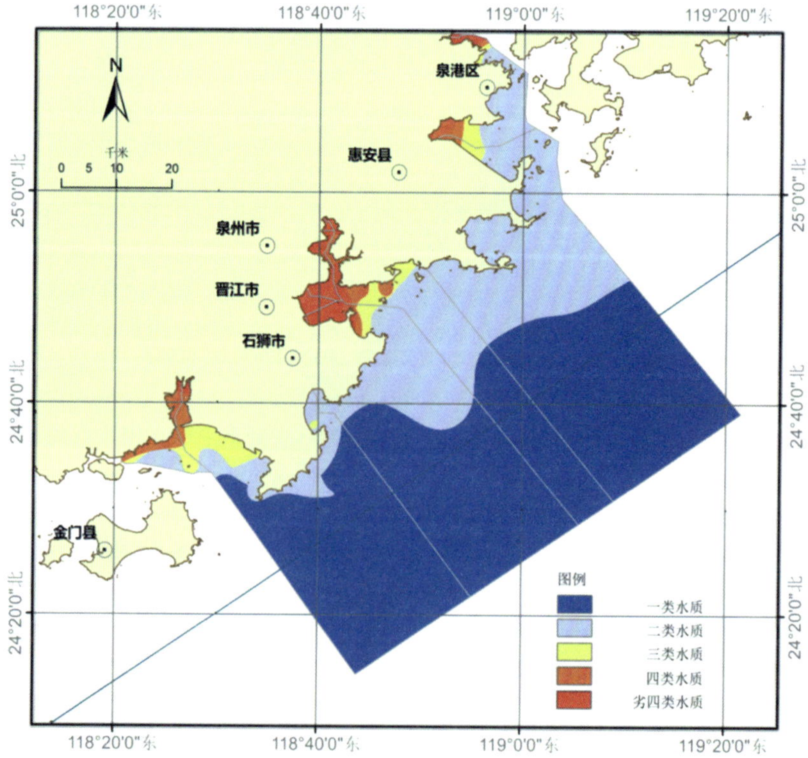

图 2

主要海湾海水无机氮含量图

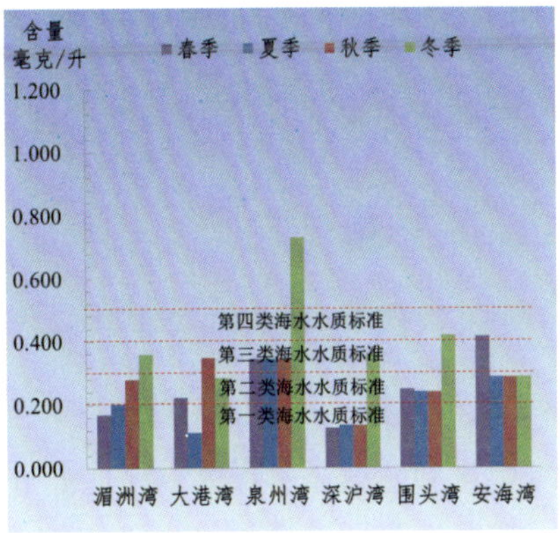

图 3

主要海湾海水活性磷酸盐含量图

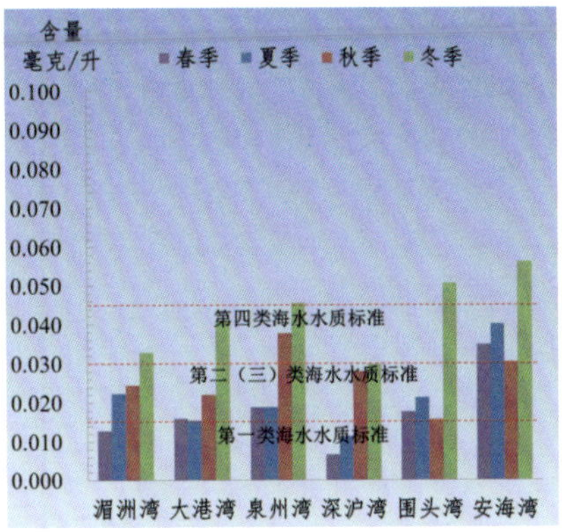

图 4

泉州海域无机氮等级分布图

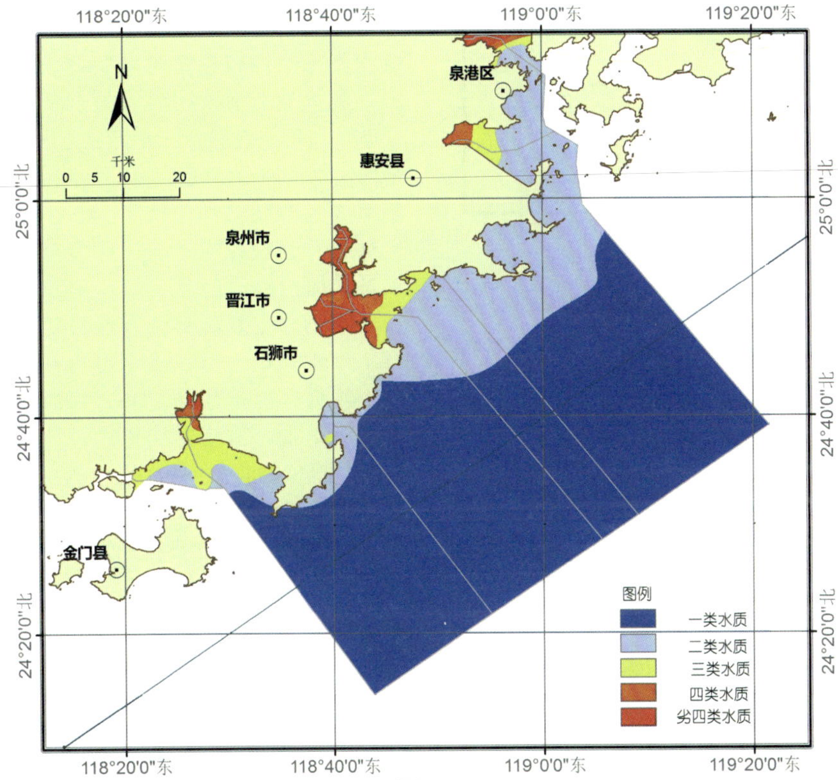

图 5

多个。监测结果表明：2015年，泉州市海洋环境质量状况总体良好。按海洋功能区划海域面积测算，泉州海域达到二类海水水质标准的面积比例为92.7%，比2014年提高1.8个百分点；海洋功能区水质达标率为 94.3%，比2014年提高2.0个百分点。海洋沉积物符合海洋功能区划要求的站位比例为100%。海洋贝类质量总体良好，海洋生物群落结构较为稳定。存在的问题主要有：泉州湾内湾和安海湾氮、磷仍然超标严重，部分入海排污口邻近海域环境质量仍然较差。

海洋生态环境质量　2015年春季、夏季、秋季和冬季，对泉州海域126个海水水质站位的溶解氧、无机氮、活性磷酸盐、石油类、汞、铜、铅、镉、砷等17个项目进行监测。监测结果表明：泉州海域海水质量继续保持良好水平，对照《海水水质标准》（GB 3097-1997），一类、二类、三类、四类和劣四类海水水质海域面积比例分别为55.0%、37.7%、2.9%、2.1%和2.3%。四类和劣四类水质的海域主要分布在泉州湾，主要影响因子为无机氮和活性磷酸盐。与2014年相比，第一类标准的海域面积减幅较大，第二类标准的海域面积增幅较大，第三类标准的海域面积基本持平，第四类标准与劣于第四类标准的海域面积较2014年略有减少。

主要海湾水环境质量　2015年，对湄洲湾、大港湾、泉州湾、深沪湾、围头湾、安海湾等6个典型海湾的环境质量状况进行监测。结果表明：各海湾湾外海域处于第一类或第二类水质。湄洲湾、大港湾和深沪湾以第二类水质为主；围头湾以第二类和第三类水质为主；泉州湾和安海湾以第四类和劣四类水质为主，主要影响因子为无机氮和活性磷酸盐。与2014年相比，深沪湾和湄洲湾水质略有改善，其他海湾水质基本持平。无机氮含量较高的区域主要集中在泉州湾，冬季泉州湾无机氮含量处于劣四类海水水质标准；冬季围头湾与春季安海湾海域无机氮含量处于第四类海水水质标准；其他海湾各季节无机氮含量均符合或优于第三类海水水质标准。活性磷酸盐含量较高的区域主要集中在泉州湾和安海湾。所有海湾冬季海水活性磷酸盐含量均比其他季节高，其中泉州湾、围头湾和安海湾冬季海水活性磷酸盐含量均处于劣四类海水水质标准。深沪湾各季节海水活性磷酸盐含量均符合第一类或第二（三）类海水水质标准。泉州湾个别站位铜含量符合第二类海水水质标准，深沪湾个别站位汞含量符合第二（三）类海水水质标准，其他海湾铜、汞含量均符合第一类海水水质标准；所有海湾化学需氧量、石油类、铅、锌、镉、砷含量均符合第一类海水水质标准。

各县（市、区）海域水质　2015年，泉州市大部分沿海县（市、区）和泉州台商投资区海域海水水质较2014年有所改善，海洋功能区水质达标率有所提高。

沉积物质量　2015年8月，对

泉州海域活性磷酸盐等级分布图

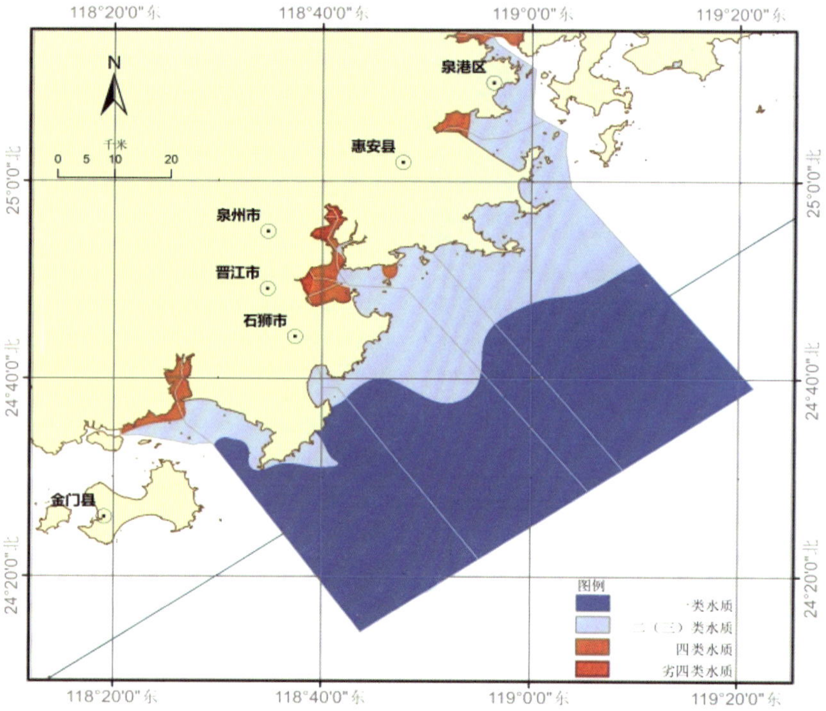

图 6

表 7 2015年泉州市部分沿海县（市、区）海域海水水质情况表

单位：%

项目 \ 地区		丰泽区	洛江区	泉港区	石狮市	晋江市	南安市	惠安县	台商投资区
第一、二类水质面积比例	2015年	0	0	82.2	93.0	91.3	79.3	99.9	84.8
	2014年	0	0	68.9	86.5	91.6	65.6	98.5	65.9
海洋功能区水质达标率	2015年	10	0	86.7	92.2	98.1	99.4	94.0	88.2
	2014年	10	0	82.7	89.8	93.2	82.0	99.9	82.4

泉州市近岸海域28个沉积物站位的汞、铜、铅、镉、砷、石油类、硫化物、有机碳、粪大肠菌群共9个项目进行监测。监测结果表明，泉州海域沉积物质量良好，所有监测指标均符合《海洋沉积物质量》（GB 18668-2002）第一类标准。与2014年相比，泉州海域沉积物质量保持稳定。

海洋贝类质量　2015年，对泉州市近岸海域主要养殖区的菲律宾蛤仔、近江牡蛎、僧帽牡蛎、太平洋牡蛎和缢蛏等50个样品进行海洋贝类质量检测。检测指标包括：石油烃、铜、铅、镉、多氯联苯、腹泻性贝毒和麻痹性贝毒。依据《海洋生物质量》（GB 18421-2001）进行评价，结果表明：所有贝类样品石油烃、铅、镉和多氯联苯含量符合第一类或第二类标准；52%贝类样品铜含量处于第一类或第二类标准；所有贝类样品均未检出麻痹性贝毒和腹泻性贝毒。与2014年相比，贝类体中铜含量有所降低，其他指标变化不大。

海洋生物　2015年5月和8月，在泉州市近岸海域布设10个站位，开展包括浮游生物和浅海大型底栖生物在内的生物多样性监测，共监测到生物物种250种。监测结果表明，泉州市近岸海域浮游生物种类丰富，群落结构较稳定；底栖生物种类相对较少，总体群落结构较稳定。共鉴定出浮游植物2门78种，平均细胞密度为2.99×104个/升。主要组成为硅藻，主要优势种有中肋骨条藻、菱形海线藻、卵形藻等；其次是甲藻，主要优势种有叉状角藻、红色裸甲藻、海洋原甲藻等；平均生物多样性指数为2.48，浮游植物群落结构较稳定。共鉴定出浮游动物（含浮游幼虫）15门133种（类），平均密度为816.4个/立方米，平均生物量为134.1毫克/立方米；主要组成为节肢动物门桡足类，主要优势种有强额孔雀水蚤、印度隆哲水蚤、厦门矮隆哲水蚤等；其次为水母动物，主要优势种有薮枝螅水母、单囊美螅水母、瓜水母等；平均生物多样性指数为2.95，浮游动物种类丰富，群落结构稳定。共鉴定出底栖生物4门39种，平均栖息密度为54个/平方米，平均生物量为7.66克/平方米；主要组成为环节动物，主要优势种有竹节虫、不倒翁虫、扁蛰虫等；其次为棘皮动物和甲壳动物，主要优势种有小双鳞蛇尾、滩栖阳遂足、光滑倍棘蛇尾、模糊新短眼蟹等；平均生物多样性指数为2.54，底栖生物总体群落结构较稳定。

主要入海污染物及排污口邻近海域环境质量　入海污染物：2015年，经由晋江入海的主要化学污染物合计43927.4吨，其中化学需氧量为39856吨，氨氮3206吨，总磷662吨，石油类135吨，重金属（铜、铅、锌等）64吨，砷4.4吨。2015年3月、5月、7月、8月、10月和11月对泉州11个重点入海排污口和2个一般入海排污口排放的污水进行监测；监测的13个入海排污口污水年排放总量为4.22亿吨，污染物排放

总量为7.06万吨，其中化学需氧物质19464.9吨、悬浮物49245.0吨、氨氮1659.6吨、总磷173.0吨、石油类34.4吨、硫化物39.9吨、重金属（含砷）3.2吨，其他污染物（苯胺、氰化物、挥发酚）12.6吨。重点入海排污口邻近海域：石狮大堡集控区、石狮伍堡集控区、晋江深沪东海垵集控区、湄洲湾氯碱有限公司、福建炼油厂等5个排污口的邻近海域生态环境质量符合海洋功能区划要求，邻近海域生态环境质量等级为优良；石狮锦尚集控区和南埔火电厂2个排污口邻近海域生态环境质量等级为较好，水质主要超标污染物为无机氮和活性磷酸盐；晋江东石电镀集控区和南安市电镀集控区2个排污口邻近海域生态环境质量等级为差，水质主要超标污染物为无机氮、化学需氧量、粪大肠菌群和活性磷酸盐，沉积物主要超标污染物为石油类，生物体主要超标污染物为粪大肠菌群；晋江经济开发区污水处理厂和晋江/石狮十一孔桥2个排污口的邻近海域生态环境质量等级为极差，水质主要超标污染物为化学需氧量、活性磷酸盐、石油类、无机氮等，生物体主要超标污染物为粪大肠菌群等。海洋垃圾：2015年10月，在惠安县崇武西沙湾海域开展海洋垃圾监测，监测内容包括海漂垃圾和海滩垃圾的种类和数量。海漂垃圾监测区域内海面漂浮垃圾共有14种，类型为塑料类、纸类、聚苯乙烯泡沫塑料类，平均个数约为2.9×104个/平方千米，平均密度约为0.24千克/平方千米。海滩垃圾监测区域内海滩垃圾有16种，其类型为塑料类、木制品类、橡胶类、织物（布）类、金属类、其他人造物品、聚苯乙烯泡沫塑料类和纸类，其中木制品类占41%，聚苯乙烯泡沫塑料类占25%，塑料类占22%，橡胶类、织物（布）类、金属类和其他人造物品各占3%。平均个数约为6.4×104个/平方千米，平均密度约为277千克/平方千米。

表 8　晋江入海污染物排放量情况表

单位：吨

年份	化学需氧量	氨氮	总磷	石油类	重金属	砷	合计
2015	39856	3206	662	135	64	4.4	43927.4
2014	33709	3767	569	136	57.7	3.5	38242.2

表 9　重点入海排污口污染物排放量情况表

单位：吨

年份	化学需氧量	悬浮物	氨氮	总磷	石油类	硫化物	重金属	其他污染物
2015	19464.9	49245.0	1659.6	173.0	34.4	39.9	3.2	12.6
2014	21317.6	35114.1	1762.6	207.8	43.7	16.3	16.1	12.4

泉州市重点入海排污口分布、污水年排放量及评价等级图

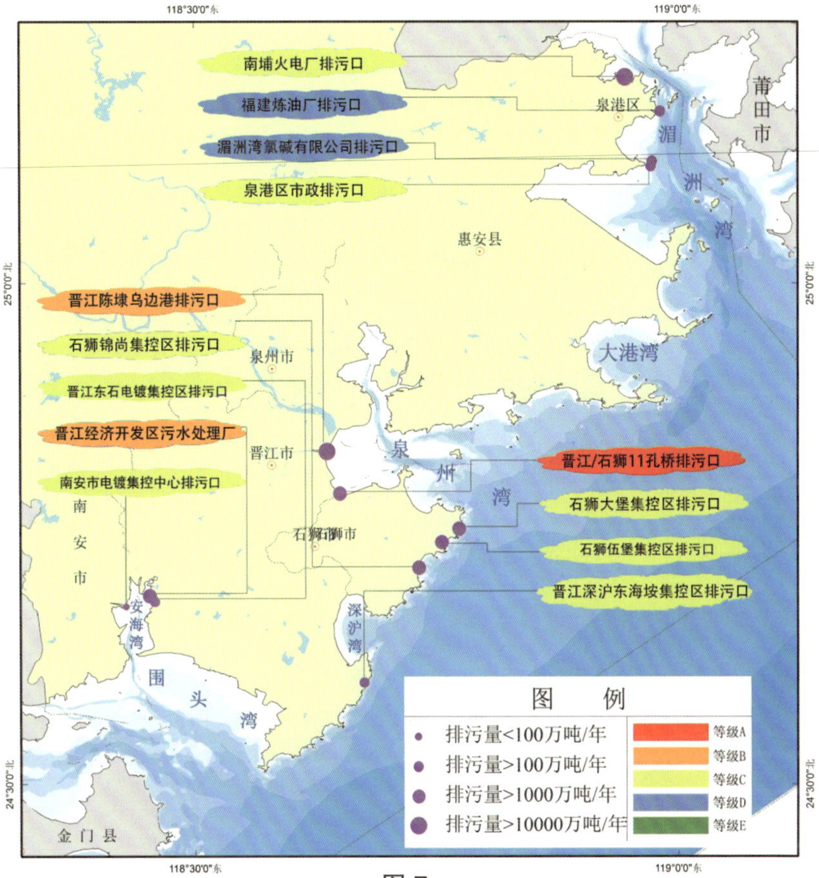

图 7

表 10　排污口级别分类表

等级	警示颜色标识	对邻近海域环境的危害程度
A	红色	对海域环境造成的危害或潜在危害最大
B	橙色	对海域环境造成的危害或潜在危害较大
C	黄色	对海域环境有一定的危害或潜在危害
D	蓝色	对海域环境造成的危害或潜在危害较小
E	绿色	对海域环境基本未造成危害或潜在危害很小

表 11　　重点入海排污口邻近海域生态环境质量情况表

排污口名称	邻近海域功能区划	水质		沉积物		生物体		综合等级	是否符合海洋功能区执行标准类别
		主要超标污染物	水质综合等级	主要超标污染物	沉积物质量综合等级	主要超标污染物	生物质量综合等级		
湄洲湾氯碱有限公司排污口	海域保留区	—	清洁	—	清洁	—	—	优良	符合
石狮伍堡集控区排污口	港口航运区	—	清洁	—	清洁	—	—	优良	符合
福建炼油厂排污口	港口航运区	—	清洁	—	清洁	—	—	优良	符合
石狮大堡集控区排污口	工业与城镇用海区	—	清洁	—	清洁	—	—	优良	符合
晋江深沪东海垵集控区排污口	海域保留区	—	清洁	—	清洁	—	—	优良	符合
石狮锦尚集控区排污口	工业与城镇用海区	—	清洁	—	清洁	粪大肠菌群	轻度污染	较好	不符合
南埔火电厂排污口	港口航运区	无机氮、活性磷酸盐	严重污染	—	清洁	—	—	较好	不符合
晋江东石电镀集控区排污口	特殊利用区	化学需氧量、活性磷酸盐、无机氮	严重污染	石油类	轻度污染	粪大肠菌群	轻度污染	差	不符合
南安市电镀集控区排污口	特殊利用区	化学需氧量、活性磷酸盐	严重污染	—	清洁	粪大肠菌群	轻度污染	差	不符合
晋江经济开发区污水处理厂	特殊利用区	无机氮、活性磷酸盐、生化需氧量	严重污染	—	清洁	石油烃、粪大肠菌群	严重污染	极差	不符合
晋江/石狮11孔桥排污口	农渔业区	石油类、无机氮、化学需氧量、活性磷酸盐、粪大肠菌群	严重污染	滴滴涕、多氯联苯、粪大肠菌群	严重污染	粪大肠菌群、六六六、滴滴涕	严重污染	极差	不符合

说明：排污口邻近海域是指以排污口为圆心，半径5千米内的海域，混合区不参与评价

海洋功能区环境质量　海水养殖区：2015年4—9月，对泉港区、惠安县、石狮市和晋江市4个重点养殖区水体中的pH值、溶解氧、化学需氧量、无机氮、活性磷酸盐指标进行监测。根据《海水增养殖区环境监测与评价技术规程》（试行）水质评价要求，采用《海水水质标准》（GB 3097-1997）的第二类海水水质标准进行评价，结果表明：惠安县大港湾养殖区水质状况优良，各监测要素含量均符合第二类海水水质标准；湄洲湾泉港区肖厝网箱养殖区水质状况总体良好，8月无机氮和活性磷酸盐超出第二类标准，7月无机氮含量超标现象比较突出；深沪湾石狮市永宁养殖区水质状况总体良好，8月pH值、无机氮和活性

磷酸盐含量超出第二类标准，7月活性磷酸盐和无机氮超标现象比较突出；晋江市围头湾围头养殖区水质状况总体良好，8月无机氮和活性磷酸盐含量超出第二类标准，7月无机氮含量超标现象比较突出。海水浴场：2015年4—10月，对青山湾和西沙湾海水浴场连续进行水质监测和综合评价。水质状况：青山湾海水浴场水质等级为“优”；西沙湾海水浴场水质等级为“良”。健康指数：青山湾海水浴场健康指数为“优”，西沙湾海水浴场健康指数为“良”。游泳适宜度：监测时段内，青山湾和西沙湾海水浴场适宜游泳的天数比例均为91%。与2014年相比，青山湾、西沙湾海水浴场水质等级、健康指数相同，适宜游泳天数比例有所降低，适宜游泳月份无变化。海洋倾倒区：2015年，泉州市2个海洋倾倒区倾倒总量为78.62万立方米，其中湄洲湾倾倒区疏浚物倾倒量为66.62万立方米，泉州湾倾倒区疏浚物倾倒量为12.00万立方米。监测结果表明：倾倒区及其邻近海域的水质、沉积物质量保持良好，满足所属海洋功能区要求，未发现倾倒物的迁移扩散对邻近海域的生态环境造成明显影响。海洋保护区：深沪湾海底古森林遗迹国家级自然保护区，位于晋江市深沪镇，面积约31平方千米，主要保护对象为距今7500多年的海底古森林遗迹、距今9000—25000年的古牡蛎礁遗迹及周边海岸带典型地质地貌。保护对象古树桩、古牡蛎礁的数量和状态稳定，保护区海水pH、石油类、溶解氧和悬浮物含量均符合第一类标准，沉积物质量状况良好。与2014年相比，保护区海域水质溶解氧和悬浮物含量有所好转，其他要素基本持平，沉积物质量基本持平。泉州湾河口湿地省级自然保护区，位于泉州湾内湾区域，总面积71平方千米，主要保护对象为河口湿地生态系统、红树林、珍稀鸟类和水生野生动物。2015年保护区生态环境稳定，人工新增种植红树林70亩，补植717亩，红树林以秋茄、桐花树为主，总面积达6746亩；鸟类种类和数量基本保持稳定，共记录有鸟类193种，监测到鸟类个体总数达38820只；保护区海水中无机氮、活性磷酸盐含量劣于海水水质第四类标准，其他各项监测要素含量均符合海水水质第一类标准；沉积物中有机碳、硫化物、石油类和重金属含量均符合海洋沉积物质量第一类标准。与2014年相比，保护区海域水质、沉积物质量基本持平。海洋环境保护：2015年1月，国家海洋局东海分局、福建省海洋与渔业厅、泉州市人民政府、惠安县人民政府签订协议，决定整合四方在泉州的海洋环境监测预报资源，共同建设泉州海洋环境监测预报中心。5月，泉州市委编办批准设立“泉州海洋环境监测预报中心”。当年，共投入3400万元，完成中心实验大楼建设和仪器设备采购，中心正式建成投用。持续开展近海水域污染综合治理，落实市人大《关于加快近海水域环境污染治理的决议》，持续开展重点流域（含近海水域）水环境综合整治。全年投入重点流域（含近海水域）整治资金12.38亿元，完成的整治项目97个（其中近海整治项目46个，投入5.94亿元）。开展全岸线海漂垃圾治理行动，制定出台《海漂垃圾治理三年行动方案》和《海岸带环境卫生考评与奖惩方案》，开展全岸线海漂垃圾治理行动，从日常清理、责任落实、部门协作、投入保障、督查考评五方面建立治标与治本相结合的海漂垃圾治理长效机制。2015年，市、县两级财政投入治理资金2278万元，比2014年增加近2000万元。通过治理，长年堆积海岸的垃圾得到清理，日常保洁和管理基本到位，海岸带环境卫生状况明显改善。加强海洋生物资源保护加大海洋生物增殖放流力度，全年共投入增殖放流资金493万元，在主要海湾放流鱼、虾、贝苗种8.4亿尾（粒），投入的资金和放流的苗种数量创历年新高。开展打击非法采捕红珊瑚专项行动，全年查处非法采捕红珊瑚船舶17艘，其中强制拆解15艘、整改1艘、移交海事处理1艘。推进海洋生态环境整治修复，投资1097万元的泉港区惠屿海岛整治修复及保护项目历经3年建设，于2015年11月通过竣工验收。计划投资2500万元的石狮市红塔湾整治修复工程开工建设。严厉打击海洋环境违法行为，市海洋监察执法机构组织开展打击非法采砂“百日行动”“碧海”“银滩”和“护岛”等专项执法行动，全年陆域巡查海岸线601车次、行程36388千米，海域巡航333航次、航程10016海里，海洋行政处罚立案41起、收缴罚款414.4万元，渔业行政处罚立案33起，收缴罚款26.6万元，没收渔获物24259.22公斤，依法向公安机关移送涉嫌犯罪渔业案件2起。

表 12　　2015年泉州海水浴场环境状况表

浴场名称	水质等级	健康指数	适宜游泳月份	适宜游泳天数比例（%）	不适宜游泳的主要因素
青山湾海水浴场	优	优	6—9月	91	风浪大、水温偏低
西沙湾海水浴场	良	良	6—9月	91	风浪大、个别时段水质较差

说明1.健康指数等级为优，海水浴场环境对人体健康产生的潜在危害低；健康指数等级为良，海水浴场环境对人体健康有一定的潜在危害；健康指数等级为差，海水浴场环境对人体健康产生的潜在危害高

2.游泳适宜度是根据海水浴场的水质、水文和气象等要素对海水浴场环境状况进行的综合性评价

【地质】　2015年，全市排查有地质灾害点1538处，潜在地质灾害隐患点7844处。全市有地质灾害点或隐患点的县（市、区）均完成年度地质灾害防治方案的编制工作，并经同级人民政府批准后下发实施；全市114个乡（镇）、866个村（居）修编汛期地质灾害群众转移预案；确定地质灾害群测群防点4283处，群测群防人员5232人，发放地质灾害防灾明白卡2652张，避险明白卡8968张；所有地质灾害点均落实防治具体联系人、监测人和负责人，防灾网络建设进一步加强。进一步完善地灾预警、汛期值班、险情巡查、灾点监测、灾情速报等地质灾害防灾制度，严格要求各地各群测群防人员按照地质灾害气象风险预警等级，调整地质灾害点和高陡边坡点的巡查、监测密度，2015年共发出市级地质灾害气象风险等级预警17次。

【环境质量】

综述　2015年，泉州市环境质量状况总体良好，市区空气质量优良率98.9%，各县（市、区）空气质量继续保持优良水平。晋江水系、洛阳江水系及13个县级及以上集中式饮用水水源地水质达标率均为100%。泉州市区内河水质功能区达标率100%。近岸海域功能区水质达标率84.6%。城市功能区、区域及道路交通声环境质量总体保持较好水平。

大气环境质量　城市空气质量（按GB3095-2012评价）。2015年泉州市区环境空气质量总体良好，二氧化硫、二氧化氮和可吸入颗粒物PM_{10}、$PM_{2.5}$年均浓度分别为0.010毫克/立方米、0.025毫克/立方米、0.053毫克/立方米和0.028毫克/立方米，均能达到二级浓度限值要求。一氧化氮日均值的第95百分位数为1.0毫克/立方米；臭氧日最大8小时平均值的第90百分位数为0.122毫克/立方米，符合年评价指标要求。空气质量指数（AQI）均值为54，首要污染物为$PM_{2.5}$。空气质量优良以上天数为361天（其中182天优），占实际监测天数的比例为98.9%，污染天数为4天。石狮市区有效监测天数365天，环境空气污染指数（AQI）均值为54，优良率为98.9%，首要污染物为$PM_{2.5}$。晋江市区有效监测天数365天，环境空气污染指数（AQI）均值为58，优良率为97.3%。首要污染物为PM_{10}和$PM_{2.5}$。石狮市区和晋江市区的各主要污染物浓度均符合年评价指标要求。南安市区有效监测天数为306天，环境空气污染指数（AQI）均值为69，优良率为91.2%，首要污染物为PM_{10}和二氧化氮，PM_{10}和$PM_{2.5}$未能达到年均二级标准要求，分别超标10.0%和2.86%。臭氧日最大8小时平均值的第90百分位数最大值出现在泉州市区，CO日均值的第95百分位数最大值出现在晋江市区，其余主要污染物浓度最高值均出现在南安市区。各县（市、区）空气质量（按GB3095-1996评价）。2015年，全市11个县（市、区）空气质量均达到国家环境空气质量二级标准，优良率在95.3%—100%之间，可吸入颗粒物PM_{10}、二氧化氮和二氧化硫年平均浓度分别为0.053毫克/立方米、0.026毫克/立方米和0.016毫克/立方米，与2014年同期相比，分别下降0.009毫克/立方米、0.001毫克/立方米和0.004毫克/立方米。按PM_{10}浓度进行空气质量排名，依次为：德化县、永春县、惠安县、泉港区、洛江区、安溪县、鲤城区、丰泽区、石狮市、晋江市和南安市。与2014年相比，南安市PM_{10}浓度明显上升，其余各县（市、区）均有所下降。

表 13　2015年泉州市城市环境空气质量达标情况统计表

项目	AQI值	优		良		污染天数	优良率（%）
		天数	比例（%）	天数	比例（%）		
泉州市区	54	182	49.9	179	49.0	4	98.9
石狮市区	54	174	47.7	187	51.2	4	98.9
晋江市区	58	134	36.7	221	60.5	10	97.3
南安市区	69	62	20.3	217	70.9	27	91.2

说明：南安市区因环境空气自动监测站升级改造，1—2月未监测

表 14　2015年泉州市城市环境空气主要指标监测结果对比统计表

区域	监测项目	综合指数	主要污染物浓度（毫克/立方米）					
			SO_2	NO_2	PM_{10}	$PM_{2.5}$	CO	O_3
泉州市区	2015年（A）	3.41	0.01	0.025	0.053	0.028	1.0	0.122
	2014年（B）	3.59	0.009	0.024	0.068	0.034	1.2	0.096
	变化情况（%）（A-B）/B	-5.02	11.1	4.17	-22.1	-17.6	-16.7	27.1

续表 14

区域	监测项目	综合指数	主要污染物浓度（毫克/立方米）					
			SO_2	NO_2	PM_{10}	$PM_{2.5}$	CO	O_3
石狮市区	2015年（A）	3.67	0.009	0.025	0.061	0.034	1.2	0.120
	2014年（B）	—	0.018	0.036	0.063	—	—	—
	变化情况（%）（A-B）/B	—	-50.0	-30.6	-3.17	—	—	—
晋江市区	2015年（A）	3.96	0.016	0.030	0.062	0.031	1.4	0.120
	2014年（B）	—	0.028	0.034	0.084	—	—	—
	变化情况（%）（A-B）/B	—	-42.9	-11.8	-26.2	—	—	—
南安市区	2015年（A）	4.55	0.021	0.040	0.077	0.036	0.8	0.120
	2014年（B）	—	0.035	0.038	0.063	—	—	—
	变化情况（%）（A-B）/B	—	-40.0	5.26	22.2	—	—	—

说明：SO_2、NO_2、PM_{10}和$PM_{2.5}$为年浓度均值，CO为日均值第95百分位数，O_3为日最大8小时值第90百分位数

表 15 2015年泉州市城市环境空气主要指标监测结果对比统计表

排名	区域	API值	PM_{10}（毫克/立方米）	PM_{10}同比（%）	NO_2（毫克/立方米）	SO_2（毫克/立方米）	优良率（%）
1	德化县	43	0.043	下降4.4	0.029	0.024	100
2	永春县	46	0.046	下降6.1	0.020	0.022	100
3	惠安县	46	0.046	下降6.1	0.025	0.018	99.5
4	泉港区	44	0.047	下降30.9	0.024	0.012	99.7
5	洛江区	49	0.048	下降17.2	0.024	0.008	99.4
6	安溪县	48	0.049	下降14.0	0.022	0.020	100
7	鲤城区	55	0.055	下降22.5	0.025	0.012	97.8
8	丰泽区	56	0.056	下降26.3	0.026	0.011	95.3
9	石狮市	54	0.061	下降3.2	0.025	0.010	98.9
10	晋江市	54	0.062	下降26.2	0.030	0.018	98.6
11	南安市	62	0.075	上升19.0	0.039	0.023	95.4
12	全市	—	0.053	下降13.8	0.026	0.016	—

说明：因仪器调试、故障等原因，部分县（市、区）监测天数未达到365天

水环境质量　晋江水系水质：泉州市晋江水系共设置13个省控及以上水质监测断面（1个国控、12个省控），逢单月监测一次。2015年，监测结果表明，晋江水系水质状况优，各监测断面的主要水质指标均达到功能区（Ⅲ类）水质要求，达标率为100%。其中，Ⅰ类水质断面比例为3.8%，较2014年下降11.6个百分点；Ⅱ类水质断面比例为38.5%，较2014年上升1.3个百分点。洛阳江水质：洛阳江设置1个监测断面，逢单月监测一次，监测结果表明，其2015年Ⅲ类水质达标率为100%，与2014年持平。

水质自动监测站监测结果　晋江石砻水质自动监测站对晋江石砻丰州桥断面的10项水质指标（水温、pH值、浊度、电导率、溶解氧、高锰酸盐指数、氨氮、总磷、六价铬、总铅）进行自动监测，2015年共报送水质周报52期，其中26期达到Ⅱ类水质标准，Ⅲ类水质达标率100%。洛阳江水质自动监测站对庄兜桥断面的9项水质指标（水温、pH值、浊度、电导率、溶解氧、高锰酸盐指数、氨氮、总

磷、氯离子）进行自动监测，2015年共报送水质周报52期，其中12期达到Ⅱ类水质标准，Ⅲ类水质达标率100%。大樟溪（泉州段）水质：大樟溪（泉州段）设置1个监测断面，逢单月监测一次，监测结果表明，其2015年Ⅲ类水质达标率为100%，与2014年持平。集中式饮用水水源地水质：泉州市5个地市级集中式饮用水水源地每个月监测一次（泗洲水库因堤坝除险加固，2015年未实施监测），8各县级水源地每月监测一次，其中，具备监测条件的4个地市级集中式饮用水水源地于7月份进行饮用水109项全分析。监测结果表明：实际开展监测的12个县级及以上集中式生活饮用水水源地，Ⅲ类水质达标率为100%，与2014年持平，其中，Ⅱ类水质比例为16.7%，Ⅲ类水质比例为83.3%，4个地市级集中式饮用水水源地全分析监测结果均为Ⅲ类水质。水库水质：2015年，继续对山美水库、惠女水库的各3条（进口、库心、出口）监控垂线实施丰水期、平水期和枯水期3期监测。山美水库在所监测的22项指标中，达Ⅰ类标准的19项，达Ⅱ类标准的2项，但总氮仍劣于Ⅴ类水质标准。水质综合营养状态指数为44.1，较2014年上升6.5个单位，其中叶绿素a浓度上升最为明显，按营养状态分级仍属中营养状态。惠女水库在所监测的22项指标中，年均值达Ⅰ类标准17项，达Ⅱ类标准2项，达Ⅲ类标准2项，达Ⅳ类标准1项，与2014年相同，主要超标因子是总氮。水质综合营养状态指数为48.9，与2014年基本持平，功能区达标率较2014年有所上升，按营养状态分级标准仍属中营养状态。内河水质：泉州市区共设置4个城市内河水质监测断面（省控），逢单月监测一次。监测结果表明，4个城市内河断面水质功能区达标率均为100%。地下水水质：泉州市区地下水省控点位位于市区承天寺内，上、下半年各监测一次，2015年水质监测结果均达到《地下水质量标准》（GB/T14848-1993）中的Ⅲ类标准要求。近岸海域水质：泉州市近岸海域海水环境监测点位共14个，其中评价点13个，远岸点1个，丰水期（4月）、平水期（7月）和枯水期（11月）各监测一次。监测结果表明，泉州市近岸海域13个评价点功能区水质达标率为84.6%，与2014年持平；其中，晋江口活性磷酸盐和无机氮超标，洛阳江口无机氮超标。水质保护目标达标率为61.5%，较2014年上升15.3个百分点，其中崇武南、泉州湾晋江口、泉州湾洛阳江口、泉州湾外和晋江安海湾未能达到水质保护目标要求，超标因子主要为活性磷酸盐和无机氮。

表 16　　2015年晋江水系水质监测结果评价表

断面名称	功能区	水质类别						水质达标率（%）
		1月	3月	5月	7月	9月	11月	
晋0安溪桃舟	Ⅲ类	Ⅰ	Ⅱ	Ⅱ	Ⅱ	Ⅰ	Ⅱ	100
晋1安溪清溪桥		Ⅲ	Ⅱ	Ⅲ	Ⅲ	Ⅱ	Ⅱ	100
晋2安溪罗内桥		Ⅲ	Ⅱ	Ⅲ	Ⅲ	Ⅲ	Ⅲ	100
晋3南安霞东桥		Ⅲ	Ⅲ	Ⅲ	Ⅲ	Ⅱ	Ⅱ	100
晋4永春呈祥		Ⅱ	Ⅲ	Ⅱ	Ⅲ	Ⅲ	Ⅱ	100
晋5德化初溪桥		Ⅱ	Ⅱ	Ⅲ	Ⅲ	Ⅰ	Ⅱ	100
晋6德化冷水坑桥		Ⅱ	Ⅱ	Ⅲ	Ⅲ	Ⅱ	Ⅱ	100
晋7永春东关桥		Ⅲ	Ⅱ	Ⅲ	Ⅲ	Ⅲ	Ⅱ	100
晋8南安港龙桥		Ⅲ	Ⅲ	Ⅱ	Ⅲ	Ⅲ	Ⅲ	100
晋9南安康美桥	Ⅲ类	Ⅲ	Ⅱ	Ⅲ	Ⅲ	Ⅲ	Ⅲ	100
晋10石砻丰州桥		Ⅲ	Ⅱ	Ⅱ	Ⅲ	Ⅱ	Ⅱ	100
晋11浮桥		Ⅲ	Ⅲ	Ⅲ	Ⅲ	Ⅱ	Ⅱ	100
晋12鲟埔		Ⅲ	Ⅲ	Ⅲ	Ⅲ	Ⅲ	Ⅲ	100

表 17　　2015年泉州市县级及以上集中式生活饮用水水源地水质监测评价结果表

测点名称	评价标准	各类水质比例（%）			达标率（%）
		Ⅰ类	Ⅱ类	Ⅲ类	
泉州市北水厂北高干渠取水口	III类	0	0	100	100
泉州市三水厂北高干渠取水口		0	0	100	100
泉州市金浦水厂晋江干流金鸡拦河旧闸取水口		0	0	100	100
泉港水厂泗州水库取水口		—	—	—	—
泉港水厂黄塘溪取水口		0	8.3	91.7	100
晋江市田洋水厂南高干渠取水口		0	0	100	100
石狮水厂南高干渠取水口		0	0	100	100
南安市美林水厂晋江东溪取水口		0	0	100	100
安溪水厂晋江西溪吾都取水口		0	91.7	8.3	100
永春水厂晋江东溪湖洋溪取水口		0	8.3	91.7	100
德化县德化第二水厂国宝溪取水口		0	75	25	100
惠安县北关水厂菱溪水库取水口		0	8.3	91.7	100
惠安县城南水厂黄塘溪取水口		0	8.3	91.7	100
全市		0	16.7	83.3	100

表 18　　2015年泉州市内河水质监测评价结果表

监测点位	功能区标准	水质类别						达标率(%)
		1月	3月	5月	7月	9月	11月	
西北洋	V类	II	IV	IV	III	II	II	100
平原渠		V	V	V	V	V	V	100
浦西		V	V	V	V	V	IV	100
破腹沟		V	V	V	V	V	V	100

表 19　　2015年泉州市近岸海域水质监测评价结果表

站位编号	断面名称	水质评价结果	功能区标准	水质保护目标	功能区标准超标因子（倍）
F30	湄洲湾内湾	二类	三类	二类	—
F31	湄洲湾峰尾	二类	三类	二类	—
F35	湄洲湾斗尾	二类	三类	二类	—
F36	崇武南	二类	二类	一类	—
F37	泉州湾（晋江口）	劣四类	一类	一类	活性磷酸盐（1.6） 无机氮（1.99）
F38	泉州湾（洛阳江口）	劣四类	二类	二类	无机氮（0.7）
F39	泉州湾祥芝	二类	二类	二类	—
F40	泉州湾外	二类	二类	一类	—
F41	泉州东部海区	一类	二类	一类	—
F42	晋江深沪湾	二类	二类	二类	—

续表 19

站位编号	断面名称	水质评价结果	功能区标准	水质保护目标	功能区标准超标因子（倍）
F43	晋江柯任东	一类	三类	二类	—
F44	晋江安海湾	四类	四类	三类	—
F45	晋江围头湾	一类	二类	二类	—
F63	金井东部海区	一类	远岸点	远岸点	—
功能区达标率（%）			84.6%	水质保护目标达标率	61.5%

声环境质量　2015年，泉州市区昼间功能区声环境质量达标率为93.8%，与2014年持平，超标出现在原市环保局监测点；夜间达标率为50%，较2014年下降12.5个百分点，超标出现在宝珊花园、原市环保局和清濛工业区3个监测点。晋江市区昼间达标率为83.3%，超标出现在中医院监测点；夜间达标率为16.7%，3个监测点位均出现超标。石狮市区和南安市区的昼间、夜间功能区声环境质量达标率均为100%，均与2014年持平。全市城市（县城）区域声环境质量总体较好，其中泉州市区、石狮市区、南安市区和德化县城的昼间区域声环境质量达二级水平（较好），其余的城市（县城）均为三级水平（一般）；永春县城由二级（较好）降低为三级（一般），其余的城市（县城）与2014年基本持平。泉州市区及各县（市、区）昼间城市道路交通声环境质量均能达标；南安市区、安溪县城、永春县城和德化县城的噪声强度等级均达一级水平（好），泉州市区、晋江市区、石狮市区、惠安县城和泉港区的噪声强度等级为二级水平（较好），与2014年基本持平。

表 20　2015年泉州市功能区声环境质量监测结果统计表

项　目	区　域	2015年达标率（%）	2014年达标率（%）
昼间声环境质量	泉州市区	93.8	93.8
	晋江市区	83.3	83.3
	石狮市区	100	100
	南安市区	100	100
夜间声环境质量	泉州市区	50	62.5
	晋江市区	16.7	16.7
	石狮市区	100	100
	南安市区	100	100

表 21　2015年泉州市城市区域声环境质量监测结果统计表

区　域	2015年昼间区域声环境质量		2014年昼间区域声环境质量	
	平均等效声级dB（A）	质量等级	平均等效声级dB（A）	质量等级
泉州市区	54.9	二级（较好）	54.9	二级（较好）
晋江市区	56.8	三级（一般）	56.5	三级（一般）
石狮市区	54.7	二级（较好）	55.0	二级（较好）
南安市区	54.7	二级（较好）	54.8	二级（较好）
安溪县城	56.8	三级（一般）	56.3	三级（一般）
永春县城	55.1	三级（一般）	54.9	二级（较好）
德化县城	54.9	二级（较好）	54.6	二级（较好）
惠安县城	55.9	三级（一般）	56.2	三级（一般）
泉港区	56.8	三级（一般）	57.0	三级（一般）

表 22 2015年泉州市城市道路交通声环境质量监测结果统计表

测点	2015年昼间道路交通声环境质量		2014年昼间道路交通声环境质量	
	平均等效声级dB（A）	强度等级	平均等效声级dB（A）	强度等级
泉州市区	68.6	二级（较好）	68.3	二级（较好）
晋江市区	68.7	二级（较好）	68.6	二级（较好）
石狮市区	68.3	二级（较好）	68.6	二级（较好）
南安市区	65	一级（好）	65.8	一级（好）
安溪县城	67.5	一级（好）	66.6	一级（好）
永春县城	63.3	一级（好）	63.7	一级（好）
德化县城	67.9	一级（好）	67.6	一级（好）
惠安县城	68.0	二级（较好）	68.9	二级（较好）
泉港区	68.1	二级（较好）	68.4	二级（较好）

主要灾害及防抗

【气象灾害】

概况　2015年泉州市气象灾害总体较重。主要灾害性天气有：台风、暴雨、强对流天气、大雾、寒潮、霜冻、干旱、高温、低温连阴雨，以台风和暴雨造成的气象灾情为重。据市防汛办统计，1月1日—12月31日，主要气象灾害造成泉州市34.73万人受灾，直接经济损失约11.26亿元。

台风　2015年共有3个台风影响泉州市，较常年（5.3个）偏少。分别为10号台风“莲花”、13号台风“苏迪罗”（超强台风级）和21号台风“杜鹃”（超强台风级）。2015年因台风造成泉州市直接经济损失为10.35亿元。其中“苏迪罗”“杜鹃”正面影响泉州市，造成较严重影响。1510号台风“莲花”于7月2日20时生成，5日04时分左右在菲律宾吕宋岛东北部沿海登陆，登陆时减弱为热带风暴，而后逐渐西行穿过菲律宾北部后再次入海，强度再次加强为强热带风暴，维持台风级别于9日12时15分左右在广东省陆丰市甲东镇沿海登陆，而后继续沿广东东部沿海西行，逐渐远离福建省。受“莲花”影响，泉州市出现明显的大风天气，伴有小阵雨。受“莲花”外围影响，7月6日开始沿海风力加大至阵风7级，8—9日阵风可达8—9级。统计8日08时—9日20时区域自动站极大风速，共有32个站出现8级以上大风，其中有11个站出现9级以上东北大风，大坠岛风力最大，达10级（26.7米/秒）。受“莲花”外围影响，6—9日部分地区有小阵雨。统计8日08时—9日20时区域自动站过程雨量，13个站出现大于25毫米以上降水，其中2站超过50毫米，以安溪大坪90.8毫米最大。1513号台风“苏迪罗”于7月30日20时在关岛以东1560千米的西北太平洋洋面上生成，稳定向西偏北方向移动，8月3日14时迅速发展为超强台风。8日4时40分在台湾花莲附近沿海登陆，22时10分在莆田市秀屿区沿海再次登陆，登陆时近中心最大风力13级，中心最低气压970百帕。横穿福建后于9日15时前后进入江西省。受“苏迪罗”影响，泉州市出现明显的大风和强降雨天气。7日白天风力明显加大，阵风达8—12级，9日风力逐渐减小。统计8月7日08时—9日20时区域自动站极大风速，118个站出现8级以上大风，其中有39个站出现10级以上大风，以石牛山风力最大，达14级（45米/秒）。8月8日受“苏迪罗”外围影响，惠安暴雨；9日受“苏迪罗”主体降水影响，全市普降中—大雨，山区暴雨，局部大暴雨；受“苏迪罗”尾流影响，10日惠安暴雨，11日晋江暴雨。8月8—12日过程累积雨量60—200毫米。统计8月7日20时—12日20时区域自动站过程雨量，共有227个站出现大于50毫米以上降水，其中69站超过100毫米，以德化双芹212毫米最大。据市防汛办8月8日08时至8月21日08时实时统计，全市129个乡镇受灾，受灾人口15.23万人，紧急转移5.95万人；倒塌房屋45间，农作物受灾面积5133.33公顷，直接经济总损失5.02亿元。1521号台风“杜鹃”于9月23日02时在西北太平洋洋面上生成，27日17时50分在台湾省宜兰沿海登陆，近中心最大风速48米/秒（15级），强度为强台风级别；29日01时进入台湾海峡，05时减弱为台风，08时50分前后在福建省莆田市秀屿区沿海登陆，登陆时近中心最大风力12级（33米/秒，台风级），10时减弱为强热带风暴，11时减弱为热带风暴，17时停止编号。受“杜鹃”影响，9月28—30日阵风可达10—12级。统计9月28日08时—29日20时区域自动站极大风速，66个站出现8级以上大风，其中12个站出现10级以上大风，1个站出现12级以上大风，以德化石牛山风力最大，达12级（35.5米/秒）。9月29日受

泉州市气象预警中心 （图/市气象局）

台风“杜鹃”主体影响，全市普降暴雨—大暴雨，30日受“杜鹃”尾流影响，沿海暴雨。9月29—30日过程累积雨量70—250毫米。统计28日20时—30日08时区域自动站累积雨量，231个站出现大于50毫米以上降水，其中有117个站出现大于100毫米以上降水，以石狮永宁241.9毫米最大。统计至9月30日8时止，全市12个县市区，120个乡镇受灾，受灾人口15.04万人，紧急转移5.29万人；倒塌房屋17间；农作物受灾面积2313.33公顷；停产企业8家，公路中断26条次，供电中断79条次，通讯中断27条次；损坏堤防110处、20.36千米，损坏护岸24处，损坏灌溉设施175处，损坏水闸35座，损坏机电井14眼，损坏机电泵站8座。因洪涝灾害造成的直接经济总损失5.33亿元。

暴雨　2015年共有18日出现暴雨天气，5—9月为集中期，分别出现在：1月13日、5月19—20日、5月31日、7月20—21日、8月8—11日、8月24日、8月30日、9月4日、9月7日、9月29—30日、10月30日、12月9日。其中：8月8—11日（详见台风“苏迪罗”）、9月29—30日为台风降水（详见台风“杜鹃”）；5月31日、9月4日为局地短时强降水（详见强对流天气）。因暴雨造成直接经济总损失为0.95亿元。2015年暴雨过程出现早、结束迟，最早1月13日，最迟12月9日；1月、12月出现少有的冬季暴雨过程；前汛期从5月9日开始（较常年偏晚），6月19日结束（偏早），历时42天，较常年异常偏短23天。前汛期局地雨势猛，发生旱涝急转；入夏以来非台风影响所致的强降水频发。其中：8月月降水量惠安偏多，创历史新高（1961年以来）。12月月降水量除德化外其余均破历史同期记录。2015年1月出现少有的冬季暴雨过程，13日沿海中雨，德化暴雨，其余山区大雨。其中12日夜间至14日早晨九仙山出现雨凇最大直径39毫米。无灾情报告。5月17—24日为相对降水集中期，19日受高空槽和低层低涡切变影响，普降大雨，其中南安暴雨；20日冷空气和切变东伸影响，普降大雨，其中南安、惠安暴雨。灾情：据市防汛办统计，5月19日至5月21日，全市共有洛江区、泉港区、南安市、惠安县、安溪县、永春县、德化县等7个县（市、区）受灾。受灾人口0.24万人，倒塌房屋5间；农作物受灾面积2.51千公顷，成灾面积0.82千公顷，绝收面积0.2千公顷，减产粮食0.06万吨，经济作物损失550.5万元，水产养殖损失0.02万吨；停产企业7家，公路中断10条次，供电中断8条次，通讯中断15条次；水利设施损毁40处。因洪涝灾害造成的直接经济损失0.49亿元，其中：农业直接经济损失0.16亿元，工业交通业直接经济损失0.16亿元、水利工程水毁直接经济损失0.09亿元。7月20—24日为持续性强降水过程，其中：受南海辐合带北抬影响，20日全市普降暴雨到大暴雨；21日南安暴雨。灾情：据市防汛办统计，截止到23日，全市有74个乡镇的30783人受灾，转移人口4510人，倒塌房屋16间，农作物受灾面积2.02万亩，直接经济损失3151.2万元。8月24日受高空槽东移影响，全市普降中雨，安溪大雨，南安暴雨。8月27—31日受槽前西南气流和南海辐合带影响，泉州市出现持续性强降水过程。其中：29日惠安大雨；30日永春、惠安大雨，安溪、德化暴雨；31日小到中雨。灾情：据市防汛办统计，8月29日08时—8月31日16时，全市共有10个乡镇受灾，受灾人口10545人，紧急转移3640人；倒塌房屋23间，农作物受灾面积1415.33公顷，直接经济总损失1406万元。9月7日受高空槽和低层切变南压影响，南安暴雨，惠安小雨，其余大雨。无灾情报告。10月30日受低层切变东移和地面冷空气共同影响，永春暴雨、德化、安溪大雨，其余小雨。无灾情报告。12月9—10日受南支槽以及低层切变东移的影响，出现强降水过程，9日全市暴雨，10日普降大雨。统计8日20时—10日08时过程累计降水量，共222个站≥50毫米，105个站≥100毫米，晋江围头183.7毫米为最大。其中9日日雨量分别为：惠安85.8毫米、泉州78.1毫米、晋江99.99毫米、南安77.6毫米、安溪79.3毫米、永春58.6毫米、德化51.8毫米。除南安仅次于1994年12月25日84.3毫米，排第二位；其余均破历史同期。

强对流　2015年雷暴天气共59

天，主要发生在5—8月，其中：3月仅1天、4月有5天、5月有11天、6月有15天、7月有10天、8月有11天、9月有3天、10月有3天。3月23日永春出现雷暴天气，为初雷；4月7日晋江、南安、惠安出现初雷；4月18日午后大部分地区出现雷暴天气，其中德化属初雷；4月20日早上山区有雷暴天气，其中安溪属初雷；与常年相比均属偏迟。4月20日受低层切变影响，08时前后自西向东出现阵雨或雷雨天气，08：20左右南安出现持续1—2分钟的冰雹；08：30分前后德化、永春、安溪出现6—7级雷雨大风；全市普降小到中阵雨。5月30日受低层切变东移影响，中午前后开始自西向东出现阵雨或雷雨天气，伴有7—9级雷雨大风、短时强降水等强对流天气，其中安溪魁斗出现10级（26.4米/秒）雷雨大风，全市普降中到大雨。5月31日永春暴雨、德化大雨。受冷空气和低层切变共同影响，6月5日夜里到6日白天泉州市出现较明显降水，全市有中雨到大雨，局部乡镇有暴雨；统计6月5日16时—6日16时区域自动站雨量，有14个站出现50毫米以上降水，主要位于安溪和南安北部，以南安玉园101.2毫米为最大。6月11日受高空槽偏北东移和低层切变东移共同影响，午后开始对流发展旺盛，出现阵雨或雷雨天气，伴有强雷暴、6—7级雷雨大风、短时强降水等强对流天气；有9个自动站站点出现6—7级雷雨大风，集中出现在永春、安溪（永春19.9米/秒，安溪湖上18.2米/秒）。统计11日17时—22时区域自动站雨量，有3个站出现50毫米以上降水，以南安九都59.4毫米为最大。6月19日受低层切变南侧西南气流和地面冷锋过境共同影响，山区午后对流发展旺盛，雷雨时伴有强雷暴、短时强降水等强对流天气；统计19日12时—21时累积雨量，全市共有16个区域站降水量超过50毫米，主要位于安溪、永春、德化，以德化南埕124.5毫米最大。6月24日处于副高边缘，午后到夜间出现阵雨或雷阵雨，雷雨时伴有强雷暴、6—7级雷雨大风、短时强降水等强对流天气，普降中—大雨。有4个区域站达到暴雨量级，以安溪罗岩56.3毫米最大。9月4日受副高控制，午后出现局地强雷电和短时强降水等强对流天气，其中安溪大雨、德化暴雨；统计4日15—16时累计降水，有3个站出现大于50毫米的降水，分别为：德化蕉溪83.1毫米、德化英山59.5毫米、德化雷峰51.7毫米。

大雾　2015年，泉州市雾日较多，分别出现在：1月11日、25—26日；2月16日、22日；3月16—18日、31日；4月2日、4—5日、17—20日；5月9日、15日、26—30日；9月20日；10月1日、30日；12月22—24日。其中冬、春季出现能见度≤500米的浓雾天气日数多，出现在：1月25—26日；2月16日、21—22日；3月16—18日、31日；4月2日、4—5日、18—20日；5月9日、15日、26—30日；12月23—24日。尤其是春季大雾天气尤其多，特别是：4月20日20时左右惠安出现能见度不足200米的强浓雾天气。

寒潮　2015年局域性寒潮事件影响泉州市分别为：11月25—27日受西路强冷空气持续影响，气温明显下降，最低气温过程降温8℃—10℃，其中德化达寒潮标准，过程最低气温山区出现在27日早晨，沿海出现在28日早晨。晋江、南安、安溪于26日出现20型秋寒（偏晚）；12月15—18日强冷空气影响，出现明显大风降温天气，沿海有8级左右的东北大风，最低气温过程降温8℃—13℃，其中：德化、永春、安溪达到寒潮标准。16日早晨九仙山出现雾凇；18日德化、永春、安溪出现初霜或霜冻。

霜冻　4月13日白天开始中偏西路冷空气从山区扩散影响，14日冷空气和晴空辐射的共同影响，夜晨气温较低，其中14日凌晨西北部山区、安溪西部出现低于4℃的低温，安溪县祥华乡、长坑乡等乡镇出现霜冻，造成18个行政村共1.6万多亩茶园不同程度受灾，其中，长坑乡福春村有近80%茶园受冻害。

干旱　2015年，泉州市出现不同程度的冬、春、夏、秋旱，分别为：2014年12月上旬中期—2015年1月中旬初（冬小旱）、1月下旬—5月上旬（春中—特旱）、6月中旬—7月中旬（夏小—大旱）、10月中旬—12月初（秋冬小—中旱）。无灾情报告。

【风灾及水灾】　2015年，泉州市先后受5个台风影响，分别是第9号台风“灿鸿”、第10号台风“莲花”、13号台风“苏迪罗”、15号台风“天鹅”、21号台风“杜鹃”。其中“苏迪罗”“杜鹃”台风正面袭击泉州市，受“苏迪罗”影响，8月7日8时至9日8时，德化石牛山、九仙山最大阵风14级，石狮、晋江沿海10级，丰泽、洛江9级，沿海岛屿12级。8日，泉州沿海出现60—130厘米的风暴增水和4—6米的巨浪狂浪。受“杜鹃”影响，9月28日08时至29日17时，共有64个站出现8级以上大风，其中有25个站出现9级以上大风，12个站出现10级以上大风，4个站出现11级以上大风，1个站出现12级以上大风，以德化石牛山12级（35.5米/秒）风力为最大。9月27—30日正值八月天文大潮期，泉州沿海出现120厘米的风暴增水和4—6米的巨到狂浪。2015年全市降雨量接近常年，全年共发生15场较明显降雨过程，累计平均降雨量1662毫米，比2014年同期1323.7毫米偏多25.6%，比多年同期1575.1毫米偏多5.5%。全市降雨地区分布不均，由沿海向山区递增，各站点全市累计平均降雨量在1258.0毫米（泉州大桥）至2362.5毫米（仙景）之间。2015年，全市共有13个市139个乡镇受风灾水灾影响，受灾人口34.73万人，紧急转移12万人；倒塌房屋100间；农作物受灾面积8.21千公顷，成灾面积4.08千公顷，绝收面积0.48千公顷，减产粮食900吨，经济作物损失729万元，水产养殖损失300吨；停产企业30家，公路中断63条次，供电中断206条次，通讯中断86条次；损坏堤防128处、23千米，损坏护岸179处，损坏水闸53座，损坏机电井34眼，损坏机电泵站29座，损坏水文设施1个。因洪涝灾害造成的直接经济损失11.26亿元。

【地质灾害】 2015年，全市没有发生达到统计标准和人员伤亡的地质灾害，地质灾害防灾减灾工作成效显著。全市共实施地质灾害重大工程治理项目2个，投入省级工程治理补助资金270.5万元，实施127点210户963人的地质灾害隐患点居民搬迁安置项目，累计投入资金4341.1万元，完成年度投资计划的175%，210户全部完成新宅建设并搬迁入住。

【海洋灾害】

台风风暴潮 2015年，泉州沿海受到10号台风“莲花”、13号超强台风“苏迪罗”和21号超强台风“杜鹃”影响。

赤潮 9月10—20日，围头湾、安海湾海域发生以球形棕囊藻为优势种的赤潮，面积150平方千米，持续时间11天，是自2000年以来泉州海域发生的面积最大、持续时间最长的一次赤潮。此次赤潮未造成海洋生物异常死亡和直接经济损失。

海水入侵 4月，在泉港区后龙镇和界山镇垂直海岸线布设2条断面（9个测井）开展海水入侵监测。结果表明：后龙镇断面有2个测井为海水轻度入侵，其余3个测井无海水入侵；界山镇断面有1个测井无海水入侵，其余3个测井均为海水轻度入侵。与2014年相比，泉港区沿岸有海水轻度入侵现象。

【农业灾害】 2015年，泉州市气候年景偏差，气候对农业的影响较大，突发性、局地性和极端性天气气候事件频发，以暴雨洪涝和台风灾害为主。台风灾害主要由“苏迪罗”造成，全年农作物受灾面积2340公顷，比2014年增加600公顷，其中农作物成灾面积1213公顷，绝收面积46.67公顷，农业直接经济损失1812.24万元。

病虫草鼠害 全市各种农作物病虫草鼠害发生630.64万亩次，比2014年增加4.19万亩次，防治823万亩次，比增35.06万亩次，其中农作物病虫害发生431.13万亩次，防治617万亩次，挽回粮食损失26779.6吨。

【林业灾害】 2015年，全市林业有害生物发生面积36592公顷，防治面积34532公顷，清理松枯死树6.8万株。全市成灾面积727公顷，成灾率1.13‰，达到省防控指标（3‰以下）的要求。

【动物灾害】 2015年，泉州市加强动物疫病监测与防控，未发生动物灾害。全市各级落实动物防控经费1672.45万元，其中：春防1311.9万元、秋防360.55万元。市本级落实动物防控经费450万元（含疫苗配套140万元、动物防疫检测30万元、动物疫病监测与防控30万、应急物资储备20万元、动物卫生监督管理与检验管理费20万元、动物防疫员保障与工作考评经费10万元、乡镇畜牧兽医站动物防疫补助200万），比2014年增加20万元。全市下发禽流感疫苗1962.95万毫升、猪口蹄疫疫苗711万毫升、牛羊口蹄疫疫苗124.46万毫升、高致病性猪蓝耳病疫苗196.4万头份、猪瘟疫苗394.8万头份，小反刍兽疫9.2万头份。市农业局下发消毒剂20吨，消毒面积6311.36万平方米。储备高致病性禽流感疫苗229.76万毫升、牲畜口蹄疫疫苗87.88万毫升、猪瘟疫苗33.5万头份、高致病性猪蓝耳病疫苗21.2万头份，消毒药品50.75吨（千升）、防护服6867件、防护目镜2408副、防护手套17390副、防护口罩17010个、防护鞋4589双、喷雾器190台、高压电动消毒机28台、动物扑杀器18台，动物尸体袋15330个。

【森林火灾】 2015年，全市发生森林火灾17起，火灾发生率为0.25次/万公顷，未突破省控68起指标。全市森林火灾受害面积131.4公顷，森林火灾受害率0.2‰，未突破省控662.5公顷指标。

8月14日，市地震局对应急避难场所进行初验收 （图/市地震局）

中共泉州市委员会

ZHONG GONG QUAN ZHOU SHI WEI YUAN HUI

责任编辑：谢晓艺

中共泉州市委员会

综　述

【概况】　2015年，市委围绕“四个全面”战略布局，落实省委决策部署，主动适应经济新常态，深入实施“三大战略”，推动经济、政治、文化、社会、生态文明建设和党的建设取得新的进展。

【保持经济运行稳定】　面对改革开放以来泉州最困难的一年，年初伊始及早预估预判困难复杂局面，切实加强对经济工作的领导，集智聚力、多措并举，打出“先手棋”，确保经济运行总体平稳。全市生产总值增长8.9%、工业增加值增长8.7%、第三产业增加值增长9.3%、固定资产投资增长18.5%，一般公共预算总收入增长11.3%、一般公共预算收入增长2.2%，外贸出口增长0.4%。

强化一线调度　组织“三比一看”活动，坚持每季度开展一次“促进项目落地、帮扶企业发展”活动周，督促干部集中精力抓落实、干事创业。10月，针对指标普遍滞后的情况，分片区开展全市工作检查，层层传递信心、传导压力。

强化精准帮扶　对接落实中央、省系列稳增长措施，整合梳理2008年以来86份惠企政策，归并为5类专项进入行政服务中心专窗办理，并督促加快兑现节奏。坚持什么行业困难、什么问题突出，就果断出手应对，推动出台纺织鞋服、石材水暖、陶瓷、香产业、家居工艺等5个扶持专项，以及稳增长10条、金融8条、房地产11条等措施，打好帮扶“组合拳”。

强化投资拉动　分级分类抓好重大项目协调调度，加快跨越发展行动计划项目落实，从城市公用设施、水利等七大领域扩大有效投资，全力争取国家专项建设资金申报打个“翻身仗”。全市340个重点项目完成投资1001亿元。坚持党政主要领导“三个亲自”引龙头，开展外资（台资）和央企专场招商，全年新对接“三维”项目277个、总投资2815.4亿元，中化乙烯、莲花汽车、富德新型能源、国乔石化等一批大项目加快推进。进一步规范安征迁，研究出台国有土地上房屋征收与补偿、中心市区国有土地上实施房屋征收补偿及未经登记建筑调查认定处理的意见。

强化风险防控　市县两级联手联动，建立完善金融风险处置机制，及时研判企业资金链断裂的苗头性、趋势性问题，推动政、银、企、保、司协同处置，有效防范区域性、系统性风险。坚持防范在先、帮扶在前，发挥应急保障专项资金和政府性担保公司的作用，及时提供“过桥”资金、融资应急保障等支持。支持法院成立金融审判庭，推动企业重整和银行不良资产清收、核销、打包转让等工作，化解企业担保链风险，全力控制不良贷款率。严厉打击暴力逼债追债、恶意逃废债、非法集资、金融诈骗等违法违规行为，坚决维护好信用环境和“金改区”金融生态。

【推进重点领域改革】　把改革摆在突出位置，坚持问题导向、注重基础优先、持续重点突破。

加强组织领导、统筹谋划　召开两次全面深化改革领导小组会议，先后研究出台经济社会事业体制、民主法制领域、社会治理体制、农村体制、党的建设制度、党的纪律检查体制等11份专项改革方案，逐一明确重点任务、项目清单、责任部门和工作节点安排。坚持分步实施、项目化推进，重点抓好61项任务、38个项目，2015年来新增20多个省级以上改革试点。

推动职能转变、简政放权　重点推进行政审批、职业资文卫领域等六方面改革，先后发布实施政府行政权力、基本公共服务、政府部门责任、涉企收费项目、投资准入负面清单“五张清单”，并建立动态调整机制，全面取消“非行政许可”审批类别。着力推进行政服务提速提效，开展“办证难、办事难”专项整治，清理规范审批前置和中介服务，市级简易审批事项全部改为即办件、复杂事项审批时限统一压缩至法定时限35%以内，对中小微企业“两证”抵押登记实行“快速办理”。严格落实控编减编要求，探索“政府购买服务、养事不养人”编制管理，各级各单位行政和事业编制精简5—10%。

深化国家级改革试点　持续推进金融改革，抓好区域金融、产业金融、民间金融、对台对外金融四方面29项创新，恒丰银行泉州分行开业，广发银行泉州分行获批筹建，金融租赁公司、企业集团财务公司等设立运营，买方信贷、设备按揭等金融工具大力推广。中小微企业信用信息共享平台扩容升级，小微企业信贷覆盖率比年初提高3.89个百分点。海峡股权泉州交易中心建立与新三板转板合作机制。落实民综改革三年行动计划，实行“一照一码”、电子执照，率先开展集群注册，加强事中事后监管，全市新增市场主体登记11.5万户、增长30%；推进不动产统一登记职责整合、机构组建，基本完成10个试点村的宅基地和集体建设用地使用权确权登记发证。

【加快建设“21世纪海上丝绸之路先行区”】　对接省“21世纪海上丝绸之路核心区”建设，成立建设推进协调领导小组，抓紧编制相关《规划》和行动方案，策划实施“十大行动计划”“十大重点工程”，突出抓好38个示范项目。

持续扩大交流合作　联合国“海陆丝绸之路城市联盟”工商理事会在泉州设立，并将秘书处永久设在泉州，推动在贸易壁垒、商事调解、跨国投资、产业升级与产能合作等方面开辟民间对话渠道；举办21世纪海上丝绸之路国际研讨会、“海上丝绸之路起点·泉州”图片世界巡回展。引导民企抱团“走出去”，承办马来西亚、老挝“中国福建周”系列活动，赴柬埔寨开展经贸活动，组织企业家组团洽谈对接设立境外产业园区。开展泉州品牌“境外行”“海丝行”，2015年，组织653家企业参加38场境外展销活动，全市出口“海丝”沿线国家和地区130亿美元。

推动港口开放开发　抓住泉州港列入“一带一路”战略规划15个重要港口的契机，主动融入全省新一轮港口发展大局，召开港口建设发展现场会和务虚会，制定加快港口发展三年行动计划。及时移植复制省自贸试验区创新做法，推广商事、税务、口岸通关等领域的便利化措施。突出基础设施互联互通，兴泉铁路年底将动工建设；2015年，全市港口货物吞吐量1.22万吨、增长9.3%，集装箱吞吐量201.51万标箱、增长6.9%。

【推进社会主义民主政治建设】　坚持党的领导、人民当家做主、依法治国有机统一，推进法治泉州建设。

总揽全局协调各方　支持市人大及其常委会依法履职，设立法制委员会及法制工作委员会，着手开展地方立法工作，加强对“一府两院”的监督，依法讨论决定重大事项，发挥代表作用，开展“十三五”规划编制、公立医院和基层卫生机构综合改革、食品安全监督管理等专题调研、询问、检查。学习贯彻中央《关于加强人民政协协商民主建设的实施意见》，发挥人民政协作为协商民主重要渠道作用，支持围绕促进电商产业健康发展、加大农村改革创新、新《中华人民共和国安全生产法》等开展专题协商、视察调研、建言献策。认真落实中央统战工作会议精神和《中国共产党统一战线工作条例（试行）》，按照“寻求最大公约数、做大同心圆”要求，扎实做好各领域统战工作，支持各民主党派、工商联和无党派人士参政议政，促进民族宗教领域和谐稳定。启动“南洋华裔族群寻根谒祖综合服务平台”建设，进一步做好新生代华侨的工作。拓展泉港澳合作，建立“双延伸”联络协调工作机制，积极参加“闽港合作推介会”。支持工会、共青团、妇联等人民团体依法按照各自章程积极开展工作、履行职责，出台进一步加强关心下一代工作的意见。重视加

2月11—12日，21世纪海上丝绸之路国际研讨会在泉州召开

（图/陈英杰　陈起拓）

强党管武装工作，严格落实双重领导、党委议军、工作述职和现场办公等制度，出台《推进军民融合深度发展实施办法》，进一步规范国防动员准备运行机制，争创全国双拥模范城“八连冠”。

加快推进依法治市 出台落实《关于全面推进法治泉州建设的实施意见》。举办全市领导干部学习贯彻党的十八届四中全会精神全面推进依法治市专题培训班。积极衔接上级司法体制改革，推进人民监督员改革试点，法院“跨域•连锁•直通”式诉讼服务平台、建立行政诉讼专家库、检察院证人鉴定人侦查人员出庭作证和未成年人刑事检察等工作走在全国、全省前列。探索跨部门联合执法，建立公安、城管执法协同机制。大力推进阳光信访、网上信访、法治信访、责任信访，开展通过法定途径分类处理信访事项省级试点，创新引入律师、人大代表、政协委员等第三方力量参与化解涉法涉诉信访。推动人民调解组织在公安派出所、人民法院和检察院实现全覆盖。2015年，全市信访人次下降8.78%。积极推进“六五”普法，率先在全省建成市级公共法律服务中心。

扎实做好村级组织换届选举工作 把抓好村级组织换届作为落实党建主体责任、巩固党执政基础的重要工作来抓，常委会先后4次专题研究，并于5月召开全市动员会，作全面部署。注重抓早抓紧、分类推进，派出4个调研组摸清253个换届难点村的基本情况、存在问题，指导“一村一策”研究制定措施。坚持依法依规，认真落实“七不宜”要求，理直气壮把关，严格换届纪律。加强挂钩指导，7月在南安召开村级组织换届选举工作座谈会，市委常委和人大、政协党组书记均联系一个县、一个乡镇、一个重难点村，深入基层实地调研，督促换届选举，解决实际问题，全面完成村“两委”换届选举工作。开展村级组织换届选举成果巩固提升行动，加强对新当选村“两委”的教育培训，加强建章立制，提升村级组织建设规范化水平。

【抓好宣传思想文化工作】 强化正面宣传和舆论引导，加强对宣传思想文化阵地的有效管理，牢牢掌握意识形态工作的领导权和主动权。

加强思想理论武装 深化中国特色社会主义和中国梦、中共十八大和十八届三中、四中、五中全会精神，习近平总书记系列重要讲话和来闽考察重要讲话精神的宣传教育，运用“微宣讲”、主流媒体开设理论专版、讲师团基层宣讲等方式，开展各类宣讲2000多场次、受众近40万人次。完善市、县党委中心组学习制度，“华大讲堂”被评为“福建省十大社会科学讲坛”。组织开展纪念抗日战争胜利暨世界反法西斯战争胜利70周年主题教育活动，加强爱国主义宣传教育。全市“农村宣传思想文化工作示范乡镇”全部达标。

提升舆论引导水平 坚持用中央关于发展新常态的重大判断统一干部群众的思想认识，对经济形势、民生问题等进行正面宣传和引导，积极协调中央和省级主要媒体对“泉州制造2025”、产业转型升级、“海丝”先行区建设等重大成就进行集中宣传，组织市直媒体广泛宣传党委政府稳增长措施、创新转型企业典型经验，营造攻坚克难氛围。深入开展打击整治网络违法犯罪“净网行动”、打击网络政治谣言和有害信息等专项行动，进一步清朗网络空间。

加快文化产业文化事业发展 出台“文都”五年建设规划，加快推进古城—古港—新区—全域联动。完善重大文化产业项目库，重点抓好178家亿元龙头企业、11家省级重点园区、125家市级文化产业基地建设，2015年，全市文化产业增加值预计可达273亿元、增长11%。颁布《〈闽南文化生态保护区总体规划〉泉州实施方案》，抓好20个整体性保护重点区域，组织编《中小学生闽南文化读本》。加大古街区、古民居和文物单位保护，市区中山路入选首批中国历史文化街区，惠安、德化分别获评世界石雕之都、世界陶瓷之都。积极创建全国公共文化服务体系示范区，启动市公共文化服务中心建设，数字公共文化服务平台、乡镇（街道）综合文化站等文化惠民项目扎实推进。开展文艺工作者“深入生活、扎根人民”主题实践活动，加大文艺精品创作及人才培养支持力度，出台《关于传承和弘扬泉州戏曲的实施意见》，7个项目获省文艺发展基金资助。完成第一届全国青运会泉州赛区工作。

深化全国文明城市建设 召开全市深化创建全国文明城市工作会，大力弘扬“接续奋斗、问题导向、合力共为、为民惠民”的创城精神，出台《关于推动创全国文明城市机制化常态化的实施意见》。实施践行社会主义核心价值观“六大行动计划”，积极争创全国未成年人思想道德建设工作先进城市，加强“讲文明树新风”“最美人物”“道德模范”等宣传，2人被推荐为“全国道德模范”候选人，2人入选“中国好人榜”。突出薄弱环节整治，出台落实中心市区交通秩序、卫生保洁、集贸市场管理、占道经营整治4个管理规则，实现市政设施精细化管理全覆盖。

【深化泉台交流合作】 推进泉台经济、文化、社会融合，多次赴台湾开展项目招商、农业考察、闽南文化和基层党际交流等活动。金门供水工程开工，习近平总书记和俞正声主席对此作出重要批示。

实施泉台产业对接升级计划 支持泉州台商投资区加快开发建设，积极开展两岸服务贸易合作，泉台金融、健康医疗、装备制造、工业设计等领域合作实现突破，泉台跨境人民币贷款业务正式启动，全市新批台资企业28家、总投资

1.53亿美元，海峡两岸医事交流协会医疗健康产业项目、巨大机械自行车生产基地落地。出台加强对台农业合作促进特色现代农业发展意见，加快台湾农业技术交流推广中心、惠安台湾农民创业园、海峡两岸（福建安溪）茶业合作示范基地等载体建设。

拓展提升双向交流　推进民间信仰、宗教团体、宗亲姓氏、传统戏曲、民俗工艺等领域交流，第二届海峡两岸高校大学生记者挑战赛、泉港台湾姓氏文化对接暨苗栗林姓宗亲回乡谒祖活动等8个项目列入2015年国台办对台交流重点项目，双向交流144项、3178人次。推动2015世界闽南文化节在金门举办。做台湾民众特别是青少年工作，举办第七届海峡论坛"海丝风情"两岸青少年联谊周、两岸"同名村•心连心"等活动，鼓励和支持台湾青年到泉州创业、就业。推动直接往来更加便利化，2015年，泉金航线运营2526航次，运送旅客12.3万人次、增长19.3%，空中直航运送旅客3.61万人次、增长4%。

山美水库　（图/山美水库管理处）

【建设国家生态市】　落实中央、省里关于建设生态文明先行示范区的要求，坚持经济发展与环境保护同步推进，组织专题调研、作重点部署，着手编制生态文明建设示范区规划、生态文明体制改革实施方案，通过国家生态市验收。

强化节能减排　实施重点节能工程和减排项目，全力推进污水处理厂及其配套管网建设、工业废水深度治理、建陶业LNG替代、重点企业脱硫脱硝等。继续实施差别电价、以奖代补、区域限批等政策，严格落实落后产能退出机制。基本实现晋江流域1千米范围内乡镇污水及垃圾处理设施全覆盖，所有工业园区污水集中处理、达标排放。"十二五"节能减排任务预计可顺利完成。出台进一步推进国土资源节约集约利用实施意见，推进地下空间开发利用、矿山用地复垦等。加快清理处置批而未用土地，规范土地出让行为，严守耕地保护红线。

抓好水、大气、涉危涉化污染防治　将环境突出问题治理纳入经济运行统一调度，实行一季度一督查、一通报。实行流域保护"河长制"，持续开展重点流域、跨境流域综合整治和小流域"赛水质"活动，抓好电镀、皮革、印染集控区建设运营，晋江流域省控断面III类水质达标率、全市13个集中式饮用水源地水质达标率均为100%。实施大气污染防治行动计划，强化建筑工地、土方车"滴撒漏"、城市道路等扬尘整治，推进2005年底前注册营运黄标车淘汰工作，中心市区空气质量优良率98.4%，所有县（市、区）空气质量均达到或优于国家二级标准。加快泉港惠安石化园区绿化隔离带、工业危险废物处置中心建设，加强重点部位和敏感地带排查和监控，坚决守住环境安全底线。

加强自然生态系统建设和保护　创建"全国绿化模范城市"，继续开展矿山复绿行动，超额完成"四绿"工程、水土流失综合治理任务。加强水利建设，115个水利项目完成投资53亿元，白濑水利枢纽工程前期取得突破性进展，彭村水库、七库联通、山美水库生态保护试点等建设加快。开展企业环境污染责任保险试点，扩大重点污染源自动监控设施第三方运维覆盖面，基本形成排污权有偿使用和交易工作体系。

【保障改善民生和维护社会稳定】坚持保基本、兜底线、补短板，让发展成果更多更公平地惠及人民，不断增强群众的获得感和安全感。

推进扶贫攻坚　开展扶贫专项调研，召开全市深化精准扶贫工作会，延伸和调整扶持政策，确保到2018年，收入低于4992元标准线的贫困人口全部脱贫。加大扶贫开发投入，市级每年继续统筹1亿元专项资金，集中帮扶30个扶贫开发重点乡镇、300个重点村；从2016年开始，市财政每年安排1000万元，扶持村财"空壳村"发展创收项目。坚持分类施策、精准到户，对丧失劳动能力、因病致贫、特困群体人员等8类贫困人口逐类制定脱贫措施，把丧失劳动能力贫困人口纳入最低生活保障，力争2018年低保标准与扶贫标准“两线合一”。

抓好新型城镇化　开展优化城镇规划布局、拓宽城镇建设融资渠道、推动农业转移人口市民化等10个专项工作，推进“多规合一”省级试点，支持各地探索推行城市现代化、产城融合、大城关、特色新市镇、美丽乡村等五种新型城镇化发展模式。深化“环湾规划建设年”活动，推动基础设施对接、城市功能提升，环湾建成区面积206.5平方千米，泉州湾大桥建成通车，环城高速闭合成环。晋江、石狮、南安、惠安、安溪入选2015全国综合实力百强县，晋江、石狮分别入选国家“新型城镇化综合试点”“中小城市综合改革试点”，南安沿海三镇获批省级“小城市综合试点”。拓展“点线面”攻坚，启动山线绿道工程精品示范段建设，实施中心市区夜景提升工程，通过国家园林城市复查。实施农村生活垃圾治理三年行动，133个村庄和5条美丽乡村景观带纳入全省“千村整治、百村示范”工程。石结构房屋改造和“两违”综合治理扎实推进。

提升基本公共服务　推动新增财力更多用于民生，投入10.5亿元重点抓好新建公办幼儿园20所、提升城乡居家养老服务中心300个、提升农村乡镇卫生院综合服务能力、低保户安居工程、贫困残疾人救助工程等39项为民办实事项目。扩充优质教育资源，全面完成标准化学校创建任务，推动职业教育、高等教育人才培养与产业升级需求紧密衔接。出台《深化医药卫生体制改革试点实施方案》，在扩大公立医院用人自主权、鼓励社会资本办医等方面加大探索，全面实行药品零差率销售，新增医疗机构床位2000张，列入第三批公立医院改革国家联系试点城市。不断健全社会保障体系，推动城乡医保、养老保险提标扩面，启动机关事业单位工作人员养老保险制度改革，加强保障性安居工程建设。

强化社会治理创新　加强党委对政法综治、公共安全工作的领导，召开市委常委会听取汇报、分析形势、部署工作，多次开展专题调研，现场办公解决实际困难。加强矛盾纠纷排查化解，建立市委、市政府定期研究解决基层群众反映突出问题的制度。全力做好亚艺节、青运会等重大活动、重要节点的维稳安保工作。健全立体化治安防控体系，抓好“城安系统”四期工程，推动视频网络向镇、村延伸，基本实现城区镇区、要害要道、出入卡点视频全覆盖。率先在全省建成城乡社区网格化服务管理统一平台，推进公安、交巡警、人社、计生、民政等领域信息资源共享。保持严打高压态势，开展“猎狐2015”、“亮剑—扫毒”集中会战、打击严重暴力犯罪、虚假信息诈骗违法犯罪和盗窃电动车等系列专项活动，出台进一步加强禁毒工作的实施意见，社会治安形势持续向好。2015年，全市刑事案件立案下降15%，其中八类刑事案件下降23.08%、破案率91.2%。严格落实安全生产“党政同责、一岗双责”，深入开展危险化学品、易燃易爆物品和油气管道大检查大排查大整治，集体约谈全市重点炼化和化工企业，督促企业落实主体责任，安全生产“四项指数”全面下降。全面加强食品药品监管。防抗“苏迪罗”“杜鹃”等台风。

5月12日，泉州湾大桥通车　（图/吴寿民）

【推动全面从严治党落到实处】

担负起管党治党的政治责任，突出抓好党建主业，召开市委党建工作领导小组会议，实施党建工作项目化管理，推动党建工作从“软任务”变成“硬指标”。

把政治纪律和政治规矩挺在前面　坚持纪在法前、纪严于法，把政治纪律和政治规矩摆在首位，做政治上的“明白人”。始终在思想上、政治上、行动上与以习近平为总书记的党中央保持高度一致，坚决维护中央权威，坚决贯彻执行中央、省委的重大决策部署。及时认真学习党章党规党纪，贯彻落实《中国共产党廉洁自律准则》《中国共产党纪律处分条例》，请来专家、老师授课，用好正反两方面典型警示，特别是从周永康、薄熙来、郭伯雄、徐才厚、令计划、苏荣以及苏树林、徐钢等违纪违法行为中汲取教训、受到警示，对干部严格要求、严格管理、严格监督。

持之以恒狠抓作风建设 紧盯重要时间节点、关键岗位、敏感场所，强化监督检查，持续通报曝光。在重大节假日前，都对落实中央八项规定精神进行专门部署，重申纪律规定，并加强明察暗访。突出查处穿上隐身衣的“五种行为”，持续释放执纪必严、违纪必究的强烈信号，2015年，共查处违反中央八项规定精神问题119个，处理162人，给予党政纪处分120人，点名道姓公开曝光42批93起典型案例；及时对6名涉嫌违法违纪的市管干部进行免职等组织处理。

选好、用好、管好干部 学习贯彻《党政领导干部选拔任用工作条例》，修订规范处级干部选任工作流程、市管干部职务名称等，完善干部选拔任用制度和考核评价机制。坚持新时期好干部标准，坚持先定规矩再定人。开展选人用人专项整治，完成超职数配备干部和违规在企业兼（任）职整改任务，对市管干部个人有关事项报告进行抽查核实。加大各级干部培训力度，省委党校“干部学习在线”处级干部网上学习实现全覆盖，开设市直机关“东海干部学堂”。实施“海纳百川”高端人才集聚计划，通过建立人才工作特派员制度、组建人才工作协会联盟、创新开展人才项目试点等方式，引进培养各类优秀人才。

增强基层党组织战斗力 组织党委书记抓基层党建工作述职评议考核，建立“三级约谈”制度，逐级强化直接责任。开展基层党建专题调研，召开全市农村基层党建暨非公有制企业（园区）党建工作会，总结推广经验，推动基层各领域党建工作更加精细化。进一步完善村级组织运转经费保障机制，安排30个市直单位“一对一”挂钩帮扶市级重点帮扶村，选派643名市、县机关干部驻村蹲点。做强非公党建工作品牌，开展“红色力量•助推发展”系列专项活动，探索总结“龙头带动型、网格推动型、同业互动型、共建共享型、混合联动型”等五种园区党建工作模式，推动非公党建由“抓点”向“抓面”、由“有形覆盖”向“有效覆盖”转变。对全市现有党组设立、成员配备、工作规则进行清理规范，落实《发展党员工作细则》，推广石狮疏通党员队伍出口“126”工作机制。

推进党风廉政建设和反腐败工作 制定落实党风廉政建设主体责任、监督责任和责任追究等工作制度，按照“四种形态”的要求，加强日常执纪监督，抓早抓小抓预防。市纪委全会首次对各县（市、区）党委书记述廉述责报告进行测评。严格落实谈话提醒制度，约谈全市各级党委、政府、纪委“一把手”，与市直各部门“一把手”进行廉政谈话，层层传导压力和责任。认真抓好省委检查组反馈泉州党风廉政建设检查发现的问题、省委巡视五组反馈4方面11条问题的整改工作，目前已基本整改到位。由市委常委和党员副市长带队到各地开展落实党风廉政建设责任制专项检查，并组织整改情况“回头看”。严格落实责任追究，2015年追究85名领导干部的党风廉政建设责任。深化纪检体制改革，推动市县两级效能办管理体制整体划转调整、纪委监察局机关参与议事协调机构清理。进一步加大纪律审查力度，提高惩治威慑力，2015年，全市纪检监察机关共立案832件、上升22.2%，其中涉及处级干部22人，上升37.5%；给予党政纪处分824人，移送司法机关121人。

常委会议

【十一届市委常委会第94次会议】 1月22日，受市委书记黄少萍委托，市委副书记、市长郑新聪主持召开十一届市委常委会第94次会议，宣布市委常委、纪委书记温惠榕任职。市委常委出席会议，市人大、市政协党组书记列席会议。

【十一届市委常委会第95次会议】 3月20日，受市委书记黄少萍委托，市委副书记、市长郑新聪主持召开十一届市委常委会第95次会议，传达有关事项。市委常委出席会议，市人大、市政协党组书记列席会议。

【十一届市委常委会第96次会议】 3月30日，受市委书记黄少萍委托，市委副书记、市长郑新聪主持召开十一届市委常委会第96次会议，传达贯彻省委常委（扩大）会议精神；听取全市安全生产工作情况汇报；传达全国、全省宣传部长会议主要精神，研究泉州市贯彻意见；传达全国、全省统战部长会议主要精神，研究泉州市贯彻意见；传达中央、省委政法工作会议主要精神，研究泉州市贯彻意见；传达全省对台工作会议主要精神，研究泉州市贯彻意见；传达贯彻2015年省直机关党的工作会议主要精神，听取2014年市直“五评机关”活动情况报告；研究筹备第十四届亚洲艺术节有关事项；研究有关案件；研究《中共泉州市委 泉州市人民政府关于进一步推进国土资源节约集约利用的实施意见（送审稿）》；研究市行政中心办公用房整改工作；通报有关议题情况。市委常委出席会议，市人大、市政协党组书记列席会议。

【十一届市委常委会第97次会议】 4月27日，受市委书记黄少萍委托，市委副书记、市长郑新聪主持召开十一届市委常委会第97次会议，宣布省委关于郑新聪临时主持泉州市全面工作的决定。省领导姜信治、省委副秘书长卢子玲，省委组织部有关负责人到会。市委常委出席会议，市人大、市政协党组书记列席会议。

【十一届市委常委会第98次会议】 4月30日，市委副书记、市长郑新聪主持召开十一届市委常委会第98次会议，传达学习李克强总理到泉州视察重要讲话精神及省委常委（扩大）会议主要精神，研究泉州市贯彻意见；听取东海大厦市行政服务中心用房回购、市档案馆新馆选址及停车场建设有关问题汇报；传达全国精神文明建设工作表彰暨学雷锋志愿服务大会主要精神，研究泉州市贯彻意见；研究《泉州市2015年环湾城市规划建设实施方案（送审稿）》；研究山东到泉州挂职干部安排方案。市委常委出席会议，市人大、市政协党组书记列席会议。

【十一届市委常委会第99次会议】 5月8日，市委副书记、市长郑新聪主持召开十一届市委常委会第99次会议，研究《关于贯彻落实李克强总理来闽考察重要讲话精神的意见》、《泉州市深化医药卫生体制改革实施方案（送审稿）》；研究泉州市由民营企业申报共同发起设立民营银行试点有关事项；研究《东海会展中心概念性设计方案》。市委常委出席会议，市人大、市政协党组书记列席会议。

【十一届市委常委会第100次会议】 5月15日，市委副书记、市长郑新聪主持召开十一届市委常委会第100会议，听取全省地方立法工作座谈会主要精神和泉州市人大常委会立法准备工作开展情况汇报，研究有关事项；听取泉州白濑水利枢纽工程进展情况汇报；研究《关于整合惠企政策促进产业转型升级的若干意见（送审稿）》；听取关于开展“三严三实”专题教育的汇报，研究有关事项；听取全省选派干部驻村蹲点工作视频会议精神汇报，研究泉州市贯彻意见。市委常委出席会议，市人大、市政协党组书记列席会议。

【十一届市委常委会第101次会议】 6月10日，市委副书记、市长郑新聪主持召开十一届市委常委会第101次会议，传达2015年省委、省政府工作检查精神，研究泉州市贯彻意见；传达中央统战工作会议和省统战系统干部大会、全省统战部长座谈会精神，研究泉州市贯彻意见；研究《中共泉州市委 泉州市人民政府关于加大农村改革创新加快农业现代化建设的若干意见（送审稿）》。市委常委出席会议，市人大、市政协党组书记列席会议。

【十一届市委常委会第102次会议】 6月19日，市委副书记、市长郑新聪主持召开十一届市委常委会第102次会议，听取“三严三实”专题教育进展情况汇报，研究下一步工作；研究《中共泉州市委关于加强各级党委（党组）民主集中制建设的若干意见（送审稿）》；研究原泉州植物园有关问题；研究有关案件。市委常委出席会议，市人大、市政协党组书记列席会议。

【十一届市委常委会第103次会议】 7月1日，市委副书记、市长郑新聪主持召开十一届市委常委会第103次会议，传达学习全省设区市负责人座谈会和省委上半年经济形势分析会精神，部署下一步工作；听取开展专题研究工作方案的汇报，研究有关事宜。市委常委出席会议，市人大、市政协党组书记列席会议。

【十一届市委常委会第104次会议】 7月2日，市委书记、市长郑新聪主持召开十一届市委常委会第104次会议，研究有关干部事宜。市委常委出席会议，市人大、市政协党组书记列席会议。

【十一届市委常委会第105次会议】 7月15日，市委书记、市长郑新聪主持召开十一届市委常委会第105次会议，传达贯彻省委九届十四次全会精神；传达全省贯彻落实《干部任用条例》、推进“三严三实”专题教育工作座谈会精神，研究泉州市贯彻意见；研究泉州市人大法制委员会成员初步人选名单；研究市委反腐败协调小组成员调整有关事宜；研究华侨大学董事会职务董事调整有关事宜。市委常委出席会议，市人大、市政协党组书记列席会议。

【十一届市委常委会第106次会议】 7月24日，市委书记、市长郑新聪主持召开十一届市委常委会第106次会议，听取全省精神文明建设工作暨先进表彰大会精神汇报；研究召开市十五届人大第六次会议有关事项；听取市交通委关于市港口管理局有关情况汇报；听取关于调整市委机构编制委员会组成人员的汇报。市委常委出席会议，市人大、市政协党组书记列席会议。

【十一届市委常委会第107次会议】 8月5日，市委书记郑新聪主持召开十一届市委常委会第107次会议，研究《中共泉州市委 泉州市人民政府关于进一步推动产业转型升级的实施意见（讨论稿）》；研究《中共泉州市委 泉州市人民政府关于加快实施〈泉州制造2025发展纲要〉的若干意见（讨论稿）》以及三份实施意见；研究召开中共泉州市委十一届九次全体会议有关事项和《在市委十一届九次全会上的讲话（讨论稿）》及《在市委十一届九次全会上的说明》；学习《推进领导干部能上能下若干规定（试行）》。市委常委出席会议，市人大、市政协党组书记列席会议。

【十一届市委常委会第108次会议】 8月25日，市委书记郑新聪主持召开十一届市委常委会第108次会议，听取2015年上半年全市安全生产工作情况汇报，部署下一阶段安全生产工作；研究《泉州市控编减编工作实施意见（送审稿）》；研究推荐参评全国爱国拥军模范有关事宜；研究有关干部事项。市委常委出席会议，市人大、市政协党组书记列席会议。

【十一届市委常委会第109次会议】 9月1日，市委书记郑新聪主持召开十一届市委常委会第109次会议，学习贯彻《中国共产党党组工作条例》《中国共产党巡视工作条例》以及中央、省委领导有关讲话精神；通报省落实党风廉政建设责任制检查“回头看”情况，研究贯彻意见；听取中央党的建设工作领导小组秘书组联系点工作暨课题研究成果交流座谈会主要精神及贯彻意见的汇报；听取全省农村基层党建工作座谈会主要精神及贯彻意见的汇报；通报省委组织部关于泉州市党政领导班子及成员和县（市、区）党政正职2014年度考核情况反馈。市委常委出席会议，市人大、市政协党组书记列席会议。

【十一届市委常委会第110次会议】 9月7日，市委书记郑新聪主持召开十一届市委常委会第110次会议，传达全省深化精准扶贫工作会议主要精神，研究泉州市贯彻意见；研究中心市区沿江及高速公路通道两侧夜景提升工程实施方案；听取“三严三实”专题教育阶段性情况汇报，研究有关问题；研究有关干部事项。市委常委出席会议，市人大、市政协党组书记列席会议。

【十一届市委常委会第111次会议】 9月18日，市委书记郑新聪主持召开十一届市委常委会第111次会议，听取全市禁毒工作汇报，研究《关于进一步加强禁毒工作的实施意见（送审稿）》；传达贯彻《中央纪委转发〈中共河南省委关于新乡市委原书记李庆贵落实党风廉政建设主体责任和新乡市纪委落实监督责任不到位问题的通报〉的通报》和省委尤权书记重要批示精神；传达中央有关文件；研究《2015年全市工作检查方案（送审稿）》。市委常委出席会议，市人大、市政协党组书记列席会议。

【十一届市委常委会第112次会议】 9月23日，市委书记郑新聪主持召开十一届市委常委会第112次会议，听取第十四届亚洲艺术节筹备情况汇报；研究推荐参评全省政法系统“十佳百优”个人有关事宜。市委常委出席会议，市人大、市政协党组书记列席会议。

【十一届市委常委会第113次会议】 10月7日，市委书记郑新聪主持召开十一届市委常委会第113次会议，研究有关干部事项。市委常委出席会议，市人大、市政协党组书记列席会议。

【十一届市委常委会第114次会议】 10月14日，市委书记郑新聪主持召开十一届市委常委会第114次会议，研究《泉州市国有土地上房屋征收与补偿暂行规定》《泉州市人民政府关于在中心市区国有土地上实施房屋征收补偿的指导意见》《泉州市人民政府关于在中心市区国有土地上对未经登记建筑调查认定和处理的意见》3份送审稿；传达贯彻省委副书记于伟国到泉州调研村级组织换届选举工作主要精神。市委常委出席会议，市人大、市政协党组书记列席会议。

【十一届市委常委会第115次会议】 10月23日，市委书记郑新聪主持召开十一届市委常委会第115次会议，学习《中国共产党廉洁自律准则》《中国共产党纪律处分条例》；传达贯彻省委第三季度经济形势分析会精神。市委常委出席会议，市人大、市政协党组书记列席会议。

【十一届市委常委会第116次会议】 10月30日，市委书记郑新聪主持召开十一届市委常委会第116次会议，听取市关工委工作汇报，研究《关于深入贯彻落实习近平总书记指示精神进一步加强关心下一代工作的意见（送审稿）》；听取泉州市税收等优惠政策梳理结果及相关意见的汇报；研究推荐“国防先锋”评比表彰对象事宜；关于贯彻执行县以下机关公务员职务与职级并行制度有关情况的汇报；研究有关案件。市委常委出席会议，市人大、市政协党组书记列席会议。

【十一届市委常委会第117次会议】 11月17日，市委书记郑新聪主持召开十一届市委常委会第117次会议，传达贯彻省委九届十五次全体会议精神；听取全市环保工作情况汇报，研究进一步做好下一步环保工作；研究《关于加强对台农业合作促进特色现代农业发展的若干意见（送审稿）》；研究立法工作有关事项；研究有关干部事项。市委常委出席会议，市人大、市政协党组书记列席会议。

【十一届市委常委会第118次会议】 11月23日，市委书记郑新聪主持召开十一届市委常委会第118次会议，研究《中共泉州市委关于制定泉州市国民经济和社会发展第十三个五年规划的建议》（送审稿）；研究市委书记郑新聪《在市委十一届十次全会上的讲话》《关于市委常委会工作的报告》及召开中共泉州市委十一届十次全体会议有关事项；研究推荐2015年度省重点项目建设功臣参评人选。市委常委出席会议，市人大、市政协党组书记列席会议。

【十一届市委常委会第119次会议】 12月1日，市委书记郑新聪主持召开十一届市委常委会第119次会议，宣布省委有关人事任免决定、研究有关干部事项。市委常委出席会议，市人大、市政协党组书记列席会议。

【十一届市委常委会第120次会议】 12月10日，市委书记郑新聪主持召开十一届市委常委会第120次会议，传达贯彻省委省政府经济工作务虚会议精神；传达贯彻省委统战工作会议精神；研究城东至北峰快速通道及两侧棚户区（石结构房）改造项目；听取关于落实2014年党风廉政建设责任制“回头看”检查综合情况报告；研究推荐泉州市参评全国计生协会先进单位有关事宜；研究军转干部安置方案。市委常委出席会议，市人大、市政协党组书记列席会议。

【十一届市委常委会第121次会议】 12月24日，市委书记郑新聪主持召开十一届市委常委会第121次会议，学习省委《关于贯彻〈中国共产党巡视工作条例〉的实施办法》《关于深化落实党风廉政建设党委主体责任的暂行规定》；研究市委市政府2016年为民办实事项目；研究泉州市中心城区公共自行车项目实施方案；研究提前回收刺桐大桥特许经营权有关事宜；研究召开泉州市第十五届人民代表大会第七次会议、政协第十一届泉州市委员会第五次会议有关事项；研究十一届市政协部分委员调整有关事项；研究泉州市推荐参评2015年度全国三八红旗手有关事宜；研究有关案件。市委常委出席会议，市人大、市政协党组书记列席会议。

【十一届市委常委会第122次会议】 12月30日，市委书记郑新聪主持召开十一届市委常委会第122次会议，传达全省经济工作会议、生态环境保护工作会议、城市工作会议、扶贫开发工作会议和省委党的群团工作会议精神；研究2016年泉州市《政府工作报告（送审稿）》《关于泉州市2015年国民经济和社会发展计划执行情况及2016年国民经济和社会发展计划草案的报告（送审稿）》《关于泉州市2015年财政预算执行情况和2016年财政预算草案的报告（送审稿）》以及《泉州市国民经济和社会发展第十三个五年规划纲要（送审稿）》；研究2016年重点项目安排；研究全市经济工作会议文稿；研究泉州市推荐参评全国保密工作先进工作者有关事宜。市委常委出席会议，市人大、市政协党组书记列席会议。

重要决策和工作部署

【研究规划“十三五”发展】 召开市委十一届十次全会，出台《关于制定泉州市国民经济和社会发展第十三个五年规划的建议》，确定了泉州“十三五”发展的指导思想、目标和任务。明晰定位，顺应中央“五大发展理念”、省委建设“新福建”导向，进一步拓展“三大战略”的内涵和外延，提出建设“创新、智造、海丝、美丽、幸福”的现代化泉州。“创新泉州”就是推动科技、制度、城市转型、载体规划、要素引进、环境构建等方面的创新；“智造泉州”就是落实“泉州制造2025”、国家“数控一代”示范，改造提升传统产业，培育重化、高新、现代服务业；“海丝泉州”就是主动融入全省“21世纪海上丝绸之路核心区”建设，着力打造先行区，提高双向开放水平；“美丽泉州”就是坚持绿色发展，用足自然生态优势，致力建设国家生态文明试点示范市；“幸福泉州”就是坚持以人为本，注重民生，着力推动城乡一体、区域协同和两个文明协调发展。明确目标。“十三五”末力争GDP超9000亿元、年均增长8.5%左右，人均GDP超10万元，分别比2010年增长1.56倍、1.33倍，提前实现GDP和城乡居民人均收入比2010年翻一番。

【加快推动产业转型升级】 落实李克强对泉州的指示要求和省委关于泉州要“带个头、走前面、作榜样、探索经验”的要求，立足抢抓、深入具体、激活主体、全面动员，加紧谋划推动，加快重点工作突破。深入调查研究。密集开展重点行业专题调研和一系列专场座谈会，充分征求龙头企业、行业协会、科研专家以及各民主党派、工商联、无党派人士的意见建议，系统梳理三次产业、重点行业转型升级需要突破的瓶颈制约和努力方向。集中组织13个事关泉州中长期发展的重点专题调研，聚焦新生事物，着眼补足短板，抓好“加快产业转型升级，争当福建发展领头羊”“加快推动互联网金融发展”“建立产业投资基金体系”“发展众创空间，推进创新创业”“培育发展新型科研机构和创新服务平台”“推动泉州高校人才培养和产业发展需求紧密结合”等研究和成果转化。已出台组建产业基金体系、推广运用PPP模式、推进大众创业万众创新等政策。全面动员部署。召开市委十一届九次全会，制定出台《关于进一步推动产业转型升级的实施意见》《关于加快实施〈泉州制造2025发展纲要〉的若干意见》，推进智能制造、服务型制造和提升质量品牌三个专项行动，千方百计抓龙头带动、“数控一代”应用、服务业与制造业融合发展、创新服务能力提升和人才团队建设、金融服务跟进、帮扶企业效率提升6项重点工作。细化编制17个重点产业转型升级路线图，既梳理产业链缺失的生产环节，又梳理创新链急需的研发平台、检测中心、科技中介等，策划生成项目库，同步开展招商选资、平台引进。深化工作抓手。把发展特色现代农业放在重要位置，推动“接二连三”融合，新增设施农业1.65万亩、新培育家庭农场等新型经营主体698家，安溪县入选国家现代农业示范区。持续推进“数控一代”示范工程，坚持以市场换技术、换项目、换产业，加快示范扩面提量、就地研发制造、智能装备园区建

11月8日，第十四届亚洲艺术节开幕式　　（图/吴寿民）

设，全省智能制造暨创业创新现场会在泉州召开。深化“第三产业发展年”活动，推动出台互联网经济发展实施方案，率先创办网商虚拟产业园，致力建设“泉州购”综合大平台，促进网络经济由虚变实、新业态由小变大，全市电商交易额保持40%以上增长，成功创建中国快递示范城市，德化电商园、安溪弘桥智谷入选“国家电商示范基地”。下大力气引进建设创新公共平台，督促各县域2016年上半年内引进1家以上大型综合创新平台。目前已集聚国家数控技术泉州分中心、中科院泉州装备所、华中科大智能研究院等17个平台，各种方式引进高层次人才600多位，其中院士15人。启动创新驱动助力工程，中国科协组织10个全国学会、8名院士、30多名高级专家到泉对接服务。

【举办第十四届亚洲艺术节暨第二届海上丝绸之路国际艺术节】　召开常委会、专题会、动员会等部署推进筹备工作，确保了整个活动有序、安全、精彩、节俭，圆满完成国家文化外交重大任务，海上丝绸之路国际艺术节永久落户泉州，海上丝绸之路艺术公园•亚洲园建成开放。围绕“海丝”主题，策划表演艺术、视觉艺术、文化交流对话、文都魅力、网络亚艺节、主题公园等六个板块16项主要内容，举办“文化的力量”论坛、海丝文化特展、世界（永春）白鹤拳大会等200多场活动，组织24个国家和地区的艺术团队走入社区、高校、农村举行公益演出。7月启动的首届网上亚艺节官网点击率超百万，亚洲文化论坛达成“泉州共识”，“共建‘文化之都’城市联盟泉州倡议”得到响应。启动泉州城市国际形象推广工程，央视新闻联播、人民日报、新华社、中新社等境内外80多家媒体对亚艺节活动作了报道，央视大型纪录片《海上丝绸之路》“中国—东盟共建21世纪海上丝绸之路”等到泉州拍摄、采访，推动四大洲华文媒体定期开设“海上丝绸之路—泉州”专版。

【开展“三严三实”专题教育】　按照中央、省委部署，在县处级以上领导干部中开展“三严三实”专题教育，175个单位、49名厅级干部、1383名处级干部参加。坚持领导带头示范，市委常委会带头开展专题教育，每月召开1次专题会议听取汇报。市委常委带头讲专题党课，用高质量党课推动专题教育启动开局；带头学习提高，带头查摆问题，带头整改落实，带头到挂钩联系县（市、区）或分管单位参加2次以上学习研讨，督促抓好分管领域、挂钩联系县（市、区）的专题教育。坚持抓好学习教育，在中央规定的3个专题学习研讨基础上，增加“学习习总书记系列重要讲话以及对福建工作一系列重要指示精神”专题。深入学习弘扬谷文昌精神，推动做“四有”“四个人”领导干部。坚持学改并进，将党的群众路线教育实践活动中整改不到位的问题列入专题教育整改范围。市、县两级党委常委班子初步查摆“不严不实”问题202个，并针对社会反映强烈的“为官不为”的5方面26种具体表现，组织专项整治；要求县级党委逐乡逐村逐单位摸排并解决不作为、乱作为、贪腐谋私、执法不公等4方面问题。坚持两手抓两促进，开展“三比一看勇担当打头阵”主题实践，每位领导干部结合分管工作，确定1—2个实践比学项目，深入企业、项目一线现场办公、解决问题。

纪检监察

【党风政风监督】　开展“深化党风政风监督工作，驰而不息落实中央八项规定精神”试点工作，制定实施《泉州市深化党风政风监督工作驰而不息落实中央八项规定精神试点方案》，绘制“发现违反落实中央八项规定精神问题线索登记流程图”“受理处置违反中央八项规定精神问题线索流程图”，建立问题线索统一备案登记、集中管理制度，试点工作得到省纪委的充分肯定。全市共组织开展明察暗访224次，查处问题119起，处理162人，其中处级干部4人，给予党政纪处分120人，市县两级点名通报曝光42批93起典型问题。开展全市查处群众身边腐败问题专项行动，确定44个侵害群众利益的突出问题，作为市级挂牌督办项目，共督办省、市信访件19件，查处问题97个，给予党纪处分136人，给予政纪处分48人，组织处理14人，移送司法机关96人，涉及金额2264.95万元。市县两级纪委点名道姓公开曝光26批次62起典型案例。协助市委做好省委2014年度落实党风廉政建设责任制检查及“回头看”的相关迎检工作。抓好省委检查组交办的25个具体问题的整改和反馈，从严从快追责3名责任人员，其中处级干部1名。发出调查处理建议书23份，共问责20人，其中处级2名、科级14名，给予9人党政纪处分、8人诫勉谈话、3人效能告诫。由市委常委、副市长带队，组成13个检查组，有针对性地约谈地方党委、政府、纪委和个别部门“一把手”158人。市检查发现问题48个、问责处理75人，涉及科级干部51人，其中给予25人党政纪处分，其余50人受到诫勉谈话、通报批评或其他组织处理。

2月10日，市纪委十一届六次全会召开　　（图/市纪委）

【案件查处】 全面推行信访举报件办理“零暂存”，2015年，全市纪检监察机关共接受群众信访举报8057件次，其中市县两级受理5320件次，全市按“零暂存”要求办理检控类初信初访2366件，筛选问题线索1239件，初核1140件，转立案226件，初核数增长13.4%，成案数增长47.7%。立案832件，同比上升22.17%，其中贪污贿赂案件252件；涉及县处级干部22人、乡科级干部153人，同比分别上升37.5%、29.67%；结案832件，给予党纪政纪处分824人，移送司法机关处理121人。严肃查办吴志明、张温龙、温双庆、陈荣芳、吕剑文、许鹏、曾宪堡、许华忠等一批县处级干部严重违纪案件。启用市级办案中心，成立监管组，实行全市纪律审查集中办理、统一管理。完善反腐败协作机制，转变审查方式。加强执纪审理，快审快结案件，实行涉刑案件党纪政纪先行处理。及时通报149起案件进展情况，回应社会关切，强化震慑和教育效果。全力配合中央纪委查办徐钢案件、配合省纪委查办黄南康案件，受到省纪委和专案组领导的高度肯定。高度重视省委巡视机构反馈意见后续整改和问题线索处置，纪检监察机关对6名处级干部和9名科级干部进行立案审查。坚持抓早抓好，动辄则咎，全市共开展廉政谈话函询561人、轻处分351人、组织（适当）处理192人，占处理总数的70.01%。同时，为191名受到失实举报的党员干部澄清了问题。

【落实两个责任】 制定《泉州市关于落实党风廉政建设党委主体责任的意见》《泉州市关于落实党风廉政建设纪委监督责任的意见》《泉州市关于党风廉政建设责任追究实施细则（试行）》，全年查办88起责任追究案件，其中处级干部党政纪处分5人，涉及单位党政“一把手”37人，纪委书记（纪检组长）6人。在干部提拔使用或重要岗位调整的环节中，共审核11批72人遵守党风廉政规定方面的问题。在市级媒体开办“两个责任”专栏，播出26期县（市、区）党委书记、纪委书记访谈节目。市纪委全会期间，首次对各县（市、区）党委书记和泉州开发区、台商投资区党工委书记述廉述责报告进行测评，并在丰泽、洛江、晋江、惠安等县（市、区）试点开展对乡镇（街道）党委书记述廉述责报告测评工作。

【党风廉政宣传研究】 在中央和省级媒体刊发稿件142篇。在泉州市纪委监察局网站日均上传稿件10余篇，共发布案件和违反中央八项规定精神案例86起114人。年底开通泉州市纪委监察局公众微信号“刺桐清风”。全面推行领导干部任职前廉政法规知识测试工作，781名干部参加测试，其中市管干部拟任人选26名。开展党的政治纪律和政治规矩教育，抓好《中国共产党廉洁自律准则》和《中共共产党纪律处分条例》的学习贯彻。组织开展“泉州市青年大学生廉政教育现状及其优化对策”课题研究，在2015年度举办的公务员初任培训中，增加了廉政教育的内容，使廉政教育培训课时占培训总课时的1/3。组织人员专题研究、挖掘整理出泉州历史上的清官廉吏故事55篇。以泉州华侨历史博物馆被评为全省廉政教育基地为起点，积极建设南安、惠安、永春等地廉政教育基地。收集、整理各地家规家训，向省纪委推荐上报安溪李光地、晋江五店市、泉港土坑刘氏等家规家训材料。加强网络舆情信息工作，开展网上舆论引导，传播反腐倡廉正能量。加强政策理论研究工作，其中《推进查办腐败案件体制机制改革试点工作的实践与思考》获评全省党风廉政建设和反腐败工作优秀调研论文一等奖，在中央纪委《廉政理论研究》和省委政研室《调研文稿》上刊登；《全面从严治党新常态下“一案双查”的实证分析》获全省党风廉政建设和反腐败工作优秀调研论文一等奖、省机关党建研究会泉州分会重点课题调研论文评选一等奖，在中央纪委《华东之窗》刊发；《新形势下加强对党政“一把手”监督和制约的探索与思考》获评全省党风廉政建设和反腐败工作调研优秀论文奖；《贯彻落实“抓早抓小，有病就治”的几点思考》获省机关党建研究会泉州分会重点课题调研论文评选二等奖；《泉州市国有企业党员干部违纪违法案件情况调研报告》在中央纪委《党风廉政创新成果交流》和省委政研室《调研文稿》上刊出。

【推进纪律检查体制改革】 制定《泉州市党的纪律检查体制改革实施方案》，明确改革路线图和时间表。根据泉州市县级纪委、派驻机构和市管企业的管理现状，制定《县（市、区）纪委书记、副书记提名考察办法（试行）》《市纪委派驻纪检组组长、副组长提名考察办法（试行）》《市管企业纪委书记、副书记提名考察办法（试行）》三个提名考察办法，推动党的纪律检查工作双重领导体制具体化、程序化、制度化，强化上级纪委对下级纪委领导。完成市县两级纪委监察局机关参与议事协调机构清理、效能办管理体制调整，稳步推进县级纪委内部工作运行机制调整，进一步突出主责、聚焦主业。新增设泉港石化工业园区、泉惠石化工业园区、清源山风景名胜区等3个纪工委，推进派驻机构“全覆盖”工作。修订汇编市纪委机关37项管理制度，规范履职行为，以铁的纪律打造过硬队伍。严防“灯下黑”，全年有7名纪检监察干部被立案调查、问责处理。

保密工作

【抓好“关键少数” 实现以上率下】

高位推进 市委把保密工作放在全市战略全局中去定位、去思考、去部署、去落实，首次把加强和改进保密工作列入市委常委会年度工作要点，每半年对目标任务完成情况进行督查。市委书记郑新聪高度重视抓保密工作关键节点，在组织对重点单位保密检查、实行领导干部保密教育提醒等方面亲自布置、指导推动。市委主要领导率先垂范，树起了一把手抓保密的标杆示范，形成无声的压力传导。各级各部门主要领导把对保密工作负总责体现在把方向抓大事上，惠安县委、丰泽区委常委会专题研究保密工作，部署全年重点任务。一些市直单位主要负责人主持专题会议、保密形势学习会，听取保密检查情况汇报，开展保密形势和保密法规知识学习教育，保密工作主体责任落实打折扣的状况得到了明显改变。

靠前指挥 市委保密委员会坚持既运筹决策又临阵指挥，既宏观指导又重点督查。市委常委、秘书长、统战部部长、保密委主任翁祖根以身作则，自觉接受保密监督，2015年初在市委保密办工作报告上批示：请保密办加强对我的督促和鞭策，当好“总指挥”和“后勤部长”。他督促落实领导干部保密责任考核评价、涉密人员保密管理、查处严重违规事件等重要工作，当好保密部门依法履职的坚强后盾。晋江市委保密委员会健全例会制度，定期研究保密工作重点问题，在机构编制一时难以根本解决的情况下，积极与编制管理部门沟通，设立市委办保密科，作为市国家保密局日常办事机构。

考核监督 针对长期以来落实领导干部保密责任制中存在的考核监管“挂空挡”、责任追究“橡皮泥”两大突出问题，市委保密委向市委组织部发出建议函，提出纳入考核评价、落实述职述密、推行保密提醒等3条意见。目前这些工作基本得到落实，这将进一步把领导干部履行保密责任固化于制度层面，使之常态化、长效化。

【聚焦短板瓶颈 持续打好攻坚】

两处发力 在规范定密管理上，抓好两关键。一是抓骨干。督促各机关、单位落实定密责任人的确定报备，重点抓好指定责任人的教育培训。市国家保密局组织市直单位定密责任人集中培训，学习《国家秘密定密管理暂行规定》，对定密权限、定密依据、定密程序、定密监督及法律责任等进行解读，使其掌握定密基础知识，具备必备的定密能力。二是抓示范。市委办、市政府办作为市委、市政府综合办事机构，保密事项范围广、规范定密难度大，具体负责定密审核的人员以高度的责任心，严格把关，对号入座，及时纠正定密依据不足、密级和保密期限确定不当的问题，在规范各部门各单位定密工作中发挥了示范导向作用。

两招出拳 在网络保密管理上，聚焦两要害：一是保“命根子”。杜绝涉密网未批先用、带病运行，用最严格的措施抓好涉密网测评审批和管理。把2015年年底前基本完成在用涉密网测评作为硬任务，倒排进度，环环督导。市检察院、市委组织部系统涉密网已通过国家保密科技测评中心现场测评，市纪委涉密网测评前期工作已完成。二是管“灰色地带”。转发国家保密局《非涉密网络保密管理专项检查情况通报》，要求各地各单位认真学习贯彻。针对非涉密内部网泄密易发多发、屡禁不止的情况，在教育培训、集中检查、绩效考评中将非涉密网管理作为重要内容，切实澄清部分工作人员将市政府办公资源网等内部网混同于涉密网的认识误区，坚决制止内部网处理涉密事项的严重违规行为。核查内网计算机违规外联10台次，责成所在单位查明原因和落实整改。此外，进一步加强互联网保密管理，对政府公开网站进行保密巡查，严格落实手机使用保密管理措施。

两步先行 以中央组织部、国家保密局、公安部等八部门《关于进一步加强涉密人员保密管理工作的意见》为基本遵循和工作指南，积极稳妥地推进这项工作。鉴于涉密人员管理涉及确定分类、任（聘）用审查、教育培训、日常监管和权益保障等方面，是一项全面复杂的系统工程，市国家保密局按照严格标准、稳步实施的原则，打好两基础：一是先摸底。要求各机关、单位对涉密岗位及人员进行全面摸底，对照标准逐个确认，防止随意扩大和缩小范围，以确保在2016年6月底前完成已任和拟任涉密人员的保密审查。一些市直单位涉密岗位分类确定工作已启动，相关管理措施也开始跟进。二是先培训。根据目前机关、单位保密教育培训师资缺乏的情况，市国家保密局主动承担授课任务，通过集中组织培训和上门指导培训的方式，举办涉密人员保密培训8期，参加人数1200多人。

【用好制胜法宝　提升监管水平】

以查造势 坚持声势不减、劲头不减、力度不减，凸显保密检查高压态势。一是结合。把每年一度集中保密检查与“十二五”保密事业发展规划检查验收结合起来，与国有企业保密管理专项检查结合起来，统筹力量，突出重点，把握节奏，有序推进。二是深入。市国家保密局实行“三过半一服从”，即半年以上的时间抓检查、半数以上的力量压到一线、检查一半以上的市直单位、检查时间服从质量，做到查深查细查到位。共检查市、县138个单位，其中党政机关118个，国有企业19个，保密资质企业1个。抽查计算机2483台、电子邮箱36个，其中涉密计算机37台，内部计算机853台，互联网计算机1593台，共发现存在严重违规行为的计算机275台次。晋江、南安、石狮、惠安等地先后组织力量，对辖区机关、单位文件和计算机保密管理情况进行拉网式检查。随着检查的深入推进，病毒隐患浮出水面，问题漏洞一目了然，加强和改进保密工作有了具体指向。三是反复。对上年度检查的76个市、县机关单位进行回头看，重点检查问题是否整改、有无出现反弹、追责是否到位，有效防止了承诺整改决心很大、具体落实应付了事。

问效问责 以保密绩效考评项目为依据，树立问题导向，直击薄弱环节，真正产生以查促管、以查立威的作用。市国家保密局共下发整改通知书134份，责成217人写出书面检查，对5个县（区）、2个市直单位扣除绩效分值。市政府办对保密检查中发现的违规责任人实行内部通报批评，并取消年度考核评优资格。惠安县国家保密局会同县委督查室，对重点单位整改落实情况进行督查，产生了较大影响力。

重在提升 随着保密检查密集出拳，不少单位认识转变，自觉把保密工作当成分内事，以前那种在业务工作中有意无意挤掉保密、淡化保密的现象大大减少。责任强化，重视开展保密教育，主动接受保密监督，在保密规矩面前心有所畏、言有所戒、行有所止。市委办、市政府办以保密检查为镜，以保密制度为尺，组织各科室进行保密管理自查自纠，并邀请保密部门技术人员帮助会诊，通过挖隐患、堵漏洞、打补丁，进一步增强保密警觉性和保密责任意识。工作落实，保密责任进一步强化，保密制度进一步健全，保密管理措施进一步落实。

【夯实制度基础　落实依法管理】 以保密法制为准绳，构建依法管理、依法办事的工作机制，切实提高保密执法权威和力度。

梳理清单 各级保密行政管理部门根据行政审批制度改革要求，按照法无授权不可为、法定职责必须为的原则，对行政执法主体、依据、程序、职权、责任进行梳理，编制并向社会公开行政权力清单、公共服务事项清单和责任清单。市国家保密局保留行政许可1项、公共服务事项1项。在不违反保密规定的前提下实现审批内容“瘦身”、审批流程优化、审批事项压缩。各机关、单位对保密制度进行全面清理，凡与保密法律法规相抵触、内容过于笼统或缺项、针对性不强的，及时废止和完善。

贯穿全程 把依法管理各项要求落实到各领域、各环节，确保国家秘密从产生到销毁、从定密到解密，涉密活动从筹划到收官的全过程，都编织起一道严密的安全防护网。一是管严涉密文件。严格落实有关保密规定和省国家保密局《关于进一步加强涉密及内部文件资料保密管理的通知》，开展涉密及内部文件资料保密管理自查自纠。针对少数单位在未标注密级中央文件、省委文件的使用管理上存在认识模糊和要求放松的问题，各级保密行政管理部门再三提醒各机关、单位，要求严格遵守中办有关管理规定和保密要求，从严管理，堵住漏洞，杜绝发生违规行为。指导市委办、市政府办制定市委常委会议、市政府常务会议文件资料保密管理制度，协助市委办督促市直单位保密机要室建设。二是管好涉密活动。加强对涉密活动和专项工

9月24日，国家保密局局长田静在泉州调研　（图/市委保密局）

作的保密管理，做到在人员教育、宣传报道、资料提供、载体管理、设备使用等方面有保密提醒、有制度管控、有督促检查。市国家保密局做好高考、司法考试保密室的检查验收，配合主办单位深入各县（市、区）检查高考保密措施落实情况。配合市委组织部、市人社局做好公务员录用考试保密管理。三是管紧涉密项目。严格依照保密规定和标准做好涉密项目确认的初审工作。对市公安局、市检察院、市法院、市人防办等单位涉密项目、涉密设备确认进行初审把关，并及时上报省国家保密局审批。配合省国家保密局对3家保密资质单位进行现场审查，加强对保密资质单位的日常监管。

依法查处　剑指触犯保密红线的行为，彰显案件查处“杀手锏”作用。在省国家保密局的直接指导下，对一起机关工作人员通过微信传播省委办公厅内部文件事件进行调查核实，并将调查情况上报省里，将根据事件性质严肃追究当事人责任。

【坚持思想引领　深化两识教育】

拓展阵地发强音　发挥党校保密教育基地的主体作用，所有脱产进修班次保密教育全纳入。保密教育阵地不断延伸和拓展，市委组织部、市直机关工委、市委党校联合主办的“东海干部学堂”把保密工作列入其中，首次实现干部选学课题有保密警示教育内容。各地各有关单位共举办保密讲座49期，参加人数6100多人。选学保密课题和参加保密讲座的学员纷纷点赞，普遍反映保密课有理论含量、有法规解读、有案例分析、有知识传授，从而激发了学保密的热情和干保密的劲头。

拓展形式增活力　着眼新形势下受教育者的保密需求，努力探索寓教于乐、入耳入脑的教育形式，达到引领、先导、激励、警示作用。惠安县通过在电视台播放保密宣传标识、主要路口张贴宣传图画、群发保密警语等形式广泛宣传保密知识。晋江市鉴于民营企业较多，每年从保密工作经费中拨出专款赠送《保密工作》杂志给重点企业，并编发《商业秘密保护》（增刊）发给企业管理人员，受到企业好评。鲤城区编印保密应知应会“口袋书”，发到各单位领导干部、涉密人员、保密干部手中，以其通俗、实用、简练、方便而为大家所称道。

拓展载体求深化　不断丰富载体，实现保密宣传教育升华深化。一是挖潜。持续发挥《保密工作》刊物的知识园地、工具手册、良师益友三重作用，坚持以订刊为基础、以学刊为主导、以用刊为目的，引导大家从中获取资讯、警钟长鸣、学到真经。全市征订《保密工作》总数再次位居全省第一，所属11个县（市、区）通联发行成绩突出受到表彰。市国家保密局人员撰写的3篇研讨文章发表在《保密工作》上。二是增量。利用省、市、县保密网平台，及时、全面、准确反映保密工作新动态、新做法、新亮点。全市共报送信息102条，其中2条信息被评为好信息，泉州、晋江、南安市国家保密局被评为2015年度保密工作信息稿件报送先进单位。三是创新。借助现代信息技术，增强保密教育视觉效果和吸引力。市国家保密局发放《手机背后的谍网》光盘486张，供各单位组织播放，使大家从中清醒意识到手机窃密的严峻形势和手机泄密的严重危害，产生很好的警示效果。

政策研究

【开展调查研究工作】　2015年，市委政研室紧紧抓住事关经济社会发展全局的重大问题和市委领导关注、人民群众关心的热点难点问题，深入调研，积极提建议、谋对策，主动地为市委科学决策服务。

牵头组织全市重点课题调研活动　主动对接省重点课题调研方案，紧扣市委工作主线，牵头组织全市重点课题调研活动，起草《中共泉州市委办公室　泉州市人民政府办公室关于组织2015年市重点课题调研的通知》，并做好日常协调、

服务工作，形成了一批高水平、高质量的研究成果，为泉州各级各部门提供决策参考。

深入开展热点、难点问题调研 围绕市委中心工作，组织开展推进科学发展跨越发展、推动“三大战略”的相关课题以及转型升级、智能制造、创业创新等社会发展热点问题开展调研。形成《实施上市提升计划 迎接“金融大时代”——关于泉州市企业改制上市工作的调查与思考》《构建泉州市现代制造业体系的建议》《关于厦漳泉大都市区同城化发展的几点意见》《把握资本市场黄金时机 加快促进产业转型升级》《争抢发展先机 打造海丝先行区》《泉州市以企业全方位创新破解新常态发展难题》《泉州市金融改革先行先试呈“三实三多三稳”成效》《加快泉州市机械装备制造业转型升级的研究》《泉州智能装备产业发展思路研究》《晋江市加快发展跨境电子商务的研究》《安溪加快打造茶叶生产经营体制改革创新示范区》等一大批调研报告，发挥以文辅政的参谋助手作用。

【贴近中心搞好服务】 紧贴市委工作中心，积极主动地为市委领导工作提供服务，做好组织协调工作。

做好市委“十三五”规划建议的起草工作 发挥积极性和主动性，牵头深入开展调查研究，广泛听取各方意见，起草《中共泉州市委关于制定泉州市国民经济和社会发展第十三个五年规划的建议》，在市委十一届十次全体会议审议通过。

做好全市全面深化改革领导小组联络员会议的具体协调联络工作 做好市全面深化改革领导小组2015年第一次、第二次会议、市全面深化改革工作座谈会等会议会务，做好领导小组组长、联络员会议召集人等领导的讲话稿起草。起草《泉州市全面深化改革领导小组2015年工作要点》，梳理确定一批2015年重点改革项目，其中38项结合市“三比一看”工作部署。及时掌握各专项工作小组、各县（市、区）的改革动态，注重改革经验总结，编撰泉州市改革专刊，全面、集中反映泉州市改革情况。起草《关于开展2014年度全面深化改革专项督查工作的通知》。向上报送泉州市改革动态和成效，其中“推进金融服务实体经济综合改革”“石狮‘处置不合格党员’”改革典型被省里确定为在全省可复制、可推广的改革经验；“建立六个机制 加强传统文化保护、传承与利用”“泉州市推动金融创新助力文化企业发展”等文章在《福建改革情况》刊发。及时总结泉州市全面深化改革工作进展情况及阶段性成效，形成《泉州市全面深化改革2014年度工作情况总结报告》，并报送省领导小组办公室。做好与各专项工作小组、县（市、区）改革联络办的联络联系工作等其他市改革联络办承担的职责工作。

完成市委市政府有关政策文件的起草工作 按照市委、市政府决策部署，高效率、快节奏地完成市委、市政府重要文件起草任务，先后为主或参与起草《关于推行新型城镇化“五种模式”的意见》《关于加快实施“泉州制造2025发展纲要”的若干意见》《泉州市机械装备产业发展路线图》《泉州市人民政府关于〈泉州市发展服务型制造专项行动计划〉的实施意见》《泉州市建设21世纪海上丝绸之路经贸文化合作先行区行动计划》《中共泉州市委关于全面推进法治泉州建设的实施意见》等市委、市政府政策性文件。

主动承担重要文稿起草工作 起草市委书记郑新聪在市全面深化改革领导小组2015年第一、二次会议上的讲话稿，起草原市委黄少萍书记署名文章《福建泉州“五种模式”践行新型城镇化》《发挥起点优势 传承丝路精神——福建泉州积极推进“21世纪海上丝绸之路先行区”建设》等，起草市委副书记周银芳交办的《关于当前国情、世情的若干分析》《习近平总书记十八大以来关于国情、世情、党情的重要论述》《十八大以来“五位一体”重要政策汇总》等文稿。

【编好刊物及参考信息】 《泉州通讯》《泉州改革情况》《泉州调研》和《决策参考信息》是由市委政策研究室主办的市委内部刊物。发挥《泉州通讯》等四个内刊的主渠道作用，增强精品意识，打造探讨理论问题、交流调研成果的重要平台，及时组织编发一大批观点新、份量重的信息，供领导决策参考。全年编发《泉州通讯》12期、《泉州改革情况》34期、《泉州调研》10期、《决策参考信息》3期。《泉州通讯》等四大内刊注重面向基层，及时刊发、宣传基层改革发展的新成效、新经验，《泉州通讯》开辟县（市、区）专刊，集中宣传县（市、区）的发展新经验、新成效，提高宣传效果。

接待保障

【加强公务接待管理 巩固整治成果】 为贯彻中央“八项规定”，开展“三严三实”专题教育实践活动和巩固“四风”整治成果，从三方面入手，进一步加强公务接待管理，控制公务经费支出，坚决杜绝舌尖上的浪费。全年接待批次比上年下降0.02%，接待人数比上年增加45%。严格公务接待工作程序和管理措施，建立健全严格的公务接待审批制度和逐级报告制度，杜绝没有接待公函和审批单的公务接待。严控公务接待范围和规模，凡经审批的公务接待，必须严格控制接待规模和陪餐人员，与公务接待无关的人员一律不参与陪餐。控制接待标准，降低公务接待费用，公务接待用餐、住宿一律安排定点酒店。上级领导到泉州调研、检查工作，住宿酒店不张贴悬挂标语横幅，不铺设迎宾地毯，不上高档酒水，不上高档菜肴，不摆放花草，不安排迎宾队伍。国内公务接待，不能以任何名义赠送礼品、纪念品。

【落实中央“八项规定” 做好各项公务接待工作】 贯彻执行中央“八项规定”和泉州市出台的《党政机关国内公务接待管理规定》，厉行勤俭节约，完成920批次、共24490人次的接待任务。高质量接待国务院总理李克强等中央领导人到泉视察、参观等活动（等级接待任务）8批次，一级接待2批次、二级接待5批次、三级接待1批次。完成“21世纪海上丝绸之路国际研讨会”各项工作任务，受到国务院新闻办公室书面表扬；获得“第一届全国青年运动会组织筹办工作先进集体”称号；完成第十四届亚洲艺术节暨第二届海上丝绸之路国际艺术节各项工任务，受到市委、市政府书面表扬。做好各级、各地到泉州检查、考察的接待工作，包括省部级领导101批次，厅局级领导221批次，港澳台侨和外事活动86批次。接待各地党政代表团3批次，合理安排考察地点、行车路线、住宿饮食，制定服务指南，保证考察活动顺利进行。接待中央电视台、新华社、人民日报社等新闻媒体，以及到泉州投资考察的国内外重要客商和知名商会，在接待中注重介绍泉州产业、经济发展情况，以及泉州市推进“泉州制造2025”发展纲要、“21世纪海上丝绸之路”先行区建设等一系列举措，展示泉州经济发展的活力和潜力，吸引海内外客人到泉州投资。做好市委、市政府大型活动的后勤服务保障工作，包括21世纪海上丝绸之路国际研讨会、21世纪海上丝绸之路品牌博览会、第一届全国青年运动会、“9•8”中国国际投资贸易洽谈会、第十四届亚洲艺术节暨第二届海上丝绸之路国际艺术节、联合国海陆丝绸之路城市联盟工商理事会成立大会等，完成泉州市领导赴上海、北京等地参观考察、招商引资的前站联络和全程服务保障工作。做好专项检查活动。2015年，做好中央和省委巡视组到泉州开展各项巡视工作、省委、省政府及省直部门对泉州市工作检查的后勤保障工作。

党史研究

【党史征编研究】 按照中央党史研究室“一突出”“两跟进”的要求，以社会主义时期地方党史研究为重点，持续深化党史征编研究工作。完成《解放初期泉州的形势》《正本清源和拨乱反正的局部开展》《炮击金门和海防前线的对敌斗争》《山美水库的兴建》《反击右倾翻案风》等专题初稿。完成《中国共产党泉州市历史大事记（2006年）》初稿。编辑出版《南洋烽火——泉州华侨抗日资料汇编》。完成《福建英烈传略》（上、中、下）泉州地区部分征编、审稿。编辑出版《纪念中国人民抗日战争暨世界反法西斯战争胜利70周年专刊》。修改完善《福建省红色旅游指南》（泉州篇），该书9月出版。

【党史宣传教育】 2015年，全市党史部门以学习贯彻习近平系列讲话精神为主线，重点围绕开展“三严三实”专题教育、纪念中国人民抗日战争暨世界反法西斯战争胜利70周年活动，不断提高党史宣教工作的质量水平。编辑出版《泉州党史》内刊。完成《福建党史月刊》（全国中文核心期刊）征订任务，征订数量名列全省第二名。增补完善《福建省革命遗址通览》（泉州卷）。开展“纪念抗日战争胜利70周年”主题宣传活动，在《泉州晚报》等报刊登载“纪念中国人民抗日战争暨世界反法西斯战争胜利70周年”文章48篇。为市委宣传部提供《泉州人民抗日战争历史图片展》相关图片。与市侨联举办“泉籍华侨与抗日战争”学术座谈会。组织召开全市党史系统纪念中国人民

8月14日，“泉籍华侨与抗日战争”学术座谈会召开
（图/市委党史研究室）

抗日战争胜利70周年学术研讨会。

【县（市、区）党史工作】　鲤城区室完成《中国共产党鲤城历史（1921—1978）》一、二卷初稿。丰泽区室完成《中共泉州市丰泽区委历史大事记》（2013年与2014年）采编工作。泉港区室完成《泉港区委党史大事记（2015年）》征编工作。石狮市室完成出版《中共石狮地方史大事记》（2008.1—2012.12）与《中共石狮党史人物》（第二卷）。晋江市室完成出版《中国共产党晋江历史（1949—1978）》（21万字）。南安市室编辑出版《中共南安市历次代表大会重要文献选编（1956—2011》（30万字）。德化县室完成出版《中国共产党德化历史（1949—1978）》（25万字）。

档案管理

【围绕中心　档案服务能力持续提升】

贯彻《实施意见》　组织全市各级档案部门学习省委办、省政府办《关于进一步加强和改进新形势下档案工作的实施意见》（以下简称省两办《实施意见》），吃透文件精神，把握实质内容，调整工作计划，把省两办《实施意见》作为当前和今后一段时间开展档案工作的指导性文件和档案工作形势教育素材。召开全市档案局（馆）长会议，解读分析省两办《实施意见》，就如何贯彻落实省两办《实施意见》提出意见、建议。深入调研，组织专人赴各县市区调研，力求科学规划，为更好结合本地实际情况制定泉州市《实施意见》贯彻意见奠定基础。及时向市委、市政府有关领导汇报，获得市领导支持，12月以市两办名义出台了《关于进一步加强和改进新形势下全市档案工作的实施意见》。

主动融入中心大局　加强重点项目档案工作，制发2015年重点建设项目档案工作文件，强化监督指导，依法开展省、市重点建设项目登记工作；开展重点建设项目档案专项验收，完成福建省福橡化工有限公司10万吨/年丁苯橡胶和5万吨/年顺丁项目、泉港省道201线项目等6家省重点项目档案专项验收。服务企业发展，全面完成泉州交通集团、泉州物资总公司等12家市属国有企业总部企业文件材料归档范围和档案保管期限表的审批工作；开展民营企业文件材料归档范围和档案保管期限表编制试点工作，调研指导晋江七匹狼公司、亲亲食品公司等3家民营企业启动文件材料归档范围和档案保管期限表的编制和备案工作，其中，福建亲亲股份有限公司档案工作获得省档案局认可并发文推广。继续贯彻落实省政府114号令，加强对泉州市重大活动档案工作的常态化监管，重点对群众路线教育实践活动、21世纪国际海丝研讨会、创建全国文明城市、“文都”“亚洲论坛”“亚艺节”等重大活动档案登记、指导和接收进馆。石狮局、德化局加强永宁古庙文化节、首届中国陶瓷电商峰会等重大活动材料收集、整理、归档、移交工作；惠安局对40多个单位开展“一对一”档案指导工作。

全力服务社会民生　加强泉州市家庭建档特色工作，服务全市人民群众，制定的《泉州市家庭档案管理规范》被省档案局制发文件（闽档办〔2015〕22号）在全省推广。利用专业优势积极配合泉州市委、市政府做好扶贫工作，参与、指导有关部门建立贫困户档案，截至目前已建立贫困户档案40152户120518人，贫困村档案181个。整合馆藏资源，建成“涉台”“涉侨”两个利用率较高、针对性较强、有地方特色的档案专题数据库，方便群众查询利用。提高档案服务窗口建设水平，结合“三严三实”专题教育活动，以查阅利用中心为载体，深入持久开展“践行三严三实强化宗旨意识　优化档案馆窗口服务”活动，树立了“平台好、作风好、形象好、机制好、成效好”的“五好”服务品牌。

深入开展基层工作　制发《关于加强小城镇建设档案工作的意见》，规范全市小城镇建设档案工作。加强农村土地承包经营权确权登记颁证档案管理工作，深入试点村——洛江区河市镇岭客村、厝斗村开展档案管理情况调研和现场业务指导工作，为下一步泉州市全面铺开此项工作夯实基础。率先启动“乡村记忆档案”示范项目建设，加强对永春大羽村等7个“乡村记忆档案”示范项目的指导工作，保护农村发展变化的历史与文化，助力美丽乡村建设。联合各县（市、区）档案馆，在全市范围内集中开展镇村史料征集工作，保存泉州基层农村历史文化资料，留住美丽乡村记忆。永春局将乡镇档案工作纳入乡镇年终绩效评估指标体系；鲤城局制定下发《鲤城区档案局关于做好社区档案工作的通知》文件，督导社区档案工作开展。

【夯实基础　档案业务建设全面推进】

依法治档水平不断提高　在全省率先以市政府办公室名义出台《贯彻落实〈福建省国家档案馆管理办法〉的意见》。贯彻落实省政府第114号令，开展全市重大活动档案专项执法检查，提升重大活动档案工作的规范化水平。配合市政府规范行政权力运行工作，在全省率先出台《泉州市行政权力实施档案管理暂行规定》，全面规范行政权力实施档案管理工作，该项工作在全国引起反响，安徽阜阳市档案局专门来函借鉴相关经验。重新梳理本级档案部门行政职能和公共服务事项，形成行政权力清单和责任清单，并及时公示公布，规范开展档案行政审批工作，所有行政审批和公共服务事项入驻行政服务中心。扎实开展档案普法工作，探索建立一套集档案信息、法制、科普宣传为一体的“三合一”大宣传新

模式，2015年末，更进一步强化普法宣传教育规划的落实，认真开展档案法制宣传工作，组织了档案法制、科普宣传“四进”“三下乡”“档案馆日”“校外课堂”等活动十余次，宣传受众面达8000多人次。晋江局对该市19个（镇）街道及泉州出口加工区、经济开发区进行为期7天的档案执法检查；石狮局开展档案库房专项检查，共检查32家机关、企事业等单位。

档案信息化建设成效显著　率先在全省全面启动纸质档案、电子目录、数字扫描件“三合一”的接收模式，实现纸质和数字化档案同步进馆，馆内馆外信息化同步推进，全面助推泉州档案信息化建设步入快车道，为全省档案接收工作开创了新模式。加大资金投入，全面推进馆藏档案数字化工作，截至2015年底，市档案馆馆藏档案全文数据已突破1000万页，占馆藏档案比例98.95%，成为全省首个档案全文数字化量超千万页的设区市档案馆，泉州档案信息化工作走在全省最前头。

档案征集工作创新开展　市档案馆重视特色档案征集，开展泉州市省级以上工艺美术大师手模档案制作和个人档案的特色征集工作，目前手模档案制作已基本完成；征集到泉州籍航天专家傅轶青个人档案等一批珍贵档案；加强“口述”档案征集力度，设置口述室，添置采访设备，采取借力模式，同海峡都市报联合开展“口述”档案征集，拓宽了征集面，使更多具有代表性的历史片段既能以视频文字形式得以广泛宣传又能以口述档案的形式留存，2015年共采访报道6人次，录制口述档案505分钟。晋江局启动“旅外晋江籍人士口述档案暨华侨档案史料征集活动”，将口述档案工作的触角延伸至海外；石狮局和该市老龄工作委员会办公室联合发文向社会征集档案资料和老照片，征集到资料280册、老照片120张和视频21个。

馆库设施建设有序推进　市档案馆新馆建设用地选址及建设规模获市委常委会通过，前期工作顺利推进。台商投资区依托区管委会公租房建设占地约1135平方米的区档案馆，目前，馆库规划布局及改造升级已完成并投入使用；丰泽局新馆列入该区2015年重点建设项目预备项目，已完成用地从集体用地转为国有用地手续并报省国土资源厅审批，目前正在对设计方案进行优化；安溪局新馆已完成可研并通过批复，正在办理用地从集体转为国有审批手续；洛江局档案库房问题已在优选方案，下一步将根据全区办公用房调整情况统筹解决；惠安局向县委县政府申请资金加强馆库安全建设，获批资金23万元用于库房安保设备更新。

【扩大影响　档案文化建设打出品牌】

“侨批档案”恒显魅力　加强侨批档案这一国家重点档案的抢救保护和挖掘开发项目，组织侨批口述历史档案征集，对泉州现存的信局遗址进行了拍照和资料收集，开展泉州地区珍贵侨批摸底统计，进一步摸清泉州现存侨批的“家底”。同时，对馆藏的侨批、信局遗址照片和相关实物进行整理和数字化扫描，建立了完整、丰富的“侨批档案数据库”。充分利用馆藏宝贵侨批档案资源，编纂出版了《泉州侨批档案——世界记忆遗产》等书籍，并在本馆设立侨批档案专门展厅，举办了泉州抗战侨批实物展等系列影响较大的特色展览，极大地展示了侨批档案的历史价值，扩大了在海内外的社会影响。2015年，新华社先后三次发出《闽南侨批唤醒东南亚“海丝”记忆》《南洋侨批中的抗战记忆》和《一个华侨家庭的抗战记忆》等通稿，向海内外新闻媒体发出了泉州侨批档案在国内国际宣传的“集结号”，泉州馆藏世界遗产“侨批档案”的开发宣传工作再上新台阶。

档案文化全面展示　结合纪念抗战胜利70周年中心工作，与福建省档案馆、华侨大学联合在华侨大学陈嘉庚纪念堂大厅举行“百年跨国两地书——福建侨批档案展暨抗战侨批珍品实物展”；与中国闽台缘博物馆、福建省档案局（馆）举办“闽台抗战·海峡壮歌——福建省纪念抗日战争胜利70周年史实展”；与鲤城局举办“烽火年代的光影印记”抗战题材老电影海报展；晋

8月31日，由市档案局等主办的“烽火年代的光影印记”抗战题材老电影海报展举行　（图/吴寿民）

江局举办“晋江华侨与抗战图片展”，石狮局在全市巡回开展“烽火石狮”图片展。积极发挥档案文化社会教育功能，率先在全省开展与大中小学校共建活动，成为泉州师院、福师大闽南科技学院等高校的教学教育实践基地和泉州市区中小学校外教育基地；率先在全省开展与新闻媒体共建活动，成为海峡都市报等新闻媒体的共建单位，为泉州广大群众提供了全新的爱国爱乡教育平台。积极开发档案文化产品，鲤城局出版《妈祖文化交流图谱——泉州鲤城对台文化交流档案集锦》，石狮局收集编纂《中国梦•丹青情》精编画册、编纂石狮市档案馆电视专题片脚本《狮城记忆•档案传承》，晋江局公开出版《晋江艺术档案选辑——林平漫画》《侨批•记忆》专题邮册，南安局编修《民国时期南安华侨档案史料》。

宣传活动精彩纷呈　结合“6•9国际档案日”，举办“馆藏老照片展”“侨批档案展”“‘档案见证魅力泉州’爱国主义教育综合展”等档案展览，开展档案宣传咨询，档案技能展示，免费查档体验，实地参观库房，“家庭建档”讲座、展览等一系列活动。鲤城局邀请群众参观“新中国老电影海报展——科普专题”“泉南旧事图片展”等展厅；丰泽局举办书画家作品捐赠仪式和家庭建档示范赠盒仪式；洛江局利用“法治洛江”微信平台举办“6•9”档案馆日知识竞答活动；泉港局组织开展“走进档案”征文活动；台商投资区局开展档案进社区活动；晋江局开展档案文化走进学校、“新晋江人”走进档案馆活动、林平漫画展等活动；惠安局开展“惠安抗战英雄——郭志雄”英雄事迹专题讲座、“媒体促宣传”等系列活动。其他各地档案部门也通过各种形式积极开展活动。

新闻报道有声有色　在巩固原有宣传平台的质与量的基础上，加强与各级媒体的沟通协作，利用各级媒体的平台开辟新的宣传阵地，着重加强同新华社、中国新闻社等国家级通讯社的合作，2015年新华社3次、中新社4次刊出泉州档案工作的新闻通稿，人民日报、福建日报、福建电视台等重要媒体，人民网、新华网、中新网等重要网络媒体多次报道泉州档案工作亮点，2015年市档案局在各级媒体刊稿150余条次，数量居全省最前列，全市在省档案信息上刊发84条次，总量全省第一。创新与媒体合作方式，与海峡都市报签订共建协议，深化合作关系，目前已合作开展“口述”历史档案、“发现档案”等专栏；与泉州电视台“名城群英会”节目组联合开辟“馆藏探秘”专栏；与东南早报合作开辟小记者采访基地，把市档案馆打造成学生记者采访营地；晋江局与晋江电台合作开展“电台连线　畅谈档案文化”专栏；永春局开通“永春档案”微信公众号宣传档案工作，并与永春电视台、桃源乡讯开展宣传互动。

组织工作

【注重从严治吏　选好用好管好干部】

抓好干部教育培训　发挥党校、行政学院、社会主义学院的主渠道主阵地作用，精心办好各类主体班次，认真完成上级调训任务，多渠道、多层次、多形式抓好各级干部培训工作。举办全市领导干部学习贯彻中共十八届四中全会精神全面推进依法治市专题培训班，不断提高领导干部法治思维和依法办事能力。组织开展民营经济综合改革、文化建设、现代农业等专题培训，提高干部专业化能力。推进干部网络培训，为全市处级干部开通了省委党校“干部学习在线”网上学习权限。开设泉州市“东海干部学堂”，推进干部自主选学，不断增强干部教育培训的针对性和实效性。2015年来，在市委党校举办主体班11个班次、专题班2个班次，全市共培训党政干部5万多人次。

做好干部选任工作　在保持县处级领导班子相对稳定的前提下，针对个别地方或单位出现的职位空缺，及时向市委提出任免意见建议，并认真做好干部任免调配、到位任职等相关工作。全年共提任正处级职务31人、副处级职务39人，交流处级干部72人。组织开展学习条例征文、知识测试和竞赛活动，把《中国共产党党内监督条例》纳入党委（党组）中心组学习的重要内容，作为党校、行政学院领导干部教育培训的必修课，切实用条例统一思想、规范工作。以条例为依据，规范处级干部选任工作流程，组织修订《市管干部职务名称表》和《科级干部选拔任用有关事项报告制度》。制定规范事业调任行政审批管理办法，适度放宽事业干部调任乡镇科级公务员的年龄条件和数量比例。调整完善县级党政领导班子实绩考评体系，把文化建设、生态文明建设、法治建设、党的建设等作为考核评价的重要内容，引导领导干部树立正确的政绩观。

加大干部监督管理力度　受理“12380”群众举报，注重加强对干部不作为乱作为和违反中央“八项规定”等行为的监督。落实领导干部个人有关事项报告和抽查核实制度，组织市管以上干部报告年度个人有关事项，随机抽查143名市管干部的个人有关事项报告材料，对63名拟提拔任用干部的个人有关事项报告材料进行重点抽查，对3名干部暂缓提拔使用。在全省率先开展领导干部持有非上市公司股份集中清理整治工作，对13名干部进行函询、责令限期整改。严把干部廉政关口，实行新提任干部征求纪检监察机关意见和干部任职前廉政法规知识测试制度。严格因公出国（境）人员政审管理，做好干部学历学位更改审批。继续推进干部选拔任用工作专项整治，9月底完成超配处级领导职数整改消化工作。组织开展干部选拔任用和“7+3”专项整治工作检查、年度“一报告两评议”和“带病提拔”科级干部选拔任用过程倒查，注重整改纠正存在的问题。

强化干部队伍宏观管理　组织对1316名在职市管干部档案信息进行专项审核，审慎做好“组织认定”环节的有关工作。完善干部综合评价信息库，编制数据库操作手册，及时更新和维护市管干部基本信息。严格执行科级干部任前审批制度，认真做好市管干部兼任社团领导职务、省部属驻泉单位协管干部审批、处级干部到龄免职、干部统计等工作，全年共安置20名团职以上军转干部。选派第三批12名年轻干部赴台商投资区挂职锻炼。扎实做好选调生和大学生村官分配安排、教育培训、调动管理、期满考核、分流安置等工作，全年共接收应届选调生32名、大学生村官83名，妥善安置聘任期满大学生村官100名.精心组织党群机关公务员考试录用工作，全年共招考录用公务员147名。指导各县（市、区）做好职务与职级并行工作。做好法院、检察院干部职务套改工作，共办理963名法官和138名检察官的职务套改审核备案工作。

【注重夯实基础　增强基层党组织战斗力】

抓好村级组织换届选举工作　坚持早摸排选情、早宣传发动、早培训人员，及时召开全市村级组织换届选举工作会议，对全市村级组织换届选举工作进行部署安排。突出抓好难点村，建立党员领导干部挂钩联系村级组织换届选举工作制度，帮助协调解决问题。制发《关于在村级组织换届选举工作中落实从严治党要求的通知》，明确“五个严禁”要求，从严落实村级组织换届选举工作纪律。开展村级组织换届选举成果巩固提升行动，指导各地认真抓好工作交接、谈心谈话等扫尾工作。举办村级党组织书记示范培训班，分级分类抓好村干部集中培训，全市共培训村干部11282人次。

实施党建“固本强基”工程　召开全市基层党建工作会议和全市农村党建工作座谈会，对基层党建工作进行再部署、再推动。制定《关于抓好2015年度全市基层党建重点项目建设的通知》，筛选确定12个基层党建重点项目，以项目带动提升全市基层党建工作水平。制发《关于进一步完善村级组织运转经费保障机制的意见》，推动建立稳定规范的基层工作经费保障制度。从全市优秀村级党组织带头人队伍中招录20名乡镇（街道）事业单位工作人员，积极调动村干部干事创业的积极性。开展村干部异地挂职锻炼工作，安排30个市直单位挂钩帮扶30个市级重点帮扶村，选派优秀科级干部驻村任职，夯实村级组织发展基础。按照省委的统一部署，选派643名市、县机关干部（其中副处级干部10名）驻村蹲点，帮助推动农村经济社会发展。推广泉港区“跨村联带”整顿薄弱村工作经验，组织先进村与周边若干个薄弱村结对，建立联村党总支，带动薄弱村整顿转化、晋位升级。

做强非公党建工作品牌　总结推广“三五”非公企业党建工作机制，抓好32个市级示范点建设，非公企业党建工作持续走在全国前列。开展“红色力量•助推发展”系列专项活动，策划生成13个服务企业发展的党建项目，深化非公企业党组织在助推“全方位创新”中的作用。采取分类定级、晋位升级、动态管理、差别激励的方式，将全市非公有制企业党务工作者分为A、B、C、D四类进行管理。规范乡镇（街道）企业党委的设置、职责和管理，推动非公党建工作力量向基层倾斜。汇编40个全市非公有制企业党建优秀特色范例，摄制非公有制企业党建工作专题片，全面展示泉州市非公有制企业党建探索的历程和工作成果。召开全市园区党建工作会议，制发《关于加强和改进园区非公有制企业党建工作的实施意见》（试行），探索总结“龙头带动型、网格推动型、同业互动型、共建共享型、混合联动型”等五种园区党建工作模式，推动非公企业党建由“抓点”向“抓面”、由“有形覆盖”向“有效覆盖”转变。

改进党员教育管理服务工作　编印《发展党员工作指导手册》，开发制作《小州入党记》专题动漫课件，规范发展党员工作程序。开展机关事业单位在职党员到社区报道为群众服务工作，33000多名机关事业单位党员共认领“微心愿”11508个，组建党员服务队1882个，结对帮扶困难群众6225人，为社区办好事实事13096件。制发《关于在全市各级党组织开展建立微信群试点工作的通知》，探索利用新媒体加强党员教育管理服务工作。开展处置不合格党员试点工作，全面推广石狮市疏通党员队伍出口“126”工作机制，建立健全党员退出常态化机制，石狮市“处置不合格党员”试点被确定为全省全面深化改革复制推广典型。2015年，全市共对296名党员进行组织处置。

落实基层党建工作责任制　建立市委书记约谈县（市、区）委书记、县（市、区）委书记约谈乡镇（街道）党（工）委书记、乡镇（街道）党（工）委书记约谈村（社区）党组织书记“三级约谈”制度，逐级督促履行好党建第一责任人的责任。实行县、乡党委书记基层党建工作述职评议制度，组织开展县（市、区）委书记、乡镇党委书记专项述职评议考核工作，并将基层党建述职范围向机关企事业、村（社区）、非公企业等基层党组织延伸。认真贯彻《中国共产党党组工作条例（试行）》，对全市现有党组设立、成员配备、工作规则等进行全面清理规范，提高泉州市党组工作制度化、规范化、程序化水平。

【注重优化环境　提升人才集聚效应】

完善人才政策体系　实施泉州市“海纳百川”高端人才聚集计划，评（遴）选2014年度泉州市产业人才聚集基地2个、企事业人才高地5个、各类优秀人才170人，资助优秀人才项目32个，兑现奖励资金1348.9万元。组织开展人才工作目标责任制考评，充分发挥考评的导向作用，推动各级各部门共同抓好人才工作。开展市级人才项目试点工作，推动各地围绕“绿色通道”“人才综合体”等6个方面实施23个人才项目，以项目管理方式推动人才政策创新。制定《关于建立人才工作特派员制度的实施意见》，推动各级各单位向重点民营企业、创业创新园区（基地）、重点科研机构或行业协会派出人才工作特派员151人，协助企业做好人才政策宣讲、人才项目辅导、人才政策兑现等工作。

提升人才服务水平　以文化创意人才、智能制造人才等为主要对象，举办12期高层次人才沙龙活动，着力构建联系服务人才新平台。创建泉州市人才工作协会联盟，筛选确定市职业经理人协会、人力资源管理师协会、装备制造业协会等11家与人才工作密切相关的协会为首批成员单位，充分发挥行业协会在人才队伍中的桥梁纽带作用。结合泉州市重点发展产业对接台湾优势产业的需要，筛选确定“数控一代”人才等参访团赴台交流。开展人才法律援助服务，以购买服务方式聘请专职律师为市级以上优秀人才提供法律咨询服务。

造浓人才工作氛围　承办全国人才宣传工作座谈会暨基层人才创新案例交流会，泉州市4篇案例获评最佳案例、7篇案例获评优秀案例、1篇论文获第二届全国理论征文一等奖，并获得第三届全国人才工作新闻摄影比赛组织奖。深入打造“爱泉州•重人才”人才工作宣传品牌，众筹拍摄人才主题微电影《追梦者》，获评中组部2015年全国党员教育电视片一等奖、十佳摄像作品等多项荣誉。继续抓好《名城群英会》《精英对话》等人才栏目建设，组织高层次人才拍摄公益宣传片，深入开展高层次人才专访活动。开通“泉州高层次人才”微信公众信息平台（微网站），定期发布泉州市人才政策、人才服务、人才活动等相关信息。

宣传工作

【围绕“两个巩固”强基固本　夯实宣传思想文化理论阵地】

理论学习持续提升　下发《2015年全市理论学习安排意见》《2015年市委中心组学习计划》，出台《市县党委中心组学习制度》，定期督查通报中心组学习情况。“华大讲堂”全年举办8场，邀请厉以宁等知名专家到泉州讲授，被省社科联表彰为“福建省十佳社会科学讲坛”。召开全市理论工作推进会暨建设学习型党组织经验交流会，编印《全市理论武装及学习型党组织建设工作经验案例摘编》，及时总结推广学习创建经验。

主题宣教有声有色　围绕习近平系列讲话精神、中国梦、社会主义核心价值观、“三严三实”专题教育、“海丝”先行区建设等主题，宣讲超过2000多场次，受众近40万人次，市委讲师团作为全省唯一单位被推荐参评“全国基层理论宣讲先进集体”。开设“刺桐讲坛”，开通“人文泉州”微信公众号，探索利用“微宣讲”和“拼盘式”理论宣传宣讲方式。

社科普及亮点纷呈　制定《福建省社会科学普及条例》实施意见，组织开展2015年度泉州市哲学社会科学领军人才遴选，评选表彰2015年度泉州市社会科学普及先进集体、先进个人。创新开展哲学社会科学人才主题沙龙活动，搭建市社科人才互动交流平台，打造建设新型社科智库的良好环境。

【围绕“三大战略”鼓呼造势　营造泉州改革发展舆论氛围】

中心工作宣传全力推动　宣传中共十八届三中、四中、五中全会精神和“四个全面”战略布局，全面宣传报道习近平系列讲话精神。组织开展纪念抗日战争暨反法西斯战争胜利70周年系列活动宣传报道。做好全国、省、市“两会”精神和省委、市委全会精神的宣传

7月20日，“华大讲堂”第51讲举行　（图/张为健）

报道，深入解读会议精神和各级各部门贯彻落实情况、取得的新进展新成效，反映干部群众立足本职岗位，锐意改革进取，推动泉州科学发展、跨越发展的良好精神风貌。

主题宣传工作浓墨重彩　组织开展“行进中国•建设新福建•泉州精彩故事”大型主题采访活动和“三严三实”、“三比一看”、数控一代、创新转型、“海丝先行区”建设、经济发展新常态等专题新闻宣传报道，《人民日报》《新华每日电讯》作了深度报道。协调中央、省级等主要媒体到泉州采访报道，全年接待埠外媒体680多人次，中央、省级主要媒体刊发（播）有关泉州的重头报道8000多条次，为市委市政府中心工作的开展营造了浓厚舆论氛围。

新闻网络舆论引导有力有效　下发《泉州市突发和敏感事件新闻应急处置预案》，提升突发公共敏感事件新闻应急处置工作的制度化、规范化和科学化水平，切实把握舆论话语权和主导权。2015年收到舆情信息170452条，向各县（市、区）发送舆情提示2113条，向省委网络办报送舆情信息17377条，被采用1270条，居全省第一。启动应急响应22次，应急天数150天，稳妥处置突发网络舆情40余起，市委网络办3次被省委网信办通报表彰，1人获评“2015年度全省先进网络阅评员”。

【围绕“核心价值”培育践行　提高道德精神文明风尚水平】

社会主义核心价值潜移默化　出台《泉州市培育和践行社会主义核心价值观的实施意见》，组织参加全国“我们的价值观、我们的中国梦——精彩课堂”展播活动，5件作品获奖。张贴“图说我们的价值观”招贴画、“讲文明、树新风”等主题公益广告、宣传标语30多万张；全市47个公园、25个广场打造成“图说我们的价值观”主题阵地，社会主义核心价值观深入人心。

精神文明培育提升遍地开花　推进文明城市创建工作，泉州获第四届“全国文明城市”，5个县（市）保持或提名全国文明县城、城市（县级）、11个村镇保持或获得“全国文明村镇”、21个单位保持或获得“全国文明单位”，建成全省最大规模的文明城市群——环泉州湾文明城市群，市委宣传部被市委、市政府评为“创建全国文明城市工作先进集体”。

公民思想道德教育硕果累累　加大对先进典型的选树和宣传，评选表彰学雷锋示范点和岗位学雷锋标兵各35个；石狮市凤里派出所获评“全省学雷锋示范点”，惠安县退休干部陈欠水获评“全省岗位学雷锋标兵”。组织开展基层“最美人物”“道德模范”评选活动，6名市级基层“最美人物”入选全省培育和践行社会主义核心价值观基层“最美人物”，1名获评省基层“最美人物”；2人被推荐为“全国道德模范”候选人，2人入选“中国好人榜”、7人入选“福建好人榜”，推荐4个单位参评2015年度全省诚信典型。

【围绕“东亚文都”建设成果　深化为民惠民乐民文化内涵】

提升基层文化建设水平　申报创建第三批“国家公共文化服务体系示范区”，推动“乡镇（街道）综合文化站建设”纳入市委、市政府为民办实事项目，新建、改扩建27个综合文化站。积极创建“农村宣传思想文化工作示范乡镇”，9个乡镇被命名为省级“示范乡镇”，15个乡镇被命名为市级“示范乡镇”，创建达标率100%，省上对各设区市绩效考评中位列全省第一。全市乡镇（街道）综合文化站、公共电子阅览室、村级文化信息服务点覆盖面均达100%。3家单位获得“第六届全国服务农民、服务基层文化建设先进集体”称号。

打响基层文化惠民品牌　开展“三下乡”活动和“欢乐泉州”基层文化惠民活动，“三下乡”集中服务共收到捐赠现金89.88万元、项目投入184.8万元、物品76.22万元，各级财政专项拨款1100万元，让老百姓在“三下乡”活动中得到实实在在的好处。“欢乐泉州”先后“走进德化浔中镇”“走进泉州开发区”“白衣天使”“到人民中去”等10多场送欢乐下基层的文艺演出活动。

重视历史文化保护开发　央视《记住乡愁》栏目先后在安溪南岩村、晋江塘东村拍摄，并在央视中文国际频道播出。在鲤城区、丰泽区开展传统文化保护传承和利用试点，市区中山路入选首批中国历史文化街区。省委李书磊部长实地调研、指导泉州市探索建立传统文化保护、传承与利用机制，总结形成的《建立六个机制　加强传统文化保护、传承与利用》做法在《福建改革情况》2015年第2期刊发。加快推进泉州闽南文化生态园项目建设，出台《〈闽南文化生态保护区总体规划〉泉州市实施方案》，开展泉州市20个闽南文化生态保护区整体性保护重点区域（二期）建设工作，新扶持建设21个区域非遗展示馆、25个传承所、25个重点传承项目，中国闽南传统建筑营造技艺演习基地在中国闽台缘博物馆正式挂牌。

【围绕“文化产业”转型升级　推动文化产业创新发展】

推动文化产业转型升级　下发《泉州市2015年文化改革发展工作要点》《泉州市深化文化体制改革实施方案》，确定83项深化文化体制改革任务。先后出台《关于建立健全文化产业发展促进机制的意见》《关于进一步促进文化消费的意见》和《泉州市扶持民营实体书店发展暂行办法》，继续发挥好市级文化产业专项资金1200万元的引导作用，建立178家年产值亿元以上的文化企业名录库，重点抓好25个市级龙头企业。实施文化旅游融合发展示范工程行动计划，推动17个市级重点项目建设。实施文化企业上市工程，已有3家上市，6家纳入市重点上市后备企业，7家在海峡股权泉州交易中心挂牌，其中功夫动漫引入1.2亿元私募股权投资基金。

鼓励文化产业创新发展　牵头与中央美院共建“丝路艺术研究协同创新中心”，开展2015年市文化产业优秀人才评选，成立泉州市动漫产业协会，形成品牌授权对接实体产业的发展模式；指导安溪惠普聚贤国际数字媒体产业基地、永春五里街历史古街文化旅游展示区等5个项目参评“2015年度福建省文化产业十大重点项目”，推荐泉州闽南文化生态园中心展区（一期）等11个项目申报省文化产业专项资金。推动建设“文化创客”空间，星期YI创客空间等3个项目被认定为福建省众创示范空间，创客领SHOW、灵感文化公社等入围第二批国家级众创空间，源和1916创意产业园区获评首批国家小型微型企业创业创新示范基地。

促进文化产业提质增量　2015年全市文化产业增加值预计273亿元，总量继续位居全省首位。全市规模以上工艺美术企业实现产值552.9亿元，增长6.8%；印刷业龙头作用凸显，工业总产值103.45亿元，增长6.2%。文化旅游新增AAAA景区2家、AAA级景区1家，泉州上塘雕艺街、新门旅游文化特色街区和中国茶博汇旅游特色街区入选福建10个旅游特色街区。主动对接“一带一路”建设，策划了中国海上丝绸之路博物馆等50多个“海丝”先行区重点文化项目，其中文化产业类项目40个。新门旅游文化休闲街、惠安雕艺文创园等项目开工建设；海上丝绸之路国家艺术公园•亚洲园等项目建成。世界闽南文化交流中心、3D灯光秀（大罐秀）、海丝云平台等文化项目落户泉州。

【围绕“海丝起点”先行站位　搭建丝路沿线共赢合作平台】

扩大海丝起点城市影响　承接“21世纪海上丝绸之路国际研讨会”，刘奇葆部长出席会议并作《扬帆海上丝路，实现共赢发展》主旨演讲，280多名中外嘉宾参会，200多名国内外记者参加会议采访报道。中外媒体刊播各类新闻报道、专题稿件2000多篇（条、幅），泉州作为海丝起点城市再度被国际关注。有序推进泉州（海丝古城—刺桐城）重要遗存申遗工作，新增申报安平桥等7处重点文保单位为“海丝”遗产点，中国海上丝绸之路国际文化交流展示中心项目列入国家发改委海丝项目库和省重点预备项目，中国海上丝绸之路博物馆已完成选址。

举办第14届亚洲艺术节　协调、对接、承办第十四届亚洲艺术节暨第二届海上丝绸之路国际艺术节，推动海上丝绸之路国际艺术节永久落户泉州。本届亚艺节包括文艺展演、艺术博览、文化论坛、文化之都魅力、网络亚艺节、主题公园活动等6个板块16项主要活动，共进行130多场活动，这是泉州历年来举办的规格最高、规模最大的一次国际性艺术盛会。成立了联合国海陆丝绸之路城市联盟工商理事会，进一步擦亮泉州乃至福建海丝起点品牌，有效推动了福建海丝核心区和泉州海丝先行区建设。承办第三届亚洲文化论坛、文化力量论坛，达成了《泉州共识》，有效服务国家文化外交大局。全力做好新闻媒体协调服务工作，共有国内外86家主要新闻媒体468名记者采访报道，刊发（播）新闻报道2300多篇（条），网络搜索相关报道和转载文章共计66万条，有关视频点击率3000多万，提升福建、泉州的对外知名度、美誉度和影响力。活动得到文化部高度肯定和社会各界赞誉。

集中展示泉州城市国际形象　启动泉州城市国际形象推广五大工程，与《中国新闻社》签署对外传播战略合作框架协议，成为全国首个与中新社正式建立对外传播战略合作关系的地级市。以泉州为报道基点的“一带一路”系列报道——《丝路新机遇》被纳入央视2015年重点国家传播项目。积极展开对外文化、新闻交流，举办“海上丝绸之路起点•泉州”图片世界巡回展，在美国等七个国家展出；泉州晚报社与四大洲华文媒体《欧洲时报》《美国侨报》《华侨新闻报》《大洋日报》以及《台湾导报》合作办报，开设《海上丝绸之路起点•泉州》专版；精心安排“文化中国2015聚焦21世纪海上丝绸之路核心区”“中国—东盟共建21世纪海上丝绸之路”等采访团在泉州交流考察。2015年，接待境内外媒体到泉州采访40批次、300余人次，全方位、立体式展示泉州国际形象。

统一战线

【凝聚共识　巩固团结奋斗的思想政治基础】

学习贯彻中央、省委统战工作会议精神　中央、省委统战工作会议召开后，市委及时召开常委会学习会议精神，市县两级统战部门组织专题学习会20多场，通过原原本本、扎扎实实地学，增强机关干部、尤其是领导干部的统战工作责任意识。各民主党派、工商联把学习会议精神与开展坚持和发展中国特色社会主义学习实践活动、非公有制经济人士理想信念教育实践活动相结合，通过召开全委会、执委会第一时间把中央和省委对统一战线的厚爱传递出去，引导民主党派、非公经济人士增强“三个自信”，坚定不移走中国特色社会主义道路。坚持问题导向，梳理出泉州市统战工作存在的问题，明确整改方向，通过任务分解，以项目化形式推动抓好落实。

推进坚持和发展中国特色社会主义学习实践活动　突出抓好典型教育，挖掘和宣传民革党员蔡立忠

8月23日，“一带一路中国梦，海丝青春万里行”大型跨国越野公益宣传活动发车仪式举行　　（图/吴寿民）

的先进事迹。省委统战部举办了蔡立忠先进事迹报告会，号召全省统一战线成员向蔡立忠学习；全国人大副委员长、民革中央主席万鄂湘在民革第十二届中央委员会第三次全体会议上专门给予肯定；在2015年坚持和发展中国特色社会主义学习实践活动经验交流暨中期推动会上，中央政治局常委、全国政协主席俞正声特别提到泉州蔡立忠的先进事迹。坚持把学习实践活动作为加强民主党派机关和基层组织建设的重要抓手，提升市委会机关和基层组织工作水平。台盟泉州市委会被党派中央评为全国参政议政先进集体，民革泉州市委会被评为全国宣传思想理论工作先进集体，民建、民进、农工党泉州市委会被评为全国先进集体。

开展以“守法诚信”为重点的理想信念教育实践活动　引导和鼓励泉州市非公经济人士坚定理想信念、提升创新能力、践行法治理念。通过强化部门联动、示范带动、商会推动、业主主动和帮助企业解困解难的“四动一帮”具体措施，推动泉州市非公经济健康发展和非公经济人士健康成长。完善商事调解、诉求反映、警企协作等六大服务机制，帮助企业破解发展难题，被作为典型经验在全国推广。举办“知识产权进民企”活动12场，为泉州500多家企业带去知识产权保护和运用的知识，提升企业知识产权保护意识和处理知识产权纠纷水平。市工商联主动参与劳动关系三方协调工作，联合开展工资集体协商“要约行动月”活动，为企业提供各类法律服务。

开展纪念中国人民抗日战争暨世界反法西斯战争胜利70周年系列活动　以纪念重大历史事件为主题，举办“庆祝共和国成立65周年暨‘同心•共建文都泉州’书画摄影展”“‘铭记历史•共铸国魂’——纪念抗战胜利七十周年统一战线书画作品展”等活动，引导广大成员认识党在抗战中的中流砥柱作用，认识统一战线汇聚全民族抗战力量的历史贡献，激励民主党派成员继承优良传统、弘扬时代精神。

【推动发展　融入“海丝”先行区建设】

汇聚各方力量参与“一带一路”建设　联合（台湾）中华“两岸民俗传统文化交流协会”等制作《跨越海峡》系列，从传统文化交流、闽南文化传承等方面讲述泉台两岸一家亲的血脉情缘。联合举办“一带一路中国梦，海丝青春万里行”大型跨国越野公益宣传活动，前往老挝、柬埔寨、泰国、马来西亚等地开展公益慈善、文化交流和商务考察活动。推动、支持民盟泉州市委会牵头举办海丝九城“建设21世纪海上丝绸之路”研讨会，强化海丝沿线九个城市民盟组织的沟通合作，助推“海上丝绸之路”联合申遗。台盟泉州市委会举办泉台精致农业与新型职业农民研习班、“海上丝路与郑成功”两岸论坛、海丝文化国际青年学者论坛等活动，服务两岸经济、社会、文化交流。石狮市借世界石狮同乡联谊会、澳门石狮同乡总会、澳门石狮商会在澳门换届之机，举行石狮各界推动“一带一路”行动启动仪式，号召海外侨亲积极参与“一带一路”建设。

围绕大局凝聚泉州智慧打造党外智库　引导统一战线成员为各级党政决策提供更多更优的参考，为泉州在全省、全国发展大局的地位和作用鼓与呼。各民主党派成员向各级“两会”提交提案、议案1520件，台盟泉州市委会骆沙鸣主委《加强两岸冷链物流交流与合作》《加快构筑品牌强国》和《加大我国湿地保护力度》的提案被列为全国政协2015年重点提案。2015年全国“两会”期间，泉州市信息稿件被中央统战部《零讯》综合采用33条次，居全省首位；全年被《八闽快讯》采用建言献策类信息27条次，占设区市委统战部采用量的30%，其中《我省精准扶贫应注重借力台湾资源与优势》获副省长郑晓松批示、《建议我省抓住对台康复保健旅游“风口”发展对台康复旅游》获副省长梁建勇批示、《加快平潭自贸区建设需有更多“五位一体”的支撑》获时任副省长郑栅洁批示；被市委办《侨区快讯》专报件采用5条次，其中《关于筹建李贽纪念馆的建议》获市委书记郑新聪等市领导批示。

发起成立联合国海陆丝绸之路城市联盟工商理事会 共有联合国相关组织机构，国家相关部委，中国伊朗商会、北美华商总会等20个国外商会组织，土耳其安塔利亚市、塞浦路斯特罗多斯区，中国香港、澳门、台湾等22个国家和地区，西安、兰州等11个国内城市，75个国内工商团体组织等300多人参加，同时工商理事会将秘书处永久设立在泉州。设立“海陆丝绸之路城市基础设施建设基金”“兴业海丝文化旅游基金”“中银泉州丝路基金”“海陆丝绸之路工商企业发展基金”四项投资基金。工商理事会将在商事调解、跨国投资、产业转移等方面开辟对话通道，使之成为服务泉州产业转型升级、拓展对外经贸交流合作的国际化重要平台。

启动“南洋华裔族群寻根谒祖综合服务平台”建设 该平台拟分两期建设，第一期工程计划于2018年年底完成2万册谱牒文献的数字化，初步建成寻根平台，并对外提供服务。平台的建立，将以谱牒方志为核心，包括姓氏宗祠、宗亲社团、海外华侨华人社团、侨商侨智和归侨侨眷等方面信息的海量数据库，建成集姓氏族谱查询、寻根谒祖服务、宗亲联谊互动、社团交流往来、商贸投资服务等功能于一体的综合服务平台，并由泉州向全省、全国辐射，由东南亚向世界各地辐射，为全球华侨华人寻根谒祖等提供全方位服务。

强化服务促进非公有制企业交流合作 协助市政府做好招商推介工作，组织江、浙、沪地区泉籍企业家200余人参会，促成项目50余项，总计投资额690亿元。协助举办粤、港、澳产业链对接会，组织港澳泉州籍社团、在粤泉州籍商会近200人出席活动，成功对接项目62个。市工商联会同厦门、漳州工商联共同举办“中国（福建）自贸试验区厦门片区”政策解读报告会，组织近100名泉州企业家出席会议，就福建自贸区厦门片区的综合方案、政策优势与投资机会进行交流。牵头主办华东片区泉州籍商会联谊会暨海上丝绸之路经贸文化高峰论坛，跨地区组织近200位异地商会代表参加活动，引导在外泉商为家乡建设发展献计出力。

引导民营企业“走出去”取得实效 全市有近300家民企先后“出海”，投资地区分布东盟、德国、美国等国家和地区，行业涉及纺织服装、建材、渔业等领域。强化海外工商社团建设和联系，协助成立台湾晋江商会、柬埔寨福建商会、越南胡志明市中国商会福建分会等。加强培训引导，举办“一带一路战略与全球产能转移第五次浪潮”等相关专题讲座，为企业开拓海外市场提供便利和条件。搭建平台促进交流合作，组织企业赴马来西亚、老挝、柬埔寨等“一带一路”国家开展商务洽谈和经贸考察活动。组织泉州市小微企业经济促进会赴台交流。鼓励开展国际协作和合作，恒安集团在印尼成立控股合资公司——恒安环球有限公司，匹克公司在全球180多个国家注册，在80多个国家和地区设立销售分公司或专卖店。

【整合优势　打造统一战线服务中心工作特色品牌】

做实“泉州市统一战线专家服务团”品牌 服务团由164名党外各领域专家型优秀人才组成，成立以来先后深入农村、社区、学校、企业等服务主体举办各类宣讲活动25场，分发宣传材料近万份，为1000多人次提供义诊服务，捐赠药品、书籍价值3万余元；举办文艺演出、送春联下乡、书画进校园、文化讲堂等文体惠民活动十余场，发动社会力量向服务基地捐赠近30多万元，实现服务基层群众17000多人次，成为民主党派、无党派人士各类优秀人才履职实践的新基地、新平台。

做精宗教公益慈善品牌 引导泉州宗教界积极开展义诊、赠药、扶贫济困等公益慈善活动。据统计，2015年全市宗教界共捐赠公益慈善事业超3600万元，其中佛教界2500多万元、道教界600多万元、基督教界近300万元、民间信仰场所近200万元、伊斯兰教界9万元。大开元寺捐赠1050万元支持泉州精准扶贫工作。

做大“新泉商”活动品牌 继2014年开展“新泉商•登山踏青联谊活动”“新泉商好声音•欢歌庆七一”活动后，2015年又举办以“新泉商•动起来　健行新丝路”为主题综合性的体育赛事，组织驻泉异地商会、市工商联直属商（协）会、市新阶联、市留联等30支代表队参加比赛，激发非公有制经济人士的集体荣誉感，增进行业商协会的组织凝聚力。

【激发活力　促进“五大关系”更加和谐】

推动政党关系和谐 配合市委、市政府召开座谈会、征求意见会、情况通报会，为泉州民主党派和无党派代表人士知政、咨政、参政、议政提供平台，推动政党协商工作落实。协助市委、市政府党员市领导做好与党外代表人士联谊交友的沟通、服务工作。规范后备干部选拔和管理，完善民主党派市委会领导班子后备干部信息库，现有后备干部81名，其中主委人选16名、副主委人选65名，为2016年民主党派市委会领导班子顺利换届做好准备。推动各民主党派加强机关效能建设，指导民盟、民建、民进、致公党市委会机关争创市直精神文明单位，提升服务经济社会发展的能力。指导晋江、南安等民主党派基层组织做好换届工作，合理配备民主党派基层组织领导班子。

推动民族关系和谐 传达学习中央和全省、全市民族工作会议精神，结合泉州的实际情况抓好贯彻落实。凝聚社会各方力量支持民族乡村社会建设，争取到各级民族

扶持资金1048.5万元。深化挂钩帮扶机制，协调推动第二轮市民族工作协调委成员单位挂钩帮扶民族村（社区）活动落实到位。泉州民族乡村“一乡一业、一村一品”产业格局不断深化，少数民族人均收入继续居全省前列。深入开展第八个民族团结进步宣传月活动，以进机关、进企业、进社区、进乡镇、进学校、进宗教场所等“六进”宣传活动为抓手，营造各民族“手足相亲、守望相助”的良好氛围。积极探索提升城市少数民族流动人口服务管理工作水平。建立少数民族专家学者队伍。在第七届全国少数民族传统体育运动会上，泉州获综合类二等奖、男子拳术三等奖。

推动宗教关系和谐 推进宗教法治建设，率先在全省建立宗教活动场所普法宣传员队伍。引导各宗教团体以教风建设为重点，加强团体和教职人员队伍建设。推动市伊斯兰教协会换届工作，支持市佛协、市道协举办教职人员培训班，指导安溪县成立道教协会、泉港区佛教协会顺利换届，持续推进和谐寺观教堂创建工作。引导宗教界开展以“国法与教规”为主题的宗教政策法规学习月活动，联合市民宗局、市佛协举办“国法与教规”培训班。密切关注和及时处置宗教领域有关动态，切实维护社会稳定。

推动阶层关系和谐 实施“留学人员优秀创业项目”评选活动，2015年推荐8个优秀创业项目，扶持资金105万。组织发动市工商联、新阶联、留联、异地商会企业参与2015年泉州“互联网+物联网”创新研讨会暨物联网产业对接会和“6·18”项目与资本对接会。市工商联、市新阶联和福建天衡联合律师事务所等联合举办“2015闽商资本市场与企业风控高峰会”，100多名民营企业家和400多名法律界人士人参加，共同商讨经济新常态下民营企业的发展道路。指导市留联组织“大众创业、万众创新”高层次人才沙龙活动，邀请5位不同领域的专家做主题演讲，共有留学归国人才和各界精英150多人参加。指导市留联承办泉州首场TEDx活动，邀请6位来自教育、艺术、社会等领域的讲者向世界传播精彩理念。

推动海内外同胞关系和谐 启动泉州华侨历史博物馆“奉献史馆”建设，已经完成展览形式设计招标和施工招标工作。市侨联承办福建省第二届艺术文化节，来自20多个国家和地区的100多位海内外侨领侨商、社团领袖及全省基层侨界群众代表近1000多人次参加，架起了海外侨胞与家乡亲人联谊联欢、沟通交流的桥梁。加强港澳和海外爱国代表人士队伍建设，引导港澳泉籍社团深耕基层、转型升级，推动成立石狮彭田旅港同乡会、香港御辇同乡会、香港鲤城乌石同乡会、香港南安霞美同乡会，同时成立青年部。加强联络联谊，先后接待新加坡惠安公会、缅甸安溪会馆、缅甸福建同乡会、马来西亚亚庇福建会馆“福建寻根之旅”访问团等几十个海外及港澳社团1000多人次海外港澳乡亲。

教育工委工作

【夯实党建工作基础】 落实管党治党责任，开展13所高校党委书记抓基层党建工作述职评议工作；推行高校党委任期制，完成闽南理工学院党委换届选举；拓展高校二级单位党组织覆盖，成立10个二级机构党委（党总支）；推广中小学“156”党建工作机制，下拨13万元党建经费支持重点党建项目；规范基层党组织“换届选举”工作，督查指导104个任期届满的基层党组织进行换届。开展党组织书记全员轮训工作，协办全省第四次中小学校党组织书记示范班，组织各党委分层次分专题轮训党务干部317人次；认真学习贯彻新修订的《发展党员工作细则》，制定2015年发展党员指导性计划，推进“三培养”工作，即把党员培养成骨干教师、把骨干教师培养成党员、把党员骨干教师培养学校管理者，共发展党员1232名，“三培养”项目纳入市委2015年度党建工作重点推进项目；开展“解忧、帮困、暖心”活动，发放慰问金和特困党员定额补助5.1万元。

【提升各支队伍素质】

加强校级领导干部队伍建设 按照省委部署要求，会同市委组织部开展市属高校领导班子和领导干部年度履职情况考察测评工作；开展第三批民办高校挂职党委副书记挂职期满考察工作，做好泉州理工、泉州海洋等2所民办高校党委主要负责人职务任免工作；开展市直中小学校幼儿园（含市教科所、职教中心）领导班子和领导干部述职测评工作，同步推荐校级副职人选，调配培元中学党政正职1名、泉州一中副校长1名；开展中小学校领导人员管理经验调研，总结提炼丰泽区关于校级领导、中层行政和党员教师“三支队伍”培养建设的案例由省教育厅推荐到国家教育部。

加强中层干部队伍建设 适应局（委）机构改革，重新任命机关（事业）干部56名、调任1名副科级干部、免职科级干部3名；结合市直公办中小学校实际，制定《泉州市直公办中小学校中层干部选拔任用工作操作要点》，进一步规范中层干部选拔任用工作；加强市属高校中层干部队伍建设，开展中层正职提任人选推荐考察、任期届满考察37名，研究提任或正式任职37名，办理科级干部任职手续61名；加强干部教育培训，选派市属学校、委局机关干部到省、市委党校集中培训38人次，参加“东海学堂”培训71人次；加强干部实践锻炼，抓好13名选派到各县（市、区）挂职团委副书记的联系和管理，选派6名干部驻村蹲点。

加强高层次人才队伍建设 加

大引才育才力度，实施市属高校“50300”人才工作计划，至2015年底，共有副教授（副高）742名、教授（正高）189名、硕士1351名、博士60名；加大人才培训力度，创设市属高校“人才沙龙”交流平台，组织30名分管实践教学的校系（部）负责人到深圳职业技术学院异地培训；加大人才工作资助力度，2015年争取异地培训补助、人才高地奖励、人才项目资助、优秀人才津贴等市人才经费共88.3万元；加大人才联系服务力度，办理泉州市高级人才证21本，慰问帮扶生活困难的高级人才，推荐黎明大学建筑职业教育集团加入泉州市人才工作协会联盟，推荐3名高级人才担任“爱泉州•重人才”公益宣传及报时人选。

加强党外代表人士队伍建设　更新教育系统党外代表人士数据库，直接联系一批有影响的党外代表人士；选派2名党外干部到南安市教育局、石狮市街道挂职锻炼；推动各高校成立科协组织，凝聚和服务高校科技工作者；持续推进“海西春雨行动”，引导党外代表人士到农村、进社区、入企业调查研究，积极建言献策，共有1000多人次的党外代表人士参加活动。

7月1日，国务院新修订的《中国公民往来台湾地区管理办法》正式施行，台胞免签入境泉州　（图/林劲峰）

对台工作

【概况】　2015年，泉州对台工作围绕“找准定位、讲究方法、凸显特色、守住底线”的工作思路，精准推进各项对台工作，取得明显成效，在经济、文化、人才、教育、科技、卫生及青少年等各领域交流合作中都取得新的进展。全年新批台资企业28家，投资总额1.53亿美元，其中合同台资1.04亿美元。实施泉台双向交流项目130项、11664人次，其中赴台交流项目144项、3178人次。泉金航线运送两岸旅客10.31万人次。泉台空中直航运送两岸旅客3.69万人次。

【招商引资工作有较大突破】　2015年，泉州台商投资区签约台资协议项目13个，总投资近61.47亿元；在谈台资项目12个。台湾百大企业巨大机械集团自行车生产基地项目正式签订投资协议。

【泉台医疗健康产业合作取得突破】　与台湾海峡两岸医事交流协会签订总投资30亿美元的医疗健康产业项目合作框架协议，包括医院、养老村和医学院三部分，其中“泉州颐和医院”一期投资5亿美元，于12月16日举行奠基仪式。

【泉台跨境人民币贷款业务实质性启动】　7月14日，泉州市获批开展对台跨境人民币贷款，是年已有6家在泉州的银行与台湾4家银行机构合作开展跨境人民币贷款业务，备案金额达1.84亿元，已有7家银行推荐的9家企业受到台湾银行机构放款1602.5万元。

【闽南文化　海丝文化品牌进一步打响】　配合金门举办2015世界闽南文化节，协调推动2016世界闽南文化节在马来西亚举办，第十四届亚洲艺术节暨第二届海上丝绸之路国际艺术节在泉州成功举办。

【创建台湾青年创业基地】　草拟《泉州市人民政府关于鼓励和支持台湾青年到泉州创业就业的实施意见》，拨付经费支持晋江台湾青年创业基地建设，十多家台湾青年企业入驻晋江文创园和“三创园”。

【涉台宣传报道成效明显】　市台办下发《关于加强宣传工作的通知》，鼓励全市涉台系统干部职工踊跃在中国台湾网、国台办网站及《台湾工作通讯》《台湾周刊》《台声》《人民政协报》等各类新闻媒体投稿，共被采用大小文章129篇，其中2500字以上的综合性文章就有10多篇，仅《台湾周刊》就有7篇大篇幅的综合文章。

机构编制

【行政管理体制改革】　在全面完成市政府机构改革基础上，于6月底在全省率先完成县级政府涉改部门“三定”规定工作；新一轮市、县政府机构改革向“大部制”迈出坚实步伐，县级政府机构设置充分体现“海洋大市”“科技强市”以及石狮全域城市化等地方特色。顺利完成工商质监管理体制改革，市工商局、质监局部门“三定”规定于2015年5月印发组织实施；7个县（市）以及泉港区、台商投资区整合工商、质监和食品药品机构职责，组建市场监督管理局，“三定”规定于2015年6月中旬全部完成。全市共组建乡镇市场监管所120个，核定行政编制876名，超过下达行政编制70%。稳妥推进事业单位分类改革，分别于2015年4月和6月完成市属事业单位分类以及县级事业单位分类工作。按照事业单位分类改革和清理规范要求，撤并精简事业单位8个。晋江陈埭镇、南安水头镇经济发达镇改革试点，在扩权强镇、推动当地经济社会发展等方面取得明显成效，得到上级主管部门的高度肯定。按照省委编办《关于开展第三批小城镇机构改革试点工作的通知》要求，进一步明确试点小城镇功能定位，着重在简政放权、管理体制、运行机制、资源配置、公共服务和机构设置、人员编制管理等方面大胆探索创新，认真研究制定试点改革方案。全市21个改革试点方案报经省编办审核备案后迅速组织实施。制定下发《关于整合市级不动产登记职责的通知》和《关于市国土资源局不动产登记机构编制问题的批复》，完成不动产登记职责整合和机构组建工作。为适应法律赋予设区市立法权的工作需要，组建市人大法制工作委员会。完成市县两级公安机关交通管理职能、巡特警职能配置以及相关机构编制调整事项；健全完善石化工业园区等特殊区域管理体制，统筹推进清源山风景名胜区、行政服务中心、广播电视台、公共资源交易管理体制以及市场监管、经信、商务等领域综合行政执法体制改革，配合推进文化、医药卫生等其他行业体制机制改革，为促进全市经济社会发展提供了有力保障。

【简政放权】 全面推行权责清单，提前完成市县两级行政权力清单和运行流程图编制工作，按时完成责任清单编制工作。其中，行政权力清单公布稿被省审改办推荐作为其他设区市范本以供借鉴。持续加大减权放权力度，对国务院和省政府下放、取消的审批事项，主动衔接，同步取消，共承接上级下放事项90项；先后3次对行政权力和公共服务事项进行动态调整，全面取消“非行政许可审批”类别，共取消和下放县级172项。市级保留行政权力事项4026项，比首次公布减少34项。保留公共服务事项397项，比首次公布减少136项、精简率25.5%。规范审批服务行为和改进审批服务方式，深入推进国家级行政服务标准化试点，明确每项审批服务事项运行标准“路线图”，整体压缩审批时间1194个工作日、削减审批环节44个、精简各类申报材料1116份，试点工作经国家质监总局中期评估达93分，为福建省最高；在全国率先生成首张组织机构代码证和电子营业执照，被省发改委、省数字办作为全省电子证照标准推行。市、县两级全面对接“福建省网上办事大厅”，初步实现审批服务事项网上办理。2015年4月，在全省率先部署深化行政审批制度改革加强事中事后监管工作，推动各部门制定出台监管工作方案，切实加强事中事后监管。

【机构编制管理】 制定并组织实施《泉州市控编减编工作实施意见》，做到“严格控制”与“服务保障”相协调，确保全市行政编制控制在中央核定的员额内、事业单位机构编制不突破2012年底总量。按照“控制总量、盘活存量、优化结构、动态调整”的原则，对于涉及中心工作和重大民生保障等方面确需增加编制的，主要通过整合优化内部资源，在本系统、本部门现有存量中统筹调剂解决；特别是对职能弱化、功能作用得不到发挥且符合撤并条件的事业单位，结合事业单位分类改革予以撤并。按照全省统一的人员编制精简比例指标要求，切实抓好党政群机关事业单位编制按照5%比例精简（机构改革整合的部门统一按照10%比例精简）、工勤人员编制只减不增等编制精简任务的落实。积极探索推行“政府购买服务、养事不养人”的办法，采取“技术管理岗位正式核定编制，服务岗位采取政府购买服务”或推行“财政核拨专项经费购买服务”方式；高等院校和公立医院实行“规模控制、按实核编”管理模式；探索推行公路、园林管理等机构“管养分离”的办法，在实现政府公益服务的同时，有效缓解机构编制供需矛盾。配合组织人事部门开展 “7+3”专项整治情况检查，配合审计部门开展部分市直单位机构编制审计工作，组织开展机构编制执行情况察访核验考评、政府机构改革评估和控编减编专项督查活动，综合运用统计、核编、年检、信访举报受理、调研督查等措施，切实加强对机构编制执行情况和阶段性重点工作落实情况的监督检查。在全省率先建立了事业单位登记档案规范化管理、事业单位印章使用和管理、事业单位登记管理实地核查以及事业单位年度报告信息公开等多项登记管理制度，相关工作经验做法多次在省级机构编制工作会议上进行交流。重新修订完善《泉州市机构编制实名制管理规定》，进一步加强和创新机构编制实名制管理，适应网络化机构编制实名制管理需要。扎实推进党政机关、事业单位中文域名注册和网上名称管理，中文域名注册量、网站“挂标”数量连续多年稳居全省首位，村委会中文域名注册在全省率先实现全覆盖，多次获得中编办及省编办的书面表扬及门户网站经验宣传。

机关党务

【思想理论武装工作不断推进】组织开展中共十八届四中、五中全会精神和习近平系列讲话精神学习宣传贯彻活动。按照市委领导要求，多次组织市直机关处级干部集中传达学习中央重要文件精神，及时统一领导干部思想。举办机关大讲堂4期，邀请专家作学习领会“四个全面”战略布局、中共十八届五中全会精神等重点专题辅导报告。与市委组织部、市委党校联合举办“东海干部学堂”，推行干部选学新尝试，打造跨部门学习交流平台，有效激发了干部学习兴趣、缓解了工学矛盾。2015年，共举办6期，机关科级干部近2000人次参加学习。聚焦理论热点编发《泉州市机关党员教育学习材料》12期，每季度编制理论学习安排表，指导机关政治理论学习。推荐第九批、第十批学习型党组织建设阅读书目30本，加强机关理论学习工作引领，营造浓厚的学习氛围。开展课题调研，2015年工委重点课题调研论文分别获得全省机关党建重点课题调研论文一、二等奖及全市党建重点课题优秀调研成果一等奖。做好泉州机关党建网的管理和建设工作，紧跟形势加强思想政治理论宣传。“中直党建网”6篇次、“福建机关党建网”36篇次，《福建电视台》1次、《泉州电视台》5次，《泉州晚报》15次、《海峡都市报》1次、《东南早报》1次专题报道泉州机关党建工作动态及成效。

【全面从严治党责任逐步落实】探索建立机关基层党组织书记抓党建工作述职评议考核制度，党支部书记向普通党员述职并接受评议，而后向上级党委（总支）委员会述职并接受评议。12月2—3日，工委分三场召开市直机关党组织书记述职评议会议，听取市直各系统党委、直属机关党委、总支、驻泉省部属单位党委书记抓党建工作述职并进行评议。创新执行党组书记抓机关党建工作述职评议考核制度。健全民主集中制，参与对驻泉省部属单位和部分市直机关党员领导干部民主生活会的督查与指导。强化对机关党员的日常管理和组织关系管理，探索提高机关党内政治生活质量的途径，把严肃党内政治生活要求落实到全体党员。在全面从严治党大环境下，市直机关工委召开“如何抓好新常态下的机关党建工作”主题党建工作季谈会，研究探讨如何以严的标准和实的作风做好新常态下的机关党建工作。市直工委坚持以上率下、示范带动，开展“三严三实”专题教育，强化管党治党意识，强化整改落实和立规执纪。

【机关基层组织基础不断夯实】以获评全省“1263”机关党建工作机制建设示范市称号为契机，9月25日，召开市直机关推进“1263”机关党建工作机制建设现场会，对“1263”工作机制建设进行总结、部署，以典型示范促进提升。指导、推进机构改革后市直机关党组织设置调整及党组织组建工作。继续开展机关特色党建竞赛活动，各级机关党组织、各县（市、区）机关工委积极发动，认真组织，共有83个特色项目参加初赛，24个项目进入决赛。经角逐评选，市直水利系统党委选送的《临时支部不临时　民生水利惠民生》、市直交通运输系统党委选送的《典型引领创先争优　特色党建凸显成效》项目获市直专场一等奖，晋江市直工委选送的《流动的红色法庭》、安溪县直工委选送的《党建领航　健儿腾飞》项目获得县（市、区）专场一等奖。对2012年以来累计3次获得二等以上奖项的市直水利系统党委、晋江市直机关工委、安溪县直机关工委颁发“泉州市直机关特色党建竞赛活动特别成就奖”。不断深化创建服务型党组织活动，推荐、指导市、县行政服务中心参加紫光阁杂志社和人民网等单位主办的全国行政服务大厅典型案例评选，其中南安市行政服务中心案例获评“百优”称号。12月，抽调80名专兼职党务干部组成8个考评组对97个创建单位开展第六轮“机关党建工作先进单位”进行考评，研究呈报市委表彰表扬的建议名单。开展基层党组织书记轮训，全年总共参训书记839人，达到需轮训人数847人的99.1%。先后举办各类培训班11个班次，培训机关党员干部1262人次。机关“1263”工作机制建设有了新的巩固提升，机关组织基础得到进一步夯实。

【精神文明创建活动不断强化】参与创建全国文明城市工作，收集上报全国文明城市测评网上申报材料，做好迎接中央文明办2015年度全国文明城市测评督查工作。市直机关工委获市委、市政府表彰为创建全国文明城市工作先进集体。修订实施《泉州市市直机关文明单位创建活动管理办法》，进一步规范市直机关文明单位评选表彰工作。组织开展市直机关2013—2015年度（第六届）文明单位评选表彰工作，命名表彰85个单位为泉州市市直机关2013—2015年度（第六届）文明单位。召开市直机关深化创建文明单位工作座谈会，总结近年来市直机关文明单位创建活动新成效，部署推进深化创建工作。举办市直机关志愿者骨干培训班，170多个文明单位志愿服务队负责人参加，切实提升机关志愿者的服务效能。常态化推进学雷锋志愿服务活动，举办志愿者骨干培训班，开展“志愿服务进社区”“志愿活动走基层”及“关爱自然”“关注智障儿童”等主题活动。

【党风廉政和效能建设持续加强】将廉政建设纳入经常性学习教育的内容，持之以恒落实中央“八项规定”精神，开展形式多样的机关廉政文化创建活动。4—6月，在市直机关各级党组织中开展“讲政治、懂规矩、守纪律”为主题的教育学习月活动，教育广大党员干部把纪律和规矩挺在前面。组织党员干部学习贯彻中共中央新修订的《中国共产党廉洁自律准则》和《中国共产党纪律处分条例》，教育党员干部明确党的理想信念宗旨“高线”和不可触碰的“纪律底线”。严格执纪监督工作，2015年审理机关违纪案件13起，其中开除党籍6起6人，严重警告3起3人，警告4起4人。抓好案件审理工作规范性建设，提高案件查办工作质量。完善市直机关党群系列绩效评估管理工作机制，加强2015年绩效评估管理工作。

农业与农村

2015年，全市农林牧渔业总产值320.59亿元，比增2%；全年农村居民人均可支配收入15861元，增长8.7%。全市完成粮食播种面积14.10万公顷，粮食总产72.82万吨。新增农民合作社566家，家庭农场462家。安溪县国家级现代农业示范园区新建6个项目，完成投资1.68亿元；福建农民创业园及示范基地，完成新建项目47个，累计投资5.29亿元。新增台资农业项目3个，协议利用台资2500万元；新增本地企业与台商合作项目4个，总投资3000多万元。设施农业2015年以来已验收拨付资金的项目有74个，建成设施大棚项目54个366.67公顷、食用菌工厂化项目2个提升日生产能力14.16吨、农产品加工场所项目30个1.5万平方米、冷库项目2个6000立方米。全市新增“三品一标”45个产品。德化县桃仙溪休闲农业园等5家企业入围2015年省级休闲农业示范点，惠安县大岞村和南安市洪岭村入围2015年福建省最美休闲乡村。2015年，20个新农村建设试点示范村共组织实施建设和发展项目186个，完成投资2.16亿元。实施“两村一带”建设项目，共建设项目430个，完成投资额5.48亿元。30个市级帮扶村落实帮扶项目286个，帮扶资金5563万元。

老干服务管理

【强化领导指导】 市委、市政府主要领导亲自走访慰问老干部和召开老干部座谈会，协调解决老干部工作中的重大问题，坚持每半年向老干部通报经济社会发展情况，市四套班子领导亲自为老干部集体祝寿。市委书记郑新聪向老干部通报工作，主持召开市老干委会议，研究提高老干部待遇等议题，强调把老干部工作纳入党委党建工作述职和绩效考评内容、抓好落实新一轮《老干部工作领导责任制》。市长康涛走访老干部，亲自主持会议研究泉州老年大学城东新校舍建设项目资金、代建等问题。两任市委常委、组织部部长陈沈阳和孔繁军和市政府相关领导经常听取老干部工作汇报，出席老干部工作会议和涉老工作会议，调研指导工作。市、县两级党委（党组）重视加强对老干部工作的领导，推进老干部服务管理工作，为老干部办实事做好事解难事，老干部工作氛围更加浓厚。

9月5—7日，第八届海峡两岸（泉州）农产品采购订货会举行
（图/吴寿民）

【落实政治待遇】 健全落实老干部学习、阅读文件、听报告、就地就近参观、参加重要会议和重大活动、通报重要情况等制度，召开“十三五”规划、市政府工作报告征求意见会和座谈会。先后举办五中全会精神专题报告会、第27期老干部读书班暨第16期离退休干部党支部书记培训班、全国“两会”精神专题辅导，编发《学习参考材料》《侨乡快讯》《桑榆家园》等，加强离退休干部政治思想教育。组织开展纪念抗战胜利70周年活动，走访慰问26位抗战老干部、68位老红军遗偶和抗战老干部遗偶，落实9名抗战时期参加革命工作的离休干部提高医疗待遇的政策，组织11名抗战老兵代表集中收看中央纪念大会和阅兵式，配合泉州晚报社开展《致敬老兵！—八年抗战泉州记忆大型摄影活动》。抓好市直离退休党支部联席会工作，组织联席会成员单位开展例会、交流、参观学习以及“我看建设新福建新泉州”专题研讨活动，在市老干部活动中心设立“老党员之家”，为市直离退休党支部组织党员学习、

党日活动、过组织生活提供服务。在江南老年颐乐园成立“老干部学习活动小组”，把老干部党员纳入党组织服务范围。

【落实生活待遇】　开展全市老干部工作调研检查，出台相关文件，及时做好离退休费的增资补发工作，让老干部共享改革发展成果。组织对易地安置在河北、辽宁等7个省份的16位离休干部及遗属进行走访慰问。完善亲情帮扶“三三”体系，组织对68名孤寡、独居、重病、失能老干部发放《亲情服务券》，提供购买服务，加大对70多名有特殊困难的离休干部及遗属帮扶力度，全年发放服务补助金37万元。深化社区“四就近”服务工作，召开全市社区服务老干部工作经验交流会，培育丰泽社区、圣湖社区等省级示范点11个（占全省的18%）、省级联系点22个。全省利用社区资源服务老干部工作现场推进会和经验交流会先后在泉州召开。《中国老年报》头版头条介绍泉州做法，省内外多个兄弟单位前来参观交流。提交市老干委会议研究提高老干部社区定点医药费报销标准，老干部就近增选社区卫生服务站看病就医，老干部在全省医保定点医院异地住院就医以及老干部护理费标准。强化市直老干部医药费报销中心服务功能，提供预借医药费周转金、定期上门报销等服务。畅通“绿色通道”，在市第一医院设立“老干部就医咨询导诊处”，聘请导诊护士为老干部提供就诊、检查、取药、结算等“一站式”服务。完善《市直单位老干部工作协理员管理办法》和《社区老干部工作协理员管理办法》，召开协理员工作经验交流会，总结推广好的经验做法。组织开展老干部健康体检、保健讲座、健康咨询。妥善老干部处理来信来访，确保队伍安定稳定。

【加强老年教育】　推进“省一级示范校”和老年远程教育“双百”工程建设，充分发挥“文化养老”的主阵地作用。泉州老年大学开设9个系、47门课程，143个教学班，在校学员3200多人、5300多人次。增办市直离退休处级干部时政四、五班，共有240多名处级退休干部参加学习。全年举办时政报告、讲座18场次和6次现场教学活动。承办全省“全国老年远程教育实验区”工作推进会，交流推介泉州老年远程教育，泉州市、鲤城区、安溪县被评为全国第三批“老年远程教育实验区”。开通“泉州老年远程教育云平台”，开设中西医保健、南音和泉州讲古、优秀课件等栏目，方便老年人学习。泉州、鲤城、晋江、石狮、安溪开通微信公众号，拓展老年学习平台。组织6场“文化惠民下基层”演出活动，为基层群众送文化、送温暖。积极开展对外交流活动，完成第十四届亚洲文化艺术节的演出任务，澳门民乐团、澳大利亚默尔本音乐学院等先后来校交流。

2月6日，2015年老干部新春通报会举行　　（图/市委老干局）

【提升活动中心功能】　深化“省级示范性老干部中心”创建工作，组织实施市委市政府为民办实事项目——改造提升泉州市老干部（老年）活动中心三年规划，着力在硬件改善、软件提升和内涵拓展等三方面提升服务功能。增设“老党员之家”“老干部之家”等特色项目，得到市委书记郑新聪的批示肯定，在《中国老年报》刊登。在全省首创省、市、县三级活动中心联建共建，每年围绕精神文明、服务管理、公益事业、责任机制等项目开展共建活动。充分发挥老干部（老年）活动中心在基层老年文化中的引领、带动、辐射作用，在抓好常态化活动的基础上，加强兴趣团队建设，持续开展“服务下基层　扬帆海丝路　汇聚正能量”主题活动，先后到泉港山腰、永春桃城等地开展活动16场次，联合市人社局和老龄办举办泉州市第八届老年文化艺术节，多形式满足老干部的精神文化需求。

【引导增添正能量】　组织开展“展示阳光心态、体验美好生活、畅谈发展变化”和“我看建设新福建新泉州”主题活动，引导老干部为党的事业增添正能量。举办“我看建设新福建新泉州”专题文艺汇演，引导老干部通过撰写诗歌、朗诵经典、创作书画和摄影等形式，缅怀先烈激发爱国热情；邀请老干部通过发表时政论点、人生感悟、回忆文章等形式谈变化发展、谈感想期盼。走访抗日老战士及其遗属，征集革命历史实物，记录整理老干部口述档案。组织召开市直涉老组织第18次、19次联席会议，通报交流情况，协力开展活动和推进工作。协同有关部门抓好涉老组织的规范建设，推荐刚退休的老领导接任市老年大学、市扶贫协会等涉老组织主要负责人，为老干部发挥作用搭建有效平台，引导老干部在涉老组织、老干部志愿服务队伍发挥引领示范作用。市关工委组织实施"百万大手牵小手"、"三爱"（爱学习、爱劳动、爱祖国）等主题教育活动，组织讲师团，积极弘扬社会主义核心价值观；协助抓好第四批20个"青少年社会教育活动中心"的选址和建设，深入开展"基层工作深化年"活动，承办全省贯彻落实习近平总书记重要指示深入推动关工委工作会议，持续推动全市关心下一代工作全面深入发展，得到中国关工委顾秀莲主任和市委书记郑新聪的批示肯定。组织开展"刺桐夕阳美，筑梦走前列"活动，广泛宣传离退休干部党支部和涉老组织老干部先进事迹，形成"老干部增添正能量、全社会关爱老干部"的良好氛围。

精神文明建设

【深化创建全国文明城市】 贯彻全国精神文明建设工作表彰暨学雷锋志愿服务大会精神，召开深化创建全国文明城市工作、测评督查专题会议，颁发创建工作责任书，调整创文明城工作指挥部组成人员，明确办公室、各职能组工作职责。制定2015—2017年深化创建全国文明城市规划，出台创建第五届全国未成年人思想道德建设工作先进城市实施方案，落实《全国文明城市（地级以上）测评体系》任务分工，推进深化创建工作。出台推动创建全国文明城市机制化常态化实施意见，实施中心城区交通秩序管理等4个配套规则，健全城市公共环境秩序管理措施。就创建全国文明城市环境秩序管理等4个方面工作召开专题座谈会，推动创建工作任务落到实处。依托市城市管理综合考评中心、市民文明巡访团以骑行或徒步方式进行常态化测评巡查，发现存在问题，督促落实整改。泉州市顺利通过全国文明城市2015年度测评督查。

【开展基层基础文明创建】 组织新一届省级文明村镇、文明单位创建申报，确定全国文明单位培育对象。按照市精神文明创建活动管理办法要求，加强创建业务培训、创建过程管理，落实市级文明单位（学校）履行社会责任、创建挂钩联系事项，组织市级文明村镇、文明单位创建申报对象届中考评。印发创建文明行业活动意见，公布市级文明行业竞赛活动示范点。《福建省精神文明创建工作创新案例100例》中泉州案例占20%，为全省首位。指导各地做好全国、全省文明城市（城区、县城）年度测评督查迎检工作。石狮、晋江、惠安顺利通过中央文明委委托省文明委组织的全国县级文明城市提名城市年度测评督查。11个村镇、21个单位分别被授予（保留）全国文明村镇、文明单位称号。晋江磁灶镇大埔村被确定为全省美丽乡村文明建设示范村。完成市精神文明建设研究会换届工作。

【组织道德模范推荐表彰和学习宣传】 加强道德模范、身边好人推荐评选工作，泉州两人获第五届全国道德模范提名奖，3人次获评第四届福建省道德模范；5人入选中国好人榜，数量列全省第一；两人次荣登中国"好人365"榜单、两人次入选"网上中国好人馆"，15人入选福建好人榜。组织"文明之行•德耀泉州"道德模范基层巡讲、"故事会"巡演12场次，广泛开展"传帮带"学习宣传活动，近4000人次受到教育。依托泉州文明网、市博物馆等线上线下平台，组织点赞道德模范、专题事迹展示等，营造浓厚的社会宣传氛围。落实帮扶礼遇道德模范、身边好人长效机制，转发道德模范荣誉称号管理暂行办法，市县两级慰问走访困难道德模范143人次。

【组织公民道德教育活动】 围绕社会主义核心价值观、"我的中国梦"等主题，开展"迎接青运会、办好亚艺节、共创文明城""海丝起点、文化之都、文明城市"等活动，加强文明礼仪教育，优化公共环境秩序。举办首届公益文化节、第三届泉州市"刺桐新风"公益广告大赛，深化文明餐桌、"摒弃殡葬陋俗•倡导文明新风"等活动，持续强化价值引领。组织寻祖认宗吃润饼•缅怀先贤过清明、端午蚶江海上泼水节、别样中秋、和谐社区美•重阳敬老情等"我们的节日"活动，大力弘扬传统节日民俗文化。

【推进诚信建设制度化】 贯彻全国、省、市推进诚信建设制度化的意见，法院和工商、食药监等部门持续推行诚信"红黑榜"发布制度，加大曝光密度，落实失信惩治措施，推动泉州信用信息共享平台建设。深化万家企业"诚敬做产品"活动，依托商场、集贸市场等开展"诚信经营示范店"创建活动，组织实施治理餐桌污染，建设食品放心工程，推广农村道德信贷、信用农户等经验，营造诚信光荣、失信可耻的社会环境。

【深化文明旅游工作】 实行文明旅游工作联席会议和"行前教育、行中引导、行后总结"等制度，坚持境内游出境游"两手抓、同步推"，开展文明旅游•你我同行、保护文物、文明旅游随手拍等主题宣传活动，编印文明旅游礼仪手册，加强行业管理，设立监督电话、媒体监督栏，及时曝光服务不规范、不文明旅游行为，推动公民文明旅游素质提升。泉州在全省文明旅游

3月4日，泉州市“弘扬雷锋精神·展示文都风采”主题活动会举行
（图/市委文明办）

专项督查中获得好评。

【加强网络文明传播工作】 组织培训泉州文明网新闻通讯员、网络文明传播志愿者，搭建道德模范网上大看台、网上评议身边好人、美德少年事迹展播等网上互动平台，在省文明风网用稿评分中泉州为全省第一。做好中央文明办对泉州文明网联盟网站和网络文明传播志愿者工作季度考评的日常工作，石狮、晋江、惠安文明网加入中国文明网联盟网站。开发网络文明传播志愿者电子管理系统，开展文明与旅游同行、感动我的城市细节、传统文化之我见等微信活动，积极传播网上正能量。

【开展志愿服务主题活动】 举办“弘扬雷锋精神·展示文都风采”主题活动及演讲比赛，表彰学雷锋先进典型，在全社会大力弘扬雷锋精神。深化邻里守望·情暖泉州、关爱空巢老人、爱心午餐等关爱他人，平安春运、红红火火过大年等关爱社会，环保、湿地保护等关爱自然的“三关爱”志愿服务。总结推广鲤城党员志愿服务实时管理系统、丰泽发展党员志愿服务制度、德化“憨鼠社区”非公党员服务队等经验做法，33588名机关事业单位在职党员回归社区参与志愿服务。组织678名志愿者参与第十四届亚洲艺术节志愿服务，建立健全“流程标准化、服务专业化、形象时尚化、活动品牌化”的大型活动志愿服务机制。实施“文明交通行动计划”“文明出行·利家宜业”新风行动，举办“拒绝危险驾驶·安全文明出行”主题交通安全宣传、文明交通好司机车技比赛等活动，继续开展交通路口等公共文明引导，推进志愿服务常态化。

【加强志愿服务制度化建设】 率先在全省组织“志愿云”信息系统、志愿服务组织骨干等专题培训，近500人参与培训，对规范志愿者招募注册、服务记录和转移等起到积极作用。推动志愿服务记录试点工作、社区社会工作服务站建设，扶持16个志愿服务记录试点社区。大力培育志愿服务品牌，真情在线公益团队成为全省唯一获评的全国志愿服务示范团队，泉州市老龄服务志愿者协会等10个组织（项目、试点）被确定为省志愿服务基金会扶持的优秀志愿服务项目，4个、11个组织（项目、社区）分别推为全国、全省志愿服务“四个100”先进典型候选名单。泉州入选2015年全国社区网络春晚节目的数量占全省50%，获奖节目数再获全省第一，市委文明办、晋江梅岭街道获评全省两家全国最佳组织奖。

【优化未成年人成长环境】 落实社会主义核心价值观进校园，完成20个城市社区未成年人文体活动设施场所建设为民办实事项目。组织中央彩票公益金支持乡村（城市）学校少年宫项目考评，持续加强学校少年宫建设，建成乡村（城市）学校少年宫245所。《泉州四项机制推进乡村学校少年宫建设》被全国未成年人工作简报刊载。加强校园周边环境管理，净化社会文化环境。组织未成年人心理健康辅导进学校、进社区公益活动、系列培训，泉港、永春辅导站被确定为全省首批示范站点。推进文明家庭建设，开展“厅堂悬挂家训”活动、公共文化服务进校园试点工作等，发起“书报进校园：让山区孩子有一份精神食粮”公益行动。市委文明办获评第三届全国未成年人思想道德建设工作先进单位。

【深化未成年人道德实践活动】 开展第二届泉州市美德少年评选，推荐的两名学生获评第三届省美德少年。两名（全省3名）学生入选“全国百佳美德少年”网上展示。落实四项集中活动，参与清明网上祭英烈、“六一”学习争当美德少年、“七一”童心向党、“十一”向国旗敬礼网上签名寄语的人数分别达28万、65万、61万、117万人次，居全省前列。组织参与全国第三届“看大好河山·讲中国故事”中华小导游评选，7名选手入围全国40强，3人获奖、居全省首位，市委文明办获全省唯一的全国优秀组织奖。参与全国“读经典·知新意”“文明旅行记”主题征文活动，分别有6人、9人获奖，各获奖人数的50%、75%，均居全国、全省第一。组织参与全省优秀童谣征集评选活动，1个作品获成人组二等奖，1个作品获未成年人组全省唯一的一等奖，市委文明办获优秀组织奖。

党 校

【教学工作】 举办各级各类培训班74期，培训党员干部6978人次。选派教师到各地各部门宣讲习近平总书记系列讲话、“四个全面”战略部署、“三严三实”专题教育、十八届五中全会精神等300多场次，受众面达1.6万多人。其中，举办县处级干部进修班、科级干部进修班、乡镇（街道）领导干部进修班、公务员晋升科级任职班训班等主体班次共46期，培训党员干部5483人次；与市直党政部门、县级有关单位和企业等对外合作办学办班18期，培训学员1081人次；承接江苏、海南、甘肃、新疆、西藏等地党政部门及培训机构到校合作办班10期，培训异地学员414人。与省委党校联办的研究学历教育第三届招收新生52人，在校生共3班151人。是年，首创与市委组织部、市直党工委举办“东海干部学堂”，首批共推出20个备选课题。

【科研 咨政工作】 发表文章144篇，国家部委主办刊物9篇，全国性学会7篇，大学本科学报27篇，其他中文核心期刊8篇，其他期刊94篇。出版专著《儿童社会工作本土化实践——晋江“四点钟学校”经验与反思》29万字。立项课题44项，省社科规划立项3项，省委党校、行政学院系统中国特色社会主义理论体系研究基地课题15项，泉州市社会科学联合会立项12项，其他立项14项。结项课题54项，福建省党校、行政学院系统中国特色社会主义理论研究基地结项25项，泉州市哲学社会科学研究2014年规划项目结项6项，其他课题结项23项。获奖成果37项，福建省党校、行政学院系统中国特色社会主义理论研究基地2014年度优秀成果奖10项，省、市直有关部门（学会）论文优秀成果：一等奖10项，二等奖13项、三等奖3项；佳作奖1项。编发《泉州党校》学报4期，《市情调研报告》4期，《泉州市情研究》5期。举办春、秋两季泉州市情论坛，邀请四套班子政策研究机构及有关部门领导会商27个市情研究课题。

12月11日，2015年秋季党校市情论坛举办 （图/市委党校）

讲师团

【丰富宣讲内容 拓展理论宣讲阵地】 探索新形势下理论宣讲的特点和规律，大胆创新工作思路，不断丰富宣讲内容，积极拓展新的理论宣讲阵地，理论宣讲进基层工作取得明显成效。紧抓“深入学习宣传贯彻中共十八大、十八届四中、五中全会精神”、全国两会、建设21世纪海上丝绸之路先行区、创建全国文明城市等主题，深入开展理论宣讲和形势政策教育活动。精心设置“在党的领导下全面推进依法治国”“认真学习贯彻全国‘两会’精神”“学习《习近平总书记系列重要讲话读本》”“认真学习中共十八届五中全会重要精神”“理解把握‘四个全面’战略布局 推动泉州科学发展跨越发展”“适应经济发展新常态 打造泉州经济升级版”“公务礼仪”等35个宣讲专题，组织全市讲师团系统（包括南安市委讲师团、县（市、区）业余讲师团）深入机关、企业、部队、学校、乡（镇）、村（社区）宣讲1900多场次，受众近50万人次。其中，市委讲师团宣讲近300场，受众6万多人次。利用团干部驻村契机，开展田野调查，了解基层实际，针对群众所需，在宣讲中着力把讲理论、讲政策、讲实际相结合。此外，坚持“大宣讲、小角度”理念，宣讲“全国两会”“四个全面战略布局”等重要精神不求全求高，而是采用微宣讲、拼盘式宣讲形式，选取与受众关系密切的内容加以诠释，使受众听得懂、乐于听。扩展宣讲阵地，由传统的在党政机关、企事业单位、村居党组织中宣讲的基础上，逐步把宣讲对象扩展到民营企业、新社会组织中，争取将理论宣讲、形势政策教育工作横向做到边、纵向做到底。继续加强与泉州广播电视台88.9新闻频道、《泉州晚报》理论版、泉州网——学习在线、泉州机关党建网、泉州文明网等“声、频、报、刊、网”媒体的互动，开辟专栏、设立专题、撰写评论、组织专题访谈，解读“四个全面战略布局”“21世纪海上丝绸之路先行区建设”等专题，增强宣传的覆盖面、吸引力和感召力。

【服务中心工作　开展理论调查研究】　坚持贴近实际、贴近群众、贴近生活的原则，把加强调查研究、了解和掌握市情民意作为干部必须具备的一项基本功，通过基层调研活动，了解和掌握现实生活中干部群众关心、关注的热点、难点、疑点问题，探索解题思路，为泉州市经济社会发展提供理论支撑。承担省委讲师团“理论宣讲进基层”、市文明委“泉州市‘十三五’期间精神文明创建工作规划”、泉州市政协“加强创建全国文明城市常态化管理”、泉州台商投资区“台商区融入环泉州湾文明城市群建设”等课题的调研、撰写工作，力争为市委、市政府和有关单位科学决策提供理论支持和决策参考。撰写的《建立重大决策终身责任追究制度及责任倒查机制的重大意义》在《福建理论学习》上刊发。

【积极主动作为　做好各项学习服务】　根据市委、市政府的决策部署和总体思路，及时了解掌握市委对干部理论教育的要求，不断增强政治责任感和服务意识，科学、务实、规范地为各级党委中心学习组提供理论服务。2015年来，积极配合市委宣传部做好市委学习中心组理论学习服务工作，精心推荐和购买《习近平谈治国理政》《“四个全面”党员干部读本》《三严三实党员学习读本》《福建理论学习》等一批理论刊物和理论书籍供市委学习中心组学习参考，高质量地做好服务工作；配合做好各级党委中心组学习授课老师的推荐工作，并努力做好为安溪县委、德化县委、市文广新局党组（党委）等各级党委中心组学习的授课工作；配合做好市委宣传部机关（泉州市委讲师团）绩效评估工作，取得2014年度绩效考评优秀等次。配合市关工委报告团深入各学校宣讲开展“中国梦”专题报告会，配合市直机关党工委举办入党积极分子培训班，为市检察院系统公务礼仪培训班授课。通过多渠道地参与内容丰富、形式多样的活动，市委讲师团理论服务能力进一步增强，影响力不断扩大。

【加强基层指导　提升业余讲师团水平】　高度重视基层业余讲师团队伍在推动理论进基层中的生力军作用，充分发挥全市讲师团系统整体实力和活力，坚持加强对基层业余讲师团的工作指导。通过集体备课会，积极探讨如何创新形式、创新载体，努力推进理论进基层宣讲工作；建立健全联动机制，选派理论骨干参与基层开展的主题宣讲活动，着力提升基层业余讲师团理论宣讲的整体水平；以推动建立乡镇（街道）业余讲师团为契机，进一步整合全市讲师团系统力量，抓好市、县、乡三级宣讲队伍的组织网络体系建设，壮大党在基层的宣讲声音；注重加强对基层理论骨干的学习培训和锻炼提升，提高宣讲艺术、提升宣讲水平，以适应不同层次干部群众的理论需求。2015年，全市业余讲师团深入机关、企业、部队、学校、乡（镇）、村（社区）宣讲1800多场次，受众50多万人次，较好地帮助基层党员干部群众对当前和今后一个时期形势任务的认识，推动泉州科学发展、跨越发展。

东湖公园　（图/陈起拓）

泉州市人民代表大会及其常委会

QUAN ZHOU SHI REN MIN DAI BIAO DA HUI JI QI CHANG WEI HUI

责任编辑：陈建强

泉州市人民代表大会及其常委会

综述

【贯彻市委决策部署】 围绕实施“三大战略”，统筹安排人大立法、监督、决定、代表等各项工作和重要活动。进一步健全向市委请示报告工作制度，确保人大工作正确的政治方向。开展“海丝先行区”“金改区”“民综改革试点”“泉州制造2025”等进展情况调研视察，有的放矢地提出意见建议。坚持党管干部原则和人大依法行使人事任免权有机统一，任免国家机关工作人员33人次，完成市十五届人大六次会议选举任务，实现省委、市委重要人事安排意图。按照市委“推动民主法制领域改革”方案要求，开展形式多样的宪法学习宣传活动，对创新人大监督方式、发挥代表主体作用等17个具体改革事项进行积极探索。牵头完成市委重点课题《推进全面依法治国与发挥地方人大作用的研究》，为市委提供决策参考。

【助推经济持续健康发展】 助推政府应对经济下行压力，开展加快实体经济、台资企业、海洋渔业发展调研，要求政府坚持稳中求进，加紧转方式、调结构，提升经济增长质量；加大政策宣传落实力度，强化服务功能，支持帮助企业克服困难、坚定发展信心。围绕城市总体规划实施情况、做大港口事业等进行视察，建议市政府增强规划前瞻性、科学性，优化城市空间布局和功能，推进环湾城市建设；集中力量建设大港口，推进泉州港复兴。走访新农村建设试点示范村，开展少数民族地区新农村建设调研，建议政府加强农业基础设施建设，注重产业化发展，努力把民族村的文化和生态资源优势转化为发展优势。继续督促执行《关于加快规划建设泉州白濑水利枢纽工程的议案决议》，推进项目前期准备工作。

【促进“十三五”规划编制】 到各县（市、区）和市直有关部门，对“十二五”规划实施情况和“十三五”规划编制思路及工作进展情况进行调研，听取市政府专项工作报告，形成审议意见，要求市政府做好与国家、省“十三五”规划的有机衔接，总结实施“十二五”规划的经验，谋划做大做强环湾中心城市，统筹区域协调发展；坚持发展实体经济，推动产业转型升级；努力发展第三产业，促进经济结构优化；着力保障和改善民生，推动社会事业全面发展；加强生态文明建设，持续推进绿色发展；全面深化改革开放，增强新一轮发展动力，确保“十三五”规划全面实施。

【推动保障和改善民生】 对公立医院和基层医疗机构综合改革情况进行专题询问，要求市政府完善综合改革配套政策，合理配置医疗资源，加快医疗队伍建设，强化财政经费保障。对市政府研究处理市人大常委会有关义务教育均衡发展审议意见情况跟踪监督，促进市政府在加大财政投入、优化学校资源配置、提高教育质量等方面迈开新步伐。开展食品安全监督管理专项视察、农产品质量安全法执法检查，督促市政府落实市十五届人大四次会议议案决议，进一步加强食品安全工作，把好农产品质量安全源头关，强化监管，严肃问责，确保人民群众“舌尖上的安全”。开展水污染防治法执法检查，督促深化重点流域环境污染综合整治工作，加强项目监督落实，协调解决流域补偿资金未能及时缴纳等问题；加快污水管道配套建设进度，提高污水收集率。开展社会救助、全民健身、扶贫工作、农村石结构房屋改造、中心市区环卫基础设施规划建

11月27日，市人大常委会对食品安全监督管理情况决议落实情况进行专题询问 （图/王虎文）

设等专题调研，推动“宜居幸福泉州”建设。

【加强预算决算审查监督】 贯彻落实新预算法，强化预算管理，看紧人民的“钱袋子”。听取和审议市政府2014年预算执行、决算和审计工作报告，审查并表决批准2014年本级决算。根据经济走势的复杂性与严峻性，实事求是审查批准2015年国民经济和社会发展计划主要经济发展预期目标调整方案以及市本级预算调整方案。对2014年国民经济和社会发展计划执行情况及2015年国民经济和社会发展计划编制情况进行调研，及时了解、准确掌握计划、预算执行情况，对稳定经济增长、增强发展活力、发挥财政资金引领作用提出建议。开展对泉州市现代农业发展专项资金使用管理的专题审议，促进加强资金项目管理、提高资金使用绩效。

【致力维护公平正义】 促进权力规范运行，开展《中华人民共和国行政诉讼法》执法检查，要求政府严格落实行政应诉制度，增强执行法律的自觉性，提升依法行政能力和水平。强化司法工作监督。听取和审议市检察院关于泉州市未成年人刑事检察工作专题报告，要求检察机关切实履行未成年人刑事检察法律监督职责，创新工作机制，建立未成年人犯罪预防的社会化帮扶体系。加强规范性文件备案审查，对82件规范性文件予以备案登记。抓好人大信访工作，维护群众合法权益。关注有关重大申诉、控告等信访件，督促有关部门依法办理。2015年，来共受理群众来信来访1057件，其中受理群众来信583件，接待群众来访474批589人次，转办、交办、督办信访件共473件。

【改进创新监督方式】 探索改进和丰富监督方式，增进监督实效。完善审议机制。组织常委会委员分组讨论，增加审议时间，建立审议发言记录、统计、登记、通报制度，提高审议质量。坚持对审议意见研究处理情况进行满意度测评。对一府两院研究处理市人大常委会作出的7项审议意见进行满意度测评，涉及市中级法院人民陪审员工作、市检察院反贪污贿赂工作、市政府食品安全监督管理、2014年上半年国民经济和社会发展计划及预算执行情况、水资源保护、义务教育均衡发展、现代农业发展专项资金使用管理情况等方面，测评结果均为“满意”，以市人大常委会文件形式向一府两院通报测评结果，有利于了解情况、传导压力、促进整改。继续改进“专题询问”形式。在做好专询方案的基础上，注重增加询问随机性，扩大询问参与面，增强询问互动性，抓好询问结果跟踪落实。打好监督“组合拳”。更加注重将工作调研、代表视察、专项工作报告审议、执法检查、专题询问等有机结合，促使监督工作更具实效。

【扎实开展立法工作】 成立市人大法制委员会，设立市人大常委会法制工作委员会，配齐配强立法工作队伍。对常委会组成人员和立法工作人员加强学习培训，建立市人大常委会立法专家库，切实增强立法能力。起草、严格审议条例草案，依照程序广泛征求意见，并在泉州网公开登载，集思广益，汲取各方意见，条例渐臻成熟，提交大会审议。面向社会公开征集立法项目建议，分门别类形成2016年立法计划，确定10个立法项目，并把《泉州海上丝绸之路史迹保护条例》确定为首部实体法，协调有关部门抓紧起草。

【切实发挥代表作用】 尊重代表主体地位，改进服务方式，保障代表发挥作用。举办两期市人大代表履职培训班，完成市十五届人大代表轮训任务，提高代表履职能力。坚持向代表通报经济社会发展情况，寄送《人民政坛》《泉州人大》等刊物和一府两院重要文件及有关资料，确保代表知情知政。到各县（市、区）开展调研、走访活动，加强与基层一线代表和县乡（镇）人大的联系，广泛征求对人大工作的意见。常委会组成人员经常分赴各挂钩县（市、区），接待代表，约访群众，了解情况，倾听呼声，并帮助解决一些实际问题，一年间走访代表416人次。广大代表通过各种途径加强与原选举单位、人民群众的密切联系，使人大工作更接地气。及时分析梳理市十五届人大五次会议代表建议，召开专题会议进行分解交办。确定把做大港口事业、整合国有资产、加强农村饮用水源安全管理、加强社区卫生服务体系建设等8件事关发展大局和民生的代表建议作为重点办理件，由常委会领导领衔督办。开展年中专题调研，督促承办部门加快办理进度，强化工作措施。年终开展集中视察，对代表反馈的“不满意”件加强督办，切实推进代表建议办理取得新成效。市十五届人大五次会议376件代表建议办理情况，都在法定期限内书面答复代表。至年底，代表对答复满意311件，基本满意65件。搭建代表活动平台，扩大代表对常委会工作的参与，增加列席常委会会议的代表人数，邀请更多代表参加执法检查、调研等活动，认真听取相关代表的意见和建议，为代表联系群众、执行职务创造条件，体现代表来自人民、植根人民的特点和优势。

3月17—21日，市十五届人大五次会议召开，补选康涛为泉州市市长（图/吴寿民）

人民代表大会会议

【市十五届人大会五次会议】 3月17—21日，泉州市第十五届人民代表大会第五次会议在泉州市区召开。市长郑新聪代表市政府向大会作工作报告。报告分为三个部分：一是2014年工作回顾；二是扎实做好2015年工作；三是全面提升法治政府和服务型政府建设水平。市人大常委会主任陈海基作市人大常委会工作报告，市中级人民法院代理院长欧岩峰作市中级人民法院工作报告，市人民检察院检察长欧秀珠作市人民检察院工作报告。会议听取和审议泉州市人民政府工作报告；审查和批准泉州市2014年国民经济和社会发展计划执行情况及2015年国民经济和社会发展计划草案的报告，批准泉州市2015年国民经济和社会发展计划；审查和批准泉州市2014年预算执行情况及2015年预算草案的报告，批准泉州市2015年市本级预算；听取和审议泉州市人民代表大会常务委员会工作报告；听取和审议泉州市中级人民法院工作报告；听取和审议泉州市人民检察院工作报告。截至会议结束，大会收到市人大代表对各方面工作的建议、批评和意见362件，连同10件议案转为建议，加上闭会期间提出4件，此次会议收到代表的建议、批评和意见376件。依照法律行使职权，以无记名投票方式，补选陈万里为泉州市第十五届人大常委会主任，朱团能、曾巍为市第十五届人大常委会副主任，张翼翔、姚晓明为市第十五届人大常委会委员；补选欧岩峰为泉州市中级人民法院院长，高扬捷为泉州市人民检察院检察长。

【市十五届人大会六次会议】 7月30—31日，泉州市第十五届人民代表大会第六次会议在泉州市区召开，会议补选康涛为泉州市人民政府市长；决定设立泉州市第十五届人民代表大会法制委员会；决定泉州市第十五届人民代表大会法制委员会人选。

常委会会议

【市十五届人大常委会第二十一次会议】 2月13日召开。市人大常委会主任陈海基，副主任陈万里、洪泽生、陈全顺、吕竞、王远东、张建生，秘书长吴春林参加会议。副市长刘忠，市中级人民法院和市人民检察院相关负责人，市人大常委会机关处级干部列席会议。会议决定于3月17—21日召开泉州市第十五届人民代表大会第五次会议。会议听取和审议市政府关于市十五届人大四次会议代表建议、批评和意见办理工作的报告和市人大常委会视察组有关视察报告，书面听取市中级法院关于市十五届人大四次会议代表建议、批评和意见办理工作情况。会议听取市中级法院关于人民陪审员工作情况的审议意见办理情况的报告，并对审议意见办理情况进行满意度测评，测评结果为基本满意。会议还通过泉州市人大常委会工作报告稿，审议人事免职事项。

【市十五届人大常委会第二十二次会议】 3月11日召开。市人大常委会领导陈海基、陈万里、洪泽生、吕竞、王远东、张建生、吴春林参加会议。副市长刘忠、市中级法院副院长沈毅青、市人民检察院检察长欧秀珠、市政府办、各县（市、区）人大常委会领导、部分市人大代表列席会议。市纪委，市公安局、司法局负责人，市检察院分管领导、反贪局局长，各县（市、区）检察院检察长列席相关议程。会议听取市人民检察院关于《泉州市人大常委会关于市人民检察院开展反贪污贿赂工作情况的审议意见》办理情况的报告，并对办理情况进行满意度测评，测评结果为满意。会议审议市十五届人大五次会议的日程安排（草案）及各项建议名单。会议听取和审议市人大常委会代表资格审查委员会关于个别代表的代表资格的审查报告。会议审议人事任免事项。会议书面听取市人大常委会内司委2014年度规范性文件备案审查情况的报告。

【市十五届人大常委会第二十三次会议】 4月29日召开。市人大常委会主任陈万里，副主任洪泽生、吕竞、王远东、张建生、朱团能，秘书长吴春林参加会议。副市长陈灿辉，市中级法院、市检察院负责人列席会议。会议传达学习十二届全国人大三次会议精神；听取市政府研究处理《市人大常委会关于加强食品安全监督管理工作审议意见》的情况的报告，并开展审议意见办理情况满意度测评。

【市十五届人大常委会第二十四次会议】 5月15日召开。市人大常委会主任陈万里，副主任洪泽生、吕竞、王远东、张建生、朱团能、曾巍，秘书长吴春林参加会议。副市长刘忠，市中级法院、市检察院负责人列席会议。会议传达贯彻总理李克强在福建在泉州考察重要讲话精神及省、市委常委（扩大）会精神。会议听取和审议市人大常委会代表资格审查委员会关于个别代表的代表资格的审查报告。

【市十五届人大常委会第二十五次会议】 6月29—30日召开。市人大常委会主任陈万里，副主任洪泽生、吕竞、王远东、张建生、朱团能、曾巍，秘书长吴春林参加会议。会议听取和审议市政府关于泉州市现代农业发展专项资金使用管理情况的报告；关于2014年市本级决算草案、市本级预算执行和其他财政收支的审计工作报告，审查和批准2014年本级决算；关于泉州市社会救助工作的报告；市检察院关于泉州市未成年人刑事检察工作的报告。会议听取市政府研究处理《市人大常委会关于2014年上半年国民经济和社会发展计划、预算执行情况的审议意见》《市人大常委会关于专题询问水资源保护审议意见》的情况，并开展审议意见办理情况满意度测评，测评结果皆为满意。会议还审议人事免职事项、关于罢免一名省十二届人大代表职务的议案、关于授权市人大常委会内司委负责对《泉州市人民代表大会及其常务委员会立法条例（草案）》统一审议的决定（草案）。

【市十五届人大常委会第二十六次会议】 7月6日召开。市人大常委会主任陈万里，副主任洪泽生、吕竞、王远东、张建生、朱团能、曾巍，秘书长吴春林参加会议。市委常委、常务副市长林伯前，市中级法院、市检察院负责人列席常委会会议。会议讨论并审议通过市人大常委会关于召开泉州市第十五届人民代表大会第六次会议的决定（草案），决定会议于2015年7月30—31日在泉州市区举行。

【市十五届人大常委会第二十七次会议】 7月27日召开。市人大常委会主任陈万里，副主任洪泽生、吕竞、王远东、张建生、朱团能、曾巍，秘书长吴春林参加会议。市委常委、常务副市长林伯前，市中级人民法院、市检察院负责人列席常委会会议。常委会会议审议通过人事任免事项，决定接受郑新聪辞去泉州市人民政府市长职务的请求，报泉州市第十五届人民代表大会第六次会议备案；审议通过市人大常委会代表资格审查委员会关于个别代表的代表资格的审查报告、市十五届人大六次会议的日程安排（草案）及各项建议名单。

【市十五届人大常委会第二十八次会议】 8月27日召开。市人大常委会主任陈万里，副主任洪泽生、吕竞、王远东、张建生、朱团能、曾巍，秘书长吴春林参加会议。副市长林万明，市中级人民法院、市检察院负责人列席会议。会议听取和审议市人大常委会调研组关于加快泉州实体经济发展情况的调研报告；市政府关于2015年1—7月泉州市国民经济和社会发展计划执行情况、预算执行情况的两份报告；市人大常委会执法检查组关于农产品质量安全法和行政诉讼法执行情况的两项检查报告；《泉州市人民代表大会及其常务委员会立法条例（草案）》；有关人事任免事项。

【市十五届人大常委会第二十九次会议】 10月28—29日。市人大常委会主任陈万里，副主任洪泽生、吕竞、张建生、朱团能、曾巍，秘书长吴春林参加会议。市领导林伯前、陈荣洲、周真平、卢炳椿，市中级人民法院、市检察院负责人分别列席会议。会议听取和审议市政府关于泉州市重点流域（含近海水域）环境污染综合整治情况的报告、关于提请审议泉州市与丹麦霍尔拜克市建立友好城市关系的议案；听取和审议市政府关于2015年国民经济和社会发展计划主要经济发展预期目标调整方案、市本级预算调整方案的议案，并审查和批准相关议案；审议《泉州市人民代表大会及其常务委员会立法条例（草案二审稿）》。会议还讨论通过人事任免和辞职事项。会议还听取市政府研究处理《泉州市人大常委会关于专题询问义务教育均衡发展情况的审议意见》的情况，并开展审议意见办理情况满意度测评；审议市政府关于泉州市公立医院和基层医疗机构综合改革情况的报告，并开展专题询问。

【市十五届人大常委会第三十次会议】 11月27日召开。市人大常委会主任陈万里，副主任洪泽生、吕竞、张建生、朱团能、曾巍，秘书长吴春林参加会议。市领导林伯前、卢炳椿，市中级人民法院院长欧岩峰、市检察院负责人分别列席会议。会议传达学习市委十一届十次全会精神。会议听取和审议市政府关于市“十三五”规划基本思路的报告和市人大常委会关于泉州市“十二五”规划实施情况与“十三五”规划编制情况的调研报告，并形成审议意见（草案）；审议市人大常委会关于召开泉州市第十五届人民代表大会第七次会议的决定（草案）。会议审议人事任命事项。会议审议市政府执行市十五届人大四次会议关于加强食品安全监督管理的决议情况的报告，并开展专题询问。

主任会议

【市第十五届人大常委会第三十七次主任会议】 2月9日召开。市人大常委会主任陈海基，副主任陈万里、洪泽生、陈全顺、吕竞、王远东、张建生，秘书长吴春林参加会议。会议讨论市人大常委会关于召开泉州市第十五届人民代表大会第五次会议的决定（草案），讨论泉州市人大常委会工作报告稿。会议确定市十五届人大常委会第二十一次会议召开日期和建议议题，提出第三十八次主任会议建议议题。

【市第十五届人大常委会第三十八次主任会议】 3月11日召开。市人大常委会主任陈海基，副主任陈万里、洪泽生、吕竞、王远东、张建生，秘书长吴春林参加会议。会议讨论市十五届人大五次会议的日程安排（草案）及各项建议名单；讨论关于2014年度规范性文件备案审查情况的报告稿；听取市人大常委会代表资格审查委员会关于个别代表的代表资格的审查报告；讨论人事任免事项等。

【市第十五届人大常委会第三十九次主任会议】 3月31日召开。市人大常委会主任陈万里主持会议，副主任洪泽生、吕竞、王远东、张建生、朱团能、曾巍，秘书长吴春林参加会议。会议传达学习十二届全国人大三次会议精神；研究市人大常委会主任会议成员工作分工事项；讨论、通过市人大常委会2015年工作要点（草案）等。

【市第十五届人大常委会第四十次主任会议】 4月17日召开。市人大常委会主任陈万里主持会议，副主任洪泽生、吕竞、王远东、张建生、朱团能、曾巍，秘书长吴春林参加会议。会议讨论市十五届人大五次会议代表建议重点办理件督办安排（草案），确定8件代表建议为市人大常委会重点办理督办件。会议讨论关于泉州市现代农业发展专项资金使用管理情况、未成年人刑事检察工作、社会救助工作等专题调研方案。

【市第十五届人大常委会第四十一次主任会议】 5月15日召开。市人大常委会主任陈万里主持会议，副主任洪泽生、吕竞、王远东、张建生、朱团能、曾巍，秘书长吴春林参加会议。会议听取市人大常委会代表资格审查委员会关于个别代表的代表资格的审查报告。会议确定市十五届人大常委会第二十四次会议的召开日期和建议议程。

【市第十五届人大常委会第四十二次主任会议】 5月29日召开。市人大常委会主任陈万里主持会议，副主任洪泽生、吕竞、王远东、朱团能、曾巍，秘书长吴春林参加会议。会议听取市人大常委会环城委和华侨委关于泉州市石结构房改造工作、少数民族地区新农村建设情况的报告。会议讨论市人大常委会关于加强食品安全监督管理的决议执行情况专题询问的工作方案、关于农产品质量安全法执行情况和行政诉讼法执行情况的检查方案。

【市第十五届人大常委会第四十三次主任会议】 6月17日召开。市人大常委会主任陈万里主持会议，副主任洪泽生、吕竞、王远东、张建生、朱团能、曾巍，秘书长吴春林参加会议。会议讨论市人大常委会关于泉州市现代农业发展专项资金使用管理情况、泉州市2014年市本级财政收支决算报告与2014年市本级预算执行和其他财政收支审计工作报告、泉州市未成年人刑事检察工作、泉州市社会救助工作的审议意见稿和关于市十五届人大五次会议代表建议、批评和意见办理情况，关于开展加快泉州实体经济发展情况的专题调研方案以及关于授权市人大常委会内司委负责对《泉州市人民代表大会及其常务委员会立法条例（草案）》统一审议的决定（草案）。讨论人事免职事项。会议听取市人大常委会农经委关于泉州市海洋渔业发展情况的调研报告。

【市第十五届人大常委会第四十四次主任会议】 7月6日召开。市人大常委会主任陈万里主持会议，副主任洪泽生、吕竞、王远东、张建

7月27日，市第十五届人大常委会第四十五次主任会议召开（图/王虎文）

生、朱团能、曾巍，秘书长吴春林参加会议。会议讨论《泉州市人大常委会关于召开泉州市第十五届人民代表大会第六次会议的决定（草案）》，决定将该决定（草案）提交7月6日下午召开的市十五届人大常委会第二十六次会议审议。

【市第十五届人大常委会第四十五次主任会议】 7月27日召开。市人大常委会主任陈万里主持会议，副主任洪泽生、吕竞、王远东、张建生、朱团能、曾巍，秘书长吴春林参加会议。会议听取市人大常委会代表资格审查委员会关于个别代表的代表资格的审查报告；讨论市十五届人大六次会议的日程安排（草案）及各项建议名单；确定市十五届人大常委会第二十七次会议的召开日期和建议议程。会议还讨论人事任免事项。

【市第十五届人大常委会第四十六次主任会议】 8月20日召开。市人大常委会主任陈万里主持会议，副主任洪泽生、吕竞、王远东、张建生、朱团能、曾巍参加会议。会议讨论《泉州市人民代表大会及其常务委员会立法条例（草案）》；讨论市人大常委会关于2015年1—7月泉州市国民经济和社会发展计划、预算执行情况的审议意见稿；讨论市人大常委会执法检查组关于农产品质量安全法、行政诉讼法执行情况的检查报告和市人大常委会关于这两项法律执行情况的审议意见稿。会议讨论市人大常委会关于泉州市“十三五”规划编制、公立医院和基层医疗机构综合改革、重点流域（含近海水域）环境污染综合整治情况的专题调研方案。会议听取讨论市人大常委会调研组关于加快泉州实体经济发展、《泉州市城市总体规划》实施、泉州市环卫设施规划建设、全民健身工作情况的调研报告。

【市第十五届人大常委会第四十七次主任会议】 8月25日召开。市人大常委会主任陈万里主持会议，副主任洪泽生、吕竞、王远东、张建生、朱团能、曾巍，秘书长吴春林参加会议。会议讨论有关人事任免事项。

【市第十五届人大常委会第四十八次主任会议】 9月28日召开。市人大常委会主任陈万里主持会议，副主任洪泽生、吕竞、王远东、张建生、朱团能，秘书长吴春林参加会议。会议讨论泉州市人民政府关于提请审议泉州市与丹麦霍尔拜克市建立友好城市关系的议案；听取市人大常委会调研组关于市十五届人大五次会议代表建议、批评和意见办理情况的调研报告。

【市第十五届人大常委会第四十九次主任会议】 10月21日召开。市人大常委会主任陈万里主持会议，副主任洪泽生、吕竞、王远东、张建生、朱团能、曾巍，秘书长吴春林参加会议。会议讨论人事任免和辞职事项；讨论《泉州市人民代表大会及其常务委员会立法条例（草案二审稿）》；讨论关于泉州市重点流域（含近海水域）环境污染综合整治情况的审议意见稿；讨论关于泉州市2015年国民经济和社会发展计划主要经济发展预期目标调整方案的初步审查报告；讨论关于2015年市本级预算调整方案的初步审查报告；讨论关于市十五届人大五次会议代表建议、批评和意见办理情况的视察方案；讨论关于加强食品安全监督管理的决议执行情况专题询问的工作方案（修改稿）。会议还听取市人大常委会调研组关于泉州市农村扶贫开发工作情况、台资企业发展情况的调研报告。

【市第十五届人大常委会第五十次主任会议】 11月19日召开。市人大常委会主任陈万里主持会议，副主任洪泽生、吕竞、张建生、朱团能、曾巍，秘书长吴春林参加会议。会议讨论市人大常委会2016年立法计划和首部实体法；讨论市人大常委会关于泉州市“十二五”规划实施情况与“十三五”规划编制情况的调研报告和关于泉州市国民经济和社会发展第十三个五年规划基本思路的审议意见稿；讨论市人大常委会关于召开泉州市第十五届人民代表大会第七次会议的决定（草案）；讨论人事任命事项。

【市第十五届人大常委会第五十一次主任会议】 12月31日召开。市人大常委会主任陈万里，副主任洪泽生、吕竞、张建生、朱团能、曾巍，秘书长吴春林参加会议。会议讨论泉州市人大常委会工作报告稿；讨论市人大常委会视察组关于市十五届人大五次会议代表建议、批评和意见办理工作的综合报告；讨论市十五届人大七次会议的日程安排（草案）及各项建议名单；讨论市人大常委会关于提请审议《泉州市人民代表大会及其常务委员会立法条例（草案）》的议案；讨论《泉州市人大常委会立法顾问和立法咨询专家聘任暂行办法（草案）》；讨论关于补选省十二届人大代表事项。会议听取市人大常委会代表资格审查委员会关于个别代表的代表资格的审查报告，市人大常委会农经委关于泉州市白濑水利枢纽工程建设进展情况的报告，以及人事免职、批准辞职事项。

代表工作

加强代表建议督办工作，市十五届人大五次会议期间代表提出372件建议，闭会期间提出4件共计376件；各承办单位办复率100%，代表对建议办理工作的反馈率100%，代表对办理工作表示满意和基本满意100%；市人大常委会领导及各委室分别挂钩督办重点督办件，8件重点督办件办理成效明显；注意协调不满意件重办工作，代表建议办理质量得到提高。加强代表服务保障工作，认真落实代表知情知政各项措施，及时向代表通报年度监督工作计划、专项工作计划、执法检查报告、审议意见及“一府两院”研究处理情况报告，并向代表寄送有关学习材料。制定市人大代表年度调研、视察方案，及时下发并指导各县（市、区）人大常委会、泉州军分区政治部组织实施。组织代表列席市人大常委会会议，有33位市人大代表列席市人大常委会。先后邀请41位市人大代表分别参加市人大和一府两院组织的活动，积极发挥代表在表达群众意愿、参与监督工作、讨论决定重大事项中的作用。全程服务代表“双联”活动，主动为常委会组成人员联系市人大代表、代表联系群众提供服务保障。圆满完成全国和省人大代表到泉州服务工作，承担香港特别行政区原任全国人大代表到泉州参观考察、福建省的全国人大代表到泉州视察等服务工作，接待南平市的省人大代表到泉州视察服务工作，精心组织泉州市的省人大代表在泉州和到漳州开展视察活动。

调查研究与宣传工作

【开展石结构房屋改造工作进展情况专题调研】 4月27—28日，市人大常委会副主任王远东带领调研组，到泉港、石狮、晋江、惠安等地，开展石结构房屋改造工作进展情况专题调研。

【开展少数民族地区新农村建设情况调研】 4月28日，市人大常委会副主任吕竞带领调研组，到安溪县湖上乡、官桥镇等少数民族村，开展少数民族地区新农村建设情况调研。

【开展现代农业发展专项资金使用管理情况调研】 4月27—29日，市人大常委会副主任朱团能带领调研组，到永春、南安、惠安、洛江等地，开展现代农业发展专项资金使用管理情况调研。

【开展未成年人刑事检察工作专题调研】 5月12日，市人大常委会副主任洪泽生带领调研组，到石狮、安溪等地，开展未成年人刑事检察工作专题调研。

【开展海洋渔业发展情况调研】 5月14—15日，市人大常委会副主任吕竞带领调研组，到泉港、惠安、晋江、石狮等地，开展海洋渔业发展情况调研。

【开展社会救助工作专题调研】 5月19日，市人大常委会副主任洪泽生带领调研组，到市区、洛江、晋江等地，开展社会救助工作专题调研。

【开展《关于做大港口事业的建议》办理情况调研】 6月3日，市人大常委会主任陈万里、副主任朱团能、秘书长吴春林带领调研组，到泉港、石狮、惠安等地，开展《关于做大港口事业的建议》办理情况调研。

【开展中心市区环卫基础设施规划建设情况专题调研】 6月9—10日，市人大常委会副主任王远东带领调研组，到中心市区、泉港、惠安等地，开展中心市区环卫基础设施规划建设情况专题调研。

【开展全民健身工作情况调研】 6月10—11日，市人大常委会副主任张建生带领调研组，到鲤城、丰泽、德化、安溪等地，开展全民健身工作情况调研。

【开展加快泉州实体经济发展情况调研】 7月6—10日，市人大常委会组成调研组，由市人大常委会主任陈万里任组长，副主任洪泽生、吕竞、王远东、张建生、朱团能、曾巍和秘书长吴春林任副组长，部分常委会委员为成员，分4组到各县（市、区）、泉州开发区、泉州台商投资区，开展加快泉州实体经济发展情况调研。

【开展《关于整合市级国有资产，做大做强国有企业的建议》办理情况调研】 6月24日，市人大常委会主任陈万里、副主任朱团能、秘书长吴春林带领调研组，到市直有关国有企业，开展《关于整合市级国有资产，做大做强国有企业的建议》办理情况调研。

6月3日，市人大开展《关于做大港口事业的建议》办理情况调研

（图/陈意鸣）

【开展城市总体规划实施情况专题调研】 7月2—3日，市人大常委会副主任王远东带领调研组，到泉州台商投资区、惠安、石狮、晋江、鲤城、丰泽等地，开展城市总体规划实施情况专题调研。

【开展2015年以来全市国民经济和社会发展计划、预算执行情况调研】 7月24日，市人大常委会副主任朱团能带领调研组，到市直有关部门，开展2015年以来全市国民经济和社会发展计划、预算执行情况调研。

【开展市十五届人大五次会议代表建议办理情况专题调研】 8月上旬，市人大常委会组成调研组，由市人大常委会主任陈万里任组长，副主任洪泽生、吕竞、王远东、张建生、朱团能、曾巍和秘书长吴春林任副组长，部分常委会委员、工委兼职委员、重点督办件及部分建议领衔代表为成员，分6组到代表建议涉及地点，开展市十五届人大五次会议代表建议办理情况专题调研。

【开展台资企业发展情况调研】 9月中旬，市人大常委会副主任吕竞带领调研组，到洛江、惠安、石狮、晋江等地，开展台资企业发展情况调研。

【开展公立医院和基层医疗机构综合改革情况调研】 9月8—11日，市人大常委会副主任张建生带领调研组，到永春、安溪、晋江、南安等地，开展公立医院和基层医疗机构综合改革情况调研。

【开展农村扶贫开发工作情况调研】 9月中旬，市人大常委会副主任吕竞带领调研组，到安溪、德化、永春等地，开展农村扶贫开发工作情况调研。

【开展《泉州市人大常委会关于专题询问义务教育均衡发展情况的审议意见》研究处理情况调研】 9月16—17日，市人大常委会副主任张建生带领调研组，到丰泽、德化、泉港、惠安等地，开展《泉州市人大常委会关于专题询问义务教育均衡发展情况的审议意见》研究处理情况调研。

【开展重点流域（含近海水域）环境污染综合整治情况专题调研】 9月22—23日，市人大常委会副主任王远东带领调研组，到南安、晋江、泉州台商投资区等地，开展重点流域（含近海水域）环境污染综合整治情况专题调研。

【开展市“十三五”规划编制情况调研】 9月下旬至10月上旬，市人大常委会副主任朱团能带领调研组，到各县（市、区）、泉州台商投资区，开展市“十三五”规划编制情况调研。

【开展泉州白濑水利枢纽工程规划建设进展情况调研】 11月12日，泉州市人大常委会主任陈万里，副主任吕竞、朱团能带领调研组，到安溪白濑水利枢纽工程现场，开展泉州白濑水利枢纽工程规划建设进展情况调研。

【开展2015年计划、预算执行情况和2016年计划、预算编制情况调研】 12月22—23日，市人大常委会副主任朱团能带领调研组，到市直有关部门，开展2015年计划、预算执行情况和2016年计划、预算编制情况调研。

【人大新闻宣传工作情况】 组织第九届“宣传人大制度好新闻”评选，泉州广播电视台记者宋丽丽、叶文韬采写的系列报道《纪念人民代表大会制度60周年》、市人大常委会编辑部拍摄的摄影作品《市人大常委会就义务教育均衡发展开展专题询问》获得福建省第24届人大新闻奖三等奖；全年出版《泉州人大信息》23期；《泉州人大》杂志出版6期；精心筹划、组织开展纪念人大制度60周年宣传活动，与泉州晚报、泉州广播电视台合作开辟专栏专题，宣传报道泉州市各级人大及其常委会依法履职的经验和成绩；“泉州人大网”升级改版成功；配合《中国人大》杂志到泉州开展采访活动，配合省人大常委会开展的“乡镇人大工作巡礼”组稿活动。

【人大制度理论研究】　牵头完成市委重点课题《全面推进依法治国与发挥地方人大作用的研究》，部分成果被市委采纳应用。召开市县两级人大常委会主任座谈会，围绕“积极开展人大协商”主题进行研讨。抓好省人大常委会重点课题“全面推进依法治国与发挥地方人大作用”调研工作，形成一批调研成果，全年11篇论文入选省人大专题研讨会，分别获得一等奖、三等奖和优秀奖，其中市人大常委会研究室撰写的《全力营造全民“尊法”氛围的思考——兼论地方人大的作用》获三等奖。

人事任免

泉州市人大常委会全年任免地方国家机关工作人员33人（次）。

2月13日，根据泉州市中级人民法院代院长欧岩峰的提请，泉州市第十五届人大常委会第二十一次会议免去林德育的泉州市中级人民法院刑事审判第一庭庭长、审判员职务；免去王鹏强的泉州市中级人民法院审判员职务；根据泉州市人民检察院检察长欧秀珠的提请，免去黄党生的泉州市人民检察院检察员职务。

3月11日，根据泉州市人民检察院检察长欧秀珠的提请，泉州市第十五届人大常委会第二十二次会议任命黄进贤为泉州市人民检察院检察员；任命尤君泽为泉州市人民检察院检察员；任命吴学敏为泉州市人民检察院检察员；免去李曙光的泉州市人民检察院检察员职务。

6月30日，根据泉州市中级人民法院院长欧岩峰的提请，泉州市第十五届人大常委会第二十五次会议免去傅孙明的泉州市中级人民法院执行庭副庭长、审判员职务。

8月27日，根据泉州市人大常委会主任会议的提名，泉州市第十五届人大常委会第二十八次会议任命兰菁为泉州市人大常委会华侨民族宗教委员会主任；任命陈力平为泉州市人大常委会法制工作委员会主任；根据泉州市人民检察院检察长高扬捷的提请，免去李华的泉州市人民检察院检察员职务。

10月29日，根据泉州市人民政府市长康涛的提名，泉州市第十五届人大常委会第二十九次会议任命张永宁为泉州市人民政府副市长；免去李建辉的泉州市人民政府副市长职务；根据泉州市人民政府市长康涛的提名，决定任命陈荣法为泉州市文化广电新闻出版局局长；任命李伯群为泉州市城市管理行政执法局局长；任命陈开基为泉州市工商行政管理局局长；任命庄冰心为泉州市质量技术监督局局长；免去张镇国的泉州市文化广电新闻出版局局长职务；免去黄建奇的泉州市城市管理行政执法局局长职务；免去李铭的泉州市粮食局局长职务；鉴于王远东任职年龄原因，决定接受王远东辞去泉州市第十五届人民代表大会常务委员会副主任职务的请求，报泉州市第十五届人民代表大会第七次会议备案；鉴于苏进发任职年龄原因，决定接受苏进发辞去泉州市第十五届人民代表大会常务委员会委员职务的请求，报泉州市第十五届人民代表大会第七次会议备案。

11月27日，根据泉州市中级人民法院院长欧岩峰的提请，泉州市第十五届人大常委会第三十次会议任命黄卿堆为泉州市中级人民法院刑事审判第一庭副庭长；任命柯志同为泉州市中级人民法院刑事审判第二庭副庭长；任命黄生计为泉州市中级人民法院刑事审判第二庭副庭长；任命曾晓军为泉州市中级人民法院民事审判第三庭副庭长。

11月27日，根据泉州市人民检察院检察长高扬捷的提请，泉州市第十五届人大常委会第三十次会议任命许侃侃为泉州市人民检察院检察员。

交通科研楼　　（图/吴春民）

泉州市人民政府

QUAN ZHOU SHI REN MIN ZHENG FU

责任编辑：谢晓艺

综述

【概况】 深入贯彻中共十八大和十八届三中、四中、五中全会精神和习近平总书记系列重要讲话精神，紧紧围绕“四个全面”战略布局，着力保稳、求进、攻坚，全市经济、政治、文化、社会、生态文明建设和党的建设取得了新成效。2015年，全市生产总值6137.74亿元、增长8.9%，工业实现增加值3345.09亿元、增长8.7%，公共财政总收入804.74 亿元、增长11.3%，公共财政预算收入388.3亿元，增长2.2%；固定资产投资3406.25亿元，比上年增长18.5%，社会消费品零售总额2459.59亿元，比上年增长12.3%，实际利用外资15.8亿美元，增长6.1%；城镇居民人均可支配收入37275元，增长7.1%，农村居民人均可支配收入15861元，增长8.7%。

【精准施策有为应对】 开展“三比一看”活动。进一步提振精气神，有为适应新常态，推动“比学赶超”。全市生产总值、一般公共预算总收入、规模以上工业增加值、固定资产投资分别增长8.9%、11.3%、8.9%、18.5%。充分发挥政策效应。出台稳增长10条、促进房地产市场平稳发展等综合措施，以及纺织鞋服、建材水暖等5个行业专项政策，开展政策落实评估、督查和整改。全年兑现扶持资金31亿元，争取国家和省级补助124亿元。突出“一企一策”帮扶。坚持每季度开展“帮扶企业发展、促进项目落地”活动周，帮助企业化解困难问题。政府主动站台搞促销，组织品牌“境外行”“海丝行”和建材“中国行”，支持名优地产工业品开拓市场；推广企业“手拉手”活动，对接产能712亿元。强化投资拉动作用。340个市级在建重点项目完成投资1001亿元；城市公用设施、水利等七大领域新增投资150亿元。39个项目获国家专项建设基金16.1亿元支持。有效防控金融风险。落实政府维护良好金融生态环境的主体责任，政司银保企全线动员，采取“堵、缓、化”方式，协调解决120多家企业资金链问题，为企业提供“过桥”资金541亿元，严厉打击恶意逃废债，金融运行总体平稳。

【产业结构优化升级】 出台进一步推动产业转型升级系列文件，研究制定17个重点产业转型升级路线图。发布“泉州制造2025”发展纲要。实施智能制造、质量品牌、服务型制造3项行动。组织“三个一千”推广计划，兑现智能制造扶持资金近1亿元，建成34个（条）智能工厂、数字化车间和“数控一代”示范生产线，累计引进建设高端科研平台33个。全市新增高新技术企业88家，制修订标准70项，授权专利2万多件。德化获评国家新型工业化产业示范基地。突出培育产业龙头。推动联合石化脱瓶颈、晶安光电（二期）、德润电子等45个制造业重点项目建成投产，实施重点技改项目201个，新增亿元工业企业105家、中国驰名商标8件，上榜中国品牌价值评价企业20家。强化招商选资，参加省民企对接会和“9•8”投洽会，举办央企和外资（台资）专场招商会，共对接项目277个，总投资2814亿元。中化乙烯、莲花汽车、富德新型能源化工等重特大项目前期工作加快推进。发展特色现代农业。完成农林牧渔业总产值321亿元，粮食播种面积211.6万亩，新增设施农业1.5万亩，新增远洋渔船21艘，新增农民合作社、家庭农场、专业大户等新型农业经营主体1028家，动工建设市区标准化中心粮库。组建农村产权交易平台，新增耕地流转3万亩。

深化“第三产业发展年”活动。485个项目完成投资744亿元。出台加快互联网经济发展实施方案，电商交易额超1900亿元、增长35%，快递业务量增长45%，获批中国快递示范城市，德化电商园、安溪弘桥智谷入选国家电商示范基地。中国国际信息技术（福建）产业园建成投用。全市接待游客5125万人次，旅游总收入618亿元，分别增长15.7%和16.9%。出台推进大众创业万众创新措施。重点建设众创空间59个，孵化“双创”企业626家、项目1080个；在全省率先启动网商虚拟产业园建设，入驻企业1700多家。强化人才支撑。深入推进“海纳百川”高端人才集聚计划，新建院士专家工作站4家、博士后科研工作站5家。实施技能人才素质提升工程，新增高技能人才1万多名。出台县域经济特色人才评价办法，评审特色人才500多名。

【改革开放步伐加快】 深化金融改革。金融资源加快集聚，恒丰、广发银行泉州分行开业。区域资本市场建设取得新进展，新增境内外上市企业5家、新三板挂牌企业12家，实现直接融资158亿元；海峡股权泉州交易中心挂牌企业410家，海峡金融资产交易中心交易额达180亿元。实体金融成效凸显，全市各项贷款余额5429亿元、比年初增加499亿元，小微企业信贷覆盖率提高到35.1%；中小微企业信用信息交换共享平台导入企业14.8万家，授信280多亿元。对台对外金融合作实现新突破，率先开展泉台跨境人民币贷款业务。深入实施“民综”改革三年行动计划。支持各县（市、区）开展特色主题改革。鼓励引导民间投资，推出PPP项目90个、总投资1050亿元。深化工商登记制度改革，在全省率先开展集群注册，全面实施“三证合一、一照一码”登记，全年新登记市场主体12万家。加快推进“海丝”先行区建设。出台行动方案和发展规划。成功举办第十四届亚洲艺术节暨第二届海上丝绸之路国际艺术节、21世纪海上丝绸之路国际研讨会，“海丝”亚洲艺术公园开园，联合国“海陆丝绸之路城市联盟”工商理事会秘书处落户泉州市。复制推广自贸区创新举措108项，实现与“海丝”沿线国家和地区进出口额131亿美元。泉州出口加工区升级为综合保税区。泉州晋江国际机场旅客吞吐量363.6万人次，完成港口吞吐量1.2亿吨、集装箱201万标箱，泉金航线运送旅客12万人次。

【城乡统筹进程加速】 深化“环湾规划建设年”活动。467个项目完成投资536亿元。开展“多规合一”试点，编制环泉州湾城乡一体化规划，中心城区实现控规全覆盖。深入实施城乡基础设施“六大提升工程”，泉州湾大桥、泉三高速安溪连接线、国道324线丰洛段改造工程等建成通车，湄洲湾南岸铁路支线、厦沙高速泉州段等项目加快推进，泉厦漳城市联盟路泉州段开工建设，刺桐大桥取消收费。进一步规范优化环湾公交线网，投用新能源公交车248辆，着手建设公共自行车租赁系统。出台实施城市交通秩序、卫生保洁、集贸市场、占道经营等四个管理规则，推动文明城市创建机制化常态化。获批国家“智慧城市”试点。加快新型城镇化步伐。晋江“国家新型城镇化综合试点”深入推进，石狮列入“国家中小城市综合改革试点”。21个省市级试点小城镇实施项目641个、完成投资351亿元。有序推进农业转移人口市民化，新办理流动人口居住证77万张。实施宜居环境建设行动计划。新建改造市政提升“五千工程”883公里，建成江滨北路亲水慢道，启动山线绿道工程精品示范段项目，建设人居环境整治村171个、美丽乡村示范（宜居）村32个、美丽乡村景观带9条。拆除改造石结构房屋2914万平方米，拆除“两违”建筑581万平方米。完成公路安保工程371公里，建设升级农村配电网2038公里。完善农村水利设施，白濑水利枢纽工程项目建议书通过水利部审查，彭村水库主体工程基本完成，泉州向金门供水工程动工建设，农村8.3万人饮水安全问题得到解决。实施精准扶贫，全市减贫5.4万人，造福工程搬迁1.7万人。

【社会事业全面进步】 全市财政安排民生支出421亿元，占财政支出比重达78%，39件为民办实事项

3月30日，市政府与厦航签订战略合作框架协议　（图/廖平和）

目顺利完成。健全社会保障体系。新增城镇就业15.3万人，农村劳动力转移就业6.2万人。城乡医疗保险、养老保险进一步提标扩面，新增养老床位5980张，新建农村居家养老服务中心（站）100个、农村老年体育活动中心20个，启动机关事业单位养老保险制度改革。加强老龄、老干部和关心下一代工作。不断完善社会救助体系，救助困难群众46万人，惠及低保对象13.4万人，泉港“救急难”工作列入全国综合试点。全市慈善机构增加善款近9亿元。打通商品房与安置房转换通道，开工建设保障性安居工程2.7万套，新增配租配售1.7万套。用好用足住房公积金，全年投放77亿元。落实教育优先发展战略。进一步扩充优质教育资源，新增公办幼儿园学位1万个，新扩容城镇中小学学位2万个。公办普通高中全面取消招收择校生。义务教育阶段外来工子女35.4万人，90%以上在公办学校就读。建成泉州特教学校扩建项目和20个青少年社会教育活动中心。教育信息化建设步伐加快。高等教育、职业教育的人才培养与产业需求更加紧密衔接，建成福大泉港石化学院。提升卫生健康水平。出台深化医药卫生体制改革试点实施方案，启动公立医院综合改革，全面实行药品零差率销售。出台加快推进社会办医的实施意见，全市新增医疗机构床位2000张，市中医联合医院、永春县医院新院等完成整体搬迁，颐和医院奠基建设。加强公共卫生和妇幼保健，有效防控重点传染病。计生服务管理水平进一步提升。推动文化传承发展。出台闽南文化生态保护区总体规划泉州实施方案，扶持建设21个重点区域非遗展示馆、25个传习所、25个重点传承项目，完成17个传统工艺美术濒危艺种的抢救保护任务。惠安、德化分别荣获世界石雕之都、世界陶瓷之都称号。公共文化服务体系不断完善，市四大公共文化中心开工建设。获批国家体育产业联系点城市，圆满完成第一届全国青运会泉州赛区各项工作，成功举办市第十届运动会。加强生态保护治理。通过国家生态市、全国绿化模范城市考核验收。173个重点流域、跨境流域污染整治项目完成投资17.7亿元，第二批小流域“赛水质”活动整治河道55公里，晋江干流水质达标率100%。实现建陶业LNG替代和饰面石材矿山开采全行业退出，完成2005年底前注册营运黄标车淘汰任务，中心市区空气质量优良率达98.9%。开展生猪养殖污染整治攻坚，关闭拆除禁养区生猪养殖场1995家。完成植树造林12.7万亩、水土流失治理24万亩、矿山整治恢复370万平方米。桃溪流域获评国家级湿地公园和水利风景区。深化平安泉州建设。狠抓社会治安综合治理，严厉打击各类刑事犯罪，切实做好信访工作。认真执行市人大进一步加强食品安全监督管理议案的决议，大力治理“餐桌污染”。落实安全生产“党政同责、一岗双责”，加强危化、交通、消防等领域隐患整治，四项指数全面下降。通过全国新一轮双拥模范城考核评估。国防动员、民兵预备役、海防、人防、支前、民族宗教、统计、物价、外事侨务、地震、气象、方志、档案以及青少年、妇女儿童、残疾人等工作取得新成绩。

【政府服务提速增效】 开展“三严三实”专题教育，巩固党的群众路线教育实践活动成果，严格落实“八项规定”，着力解决“四风”问题。认真落实市委全面推进法治泉州建设的实施意见，被赋予地方立法权，政府法制建设得到加强，府院联系机制不断完善，顺利完成“六五”普法规划。自觉接受市人大及其常委会监督，依法执行市人大及其常委会决定决议，主动配合市人大依法履职，办理人大代表建议371件，满意和基本满意率达100%。支持政协履行职能，主动接受市政协民主监督，深化重大事项事前协商，办理政协提案535件，满意和基本满意率达100%。公布实施行政权力清单、公共服务事项清单、责任清单、内资准入负面清单，建立动态调整机制。开展“办事难、办证难”专项整治，推进审批服务提速，复杂事项审批时间压缩至法定时限35%以内。加强廉政建设、行政监察、审计监督等工作，强化效能督查、政务督查，严肃查处“庸、懒、散”行为，加大对失职渎职的追究力度。

【发挥“亚艺”效应】 11月8—15日，由文化部和省政府主办，省文化厅和市政府承办的第十四届亚洲艺术节暨第二届海上丝绸之路国际艺术节在泉州举办。亚洲艺术节是国务院批准的唯一一个区域性国际艺术节，不仅是国际艺术集中展示的机会，还是推动亚洲国家文化交流与合作不断取得新成果的重要平台。本届艺术节，文化部部长雒树刚、省委书记尤权，省有关领导及国家有关部委领导，40多个国家和地区政要使节、著名专家学者、演艺人员和媒体记者等近6000名宾客相聚泉州，共襄文化盛事。其间，共举办130多场活动，参与群众200多万人次，是泉州迄今为止举办规格最高、规模最大的区域性国际艺术盛会，各级领导、海内外知名学者、国际友人、乡贤侨领和境内外媒体给予高度评价。

【获得国家生态市称号】 自2003年提出“生态立市”发展战略以来，市委、市政府始终把加强生态建设、创建生态市作为一项民心工程、德政工程，与经济社会发展同规划、同部署、同落实。在市委、市政府的高度重视和有力领导下，在市人大、市政协的监督和大力支持下，各级各有关单位紧紧围绕《泉州市生态市建设行动方案》，以及生态市建设“十一五”“十二五”规划，从创建战略、制度建设、产业发展、政策措施、社会文化等五个层面强力推进生态市建设，着力构建生态经济、生态人居、生态环境、生态保障、生态文化五大生态体系，各项举措均取得明显成效，有力促进了经济、社会、生态的协调发展。2014年12月29日，泉州市国家生态市创建顺利通过环保部技术评估组考评，成为全省首个通过国家生态市技术评估的设区市。2015年11月7日顺利通过国家生态市考核验收，圆满完成省委、省政府下达的生态市建设工作任务。截至目前，全市共建成10个国家生态县（市、区）、数量居全省首位，建成111个国家级生态乡镇、占全市总数的80.4%，1659个市级以上生态村、占全市总数的80.8%。

执行人大议案决议

2015年，泉州市第十五届人民代表大会第五次会议期间，收到大会召开期间代表建议372件（其中议案转建议10件），闭会期间代表建议4件，合计376件。所有建议均在规定时间内办理完毕，办复率100%，代表对建议的反馈率达100%，满意和基本满意率达100%。市政协十一届四次会议期间，收到市政协提案546件，提案均在规定办理期限内办结，办复率100%。委员对提案的反馈率达100%，满意率达100%。

为民办实事项目

【概况】 2015年市委、市政府为民兴办实事项目共39项，涉及教育、民政、养老、食品安全、交通、“三农”、助残、妇婴健康、城市管理、公共设施建设、文化建设、便民服务等多个领域，全部顺利完成。

【扶持50所农村中小学信息化建设】 已完成。建设教师网络学习空间：已组织50所农村中小学共482名教师与对应的市直学校教师分5批次进行点对点交流和报送学科资源需求，同时进行优质资源共享应用培训。建设全市教育教学资源平台和相配套资源库：泉州市教育资源公共服务平台子项目已完成建设任务，累计完成投资814万元，占年度计划的101.8%。

【扶持新建20所公办幼儿园】 年度任务主体工程已基本完工。已下达20所新建幼儿园项目的补助资金（包括省级补助13个项目）6844万元，完成投资17686万元，占年度计划投资的147.3%。20个项目中有14个项目竣工扫尾，4个装修，2个完成基础建设，预计2016年秋季可全部投入使用。

【实施中小学幼儿园技防系统建设及提升工程】 已完成。该项目建设周期2年，2015年已完成建设和改建校防系统升级的学校2014所，占年度计划的137.5%。

【开展“救急难”工作】 已完成。市民政局与市教育局、司法局、财政局、人社局、住建局、卫计委联合下发了《2015年泉州市“救急难”工作为民办实事项目实施意见》，同时制定了《泉州市救急难专项资金管理暂行办法》，加强和规范泉州市救急难资金管理，推进救急难工作的实施。确定了“救急难”救助对象名单，全年共发放救助金120多万元。根据民政部开展“救急难”工作部署，指导泉港区开展“救急难”综合试点工作，形成“救急难”合力。

【为2000名特困重度失能老人提供政府购买服务】 已完成。各县（市、区）对政府购买对象建立“有进有出”机制。各地在充分依托亲友、社区、老年协会、中介组织等为特困失能老人提供服务的同时，对服务方式和服务成效进行回访，并逐步改进。各县（市、区）政府购买服务工作已圆满完成，服务人员服务经费全面落实到位。重阳节期间，各县(市、区)开展以特困失能老人为重点的老年节慰问活动。市物价局安排一次性临时价格补贴资金220.86万元，对全市特困且重度失能老人开展慰问，包括政府购买服务对象2000名，每人300元。

【为343户农村低保家庭建设安居房】 已完成。截至12月底，市级补助资金686万元、县级补助资金514.5万元已全部下达。343户低保安居房已全部动工建设，其中242户已迁入新居，101户正在装修并将于2016年春节前全部迁入新居。

【实施贫困残疾人救助工程】 已完成。已完成300例贫困残疾儿童康复救助；各县（市、区）残联已发放康复训练补助资金，并做好工作总结。已完成331例贫困肢体残疾人的假肢矫形器装配及训练工作，占年度计划的110.33%；市残联正开展抽查验收工作。

【建设泉州市出入境办证便民服务大厅】 已完成。出入境办证便民服务大厅的地砖铺设、水电施工、墙面粉刷、房间玻璃隔断以及扶手电梯、吊顶、木地板、门窗安装等装修工作已完工，总计投入516万元，待工程验收后支付。电脑、打印机、复印机等通用办公设备，自助受理机、填表机等专用设备以及办公桌椅已按要求完成采购，总计投入209.82万元。

【治理“餐桌污染”实施“食品放心工程”】 已完成。300万元补助资金已拨付到位。安溪县开展食品（农产品）安全示范区创建工作，市食安办牵头相关部门进行督查并组织创建验收。该示范区示范效果明显，浙江、广东、四川等地先后到安溪学习考察。市食安办已确定32个项目创建点，目前32个检测室已全部建成并投入运行或试运行；已完成32个集贸市场检测室工作人员业务培训，完成年初任务的100%。各地食药监部门按照市食药监局制定的《2015年传统工艺食品小作坊示范点创建工作方案》组织创建，全市共有鲤城区佳源糕饼加工厂等12家小作坊通过验收，并取得福建省食品生产加工小作坊生产条件核准证书，完成年初任务的120%。

【建设提升300个城乡居家养老服务中心（站）】 已完成。所有农村居家养老服务站项目均已建设完成，石狮、晋江、安溪、永春、台商区等地已提前投入使用，为老年人提供生活照料、文化娱乐等服务。市、县两级补助资金均已下拨（晋江和台商区分别把配套资金提高到10万元和5万元，石狮另外配套运营经费3万元、晋江配套运营经费2万元）。鲤城区、丰泽区纳入政府购买服务范围的老年人持续享受居家养老基础服务和实体援助服务；洛江区确定400名基础服务对象和167名实体援助服务对象，7月开通信息平台，“幸福中心”实体援助站正式投入运营；泉港区启动“互联网+”居家养老助残服务工作，实体服务站正式启动，服务覆盖政府购买服务对象约500名；石狮市确定信息服务老人数2000名，实体援助服务对象292名，服务对象信息已采集完毕，12月1日启动仪式，居家养老信息化服务和实体服务全面展开；晋江市6月12日启动居家养老信息平台及家政服务试点项目，在为3000名老人购买居家养老基础服务的同时，通过雅适家政为其中1000名老人提供实体援助服务；惠安县完成三个实体店的建设并投入运营，纳入信息服务老人数3483人，实体援助对象136人；平台运行以来，共接受信息呼叫服务10444人次、实体援助服务638单；安溪县从10月起为583名老人提供居家养老信息化服务，并为其中100名老年人提供实体援助服务；永春县2月启动居家养老信息化服务，服务范围覆盖中心城区866名老人，目前正逐步向全县范围推广。泉港、南安、德化的20个社区居家养老服务中心（站）纳入星级评定范围，市老龄办下发提升标准，20个社区按标准进行提升完善。星级评定工作已经完成，市级星级评定资金已拨付到基层。

【进一步规范和优化设置道路交通指示牌】 已完成。市交警支队完成中心市区市政道路交通指路标志的优化设置工作，工程中标价278.33万元，验收合格后先支付80%即222.67万元，剩余款项待审计完成后支付。市交通委、市公路局完成公路指路标志牌设置3205面，其中：群养公路交通指示牌设置1260面，占年度计划的126%；完成投资370万元，占年度计划的103%。专养公路交通指示牌设置1945面，占年度计划的100%；完成投资1252万元，占年度计划的100%。共覆盖1688个建制村，加上原有设置的公路指路标志牌，泉州市指路标志牌已基本覆盖2060个建制村。泉州高速管理分公司计划新增单悬指路标志23套、双柱式指路标志1套、附着式指路标志13套、行车振荡提醒标线60平方米、单柱式指路标志改双悬式指路标志1套、指路标志改膜19处、行车标线更新5000平方米，共涉及泉州泉三、南惠、金安、南石、泉州莆永及泉州沈海复线等6个路段，各项目均已全部完工，完成投资约150万元。

【继续开展“计生特殊家庭”关爱行动】 已完成。及时上门关怀慰问。组织对2015年88个新增失独家庭上门走访关怀，共发放一次性抚慰金44万元；对17户新增独生子女伤残家庭发放慰问金5.1万元。“两节”期间走访慰问全市所有失独家庭，各级共发放慰问金91.8万元（其中市级44.3万元），重阳节期间发放6万元慰问49周岁以上的低保失独家庭。抓好“特扶”政策的兑现落实。已向2015年的435名“特扶”对象兑现落实543.12万元特扶金。优先开展帮扶。为全市所有计生特殊家庭免费办理计生家庭意外伤害和住院津贴保险，实施安居工程帮扶17户失独家庭，计生小额贴息帮扶16户，幸福工程帮扶9户，就业创业技能培训50户，并开设就医绿色通道、提供市域内医疗专家免费会诊等多项优先优惠医疗服务。开展再生育或收养关怀。帮助87户失独家庭实现再生育，帮助43户失独家庭领养子女。组织志愿者服务。组织“生育关怀·心理健康辅导专业志愿者服务队”开展心理疏导、生活照料等帮扶活动73场次，为城区146户失独家庭提供免费水电安装维修服务。

【为53户散居社会贫困归侨建设侨居工程】 已完成。53户建设对象已全部封顶，补助资金已全部落实到位。

【实施妇婴健康工程】 已完成，市本级安排的130万元资金已全部到位，项目所在县（市、区）按1:1配套资金。全市100个“爱婴哺乳室”已全部建成并投入使用。完成农村妇女宫颈癌筛查10031人，完成率100.31%；乳腺癌检查10027人，完成率100.27%。

【建设20个“儿童之家”】 已完成。20个“儿童之家”项目经费150万元已全额拨付到位，20个项目点的硬件设施设备已完成。全市20个“儿童之家” 除提供日常公益性服务外，共开展各项主题活动217场，公益讲座35场。

【建设20个城市社区未成年人文体活动设施场所】 已完成。20个项目已全部完成并投入使用，合计投入251万元（含市、区两级建设资金200万元和社区自筹资金51万元），占计划的125.5%。

【新建20座青少年社会教育活动中心】 已完成。20个青少年社会教育活动中心全部建设完成，总投入建设资金达641.29万元，完成比率达160.32%。

【继续实施“关爱女孩”五项工程】 已完成。“安居工程”：全市计划投入资金1619万元，帮扶664户，实际投入资金1868万元，占计划投入的115.4%；竣工683户，竣工建筑面积102575平方米。“成才工程”：全市计划投入资金1325.5万元，帮扶和减免25088人次，实际投入资金1434.89万元，占计划投入的108.3%；帮扶和减免29422人次，占计划帮扶和减免数的117.3%。“致富工程”：全市计划投入资金509.4万元，帮扶2407户，实际投入资金643.58万元，占计划投入的126.3%；帮扶3120户，占计划帮扶户数的129.6%。“亲情工程”：全市计划投入资金309.96万元，帮扶15884人次，实际投入资金400.66万元，占计划投入的129.3%；帮扶17634人次，占计划帮扶数的111.0%。“保障工程”：全市计划投入资金3239.39万元，帮扶269265人次，实际投入资金4056.69万元，占计划投入的125.2%；帮扶333061人次，占计划帮扶数的123.7%。

【继续建设20个农村老年体育活动中心】 已完成。市老体协领导在建设过程中，一方面积极发动社会援手支持，动员企业家慷慨资助；另一方面深入各村实地勘察，认真安排建设和解决遇到的实际困难与问题。目前，20个项目已全部完成并投入使用，总投资5173万元，总建筑面积28533平方米，三场配套11300平方米。

【改造提升泉州市老干部（老年）活动中心】 已完成。市老干部活动中心完成空调、电脑、投影仪、LED、排椅、会议桌椅、大院门禁系统等设备安装，已验收完毕，于11月2日完成工程决算。同时完成桥牌、麻将两个兴趣小组整合改造工作，新组建非物质文化遗产南音兴趣小组，完成阅览室拓展为电子阅览室工作。市老年活动中心四楼装修改造与球场改造工程已完成并投入使用，设立了老干部之家，建立谈心、阅读、书画、健身等区域；改造扩大了电子阅览室、楼层卫生间、开水房等公共场所；为老干部之家配备了沙发、桌柜、空调、电视和建身器材等设备，在八楼两间会议室增设了空调、音响、窗帘，电子阅览室添置了电脑等；中心球场（门球场、地掷球场）改造已完成，铺设了人工草坪，建造休闲区，增设了两个防腐木凉亭和一些木桌椅，为球场增设安全防护栏等；完善了老年歌友会工作，将小的普通阅览室拓展为宽敞的电子阅览室，完成人员队伍的礼仪培训和沙盘心理咨询师培训工作等。

【解决规划内7.66万人的饮水安全问题】 已完成。安溪湖头镇、龙涓乡、龙门镇、参内乡，南安仑苍镇、英都镇、罗东镇、霞美镇、康美镇等9个项目已经全部完工，共解决南安3.6246万人、安溪4.0366万人和学校师生0.0532万人的饮水安全问题，完成投资3754.7万元，其中中央预算投资2649.6万元，省级配套补助资金550.6万元，地方自筹554.5万元。

【解决规划内7.66万人的饮水安全问题】 已完成。共完成农村公路安全保障（提升）371千米，占年度计划的185.5%；完成投资1753万元，占年度计划的116.9%。

已完成。共完成改造农村公路危（病）桥33座，占年度计划的165%；完成投资5981万元，占年度计划的299%。

【提升农村乡镇卫生院综合服务能力】 已完成。市卫计委确定提升单位47家，共52个项目（基建及配套设施建设等项目20个，医疗设备及救护车购置项目32个），从市卫生部门专项经费安排510万元，县级按不低于1:1的比例配套。已完成基建及配套设施建设年度计划投资和医疗设备救护车购置。

【实施23个土地整理项目】 已完成。23个项目已全部完工，规模面积19090亩，已完成投资5811万元，完成计划的100%。

【支持培育10个老区特色产业示范项目】 已完成。市民政局研究确定洛江区马甲镇彭殊村蔬菜农民专业合作社、泉港区涂岭镇黄田村茶叶基地、晋江市安海镇上垵村吉隆农业综合开发有限公司、南安市翔云镇翔山村联美果蔬农民专业合作社、南安市英都镇英东村兴岳养殖场、惠安县山霞镇田乾村蔬菜农民专业合作社、安溪县西坪镇赤水村茶叶专业合作社、永春县达铺镇狮峰村狮峰岩茶场、德化县水口镇榜上村有名专业合作社、德化县南埕镇高漈绿泰油茶农民专业合作社等10个专业合作社为2015年“市委、市政府扶持培育老区特色产业示范项目”。10个老区专业合作社经过帮扶，带动资金投入300多万元，增加村财收入30多万元，专业合作社增收120万元，起到了较好的示范辐射作用。

【实施农民工创业扶助工程】 已完成。各县级工会已完成对所有农民工创业扶助工程项目的检查验收，每个项目5万元的专项补助资金已全部拨付到位。

【实施农村人居环境整治工程】 已完成。市级美丽乡村项目组织实施50个环境整治村、20个美丽乡村示范（宜居）村和5条美丽乡村景观带（简称“两村一带”），已完成实施建设项目430个，完成投资5.46亿元，全部完成年度计划任务。市级财政安排“两村一带”建设项目补助资金3500万元（其中50个环境整治村2000万元、20个美丽乡村示范村1000万元、5条美丽乡村景观带500万元），已全部下达。泉州市纳入全省美丽乡村建设“千村整治、百村示范”任务有133个村庄，其中12个村庄列为示范村。省级美丽乡村建设项目总投资8.68亿元，年度计划投资6.96亿元，已完成投资7.84亿元，占112.68%。全市整治裸房面积93.2万平方米，村道硬化262.6千米，村庄绿化73.6万平方米。

【建设城市安全信息系统（四期）】 已基本完成。全市已投入约6000万元（根据建设合同要求，2015年只需支付合同金额的60%，已基本完成2015年建设资金投入），用于城安系统（四期）可行性研究报告、初步设计方案、项目预算书、招投标文件和支付承建单位合同预付款等。目前该项目已完成点位勘测7465点，勘点率90%；摄像机安装5918个，设备安装率71%。计划2016年1月15日完成主体工程建设，1月25日完成验收工作。

【搬迁地质灾害隐患点127点210户963人】 已完成。总投资4341.1万元，完成计划投资的175%，210户已全部完成新宅建设并搬迁入住。

【改造提升200个自然灾害避灾点】 已完成。各项目按A类避灾点建设要求与标准进行巩固和提升，各地采取县级统一采购或乡镇自行采购的方式配套物资，全部项目均已于11月完成提升工作。市级补助资金已于4月下拨，各地配套资金采取提前下拨或按进度拨付的方式下拨到项目单位。

【加强中心市区公共场所健身设施建设和管护】 已完成。芳草园公园、东湖公园、刺桐公园、中山公园、滨海公园等中心市区公园体育健身设施和儿童健身娱乐设施已竣工。鲤城区、丰泽区、洛江区、泉港区和部分县市60条全民健身路径已竣工。鲤城区、丰泽区、洛江区、泉港区健身器材维修维护工作已全部完成。

【继续推进新一轮菜篮子工程建设】 已完成。全市“菜篮子工程”完成投资8819万元，完成年度计划的110%；市级财政500万元补助资金已于10月底下发各相关单位。全市新增无公害蔬菜基地3个，新增无公害畜禽基地3个，完成45个“菜篮子”基地的升级优化工作，推进5家基地在超市、农贸市场建立直销体系，建立10个肉品追溯网点。

【继续推进中心市区停车场规划建设和管理】 已完成。已完成泉州市中心城区停车场近期建设规划编制工作，《泉州市中心城区停车场近期建设规划》于7月13日批复实施。市国投公司立体停车楼设计方案已报市城乡规划局讨论研究；市第一医院设计方案已经市城乡规划局讨论研究，正抓紧进行修改完善。泉秀停车场、泉州恒达汽车修配服务有限公司停车场、原水利局办公楼立体停车库、永宏停车库等一批社会公共停车场已完成选址并通过规划审查，各相关项目正抓紧规划设计。截至12月底，新增地下停车位4458个，完成年度目标的178.32%；完成投资1.99亿元，占年度计划投资的100%。停车诱导系统一期工程已完成；二期工程项目招标文件已上网公示，定于1月29日开标，2016年上半年完成建设。市住建局制定了《关于加强物业管理区域停车管理的通知》，会同市城乡规划局、市政公用事业局联合制定下发了《关于推进中心市区既有住宅小区临时停车场改造的指导意见》。市交警支队设立了中心市区机动车停车场管理领导小组办公室，下发通知要求鲤城、丰泽、洛江、泉州开发区成立相应领导小组并明确辖区主管部门。同时，积极指导、协调、推动中心市区停车场规划建设服务管理工作，对各职能部门的停车场管理工作任务完成情况进行跟踪督促。鲤城区开元街道西湖盛荣苑一期周边20个泊车位和涂门社区40个泊车位施划均已竣工，共投入资金1.5万元。丰泽区东美花苑及泉秀新村施划的130个停车位已完工。洛江区新增地下停车位235个并投入使用。

【大力提升公交出行和服务水平】 已完成。100部新能源公交车已全部到位并投入运营，累计新增公交线路4条，优化公交线路7条，延长公交服务时间5条。开通2条企业定制线路及2条私人定制线路，弥补公交覆盖盲区，有效改善上下班高峰出行时效性和舒适度。在所属68条公交线路793辆车上全面完成“三语”报站服务，完成率100%。组织人员配合老龄委前往台商投资区部分社区开展敬老卡和爱心卡办理服务；派人进驻华侨大学、医高专、泉州师院等院校为师生办理IC卡服务，共办理敬老卡（含爱心卡）20772张，学生卡（含学生月票卡）16445张。完成手机微信公众号注册并投入使用，将掌上公交系统植入微信公众号，极大方便广大乘客实时查询公交出行，微信公众号关注量近3万人。完成对配套设施完善的营运第一、二、三、四分公司等综合停车场配置自动洗车台。

【进一步改善提升城市卫生环境】 已完成。鲤城区江南新区10座旱厕改造已完成，完成投资250万元。泉港区10座旱厕改造已全部竣工并投入使用。鲤城区百源小区改造于11月9日完工，投资46万元；涂门小区改造于11月30日完工，投资49万元。丰泽区华丰社区和东美社区整改任务均已完成，其中华丰社区完成投资313万元，东美社区完成投资92万元。鲤城区完成东莱市场修缮改造，累计投入20万元。丰泽区完成丰泽新村菜市场项目改造工程，投入50万元；完成东美农贸市场蔬菜区域改造，投入50万元。鲤城区、丰泽区、洛江区主次干道保洁经费均已按照8元/平方米·年标准执行。鲤城区、丰泽区、洛江区环卫工人工资均已按1587元/月·人的标准执行，建成区社区按常住人口数4‰配备保洁员，城乡结合部社区已按常住人口数3‰配备保洁员。鲤城区、丰泽区已完成适龄环卫工人"五险一金"办理工作，洛江区"五险一金"已纳入财政预算。鲤城区已完成站前大道机械化清洗保洁工作。丰泽区对中心市区东湖、丰泽街道主干道和东海个别主干道进行机械化保洁，预计投入1420.8632万元，目前已完成招投标。

【开展15个新型社区治理试点】 已完成。市、县、乡镇、社区（村）四级投入资金共计770.4万元。各个试点社区重点为老年人、儿童、妇女和困难群众等开展各种便民利民服务活动608次，服务人次49400人次。培育社区社会组织68个，大部分试点社区都积极引进信息化技术，建立微信公众账号。9个试点社区开展政府购买服务，服务领域涵盖社会福利、社会救助、社区建设、文化体育、婚姻家庭等服务，提高了社区服务水平。

【继续扶持文艺精品公益性演出】 已完成。全市共演出251场，占计划的114.1%；330万元补助经费已全部下达并拨款到账。

【推进27个乡镇（街道）综合文化站达标建设】 已完成。27个乡镇综合文化站均已完成建设任务并全面对外开放。项目补助经费1566万元已全部拨款到账。

【继续帮助驻泉部队"两中心一基地"、"四个一好"建设】 已完成。55个项目已经全部完成，1120万元补助资金已全部下拨。

港口口岸

【概况】 2015年全市海港口岸外贸吞吐量持续壮大，空港口岸国际（地区）航班成倍增长，晋江陆地港贸易额实现翻翻，"海陆空"各类口岸快速壮大。1—12月，2015年全市港口外贸进出口吞吐量完成3379.0736万吨，比增8.99%；集装箱进出口完成90654.75标箱，比增1.58%；晋江陆地港总贸易额29.9736亿美元，货运量107.8928万吨，集装箱吞吐量21.7509万标箱，创下历史新高。泉州晋江机场航空口岸共出入境飞机4874架次，出入境旅客累计67.6029万人次，同比增长16.9%；泉金客运航线共安全行运2527航次，运送两岸旅客12.3063万人次，同比增长19.30%。

【口岸通关便利化工作积极推进】 泉州市立足"大关区、大机构、大监管、大服务、大作为"的站位和格局，深化"三个一"跨关区关检合作新型通关模式，落实企业类别差别化管理等措施，口岸通关服务水平保持在全省前列。市委、市政府高度重视口岸工作。市领导在全市港口发展务虚会和市政府常务会等会议上多次对口岸工作作出批示，根据市领导指示精神，市口岸办先后走访辖区码头企业、中介公司和进出口生产企业和行业协会等，在宣传泉州促进外贸经济发展的有关奖励补贴政策，动员货物回归、就地通关的同时，认真听取进出口企业生产中遇到的困难及问题，并征求有关促进泉州口岸发展的意见和建议。通关便利化措施及时发布。各查验单位从泉州经济发展的大局出发，从服务企业的角度思考问题，正确处理严格监管与优质服务的关系，从落实"一对一"帮扶、建设示范区、减少环节、提高效率、优化服务等方面为"泉州货"就地通关量身打造了一揽子有

泉州口岸启用关检"一站式"查验场　（图/戴涵琦）

效的便利化措施，出台《泉州市人民政府关于促进泉州港集装箱运输发展的若干意见》，检验检疫局出台《新常态下加大惠企帮扶力度促进泉州外贸稳定增长16条措施》和《促进外贸发展15条措施》，肖厝边检站出台《服务泉州市外贸进出口20条措施》，这些创新举措得到码头业主、集装箱公司、船货代企业、外贸企业的一致好评。各查验单位积极配合，特别是在帮助引导省重点企业进口货物集装箱回流泉州港方面，优化通关作业流程，保障泉州进出口货物的快速放行。

【口岸协同协作效率稳步提高】 为进一步加强协同协作，提高通关效率，降低通关成本，构建和谐口岸，促进外贸稳定增长。推动口岸管理“三互”建设。从7月起率先启动关检“一站式”查验并实现泉州口岸全覆盖；全省率先试点推动“通报、通检、通放”；推动福建出入境检验检疫局、厦门海关达成进一步深化合作十条共识。泉州与泉州检验检疫局联合在石湖港区启动“一站式”查验模式并迅速覆盖全关区，在厦门关区先行完成对总署、总局联合开发的“一单两报”系统的测试。2015年，泉州关检合作“三个一”的“一次申报” 209票，“一次查验”1046票，“一次放行”45012票，“三个一”全流程4票。深化区域通关一体化改革。泉州海关率先在泉州出口加工区启动泛珠区域通关一体化改革新模式，推广跨关区“属地申报，属地放行”和厦门关区内“多点报关，申报地放行”业务模式。自5月1日启动截止12月，关区通过“泛珠”四省海关区域通关一体化平台申报报关单44276票，其中本地清关43026票，转关553票，跨关区通关697票，异地审结报关单8335票。密切与口岸部门的协作机制。在泉州市政府和泉州海关新领导班子的推动下，12月，泉州市人民政府与厦门海关签订《合作备忘录》，海关从八个方面支持泉州开放型经济发展。加大自贸区政策复制推广力度。泉州海关积极主动，上海自贸区14项海关监管创新制度有13项在泉州出口加工区已具备对接条件，“两单一审”业务正式启动。全市复制推广自贸区创新举措108项。泉州检验检疫局在全国系统率先起草《特殊监管区域食品检验检疫监管方案》，为帮促外贸做大做强奠定了基础；借鉴“进境货物预检验及核销管理”经验，实施“集中检验、分批出证”模式，在保证进境石材质量、检疫合格的同时提高验放效率，帮促石湖进口荒料石223.64万吨、2.87亿美元，保持全国第一。推进通关作业无纸化改革。至12月通关无纸化比例达99.36%，所有通关现场进、出口通关无纸化比例均达标。

【口岸服务水平得到新的提升】 在全市性的一些大型活动中，各查验单位做了大量工作。以“情系亚洲，逐梦海丝”为主题的第十四届亚洲艺术节11月8—15日在泉州举办，为配合亚艺节的举行，各查验单位主动靠前，为亚艺节专门成立通关小组，制订通关方案，保证了亚艺节展品进口顺利。与此同时，市政府也对全市口岸服务保障工作提出更高标准的要求，平时注重加强与海关、国检、边检、海事、港口等相关单位的沟通与联系，走访码头企业、集装箱公司、货代船代、船务公司等港口单位，并通过定期召开的口岸外贸分析会，分析原因，研究对策，把企业在运行中遇到的一些问题及时向查验单位反映，协调解决。泉州边检站靠前服务各项大型经贸人文交流活动，验放各类经济、宗教、文化团体100余个，全年共开通绿色通道15次，救助受伤船员18名，收到锦旗12面。5月1日，在晋江国际机场正式启用自助验放通道，最大限度地满足旅客快速通关的需求。高标准建设晋江机场执法办案区，对内设置“曝光台”，对外聘请监督员、设置意见箱和公告栏，年内所有案件的询问音视频资料评查率达100%，实现了“零投诉、零复议、零诉讼”目标。在上半年省口岸办组织的全省口岸大通关测评中位列现役边检站第二。肖厝边检站在口岸查验系统中率先以肖厝边检站斗尾区域勤务中心规格正式入驻斗尾港区联检服务大楼，并启动实体运作，实现“全港区辐射、一体化服务”。完善大型油轮快速通关133工作机制，推动重点石化产业发展，服务原油进口累计突破亿吨大关。被市政府授予“爱民固边”模范站称号。各查验单位以创建“精神文明单位”和绩效管理为抓手，共建文明口岸活动，认真对照《全国文明城市测评体系》任务分工方案和落实泉州市精神文明创建活动等管理办法。市口岸办举办“庆七一”口岸系统羽毛球友谊赛，加深了各口岸查验单位相互之间的交流。泉州国检局被市文明办列为创建国家级精神文明单位的培育单位，泉州海关、泉州海事局、泉州港口管理局为省级精神文明单位。在口岸办组织大通关满意度测评中，海关、国检、边检、海事等部门均获得较高的评价。石井泉金客运旅检中心被市委市政府评为“泉州市创建文明行业工作进行单位”。晋江陆地港海关监管科被市口岸共建文明领导小组评为优质服务示范点。

【口岸对外开放呈现新的格局】 “海陆空”口岸的三线并进，已构成泉州全方位立体化开放新格局。“十二五”口岸规划实施以来，泉州已成为全省口岸开放数量最多、口岸运量增长较快、口岸基础设施较为完善的地区之一。随着港口经济的蓬勃发展，泉州市“十三五”口岸规划将石狮市锦尚作业区列入，这是经济发展推动口岸开放的新需要。在海关、国检、海事、边检等口岸各单位的共同努力下，深沪远洋渔业作业区通过市级口岸验收，泉州肖厝作业区11号泊位（沙格港务公司7万吨码头）、中化青兰山码头3号（10万吨）和10号（30万吨）泊位、中化泉州石化有限公司斗尾作业区3号和10号泊位等新增外贸作业点以及晋江机场国际货运监管场所通过省级验收。泉州航空口岸正式对外开放后，国际、地区航线航班和旅客运输增长较快，至年底，已开通马尼拉、曼谷、甲米、新加坡、大阪、釜山等6个国际航班航线，开通泉州至香港、澳门、台北航线，开通泉州对台直飞定期航班由最初每周2航班扩展至每周6航班。市口岸办积极推动国际货运业务，协调沟通查验单位和晋江陆地港、航空公司，确定了机场与晋江陆地港快件中心合作开展国际航空快件运输业务的模式。在1月12日获得国家口岸办批复同意开展国际航空货邮运输业务后，5月通过验收正式运营，共完成进出口货物、快件8014件94604公斤。

支前工作

【以检查评估为牵引　支前动员实质性准备水平不断提升】　泉州市支前工作围绕支前保障能力和军民融合深度发展两个重点，做好统筹谋划工作。8月14日，泉州市国防动员委员会召开迎接军区国防动员准备检验评估工作部署会后，市支前办立即明确工作分工，对本办本系统各阶段的20多项具体任务进行定人定位定标准，制定《泉州市支前办迎接军区国防动员准备检验评估工作实施计划》，做好“六个一”工作，即一个汇报材料准备、一次方案充实完善、一套近年来的工作资料汇总、一些硬件的充实补充、一次对县市区支前办迎检工作的检查指导等工作。坚持以南京军区的检查评估为牵引，把做好支前动员实质性准备作为年度工作的主线，抓实抓好以下工作。

支前物资供应站建设更加规范化　各支前物资供应站从组织体系、职责制度、基本设施、保障预案等方面入手，配备了与全省支前动员指挥信息系统要求相适应的基础设施和办公设施，重视完善保密设施建设，与供应商签订保障协议，完善了《支前应急保障预案》，组织做好对《支前物资供应站战时管理办法》的修改等工作。把支前保障队伍列入当地武装力量训练计划，每季度积极参加市县两级国动委组织的训练。加大资金投入提高规范化水平。3月，全省支前工作会在泉州市召开，泉州市加强支前物资供应站建设的经验做法在省支前简报头版进行大幅刊发宣传。

供应网络　潜力数据库更加充实完善　注重快速食品供应点的动态管理，年初开展整顿工作，对所有供应点重新进行摸底、签约，对不符合条件的及时调整。各单位认真开展支前潜力数据统计调查和核对评估，进一步充实和完善支前动员物资潜力信息数据库，6月下旬参加省市组织的潜力数据会审工作，使潜力调查更加准确。

实战化演练更加常态更加频繁　首先组织全市支前队伍进行演练任务部署和业务培训，重点明确各自的职责，如何把握各战斗行动中的支前任务，如何编写预案等。全市支前物资供应站根据人员变动情况及时做好支前物资供应站管委会成员调整工作，严格按照支前物资供应站编组情况落实人员、岗位、职责，按照合理、实用的原则，各自组织民兵成立支前物资供应分队，并进行了“一个过程”的演练。其次圆满完成了实兵检验性演习。这次的演习和评估工作是历年来规格最高、涉及面最广、参加人员最多的活动之一。按照有关要求，按时完成平战转换、筹划准备、动员实施、复员工作等四个阶段的演练，形成演练文书30多份，领导发言材料1份，并按演练方案要求做好启动支前物资供应站进行主、副食品供应和热食品供应的准备。泉州军分区随机检查并转播验收丰泽支前物资供应站的演练，取得较好的效果；丰泽、泉港、永春、德化支前办还结合福建陆军预备役后勤保障旅油料营的演练进行演习。11月10—11日由南京军区秦卫江副司令带队对泉州市国防动员准备进行检验评估，军区首长参加市支前动员工作部署会等演练内容。各级支前队伍、支前物资供应站、快速食品供应点的应急应战能力得到了有效提升，组织社会各界劳军慰问活动、协调有关部门落实优抚政策、指导做好灾害救助、做好民心稳定等社会力量支前等协调能力得到了进一步的检验。

【以服务保障为抓手　支援部队军事行动的力度不断加大】　坚持把保障部队“能打仗、打胜仗”作为支前工作的出发点和落脚点，坚持经费重点投向军事演练行动，坚持“部队军事行动到哪里，支前保障就延伸到那里”，为部队军事行动做好主副食品等支前物资的供应和交通、场地、供水供电、安全保密等各项保障工作。2015年以来有多支部队先后在泉州市进行演习、海训、拉练、驻训等行动。市委、市政府帮助部队在实弹射击中做好安全警戒、防奸保密和群众工作等；副市长陈荣洲带队慰问驻泉部队及外训空军飞行部队等多个单位；协调海事局、海洋鱼业局、港口管理局帮助解决某部在泉州后渚港进行人员、装备航渡装载训练的相关保障等工作；保障某部赴外驻训，配合做好交通组织、装备人员输送、安全保卫等工作；南安市分管领导带领支前、双拥等部门负责人和部分拥军协会代表专程前往江西省金溪地区等看望和慰问外出执行演练任务的驻军；惠安支前办协调县委县政府领导组团赴北京慰问参加抗战70周年阅兵活动的部队官兵。

【以项目支持为重点　为部队办实事解难题的力度不断提高】　坚持把帮助驻泉部队建设“两中心一基地”（生产生活服务中心、军需示范中心、农副业生产基地）和“六个一好”（一个好饮水、一个好食堂、一块好菜地、一个好猪圈、一个好澡堂、一个好干衣间）工程纳入泉州市委市政府为民办实事项目。2015年，帮助驻军生活生产建设项目55 个，总投资1120万元，其中市本级共投入520万元，各县(市、区)配套600万元。在项目的确定上突出规范、透明，既有师旅团大单位，又有高山沿海小散远单位，并注重向高山海岛和条件艰苦的基层部队及新扩编、新组建、新入泉的部队倾斜，实事项目的实施得到市领导的高度重视，多次到部队调研、检查、指导，并现场协调解决有关事宜。市支前办、市财政局及县（市、区）支前办共同深入部队进行摸底、筛选，被确定项目进行逐一填表、审批。每年选定一些重点项目进行挂牌授匾，增强办实事的影响力。较好地提高了驻军生产生活设施建设和保障水平。协调某部和第180医院引接自来水事项，参与协调省、市重点工程建设中涉及部队军地土地置换问题。

【以争创全国双拥模范“八连冠”为动力　军民共建活动不断拓展】按照打造泉州双拥工作升级版，争创全国双拥模范城八连冠的要求，继续将支前系统的军民共建“三挂钩”活动与双拥军民共建活动紧密结合起来,积极发挥辖区资源优势，大力组织开展军民共建“三挂钩”活动。巩固发展军民共建“三挂钩”对子。按照文件要求，泉州市在巩固原有共建对子的基础上，注重发展新的共建对子，2015年又新发展共建对子7对，实现驻泉州部队全覆盖，共建内容以地方帮助部队办好事办实事为主，开展教育拥军、智力拥军，精心培育部队子女，为驻泉部队干部子女提供就学、生活、教育和管理等多种服务，解决了远离军营上学的军人子女食宿和管理问题，共建工作开始由“数量规模型”向“质量效益型”转变。按照泉州市支前办公室关于加强对执勤演练部队走访慰问工作的通知要求，部队演期间，及时协调慰问92旅、炮兵旅和特战旅等海训部队，以及惠安武警团、惠安空军场站和驻场站某空军飞行部队等单位。加强重大节日走访慰问等工作，进行军地双方互相交流，共商大事，加深了鱼水情。开展科技拥军活动。本着“部队所需、地方所能”的原则，深入开展科技拥军、智力拥军、企业拥军活动，泉州市积极帮助部队解决科技兴训、信息化建设等问题，促进部队战斗力的提升。

信访工作

【概况】　2015年，泉州市按照中共十八届四中全会提出的把信访纳入法治化轨道的要求，认真贯彻落实《信访条例》“路线图”和七项机制，畅通群众诉求渠道，完善网上信访工作机制，推进“阳光信访”；规范信访办理基础业务，开展信访积案化解活动，推进“责任信访”；引导群众逐级上访，用法治思维和法治方式解决信访问题，推进“法治信访”。全市信访态势总体平稳向好，信访总量下降。全市信访总量，按批次分，同比下降8.12%；按人次分，同比下降8.78%；全市受理群众来信来邮与来访同比下降8.36%，职能部门依法化解信访事项综合比重95.07%。走访率下降。全市共接待群众来访总数6722批31565人次，同比分别下降9.21%、9.18%。集体访下降。泉州群众到市集体上访批、次，同比分别下降22.2%、28.6%。进京非正常上访下降。泉州群众进京非正常上访人次（含“三跨三分离”人员），同比下降21.1%。信访秩序进一步好转。群众以合法理性的方式反映信访诉求的观念得到进一步加强，信访秩序持续好转，没有发生大规模进京到省集体上访、没有因信访问题处理不当引发群体性事件和个人极端事件。

【以省信访信息系统接入应用为抓手　推进“阳光信访”】　“阳光信访”是贯彻落实中共十八大和十八届三中、四中全会精神的具体举措，始终将新系统接入应用作为“阳光信访”的一项基础性、前提性工作。推进新系统接入使用。根据省里统一安排部署和部门职责分工，市、县两级信访部门筛选确定应接入系统的职能部门和提供公共服务的企事业单位、乡镇（街道），并及时做好沟通协调和信息收集汇总工作；积极与电信、移动通信部门联系，协商明确行政机关连接政务外网有关事宜，确保网络服务保障工作及时到位；持续跟踪各单位接入政务外网情况，耐心解答政策规定和疑难问题，帮助协调解决存在问题，采取电话沟通、现场督查、书面通报等方式，督促工作比较滞后的单位加快进度。全市已接入福建省信访信息系统的部门（单位）869家，登录使用757家，登录使用率为87.1%，实现信访数据互联互通和资源共享，基本实现“三个全覆盖”，即对来信、来访、网上投诉等信访形式全覆盖，各级信访部门和主要职能部门、乡镇（街道）等工作范围全覆盖，信访事项受理办理、转送交办、复查复核、督查督办、统计分析、考核评价等业务处理环节全覆盖。开展信访信息录入“百日会战”活动。根据省信访局关于信访信息录入“百日会战”的部署要求，通过系统查询，梳理泉州尚未录入办理情况或未规范录入的信访件明细清单1018件，分清责任单位，逐案分解下达市直有关

10月15日，市委书记郑新聪在市信访局接待群众 （图/陈起拓）

职能部门或县（市、区），要求市直职能部门或县（市、区）在限定时间内将办理情况及相关告知、答复文书规范录入新系统，同时应及时将本部门受理的信访件登记录入系统并录入相关办理情况。加强督促检查和业务指导，全部完成信息补录，切实提高系统应用率。推进领导干部接访活动。继续实行市、县、乡三级党委、政府领导干部每月15日和每周一定时定点定人接访制度。在接访活动中，领导干部面对面与信访群众对话，逐一做好理顺情绪、政策宣传、思想教育、协调化解等工作；对接访活动中群众反映的问题，逐案纳入“路线图”，及时办理和答复。全市领导干部参加接访28038人次，接待群众来访2790批10799人次，共受理信访事项2711件，当场解决1032件、落实责任单位2490件、落实领导包案599件。其中，市级领导干部参加接访73人次，接待群众来访112批1032人次。完善“网上信访”工作机制。实行信、邮、网、电全方位覆盖，积极引导群众通过“网上信访”方式反映诉求，对国家投诉办受理的群众投诉、“省长信箱”“人民网地方领导留言版”中涉及泉州的信访事项，逐件按照“路线图”办理。办理省长信箱来邮2568件，同比上升22.5%；办理“人民网”地方领导留言版涉及泉州事项220件，同比上升30.2%；办理市长信箱来邮953件，同比上升12.1%。泉州市12345政务服务平台共受理群众投诉4029件，群众满意率为93.7%。

【以信访事项实地督查为抓手　推进“规范信访”】 抓住“信访基础业务建设年”这一有利契机，认真贯彻落实全国全省信访系统加强基础业务规范化建设电视电话会议精神，抓好信访办理程序规范和实体规范。在程序规范上下功夫。市联席办研究拟定受理情况告知单、转送交办函、处理答复意见书、复查意见书、复核意见书等信访事项办理文书格式，制定信访办理工作规则，下发市直有关职能部门和县（市、区）执行，为行政机关办理信访事项提供统一的格式规范。全市信访系统和有权处理的行政机关广泛开展对照检查和自查自纠活动，自觉提升基础业务水平。积极组织参加国家和省上开展的业务培训，自行举办四场业务培训，邀请省信访局业务处室负责人到泉州讲授信访事项办理规则、省信访信息系统应用、通过法定途径处理群众投诉请求等业务知识，市、县两级职能部门和乡镇（街道）信访干部约1400人次参加培训，有效提高了全市信访干部的实际操作能力和业务水平。在实体规范上下功夫。细化督查工作规则，加大日常审核和督查督办力度，组织开展实地督查活动。市联席办牵头，抽调市国土资源局、住建局、人社局等主要职能部门和县（市、区）信访局业务骨干及新闻媒体记者参加，选取66件具有代表性的信访事项进行实地督查，主要采取查阅卷宗档案、听取情况汇报、会商讨论、查看现场等方式，对相关职能部门和乡镇（街道）受理、办理、答复、送达及录入新系统等工作情况进行检查指导，对督查中发现的事实不清、处理意见不明确、没有作出结论性意见、政策依据不明确等问题，现场督促、指导规范办理信访事项；督查工作结束后及时形成工作总结，详细列举存在突出问题的典型案例、整改要求和好的经验做法通报全市，以点带面推动全市信访办理业务规范化运作；并在网上公开案件办理情况，接受群众和舆论监督。

【以通过法定途径分类处理群众诉求为抓手　推进“法治信访”】 适应依法治理的新常态需要，制定出台《泉州市建设法治信访实施方案》，把“法治信访”摆上突出位置，明确具体工作任务和职责分工，推进信访法治建设。夯实基础知识。市、县两级信访部门分别通过集中学习、个人自学、专题讨论等方式，学习讨论省信访局印发的《关于通过法定途径分类处理信访投诉请求工作手册》和公安部、民政部、人社部、住建部、卫计委等国家部委已制定下发的法定途径清单，充实法律法规基础知识，为做好分类处理工作夯实理论基础。开展分类处理试点工作。制定下发通过法定途径分类处理群众投诉请求试点工作方案，强化组织领导，统一安排部署，明确工作目标。从2015年8月起组织市、县两级开展试点工作，分为学习提升、征求意见、动员部署、具体实施、总结评估五个阶段进行。研究制订通过法定途径分类处理信访投诉请求实施细则及相关文书格式文本，按照初判、甄别、告知、转送交办、跟踪等五个具体操作步骤实施分类处理工作。试点工作开展以来，市、县两级信访部门共完成分类处理信访投诉请求事项417件，将依法应当通过法定途径处理的信访事项导入相应的处理程序，试点工作效果初步显现。开展三级行政办理。建立健全信访事项复查复核工作机制，进一步规范信访事项复查复核工作，发挥复查复核的效用。全市办理信访事项复查案件384件，同比上升38.6%；受理办理复核案件137件，同比上升144.6%，其中决定维持复查意见67件、责令复查机关重新办理7件、决定不予受理36件，正在办理27件。加大信访法治宣传。以《信访条例》颁布实施十周年为契机，继续与市依法治市办联合开展信访法规宣传月活动，加大信访法治和逐级上访的宣传教育力度，积极引导群众知法、懂法、守法，采取合法理性的方式反映诉求、维护自身权益，努力营造依法上访的浓厚氛围。全市累计设立信访知识宣传点近30处，悬挂标语200多条，发放信访知识单2万多份，强化宣传教育，持续向群众倡导“依法、文明、有序”的信访理念。

【以信访积案化解活动为抓手　推进“责任信访”】　责任的落实是做好信访工作的关键，泉州市从老案逐步解和新案不积压两个方面着手，推动落实“责任信访”，逐步减少信访存量。化解信访老案。对2015年国家信访局交办的4件和省里交办的98件信访积案，泉州市逐案交办相关县（市、区）和市直有关部门，逐案明确化解时限和工作要求。市、县两级信访联席办对各级交办的信访积案，逐案建立档案，进行跟踪督办，组织工作组深入信访重点地区、重点部门开展督导检查，对久拖不决的问题持续进行督办，推动信访积案在当地得到妥善解决。各县（市、区）包案领导坚持“属地管理、分级负责，谁主管、谁负责”和依法依规按政策处理的原则，落实“五个一”工作机制，组织专门力量、明确工作责任、落实工作措施，组织研究制定处理方案，及时、妥善处理群众反映的问题，做到诉求合理的解决问题到位，诉求无理的思想教育到位，生活困难的帮扶救助到位。梳理适用特殊疑难信访问题专项资金的信访积案，共使用专项资金68万元，推动化解信访积案5件。国家、省里交办的102件信访积案，已化解97件，化解率为93.87%；其中息诉息访52件，息诉息访率为53.06%。开展公开听证和专案评审。选取合适的案源，邀请人大代表、政协委员、法律专家等举办公开听证，用社会舆论力量促使信访人息诉罢访，共举办公开听证19件。省政府与省高级法院良性互动联席会议关于开展百件信访积案集中评查评审和化解推进活动中，涉及泉州市的19件信访积案已全部完成专案评审，其中息诉息访4件。泉州市自行排查梳理、开展集中评查评审和化解推进的39件信访积案，已全部完成专案评审，其中息诉息访5件。各县（市、区）自行排查积案42件，已化解33件，化解率为76.19%。推进新案一次性办结。加强初访事项分析，落实信访事项首办责任，规范信访事项登记、受理、分析研判、交办转送等一系列工作流程，跟踪督促有权处理的行政机关处理到位，认真解决群众初信初访反映的问题，提高初信初访一次性办结率。全市共对678件初访事项进行分析研判，逐案落实责任领导和责任人，逐案推进处理化解。

人事管理

全市考录用公务员和“参公”人员475人，完成市本级食药监、工商、质监机构改革人员移交工作。开展超职数配备干部专项整治，加强科级职数和任职资格审核，有效控制超职数、超职级配备干部现象。公务员“四类培训”规范开展，绩效考评工作持续推进，考核奖惩、评比表彰进一步规范。公开招聘事业单位工作人员1617人。制定出台年度紧缺急需人才引进指导目录，招聘紧缺急需卫计人才。率先在全省提出非公专业技术人员参加社会化评审的意见，解决非公人员职称转评问题，评审非公工程师571人。各县（市、区）全面开展公务员津补贴和事业单位绩效工资调整规范工作，并对机关事业单位“吃空饷”问题进行集中治理。133名军转干部完成接收安置。企业退休军转干部生活补助标准再次提高，企业军转干部保持总体稳定。

发展研究

【课题研究深入有序】　完成市长康涛指导课题《新常态下推动大众创业万众创新培育泉州经济新增长点的研究》，提出重视众创空间集聚创新创业载体作用，激发创新创业激情、开展示范工程、提供优质政务服务等政策建议。《泉州电商发展之道》研究报告成果，被吸收进“十三五”规划的建议。组织到浙江宁波、温州考察学习，研究分析宁波、温州十三五规划思路对泉州的启示。深入研究《福建省人民政府关于支持福州新区加快发展的若干意见》，对比分析提出建议。围绕热点问题，开展专项调研，形成《加快产业转型升级　争当福建发展领头羊》调研报告，《泉州市企业机器换工融资现状调研报告》《晋江食品产业转型升级调研报告》《促进永春县旅游产业发展调研报告》及《关于石狮市纺织服装产业转型升级工作的调研报告》等系列报告。

【政策研制接地气】 在《新常态下推动大众创业万众创新培育泉州经济新增长点的研究》课题基础上，中心配合市发改委起草《泉州市人民政府关于推进大众创业万众创新的若干意见（试行）》。梳理整合扶持企业发展专项政策，对11个部门的86份涉及工业、生产性服务业方面的惠企政策进行归类整理，牵头研究起草《中共泉州市委泉州市人民政府关于整合惠企政策促进产业转型升级的若干意见》并正式下发执行。配合编制完成《泉州市开展小微企业创业创新基地城市示范工作实施方案（2015—2017年）》。开展税收等优惠政策清理规范工作，对负责的5份市委、市政府出台的政策文件进行全面梳理和逐条分析，研究提出保留26项、废止49项的建议。启动制定进一步改进完善营商环境的政策意见，中心牵头组织开展泉州市营商环境满意度问卷调查。

【参与市直部门宏观前沿文稿撰写】 参与《中共泉州市委关于制定泉州市国民经济和社会发展第十三个五年规划的建议》《对“十三五”产业转型升级的几点思考》《泉州‘十三五’产业结构调整方向、思路与举措研究》《福建省泉州市21世纪海上丝绸之路先行区建设总体方案》《泉州参与“一带一路”发展战略的总体设想、工作进展和下一步工作思路》《争取省政府支持泉州“海丝”先行区建设的重点事项》《2016年市政府工作报告》以及《关于主动对接中国（福建）自由贸易试验区产业发展规划（2015—2019年）辐射的意见》等文件及课题的起草。

【高效完成领导讲话稿撰写及开展惠企政策宣讲】 起草完成《融入一带一路建设 构筑转型升级格局》《关于21世纪海上丝绸之路经贸合作先行区建设推进情况》等市领导讲话文稿。完成《关于我市加强企业员工和各类人才住房保障的情况汇报》《关于赴国家海关总署争取泉州出口加工区升级为综合保税区的情况汇报》《中办督察组汇报材料》等汇报交流材料。7月，在泉州市企业家联合会年会上为广大企业家作《惠企政策的导向与实例》讲座。此外，系统梳理出国务院、省政府及其有关部门优惠扶持政策33条在“中国泉州”门户网站栏目公开。

10月30日，国务院参事室、西班牙选择基金会联合赴泉调研会在泉州召开 （图/市发展研究中心）

【完成各类答复工作】 完成《泉州市国民经济和社会发展十三五规划基本思路》《省委省政府关于构建开放型经济新体制的实施意见》《泉州市建设21世纪海上丝绸之路先行区行动方案》《关于进一步推动产业转型升级的实施意见》《关于贯彻落实李克强总理来闽考察重要讲话精神意见》《泉州市国家自主创新示范区建设方案》《泉州发展服务型制造专项行动计划实施意见》《泉州市“十三五”教育事业发展专题规划》，以及《关于加快实施“泉州制造2025”的若干意见》《关于推进大众创业万众创新的若干意见（试行）》《泉州市深化文化体制改革实施方案》《福建省委关于加强特色新型智库建设的实施意见》《泉州市深化泉台交流和对外开放体制改革实施方案》等20多份文稿的征求意见答复。完成2016年市人大建议案《关于水资源保护立法》，及全省建议案《关于赋予泉州市部分福州新区优惠政策的建议》、全国“两会”建议案《关于支持申报设立泉州保税港区的建议》。完成督办件《关于整合惠企政策促进产业转型升级的若干意见》落实情况的汇报。

【编撰书稿信息交流成果】 加强与重点课题相关承办单位的沟通协调，对上年全市重点研究课题优秀成果进行汇编，编辑出版《泉州市2014年重点研究课题文选》。强化课题研究工作的阶段性总结，编辑出刊《调研与政策——2012—2015

年中心成果汇编》。紧扣全市工作大局精选信息主题，全年编发《信息动态》10期。

地方志工作

【概况】 2015年市方志委编审稿量超过2000万字，出版书刊10多册400多万字，得到中指组、省方志委和市委、市政府的充分肯定。2月11日，中国社科院院长、中国地方志指导小组组长王伟光到泉州调研地方志工作，指出泉州地方志工作很有成效，很有特色，也很有经验；泉州推行日记、月报、年鉴、志书“四位一体”记录地情以及调动“万人修志”的经验做法值得总结和推广。省方志委主任冯志农多次到泉州市调研，对泉州地方志工作及承办全国、全省会议的会务工作予以充分肯定；市领导郑新聪、康涛、林万明、刘忠也分别多次对市方志委工作作出指示和批示。泉州市方志委“四位一体”系统有效保存地情资料的工作经验在全省设区市地方志机构主任会议暨地方志工作创新经验交流会上进行推介，并在《福建史志》上刊发。

【加强法规宣传贯彻　推动落实“一纳入，八到位”】 组织开展2015年地方志法规宣传月活动。通过召开会议、印发材料等方式认真组织学习，并通过“泉州通”网站和泉州市方志委“泉州史志”公微号，广泛宣传《地方志工作条例》和福建省《福建省实施〈地方志工作条例〉办法》以及《省政府关于加强地方志工作的若干意见》，不断增强全市各级各单位和社会各界对地方志工作的认识和依法修志的意识。各县（市、区）也按照省、市方志委的要求，加大条例和实施办法宣传力度。泉港区方志办确定5月为地方志法规宣传月，重点开展“七个一”活动；晋江市方志办将志书、年鉴、地情资料丛书送到全市各中学；永春县方志办积极开展送书下乡活动。在加强地方志工作宣传的同时，市县两级地方志工作机构以学习传达贯彻全国、全省地方志工作会议精神为契机，主动争取地方政府对地方志工作的重视支持力度，推动“一纳入，八到位”落到实处，为各级地方志机构开展工作提供良好的条件和可靠保障。2月2日，市政府召开第63次常务会议，专题研究地方志工作，市长郑新聪在会上充分肯定市方志委的工作，并就市方志委提出的四点建议给予肯定答复。3月26日，市政府召开全市地方志工作会议，认真学习贯彻中央领导重要讲话批示和全国第五次地方志工作会议、全省第八次地方志工作会议精神，总结2007年全市地方志工作会议以来的工作，深入分析地方志事业发展面临的新形势，明确今后五年全市地方志工作的目标任务。副市长刘忠出席会议并讲话。会议筹备期间，市长郑新聪作了批示，副市长林万明提出具体指导意见。市政府将二轮修志工作写入《工作报告》并纳入对各地方政府和市直各部门年度绩效考评的重要内容，增强了各地各单位参与修志的积极性和主动性。

【紧扣方志工作主业　志鉴修编稳步推进】

二轮修志全面提速　市委办、市政府办联合印发《〈泉州市志〉（1991—2010）篇目大纲暨编纂任务分解表》后，市方志委立即制定分编通知书并下发给各参编单位，组织召开全市地方志工作会议，对全市二轮修志工作进行再动员、再部署。为确保全市地方志工作会议提出的二轮修志任务落到实处，根据年度目标任务和修志现实需要，主要做好三方面工作：一是加快市志修编。通过走访、接受承编单位上门咨询，及时对存在的问题进行整理和分析总结，编发《志书编纂辅导材料》《泉州市地方志工作会议参阅材料》，开展《泉州市志》（续志）编纂业务培训，侧重指导各承编单位如何开展编纂工作以及帮助编纂人员解决编纂过程中存在的具体难题，全年应邀到市直有关单位组织专门业务培训6场；开好金融、教育、国资几个系统协调会和业务指导会，以会议形式协调好各方面的业务关系，指导其更好开展编纂工作。在培训、指导基础上，提供第一轮《泉州市志》《泉州年鉴》及有关地情丛书等相关参考资料，编撰样稿供部门参考，有效协助各单位完成承编任务。187个承编单位根据要求和步骤扎实开展市志编纂工作，140多个单位上交部门承编初稿，交稿率达80%，其中40多个单位已初审完并根据修改意见在进一步修改中，人防办、检验检疫局和住建局已按要求上报修改稿。二是推进部门修志。继续加大部门志编修指导力度，从篇目设置、资料搜集、内容编写、行文规范等方面做好业务培训、编修指导和审查验收工作。截至12月累计已出版的部门志（专志）有21部；完成《泉州市科学技术志》《泉州市科协志》《泉州市纪检监察志》《泉州市银行志》《泉州市老干部工作志》等5部送审稿，其中《泉州市纪检监察志》已出版；完成《泉州市检察志》《泉州市政协志》2部初稿；正在编修的有《泉州晚报志》《泉州教育志》《泉州市发展改革志》《泉州华侨志》《泉州工会志》《华侨大学志》等。三是强化对下指导。全市地方志工作会后，大部分县区能按照会议要求，在原有的工作基础上，充实力量，加快进度。市方志委加强对下指导，同步推进市县二级志书修编工作，做到既抢时间抓进度，又重质量创精品。指导惠安、泉港、开发区等县（市、区）志篇目大纲修订，努力使每个篇目都做到上下承接，突出时代特色、地方特色与行业特色；提前介入《德化县志》编纂工作，参与整个初稿打磨阶段，把问题解决在评审之前，进一步提高成稿质量；抓好《石狮市志》和《晋江市志》等志书审稿工作，并在评稿会后，指导县区针对专家提出的评稿意见，做好志稿修改工作。截至2015年底，《安溪县志》正式出版；《石狮市志》召开评稿会，并被中指组列为全国第二轮修志质量管理与创新试点，在第五届中国地方志学术年会上接受全国专家的点评，目前在修订中；《晋江市志（1988—2007）》召开志稿评议会，正进行后期完善；南安完成总纂工作，计划2016年3月召开评议会；德化、永春进入总纂阶段，计划2016年上半年召开评议会；鲤城区、丰泽区、洛江区已完成40%志书初稿编纂；泉港区、惠安县下发篇目大纲并正式开编。

年鉴编纂水平提升　《泉州年鉴（2014）》在第五届年鉴编纂出版质量评比颁奖大会上，被评为综合类三等奖。2015卷在2014卷的基础上，纲目上作了重大调整，由原来的11个部类调整为26个部类，调整之后，部类设置更加科学合理；对图说泉州栏目进行扩容创新，各个部类首页进行精心设计，在部类末尾的空白部分，排入各相关图片或年度精彩剪影；全书进行彩版设计，经多次修改打磨，以全新的面目印刷，使得版式更为时尚，页面更为美观，更富有时代感。作为年鉴分册的《泉州日记》2015卷在原有素材征集渠道基础上，新增参考泉州电视台播出的泉州新闻为日记记录的线索，对《泉州日记》进行扩容增量，更加注重社会及民生内容，更为贴近现实，此卷出版后在全国地方志工作机构新任负责人培训班上与全国各地代表交流，得到全国方志同仁的肯定与赞赏。指导、督促各县（市、区）年鉴编纂工作，所辖各县（市、区）年鉴开编、出版率达到100%，编纂工作进展良好，大部分县（市、区）2015卷按期出版，且编纂质量均有提升。省方志委年鉴处在年底对泉州的巡访检查工作中，对泉州及各县（市、区）年鉴工作表示肯定。

10月18—25日，全国地方志工作机构新任负责人培训班在泉州举办

（图/吴寿民）

【重视地情开发利用　服务大局领域拓展】　注重地情研究整理和开发利用，地方志工作服务经济社会发展的职能进一步凸显。按月编发《泉州月志》。《泉州月志》提升时效，实现每月15日完成编排的要求。继续对每日大事要事资料进行采集，实时编录，发挥了泉州地方志系统上情下达的全景窗口作用。2015年开始，创新拓展服务功能，增印1000份，每月向市人大代表、政协委员寄送《泉州月志》，为代表和委员们建言献策提供市情参考，得到代表和委员的一致好评。此外，随着《鲤城月志》《洛江方志》《泉港月志》《石狮乡情》《晋江史志》《安溪方志》《永春志苑》《德化月志》《泉州台商投资区志苑》等内刊的创办和发行，全市即时实录地情工作有了新进展，为志鉴编修打下良好基础。加大地情研究力度，挖掘方志史料潜力，为中心工作服务。继续与市委党校开展地情研究，联办市情研究春季、秋季论坛，研究成果得到市领导多次批示。在纪念抗日战争胜利70周年之际，市方志委贯彻习总书记重要讲话精神，整理编辑《泉州抗战大事记》《泉州抗日志士名人录》《泉州晚报》9月2日头版报道，9月4日用半版刊载，得到省方志委主任冯志农的肯定："泉州市方志委适时组织整理《抗战大事记》《名人录》，在主要媒体头版发表，效果好"。开发利用方志资源。组织编纂泉州市地情丛书（第三辑），编辑出版《泉州古代科技史话》《泉州海丝史话》《泉州戏曲史话》《泉州经济史话》《泉州抗战史话》；配合"清源山"纪念邮票发行，联合市委宣传部、市邮政公司编纂《邮票上的泉州》，于7月出版发行。各县（市、区）方志资源开发利用成效突出，晋江市开展征集、整理、出版晋江文献典籍《晋江文库》工作，并与福建鹭江出版社签订战略合作框架协议，将联手整理出版百部唐代至民国的晋江文献典籍；石狮市提供史志资料，联合市博物馆设立第一个乡贤文化教育基地蔡镜湖纪念堂；鲤城区以《千年鲤城100问》为题库，开展青少年知识竞赛，寓爱国、爱乡教育于竞赛活动；惠安县启动《惠安文库》编修工作。方志信息化建设力度加大。升级改版"泉

州通”网站，根据志鉴工作，设置“资源环境”“经济建设”“历史名人”“地名概览”“图片展示”“海丝史迹”等栏目。针对库网特点自主研发数字化软件，提高数字化工作效率，完成各类志、鉴、地情丛书数字化处理入库60多册近亿字。开通“泉州史志”公微号和“文明方志”微信交流群，公微号上线以来，累计已编发信息700条134万字，关注用户与日俱增，分布在全国的17省（市、自治区）。举办全市地方志系统信息技术培训班，指导县（市、区）地方志信息化工作。加大指导、督促县级方志机构收集保存并上报已出版地情文献资料电子版，县（市、区）方志机构上报地情文献电子版共16册。各县（市、区）的网站建设也取得突破，“晋江市情信息网”“泉港地方志”“安溪县情资料库”“惠安地情资料数据库”“永春地情信息网”“‘德化网’方志网页”等网站全面展现各地的历史风貌和现代化建设成就。既为志鉴编修提供基础数据，又为社会提供咨询服务。对外对台交流有新进展。市方志委和晋江、石狮、泉港、安溪等地配合宗亲组织开展与台湾、海外宗亲的联谊、寻根活动，积极开展海峡两岸文化交流活动，打造对台方志文化交流平台。特别是泉港区开展的两岸“同名村”对接活动，得到中央领导的肯定。

行政服务

【梳理投资准入“负面清单” 促进产业转型升级】 市行政服务中心积极借鉴上海自贸区、广东等地的经验及做法，在全省率先梳理出泉州市内资投资领域在产业门槛、项目投资额度、生产工艺、产品等方面采取的禁止、限制等297项内资投资准入特别管理措施（负面清单）并正式公布，实施“清单之外无禁区，法无禁止皆可为”。

【深化国家级行政服务标准化试点建设 打造“国”字号服务样板】 市行政服务中心以国家级行政服务标准化试点建设为契机，引入企业标准化管理理念，对行政服务进行顶层设计，建立起一套层次分明、可操作性强的行政服务标准体系，截止目前，整套标准体系共有965项标准。同时，将进驻市行政服务中心所有行政审批服务事项均细化成具体操作标准，每个岗位办理时限精确到0.5个工作日，形成“流水线”式工作标准，全面实现“行政服务标准化、流程程序化、管理系统化”。2015年底，市行政服务中心国家级行政服务标准化试点经过国家标准委专家组考核验收评估合格，并在福州、漳州、泉州三个国家级试点中以92分位居第一，成为泉州市第一个“国”字号服务业标准化单位。

【推进行政服务提速提效改革 打造优质 高效的营商环境】 市行政服务中心对进驻的700项行政审批服务事项进行全面提速，着力打造“泉州速度”。对简易审批服务事项280小项改为即办件实行“零等候”即收即办，对复杂事项承诺时限统一压缩至法定时限35%以内，共压缩审批时间1197个工作日。削减44个审批环节，并对审批流程中依法需要听证、招标、拍卖、检验、检测、检疫、鉴定和专家评审的80个中介服务事项一一明确流程及时限。重点清理取消各种“神证明”及繁琐申报材料，共削减各类申报证明材料1180份。建立市行政服务中心窗口即办件延时服务制度，让百姓“立等可取”。同时，针对中小微企业两证抵押登记时间要求急、融资难等问题进行专项整治，优化纺织鞋服、水暖石材等泉州市传统支柱产业企业“两证”抵押登记。对土地证抵押融资时限压缩至3个工作日、将抵押注销和抵押续押流程合并办理；对房产证抵押注销改为即办件、续贷或无间贷抵押登记压缩至3个工作日，抵押物经企业和银行双方确认价值后无需评估直接办理抵押登记；对企业“无间贷”涉及的房产抵押登记采取同一窗口同时受理，注销登记、新建登记申请材料一次收齐，快速办理的办法，减少企业抵押贷款“空档期”；对中小微企业开通绿色通道窗口，设立银行驻点大户室和代办联系人制度，服务企业办事。

【开展“比服务”活动 打造全方位“月嫂”式服务】 市行政服务中心以“比服务”活动为载体，主动对接项目需求，问诊重点项目落地疑难，加强项目协调服务，为重点项目提供全方位“月嫂式”服务，推动项目落地投产。2015年，共协调服务重点项目385个，解决项目推进审批服务问题549个，比承诺时限提速960个工作日。建立重点项目“月会商”联审制。由市行政服务中心管委会主任牵头，各涉及部门审批科长参加，每月梳理重点项目推进中审批服务存在的困难问题，理清问题清单，各部门共同会诊，拉网式解决。成立重点项目审批业务指导组，以施工许可开工为最终节点，倒排项目审批服务时间，每十天汇总项目审批服务的进度并通报督查。同时，将重点项目全程审批纳入电子监察，以全天候“电子眼”盯紧项目进度，跟踪服务情况，做到一个节点一个节点跟进，一个环节紧扣一个环节，节点、环环相扣，时间损耗清零。对重点项目实施“一项一策”个性化管理。组建“海丝先锋”审批服务队，由发改委窗口牵头规划局、国土局、住建局、林业局、环保局等部门审批科，采取“请进来”和“走出去”的方式，不定期开展重点项目审批对接服务。开展市重大民生社会事业项目“泉州市公共文化中心”审批前期咨询指导，全市重大水利项目审批对接服务等几个

2015年，市行政服务中心国家级行政服务标准化试点经过国家标准委专家组考核验收评估合格（图/市行政服务中心）

现场活动。实行重点项目代办服务制。中心设立代办服务专窗，对市重点项目实行“一条龙”全程代办协办，2015年共代办12个市重点项目，涉及53个审批事项，共缩短时间99个工作日。

【推进“一证一码”改革　促使注册登记更加简便】　自6月1日起，根据省政府统一部署，泉州市复制推广福建自贸试验区“一照一码”登记制度，突出了“精简、快速”的特点，将工商营业执照注册号、组织机构代码、税务（国税、地税）登记号合并为统一社会信用代码，对新设企业核发工商营业执照，质监与税务部门不再赋码和发证有效地节约了创业成本，提高了行政效能，得到社会的广泛认可。截至12月底，全市共有44567家新设企业取得“一照一码”营业执照。

【实施“互联网+”政务服务　提升行政审批智能化水平】

建设覆盖市县两级泉州市网上办事大厅　全市两级行政服务中心均已完成与省网上办事大厅的对接改造工作，并于12月1日起正式运行，为公众提供统一的办事指南查询、网上咨询、在线申报、进度查询、结果反馈等办事服务，以及评价、投诉、建议等政民互动服务；完成投资项目在线审批监管平台省市县对接改造工作。至12月底前，市县14个中心均已完成对接，目前正在测试对接数据的完整性，2016年6月15日开始正式投入运行，推进政府投资项目的有效监管，进一步提高政府审批服务效能。

打造“指尖上的行政服务中心”　推广中心微信平台，拓宽中心与企业、群众互动和即时交流渠道。同时开发推广手机APP，将行政审批外网平台的服务功能延伸到以智能手机、平板电脑为代表的移动设备平台上，让企业、群众通过移动设备随身办事，把行政服务送到百姓手中；延伸行政服务触角。与有线电视台合作进行平台对接，将中心办事指南信息、中心公告等信息植入有线平台，让行政服务成为二十四小时不间歇的企业、群众“服务员”。

全面推进国家级电子证照试点建设　加大行政服务电子证照建设试点推进力度，搭建了全省首个市级电子证照共享平台（含第三方机构电子材料生成平台），创新提出5E（包括E证、E照、E据、E档、E信）体系框架思路，率先建立电子档案和手机端辅助应用系统，打造无纸化审批基础环境。目前电子证照共享平台已覆盖进驻市行政服务中心40多个部门窗口，现已登记证照类型155种，证照(含批文) 32.6万份。

【加快公共资源交易平台建设　促进集中规范　阳光透明】　建立健全决策权、执行权、监督权相互制约相互协调的公共资源交易管理体制，推动公共资源市场化配置项目进场集中交易，大力推进公共资源交易的电子化、网络化、一体化，探索建立泉州公共服务平台，推进实现全市电子招投标业务的动态管理和信息资源的集中共享服务，在全市形成互联互通、资源共享的电子招投标公共服务网络。同时，对接各有关行政管理部门的监管平台、上级公共服务平台，更好发挥行政监督和社会监督，进一步提高公共资源交易的透明化、公平化和规范化，逐步形成统一、规范、有序、高效、透明的公共资源交易平台和科学防治公共资源交易领域腐败的监管体系。

驻北京联络处

【强化服务意识　确保做好接待工作】　联络处坚持方便务实，勤俭节约的原则，在保证服务对象必要的工作、生活条件的前提下，坚持以从实、从俭为出发点，不摆阔气，不讲排场，严格按照要求办事，既保证了接待工作的圆满完成，又节省接待支出。做好安全行车后勤保障服务。在北京定期限号、黄标车不准行驶上路和雾霾恶劣天气公车全天停驶80%的实际困难中，联络处领导采取与兄弟单位车辆资源联动措施，科学合理调剂、调动车辆，克服这一难题，做到了行车准时、畅通、安全，保证市领导安全用车。做好后勤工作，安排好食宿，提供热情、周到、细致、温馨的服务，为赴京领导创造良好便利的工作、生活、出行条件，让领导舒心、放心、安心。开展对外联络联谊工作。加强与各省兄弟城市驻京联络处的联络联谊工作，广交泉州籍在京各界乡亲和社会各界朋友，注重加强与北京泉州籍乡亲的联系，为在京泉州企业及乡亲提供服务。2015年，指导、帮助泉州各驻京商会开展各项有益活动，主要有积极参与做好北京泉州商会八周年庆典、第七届世界南安青年联谊会、北京惠安•泉港•台商区商会第三届三周年庆典暨2016年迎新年团拜会、协助做好北京福建省企业总商会2015年主题年会、第二届北京闽商创新发展高峰论坛暨2016新年公益晚会，参加北京福建其他兄弟商会活动等。开展北京泉州两地之间经济、科技、文化等方面的联系交流，主动为两地政府、企业开展各种形式的合作搭建平台。

【做好信访工作　维护首都稳定】　联络处高度认识信访工作的重要性，学习《信访工作制度》和法律知识，严格制定信访工作流程，按照省驻京信访协调办公室值班要求，执行24小时信访值班任务，一经发现有泉州上访群众，立即接回，及时将情况向市委、市政府汇报，并通知上访人员所属县（市、区）政府来人将其接回。联络处与国家有关部门、北京市公安机关保持紧密联系，与信访驻京工作组共同配合、按信访工作要求和值班方案做到强化责任，严明纪律，周密安排，整合成一支信息灵通、协调联动、反应迅速、处置有力的驻京信访工作队伍，严密掌握进京上访人员动态，发现来京上访人员，便迅速带回，耐心细致稳妥做好劝导思想疏导、说服和劝返工作，防止上访人员到京滋事。

【做好项目前期筹备联络及后续跟踪等服务工作】　联络处加强与国务院部委和北京市有关部门的联络工作，做好项目前期联络协调及后续跟踪等服务工作。平时注意加强与中央、国务院部委和北京市有关部门的联络联谊工作，通过汇报工作、拜访看望等方式加强同上述部门领导及老同志的联系，建立便捷的工作关系，为市领导赴京公务活动奠定了良好的基础。配合市领导及市直各部门赴京招商工作中到交通部、发改委、国土资源部、中国交建、中石化、中车、中化、中国建材、大唐电信等部门单位汇报在泉州投资合作有关事宜。协助配合市委、市政府在京开展2015年泉州市（北京）央企专场招商洽谈会活动工作，联络处负责做好市代表团在北京的活动场所及交通、会场安排等会务工作，邀请在京单位及北京主流媒体参加洽谈会，协助市直单位做好国家部委有关负责人的邀请工作。联络处加强泉州籍在京人员的联络联谊工作以及加强与北京泉州各级商会的联系，协助相关部门促成泉州籍在京乡亲到泉州对接项目，投资创业。

【拓宽采集渠道　提高信息编报质量】　多方位开拓信息采集渠道，紧贴各部委决策信息，不断扩大和完善信息收集网络，加强与省驻京办以及北京市信息采集专业单位主要信息来源的密切工作联系，争取获取更多有参考价值的信息。加大信息资源开发利用力度，把好在信息采集、筛选、编辑、报送等各个环节上的质量关，在综合分析，提高信息质量上下功夫，注重围绕改革、发展、稳定的大局，关注社会反映的热点、难点和焦点问题，多期报送有关“一带一路”、推进农村物流服务农业现代化、食品、电子商务、智能交通、新能源、政策扶植新兴产业、科技金融创新、控污治污、养老服务、生态治理、京津翼协同发展等内容信息，确保信息报送高效、优质，更好地为政府中心工作和领导决策服务。

驻上海联络处

【强化服务意识】　牢记联络处的服务宗旨，为上海泉州两地的经济协作、政务联系、人员往来提供热情、细致、周到的服务。多次协助市领导及有关部门到上海和周边城市开展招商引资、学习考察活动，认真做好工作联系、行程安排、用餐住宿、车辆接送等后勤保障工作，为各项活动圆满成功起了积极作用。把信息工作的落脚点放在驻地的特色和亮点工作上，突出收集报送其最新的发展动态和探索经验，及时将上海及长三角地区的新举措、新思路及经济建设和社会发展的新成就，特别是浦东自贸区的政策措施编辑成特色信息和精品信息，供市领导决策参考。接待十多批泉州市机关干部和家属到上海看病治疗，帮助联系医生，安排住宿。

【广泛联络各界】　经常与泉州籍乡亲沟通联系，拜访看望，参加联谊活动，帮助部分乡亲子女联系学校，帮助解决老家房产纠纷等事宜。协助上海泉州商会开展会务活动，研究解决商会发展中遇到的困难和问题。参与泉州商会换届筹备工作，帮助搭建筹备班子、制定换届的工作流程和相关文件、组织数场动员大会及活动。协助福建省政府驻沪办开展社团摸底调查，走访了12家在沪泉州籍商会和同乡会，形成了8份反映泉州籍商会及同乡会全面情况的调研报告。

驻深圳办事处

【招商引资及服务工作】　做好招商引资工作，收集在广东、深圳、

8月27日，泉州制造2025暨推进产业转型升级招商洽谈会在深圳召开（图/市驻深办）

港澳等地的央企、军工、民企、世界500强企业和泉州籍在粤企业产业转移、产能扩张等相关情况，加强联络交流和多元化宣传，促进有意向的企业对泉州的投资环境进一步了解，引导他们到泉州考察、投资。2014年招商引进的深圳市富德能源（控股）集团化工项目，2015年又新增将在泉州市投资生物质新能源项目，拟增加投资680亿元。通过强化跟踪落实，多次代表泉州市委市政府到该公司走访慰问，加深情感，促进项目相关报批工作的开展，目前各项工作正有序推进。

【服务在深泉州籍企业和乡亲】 通过走访、座谈等形式，与在粤泉州籍企业相互交流，加强宣传，扩大视野，知情知政，了解掌握泉州籍在珠三角企业发展状况、所处环境难题，也使他们进一步了解到泉州市改革开放、经济建设和社会发展的情况，增强他们到泉州投资兴业的信心和热情。同时采取“走出去、请进来”的方法，广交社会各界朋友，加强与各省、市兄弟城市驻深圳办事处的联络联谊工作。同时，通过办事处“窗口”建设，热情接待群众来信来访，收集他们的困难和诉求，及时向政府部门反映；通过到工厂企业走访，了解乡亲企业的经营状况；平时主动多联系深圳当地相关部门，横向联系外省驻深单位，联系泉州籍乃至福建籍在深公务员、驻深部队人员，利用商会举行大型活动的时机，多次邀请他们参加活动，密切关系；经常主动上门拜访，建立较强较广泛的人脉关系，整合资源，帮助解决泉州籍乡亲在粤经商办企业、生活中遇到的困难和问题。

【信息工作】 围绕市委、市政府的工作部署，拓展信息来源渠道，增强信息工作的主动性，挖掘深度信息，提高信息质量。收集方向上做到“三个贴近”，即贴近市委、市政府中心工作；贴近海西经济区暨福建自贸区建设；贴近经济和社会重点、热点、难点问题。拓展信息来源渠道，从新闻、报纸、网络和相关单位跟踪广东、深圳及珠三角深化改革的新动向、新做法。参与深圳市经贸信息委、全国驻深单位信息联谊会组织开展的各项活动和会议，与福建省驻广州、深圳办事处信息处和其他兄弟办事处的密切联系，做好信息交流学习、经验座谈，探索质量高、层次深、有前瞻性的信息。累计向市委、市政府报送信息85期、专报32期，其中部分信息被市政府《泉州要讯》、市委《侨乡快讯》所采用。

【政务服务工作】 接待泉州市领导、有关部门人员到深圳、广州、东莞和港澳学习、调研、考察、投资洽谈等政务活动28批次175人次。为泉州市各级领导、各部门人员到深圳考察和过境港澳提供优质服务，主动为两地政府、企业开展各种形式的合作牵线搭桥。根据来深考察学习的目的和要求，积极与深圳、广州、东莞等珠三角地市有关方面有关部门联系，配合属地政府搞好行程安排及接待方案，每次往来都做到事先行程采点、联系好相关人员，周密安排、热情服务，使领导及各部门人员在考察行程中不误时误事，一路畅通，顺利达到考察目的，满意而归。

驻福州办事处

【加强联络 联谊 发挥“桥梁”“纽带”作用】 把清联络、联谊工作脉络，开展各项联络。发挥驻榕办“桥头堡”优势，建立了与省委、省政府及省直相关部门的良好联络关系；利用泉州籍在榕领导多的优势，经常联络泉州籍和曾在泉州工作的200多名现任及离退休副厅级以上领导，经常拜访省直各部门和福州市直各部门有关领导，进一步编好编牢联络、联谊网络。适时跟随市领导及相关部门向省领导汇报泉州的社会和经济发展情况，让省领导及时了解泉州，掌握泉州经济和社会发展现状，取得很好的联络成效。经常走访广大乡亲，向他们宣传泉州喜人的发展成果和良好的投资环境，做些力所能及的服务工作，汇聚乡亲力量，争取他们对驻榕办工作的支持。

【着眼公务需求 提高服务水平】 按照《党政机关公务接待管理规定》等有关规定，公务服务中坚持程序化、服务规范化、操作标准化，厉行勤俭节约，反对铺张浪费。认真为市领导和各部门赴榕办事、开会、培训提供优质、高效的公务服务，按需求提供到动车站的接送服务，安排专职驾驶员全天候待命，为领导到榕公务提供便捷、高效、专业的交通服务，做到了让领导、客人乘兴而来、满意而归。在多次重大的活动中，特别是“5•18”海峡两岸经贸交易会、“6•18”海峡项目成果交易会以及省“两会”期间，驻榕办全体工作人员积极努力，团结合作，牺牲节假日，很好地完成了活动期间大量的公务服务和协调工作。2015年，到动车站接送到榕领导21批，84人次；全年顺利完成各类公务服务任务82批291人次，获得市委、市政府领导的好评。

【多措并举　推进信访工作】 保持与省信访局、省委和省政府保卫部门、屏山派出所、华大派出所的良好合作关系，定期与市信访部门进行联络，掌握信访信息。一接到上访信息，第一时间赶赴现场开展调处。实行专人负责，给上访人员讲政策、讲道理，动之以情，晓之以理，劝其返回。对提出无理要求的上访人员，除耐心做好解释工作外，坚决予以拒绝。及时准确地将劝返上访的情况回馈到市信访部门。2015年共处理到榕上访15批324人次，很好地维护政府形象和社会稳定。

【聚焦发展动态　提升信息质量】 按照“广收集、细筛选、精出品”的要求，提高信息捕捉、收集和处理能力，为领导决策提供有价值的信息。根据泉州市委办和市政府办信息科的要求，经常性地召开信息工作分析会，明确阶段性工作重点，不断提高信息采编的针对性和时效性。与有关单位建立了良好的合作关系，最大程度地整合资源，广泛收集、整理和分析热点和重点信息，以信息来源的多样性确保信息工作质量的稳定性。坚持把信息工作列入目标管理的重要内容，明确责任，注重实效，鼓励大家关注信息工作，营造了“人人关心信息源，人人都是信息员”的良好氛围。2015年累计报送信息213条，在各驻外机构中名列前茅。

【主动作为　大力招商引资】 响应市长康涛要求各驻外机构立足自身特点有针对性地开展招商工作的指示精神，联系葛洲坝集团、鞍钢建设集团、中国电建等多家央企，发放《泉州市重点招商项目》《招商项目指南》等宣传材料，当好企业与发改委等部门沟通对接的桥梁，为企业了解项目、对接项目提供便利。协助泉州大型招商项目在榕的前期准备和服务协调工作，跟踪项目在省上相关部门的进展。2015年2月，参与马来西亚前总理马哈蒂尔投资签约等活动的协调与服务工作；11月9日，参与三安集团、华芯投资赴晋江投资考察团等一行在福州的会议安排、动车接送等协调服务工作，在泉州“大招商、招大商”的舞台上扮演助手的角色。

【积极协调　优化商会平台】 坚持指导与服务并重，创新与改革并行，积极帮助商会平台更好地发挥作用。2015年正值福州市泉州商会换届，驻榕办本着“选好领头羊，配强总舵手，打造新高度”的换届理念，主导换届工作，多次走访协调，争取领导和乡贤支持。最终，三盛集团董事长林荣滨出任会长，新一届商会吸纳了三盛集团、新华都、新大陆、大拇指集团等一批极具号召力的领军企业，邀请到泉州部分县市区商会会长出任名誉会长，商会力量空前壮大，商会工作迈上了全面升级的新台阶。2015年还参与指导福州市石狮商会成立的筹备工作和福州市晋江商会的换届工作，协助办理相关事宜，帮助两个商会圆满地完成了相关工作。发挥在榕泉州籍商会会长、秘书长联席会议的作用，落实商会轮值制度，以“大泉州”的观念团结各个在榕泉州籍商会，建好在榕泉企交流合作、共同发展的大平台。7月17日，组织泉州、泉港、晋江、南安、惠安、安溪、永春等泉州籍在榕商会会长、秘书长一行26人到永春开展商务考察活动，参观考察永春县轻工新城、岵山古镇旅游等项目，让商会企业了解家乡发展成果和投资环境，引导他们回乡投资兴业，更好地为泉州经济建设和社会发展作出应有的贡献。

【参与主办“6•18”茶文化宣传推介活动】 近年来，驻榕办每年主办安溪铁观音茶文化推广活动，已成为“6•18”海峡项目成果交易会的一项具有品牌效应的重要活动，成为在榕泉州企业一个展示与交流平台。6月20日，驻榕办参与主办的利嘉国际茶城杯”首届中国海丝之路茶王争霸赛在海峡国际会展中心举行。活动中，“南音”“高甲戏”等节目让观众感受到泉州独特的文化魅力，首创的铁观音公共品牌“行好韵”备受业界和消费者的关注，安溪茶叶分会与利嘉国际茶城签订的战略合作协议为安溪茶叶行业在福建的发展再添动力，整个活动获得了人民日报社新安全杂志社的报道。

【参与主办第三届（行好韵）安溪铁观音文化节活动】 12月12日，第三届（行好韵）安溪铁观音文化节，在福州融信白宫举办。此次活动顺应“互联网+”潮流，采用“线上+线下”的融合模式。“线上”，通过互联网微信平台，首次举办“十佳诚信茶企”“十佳电商微商”评选活动，开辟万众参与的互联网宣传道路，点击和投票人次突破30万，成为助力茶企品牌传播、助推产业品牌成长的又一有效途径。“线下”，现场举办的茶王争霸赛上，茶企、茶农参赛热情高涨，茶歌、茶舞、太极、书法等表演精彩纷呈，《21世纪海上丝绸之路核心区建设与福建茶产业发展机遇》《“互联网+”时代茶业赢利密码》等主题讲座，帮助参会的茶企茶人把握“海丝之路”建设的发展商机，开启了“互联网+茶业”的智慧之门。

驻厦门办事处

【积极组织协调　加强联络】 为发挥办事处的协调服务和内引外联的作用，不断提升工作质量和效率，积极开拓创新，联络工作继续向广度发展的同时注重向高层次延伸。为更好地为泉州各界到厦门特别是各级领导出入厦门机场、火车站提供通道礼仪方面的便利条件，形成了较完善的工作网络。在继续巩固与厦门相关单位的传统关系外，2015年着重加深与厦门会展局、机关事务局、机场公安分局、厦门边检、机场海关和厦门火车站的直接关系，加强与厦门市政府相关业务部门协调联络，当好厦门与泉州之间的引导员、联络员、协调员。通过开展联谊活动、节日慰问等方式，增进双方的友谊，为到厦门办事和经过厦门的各界友人在贵宾通道、通行证件、会议场所、参观考察、活动对接等提供便利条件。2015年，驻厦办在高崎机场协调贵宾通道接送航班367航次2421人次，受到一致好评。

【做好接待保障　热情周到】 服务好途经厦门的领导、客商和贵宾，是驻厦办工作的重中之重，因此，每一次接待任务我们都坚持把问题想在前，把计划制定实，把行程安排准，把标准做到位，把细节完成好。“9·8”中国投洽会、台交会、海交会、文博会、海丝文化、东亚文化、世界福建同乡恳亲大会等各种活动期间，驻厦办积极参与各项会务保障，认真对接相关内容，积极做好临机协调（如：临时与会展中心协调停车位、与会展现场指挥的警察协调走军警专用通道、协调交警临时疏导交通等），为参会领导顺利开展活动提供了便利。2015年2月中旬，根据市政府的统一计划安排，驻厦办负责接待马来西亚前总理、宝腾集团董事长、莲花集团董事长马哈蒂尔一行到泉州活动期间的厦门行程安排、接待和会务保障工作，这是办事处组建以来最高规格的接待任务，时间紧、任务重、标准高，并与“21世纪海上丝绸之路国际研讨会开幕式”厦门接待任务重叠的情况下，办事处所有成员齐上阵，通过周密准备、合理分工、热情服务，使客人乘兴而来、满意而归。“9•8”投洽会期间，驻厦办与泉州主办方、厦门会展中心积极协调、主动配合，不分昼夜连续奋战，各项细节反复推敲，为泉州会议代表和客商提供及时舒适的食宿环境，为泉州准备商务会谈会场，周密完成参展行程安排。

【备战亚艺节　服务大局】 第十四届亚洲艺术节暨第二届海上丝绸之路国际艺术节于11月8—15日在泉州举办。厦门机场是领导、贵宾和亚洲各艺术团体到泉州的中转站，为确保接待任务顺利完成，我们对承担的接待任务高度重视，精心谋划、精益求精、协同协作。主动向泉州宣传部、亚艺办进行请示报告，与相关部门积极协调，精细做好接待筹备工作，确保不漏情、不误情。通过与厦门机场、海关、边检和机场公安分局多次协商协调，为过往领导和客人同时开通厦门机场T3、T4航站楼的贵宾室、贵宾通道、礼仪通道和接待车专用停车通道，做到下机即可登车、下车即可登机，确保了中外佳宾途经厦门时安全顺利，会务主办单位和宾客都十分满意。亚艺节期间，驻厦办通过贵宾室接送旅客86个航班1270人次，为国际友人安排礼仪通道44个航班473人次，为泉州完成国家文化外交重大任务、促进亚洲各团文化交流与发展、推动国家“一带一路”建设尽了自己的一份努力。

【助力招商引资　强化职能】 为发挥驻厦办的桥梁和纽带作用，深入学习泉州产业布局、经济政策、基础设施建设和发展方向，了解各县（市、区）、开发区、工业园区的资源要素优势和产业特点，加强与市里相关部门的沟通联络，及时跟进掌握泉州招商工作重点、项目安排和进展情况，做到知彼先知己，为招商引资提供理论支撑。深入解读厦门市政府年度工作报告和各项经济政策，掌握厦门总体产业布局，及时跟进厦漳泉同城化产城融合的经济协作项目，为厦门与安溪做好润滑剂，目前厦门已在安溪安溪县龙门镇与官桥镇之间建成湖里园区和思明园区，企业涉及户外休闲用品设计、建筑装修工程设计与施工、医疗设备工程生产与安装等多个领域。以厦门台商龙头企业为重点，通过厦门市台商企业协会平台，了解厦门台资企业投资意向，产业布局状况，跟踪适合投资泉州市的项目，寻找投资对接突破口，共同探讨投资的方向，努力促成厦门台资企业产业链向泉州延伸、拓展。做好到泉州的投资商在厦门的后勤服务保障工作，推荐泉州投资环境，让他们感受到泉州人的热情与周到。协助泉州市有关部门和厦门市及其他省、市、自治区驻厦办及厦门市内联企业的经济技术协作工作，为引进资金、技术、人才等牵线搭桥。在厦门市内联企业协会、厦门市主任联谊会上广泛开展交流活动，专门介绍泉州经济技术区、台商投资区区位优势、招商引资状况以及推介经济合作项目，吸引各类经济体不断向泉州聚集。

【开拓信息渠道　提升质量】

2015年厦门国际投资贸易洽谈会泉州馆　（图/陈起拓）

厦门作为中国最早确定的经济特区，具有独特的区位优势和经济优势。随着厦漳泉大都市区的规划和推进，驻厦办积极调研厦门经济发展、文化产业发展、泉州企业在厦门发展前景等课题，并利用参与公益活动、商展会务等机会宣传泉州悠久历史和优秀文化，展示改革开放取得的丰硕成果。帮助厦门泉州商会做好《厦门泉商》编辑与发行工作，协助各泉州籍商会在《厦门日报》《海峡生活报》等刊登泉州籍企业家创业风采，提高泉州籍企业的知名度。他山之石可以攻玉，充分发挥《厦泉快讯》平台作用，及时搜集整理收集传递厦门改革开放的成功经验、做法、工作思路、法律、法规、方针、政策等信息，并把信息采集范围地拓展到漳州、龙岩等地区，及向市政府进行汇总反馈，为领导和部门全面了解闽西南地区发展态势、制定决策提供参考。全年发回信息简报52期370余条，充分发挥了窗口媒介作用，取得了良好的效果。

【挖掘商会潜力　树好形象】 要求厦门市泉州商会完善议事规则，严格遵守章程，为商会建言献策，促进商会健康发展。鼓励泉州籍企业参加商会组织，抱团取暖，提高市场竞争力。加强与市委统战部、工商联合会、厦门市经发局、民政局的联系，及时汇报泉州籍商会运行动态。协助、指导厦门市泉州商会以及泉州在厦门的15个社团组织开展活动，发挥办事处的桥梁和纽带作用，帮助泉州籍企业进一步发展。摸清泉州14个商会组织的党员分布状况，积极培养入党积极分子，选派合格人送参加入党积极分子培训班培训，指派党员进行日常辅导，积极开展各项党务活动，发挥基层党组织战斗堡垒作用。

驻成都办事处

【概况】 市政府驻成都办事处以“诚信、服务、依法、勤政”为工作准则，促进泉州成都两地，经济文化协作交流，大力宣传泉州扩大泉州在西部的影响，充分发挥桥梁和纽带作用，凝聚在川泉州籍人士、企业力量，促进乡亲做好回乡工程。同时加强内部管理教育，建立廉洁优质高效办事机构，树立服务型政府的窗口形象。

【收集政务信息　为市委　市政府领导决策提供参考】 市政府驻成都办事处继续加强信息采集上报工作，广辟信息渠道，开发信息资源，最大限度的采集成都以及四川省境内的全方位信息，主动沟通成都市信息协会和四川省经济信息中心，及时、准确和有针对性的收集、整理信息提供给市委、市政府。从国家大政方针着手，调研“一带一路”的相关政策信息，寻求泉州与西部的有效互补点。

【发挥服务职能　为在川泉州籍企业　泉州籍市民服务】 市政府驻成都办事处努力打造服务型政府窗口的良好形象。以“诚信、服务、依法、勤政”为工作准则，做到“维权为乡亲所行，利益为乡亲所谋，情结为乡亲所系，回报为家乡所图”。一年来，多次到四川各地的在川泉州籍企业，了解他们的企业经营状况，帮助解决遇到的困难，转达市委、市政府对他们的关怀和慰问，为在川泉州籍企业维权、协调相关事宜。

政协泉州市委员会

ZHENG XIE QUAN ZHOU SHI
WEI YUAN HUI

责任编辑：陈建强

综述

【开展协商民主活动】 在十一届四次全会期间，组织委员撰写提案和大会发言，广泛开展协商活动，有9篇发言摘报、8件重点提案摘报得到市委、市政府主要领导批示肯定。配合市委、市政府开展“加大农村改革创新 加快农业现代化建设”等3项专题协商，许多协商成果，得到市领导的肯定和相关部门采纳。以专委会为依托，组织界别委员围绕“新型城镇化建设”“加快泉州市旅游产业创新发展”“实施人才培养引进新工程，为泉州科学发展跨越发展提供支撑”等议题，开展界别协商活动，提出意见建议。坚持市政府和市政协领导共同督办重点提案，召开提案办理协商会，开展提案办理“回头看”，不断提高提案办理协商实效。全年开展专题协商5次、对口协商4次、界别协商46次，重点提案办理协商8次。市政协《关于重大民生决策事前协商的实践探索》，在全省市县（区）政协工作座谈会上作大会发言，《福建日报》作相关报道。

【推动产业转型升级】 围绕“协力推动产业创新转型提升发展”议题，组织市各民主党派、工商联和各县（市、区）政协深入调研，形成32篇调研报告，并召开常委会议，就传统产业转型、创新平台建设、产业结构优化升级、发展物联网、发展会展产业等方面向市委、市政府建言献策。召开市政府、市政协专题协商会议，围绕“促进泉州市电商产业健康发展”议题，就构建泉州电商新平台、促进电商与传统产业融合发展、加强电商市场监管、加快电商人才培养等方面提出意见建议。组织界别委员围绕“‘数控一代’示范工程”“泉州制造2025”“企业应用数控技术”“‘互联网+’的创新发展”“旅游产业”“县域房地产业”“家居工艺产业”等专题开展调研视察，提出意见建议。《关于加快福建省装备制造产业转型升级的若干建议》《将大数据产业列入省“十三五”规划的建议》《关于加快泉州市“数控一代”示范工程，促进传统产业转型升级》等，得到省委领导和市委主要领导的批示肯定。

【助力“海丝先行区”建设】 围绕市委打造“21世纪海上丝绸之路先行区”的决策部署，积极为先行区建设献计出力。为制定和完善“海丝先行区”建设的“十大行动计划”“十大重点工程”等积极建言献策。配合全国政协开展“‘21世纪海上丝绸之路’助推沿海地区转型升级”专题调研，《关于“海上丝绸之路”沿线港口缔结“友好港口”的建议》，得到全国政协办公厅和国家交通运输部的肯定。向省政协全会提交的《关于支持“东亚文化之都”泉州建设发展的建议》，被评为优秀提案。通过调研形成的《“一带一路”建设迎来新机遇，海丝起点城市凸显新作为》《将妈祖文化打造成“海丝之路”的时代文化符号》《进一步做好“一带一路”沿线国家华侨华人社团工作的建议》《建设“一带一路”应注重发挥泉州“侨台”特色》，分别在《人民政协报》等主流媒体报道，得到省市有关领导批示肯定。参与市委、市政府举办“联合国海陆丝绸之路城市联盟工商理事会成立大会”和“第十四届亚洲艺术节暨第二届海上丝绸之路国际艺术节”。

【促进农村改革创新】 组织委员围绕市委、市政府即将出台的《关于加大农村改革创新，加快农业现代化建设的若干意见》，就农村产权制度改革、农村土地经营流转、引进改良品种、推广科学种养等方面提出意见建议，其中，《泉州市农村土地经营权流转面临的问题与建议》和《优化泉州市农村生态环境的建议》，得到市委领导的批示肯定。开展“激发设区市农科所活力，推动福建省农业科学发展”“推进农户承包地经营权有序流转，发展农业适度规模经营”专题调研视察，并结合泉州市农村改革实际向省政协提出建议，《福建省家庭农场建设存在的问题及对策》被省政协采用。

9月23日，市政协组织视察公立医院改革情况　　（图/陈　翔）

【协力改善民生】　组织委员积极关注民生热点，自觉维护群众的利益。将农村污水处理、老旧小区安装天然气管道、养老服务业发展、电梯安全监管、食品安全等一批涉及千家万户利益的提案，确定为重点督办的提案，促进一些民生问题得到解决。《构建“医养结合”养老模式的建议》等督办意见，得到市委领导批示肯定。组织开展“城区大气污染防治情况”专题视察，提出对策建议。召开“食品药品安全问题”提案办理专题协商座谈会，就加强食品药品安全监管方面提出建议意见。围绕健全完善创建全国文明城市长效机制，组织党派、界别委员开展课题调研、参与创建工作日常实地测评等活动，形成的4份专题调研报告和有关建议，得到市委、市政府领导的批示肯定，并被相关文件采纳。制定出台《泉州市政协网站管理暂行办法》，加强政协网站管理。坚持每季度向相关单位通报社情民意信息的征集重点，探索网络征集信息途径和办法。贯彻落实市委“四下基层”部署，积极挂钩联系10个在建重点项目、2个新农村建设试点示范村，帮助解决实际困难和问题。到企业及农村基层了解民情，及时反映民意，全年共编发社情民意信息专报300多件，其中89件被省政协采用。《完善残疾证办理的建议》《大力构建以就业为导向的现代职业教育体系》等16件专报，得到省市领导批示肯定，《联合东南亚有关国家和华侨社团，开展纪念“南洋机工”活动的建议》等信息，被全国政协采用。践行履职为民理念，协力打造政协爱心“品牌”。继续开展“爱心助医行动”，举办市儿童医院“泉商爱心楼”揭牌捐赠仪式，资助8家公立医院和农村卫生院相关项目建设，营造浓厚的助医氛围。继续联合宗教团体、市直部门，帮扶少数民族村和新农村建设试点示范村，筹措400多万元，分别用于永春县东关镇金城畲族村、洛江区马甲镇杏川村和晋江市安海镇瑶前村，解决水、电、路、通信等基础设施建设。开展扶贫帮困、爱心助学、关爱孤残儿童等活动，帮扶50户少数民族贫困户、50多名孤残儿童，资助400多名贫困学生。组织医卫界委员和市基督教等宗教团体义诊队，深入农村开展义诊活动，诊治病患3000多人次。

【助推法治泉州建设】　围绕“进一步加强法治泉州建设”议题，组织政协各参加单位和界别委员深入调研，形成35篇调研报告，并召开常委会议，就全面深化行政执法体制改革、建立完善政府依法决策机制、完善法律援助和司法救助制度、增强群众法治意识等方面，提出100多条建议意见。《推进改革，维护社会公平正义》和《制定福建省环境教育地方性法规，促进生态文明建设》的建议，分别在全国政协全会、省政协全会上作大会发言。《关于建立公检法共同防范冤假错案机制的建议》《尽快建立全国统一的公共法律服务信息化平台》《推进反腐处赃法治化并让利造福于民》等20多件涉法信息，被省政协采用。

【开展民主监督活动】　组织委员听取市纪委工作情况通报，就深化党风廉政建设和反腐败工作，提出意见建议。着力完善监督员选派制度，加大对机关效能、政务公开、公共服务等方面的监督。组织委员中的检查员、督导员、监督员参与明察暗访和政风行风评议活动，主动为提高行政效能、优化发展环境服务。组织界别委员开展“社区矫正中心建设”视察活动，围绕矫正工作和社区矫正中心建设等议题建言献策。重点视察新《中华人民共和国安全生产法》实施后泉州的落实情况，组织委员实地察看部分生产企业、听取有关部门工作情况通报，就强化落实安全生产责任制、加大安全隐患排查治理、提高安全生产科学化水平等提出建议。参与泉州市“六五”普法工作的验收考评。配合省政协开展《关于强化城市交通秩序，实现交规执法常态化的建议》重点提案督办调研，就完善交通设施、规范交通勤务、坚持常态整治等方面提出建议。

【推动合作共事　加强联谊交流】全年各党派团体参与各类会议发言213人次、报送调研报告45篇、提交提案181件、反映社情民意信息278件。在全国政协全会上关于“保护传承泉州闽南文化”的发言，得到中央领导的充分肯定。党派委员提出的，关于《加强中国湿地保护力度的提案》《加快构建品牌强国的提案》《加强两岸冷链物流合作的提案》，被确定为全国政协十二届三次全会重点提案。发动港澳委员建言献策，港澳委员撰写的《关于在泉州市青少年中进一步开展优秀传统文化教育》提案，被列为重点提案，认真督办。继续广泛接触台湾各界人士，积极反映他们的心声和诉求，《呵护两岸家族文化可持续发展，是做好“三中一青”工作的重要落脚点》《泉州台商呼吁推进两岸同业交流》等21件涉台信息，被省政协采用，《关于细化完善台胞国民待遇，促进“两岸一家亲”的建议》，得到中央领导的肯定。组织视察侨捐项目，就进一步做好侨捐工作建言献策。组织华侨大学境外新生开展“泉州文化之旅”主题活动，为他们了解故乡、热爱家乡搭建新平台、创造好条件。举办“纪念中国人民抗日战争暨世界反法西斯战争胜利70周年书画笔会”，弘扬伟大的抗战精神。建立与异地泉籍商会的联系沟通机制，坚持市政协领导走访异地商会制度，经常派员参加异地商会的重要活动，给予异地商会更多的关心与支持。发挥泉商发展促进会的作用，关注泉商生产经营情况，协助破解一些发展难题。结合招商引资，组织部分异地泉商返乡开展视察活动，先后协助组织异地泉商参加南安石博会、视察泉州市有关经济发展项目等活动，并就营造泉商回乡创业良好投资环境建言献策。在昆明举办以“回归创业”为主题的异地泉籍商会座谈会，宣传优惠政策，推介招商引资项目，引导异地泉商回乡创业。

【加强委员队伍建设】宣传委员中的先进典型，展现委员风采，调动委员履行职能、发挥作用的积极性。2015年，参加各种形式履职活动的委员3000多人次，提交提案546件，反映社情民意信息300多条。

全委会议

【市政协十一届四次会议】3月16—19日，市政协十一届四次会议在泉州市区召开。市政协主席杨俊峰，副主席许连捷、吴共湖、苏小青、骆沙鸣、陈铭福、王祖耀、李冀平、王瑞强、陈益，秘书长洪川夫在主席台前排就座。受泉州市政协第十一届常委会的委托，杨俊峰向大会作工作报告。报告从五个方面阐述2014年十一届市政协常委会的工作特色和显著业绩：一、服务深化改革，积极为科学发展跨越发展建言献策；二、创新履职形式，推进协商民主广泛多层制度化发展；三、积极关注民生，协力营造和谐有序的良好社会环境；四、突出团结民主，广泛汇聚促进经济社会发展正能量；五、加强机关建设，着力锤炼求真务实高效的良好作风。2015年，常委会工作的总体思路是：高举中国特色社会主义伟大旗帜，深入学习贯彻中共十八大和十八届三中、四中全会及习近平总书记系列重要讲话精神，围绕中共中央关于“四个全面”的战略布局，按照省委、市委的决策部署，坚持团结民主主题，发挥人民政协作为协商民主重要渠道作用，为泉州市深入实施“三大战略”和建设现代化泉州作出新的贡献。市政协要增强做好政协工作的责任感；围绕大局积极协商议政；持续关注民生事业发展；牢牢把握团结民主主题；加强政协履职能力建设。骆沙鸣向大会作政协第十一届泉州市委员会常务委员会关于十一届三次会议以来提案工作情况的报告，各专门委员会向大会提交书面工作报告。会议听取市政协十一届四次会议提案初审情况报告，审议通过《中国人民政治协商会议第十一届泉州市委员会第四次会议决议》，大会

3月16—19日，市政协十一届四次会议召开　（图/吴寿民）

表彰《关于进一步加强晋江、洛阳江下游河道环境整治修复，保护泉州湾河口湿地生态环境的提案》等48件提案为2012—2014年度优秀提案，市委宣传部等20个单位为提案办理先进单位，王绍旭等35人为提案工作先进工作者。大会收到提案568件、立案531件；印发大会发言材料40篇，15位委员作大会发言。

常委会会议

【十一届市政协常委会第十八次会议】 于3月10日召开。市政协主席杨俊峰主持会议，副主席许连捷、吴共湖、苏小青、骆沙鸣、陈铭福、王祖耀、李冀平、王瑞强、陈益，秘书长洪川夫出席会议。会议协商讨论《十一届市政协常委会工作报告（讨论稿）》和《提案工作报告（讨论稿）》，协商通过市政协十一届四次会议相关事项，决定会议于3月16—19日举行。

【十一届市政协常委会第十九次会议】 于3月16日召开。市政协主席杨俊峰主持会议，副主席许连捷、吴共湖、苏小青、骆沙鸣、陈铭福、王祖耀、李冀平、王瑞强、陈益，秘书长洪川夫出席会议。会议协商市政协十一届四次会议的选举办法（草案）和总监票人、监票人名单（草案）；协商增补十一届市政协常委候选人名单，决定将以上事项提请各委员小组酝酿。

【十一届市政协常委会第二十次会议】 于3月17日召开。市政协主席杨俊峰主持会议，副主席许连捷、吴共湖、苏小青、骆沙鸣、陈铭福、王祖耀、李冀平、王瑞强、陈益，秘书长洪川夫出席会议。会议听取大会秘书处汇报酝酿选举办法（草案）、总监票人、监票人名单（草案）和增补十一届市政协常委候选人名单情况，经协商表决通过以上事项，决定提请市政协十一届四次会议第二次全体会议进行审议和选举。

12月29日，十一届市政协常委会第二十五次会议召开　（图/陈　翔）

【十一届市政协常委会第二十一次会议】 于3月19日召开。市政协主席杨俊峰主持会议，副主席许连捷、吴共湖、苏小青、骆沙鸣、陈铭福、王祖耀、李冀平、王瑞强、陈益，秘书长洪川夫出席会议。会议听取各组召集人汇报各小组讨论十一届市政协四次会议决议（草案）的情况。常委会第二十一次会议审议通过十一届市政协四次会议决议（草案），并决定将决议（草案）提请市政协十一届四次会议闭幕大会进行表决。

【十一届市政协常委会第二十二次会议】 于3月31日召开。市政协主席杨俊峰主持会议，副主席吴共湖、苏小青、骆沙鸣、陈铭福、李冀平、王瑞强，秘书长洪川夫出席会议。会议传达学习全国政协十二届三次会议精神，协商通过《泉州市政协常委会2015年工作要点》《泉州市政协2015年协商工作计划》。

【十一届市政协常委会第二十三次会议】 于6月25日召开。市政协主席杨俊峰主持会议，副主席许连捷、吴共湖、苏小青、骆沙鸣、陈铭福、王祖耀、李冀平、王瑞强、陈益，秘书长洪川夫出席会议。副市长卢炳椿应邀参会。20多位委员围绕“进一步加强法治泉州建设”议题建言献策。市委政法委、市法制办等相关部门领导到会听取意见建议。

【十一届市政协常委会第二十四次会议】 于9月29日召开。市政协主席杨俊峰主持会议，副主席吴共湖、骆沙鸣、陈铭福、王祖耀、李冀平、王瑞强、陈益，秘书长洪川夫出席会议。委员们围绕“协力推动产业创新转型提升发展”议题分享调研成果，积极建言献策。

【十一届市政协常委会第二十五次会议】 于12月29日召开。市政协主席杨俊峰主持会议，副主席许连捷、吴共湖、苏小青、骆沙鸣、陈铭福、王祖耀、李冀平、王瑞强、陈益，秘书长洪川夫出席会议。副市长林万明到会通报市政协十一届四次会议以来提案办理情况。会议审议讨论《十一届市政协常委会工作报告（讨论稿）》和《提案工作报告（讨论稿）》，协商通过有关人事事项和市政协十一届五次会议相关事项，决定会议于2016年1月18—21日举行。

主席会议

【十一届市政协第二十一次主席会议】　于2月10日召开。市政协主席杨俊峰主持会议，副主席吴共湖、苏小青、骆沙鸣、陈铭福、王祖耀、李冀平、王瑞强、陈益，秘书长洪川夫出席会议。会议建议政协第十一届泉州市委员会第四次会议于3月16—19日在泉州市区召开，决定将相关文件草案提交十一届市政协常委会第十八次会议审议。会议协商表彰十一届市政协一次会议以来优秀提案、提案办理先进单位和先进工作者的有关事项，协商暂停个别委员履行职责事项。

【十一届市政协第二十二次主席会议】　于3月10日召开。市政协主席杨俊峰主持会议，副主席许连捷、吴共湖、苏小青、骆沙鸣、王祖耀、李冀平、王瑞强、陈益，秘书长洪川夫出席会议。会议协商通过《十一届市政协常委会第十八次会议建议方案》；协商通过《关于召开市政协十一届四次会议的决定（草案）》；讨论《市政协常委会工作报告（讨论稿）》和《提案工作报告（讨论稿）》；协商通过市政协十一届四次会议有关建议事项。

【十一届市政协第二十三次主席会议】　于3月16日召开。市政协主席杨俊峰主持会议，副主席许连捷、吴共湖、苏小青、骆沙鸣、王祖耀、李冀平、王瑞强、陈益，秘书长洪川夫出席会议。会议协商选举办法（草案）和总监票人、监票人名单（草案）；协商补选十一届市政协常委候选人名单，同意提交十一届市政协常委会第十九会议协商酝酿。

【十一届市政协第二十四次主席会议】　于3月17日召开。市政协主席杨俊峰主持会议，副主席许连捷、吴共湖、苏小青、骆沙鸣、王祖耀、李冀平、王瑞强、陈益，秘书长洪川夫出席会议。会议听取各组召集人汇报各小组酝酿选举办法（草案）、总监票人、监票人名单（草案）和补选十一届市政协常委候选人名单情况。

【十一届市政协第二十五次主席会议】　于3月19日召开。市政协主席杨俊峰主持会议，副主席许连捷、吴共湖、苏小青、骆沙鸣、王祖耀、李冀平、王瑞强、陈益，秘书长洪川夫出席会议。会议听取各组召集人汇报各小组讨论十一届市政协四次会议决议（草案）的情况，同意提交十一届市政协常委会第二十一次会议审议。

【十一届市政协第二十六次主席会议】　于3月30日召开。市政协主席杨俊峰主持会议，副主席许连捷、吴共湖、苏小青、骆沙鸣、陈铭福、王祖耀、李冀平、王瑞强、陈益，秘书长洪川夫出席会议。会议协商通过了《十一届市政协常委会第二十二次会议建议方案》；讨论修改《泉州市政协常委会2015年工作要点（草案）》和《泉州市政协2015年度协商工作计划（草案）》；研究确定市政协十一届四次会议重点提案。

【十一届市政协第二十七次主席会议】　于6月25日召开。市政协主席杨俊峰主持会议，副主席许连捷、吴共湖、苏小青、骆沙鸣、陈铭福、王祖耀、李冀平、王瑞强、陈益，秘书长洪川夫出席会议。会议协商通过《十一届市政协常委会第二十三次会议建议方案》，确定第二十三次常委会议围绕“进一步加强法治泉州建设”议题建言献策。

【十一届市政协第二十八次主席会议】　于9月29日召开。市政协主席杨俊峰主持会议，副主席许连捷、吴共湖、苏小青、骆沙鸣、陈铭福、王祖耀、李冀平、王瑞强、陈益，秘书长洪川夫出席会议。会议协商通过《十一届市政协常委会第二十四次会议建议方案》，确定第二十四次常委会议围绕“协力推动产业创新转型提升发展”议题建言献策；会议协商增补陈志勇为十一届泉州市政协委员，协商免去曾向明十一届泉州市政协委员、常委职务，同意提交第二十四次常委会议表决。

【十一届市政协第二十九次主席会议】　于12月9日召开。市政协主席杨俊峰主持会议，副主席吴共湖、苏小青、骆沙鸣、陈铭福、王祖耀、李冀平、王瑞强、陈益，秘书长洪川夫出席会议。会议审议通过《关于召开泉州市政协十一届五次会议的决定（草案）》，协商五次全会召开的时间、议程等事项。

【十一届市政协第三十次主席会议】　于12月29日召开。市政协主席杨俊峰主持会议，副主席许连捷、吴共湖、苏小青、骆沙鸣、陈铭福、王祖耀、李冀平、王瑞强、陈益，秘书长洪川夫出席会议。会议协商通过《十一届市政协常委会第二十五次会议建议方案》；协商讨论《常委会工作报告（讨论稿）》和《提案工作报告（讨论稿）》；协商市政协十一届五次会议有关建议事项；协商有关人事事项。

民主党派和工商联

MIN ZHU DANG PAI HE GONG SHANG LIAN

责任编辑：周　芸

民主党派和工商联

中国国民党革命委员会泉州市委员会

【参政议政】　以“两会”为重要平台，积极参政履职。2015年各级“两会”期间，民革党员中各级人大代表、政协委员提交建议和提案211件。在3月召开的市政协十一届四次会议上，市委会提交大会发言4篇，其中《关于泉州市海洋矿产资源持续利用的建议》得到时任市长郑新聪的批示；提交集体提案22件，其中《关于加强“问题电梯”管理的建议》和《关于深化泉台职业教育交流合作的建议》被市政协选定为重点提案，受到市委、市政府高度重视。市政协就两件重点提案专门召开政协主席督办会，并邀请市政府分管领导、提案单位负责人及部分政协委员现场视察督办，取得良好的社会效果。市委会提出的《关于加强学前教育工作的建议》《关于强化农产品质量安全源头监管的建议》《加强保护晋江源头水资源的思考和建议》3件提案被评为泉州市政协十一届一次会议以来的优秀提案。《关于加强农村饮用水安全管理的建议》被泉州市人大十五届五次会议选定为重点督办件。根据全省参政议政工作会议精神，围绕社会热点，精心组织调研。市委会领导分别结合本身实际工作，担任课题指导，带队到南安、晋江、永春、石狮、惠安、洛江、泉港等地开展联合调研，年初拟订的12个课题调研计划，均已完稿。其中，《当前泉州市非法集资犯罪现状分析及对策探讨》被选为市政协2015年二季度常委会大会发言，《借“一带一路”东风推动我市旅游文化产业的创新及其发展》被选为市政协2015年三季度常委会大会发言，均得到与会者好评。《海上丝绸之路先行区背景下传统村落保护的思路及对策》在中共福建省委统战部和省各民主党派、工商联主办的福建省第十一届“全面推进海峡西岸经济区建设•建言献策”论坛上，获三等奖并入选论坛的《理论研究成果汇编》。向省委统战部报送的理论研究成果《夯实参政议政平台　共筑美好“中国梦”》入选《2014年度福建省统战理论研究论文选》。《“一带一路”战略环境下泉州民营企业的国际化策略探讨》《建立健全司法救助体系　完善司法救助和法律援助》等5篇调研文章入选中共泉州市委统战部建言献策论坛汇编。

【社会服务】　贯彻落实民革中央《关于开展伸出博爱之手——民革基层组织牵手困难群众活动的通知》精神，发挥自身优势和特点，把贯彻落实文件精神与多年来开展的捐资助学、三下乡、法律援助等活动相结合，精心组织，务求实效。连续十六年开展医疗、法律、科普“三下乡”惠民活动。参与市妇联在石狮市宝盖镇组织开展的“春蕾计划”爱心助学活动，给困难家庭的孩子带去学习用品及慰问金；加入市妇女法律援助服务团，为妇女儿童提供法律援助服务；到市委会干部挂职点晋江市深沪镇东华村看望生活困难的村民，送去慰问金及生活用品；妇女儿童工作委员会到永春县开展“救助贫困母亲”活动，为失偶又身患癌症的贫困母亲送上慰问金；机关一支部和鲤城区工委一行“六一”前夕到鲤城区太阳雨儿童培训学校看望智障儿童，带去学习用品及慰问金。全年向社会捐资捐物折合人民币约500万元。以统一战线“党外专家服务团”为平台，组织“统一战线法律服务团”先后到石狮市鸿山镇、晋江市灵源街道等地开展法律进农村、进社区活动，为基层民众和社区工作者普及法律常识；由党员律师组成的“同心·法律援助工作站”在洛江区人民法院挂牌设立，此系泉州民革在基层法院设立的首家法律援助工作站。惠安民革党员陈惠忠参加福建省卫生和计划生育委员会派遣的第14批中国援博茨瓦纳医疗队，承担为期两年的援外医疗任务，为国际人道主义和中非友谊作出努力。

【对台工作】 履行职能，开展对台调研工作。按照民革中央关于祖国统一工作“四个转变”的要求，坚持每年至少完成一个涉台调研报告，强化涉台调研工作，实现“祖统工作重心向参政议政转变”的要求。完成《加强泉台基础教育交流合作 培养泉州工匠精神》《关于深化泉台职业教育交流合作的建议》等调研课题。其中，《关于深化泉台职业教育交流合作的建议》被确定为2015年泉州政协十一届四次会议的重点提案；共上报涉台信息22条，被有关部门录用19条，其中《积极引进台湾高新技术和高科技人才促进我省产业转型升级》被民革中央录用。注重加强与中共泉州市委统战部、市台办和涉侨、台部门的联系，主动与一些涉台企业协调，对重点台属进行慰问，并将走访慰问形成工作机制，实现工作的常态化。祖统工作委员会组织祖统委委员到中国闽台缘博物馆参观“闽台抗战海峡壮歌——福建省纪念抗日战争胜利70周年史实展”及“铁血铸军魂——中国远征军中的黄埔军人”两个展览，并配合大型历史人文纪录片《台湾1945》摄制组到泉州采访拍摄祖统委委员、台湾光复亲历者阮传发的人物专题。组织与台湾金融界、医疗界、学术界的入台交流活动，取得良好社会效应；接待台湾台北市诗联学会名誉会长李宏健带领的台湾参访团，分别就两岸当前形势和未来发展交流意见和看法；受泉州中国闽台缘博物馆的邀请，在闽台缘博物馆举行“我经历的台湾光复”讲座。继续为一年一度的闽台对渡文化节暨蚶江海上泼水节捐资出力，已举办九届；永宁古卫城文化驿馆被市侨联授予《对台文化示范点》的牌匾，该驿馆为弘扬祖国传统文化，促进海峡两岸文化交流做了大量工作。

【组织建设】 围绕加强基层组织建设和提高党员整体素质这两项重点工作，加强组织建设，优化组织结构，为全面履行参政党职能奠定基础。召开2015年民革泉州市委组织工作会，对2014年开展“民革基层组织活动年”相关活动以来的相关情况进行总结，并对活动中表现突出的10个优秀基层组织进行表彰。召开市区支部组织工作座谈会，就如何通过进一步开展市区基层组织活动增进党员间情感、党员与组织间沟通，强化组织参政议政功能，增强组织吸引力、感召力等问题进行交流。根据部署稳步推进各地域组织换届、调整工作，指导丰泽工委进行届中调整，晋江市委、泉港支部、永春总支部及下属三个支部、南安市委顺利换届。运用信息化手段，加强自身建设。组织党员参加民革e家的投票工作及民革中央调查问卷等工作，将微信群引入工作机制，建立民革市区支部主委、副主委微信群，并倡导各级有条件的组织建立微信群，拓宽党员之间沟通交流渠道。推荐骨干党员参加各级学习培训，全年选送14名党员参加民革省委2015年骨干党员培训班、福建省民主党派代表人士培训班、泉州市民主党派基层组织负责人培训班等培训课程。心系挂职锻炼党员，组织到南平、晋江等地走访看望挂职锻炼党员，了解党员工作生活情况。全年发展民革党员33人，其中中高级职称16人，大学以上学历100%，硕士及以上学历5人。至此，全市共有党员842人，其中处级16人，科级41人，中高级职称407人。

中国民主同盟泉州市委员会

【参政议政】 2015年，在泉州“两会”上，民盟泉州市委会多次呼吁加快泉州公共自行车租赁系统建设。12月，泉州公共自行车租赁系统被纳入市委、市政府2016年为民办实事项目。在市政协大会上，提交《科学规划，紧抓落实，推动泉州第三产业发展》等5篇政协大会发言。提交集体提案19件、个人提案45件。其中，《关于切实提高我市农村生活垃圾和污水处理率的建议》被列为市政协2015年重点提案。5月7日，省交警总队副总队长张天景到盟市委协商办理省政协十一届三次会议《关于提高高速公路堵车、事故应急处置能力的建议》的提案。承接市政协《进一步提升泉州市未成年人思想道德建设水平》的课题。7月6日，课题组成员陈建通、陈蓓璞代表盟市委参加与市政府“进一步健全创建全国文明城市长效机制”的专题协商会议，并进行专题发言。承接市政协《关于破解泉州电商企业融资难的几点题。10月21日，秘书长黄金电代表盟市委，参加与市政府“促进泉州市电商产业健康发展”的专题协商会议，并作专题发言。

【调查研究】 全年完成各级各类调研论文24篇，政协大会发言5篇。其中，黄金电执笔的《新形势下进一步提升民主党派履职能力的思考》在盟中央《组织工作通讯》第68期刊发。1月9日，到泉州市第二公交公司调研，并举行专题座谈会；3月4—5日，到泉州市慈善总会、泉州江南老年颐乐园、泉州市老龄办等地考察。5月19日，盟市委基础教育工作委员会召开未成年人思想道德建设主题座谈会，并与市教育局教科所合作，围绕该主题展完成15篇论文并汇编成册。8月13

日，召开《泉州市人民代表大会及其常务委员会立法条例（草案）》征求意见专题座谈会。8月，为推进泉州市社会志愿服务发展，盟市委联合泉州市文明办和鲤城区文明办开展“推进泉州市社会志愿服务发展”课题工作。4月22—23日，由民盟福建省委会、中共泉州市委统战部指导，“海上丝绸之路联合申遗团”九城民盟（泉州、北海、广州、漳州、福州、宁波、南京、扬州、蓬莱）发起举办的“民盟九城2015年‘建设21世纪海上丝绸之路’研讨会”在泉州召开。5月14日，以“中国经济发展与‘一带一路’战略实施”为主题的首届民盟经济论坛在上海举行。盟员杨京钟作为福建代表参加论坛，并提交《泉州推进“21世纪海上丝绸之路”经贸合作的思考》参加大会发言和现场互动交流。

【社会服务】　2月，组织泉州市统一战线专家服务团文体一团书画家到鲤城高新区企业——泉州梅洋塑胶五金制品有限公司送春联送书画。5月21日，组织15名医卫界盟员到南安市官桥镇席里村开展送医送药义诊活动。5月29日，在不断强化盟市委机关为盟员服务的基础上，在灵感文化公社成立泉州市首个“盟员之家”。9月8日，召开2015年教师节座谈会。10月15日，由民盟泉州市委会、泉州市统一战线专家服务团文体服务一团书画进校园活动在泉州十五中举行。全年举行“知识产权进企业”公益系列活动12场，为泉州500多家企业、1000余人次带去知识产权保护与运用的实操知识，取得良好的社会效益。2月7—25日，民盟晋江市委会在晋江市图书馆举办盟员书画摄影作品展、迎春笔会。2月7日，民盟惠安县委员会2015年送春联活动在辋川镇庄上村举行，系第六次组织此类活动。3月12日植树节，盟市委志愿者服务队与民盟鲤城区工委联合开展植树造林活动。8月，民盟永春支部与永春一中、香港大学联办“第二届（2015年）香港大学SpeechExpress永春县‘与世界对话’英语夏令营”，70多名学生参加。9月16日，民盟泉港总支到峰尾镇郭厝村开展“爱心义诊”活动。2015年，民盟晋江市委会开展“教育帮扶”专题帮扶活动，3月和9月，联动帮扶盟员分别到6所中学开展新学期“教育帮扶”和爱心助学慰问。1月5日和9月25日，民盟鲤城区综合一支部到西郊社区慰问低保户、困难群众。9月6日，民盟南安市总支向南安五中捐赠5万元并举行“奖教助学仪式”。2月，盟员张儒德捐赠4.1万用于磁灶镇上厝村路牌标识建设，还走访慰问磁灶镇20户贫困家庭。7月，郑守镇盟员完成在宁夏同心县一年的支教，为同心县组建篮球队，民盟永春支部捐款4800元为球队配备球鞋、球衣等物品。

【组织建设】　组织学习中央统战工作会议精神、《中国共产党统一战线工作条例（试行）》、十八届五中全会精神，提升思想认识水平，巩固多党合作思想政治基础。开展坚持和发展中国特色社会主义学习实践活动。9月1日，与中共泉州市委统战部主办“铭记历史•共铸国魂——纪念中国人民抗日战争胜利70周年泉州市统一战线书画作品展”。9月8日，民盟泉港总支与中共泉港区委统战部举办纪念中国人民抗日战争暨世界反法西斯战争胜利70周年文艺晚会。11月3—6日，盟市委组织委员及各地方组织负责人，到民盟发祥地——重庆市开展中国特色社会主义学习实践活动。开展革命传统教育。5月9—10日，民盟丰泽区工委组织盟员到“中国革命的摇篮”——井冈山，开展红色教育学习实践活动。5月16日，民盟石狮总支组织盟员到闽候县省爱国主义教育基地和青少年德育教育基地重温革命历史。9月18日，民盟石狮市总支及第四、五支部盟员走访皖南革命老区。10月25日，福建名城建工集团综合支部到古田会议旧址，重温党的光辉历史，接受革命传统教育。后备干部队伍的建设和培养方面，选派30名优秀盟员参加省委、市委党校，省、市社会主义学院和其他部门举办的各种培训学习。

中国民主建国会泉州市委员会

【参政议政】　2015年是民建中央确定的参政议政年。民建泉州市委抓住“提能力”这个关键，围绕党委、政府中心工作，运用多个参政平台，增强参政履职实效。创新机制，调动会员参政议政、民主监督的积极性。完善奖励机制和考核办法，制定出台《民建泉州市委会参政议政工作奖励办法》，激发会员的参与热情。组织会员参与地方政治协商，参与中共泉州市委、市人大、市政府、市政协召开的民主协商会、情况通报会、专题视察活动。全年40余名会员被聘请担任市委市政府及有关部门的行风监督员、党风廉政特邀监督员、特邀纪检监察员等，参与党风廉政建设的检查和监督。发挥特色和优势，提升议政建言的实效。全国“两会”期间，全国人大代表戴仲川向大会提交制定宪法解释程序法、修改土地管理法、森林法、村民委员会组织法等4件议案和19件代表建议，所提议案经大会主席团通过提交全国人大专门委员会审议，代表建议交有关部门办理，中央电视台等中央级媒体就议案建议的内容作了采访报道。在全国政协会议上，全国政协委员许明金就破解农村水环境保护等生态问题和学前教育义务化等百姓关心的热点问题提交提案，得到相关部门重视和采纳。在省“两会”上，人大代表、政协委员黄碧山、吕培榕、吕少阳、郭小平、林书育等向大会提交代表建议和政协委员提案26件。在市政协第十一届四次会议上，向大会提交提案48件，其中集体提案18件，2篇大会发言材料入选市政协《发言材料汇编》，4件提案入选《重要提案摘报》；《关于对我市低保户搭乘公交车实行优待政策的建议》的集体提案得到市委书记郑新聪批示，要求有关部门抓紧研究办理；市长康涛在走访市各民主党派时就此提案要求相关部门务必重视，尽快抓好落实；《关于加快我市养老服务业发展的建议》被列为市政协2015年重点提案，随后在市政协组织的专题督办活动中形成《关于加强社区居家养老服务工作的几点建议》报送中共泉州市委，得到重视和采用；在市政协表彰会上，《关于进一步加快我市小城镇建设的几点建议》《关于加强金融改革创新，服务我市实体经济转型升级的建议》《关于促进我市民营医疗机构健康发展的建议》3件集体提案获评泉州市政协优秀提案。

【社会服务】 抓住“惠民生”主题，带领全市民建各级组织和会员开展一系列社会服务工作。市委会获评2015年度民建全省社会服务工作先进单位一等奖第一名。开展职业教育扶贫。发挥会员办学优势，履行社会责任，发动会员和会员企业扶贫助学、援建学校、资助困难学生完成学业、组织“三下乡”活动、开展学习培训，参加活动的会员达千余人次。副主委郭小平率民建省委教育专委会部分成员到台湾调研闽台两岸如何深化高等教育合作、引进台湾优质教育资源。创新形式丰富“思源工程”内涵。与民建厦门市委和民建漳州市委主办“第八届民建中小企业发展研讨会”，围绕“自贸试验园区投资机遇与风险防控”进行交流探讨，为民营企业家实现企业的健康、稳定、持续发展带来新思路和新启示。鼓励和支持企业界会员开展项目扶贫工作，推动企业界会员参加社会各项公益事业，发挥其参与社会服务工作的积极性和主动性。2015年，会员们通过成立各种慈善基金和各种渠道和方式，筹集捐赠款物总价值1650万元，帮扶贫困、残疾困难家庭1000余人次。民建晋江市委参与举办的公益登山活动、民建南安市委参与发起的南安市“同心春雨行动”等都赢得社会各界赞誉。

【组织建设】 截至年底，民建泉州市委会下属2个县（市）委员会，2个区工委、3个总支，17个市直支部，共有会员1361名，经济界人士约占80%，担任各级人大代表和政协委员的会员共158人，其中人大代表39人，政协委员119人。12月，民建泉州市委会获“民建全国先进集体”称号，在中国民主建国会成立七十周年大会上受到民建中央的表彰。

中国民主促进会泉州市委员会

【参政议政】 2015年，在各级“两会”提交并被立案的人大代表建议和政协提案、大会发言总数170件。在省十二届人大三次会议上，省人大代表张锦川提交建议3件。在市十五届人大五次会议上，4名代表合计提交人大建议10件。在市政协十一届四次会议上，提交大会发言2件，集体提案28件，委员提案22件。集体提案《关于多措并举推进我市新农村建设的提案》及林晓晖提案《关于加强我市职业教育的建议》被列为市政协重点提案。2015年完成调研报告35篇，编印《民进泉州市委会2015年政协提案和办理成效汇编》《民进泉州市委会2015年调研成果汇编》。精选课题上报民进省委，《大力发展混合所有制经济 增强市场竞争活力对策研究》《“一带一路”大战略中泉州地缘环境比较研究》《我省在21世纪“海上丝绸之路”建设中的作用、优势和对策研究——以古代海上丝绸之路的起点泉州为例》3个课题获立项并通过专家组验收评审。参与民进省委“推进福建21世纪海上丝绸之路核心区建设”“朱子文化遗存与福建文化建设”两个重点课题调研，完成两篇专题调研报告。在市政协全委会和常委会建言献策，6篇调研报告入选市政协全委会

11月27日，民进泉州市委会、统一战线教育专家服务团在南安市五星中学开展奖教活动，捐赠1万元奖励该校20名教学能手（图/民进泉州市委会）

和常委会调研报告汇编，分别为：《关于加强我市水库周边环境保护和监测的对策和建议》《推进我市产业和城镇联动一体化发展的对策和建议》入选市政协十一届四次会议调研报告汇编，《关于依法规范我市家政市场的建议》《关于依法规范城市社区组织建设的分析和建议》入选十一届市政协第23次常委会调研报告汇编，《扶持发展会展业 助推泉州产业跃升》《加快传统产业转型升级 扶持新兴产业做大做强》入选十一届市政协第24次常委会调研报告汇编。提交《“一带一路”大战略中泉州地缘环境比较研究》《我省在21世纪“海上丝绸之路”建设中的作用、优势和对策研究——以古代海上丝绸之路的起点泉州为例》《立足我市自身优势 加快产业转型升级》《贯彻落实省委九届十一次全会精神 全力打造泉州经济升级版》4篇调研论文，被编入泉州市第八届党外人士建言献策论坛文集。

【社会服务】 落实民进中央社会服务主题年的工作部署，强化社会服务，提升民进的社会影响力。2015年，市委会捐款160万元，开展45次扶贫、义诊、助学助教活动，约500人次参加社会服务工作。6月，市委会被民进中央授予“民进全国社会服务工作先进集体”称号。专家服务团工作成效显著。市委会和泉州市统一战线教育专家服务团（以下简称“教育专家服务团）到服务基地南安市五星中学开展多项活动，捐赠1万元奖励南安市五星中学20名教学能手。教育专家服务团与泉州师院文学与传播学院、泉州市硬笔书法家协会联办第二届泉州硬笔书法师资培训研修班，吸引泉州市中小学教师及省内外硬笔书法爱好者40余人参加培训。教育专家服务团副团长黄金钟到泉州师范学院和南安市五星中学作了三场防震防灾知识专题讲座。市委会和各基层组织尽心尽力服务社会，打造民进惠民品牌。2月，市委会和各基层组织参与民进中央“书香彩虹”行动，捐款3万余元购新书2500册，捐赠贵州毕节金沙县贫困学校。2月2—7日，副主委黄金钟任团长，率民进福建省委特色人才一行9人到台湾考察调研，提交专题调研报告给民进省委，省级非遗传承大师蒋钦全、张文山等随团到台湾调研。12月，福建万兴隆集团总裁许维蓄捐资126万元用于安溪县第八小学教学楼工程建设。市委会社会服务委副主任林清丛捐款10万元给民进省委开明慈善基金会星空专项基金。民进鲤城工委3月向鲤城区新步小学捐赠1万元爱心购书款，12月捐助5000元资助5名贫困学生，捐赠泉州花桥义诊所1.5万元连续第八年在泉郡接官亭开展义诊赠药活动，协办鲤城区“清风•春风”廉政书画展、闽南传统建筑文化科普展。民进晋江总支1月走访磁灶社区贫困残疾人并送慰问金2000元，6月捐赠龙湖镇瑶山小学、南庄小学共2000元，9月资助晋江一中10名品学兼优的贫困生共计2万元助学金。苏琛琛资助两名大学生四年生活费共7万元。民进石狮总支9月为石狮八中十名学生发放奖学助学金1万元。民进泉港支部2月慰问6户前烧村贫困家庭并送慰问金6000元，9月为泉港一中5名学生发放助学金5000元，连续三年开展捐资助学活动，12月联合泉港区食安委、区教育局开展“关注食品药品安全、关爱青少年”宣传教育活动，重点以辖区中小学校为宣传平台，举办知识讲座，发放宣传手册。民进南安支部连续第四年到南安市儿童福利院看望、慰问被遗弃的孤儿和残疾儿童，并送去1万余元的儿童生活用品。民进南安支部主委林成基捐款2万元修建民进霞浦县南塘村同心桥。民进永春小组参与金秋助学行动和帮老济困活动，为身患白血病的6位贫困学生和老人捐资1.7万元。市委会法制委律师成员2015年度办理法律援助案件十余件，专委会主任陈飞跃利用退休空余时间自行出资建立法律义务咨询工作室，为数百当事人免费提供法律咨询。

【自身建设】 2015年，适逢民进成立70周年和民进福建省委成立30周年，民进泉州市委会和民进南安市支部被评为“民进全国先进集体”。6月，市委会承办民进省委“我身边的先进”巡回宣讲报告会，宣讲民进泉州市委会副主委许维蓄、民进南安市支部主委林成基的事迹等。8月，市委会在惠安县举办年度会员读书班，特邀省委会原专职副主委、正厅级巡视员金铁平作《重温民进会史 发扬优良传统》专题讲座。6月，民进泉港区支部成立。11月，民进泉州财经支部换届。2015年发展新会员30人，至年底全市有会员675人。

中国农工民主党泉州市委员会

【参政议政】 在市“两会”期间，以大会发言材料、提案等形式建言献策，向市政协十一届四次全会报送大会发言材料2篇，集体提案20件。其中，《优化我市农村生态环境的建议》被选为市政协十一届四次全会大会发言，并被市政协选编为《发言摘报》，得到市委书记郑新聪批示；2件提案被列为市政协2015年重点提案，所提意见建议受到市领导的高度重视。为改善民生、推动文化事业发展做出应有贡献。发挥人才智力优势，开展调查研究，形成一批理论研究成果和调研成果，合计报送省委会5篇、市政协9篇、统战部4篇。8篇被选入市政协常委会调研报告汇编。此外，参与市政协与党委、政府关于“电子商务产业发展”和“设施农业发展”协商议题调研，形成《加快推进我市农村电子商务发展的建议》《大力发展设施农业 促进我市现代农业发展》两篇调研成果。《加快推进我市农村电子商务发展的建议》在市政协与市政府协商会上作会议发言，《大力发展设施农业 促进我市现代农业发展》被市政协采用并报送福建省政协，为推动电商产业健康发展和现代农业发展建言献策。

【组织工作】 召开农工党成立八十五周年座谈会。8月，组织召开中国农工民主党建党85周年暨农工党泉州市级组织成立65周年纪念座谈会。把好党员发展的"入门关"。全面贯彻《福建省各民主党派组织发展工作程序》和"三个为主"原则，抓好组织发展工作，特别是发展一批有代表性、素质高的人加入农工党，全年发展党员61人，全市党员数1397人。巩固和发展基层组织。贯彻农工党中央颁布的《基层组织工作条例》，完成皮防院支部、师院支部、晋江市委会和南安总支换届工作，一批具有代表性、素质高的骨干党员走上基层领导岗位。做好党员培训工作。举行新党员培训班，邀请省委会领导、党校教授对新党员进行党史、党章教育和中国政党制度解析，增进新党员对农工党和中国政党制度的了解。分期分批选送党员参加脱产培训活动。选派4名党员参加中央社会主义学院骨干党员培训班，推荐选派10名党员参加省社会主义学院骨干党员培训班；选派10名党员参加市社会主义学院民主党派骨干培训班。推进基层组织建设。实施基层组织量化考核，根据方案对全市基层组织进行量化考核评比，对基层组织评优评先，并对先进基层组织经验进行推广，促进全市组织活动的正常开展。

【社会服务】 全年举行各类社会服务活动30次，赠药、捐款、捐物价值近10万元，受益群众累计约1万人。6月，联合市环保局开展第八届"中国环境与健康宣传周"活动，设置环境污染责任保险首批试点企业签约仪式和各类环保主题展等活动项目。开展国际科学与和平周活动。11月，组织带领福医附属二院基层委员会、综合总支党员到德化县三班镇奎斗村开展义诊扶贫活动。现场义诊300多人次，免费赠药5000多元。同时，市委会向奎斗村10户贫困户发放5000元扶贫慰问款。联合农工党南安总支到南安康美园内村开展义诊活动。为村民进行免费诊疗送药，免费量血压和测血糖，受益群众500多人次，送出药品价值五千多元。据不完全统计，全年开展义诊8场次、扶贫助学活动3次、健康讲座2次，活动受益群众2000多人，赠药、捐款35000元。开展捐款、扶贫、助学活动。响应农工党中央、省委会号召，发动党员为农工党一干会址重建捐献特别党费。全市农工党党员捐款30000元；响应省委会号召，为永安患病党员捐款3000元；泉港总支到峰尾镇峥嵘村慰问总支定点扶持对象、贫困户郑忠楷家，为其送去3000元助学金及价值500多元的慰问品。利用传统节日开展社会服务工作。"三八"节来临之际，联合妇工委、泉港总支到泉港区山腰镇荷池社区清源庵开展关注孤儿献爱心活动，为清源庵的孤儿们送上价值10000元的慰问品及3000元的慰问金。10月，为迎接第二十五个老年节，退休支部组织老党员召开座谈会，并向各位老党员送上慰问金。

中国致公党泉州市委员会

【参政议政】 把参加市委、市政府、市人大、市政协召开的各种会议作为参政议政的有效途径。市委会领导在召开的座谈会上，就健全创建全国文明城市长效机制、现代农业发展、农村排污治理、促进泉州市电商产业健康发展、《关于进一步推动产业转型升级的实施意见》、《关于加快实施〈泉州制造2025发展纲要〉的若干意见》以及泉州市"十三五"规划等提出意见建议。围绕"法治泉州""协力推动产业创新转型提升发展"等专题向市政协常委会提交《加强闽南文化法律保护的建议》等6篇专题调研材料，其中《探索符合泉州实际的传统产业转型升级之路》《统筹用好创新资源 加快产业升级步伐》在会上做口头交流发言。在泉州第八届党外人士建言献策论坛上市委会提交《加强水资源保护管理 促进我市产业转型升级的建议》等4篇调研报告。主委陈铭福在十一届省政协三次会议上提交《关于加强华侨华人新生代工作的建议》等3件提案和两篇大会发言材料，并就"加快推进养老服务业发展"在省政协常委会专题协商会上作发言。在市政协十一届四次会议上，市委会提交大会发言材料2篇，集体提案15件。市委会大会发言《引导民间资本流向服务实体经济发展》得到市委、市政府主要领导的高度重视。市委会集体提案《构建"医养结合"养老模式的建议》《关于加快推动新能源汽车应用的建议》和副主委林丽华提的《关于推进泉州市区生活垃圾分类工作的建议》等三件提案被作为重要提案摘报呈送市委市政府主要领导批阅。市委会集体提案《加快市区供水管网改造，保障市区居民用水安全》《应对老龄化社会挑战，加快养老产业化进程》《借鉴棚户区改造的成功经验 对我市石结构房屋改造的建议》以及林丽华个人提案《关于建立泉州市中心市区交通智能化管理的建议》等4件提案入选十一届市政协2012—2014年度优秀提案。4月24日，市委会召开参政议政和反映社情民意信息工作会议，为与会者讲授如何做好反映社情民意信息工作。2015年，市委会立项并验收各级组织申报调研课题120件。向各级部门反映社情民意信息233条，其中《联合东南亚有关国家和华侨社团开展纪念“南洋机工”活动的建议》《勿让非法“专车服务”搅乱中国运输市场》被全国政协采用，《建议金融机构应妥善处理企业续贷问题》被致公党中央采用。主委陈铭福报送的《雾霾治理制约因素及政策措施》被省政协办公厅评为2013—2014年度全省政协系统优秀社情民意。

【社会服务】 践行“致力为公、善行大闽”理念，成立“致公党泉州市委会志愿者服务队”，打造社会服务新品牌。志愿者服务队同晋江市志愿者协会等单位联合主办“爱心后备箱”公益义卖活动，将筹得的爱心款赠予磁灶洋宅村敬老院及晋江市爱心格子铺。志愿者服务队还到洛江区北斗星自闭症康复中心慰问自闭症儿童、为永春县湖洋镇4位即将上大学的学生送上助学金。打造“致公学校”品牌，创办鲤城梅峰社区“致公学校”。利用社区“致公学校”这一平台，开展社区道德讲堂、义务家电维修、慈孝生日会、春节爱心慰问等活动10多场。在党员企业简艾服装公司协助下，与中共泉州市委统战部主办《统战大讲堂》，邀请厦门大学环境与生态学院副教授、厦门大学环境科学研究中心副主任陈猛讲授《食品安全的认识与潮流》。组织统一战线专家服务团文体二团到永春县蓬壶镇开展“汇聚统一战线力量，同唱美丽乡村赞歌”演出活动。到丰泽区泉淮社区开展南音辅导交流，丰富基层群众的精神文化生活。还组织专家服务团文体二团开展文化产业调研，撰写《完善配套设施，推进基层文艺发展》调研报告。参与泉州市战部组织的“四联建”“海西春雨行动”活动，开展义诊、法律咨询，慰问困难家庭等活动。

【组织建设】 抓好机关效能建设，改进工作态度，提高机关工作效率，完善各种规章制度。9月16日，市委会同鲤城区政协、中共鲤城区委统战部、致公党鲤城区工委会举办庆祝中国致公党成立90周年泉州书画作品展。9月20日，市委会举办2015年读书班。10月市委会组织部分常委及市委会机关干部到广东开展老一辈致公党员优良传统学习教育活动，参观司徒美堂故居、黄花岗七十二烈士墓、江门五邑华侨华人博物馆。组织人员参与纪念中国致公党成立90周年暨致公党福建省委会成立35周年书画作品展、征文、“党员微故事”等活动。市委会制定《关于开展创建先进基层组织、争当优秀致公党员活动的实施意见》。对泉州致公网站、刊物进行改版，刊物版面由16K扩版至A4，开通“泉州致公”微信公众号。下发《2015年基层组织改选工作的意见》，对市直基层组织改选工作的程序步骤进行规范，2015年，市直基层组织基本完成改选工作。晋江市委会、南安市委会分别于5月、10月完成换届。完成组织信息、骨干党员信息的采集和整理工作，对全体党员的信息进行整理核对，全面、系统摸清党员实际情况。做好党外干部挂职锻炼选派工作，推荐两名骨干党员到石狮市乡镇挂职锻炼。全年发展79名新党员，平均年龄34.6岁。其中，高级职称17人、中级职称16人，研究生学历9人、大学本科学历55人，留学归国人员5 人。截至年底，全市有基层组织73个，党员1445人。全年选派9名党员参加省、市社会主义学院学习，选派15名党员参加省一周课堂”培训班。市委会还就坚持和发展中国特色社会主义学习实践活动并结合新党员培训举办专题培训，150多人参加培训。

4月24日，致公党泉州市委会聘任15名参政议政工作特约委员

（图/致公党泉州市委会）

九三学社泉州市委员会

【参政议政】 围绕“一带一路”战略、产业创新转型等主题开展广泛调研，完成《“一带一路”背景下沿海沿边地区发展策略研究》《“一带一路”战略中福建对外经贸合作发展路径》等13项课题。在市政协十一届四次会议上，王祖耀作题为《切实推进公立医院改革，加快我市医疗卫生事业健康发展》的大会发言，得到时任市长郑新聪的当场批示：“反映的有关问题要

8月25日，九三学社泉州市委员会纪念抗日战争胜利70周年暨九三学社成立70周年座谈会召开　（图/九三学社泉州市委员会）

高度重视。相关建议要在我市有关措施中充分研究吸收。”社市委提交的《关于农村生态保护的几点建议》被列为市政协重点提案，《关于加强我市农村环境污染整治的建议》《关于加强我市二次供水质量管理的建议》《关于加强我市水资源管理的几点建议》《加快整合泉州沿海旅游资源，打造滨海旅游城市的建议》被评为市政协2012—2014年度优秀提案。

【社会服务】　组团参加美国泉州联合总会换届庆典、北美南安同乡总会成立仪式，开展侨务联谊和海外人才工作，助力泉州21世纪海上丝绸之路先行区建设。依托市统一战线专家服务团，开展“海西（桐江）春雨行动”“金秋助学”“春蕾计划”等社会公益活动。据不完全统计，全年举行28次义诊、8次讲座、11场咨询、6场展览，施赠药品3万余元，发放资料3000余份，捐献现金30余万元、物品1万余元、图书200余册。王诗榕等《海洋船舶重防腐涂料的研发与产业化应用》获省科技进步奖一等奖，其个人获评社中央2011—2015年社会服务工作先进个人。沈剑云等《金属结合剂牢固把持金刚石磨粒的关键技术及应用》获省技术发明奖一等奖。李师阳当选中华医学会麻常委。王培景参与修订陈设艺术瓷器国家标准。

【自身建设】　加强自身建设，履行职能职责，获九三学社福建省委授予的2015年度“参政议政工作先进集体”“信息工作先进集体”称号和“社会服务工作优秀组织奖”。学习中共十八届四中、五中全会，习近平系列讲话和中央统战工作会议精神，开展坚持和发展中国特色社会主义学习实践活动。召开“纪念抗日战争胜利70周年暨九三学社成立70周年座谈会”，为每位社员赠订《九三史话》，在《泉州晚报》进行宣传活动。参加社西南片区社务工作交流会，与社青岛、怀化、江门、珠海市委等展开社务交流，完成《泉州市志（1991—2010）》社市委分志稿的编纂任务。按照《九三学社章程》，增补杜振双为社市委委员，成立青年工作委员会，晋江、南安支社和华侨大学、泉州师院委员会先后换届。全年吸纳23人入社。

台湾民主自治同盟泉州市委员会

【参政议政】　在全国政协十二届三次会议民革、台盟、台联联组会上，主委骆沙鸣就“如何把握台湾民意，完善台胞国民待遇，便利台湾同胞在祖国大陆投资求学就业”等问题，提出“发放卡式台胞证以及加强闽台文化交流”等政策建议，得到与会中央领导的当场回应和肯定。在中共泉州市委书记、市长走访民主党派机关座谈时，盟市委会领导针对泉州实际，提出“应加快我市环保产业和建筑产业的转型升级，突出‘绿色建筑产业化’，注重环保产业与建筑工业化”等几点建议，得到市委的重视和有关部门采纳，并最终促成市住建局出台相关文件。在全国、省、市政协会议期间，盟员中的政协委员向大会提交党派提案41件、大会发言20件、委员提案64件，提案内容涉及面广、可操作性强，得到新闻媒体广泛关注。《新常态下应加快构建品牌强国的若干建议的提案》等3件提案被列为全国政协重点提案；《关于加快我省装备制造产业等转型升级步伐的若干建议》得到省委书记尤权等领导的批示；《关于开展新型职业农民培育试点的建议》被评为福建省政协2013—2014年度优秀提案；《关于利用金改区政策红利支撑泉州新型城镇化建设的提案》被列入泉州市政协《重要提案摘报》，得到市主要领导批示；《关于大力推进我市养老服务产业发展》等3件提案列为市政协年度重点提案；《关于多措并举加快泉州市医疗卫生床位数等普惠性建设的若干建议》等6件提案被评为市政协2012—2014年度优秀提案。此外，盟市委还向泉州市政协各次常委会提交8篇调研报告并被收录汇编，其中3篇被指定在大会发言。围绕“互联网+”以及“一带一路”和“十三五”规划等，开展专题调研，形成调研文章45篇，并注重成果转化。《关于将妈祖文化打造成为21世纪海上丝绸之路时代文化符号的建议》《站在海峡两岸关系新常态的重要历史节点上推动两

12月19日，台盟泉州市委员会参与主办的第七届海峡两岸闽南语歌星选拔赛总决赛（大陆赛区）在泉州举行 （图/台盟泉州市委员会）

岸青少年走两岸关系和平发展道路的对策建议》等相关建议被全国政协常委会采纳。全年报送社情民意信息178件，其中涉台信息有44件，占信息总数22%。信息被省级及以上采用率达43.2%。

【对台工作】 配合台盟中央调研组到泉台农民创业园开展调研，形成《提升台湾种苗引进合作水平深化泉台农业交流》调研报告及社情民意信息，为助推泉台农民创业园平台建设出谋献策。联合台盟中央两岸文化交流委员会等主办“海上丝路与郑成功论坛”。联合台湾文化国际交流协会等在泉州主办第七届“海峡两岸闽南语歌星选拔赛”。联合泉州晚报社开展“台生在泉州”系列宣传活动。协同泉州市教育局开展两岸青少年中华经典诗词吟诵活动。参与主办以“湿地闽台缘 神农两岸亲”为主题的“2015年泉台两地青少年湿地保护科普夏令营”。与华侨大学台湾籍学生开展羽毛球联谊赛。为便于咨政存史，制作相关对台活动VCD。

【社会服务】 发挥专委会作用，医卫工作委员会联合市侨办到汤头乡开展义诊活动，免费为就诊群众送去价值7000多元的药品，为当地群众提供“零距离”的医疗服务。妇委会联合台资协会妇委会到泉州市第三中学开展“关爱台生•你我同行”慰问活动。青年志愿服务大队组织志愿者参与“保护湿地，关爱母亲河”为主题的志愿活动，展示台盟良好的社会形象。为打造统一战线农业专家服务团服务品牌，致力于常态化、优质化服务，组织农业团成员多次到安溪善坛村、德化高阳村开展“三下乡”活动，走访慰问困难群众，开展送春联和赠送科普书籍等活动，帮助善坛村、高阳村、福山村建立图书室，还自筹并发动台胞向善坛村、高阳村捐资14万元，支持文化广场道路照明工程建设。

【自身建设】 重视夯实自身建设基石，促进履职水平提高。开展坚持和发展中国特色社会主义学习实践活动，成立实践活动领导小组，并将其列为全年工作考核的重要内容之一，强调要把学习实践与提高参政议政能力、加强自身建设、深化对台交流工作和增强社会服务成效相结合。组织传达学习习近平在中央统战工作会议上的讲话精神和李克强到泉州考察讲话精神。为提高盟员的综合素质，增强盟员整体参政议政能力，举办盟员暑期培训班及读书报告会。组织盟员开展“纪念中国人民抗日战争胜利70周年”征文等活动，提升盟员的学习热情和参政积极性。创新形式开展“好提案讲评”活动和“导师对接制”，发挥盟市委委员的“传、帮、带”作用。指导晋江支部和南安支部顺利完成换届；全年发展7名盟员，至此共有盟员156名。

泉州市工商业联合会（泉州市总商会）

【加强工商联法律服务】 围绕贯彻“依法治国”精神，立足工商联职能，建立完善“六机制一平台”（商事调解、诉求反映、警企协作、思想政治、工业设计与制造企业双向联动和人才评价机制以及信息交流服务平台），帮助企业破解发展难题，打造“法治型”商会。与市公安局召开第二次工作联席会，通报全市涉企经济案件情况，与企业家进行经营风险防范方面的互动，提高企业防范经济犯罪的能力。主动参与劳动关系三方协调工作，配合市三方办在鲤城、丰泽、洛江和泉港等7个县（市、区）的基层职工服务站开展律法规咨询和接访活动。宣传中央关于构建和谐劳动关系的政策和部署要求，与市人社局、市总工会等开展工资集体协商“要约行动月”活动，为企业提供劳动法律法规的宣传、咨询、培训服务。

【推动创新创业】 响应中央“大众创业，万众创新”的号召，贯彻落实《国务院关于加快构建大众创业万众创新支撑平台的指导意见》《〈中国制造2025〉重点领域技术路线图（2015版）》等文件精神，推动生产性服务业和传统制造业融合发展，出台《推进工业设计服务与民营传统产业融合发展工作方案》，引导企业强化工业设计意识，营造促进工业设计发展的良好氛围，提高产品附加值。在门户网站开辟工业设计服务平台工作模块，通过该平台建立实用、高效的工业设计基础数据库、资源信息库、用户需求库，提供多方位、跨门类的工业设计服务。与泉州市新社会阶层代表人士联谊会、两岸资本市场联盟、福建天衡联合律师事务所等主办“与未来对话”2015闽商资本市场与企业风控高峰会，通过企业法务专场、企业风控专场、资本市场专场，为参加会议的500多名会员企业指引方向。会同厦门市工商联、漳州市工商联主办“中国（福建）自贸试验区厦门片区”政策解读报告会，组织近100名泉州本土企业家出席会议，就福建自贸区厦门片区的综合方案、政策优势与投资机会进行交流。联合民盟泉州市委会、市知识产权局在鲤城、石狮、南安等地举办12场“知识产权进民企”公益系列活动，由资深专利代理人、工程师等组成专家团，为企业提供专利申请、维权保护等产权知识服务，改善民营企业经营环境。组织30多名企业家参加在深圳举办的“泉州制造2025暨推进产业转型升级招商洽谈会”，促成5个，意向总投资104亿元。配合市政府举办第11届深圳文博会、泉州建材中国行长沙专场等产业项目推介会，丰富泉州产业内容，吸引海内外泉商回乡投资。

【服务“海丝”先行区建设】 主动融入泉州“海丝”先行区建设大局，牵头筹备并于11月8日举办“联合国海陆丝绸之路城市联盟工商理事会”成立大会。第一届理事会选举市工商联主席许连捷为工商理事会主席、市工商联副主席许景南为工商理事会副主席，聘请旅菲侨领陈永栽为荣誉主席。理事大会通过《工商理事会章程》《工商理事会财务管理办法》，决定工商理事会秘书处永久落户泉州。大会还发起成立航运物流分会、粮农产业分会两个分会，架设“四大基金”（海陆丝绸之路工商企业发展基金、基础设施建设基金、兴业—海丝文化旅游基金、中银—泉州丝路基金），为工商理事会履职寻找到符合战略、政策与产业需求的突破口。此外，中国国际商会泉州商会还与马来西亚中小企业总会联手，签订清真领域战略合作框架协议，为民企开拓新的市场创造条件。

【引导异地商会科学规范发展】 以“大众创业，万众创新”为主题，组织20多家驻泉异地商会会长、执行会长、秘书长参加驻泉州异地商会季度联谊会，邀请优智造创客空间首席发起人吴祺华做《“互联网”+“创新设计驱动力”》主题演讲，分析互联网思维对工业设计领域的影响，共同探讨在“互联网+”时代下企业创新发展的趋势与方向。8月，开展以“新泉商•动起来，健行新丝路”为主题的泉商运动会，组织30多支代表队、985人次参加8个大项16个小项的比赛项目。围绕“新常态、新跨越”，联合市委宣传部、泉州晚报社等部门在泉州经济年会上开展“优秀泉属异地商会”评比，泉州宁德商会、北京泉州商会、长沙泉州商会、济南泉州商会等10家商会获年度优秀泉属异地商会。

【密切区域互动和经贸往来】 采取“走出去”和“请进来”相结合的方式，促进本地泉商和异地泉商的大交流大合作。协助市政府组织30多家会员企业到马来西亚、老挝、柬埔寨3个国家开展为期10天的经贸活动，参加两场“中国福建周”开幕式暨泉州经贸旅游推介交流会，主办并对接两场商务洽谈会。同时拜会新山福建会馆、槟城中华会馆、老挝琅勃拉邦商务部、柬埔寨中国商会等，接触当地工商界人士，介绍中国“一带一路”政策。协同中国国际经济技术交流中心、泉州市政府组建考察团到伊朗、阿联酋、新加坡开展为期10天的经贸活动，通过市场调研、实地考察、商务洽谈、项目对接等，达到深入互动、搭建平台、对接合作、助推项目落地的效果。联合香港贸易发展局、市商务局举办香港服务业研讨会，组织近40名企业家到会交流，引导企业借助香港成熟的商贸渠道扩展国际市场。牵头组建访问团到香港参加亚洲金融论坛，并拜会香港泉州同乡总会、晋江同乡会等泉州籍旅港社团。应台湾“中华企业生产力协会”邀请，组织泉州市小微企业天的考察访问活动，举办3场交流座谈会，初步达成一些合作意向。同时，对接宁夏经贸考察团、吉林市项目对接组、安徽省商务考察团、陕西省科技代表团、济南市政协考察团等20余批次经贸考察团到泉州考察投资环境，并与泉州本土企业交流洽谈。

【守法诚信教育不断深化】 开展以守法诚信为重点的非公经济人士理想信念教育，选树先进典型，收集80个企业典型事例汇编成《民企长青》。联合《泉州商报》刊登宣传11个守法诚信、企业发展好的会员企业，通过门户网站刊登有关信息52条。联合市委宣传部、市经信委、市国资委等，表彰30家企业文化创新单位、企业文化“文都风采”特色单位、企业文化建设示范单位。针对异地泉商子女众多，长期生活在异地他乡，缺乏对泉州文化的了解，市工商联组织泉州部分专家、学者编辑出版《文都泉州读本》，全面展示泉州的文化魅力。

【人才队伍建设有序推进】 以加

强培训为切入点，抓好非公人才队伍建设，组织百川资源董事长等3名企业家参加在上海复旦大学举办的全省非公有制经济人士自贸区建设学习培训班。组织鲤城、石狮，晋江3位县级工商联党组书记参加全国工商联县（市、区）工商联党组书记培训。注重代际传承的研究和培养，组织佳泰数控有限公司董事长苏亚帅等5名青年企业家参加在北京大学举办的全省青年企业家培训班。2015年，还举办1期社会主义学院培训班，组织29位常执委参加学习。借助福建省“4•18”人才项目与资本对接会，搭建人才创业创新融资平台。设立泉州人才工作联络站，打通人才引进渠道，完善人才工作网络，健全人才大数据库。联合多家单位在北京开展香港文博会发布会暨大学生创业就业交流会，响应中央提出的有关文化改革发展的部署要求，以实际行动支持泉州人才回归工程建设。2015年，市工商联副主席（副会长）单位七匹狼、八马茶叶入选“泉州市企业单位人才高地”。同时，做好非公职称评审工作，全年送审高级评审材料133份，收到中初级评审材料718份。

【光彩公益事业有效提升】 坚持把引导企业家参加光彩公益事业作为思想政治引导的抓手，推动非公经济人士履行社会责任。在省光彩事业促进会四届二次理事会上，盼盼食品集团、安踏（中国）有限公司、泉州市宁德商会等10家企业和个人获福建省光彩会颁发的企业和个人优秀荣誉证书。组织做好2015年“光彩•粉红丝带行动”的申报和发放工作，为19名乳腺癌患者发放95000元的资助款。许连捷牵头参与市政协组织的“爱心助医”项目捐赠活动，七匹狼有限公司、浔兴拉链有限公司以及森美食品、上海泉州商会等捐资1100万元，支持市儿童医院改建儿科大楼并命名为“泉商爱心楼”。匹克集团捐助福建医大附属二院、市儿童医院救护车及装备各100万元。与省关工委、省读书援助协会、市委宣传部、市委文明办等联办3场“书，组织企业家为地区小学建设捐赠。据不完全统计，全年涉及捐资助学、扶贫济困、慈善捐赠等项目32个，总资金4478万元。

【调查研究取得新成效】 建立83家企业监测点，调查分析泉州市非公有制经济运行状况，及时反映企业发展过程中遇到的新情况新问题。出台《泉州市工商联调查研究工作制度》，明确调查研究的目标任务、考评办法、成果转化和组织保障等。与中国民私营经济研究会合作开展《泉州探索：配置资源起决定性作用的市场与更好发挥作用的政府（征求意见稿）》重点课题调研，为构建新时期健康的政商关系、总结探索民营经济健康发展道路提供参考。对接做好全国工商联主席王钦敏、副主席庄聪生分别到泉州、晋江调研非公有制经济发展和工商联基层组织建设情况，以及民营企业“走出去”综合情况，召开企业、政府部门、商会协会三方座谈会，了解泉州市民企“走出去”以及参与“一带一路”建设情况，并为国家层面制定相关政策提出建议。配合全国工商联开展“两个健康”问卷调查，编印《2015年国家、省、市关于加快企业转型升级发展的若干政策汇编》。参与省三方办开展的和谐劳动关系课题调研，完成《企业经营者队伍建设对构建和谐劳动关系的影响》《企业文化建设对构建和谐劳动关系的影响》2个调研课题；参与市政府重点课题“引导电子商务规范发展的研究”调研工作和省总工会开展的工会劳动法律监督立法调研活动，完成《引导民营企业公平竞争、守法经营的对策建议》《整合产业链资源，为民营企业抱团出海创造条件》等调研报告。

【建言献策取得新提升】 组织市政协委员、异地商会会长吴建家、黄金桦等企业家就泉州市城市建设、民营经济、生态环境、“文都”建设等方面的工作提出意见建议。在调查基础上，提出《关于促进在外泉州籍人才回归发展的建议》《关于泉州城市功能定位转型的建议》3件政协提案；撰写的《发挥传统产业优势，助力泉州经济逆势上扬》《泉州跨境电商的发展》等政协会议发言提纲，得到市领导肯定。市工商联撰写的调研报告《依法治会，推动基层商会迈向法治轨道》被《泉州市政协常委会第二十四次会议调研报告汇编》刊用。

11月8日，市工商联牵头筹备的“联合国海陆丝绸之路城市联盟工商理事会”成立大会在泉州举行 （图/吴寿民）

社会团体

SHE HUI TUAN TI

责任编辑：陈雄南 高 磊

社会团体

泉州市总工会

【围绕中心　服务大局　服务经济建设彰显新作为】

建功立业劳动竞赛影响广泛　突出“当好产业升级主力军•建功泉州跨越发展”主题，在重点项目、重点工程、重点行业开展劳动竞赛。全市共开展较大规模劳动竞赛563场，100多万名职工积极参与，32个集体获福建省“工人先锋号”，104个集体获泉州市“工人先锋号”，有效组织动员广大职工投身经济建设主战场。

职工队伍转型提质扎实推进　市政府办转发市总工会、经信委、教育局、科技局、财政局、人社局、国资委制定的《关于泉州市百万职工技能大提升行动方案》，开展全方位、多层次培训提升活动，举办全市性职工职业技能竞赛33场，县级职工技能竞赛86场，82万名职工参与，2542名职工晋升技术等级；与人社局等部门累计培训职工30万人次，其中农民工近6万人，开辟职工快速提升技能新通道，为经济转型升级提供技能人才支撑。

4月2日，泉州市百万职工技能大提升行动启动仪式暨全市服装行业职工技能竞赛决赛在丰泽区匹克集团服装厂举行　　（图/市总工会）

职工创新创造活动硕果累累　推荐评选表彰全国劳动模范和先进工作者12名、泉州市劳动模范和先进工作者200名，发挥劳模引领作用。深化“劳模创新工作室”建设，发挥弘扬劳模精神、推进技术攻关、培育创新人才、促进企业转型的积极作用，在企业构筑劳模、科研人员、技术职工组成的“创新实践共同体”，14家获评福建省“劳模工作室”，1家获评福建省“示范性劳模工作室”。广泛开展职工科技创新活动，充分激发职工的创新热情和创造才能，在巴黎国际发明展览会、德国纽伦堡国际发明展等国际和国内展会、评奖活动中，泉州市职工共获32金、43银、54铜，并有9个项目获专项奖。

【突出重点　依法履职　职工权益维护实现新进展】

“十分钟职工服务圈”作用发挥　全市350多个基层职工服务中心（站）在实施困难救助、法律援助、医疗互助、就业帮助、信访接待“4+1”功能基础上，推动市协调劳动关系三方五部门定期进站开展联合接访20场，接受职工现场咨询求助5000多人次，大量职工诉求在基层职工服务站“十分钟职工服务圈”得到解决，实现重心下移、一线服务。深化“12351”信息平台建设，加强市、县职工维权信息对接和工作联动，市、县两级工会共受理和参与处理职工信访2406件，涉及职工7133人次、金额6576.6万元，其中市本级受理职工信访690件，涉及870人次、金额305.4万元。

源头参与力度扩大 开展“普法宣传集中行动月”活动，全市举办法律知识宣传活动23场，62300多名职工参与，带动形成了职工学法、守法、用法的浓厚氛围。举办“要约行动月”宣传活动13场，向全市百人以上企业发出要约2942份、区域性要约273份、行业性要约27份，覆盖企业47831家，培育企业、行业、区域性工资集体协商示范点62个，有力促进劳动关系和谐发展。广泛开展“公开解难题、民主促发展”主题活动，全市国有企业及国有控股企业全面开展厂务公开工作。

工会劳动保护工作加强 “安康杯”竞赛活动覆盖企业15500家、职工156万人，强化企业主体责任，提高安全生产管理水平，增强广大职工自我保护能力，39家企事业单位获2014年度全国“安康杯”竞赛优胜企业。建立“妈妈小屋”58家，“女职工心理咨询室”接待来访、来电咨询1783人次。

【创新项目　践行宗旨　服务职工工作取得新成效】

农民工创业扶助工程产生大效益 联合市财政局、泉州农商银行精心实施市委、市政府为民办实事项目——农民工创业扶助工程。市、县两级工会、财政投入扶持资金500万元，精准帮扶100个农民工创业项目，带动项目负责人等投入资金1.6亿元，吸纳3000名农民工就业，新创造产值1.2亿元，产生了良好的经济社会效益。在市委党校举办全市首期百名农民工创业培训班，集中辅导农民工创业。

困难帮扶机制发挥更大作用 开展“幸福泉州•情暖职工”大走访、大慰问活动，帮扶救助困难家庭9055户，发放帮扶资金1338万元，实现全市在档困难职工当年全覆盖。组织职工参加职工医疗互助55.6万人次、筹集互助金2706万元，补助7050人次，补助金1162多万元，完成计划的108%。深化“金秋助学”活动，全市筹集助学资金599万元，资助困难职工子女1806名。

服务职工品牌工作产生更大影响 开通泉州至南昌、泉州至汉口农民工春节返乡动车专列，千名农民工受益。制定实施工会会员证管理和发放办法，发行实名制职工服务卡逾10万张。深入宣传中共十八届五中全会精神，组织“心系基层•情暖职工”送文化慰问一线职工演出15场。春节期间持续开展留泉外来务工人员“免费游泉州”活动，20多万人次受益。

【基层导向　夯实基础　工会自身建设呈现新面貌】

工会工作机制创新成效显著 探索建立市县两级工会工作责任联挂制度，开展“下基层、接地气、办实事、促发展”行动月活动，推动工会干部走出机关、深入一线，比服务、比效能，推进重点工作；市总工会课题组《关于推行“地方工会工作全员挂钩联系责任制”的实践与思考》获2015年全省工会理论研究论文一等奖。建立市县两级工会机关重点工作量化考评和实绩评价制度，加强工会系统效能建设和科学管理。

工会组织覆盖面不断扩大 开展“基层工会建设落实年”活动、“下基层进企业抓组建促提升”专项行动、“农民工入会集中行动”，全市新成立基层工会768家，新发展会员54850人，工会组建率、职工入会率达93.3%和96.2%，区域工会联合会和行业工会联合会建设城乡并进，构建起横到边、纵到底、规模宏大而健全的工会网络。深化“1+X”职工之家创带活动，建家质量进一步提升。培育市级“职工书屋”100家，4家企业（单位）获评全国工会“职工书屋”示范点。

党的建设和各项基础工作展现新风貌 按照中央和省委、市委部署要求，开展市总工会“三严三实”专题教育，健全完善班子学习、公务、议事、工作制度，编印《贯彻执行中央八项规定政策制度汇编》《泉州市总工会机关工作制度汇编》。贯彻落实从严治党要求，党风廉政建设工作不断加强。适应传播技术、媒体格局新发展，形成《泉州工人》、《工会工作简报》、泉州市总工会网站“一报一刊一网”新格局，开通“泉州市总工会”微信公众号和微博，工会宣传阵地建设进一步巩固加强。举办市县两级工会机关干部培训班、千名企业工会主席岗位知识网络培训班，工会干部培训工作力度加大。工会经费收、管、用工作规范有序，经审工作不断加强，监督机制进一步完善。东海工人文化宫正式动工建设，顺利推进，工会综合实力和影响力不断提升。

共青团泉州市委员会

【培育和践行社会主义核心价值观】 开展“我的中国梦”“奋斗的青春最美丽”“青春闪耀海丝先行区—共青团公益快闪”“清明祭英烈 共铸中华魂”“清朗网络•我来护苗”及闽南语四句作品征集等活动800多场，把优秀传统文化融入社会主义核心价值观教育。在学校，广泛开展“社会主义核心价值观宣传月”“我为核心价值观代言”“少先队先锋行动—核心价值观记心间”及“最美少年”评选、红领巾上讲坛等主题队日活动，加强对青少年社会主义核心价值观的培育。

【深化青少年实践教育】 举办泉州市残障少年儿童展能节、第十五期“红领巾假日农庄”实践活动和第29、30期少年军校，开展“红领巾相约中国梦—关注少代会当好小主人”“我们是共产主义接班人”“我是向上向善好队员”等活动。在大中专院校，开展学习习近平系列讲话精神“四进四信”“与信仰对话”“彩虹人生—奋斗的青春最美丽”等活动。组建“泉州市高校毕业生就业政策宣讲团”走进各高校开展宣讲。组建“走近文都”大学生社会实践队，形成《针对留泉高校学生创业就业态度及现状的调研报告》。开展大中专学生志愿者暑期文化科技卫生“三下乡”社会实践活动，近1000支队伍参与。

【推进共青团网络宣传引导工作】 依托“青春泉州”微信公众号，开展“泉州青年报创刊30周年答题赢墨宝、送祝福”、2016全球华人少年儿童春节联欢晚会暨春晚火炬传递（泉州站）、“文明出行我代言、你点赞”等线上互动活动，全市共青团形成以“泉州共青团”网站、“青春泉州”微博、“青春泉州”微信等网络平台为核心，以县级、高校、市直等团属“网站+微博+微信”为依托的矩阵体系，市、县、高校、市直单位等团组织共建设团属网站26个、官方认证微博42个、公众微信平台34个、交流微信群222个，组建近8万人“网络评论员、网络宣传员、青年网络文明志愿者”队伍。

【打好“青春建功战役”】 在省、市重点建设项目持续开展青年突击队竞赛活动。依托各行业职业竞赛活动平台，开展青年岗位能手赛，选拔一批来自不同行业的优秀青工技能能手。以泉州创建安全发展城市为契机，广泛开展青年安全生产示范岗创建活动。深化青年文明号创建工作，开展“青年文明号诚信服务示范月”活动、“青年文明号集体结对子促和谐行动”等，泉州市一批优秀青年集体受到表彰，其中泉州晚报社“政风行风直通车”栏目等6个青年集体获“全国青年文明号”称号，至目前，全市已有国家级“青年文明号”64家、省级“青年文明号”474家、市级“青年文明号”超1500家。联合市委组织部开展泉州市第三届青年拔尖人才遴选工作，有效引领优秀青年骨干为泉州经济社会发展做贡献。

【提升青年志愿者服务水平】 开展植绿护绿、清洁家园、“弘扬雷锋精神•展现文都风采”“暖冬行动”“共青团员义务星期六”等系列志愿服务活动，助推城市文明建设。承接“海上丝绸之路国际研讨会”、第一届全国青运会泉州赛区、第十四届亚洲艺术节、2016年央视春晚泉州分会场节目彩排和直播演出等重大赛事活动的志愿服务工作，团市委等4家集体获评首届全国青运会志愿者组织工作先进集体，亚艺节志愿服务工作得到市委书记郑新聪、市长康涛的肯定，并寄来感谢信。组建“泉州海丝文化青年志愿服务队”，组织参与网络文明志愿者培训，常态化开展助老助残志愿服务，年度累计奉献4.8万小时的志愿服务时长。

【深化“保护母亲河”行动】 联合市林业局、省高速公路泉州管理分公司等单位开展“青春家园 美丽泉州 结对共建青年生态园”活动，全年累计投入上百万元，种植刺桐、香樟、红豆杉等树木2000株，绿化面积2万多平方米，同时，全市各县（市、区）团委也统一行动，与各地林业局、高速征管所结对子，在泉州西、南、北及德化、永春东、晋江南、石狮、南安、惠安南等高速出口广泛开展“青年生态园”植树活动，共争取外部资金和树种约33.5万元，种植樱花、非洲茉莉、三角梅、紫薇、罗汉松等20余种树木上千株。

【开展“文明出行•利家宜业”新风行动】 召开泉州市青联十一届二次全体会议暨“文明出行•利家宜业”新风行动动员大会，为青联委员、青年社团成员的个人车辆佩挂精美宣传车标，近200名市青联

7月13日，第二届海峡两岸高校大学生记者挑战赛启动（图/吴寿民）

委员签署《文明出行承诺书》，并集体宣誓，泉州市青年摄影家协会等10家青年社团的580名社团成员也纷纷响应号召积极参与，并吸引139名青联委员、青年社团成员参与微代言活动；各青年社团开展随手拍摄影大赛、拍摄公益微电影等；以市“两会”召开为契机，开展“喜迎新春 墨香献礼‘文明出行•利家宜业’”活动，为代表、委员以及广大市民赠送春联；坚持每周五晚高峰时段，组织泉州师范学院、黎明大学等高校的青年学生志愿者，在个主要交通路口开展宣传交通安全，倡导文明出行志愿服务活动。

【拓展青少年对台和对外交流合作】 举办“海峡两岸青年企业家创新创业分享交流会”，来自台湾国际青商总会、高雄青年创业促进会的台湾青年企业家代表以及泉州市各县（市、区）青商会青年企业家、电商创业青年代表共300人参加。开展“探寻海丝起点•文化寻根之旅”第二届海峡两岸高校大学生记者挑战赛，来自台湾大学、世新大学、辅仁大学、成功大学等29所台湾高校的台湾大学生记者与来自6所大陆高校的大学生记者共同参与，该活动已连续两年举办，并被国台办列为2015年对台交流重点项目之一。接待印度尼西亚青年代表团一行到泉州访问活动，推动两国青年深了解、增进友谊和互信。

【促进青年创业就业】 开展“见习助就业•牵手毕业生”等活动，全市共组织1330余人次上岗见习，组织6500余人次参加培训。分层次、分阶段、分类型为青年创业提供扶持服务，针对较成熟的中小企业家创业者，市青年创业促进会与黑马会泉州分会合作，通过项目路演、模拟演练商业模式，与国内外风险投资企业形成有效连接；针对网商初期创业者，尤其是大学生创业者，与泉州网商（虚拟）产业园联合，帮创业者提供包括注册、税收、财务、品牌策划推广等“一站式”服务平台；针对文创类小微企业创业青年，联合创客领SHOW、源和1916等孵化基地，为创业青年提供全方位服务，全市共成立12家青年创业孵化基地，其中，泉州市大学生电子商务创业孵化基地被团中央授予首批“全国青年创业示范园区”称号。实施农村青年创业致富“领头雁”培养工程、大学生返乡创业行动、银团合作等，青年信用示范户评比，实施青年创业小额贷款项目，2015年全市共发放贷款4555.5万元。

【探索青少年事务社会工作新格局】 泉州市青少年事务中心、“12355”青少年维权热线、青少年心理体验中心及法律援助中心有序运转，持续为全市青少年提供心理咨询、法律维权、应急救助等帮助。晋江、惠安、永春等3个县（市）被确定为2015年度福建省重点青少年群体社会工作项目承接实施主体，青少年事务社工示范项目得到团省委资助。团市委组织撰写的《社会化服务体系构建中的外来务工子女心理融入问题研究》被团中央评为地市级一类报告（全国地市级仅10篇），被市委文明办评为“2014—201泉州市精神文明建设优秀论文”一等奖；泉州市青少年事务中心编写的《搭起服务广大青少年的“生命线”》案例被人民网、中央团校、中国青年网评为“全国基层团建创新典型案例百家优秀案例”。

【维护青少年合法权益】 联合市关工委在全市92个“青少年社会教育活动中心”开展“大手牵小手•共筑中国梦”“预防溺水•安全度夏”、应急自救现场演练以及消防安全、交通安全等自护教育活动132场次。开展“青春同行•助孤行动”，通过多渠道、多方位摸清全市孤儿数据、情况，同时指导县级团委联合地方民政局对原有数据库录入对象的受助情况进行初步核实，全市已核实事实孤儿386人（不包含南安事实孤儿），并基本完成结对帮扶。深化“希望工程圆梦行动”，开展“泉州优秀青年楷模爱心结对行动”，至2015年底共募集爱心助学款29.2万元，同时建立“希望工程联系五个一制度”（每个月一条短信问候，每季度一封信、一次电话沟通，每半年一次学习成绩汇报，每年一次见面）。

【巩固提升“两新”团建工作】 全面完成泉州市2015年度非公企业团建任务数200家（实际完成215家）和非公企业团组织标准化建设推进工作1200家，培育典型点150家，从班子建设、组织建设、制度建设、阵地建设、活动组织等五个方面制定具体的创建标准、评定规则、工作步骤，团中央书记处第一书记秦宜智到泉州市非公企业团组织标准化建设示范点—晋江优兰发集团有限公司团委调研考察，并给予高度肯定；中青报记者调研泉州非公企业团建工作，在《中国青年报》头版刊登调研成果，市委办《侨区快讯》对泉州非公企业团建工作成效专期刊发。

【创新开展青年社会组织工作】 率先成立全省首个地级市青年社会组织服务中心，通过凝聚、孵化、引导、服务、管理等五大功能，为青年社团、青年自组织提供培训交流、资源共享、项目对接等服务，打造一个“同心共圆”式的青年社会组织服务体系，已入驻青年社团15家。青年社团结合自身实际开展形式多样的活动，青年书法家协会举办“翰墨青春”泉州青年书法进企业进高校暨采风活动、泉州青年书法新人展、泉州青年书法大讲坛等，青年美术家协会承办“西游漫纪”——青年油画名家八人联展，青年摄影家协会开展首届十佳青年摄影家评选、协办各类影展、每月举办公益摄影讲座等。

【夯实团的基层组织建设】 加强对需换届的县乡两级团委工作的督促指导，部署村级团组织集中换届工作。开展村级团支部联建，推动大学生干部、“三支一扶”志愿者等参与农村基层团组织建设。巩固全市街道区域化团建工作成果，推广“1+N+X”共建模式，探索构建“321”团组织网格化管理新模式，全市30个街道已全部建立共建工作委员会，完成工作阵地建设30个，落实经费90.7万元。开展“百县千乡”分类示范创建活动，建设青少年综合服务平台56家、市级青春家园示范点17家，培育一批省级、市级农村基层团建示范县、乡镇，晋江市入围全国农村基层团建百强县。新建农民专业合作社团组织81家，依托专业合作社推行“村团支部+基地+合作社团支部+公司团支部+青年农户”五位一体模式。推进数字化团建，督促开展团员信息录入与审核，同时依托数字化平台，做好五四先进青年事迹分享、农村区域化团建（留守儿童专项）等活动的信息统计工作。深化驻外团组织建设，泉州市驻穗团工委成立仪式暨石狮市驻穗团工委成立仪式在广州举行。

【激发基层团队组织工作活力】 深化市直、省属、在泉金融机构团组织共建活动，共开展爱心助学、婚恋关怀、公益诊疗等活动近百场。实施中学中职共青团“强基固本”工程，加强学联、学生会工作，形成由各学联驻会轮值、高校主办学联当月活动的工作机制。加强和推进少先队工作，召开市少工委五届二次全体会议、市少先队工作学会三届二次理事会。抓好《关于加强泉州市少年儿童和少先队工作的实施意见》落实，争取到市财政拨付少先队年度专项工作经费20万元。联合市教育局开展泉州市中小学共青团和少先队工作论文评选活动，举办泉州市少先队“先锋队课”说课录像评选，推报优秀课例参评“星星火炬杯”全国少先队活动课说课展示活动，充分展示泉州市少先队工作成果。

【推动团属事业稳步发展】 发挥青少年宫作为校外教育活动阵地的职能，2015年青少年宫共开设60多个公益培训科目，为全市青少年公益培训近3万人次（其中约3000人次为免费培训），开设10个联合办学基地，组织侨乡少儿艺术团外出参演约42场，打造跳蚤市场、流动青少年宫等品牌项目，参与青少年达10万多人次，并与日本、美国、印尼青少年开展友好交流活动；青少年宫侨乡少儿艺术团节目获“2015年中国青少年宫文化艺术节金奖”“福建省中小学生艺术节金奖”等佳绩。泉州青年报出刊805期，发挥团属舆论阵地的作用。

泉州市妇女联合会

【举行“扬巾帼美德 树和谐家风”泉州市纪念“三八”国际劳动妇女节105周年活动】 3月4日，与市委宣传部、市直机关工委、市委文明办、市文联主办“扬巾帼美德 树和谐家风”泉州市纪念“三八”国际劳动妇女节105周年活动，表彰一批泉州市“三八红旗手（集体）”、巾帼建功先进集体，进行了泉州市首届“赞家庭美德 扬和谐家风”楹联、家训家风家规征集活动、“清风盈室 美满家庭”廉政文化进家庭微博征集活动、“和谐在我家”主题微剧本、微电影作品征集活动的表彰。此外，还举行“春蕾”助学捐赠仪式，王国珍、张秀惠两位热心女企业家代表泉州市女企业家联谊会、晋江市女企业家联谊会现场捐赠10万元，为“春蕾计划”贡献一份力量，关心、关注 、关爱贫困儿童和失学女童。

【构建家庭纠纷调解体系】 3月4日，与市中级法院在审判大楼举行泉州市家事审判庭揭牌仪式，成立全市首个家事审判庭。推动市、县成立家事审判庭和家事纠纷工作调解室，联合市中级人民法院在德化县召开家事审判工作现场会，在海峡都市报开设金牌调解员专栏，以柔性维权有效化解家庭矛盾纠纷，全市形成以家事审判庭为主、金牌调解员为辅的家事审判体系。泉州家事纠纷实现专业化审理被评为福建省十大妇联新闻，泉州市做法被全国选为“建设法治中国•巾帼在行动”好经验，在《中国妇女报》专栏刊出。

【落实为民办实事项目】 争取市财政投入150万元建成20个“儿童之家”并投入使用，开展各类主题活动、公益讲座153场次，受益的儿童、家长超3万人次。争取省级专项资金416万元扶持市、县妇女儿童活动中心建设，提升中心服务妇女儿童的功能。

【深化家庭美德建设】 在惠安县召开家庭工作现场推进会，发动全市各级机关、学校、巾帼企业和广大家庭开展“寻找最美家庭”活动，以讲故事比赛、家庭才艺展示、晒家庭幸福照、评选最美家庭等生动活泼的“寻美”方式，吸引60多万户家庭踊跃参与，131户家庭获评省、市“最美家庭”，全市涌现出一大批夫妻和睦、孝老爱亲、教子有方、邻里互助等各类典型家庭，成立“最美家庭”宣讲团进乡村、进社区，讲述家庭和谐故事，“最美家庭”成为新时期弘扬社会主义核心价值观的有效载体。发挥榜样引领示范带动作用，培育13个“和谐家庭文化”创建工作示范点。围绕“扬巾帼美德，树和谐家风”主题，开展微博、微剧本、微电影作品、楹联、家训家风家规征集及获奖作品展示活动，举办“刺桐花讲堂”17期，家庭文明建设的影响力不断扩大。

【开展家庭服务系列活动】 3月6日，由泉州市妇联主办，丰泽区妇联承办的泉州市“家庭服务让生活更美好”活动启动仪式暨“美丽家庭巧主妇”广场舞比赛，在泉州侨乡体育中心举行。泉州市委常委、常务副市长林伯前出席活动，并强调各级妇联组织、各有关部门要按照市委《关于开展新时期家庭工作的意见》的部署，加大政策宣传力度，落实好促进家庭服务业发展的政策措施，扶持家庭服务企业发展，营造尊重家庭服务劳动的良好社会氛围，共同推动家庭服务业健康可持续发展。举办公益家政员培训班、“美丽家庭巧主妇”理家能力培训班、暑期“刺桐雏鹰训练营”2期，受益妇女儿童近千人，市家政技能培训基地被全国妇联确定为巾帼家政培训基地，家庭服务的能力逐步提高。

【家庭教育工作常做常新】 围绕“双合格”主题，常态化开展家教巡回讲座，一年来，全市共举办家教讲座570场，受众达17万人次，科学家教知识更加普及。培育家教工作新典型，命名一批市家教工作示范单位，举办12期家教骨干培训班，开展家教论文评选、家教小品推选和家庭情景剧作品征集活动，选送2件作品参评全国家庭情景剧展示活动并获奖，顺利完成《关于指导推进家庭教育的五年规划（2011—2015年）》终期评估工作，“十二五”期间家教各项指标任务全部达标。

【深化双学双比、巾帼建功活动】 面向城镇女职工，以推动“两新”组织创建巾帼文明岗为发力点，发动各行各业妇女踊跃参与岗位练兵、技能竞赛，促进女职工岗位成才，全市新增市级以上巾帼文明岗85个，5人获评全国巾帼建功标兵，涌现市级以上三八红旗手122名、三八红旗集体60个。面向农村创业妇女，以帮助掌握创业技能为发力点，各级妇联自办或联办初级电子商务、农村实用技术等各类培训班60期，受益妇女 2431人，转移近万名农村女劳动力就业。在德化县召开全市“巾帼示范基地”创建现场推进会，培育市级以上示范基地21个，带动更多农村妇女创业致富。面向女大学生创业者，拍摄优秀创业女性宣传片，举办跨境电商培训班，联合开展“春风送岗位”招聘会，依托巾帼企业设立市级以上女大学生创业就业基地6个，助力女大学生创业就业。面向巾帼企业，创新市女企业家联谊会活动方式，按照地域划分建立8个会员小组，使女企联活动更加常态化；依托厦门大学举办市女企业家研修班，组织部分巾帼企业参加“6•18”交易会、中国妇女手工制品博览会等活动，搭建会员企业交流提升的有效平台。面向机关女性，以深化机关妇女工作“一系统一品牌”创建活动为发力点，持续推动机关妇委会建设，大力实施素质提升工程，引领她们岗位建功，积极参与精神文明和志愿服务活动，展示机关女性良好的职业形象和精神风貌。

【维护妇女儿童合法权益】 开展“建设法治泉州•巾帼在行动”主题维权活动，通过发放宣传资料、现场咨询服务、有奖问答、签名承诺等形式，引导广大妇女学法、尊法、信法、守法、用法。推进妇女维权“三制”，联合市综治办开展“十、百、千、万平安家庭示范户”命名活动，联通福建省网上信访信息系统，妥善处理群众日常信访维权工作，全年共接待群众来信来访来电和网络来信428件，妇女群众诉求得到及时回应。

【推动实施妇女儿童发展纲要】 实施第二轮“两纲”示范项目，联合市政府督查室加大“两纲”督查力度，召开全市妇女儿童工作委员会视频会议，推动重难点指标解决落实。认真开展“两纲”中期监测评估工作，通过省政府对泉州市妇女儿童发展纲要的中期评估督导。

【关爱弱势妇女儿童群体】 发动巾帼文明岗、女企业家、机关妇委会、爱心家庭等各界爱心人士参与“关爱贫困母亲”“春蕾助学”“岗村委村企村对接”“我们

3月4日，“扬巾帼美德 树和谐家风”泉州市纪念“三八”国际劳动妇女节105周年活动举行 （图/市妇联）

和留守流动儿童在一起”主题关爱等助学帮困公益活动，募集善款157.3万元，帮扶困难妇女儿童1500多人。联合市卫计委分别对1.1万名城乡低保妇女和3万名农村妇女进行妇女常见病、“两癌”免费检查，争取51.8万元救助157名“两癌”重症患者，使弱势群体切实感受到社会的温暖。

【开展“争六好、创特色”提升年活动】 制定《泉州市妇联系统“争六好、创特色”活动提升年工作方案》，开展市妇联领导下基层走访调研活动，指导优化提升项目质量，梳理完善工作项目特色14类160多个点。在晋江召开“争、创”活动提升年工作会议，通过总结交流、经验推广、现场观摩等形式，推动“争、创”活动不断深化。

【深化妇联基层组织建设】 推动在泉高校成立妇委会，下发《泉州市妇联印发〈关于推进“两新”组织妇女之家建设实施意见〉的通知》，新推荐申报12个省级先进妇女之家示范点，扶持9个市级“两新”组织妇女之家示范点建设，市妇联在省妇联执委会议上作“两新”组织妇女之家建设经验发言。采取提前介入，加强沟通，动员培训，跟踪指导等有力措施，实现村级组织换届中，女性进村“两委”“两个一百”和“两高一低”工作目标，女村主干比例位居全省前列。

泉州市归国华侨联合会

【服务经济和共建美丽乡村】 研究并宣传有关鼓励企业创业发展的文件，举行产业融资、投资方向讲座，聘请市金融工作局领导、金融界专家为侨商侨企介绍、解读泉州金融服务实体经济改革相关优惠政策。参加市委、市政府在北京等地的招商会，协助介绍海内外侨商及归国留学人才等。经市侨联联系推介，北京一美国际医疗有意在泉州市投资建设肿瘤专科医院（质子医疗中心）。永春侨联积极主动配合县政府招商引资，到上海与普仁集团洽谈对接项目，现已有“香草汇”和“空中看秀美永春”两个项目达成合作意向；南安侨联与省新镇侨联引导侨亲捐建满山红村生态园。总结、宣传和推动“百侨帮百村•共建美丽乡村”工作，全省工作经验交流会议在永春县召开，全省侨联系统学习推广“泉州经验”。

【海外联谊和侨务工作】 赴菲律宾、法国、阿根廷等国家和地区参加乡会社团庆典或征集文物；接待新加坡惠安公会、缅甸安溪会馆、缅甸福建同乡会、马来西亚亚庇福建会馆“福建寻根之旅”访问团等几十个海外社团，以及郑少坚、王汉章、吕振膑、吴明理等二百多位海外乡贤。承办“亲情中华•福建省第二届侨界文化艺术节”，举办了以“中国梦•华侨情”为主题的侨界文艺晚会，环西湖公园侨界群众健步行比赛，侨界群众趣味游园活动，东南亚美食节，侨界羽毛球友谊赛，福建海外杰出女性书画、剪纸作品展览等系列活动，来自20多个国家和地区的100多位海内外侨领侨商、社团领袖，及福建省基层侨界群众代表近千人次参加。借第十四届亚洲艺术节暨海上丝绸之路国际艺术节及“文化的力量论坛”“21世纪海丝侨商民商大会”“联合国海陆丝绸之路城市联盟工商理事会成立大会”等活动在泉举办之机，精心做好接待联络工作，积极向海内外侨胞宣传推介泉州。

【文化传扬和寻根寻亲服务】 全面推进泉州华侨历史博物馆“奉献史馆”建设，新征集了一批著名侨领实物资料，完成了“奉献史馆”展览设计。发挥华侨历史博物馆、华侨历史学会等平台作用，通过原创、引进、联办等方式，举办临时展览、讲座10多个。开展纪念中国人民抗日战争胜利70周年系列活动，举办专题图片展览，征集书画作品，配合央视四套“华人世界”、深圳卫视“赤子功勋”以及东南卫视“扬帆丝海”栏目等，做好华侨抗战史录制工作。组织编辑出版《〈华侨史〉第十二辑—泉州华侨农场史》和《〈华侨史〉第十三辑》。市、县各级侨联积极协助《闽南望族》摄制组到泉州采访、拍摄。完成对华侨塑料厂5位归侨和菲律宾归侨作家刘浩然的口述历史采访。支持南安侨联成立全省首个县级华侨历史学会。鲤城侨联编印了《鲤侨之光》，加大对华侨事迹的宣传；南安洪濑镇侨联基本完成全国第一部镇级华侨志——《洪濑华侨志》编纂工作；中国闽台缘博物馆、泉州少林寺、安溪清水岩风景旅游区被中国侨联确定为“中国华侨国际文化交流基地”。启动南洋华裔族群寻根谒祖综合服务平台筹建工作。该项目已经列入国务院支持福建省加快经济社会发展重点工作任务之一，福建省海丝核心区项目和泉州市海丝先行区“十大行动”计划，以及省、市国民经济和社会发展“十三五”规划。在中国侨联、省侨联支持下，市政府已经与中国侨联直属企业管理总机构签署战略合作协议。依托华侨博物馆设立了筹建办公室，依托泉州师院设立了谱牒文献数字化基地，2015年征集族谱500多册，扫描族谱近20万页。继续发挥谱牒资源和侨联组织网络优势，为侨胞寻根寻亲服务。

【维护侨益和侨界精准帮扶】 健全涉侨维权衔接互动机制，与市中级法院召开第二次维权工作联席会议，探索构建“大调解”工作格局；继续在《泉州乡讯》分期刊发侨法知识，方便海内外侨亲咨询；积极为侨亲维护权益提供实质性帮助。积极开展精准帮扶工作，市侨联争取黄仲咸教育基金会、中国华侨公益基金会、省侨联精准扶贫专项资金、市财政配套扶贫资金、侨青会捐助等方面资金共100多万元，用于开展扶贫助学活动。

【参政议政和侨情信息调研】 配合全国政协、国家发改委等开展“一带一路”建设专题调研，积极提出促进海丝先行区建设的项目建议。配合中国侨联办公厅调研组开展“深化侨联改革创新”专题调研，探索侨联自身改革创新的思路和举措。发挥侨联界政协委员、人大代表作用，积极参政议政建言献策，据不完全统计，在年度“两会”上泉州市侨联系统各级政协委员、人大代表共上报提案议案、建议近60件，由市侨联承办（独办）、协办提案共10件。积极推进侨情信息工作，有4篇侨情专报被中国侨联、省侨联采用，一篇经验文章被省委办公厅《八闽快讯》交流版采用，部分文章被评为全省政协系统优秀社情民意信息、市政协评为优秀提案。加强泉州侨联网建设和管理，新设“泉州侨联”微信公众号，及时向侨界宣传即时资讯。全年出版《泉州乡讯》10期，邮寄2万多份，新开辟了《泉籍华侨抗日英豪》、百侨帮百村等专栏。台商区侨联创办微信公众号“泉州台商投资区侨商网”，及时发布该区重要区情、侨情动态及侨联相关政策，构建与海内外侨界重点人士沟通交流的新平台；鲤城侨联创办了《鲤城乡讯》，开启了海外乡亲了解家乡、亲近家乡的又一扇窗口；华侨博物馆被评为泉州第二届科普基地，获泉州市社科先进集体称号。

9月20—26日，2015年全国台联会长团参访台湾少数民族部落（图/市台联）

泉州市台湾同胞联谊会

【发挥优势 深化泉州与台湾的交流交往】 凝聚乡情，组织小团组入岛交流。应台湾宝岛文化经贸交流发展协会的邀请，8月4—10日，泉州台联交流团一行7人赴台湾进行交流，走访泉台同名（同宗）村，拜访同乡会等岛内社团，看望泉州返台定居泉州台湾胞、华大台湾校友等，深受欢迎。服务中心，协办同名村系列活动。承办第七届海峡论坛“同名（同宗）村•心连心”联谊活动之“原乡之旅”泉州部分的活动，组织台湾基隆大峠村、台北青山里、新北许厝的宗亲代表分别返回惠安崇武镇大峠村、山霞镇青山村和晋江安海镇前埔村许厝参访。密切联系，促进与台湾各阶层交往。认真做好到泉州参观、考察、调研的上级台联和各省、市台联的接待工作，以及到泉州市进行参观考察、文化交流、经贸合作等各项活动的台湾有关团组的接待服务工作。协助高雄闽南同乡会理事长陈国鑫率高雄市闽南地区各同乡会联合参访团到泉州、漳州参访；协助台湾文化创意产业加值协会副秘书长喻幸国完成寻访梁克家旧迹工作；协助北美洲台湾乡亲联谊会会长梁义大一行回乡寻根谒祖等；会长陈严辉参加由全国台联组织的全国台联会长团到台湾苗栗、嘉义、屏东、花莲4县7个台湾少数民族部落与台湾少数民族议事联盟领导和各族部落头目、长老进行交流等。通过一系列交流交往活动，与台湾各阶层民众建立广泛联系。务实创新，拓展台湾青年工作。协办“2015年海峡两岸中青年电商创业培训班”，42名学员中20名来自台湾岛内、7名为就读福建高校的台生、15名为定居台胞青年，助力台湾创业青年的大陆创业梦；开展华大台生特色工作，首次与晋江台联、石狮台联、石狮台协联合开展“2015年台生同乐汇”活动，在台湾籍学生中引起热烈反响；首次举行台籍大学新生座谈会，邀请20多位台籍大学新生代表及部分家长参加，为新生代台胞搭建沟通交流平台。抓好宣传，加强涉台信息交流工作。加强对台信息宣传力度，在平时的服务、联络、交流工作中注意收集资料，2015年共有26篇信息被国台办《台湾工作通讯》《两岸关系》、全国台联《台声》《台联工作通讯》等杂志和全国台联《台胞之家》、省台联《福建台胞之家》网站采用。

【贴近台胞 为群众办实事办好事】 关心困难台胞。做好困难台胞的慰问帮扶工作，协助省台联发放困难台胞扶贫助困金24万元，老龄台胞生活补助金46.56万元，共有定居台胞491人次受益。在元旦、春节期间，走访慰问24户贫困台胞家庭和5户困难党员，发放慰问金13500元。健全档案，严格身份认定。充实完善台胞档案，严格泉州台籍同胞身份认定，共开具更改台籍证明44份，中考、高考台籍子女证明71份。凝心聚力，举办多样活动。首次与市民宗局联合主办民族工作培训班、少数民族经济发展培训班，邀请高山族、回族、畲族等多个少数民族代表参加活动；举办庆祝“三八”国际劳动妇女节活动，组织30多名女台胞、台商前往德化参观陶瓷博物馆、美丽乡村等；推荐4位台籍大学生参加2015年海峡西岸台胞青年夏令营活动等。通过举办多样化活动，搭建多种交流平台，有利于增进台胞间的交流与了解。

8月26日，市科协与中国邮储银行泉州分行签订全省首个“银会合作”协议

（图/市科协）

泉州市科学技术协会

【加强智力服务水平】　推动泉州被确定为全省唯一的“中国科协创新驱动示范市”。以市委、市政府名义下发《泉州市创新驱动助力工程实施方案》，成立创新驱动示范市工作领导小组，建立联席会议制度。征集企业有效技术需求108项，邀请9个全国学会、12名院士、293名专家、10名海智专家到泉州与企业洽谈对接。举办7场大型项目对接会，联合承办第46次中国科技论坛暨纺织产业升级新技术融合论坛，提供咨询指导、解决技术问题21个，达成合作意向34个（落地19个，合作总投资达5亿多元）。组建学会服务站22个（其中会企协作创新联盟3个、科技服务平台3个、院士工作站4个、专家工作站11个、海智工作站1个）。成功推动京微雅格公司（世界上除美国之外、唯一一家能够提供全套自主知识产权FPGA芯片并实现量产的公司）入驻泉州，为京微雅格公司与华中科大（泉州）智能制造研究院及泉州企业合作牵线搭桥。中国科协党组书记、副主席尚勇，副主席陈章良先后到泉州考察调研，对市科协工作给予充分肯定。泉州市科协获中国科协创新驱动助力工程优秀单位（全国五强）。

【建言献策能力日臻完善】　完善市级学会创先争优绩效考评办法，评出2014年度优秀学会10个、良好13个、合格17个。推动市级学会参与民政局社团等级评估，新增5A级社团2个、3A级3个。推动高校组建科协组织，目前全市18所高校已组建科协13家。修改完善《市级学会组织通则》等12项规章制度，推进依法依规办会。

【全民科学素质建设】　遴选、推荐3个县（市、区）参加全国、6个县（市、区）参加全省科普示范城区（市）创建活动，参与创建数量居全省首位。积极开展创建业务指导，提升创建工作水平，确保参与创建的县（市、区）高分通过检查。办好“全国科普日”，征集开展活动107项，总数位居全省之首，受益群众达40多万人次，有4个单位5项特色活动分别获得全国、全省表彰，泉州市科协连续四年获全国科普日优秀组织单位称号。深入德化浔中、南安蓬华等地开展大型科技“三下乡”等主题活动，推动科普活动经常化、常态化。委托中国科普研究所开展公众科学素养调查，泉州市公民科学素质达6.4%，超额完成“十二五”规划既定的6.2%目标；委托泉州师院、华侨大学等展开青少年科技教育、社科普等课题研究，推进全民科学素质纲要的深入实施。创新“美丽社区科普行”大学生科普志愿服务活动，深入20个社区开展集中志愿服务100多场次，吸引5000多名社区居民参与。开展“公共文化服务校园行”活动，走进14所中小学开展“科学表演、科普讲座、机器人展示”等生动的科普宣传服务。创办“泉州科普讲堂”并成功举办14场次。

【科学场馆建设】　主动与市东海指挥部对接新馆筹备工作，推动新馆展示设计方与建筑设计方成功对接交流，基本解决了原城市规划馆设计的薄弱之处，也符合国家《科学技术馆建设标准》要求，确定新馆建筑面积为30750平方米，通过了项目论证和评审，已开工建设。委托上海复旦上科公司做好展教工程设计工作，并进行了初步论证，正在完善。

泉州市文学艺术界联合会

【采风活跃 在深入基层上打造新亮点】 组织文艺家开展“深入生活 扎根人民”主题实践活动，组织千名文艺工作者下基层，其中画家走基层走进6个县，出版6本画册，《泉州晚报》推出6个专版介绍；组织文艺家虹山采风、“海丝文化•文艺家之行”、院士专家工作站采风等活动，深入基层采风创作。与省文联、人民文学杂志社联办2015中国著名作家“海上丝绸之路”采风，汇集阿来、叶梅等近20位著名作家，为“21世纪海上丝绸之路核心区”建设建议献策。承办2015年中国民协闽南元宵节俗文化调研活动、“中国梦 乡土情”闽南口传文学调研、福建省“海丝扬帆”著名音乐家采风、“丝路情•中国梦”福建省民间文艺家创作采风活动。

【创作繁荣 在精品生产上实现新跨越】 举办“我们的价值观”泉州市书法作品巡展、“我的价值观”征文、“赞家庭美德 扬和谐新风”获奖楹联书法作品巡展、泉州市道德模范故事汇基层巡演。与省作协联办第七届“逢时杯”海内外文学征文颁奖活动，评选颁发2014年度泉州文学奖及《泉州文学》优秀作品奖，对接省“水仙花”戏剧比赛、省“金钟花”声乐比赛、省“丹桂奖”曲艺比赛组织泉州赛区初赛。12人在全国第十一届书法篆刻作品展中入展获奖,林景辉、许全业获优秀作品奖（最高奖）；林景辉入选中国文联、中国书协主办的“向人民汇报——‘文质兼美’优秀基层书法家创作活动”，全省仅1人上榜。木偶戏《惠安女抗倭》获“金狮奖•第四届全国木偶皮影剧(节)目展演”优秀剧目奖，5人获表演奖；第十二届省“水仙花”戏剧传统唱腔比赛获金奖3个，银奖9个，铜奖16个，优秀新苗奖2个，新苗奖6个。舞蹈作品《呛呛滚滚来好年冬》获“一带一路”文化行暨第九届中国—东盟青少年舞蹈交流展演金奖、第八届“小荷风采”全国少儿舞蹈展演金奖，3人获最佳编导奖。连紫华的陶瓷作品《仿宋木雕观音》、林鸿福的陶瓷作品《民族风•中国梦》获第十二届中国民间文艺山花奖“民间工艺美术作品奖”。6个节目在省首届“丹桂奖”曲艺（电视）大赛获奖。搭建人才服务平台,鼓励和支持各类文艺人才参加“文化名家”等评选活动，推荐优秀中青年文艺人才参评第四届全国中青年德艺双馨文艺工艺者，参与举办泉州市高级文化人才沙龙。

【活动丰富 在服务大局中创造新业绩】 围绕庆祝建党94周年举办“辉煌泉州”摄影展、“欢乐泉州•走进开发区”——泉州市庆祝中国共产党成立94周年文艺演出、“到人民中去 为党旗增辉”文艺演出等系列活动，围绕纪念抗战胜利70周年举办泉州书作展、泉州市老年书画摄影展、“欢乐泉州•军旗飘扬”——庆祝中国人民解放军建军88周年暨纪念抗日战争胜利70周年文艺演出，围绕新中国成立66周年举办泉州市老年书画摄影展、“庆祝国庆 喜迎亚艺节”拉丁舞展演，围绕习近平文艺工作座谈会讲话发表一周年举办文艺家采风、电影周等活动。因地制宜开展形式多样的“为民 惠民 乐民”文艺活动，举办“泉州海丝”主题全国楹联大赛、戏曲文化进校园、“公共文化服务校园行”、法治文学征文、“清源山•母亲山”征文、“扬帆海丝”百筝演奏会、天翔文化讲坛、2015“艺术泉州”主题活动、纪念巴金诞辰111周年暨泉州市第四届巴金文化节等，联办好“欢乐泉州”基层宣传文化活动，岁末年初参与“三下乡”集中示范活动，组织帮扶、送书送春联，传统节假日期间围绕“我们的节日”开展“丝海扬帆潮如歌”端午诗会暨诗歌创作交流会、“丝海明月共潮生”——泉州中秋诗会、“我们的节日•重阳节”市民经典诵读活动、古韵文都县域南音会唱、光明城•西街故事”征文大赛颁奖仪式暨2015年刺桐里迎春同乐会等主题文艺活动。开展“海丝泉州年•邮礼送春联——百名书法家义务写春联”等文艺志愿服务活动，“5•23”中国文艺志愿者服务日期间组织“到人民中去——泉州市文艺志愿服务主题演出”、“海峡情”第五届福建省国际标准舞公开赛等系列文艺活动50多场。

【交流频繁 在扩大影响上作出新贡献】 做好“海丝情怀——名家画泉州 泉州名家画”美术作品展、“力的共生——泉州当代艺术装置展”、第四届中国海丝书法大展赛作品展、“文化寻根”中华姓氏雕塑展、“价值发现——海丝艺术漫步泉州”艺术活动、亚艺节会歌征集等10多个活动项目，发动艺术家参与第十四届亚洲艺术节各项活动，创作更多讴歌泉州的作品。配合第七届海峡论坛组织海丝讲堂，举办“丝路之音”国际钢琴大师夏季学院等活动。市剧协组团应2015世界闽南文化节组委会邀请，9月赴金门参加2015世界闽南文化节。组织书法家代表团赴韩国光州参加庆祝国立亚洲艺术殿堂开馆“韩中日书法交流展”活动。

【推介有力 在对外宣传中开辟新领域】 利用各种宣传工具手段，利用各级新闻媒体，利用《泉州文学》《泉州文联通讯》等传统媒介，利用“泉州文艺网”官网、“泉州文艺网”微信平台、“泉州文学”微信平台等新兴传播媒介，建设网上文联，提升文联数字化建设水平，宣传文联活动、文艺人才和文艺作品。加强文艺示范基地建设，泉州书法创作基地、永春纸织画创作示范基地、鲤城区南音研究基地被授予省第五批特色文艺示范基地，推动中国民协在泉州设立中国闽南传统建筑营造技艺研习基地。举办第四届中国海丝书法大展赛、新门书法一条街启动仪式、“抒海心性——泉港籍青年书家邀请展”、“海丝梦”泉州市楷书作品展暨泉州书法创作基地揭牌仪式等大型书法活动，开展中国书法名城创建工作。征集一批展示“大美泉州”的各种题材的优秀作品，举办“春华秋实蕴文都——泉州市作家作品展”、康耀仁艺术馆揭牌暨康耀仁书画新作展、泉籍电影艺术家陈剑雨文集出版座谈会、泉州师院美术与设计学院毕业生作品展、“西游漫纪”青年油画名家八人联展、“最是‘变’与‘不变’间——王暾晖画展”等活动，编辑出版《丝路花开——泉州文学奖获奖作品选》《“海丝情怀——名家画泉州 泉州名家画”美术作品集》。

8月30日，由市委宣传部、市社科联主办的刺桐讲坛在海外交通史博物馆开讲
（图/市社科联）

泉州市社会科学界联合会

【市社科联四届二次常委会召开】 3月26日，泉州市社会科学界联合会第四届常委会第二次会议召开。会议增补华侨大学副校长、泉州市企业经营管理协会会长曾路，泉州师院副院长王珊，市发改委副主任陈小宝3人为市社科联副主席，参会的常委对2015年及下阶段市社科工作提出意见建议。

【市社科普及工作获表彰】 2015年市社科联组织多样化的社会科学知识普及宣传活动。在组织知识竞赛方面，市社科联组织全市各县（市、区）和高校社科联参与，发动干部群众参加学习和竞赛活动。在福建省社会科学界联合会表彰的一批在社会科学普及工作中表现突出的先进典型中，泉州市“华大讲堂”入选十佳社会科学讲坛，“泉州市委党校市情研究所”入选十佳社会科学普及基地。

【泉州市社会科学规划项目管理系统启用】 泉州市社会科学规划项目管理系统投入使用，这是福建省社科联系统中投入使用的第一个社科规划项目管理系统。市社科联（社科规划办）自1999年组织实施市社会科学规划项目以来，得到泉州市社科界、有关党政实务部门的广泛关注与积极支持，项目的影响力不断增加，每年市社科规划项目申报数在300项以上，通过评审获得立项的在100项以上。为在项目管理中为社科工作者提供更好服务，泉州市社科规划办组织设计泉州市社会科学规划项目管理系统。本系统依托在泉州社会科学网进行工作，与市社科专家数据库相联通，把市社科规划项目管理流程中的课题申请，立项评审、审批，项目变更申请、审批，结项申报、鉴定、审批等各环节全部纳入数字化管理，实现网上无障碍操作。系统设置课题申报人、评审专家两个入口，课题申报人、评审专家可以从相应入口登录，并进行有关操作。管理系统在市社科规划项目2015年度第一期、第二期课题立项申请、立项评审中进行试用，测试期间，市社科规划办向课题申报人、评审专家以及部分单位的科研管理人员征求意见，并根据有关反馈意见对管理系统进行了修改。泉州市社会科学规划项目管理系统的建设，实现项目管理的信息化、网络化建设，提高社科规划项目管理工作的效率，同时，减少成果评审期间资料周转过程中的人为因素，有利于做好评审的保密工作，使项目管理工作的公平、公正性得到保障。

泉州市残疾人联合会

【基础管理建设提升年活动】 开展残疾人基本服务状况和需求专项调查，入户核查泉州市205978名残疾人和疑似残疾儿童的基本信息，重点了解各类残疾人在社会保障、康复服务、接受教育、就业帮扶、住房保障等方面的现有服务状况和服务需求。开展残疾人就业和培训实名录入信息管理，泉州市录入就业年龄段残疾人就业状况88210人，录入率97.39%；培训残疾人26283人，培训率29.02%，超额完成省定任务。加强残联队伍培训教育，市级在晋江举办全市残联理事长培训班，学习推广晋江创建全省残疾人工作示范县（市）、助残社会组织培育和政府购买残疾人服务工作经验。

【第二十五次“全国助残日”活动】全市开展“关注孤独症儿童，走向美好未来”主题宣传助残活动。市四套班子领导走访慰问部分贫困残疾人家庭和残疾人服务机构。市残联与鲤城区、丰泽区残联在市文化宫举行广场活动，开展内科、儿科、听力康复科、聋儿康复科、手外科、假肢矫形科、康复咨询等义诊，以及理发、维修电器、修车、配钥匙、补鞋等多项便民服务。与市人社局联合举办残疾人就业专场招聘会，50家用人单位提供近470多个岗位，吸引300多名残疾人进场求职，85名残疾人求职者现场与爱心企业初步达成就业意向，32名残疾人与用人单位签订合同。

【残疾人社会保障】 推动城乡残疾人参加养老保险和医疗保险，重度残疾人参保享受政府全额代缴特惠政策。全市残疾人参加城乡养老保险90207人，享受补贴76706人；参加城乡医疗保险24487名，享受补贴6200人；参加新农合151566名，纳入医疗救助27501名；各地为残疾人办理意外伤害保险225800多人次，投入资金403.75万元。全市42077名贫困残疾人享受最低生活保障；41208名重度残疾人享受生活救助，发放救助3950.7万元；16000名一级重度残疾人享受护理补贴，发放补贴960万元；临时救助残疾人1806人次，救助资金164万元。

【残疾人扶贫工作】 帮助贫困残疾人改善生活状况，实现贫困残疾人增产增收。实施“安居工程”，投入资金2026.4元，为825户农村贫困残疾人新建、修建住房。新增5家“福乐种养基地”，补助资金125万元，每家至少安置5名残疾人就业，并辐射带动40户农村残疾人家庭脱贫。提供残疾人专项扶贫资金1148万元，扶持农村残疾人增收、改善生活15409人，纳入建档立卡的贫困残疾人8836人。康复扶贫150人，发放康复扶贫贷款贴息资金10万元。扶持安置残疾人企业7家，贴息资金13万元。为1450名残疾人发放残疾人机动轮椅车燃油补贴37.7万元。实施残疾人家庭无障碍改造590户，投入资金75万元，物价部门给予全市60岁以下重度残疾人每人300元一次性临时价格补贴，共投入资金264万，8800名重度残疾人获得补贴。

【残疾人康复服务】 开展残疾人儿童抢救性康复工作，组织实施中央、省、市5个残疾儿童抢救性康复项目，757名脑瘫、听力、智力残疾及孤独症儿童得到救助。推动残疾儿童康复机构规范化建设，安排51万元专项资金对部分定点机构进行扶持。开展各项康复服务项目，实施残疾人辅具适配、精神病患者服药、免费白内障手术、盲人定向行走、康复服务咨询、辅助器具流动服务车下乡等项目，为5000名残疾人提供康复服务。巩固和加强已建乡镇（街道）卫生院（卫生服务中心）50多个残疾人康复站建设，开展社区残疾人娱疗、工疗、心理疏导、日间照料、生活自理技能、辅助器具等康复活动和职业康复指导。加强康复人才培训，参加各级康复专业培训250多人次，13人参加中残联、人力资源部举办的辅助器具专业技术工程师培训及考试。加大残疾人预防力度，与教育部门开展低视力医教结合工作，联合卫计部门开展优生优育、新生儿疾病筛查等工作，利用“助残日”“爱耳日”“爱眼日”等相关节日，开展残疾人预防、康复服务、知识宣传。联合卫计委在国际残疾人日期间，在泉州电视台制作播放6集“残疾预防及康复知识”系列讲座，普及残疾预防知识。

【残疾人就业服务】 市残联、财政局、人社局出台实施残疾人就业扶持“5+1”优惠政策文件，全市申报超比例安置奖励企业11家，集中安置补贴企业5家，自主就业创业733人，安置大学生企业3家，发放奖励补助资金202.88万元。全市组织残疾人专场招聘会10场、组织残疾人参加人力

5月17日，第二十五个“全国助残日”，市残联组织助残志愿服务队在市文化宫举行广场义诊便民服务活动 （图/市残联）

资源新春企业用工招聘会6场， 800多名残疾人参加就业招聘会。开展电子商务、陶艺培训等职业技能和实用技术培训班48期，免费培训残疾人3365人。联合人社部门开展“就业帮扶•真情相助”残疾人就业援助月活动，宣传残疾人就业优惠政策，走访登记失业人员家庭824户，登记失业的残疾人员681人，组织5家企业参加全省残疾人就业援助月网络招聘会。全市已建成职业培训基地23家。组织参加残疾人职业技能竞赛。“海峡论坛”2015两岸残障人士技能作品展示交流活动中，12件残疾人优秀作品获1个一等奖、1个二等奖、2个三等奖、8个优秀奖。第五届全国残疾人职业技能竞赛中，3名泉籍残疾人选手获获1项拼搏奖、1项优秀技能奖。

【残疾人教育工作】 落实市委、市政府《关于促进残疾人事业发展的实施意见》和《特殊教育提升计划（2014—2016年）实施意见》的助学政策，通过政府投入、慈善捐款和社会热心人士支持等方式筹资600多万元，资助4000多名贫困残学生和残疾人家庭子女就学。

【残疾人文体活动】 发展群众性体育活动，举办1期残疾人体育健身指导员培训班，举行“特殊奥运，快乐融融”为主题的智力残疾人康复健身特奥日活动，已建成26所省级“福乐健身站”，永春“福乐家园健身站”获评全国自强健身示范点。开展竞技体育活动，输送残疾人体育人才49名，参加全省省康复体育、田径、坐式排球等项目体育训练营活动；成都全国第九届残运会暨第六届特奥会上，6名泉籍残疾人选手代表福建省在田径、游泳、坐式排球、特奥项目等比赛中，获得3金4银3铜，1个第四名，1个第五名，1个第六名；福建省脑瘫足球训练基地落地泉港区特教学校，福建省盲人门球训练基地落地泉州市盲聋哑学校。开展文化艺术活动，选送残疾人书画艺术作品参加第五届闽台残障人士书画作品展，获1个一等奖，4个三等奖；参加第六届全省特教学校学生艺术汇演，选定并录制16个参选节目全部获奖，其中6个节目入围第七届全国特教学校学生艺术汇演；选送7名残疾青少年人才参加全省首届青少年特殊艺术人才培训班；承办2场“心手相连，与爱同行”省残疾人艺术团基层公益巡演活动。

【志愿者助残活动】 开展“青年志愿者助残行动”“志愿助残阳光行动”“关爱孤残儿童志愿服务”及机关单位干部职工“一助一”或“多助一”等主题活动，关心帮助残疾人改善生活，引导他们融入社会生活。全市注册助残志愿者达到85972人，通过积极参与创建全国文明城市活动，市残联助残志愿服务队被市委、市政府评为“志愿服务工作先进集体”。

【残疾人维权工作】 开展《福建省实施〈残疾人保障法〉办法》《残疾人就业条例》《残疾人保障金征缴管理实施办法》，以及普法知识和防范电信诈骗宣传活动，全市接待法律咨询170多人次，办理法律援助案件60多件，通过全省残联“968891”服务平台和泉州市“12345”政务服务平台，全年办理信访件50多件，接待残疾人来访210多人次。

泉州市金门同胞联谊会

【两岸交流】 市金联2015年接待和参与接待到泉州的金门和台湾乡亲4团1057人次；参与省金联组织的交流活动4团29人次。

【金门宗教文化交流团到泉州进香】 4月25—26日，金门县议会议长洪丽萍、副县长林德恭、副议长谢东龙率领县议会、县政府部分人员及各界民众近1000人，到泉州天后宫朝圣进香。

【台北市、新北市金门同乡会到访】 12月4日，台北市金门同乡会理事长李台山、新北市金门同乡会理事长陈复宝带领各会理监事一行49人到泉州市参访并专程拜访市金联。

【金门县新一届议会到访市金联】 12月27日，金门县议会副议长谢东龙率领议员及议会行政人员一行22人到泉州拜访市金联，福建省金门同胞联谊会会长陈笃彬应邀参加活动，双方就服务乡亲展开交流。

【参与亚洲艺术节接待】 11月8—10日，受第十四届亚洲艺术节执委会委托，市金联接待到泉州参加第十四届亚洲艺术节活动的金门嘉宾团一行8人。

【参加省金联三十周年庆典】 12月5—7日，市金联组织泉州市省金联理事及驻会工作人员一行10人赴福州参加福建省金门同胞联谊会成立三十周年暨闽南文化学术研讨会，与金门有关单位、社团，旅台各金门同乡会以及来自马来西亚、新加坡、韩国、香港的社团乡亲进行交流，加强彼此的了解与沟通，凝聚共识。

【走访慰问困难金胞】 在春节等传统节日到来之际，市金联到全市各县市区的老龄金胞或贫病金胞家中走访。市金联在重阳节发放吴芳檀敬老金60人19200元；发放吴芳檀大学奖学金2人4000元；发放省金联奖学金2人600元。

【举办重阳节老金胞座谈会】 10月14—15日，市金联在泉州市金山老干部招待所举行2015年重阳节老金胞座谈会，在泉州的年满60周岁以上的金门籍乡亲和金胞遗偶近80

人参加。安排泉州第一医院的医生以及金胞陈笃洵为乡亲们义诊。

【发放"两补"金】 申报和发放2015年度"泉州市老龄金胞与困难金胞生活补助金"是市金联的一项重要工作。2015年泉州市发放66人次94200元，其中符合1947年12月31日前出生条件的老龄金胞54人，困难金胞12人。

泉州市计划生育协会

【组织建设持续加强】 11月11日，召开第六次会员代表大会，审议通过第五届理事会工作报告，选举产生新一届理事会及领导班子。市委常委、市政府常务副市长林伯前当选市计生协会第六届理事会会长。鲤城、丰泽、泉港、石狮、惠安被省人口计生领导小组评为"四联创"先进单位，创建先进乡镇街道102个，占全市乡镇比例62.6%；一流村（社区）协会和合格村（社区）协会分别为1188个和1034个，占全市村（社区）协会的47.6%和41.42%，两类合计达89.02%；五好协会小组13858个，占协会小组总数的74.88%。创建27个流动人口计生协示范点，创建独立型、联合型、挂靠型流动人口计生协会2355家，其中百人以上企业计生协会1763家。全市有48个村（社区）被评为全国人口计生基层群众自治示范村。

【宣传倡导扎实有效】 在"5•29"会员活动日期间，举办5场宣传服务活动，在泉州网刊登专题活动报道；母亲节期间，报道阳光母亲事迹；推荐谢雪芳获评"最美协会人——中国计生协会十佳人物"荣誉称号，成为福建省唯一获此荣誉的代表。3次在《泉州晚报》刊登关爱失独家庭报道；在泉州网举办"e起来、向幸福出发"幸福家庭知识有奖问答、"中国梦•国策情"人口文化艺术作品网络征集评选等网络文化活动。

【做大做强生育关怀】 新筹集生育关怀资金6300多万元，捐款10万元以上的单位和个人新增43个，710个村(社区)、373个企业成立生育关怀基金，筹资资金分别达2249.9万元和6117万元。市协会和各县（市、区）协会获全国幸福工程——救助贫困母亲行动"爱心集体"称号。成立市级计生协会法律援助站、11个县级计生协会法律援助工作站、134个乡镇（街道）法律援助联系点。

11月11日，市计生协会第六次会员代表大会召开 （图/市计生协会）

【精细帮扶失独家庭】 为全市失独家庭办理计生家庭意外伤害保险和住院津贴保险，实施安居工程帮扶、纳入计生小额贴息、幸福工程帮扶、就业创业技能培训。开展《失独父母生命意义的重塑机制》课题研究；举办失独家庭心理辅导培训班。联合市卫计委出台《关于切实做好失独家庭医疗服务工作的通知》，为失独家庭提供一系列优先优惠医疗服务。

中国国际贸易促进会泉州市支会

【搭建商展平台 开拓"泉州货"国际市场】 2015年来，市贸促会呼应市政府实施的"品牌泉州境外行""品牌泉州海丝行"等系列活动，引导泉州市企业赴境外参展。先后组织189家企业参加31个国际展会，展位数234个，同比增长29.6%；总结评估"首届海丝国际品牌博览会"的经验成效，积极启动"第二届海丝国际品牌博览会"展馆设定、招展招商各项筹备工作，目前博览会各项前期进展工作比较顺利。市贸促会积极运作印尼汽配展、越南（河内）国际贸易展、波兰（中国）商品展、匈牙利福建商品展、中国（埃及）工业博览会等项目，继续深耕东盟、中东欧、非洲等"一带一路"新兴市场。全年引领企业赴"一带一路"沿线国家、地区参展，项目数达16个，占全年项目数的51%；展位数161个，占全年展位数的68%。市贸促会充分利用境外展会平台，一年来，在组织企业赴境外参展过程中，企业共接待采购商4000多人次，与采购商达成意向合同5300多万美金，51%的企业通过展会平台寻找到生意伙伴和合作对象。市贸促会在与香港贸发局、台北世界贸易中心等友好单位、机构开展日常性交流活动的同时，拓展渠道，在合作办展方面实现零突破，首次组织企业参加由香港贸发局、台北世贸中心主办的香港国际茶展、海峡两岸（高雄）渔业展等展会，并取得了良好成效。

【做好法律服务　帮助企业提升出口竞争力】　2015年来，市贸促会认真开展出证认证业务，努力拓展法律服务领域，尽力帮助泉州市企业提升出口竞争力。做好出证认证服务，共为企业办理一般原产地证39999份，优惠产地证1797份，领事认证1512份，商事证明2031份。3月初，市贸促会争取中国贸促会的支持，帮助福建中翔新能源科技有限公司在2个工作日（正常需要20个工作日）取得斯里兰卡驻华使馆认证的授权书，使其顺利参加斯里兰卡农业部相关投标项目的竞投。中韩、中澳自贸协定于12月20日首日实现降税，市贸促会第一时间向企业做了大量宣传，已办理90份中韩、中澳优惠证书，帮助企业减免关税8万多美元。2015年，市贸促会还新增了上海、广州两个领事认证代办点。加强宣传培训服务，为帮助泉州市企业及时获得法律资讯，应对贸易壁垒，提高国际市场竞争力，2015年来，市贸促会结合"四下基层"活动，认真做好法律宣传工作，坚持每月安排若干场小型面对面培训，累计一对一培训企业近80家，共计62场次，向企业印发法律服务宣传材料600多册。2015年来，共协助BV国际检测机构办理国际检测证书105件；主动联系中国贸促会法律咨询服务中心为泉州市三工金刚石工具有限公司等10多家企业提供海外商标注册、海外资金冻结和涉外合同等方面的法律咨询50多次；帮助利洁（福建）卫生用品科技有限公司完成俄罗斯商标注册；发挥商会敦促履约的职能，协助泉州盛康贸易有限公司等5家企业追讨海外欠款计200多万美元。积极调解泉州东南伟业有限公司与巴西客户之间的贸易纠纷案件，切实为企业出口保驾护航。

【加强对外联络　搭建国内外交流合作平台】　组织泉州市400多家企业500多人次参加各类国际经贸推介会、洽谈会、对接会。组织企业参加第十四届世界商业领袖圆桌会议等10多场大型活动，帮助企业及时寻找经贸投资项目和合作伙伴。先后组织企业随省团、市团赴卡塔尔、约旦、巴林、印度、印尼、马来西亚等"海丝沿线"国家（地区）开展经贸交流对接活动，撮合泉州市企业与外商的洽谈推介，推动泉州市与"海丝"沿线国家和地区在石化、港口、物流、船运等方面的合作。不断拓展联络沟通渠道，先后接待了法国液化空气（中国）投资有限公司等14个国（境）内外代表团共139人次，并组织泉州市企业与其座谈，寻找合作对接，为泉州市企业"走出去"和"引进来"提供更多选择与机会。与南美洲闽南同乡联谊总会、德国福建商会和马来西亚中央光谱有限公司等7个机构签订了合作谅解备忘录，不断为泉州市企业开拓国际市场打开新的联络渠道。同时，注重与兄弟部门、贸促会之间的沟通与联系。先后赴浙江宁波、舟山、三明等地，学习借鉴兄弟贸促会的工作经验。加强与济南市、三亚市贸促会等兄弟单位在展览、商会建设等方面的交流。负责承办了第二届闽西南贸促机构联席会会议，通过联席会议，与厦门、漳州、三明、龙岩等贸促机构深入开展工作交流，实现各方信息互通、资源共享与合作。注重联络重点工作的跟踪落地：配合做好世界贸易中心协会主席加齐一行与市领导座谈的接待、会务等工作。协助加齐家族企业到泉州设立再保险公司代表处，与相关部门协调沟通，为再保险公司代表处设立提供跟踪促批等方面的服务。全程促成泉港区政府与世界贸易中心控股（塞浦路斯）有限公司签署"泉州—海湾阿拉伯国家促进贸易投资合作谅解备忘录"，促成中东企业参与泉州"中阿石化产业园"项目，为今后双方展开经贸领域的交流与合作打下坚实基础。参与筹备联合国海陆丝绸之路城市联盟工商理事会活动的邀请与组织工作，主动邀请国（境）内外23家商协会参加联合国海陆丝绸之路城市联盟工商理事会成立大会，并促成阿尔及尔世界贸易中心加入理事会团体理事，汇聚海陆丝绸之路沿线城市工商界的力量，推动与海丝沿线国家合作发展。加强与马来西亚中小企业公会的沟通，在联合国海陆丝绸之路城市联盟工商理事会成立大会期间，与马来西亚中小企业公会签署战略合作框架协议。

泉秀街　（图/吴寿民）

对外及侨港澳台事务

DUI WAI JI QIAO GANG AO TAI SHI WU

责任编辑：吴远鹏

对外及侨港澳台事务

国际交流活动

【概况】　2015年，泉州市继续拓展国际交流活动，加强与友城官方互访和青少年等方面的交流。政府高层互访方面，做好美国蒙特利公园市市长梁侨汉、市长陈赞新、德国诺伊施塔特市市长瑞夫勒接待工作，市长康涛会见客人。由市领导组团访问德国诺伊施塔特市，参加两市结好20周年纪念活动，并在诺市举办泉州图片展；访问日本浦添市、横滨市，参加浦添市建市45周年庆典活动，落实横滨、光州、泉州三市友好交流合作协议；访问俄罗斯迈科普市，参加建市纪念日活动。青少年交流方面，做好德国诺伊施塔特市青少年代表团、日本浦添市少儿友好交流团以及语言研修班到泉州交流访问各项工作，两地青少年共同开展课外实践、学习考察、联谊联欢等活动。文化交流方面，筹划俄罗斯迈科普舞蹈团以及德国奥博豪森市“MOTTEK”乐队到泉州表演活动，组织武术交流团赴日本浦添市交流访问。人员往来方面，邀请土耳其梅尔辛伊尼赛市、波兰弗罗茨瓦夫市参加省外办举办的友城联络员研修班。

【交流活动】　1月11—13日，由加拿大国际文化交流基金会组派的加拿大瓷器艺术代表团一行7人，在全国友协美大部加大处2人的陪同下，到德化考察。

1月25—26日，日本新闻团一行5人到泉州，考察经济社会发展现状和21世纪海上丝绸之路先行区建设情况，参观九日山、海交馆、安溪茶企等。

2月9日，新加坡亚洲新闻台摄制组一行3人到泉州拍摄纪录片《寻根》（Down the Line），到永春采访方志学者。

2月8—10日，联合国南南合作办公室主任助理弗朗西斯科•辛普利肖到泉州，参加由中国国际经济技术交流中心、泉州市政府主办的“海陆丝绸之路城市联盟”筹备会议暨联合国“一带一路”项目说明会。

2月10—14日，由国务院新闻办公室主办，新华社、中国社科院、外文局承办的“21世纪海上丝绸之路”国际研讨会在泉州召开。中国、印度、泰国、新加坡、缅甸、埃及、美国等30多个国家的200多名专家学者参会，中共中央政治局委员、中央书记处书记、中宣部部长刘奇葆出席会议。

2月11日，“21世纪海上丝绸之路”国际研讨会在泉州举办

（图/陈英杰　陈起拓）

2月13—15日，马来西亚前总理、宝腾集团董事长马哈蒂尔一行20人访问福建。省委书记尤权会见客人，并见证泉州市政府与马来西亚宝腾集团、黄河集团签署莲花汽车项目投资协议。客人还参加晋江金井汽车生产制造基地项目奠基仪式，参观清净寺和海交馆。市长郑新聪全程陪同客人在闽活动。

3月1—3日，世界贸易中心协会一行6人到泉州考察，洽谈推进卡塔尔通用保险及再保险公司泉州代表处、泉州港与沙特达曼港结好、投资台商投资区的海滩旅游项目、参加东海中央商务区建设、“海丝”石化产业园项目等事宜。副市长陈荣洲与客人座谈。

3月3—7日，由省外办、省侨办联合邀请的波兰TVP电视台第二摄制组到泉州拍摄《中国之行—魅力福建》，赴泉州“海丝”景点取景。

3月5日，加拿大驻广州总领事一行4人到访泉州，与市住建局、商务局探讨加拿大与泉州在经贸、建设等领域的合作机会。

3月10日，由斯里兰卡旅游推广局、斯里兰卡驻华大使馆主办的斯里兰卡旅游推介会在泉州举办。27家斯里兰卡地接社和斯里兰卡航空公司参加推介会，并与泉州市45家旅行社对接洽谈项目。

3月8—10日，英国Maya Vision制片公司摄制组一行4人来华拍摄纪录片《中华的故事》，赴泉州天后宫、开元寺、灵山圣墓等地取景。

3月24—28日，德国莱法州职业教育专家海因茨•霍普芬斯贝格率职业教育工作小组一行4人访问泉州，并到泉州信息工程学院调研。

4月12日，美国加利福尼亚州安大略市市长一行7人访问泉州，与晋江工商企业对接，推介安大略市，探讨与晋江开展友好交流事宜。

4月15—17日，马来西亚战略与国际问题研究所所长拉斯塔姆•穆赫德•伊萨代表团一行9人访问泉州，参观海交馆、圣墓、清净寺等，市政协副主席李冀平会见客人。

4月15—18日，菲律宾新闻媒体团一行12人到泉州访问，考察泉州经济社会发展现状和21世纪海上丝绸之路先行区建设情况。

5月6—7日，澳大利亚惠安（泉港、台商投资区）同乡总会会长庄志刚及澳大利亚维多利亚省金斯顿市前任市长、现任市议员保罗•普力克一行4人访问泉州，探讨与泉州开展友好交流事宜，副市长陈荣洲与客人座谈。

5月11—20日，德国奥博豪森市MOTTEK乐队一行8人到泉州交流，在泉州七中、中骏世界城、建发珑璟湾等开展演出活动。

5月18—20日，德国莱法州福建友好促进会主席、艺术家联合会主席冯•鲍丽斯伯爵夫妇率莱法州福建友好促进会一行6人访问泉州，参观开元寺、清源山、海交馆等，并赴德化陶瓷博物馆和顺美陶瓷文化生活馆考察。

6月1日，应中阿合作论坛中方秘书处邀请，第四批阿拉伯国家青年代表团一行28人访问泉州，考察福建炼油厂并参观清净寺、圣墓等。

6月2日，新加坡驻厦门总领事池兆森一行4人拜会泉州市领导，与晋江机场方面探讨新加坡虎航开通新加坡—晋江直航航线事宜，常务副市长林伯前会见客人。

6月7日，印度尼西亚驻广州总领事琇翡一行9人，赴洛江区双阳街道南山社区探望当地印度尼西亚归侨并座谈。

6月9—11日，美国蒙特利尔公园市（友好城市）市长梁侨汉一行4人访问泉州，参观海交馆、开元寺等，并赴南安、安溪、德化考察民营企业，市长郑新聪、副市长陈荣洲等会见客人。

6月14—23日，市政府副市长陈荣洲率团前往马来西亚、老挝参加“中国福建周”活动，并赴柬埔寨开展经贸活动。其间，举办两场“中国福建周”开幕式暨泉州经贸旅游推介交流会、一场“泉州之夜”文艺晚会、一场专场文艺演出、两场商务洽谈会、一场投资说明会，两场“海上丝绸之路起点——泉州图片展”，与马来西亚、老挝、柬埔寨政府高官就构建双边投资贸易和泉企在外上市融资等进行实质性磋商，考察马来西亚依斯干达、老挝赛色塔以及VITA等产业园区以及马来西亚IOI集团棕油综合性精炼油厂、峰亿（柬埔寨）轻纺投资有限公司等企业，走访马来西亚新山福建会馆、槟城福建会馆、柬埔寨福建商会等商协会和侨团组织。

6月30日—7月2日，市政协副主席王瑞强率团访问日本，拜会浦添市（友好城市）政府，出席该市建市45周年庆典大会。代表团还访问横滨市，与横滨市文化观光局负责人进行座谈，就两市间的交流与合作交换意见。

7月1—2日，应外交部新闻司邀请，泰国、菲律宾网络媒体负责人代表团一行8人到泉州考察经济社会情况，参观海交馆、九日山等，考察泉州晚报社（泉州网）、泉州市聚鼎网络科技有限公司，赴华侨大学与泰国、菲律宾留学生交流。

7月9—15日，市人大常委会副主任洪泽生率团访问德国、波兰。代表团在德国期间，出席泉州与诺伊斯塔特市缔结国际友城关系20周年纪念活动，参加巴赫河文化展开幕式、诺市葡萄酒节等活动，了解诺市博物馆、汉巴赫城堡和古城等的保护和开发利用；代表团在波兰期间，拜会弗罗茨瓦夫市议会，与议会副主席耶尔茨•斯科茨拉斯以及该市旅游、文化、教育、外事等部门负责人进行座谈。

7月11—14日，应石狮市政府邀请，泰国佛统府府尹查差•武泰攀率团一行20人访问石狮，商讨经济文化交流合作、探讨石狮市与佛统府下属佛统市建立友好城市关系事宜。

7月14—16日，马来西亚古晋南市市长、拿督曾长青与沙捞越州第二财政部长、拿督斯里黄顺舸率古晋南市代表团一行14人访问泉州，探讨友好交流合作事宜。访问期间，客人参观开元寺、海交馆等，并赴安溪考察特色产业。副市长陈荣洲会见代表团一行。

7月18日，22位参加由外交部主办的“中国—亚非法协国际法交流与研究项目”暑期研修班的亚非发展中国家主管外交法律事务的资深官员和亚非法协秘书处主管官员访问泉州，参观九日山、开元寺、海交馆、清净寺、圣墓等。

7月27—30日，日本浦添市教育长池原宽安率领浦添市（国际友城）少儿友好交流团一行21人到访泉州，与泉州小学生开展交流活动，市长康涛会见代表团。

7月28—30日，日本冲绳朝日电视台摄制组一行4人到泉州拍摄“琉球与福建交流文化史”主题纪录片，实地拍摄泉州聚宝街、来远驿遗址和梁克家墓地。

8月2—14日，德国诺伊施塔特市（国际友城）议员、青少年交流项目总负责人马克•魏格尔率领诺市青少年代表团一行21人访问泉州，进行为期11天的“1+1住家式”友好交流活动。市长康涛会见代表团一行。

8月7日，美国驻广州总领馆副领事韩歌一行2人，拜访泉州边检站晋江机场边检分站，介绍美国出入境证件及签证的防伪辨识办法

8月21—22日，尼日利亚驻中国大使馆大使欧纳迪皮一行2人访问晋江，举办尼日利亚莱基自贸区招商推介会，中非莱基投资有限公司与晋江外商投资企业协会签订战略合作框架协议，并考察华泰集团、晋工机械、梅花伞业等。

9月4—6日，市政协主席杨俊峰率团访问俄罗斯迈科普市，参加该市建市纪念日活动。与阿迪格共和国文化部、经济发展和贸易部以及迈科普市政府、工业、旅游、大学等有关方面人士座谈。

9月8—9日，外国驻华领事官员福建行代表团一行31人，了解泉州市“海丝”先行区建设情况，体验泉州文化，参观泉州少林寺、海交馆、商标馆、福建海丝路科技有限公司等，副市长陈荣洲会见代表团。

9月9日，加纳贸工部长埃克瓦•斯皮欧—加布拉博士一行39人访问泉州，与泉州有关商会进行座谈，互相通报贸工信息，共商交流合作之计。

9月13—14日，市长康涛随福建省访问团赴马来西亚沙捞越州开展交流访问活动，并与该州古晋南市曾长青市长会谈，双方签署建立友好城市关系意向书。

9月16日，加拿大驻广州总领馆副领事陆芬娜一行6人，参访泉州现代中学，介绍加拿大教育产业及加方在该领域与泉州的合作意向。

9月28—30日，新加坡驻厦门总领事池兆森及新加坡企业家代表团一行10人访问泉州，拜会泉州、晋江、石狮、德化等地市（县）领导，了解当地“海丝”先行区建设情况，探讨“一带一路”背景下新加坡与泉州的合作机会。副市长陈荣洲会见代表团。

10月13—18日，日本浦添市语言研修班一行13人访问泉州，进行为期6天的语言研修项目。与华侨大学、泉州师院的师生进行语言、书法、历史等方面交流，并参观开元寺、海交馆、清净寺、关岳庙等景点。

10月19—22日，德国诺伊施塔特市（国际友城）市长汉斯•盖奥格•瑞夫勒率诺市代表团一行11人到泉州，开展正式缔结友好城市关系20周年访问活动，市领导郑新聪、康涛等会见代表团。代表团参观海交馆、开元寺、清净寺、商标馆、泉州信息工程学院等，并考察德化县、安溪县部分企业。

10月22—23日，俄罗斯迈科普市纳美斯舞蹈团到泉州演出，市政协主席杨俊峰、市政府副市长陈荣洲会见舞蹈团。

10月24—25日，马来西亚柔佛州行政议员、旅游、商贸及消费者事务委员会主席拿督郑修强一行17人访问泉州，洽谈双边贸易、旅游等交流合作事宜。客人参观海交馆、清净寺，并考察台商投资区规划馆。副市长陈荣洲会见代表团。

10月27日，“重走丝绸之路”外交官团一行27人访问泉州，了解泉州“21世纪海上丝绸之路先行区”建设情况，参观清净寺、海交馆、商标馆、峰亿轻纺有限公司。

10月30日，外国驻港领事官团一行18人访问泉州，了解泉州“21世纪海上丝绸之路先行区”建设情况，参观海交馆、开元寺，副市长陈荣洲会见代表团。

10月31日—11月1日，非洲法

10月20日，德国诺伊施塔特市市长汉斯•盖奥格•瑞夫勒参观德化县陶瓷企业

（图/林劲峰）

语国家驻华使节团一行28人访问泉州，了解泉州市“21世纪海上丝绸之路先行区”建设情况，参观海交馆、群峰智能机械有限公司，市长康涛会见使节团。

11月8—15日，第十四届亚洲艺术节在泉州举办，来自40多个国家的艺术家与专家学者聚集泉州。本届艺术节的“亚洲文化论坛”，来自中国、日本、韩国、柬埔寨、沙特阿拉伯等13个亚洲国家以及亚洲合作对话秘书处、相关研究机构的代表，围绕亚洲合作对话中文化的角色与作用等议题各抒己见。

11月8—11日，外国驻华使节代表一行14人到泉州，参加第十六届中国（南安）水头国际石材博览会。

11月16日—12月6日，俄罗斯皇家艺术科学院谢尔盖•尼古拉耶维奇•福禄博列夫斯基一行3人到泉州市进行写生创作。

11月23—26日，新加坡驻厦门总领事池兆森一行9人拜会泉州市、南安、惠安、安溪、永春、德化等地市（县）领导，推动泉州与新加坡在旅游、规划、经贸等领域的合作交流，市长康涛会见代表团。

11月25—26日，来自18个国家的28位“2015福建省东盟政府官员和国际友城经济联络员研修班”政府官员和国际友好组织代表访问泉州。客人考察丰泽区虎都服饰有限公司和佳乐电器有限公司2家民营企业，并参观海交馆、圣墓、闽台缘博物馆等。

11月25—27日，韩国有限电视台Mountain TV天下武林纪行摄制组一行4人，拍摄泉州少林寺南拳（扁担拳）。

12月3—6日，文莱历史中心本基兰•哈吉•马哈尼高级官员一行5人访问泉州，就两国历史交往和相关领域合作进行考察和交流。客人参观惠安崇武古城、闽台缘博物馆、海交馆、清净寺和圣墓，并与海交馆有关人员座谈。

12月7—9日，美国蒙特利公园市（国际友城）新任市长陈赞新率友好访问团一行8人访问泉州，探讨双方在各个领域合作的可能性。客人走访南安九牧厨卫股份有限公司、英良石材“五号仓库”，安溪八马茶业股份有限公司、集贤惠普数字媒体体验馆，市长康涛、副市长陈荣洲会见客人。

12月16—17日，应国家新闻出版广电总局邀请，东盟三国电视摄制组一行11人到泉州，拍摄海交馆、九日山、泉州港。

12月19—20日，非洲国家联合记者团一行15人到访泉州，考察泉州社会经济发展现状、建设21世纪海上丝绸之路情况及与非洲国家交往合作情况，参观海交馆、匹克集团及南方路面机械有限公司。

12月28—29日，中日韩三国合作秘书长杨厚兰率三国合作秘书处代表团一行9人访问泉州，了解泉州东亚文化之都建设情况和“海丝”先行区建设情况，推动泉州与秘书处及日韩之间的合作。

与港澳交流活动

【概况】　2015年，泉州市加强与港澳政府和有关机构及旅居港澳泉州乡亲社团的交流合作，做好香港特别行政区政府政务司司长林郑月娥、民政事务局局长刘江华等接待工作，双方就泉州与香港交流合作达成共识。利用港澳资源优势，探索泉州与香港人才合作新模式，组织全市34名卫生系统负责人及相关专业人士赴香港开展应对突发公共卫生事件培训，推动泉州市整体公共卫生服务水平的提高。

【交流活动】　1月23日，在香港特别行政区政府政务司司长林郑月娥率团访问泉州，市长郑新聪会见访问团，双方就密切泉州与香港联系、推动泉州与香港合作进行座谈和交流。

7月27—31日，市第一医院、中医院、急救指挥中心、疾控中心、卫生监督所等5家市直医疗卫生机构、11个县（市、区）和台商投资区卫生计生局（卫生局）及疾病预防控制中心分管领导或专业技术人员共34人赴香港开展公共卫生应急防控专题交流活动。

10月19日，香港特别行政区政府民政事务局局长刘江华率团访问泉州，市长康涛会见访问团。

11月5—15日，由第十四届亚洲艺术节执委会办公室、香港特别行政区政府驻粤办、泉州市政府港澳办、丰泽区政府主办的“艺见香港”展在领SHOW天地乐天广场举行，香港特别行政区政府政制及内地事务局常任秘书长张琼瑶，福建省政府港澳办主任宋克宁、副主任林学锋，泉州市人大常委会副主任吕竞、市政府副市长陈荣洲、市政协副主席骆沙鸣，华侨大学副校长曾路等出席开幕式。

对台交流活动

【概况】　2015年，泉州与台湾双向经贸交流考察不断深化。市委书记郑新聪、副书记周银芳、市政府副市长陈荣洲带队赴台开展经贸交流。全年泉州市共有2015世界闽南文化节、第二届海峡两岸高校大学生记者挑战赛、泉港台湾姓氏文化对接暨苗栗林姓宗亲回乡谒祖活动等8个项目被国台办列为2015年度重点交流项目，数量为历年之最；赴台交流项目122项706人次，项目数比2014年增加19个，增长20%。推进乡镇对接和小团组赴台交流，2015年泉州市共实施小型民间团组28个，乡镇对接团组10个。

【第七届海峡论坛•“海丝风情”两岸青少年联谊周】　活动以“泉州海丝行•两岸一家亲”为主题，由泉州市政府、福建省闽台交流协会主

6月13—17日，第七届海峡论坛·“海丝风情”两岸青少年联谊周在泉州举办（图/戴涵琦）

办，于6月13—17日在泉州举行。活动作为第七届海峡论坛同期举办的重点项目，吸引泉州与台湾两地青年企业家、青少年学生以及台湾澎湖、云林、高雄等协办单位嘉宾代表近500人参加，其中台湾青年162人全程参加。中央人民广播电台、新华社福建分社、人民日报海外版、两岸关系、福建电视台、台湾导报、凤凰网、香港大公报、香港商报等众多境内外媒体报道。

【人才交流】　2015年，泉州市组织智能制造、职业教育、电子、雕艺、社会工作、纺织服装等重点产业（行业）7个团组的优秀人才赴台开展交流活动。上报第二批在闽优秀台湾人才2人，分别是泉州荣祺食品有限公司董事长杨荣辉、福建和诚鞋业有限公司董事长林文智。组织2014年度在闽优秀台湾人才吴新民参加全省优秀台湾人才座谈会。

【青少年交流】　市台办先后指导市直有关单位举办第八届中华文化小天使交流体验营活动、2015闽台一家亲“1＋1”文化交流活动、2015“海峡两岸（泉州）公路自行车邀请赛”，“关爱台生，你我同行”慰问活动。7月13—19日，第二届海峡两岸高校大学生记者挑战赛在泉州市举办，来自两岸近130名大学生记者参加活动。作为国台办2015年对台交流重点项目之一，该活动在全省首创以台湾大学生记者为主体进行组团交流的新模式。

【宗教民俗交流】　4月，金门县宗教交流团一行约1000人到泉州天后宫朝圣进香，进香团由金门县议长洪丽萍、县政府副县长林德恭带队，信众来自金门5个乡镇18个宫庙；9月，第五届南安•国际凤山文化旅游节在南安市诗山镇凤山寺举行，台湾宗教场所代表出席。

侨务活动

【概况】　2015年，泉州市继续深化海外联络联谊。做好第八届世界福建同乡恳亲大会泉州籍参会嘉宾的邀请和接待工作，组织400多名泉州籍侨亲参加泉州经贸推介恳谈会，市委书记郑新聪、市长康涛等市领导与海外侨亲恳谈交流。协调各县（市、区）开展“牵手故里行”对接活动，围绕重点对象、重点社团开展对接和联谊活动。开展“泉州籍精英故乡行”活动，邀请陈永栽、苏千墅、陈金火、黄连顺等十余名海外著名侨领、知名企业家携家族成员回乡参访，促成新西兰福建商会与市贸促会签署友好合作协议。2015年，全市接待海外侨亲7200人次，其中接待重点来访团组30余批、600多人次。根据海外社团换届等庆典活动和侨务联谊工作的需要，主动组团“走出去”开展联谊和海外侨务工作，重点做好马来西亚、印度尼西亚、菲律宾、新加坡、泰国、缅甸等东南亚传统侨区联谊工作，拓展欧洲、美洲、非洲等海外侨务工作新领域。全市组织和参与55批、270余人次赴外参加社团庆典、侨务访问、经贸考察等涉侨活动。

【交流活动】　3月15日，菲华各界联合会举行2015—2017新届委员会就职典礼，泉州市庆贺团赴菲参加庆典活动，并开展侨务联谊工作。

3月20日，缅甸安溪会馆会长林友金一行12人到泉州访问。

4月9日，印度尼西亚晋江同乡会许宗鸽会长一行8人回乡参访，副市长陈荣洲与客人座谈。

4月15日，柬埔寨福建商会执行会长许少波一行10人到泉州访问，商讨泉州市代表团赴柬开展经贸推介活动事宜。

4月27日，马来西亚著名乡贤陈金火家族一行32人到泉州参观考察。

4月16日，澳大利亚墨尔本晋江同乡会会长洪永怀一行到泉州访问。

4月27日，菲律宾菲华各界联合会、菲律宾宋庆龄基金会等海外社团及陈祖昌、陈聪聪、骆志鸿、许中荣、李木理、何萍萍、吴联盟等侨界人士回乡参加市委书记黄少萍的追思告别仪式。

5月2—4日，由旅菲著名侨领陈祖昌率领，50多位菲华侨领和乡亲组成的菲律宾宋庆龄基金会文化交流访问团到泉州参访，并为陈祖昌捐建的“祖昌音乐厅”举行揭牌仪式。

市政协主席杨俊峰、市委常委翁祖根、副市长陈荣洲会见访问团。

5月3日，副市长林万明带队出访，参加越南胡志明市中国商会福建分会成立和菲律宾纳卯中国商会换届庆典。

5月13日，马来西亚新山福建会馆会长拿督曾德发率团一行10人到泉州访问，为泉州与马来西亚开展经贸合作牵线搭桥，邀请木偶剧团组团参加该会馆88周年庆典演出事宜。考察团参观开元寺、泉州博物馆等，并赴台商投资区、安溪县、永春县考察。

5月22日，以会长吴章强为团长的澳大利亚福建总商会经贸考察团一行15人到泉州参访，副市长陈灿辉与考察团座谈。

5月30日，澳大利亚南安总商会在澳大利亚悉尼举行成立大会，来自世界各地和国内各省的南安商会代表及嘉宾共800多人参加首届职员就职典礼。首任会长傅港生、执行副会长林仁初，监事长洪穆荣。

6月3日，马来西亚沙巴州亚比市兵南邦中华幼儿园华文教育考察团一行39人访问泉州，与泉州师院附属幼儿园开展华文教育互动教研交流与座谈。

6月5日，前菲律宾总统中国事务特使、菲华商总名誉理事长李永年一行5人到泉州参观访问，副市长李建辉与客人座谈。

6月10日，菲律宾晋江同乡总会访问团一行30余人到访，市长郑新聪、市委副书记周银芳、市委常委翁祖根、副市长陈荣洲与客人座谈。

6月5—12日，市政协副主席苏小青率团赴澳大利亚、新加坡，参加澳大利亚闽南同乡会成立14周年暨第八届理监事就职典礼，并开展侨务访问。

6月12—15日，副市长卢炳椿率泉州市代表团赴阿联酋和英国参加阿联酋中国福建商会举行第三届理事会就职典礼、英国泉州联谊会暨泉州商会庆典活动，并开展侨务访问活动。

6月19日，印度尼西亚万隆闽南同乡会会长黄积裕、世界晋江同乡总会秘书长许金聪等一行到泉州参访。

6月25日，缅中友好协会副主席、缅甸腊戌福建同乡会会长尤建民一行首次回乡参观访问，并与凯鹰集团进行经贸洽谈活动。

7月3日，日本福建经济文化促进会副会长、日本西村朝日律师事务所（日本最大律师事务所）外国法合伙人张翠萍律师（祖籍惠安崇武）访问泉州。

7月17日，北美南安同乡会、北美南安总商会会长王艺强一行到泉州访问，市政协副主席王祖耀会见客人一行。

7月17日，印度尼西亚惠安同乡联谊会许锦祥会长一行到泉州参访，副市长陈荣洲会见客人一行。

8月6日，菲律宾中华和平发展促进会常务副会长李明福一行到泉州访问。

8月23日，马来西亚雪隆安溪公会总会长、拿督李万行、吉隆坡四驱车越野俱乐部会长、拿督余富华一行14人到泉州访问，参加由世界泉州青年联谊会、马来西亚雪隆泉州公会指导的“第十四届亚洲艺术节——跨国公益宣传活动”发车仪式。

8月27日，马来西亚安溪同乡会总会长、拿督施朝全一行到泉州访问。

8月28日—9月4日，市政协副主席王祖耀率泉州市代表团赴美国、加拿大参加美国泉州联合总会第三届理事会就职典礼和北美南安同乡总会暨南安总商会首届成立揭牌及理监事就职庆典。

9月10日，旅菲知名侨领蔡友铁、李良灿率菲律宾石狮市同乡总会一行40余人到泉州参访，市委副书记周银芳与访问团座谈。

9月14日，越南中国商会福建分会会长柯尊法、俄罗斯中国闽南商会理事长吴进明等回乡考察访问，副市长林万明与客人座谈交流。

10月8—11日，第八届世界福建同乡恳亲大会在厦门举办，70多个国家、305家社团、1600多名闽籍乡亲与会，其中包括50多个国家的500多名泉州籍侨亲。

10月8—9日，马来西亚IOI集团董事主席、马来西亚福建社团联合会名誉会长李深静回国参加第八届世界福建同乡恳亲大会，并于10日到泉州考察访问。市委书记郑新聪、市委常委翁祖根、副市长陈荣洲会见李深静一行。

10月11日，马来西亚福建社团联合会总秘书长、拿督刘国泉伉俪、马来西亚雪隆泉州公会署理会长刘博文等一行9人到泉州访问。

10月11日，马来西亚新山福建会馆会长、拿督曾德发一行4人到泉州访问。

10月12日，新西兰福建商贸考察团一行20人在新西兰福建商会会长陈福祥的带领下到泉州参观访问，副市长陈荣洲会见考察团。

10月21日，原澳大利亚维省福建同乡会监事长、澳中经贸促进会执行会长辛智毅、澳大利亚墨尔本惠安（泉港、台商区）同乡会会长陈琛、世界孙氏宗亲联谊总会会长孙达峰等到泉州访问。

10月24日，马来西亚新山福建会馆会长、拿督曾德发一行9人到泉州访问。

11月23日，旅菲各校友会联合会2015故乡经贸文化考察团一行85人在团长庄清河带领下到泉州参观访问，市委常委翁祖根，市政协副主席李冀平在泉州迎宾馆与考察团座谈。

12月8—9日，2015年澳大利亚优秀华裔大学生丝路文化考察团一行20名师生访问泉州，参加海丝文化主题讲座并参观泉州海上交通史博物馆、开元寺、洛阳桥等。

12月16日，由国务院侨办主办、省侨办承办的2015年“华文教育•教师研习”印度尼西亚班一行55人到泉州市实验小学（华文教育基地学校）开展教学交流活动。

8月23日，“第十四届亚洲艺术节——跨国公益宣传活动”发车仪式在泉州举行　　（图/市外事侨务办）

12月22日，马来西亚晋江社团联合会总会长拿督黄东海一行15人访问泉州。

乡亲与往来

【概况】　2015年，旅居港澳的泉州乡亲有获8人获香港特别行政区政府行政长官颁授勋衔、3人获澳门特别行政区政府授勋。旅居台湾的泉州乡亲纷纷组团回乡寻根谒祖、开展参访、考察活动，或应邀到泉州参加各种文化艺术活动。

【港澳乡亲】　7月1日，8位泉州籍乡亲获香港特别行政区政府行政长官颁授勋衔，分别为金紫荆星章：林树哲（南安人）；铜紫荆星章：施荣怀（晋江人）、李贤义（石狮人）、施荣恒（晋江人）、黄敏利（南安人）；非官守太平绅士：王庭聪（南安人）；荣誉勋章：林劲（安溪人）；社区服务奖状：卢锦钦（石狮人）。

11月20日，澳门泉州籍乡亲获特区政府授勋，分别为银莲花荣誉勋章：陈明金；社会服务奖章：吴联盟、庄丽华。

【台湾乡亲】　2月4—5日，台湾政界人士郑汝芬一行5人到晋江英林镇嘉排村祭祖。国台办政党局局长王育文、晋江市委书记陈荣法、晋江市市长刘文儒、晋江市委统战部部长王金战等与郑汝芬会面。

3月7日，台湾亲民党党员谢章捷率在台乡亲一行21人到安溪祭祖。

3月31日—4月7日，台北市晋江同乡会理事长陈介山率团一行26人返乡祭祖。

4月13—14日，由省台联组织的两岸摄影书画采风团一行13人抵达惠安，走访同名村山霞镇青山村、崇武镇大岞村，考察青山宫、农家民俗馆、崇武古城、惠女风情园、大岞村张氏宗祠和妈祖宫等地。

4月21—22日，台湾金融人员暨投资人协会一行9人在理事长李佳宪的带领下，走访泉州台商投资区规划展示馆、惠安崇武古城、开元寺以及闽台缘博物馆等。

5月22日，北美洲台湾乡亲联谊会会长梁义大到祖籍地——永春县吾峰镇吾顶村寻根谒祖。

6月15日，参加第七届海峡论坛“同名（同宗）村•心连心”联谊活动的台湾基隆大峠村、台北青山里、新北许厝的宗亲代表分别返回惠安崇武镇大岞村、山霞镇青山村和晋江安海镇前埔村许厝参访。

10月15—18日，台北市惠安同乡会理事长黄鲲忠、高雄市闽南同乡会理事长陈国鑫、基隆市惠安同乡会理事长郭英常和台中市惠安同乡会分别率团到泉州参加第八届世界惠安•泉港•台商区联谊会活动。

10月18—20日，高雄闽南同乡会理事长陈国鑫率高雄市闽南地区各同乡会联合参访团一行12人到泉州开展参访、交流活动，参访团参观开元寺、晋江市城市展馆、博物馆、五店市、安溪清水岩等地。

11月1—5日，台湾文化创意产业加值协会副秘书长喻幸国作为“2015台湾闽南堂号寻根——梅镜堂梁氏开堂祖梁克家在台后裔梁金池传记出版计划”研究主持人，参观考察草邦水库旁梁克家墓址、石湖六胜塔旁梁克家读书处遗址、泉州西街梁克家出生地、府文庙梁克家私塾处、梁府旧址、状元街状元牌坊等地。

11月3日—10日，泉州籍国民党中常委吴陈琼秋、台北市晋江市同乡会理事长陈介山应邀到泉州参加第十四届亚洲艺术节暨第二届海上丝绸之路国际艺术节活动。

政法 法治 司法

ZHENG FA FA ZHI SI FA

责任编辑：陈建强

政法 法治 司法

政 法

【维护社会安定稳定】 全市政法综治部门紧紧扭住综治维稳责任这一龙头，加大工作力度，狠抓措施落实，维护全市大局稳定。逐级签订党政领导综治责任书，把全市各级党政领导班子、综治和维稳第一责任人、具体责任人综治和维稳工作履职能力及工作绩效纳入年度绩效管理。强化综治责任的督导，对各地落实综治维稳责任制情况进行动态跟踪，督促各地抓好薄弱环节整改提升。围绕第14届亚洲艺术节这场国际性艺术盛会安保工作，制定安保工作方案和应急预案，专门组织开展以迎亚艺保安全为主题、代号“亮剑”的集中统一行动，确保“亚艺节”安全顺利举行。

【尽责履职保障发展】 围绕“平安泉州”“法治泉州”建设两大目标任务，尽责履职，抓好各项工作措施的落实，营造良好社会环境。持续加强社会治安综合整治，精心组织开展“春雷行动”、社会面治安管控、严厉打击严重暴力犯罪、“猎狐2015”、打击虚假信息诈骗、打击赌博等专项行动，重拳整治突出治安问题，确保社会治安持续向好。确定18个市级重点整治点，实行跟踪督导，集中开展重点整治，较好解决突出问题。开展2015年“护校安园”专项行动，排查校园内部安全隐患。推进缉枪治爆、枪爆物品大清查和枪爆管理整治“百日行动”以及危爆物品、寄递物流清理整顿等专项行动，全面收缴非法枪支弹药、危爆物品，严格落实安全管理措施，严防流失流散。实施加强城市交通管理行动计划和道路交通安全综合整治“三年提升工程”，全市交通、火灾事故四项指数全面下降。

【推进全民普法】 深化“法律六进”活动，开展各类法治宣传主题活动1586场次，发放宣传材料278万份。加强法治文化建设，建成65个规模较大的法治公园、法治广场等法治文化阵地。创新法治宣传载体，开通法律援助、公证信息平台，创新法律服务模式；为群众提供“零距离”、贴身式的法律服务；“平安泉州”“泉州司法在线”等一批微信公众号影响力与日俱增。组织制定《泉州市民主法制领域改革实施方案》，确定民主法制领域改革60项任务，有条不紊地推进各项改革工作。继续探索创新

4月10日，市委政法工作会议召开 （图/洪 泓）

司法工作机制，深化“两法衔接”工作，推行“两仝一巡查”（接入单位全覆盖、信息录入全到位、开展电子巡查），266家行政执法机关接入信息共享平台，“两法衔接”工作继续走在全国前列。

【提升治理水平】 以推进“社会治安防控立体化、矛盾调处多元化、城乡社区服务管理网格化”建设为抓手，夯实基层基础，创新社会治理。在调整、完善原有视频监控网络基础上新建、整合公安、企事业单位、村镇等视频监控系统近8万路，视频监控覆盖范围内发案率同期相比明显下降，极大挤压违法犯罪空间。完善人民调解、司法调解、行政调解“三位一体”的矛盾纠纷大调解工作体系，在公安派出所、人民法院和检察院实现人民调解组织全覆盖。在做优做强交通、医疗、商务、国土、环保等专业调委会基础上，继续拓展多元调解领域，突出行业性和专业性，全市建立各类人民调解委员会2935个，个人调解室的品牌效应凸显，41家个人调解工作室共调解案件2454件，以占全市0.3%的调解员数量，调解全市13%的案件。在搭建好全市统一的网格化信息平台基础上，探索服务管理新模式，构建互联网+综治工作模式。

【助力经济发展】 针对金融领域纠纷数量剧增的实际，出台《关于司法应对金融风险的若干意见》，设立“金融审判庭”，为优化全市金融环境和服务发展大局提供司法保障。出台《关于发挥检察职能服务创业创新和民营经济发展的意见》，提出十条措施服务创业创新和民营经济。组织开展打击整治民间金融领域违法犯罪专项行动，做好风险排查、矛盾化解、社会稳控和打击处置工作。推进党建、综治、群团组织进非公企业，设立民营企业综治协会，试行在大型企业建立警务室，规模企业综治平安建设机构或联络员实现全覆盖。通过持续推动综治进非公组织，在服务经济社会发展的同时，拓展平安建设领域。在征迁过程中注重创新“集体共决”方法，创新“全程透明”服务，探索一条“和谐征迁”的路子。完善“多位一体、多证合一、多举并重、多方保障”的流动人口服务管理机制，加快建成覆盖流动人口的公共服务管理体系，促进流动人口本地化。推行“一站式”服务管理模式，流动人口持居住证可享受24项优惠待遇。泉州入选全国首批流动人口社会融合试点城市。为帮助特殊人群更好地回归社会，建立了市级“中途之家”，为符合条件的社区矫正人员提供教育、培训和过渡性安置。

【推动队伍建设】 探索政法文化建设，开办《刺桐法槌》《心旅》专刊及道德讲堂、读书沙龙、微信订阅号等文化载体，举办全市政法系统运动会、干警书画摄影展等活动，加强政法机关文化氛围营造。创新干警教育培训的形式，把一线所队庭室领导、骨干和青年干警作为培训重点，通过专题培训、人才库滚动管理、结对帮带等措施，优化提升他们知识结构、综合素质和实践能力。把纪律作风建设置于政法队伍“品牌培育”的基础先导地位，教育、引导广大干警“忠诚、干净、担当、敬业”，以铁的纪律、铁的心肠和铁的手腕推进铁的队伍建设。落实“两个责任”，抓好“准则”和“条例”等党规党纪的学习贯彻，利用反面典型开展警示教育，设立警示教育基地网上展厅，出台《司法礼仪规范》等制度规定，推行干警廉政问责、廉政承诺以及廉政温馨提醒，促使干警明底线、懂规矩、知敬畏。开展学习宣传谷文昌、杨善洲、邹碧华、吴一心先进事迹活动，精心开展石狮凤里派出所被国务院命名“人民满意的派出所”10周年系列宣传活动，激励广大政法干警争先创优。成立民警职业安全互助金，对因公牺牲、伤残或患重大疾病的民警及时给予救助和慰问，出台奖励办法，鼓励干警参加国家司法考试、高级执法资格、心理咨询师等各类等级考试。

【促进应用法学研究】 泉州市法学会围绕市委、市政府重点课题，承担题为《推进网格化信息平台建设，构建“多网融合、多元一体”综治信息化格局》等课题。2015年是泉州立法元年，学会主动与市人大、市法制办、市委政研室等单位开展横向联系，开展立法前期调研。建立健全“双百”报告会和“法律六进”等活动机制，抓住领导干部这个“关键少数”，以上率下，示范引领，带动全市尊法、学法、守法、用法。学会发挥“统筹、协调、服务、保障”的作用，引导全市会员及法学、法律工作者坚持问题导向、效果导向，主动贴近协调推进“四个全面”战略布局中迫切需要解决的现实问题，潜心调研，多出接地气、切实管用的研究成果，使学术观点上升为可操作性的资政建议。及时对《泉州法学》会刊进行升级改进，完善、丰富、创新《泉州法学动态》《泉州法学》会刊等研究成果转化应用平台，拓宽畅通研究成果转化应用渠道，力推优秀研究成果进入决策层，真正成为党委、人大、政府、政协的“思想库”和“智囊团”。坚持服务基层、服务群众，充分利用自身优势和群团组织特点，立足实际，通力合作，形成整体合力，传播法治正能量，唱响法治组旋律。

综 治

【落实综治维稳责任】 全市以落实综治维稳责任为龙头，确保社会治理每一项措施真正落到实处。市委、市政府多次召开常委会、政法综治工作会议和专题会，党政主要领导均到会研究部署综治信访维稳和平安建设工作；逐级签订党政领导综治责任书，对综治成员单位下发综治责任书，层层落实综治维稳责任；建立市领导和综治委成员单位挂钩县（市、区）指导社会治理创新和维护稳定工作制度。坚持在考察党政主要领导、分管领导干部政绩、办理晋职晋级、评先评优综治审核制度，强化群众安全感测评结果应用，坚持每季度对各县（市、区）和乡镇（街道）安全感进行通报，健全完善沟通警示、诫勉谈话、挂牌整治、黄牌警告、一票否决等综治问责措施，层层传导综治维稳责任。

【应对经济风险】 应对经济下行压力，出台“服务创业创新、民营经济发展和服务保障国有企业改革发展的意见”，从落实常态服务制度、加强检企沟通互动、开展涉企犯罪预防等十个方面提出具体要求，为经济持续健康发展保驾护航。出台《关于司法应对金融风险的若干意见》，实现对金融纠纷的集中、高效、专业化审理，并开展金融案件专项清理和专项执行活动。

【提升社会防控体系】 开展打击治理电信网络新型违法犯罪和打击虚假信息诈骗、盗窃电动车、赌博以及“亮剑一扫毒”集中会战、打击食药环犯罪“利剑”、打四黑除四害、打假等一系列专项行动，铁腕整治治安热点问题，确保社会治安持续向好。推动立体化社会治安防控体系建设，市委、市政府连续四年把城市安全信息系统建设列入为民办实事项目。四年来市、县两级财政累计投入4.58亿元，建成12000多路高清视频监控摄像头、镇村视频监控28644路，推进电子虚拟卡口和新一轮社会治安动态视频监控系统　“两网两平台”的建设（“两网”即视频监控专网和公安信息网，“两平台”即视频共享平台和联网平台）。泉州视频专网覆盖到全市所有公安指挥中心、派出所、刑警大队和大部分社区警务室，并向各级政府部门延伸，可支持百万路高清视频，逐步实现城乡视频监控一体化，卡口共享平台设备正常运行率99%、抓拍率98%、识别率95%。

【完善网格化信息平台】 完善“135”网络架构（一个市级总平台、县乡村三级分平台、市县乡村与网格五级联网运行），推进全市网格全覆盖。具体划分社区一级网格446个、农村一级网格1689个、细分社区（村）单元网格计8322个，配备各级专、兼职网格员1.12万人，实行定网、定人、定责。通过整合相关信息资源和信息系统，构建以全市统一的城乡社区网格化服务管理信息平台为主体架构的互联网+综治工作模式。打通各部门间数据交互通道，把多个部门的数据库对接到网格化信息平台，为各部门提供可用的法定数据共享服务。实现全国人口信息资源、全市视频监控资源、空间地理信息资源等有关部门的47类88项信息查询、比对、共享。实现全市网格化信息平台与市行政服务中心网络对接，为便民服务提供权威的数据支撑。

【推进社会治理创新】 泉州作为15个全国流动人口社会融合示范试点城市之一，初步建立惠及流动人口的公共服务体系，推动流动人口均等化服务和社会融合。10月10日，央视《新闻直播间》栏目对晋江市新型城镇化　实行无房可落户的“晋江经验”进行专题回访报道。晋江市实行无房可落户政策，实现真正零门槛落户。完善重点青少年群体服务管理体系建设，打造保护性办案、修复性救助、社会化帮教、多元化普法的“四位一体”未成年人刑事检察工作“泉州模式”。该经验做法被最高人民检察院予以转发全国借鉴。加强易肇事肇祸等严重精神障碍患者救治管理。新建市第三医院（精神病院），全市将完成新增精神病床位建设1270张，实现精神卫生专业机构床位总数将达到2.82张/万服务人口的目标。

【“两新组织”服务管理与巩固】 出台“两新”组织综治工作指导意见，重点推进综治进非公企业，推行在大型企业建立警务室，规模企业综治平安建设机构或联络员实现全覆盖。全市3426家建立党组织的规模以上企业、4100多家登记的社会组织参与综治、平安泉州的积极

3月17日，安溪县举办大型综治、平安建设法治宣传咨询活动（图/洪　泓）

性得到有效调动。构建和谐劳动关系，全市各类企业职工劳动合同签订率93.5%，企业职工年平均工资比增都在10%以上，职工工资水平与企业经济效益实现同步增长。开展“十、百、千、万平安家庭示范户”命名活动，打造“平安家庭”升级版。大力褒奖见义勇为行为，全年表彰见义勇为模范13人，先进个人（群体）12人，给英雄更多尊重、更多礼遇、更多保障，为建设现代化泉州凝聚强大正能量。

公安

【刑事侦查】 全年破获刑事案件29283起，抓获刑事作案成员16408人，逮捕犯罪嫌疑人8319人，移送起诉16939人，提起公诉16191人。其中，破获“八类”严重暴力犯罪案件1725起（立现行命案78起，破获77起），涉黑涉恶案件1059起，虚假信息诈骗案件1976起；破获侵财犯罪案件18118起，抓获侵财犯罪作案成员6304人，缴获赃款赃物总价值5486.38万元。全市破获刑事案件总数、提起公诉犯罪人员数以及打击防范虚假信息诈骗犯罪专项行动、严厉打击严重暴力犯罪专项行动、追逃工作、刑事科学技术绩效均名列全省第一，侦破命案、打黑除恶、打拐、刑侦缉毒等多项工作考核排名均位居全省前列。

【经济犯罪案件侦查】 全年破获经济犯罪案件1843起（其中央批案件1起、部督案件7起、省督案件5起），抓获犯罪嫌疑人1067人（其中网上逃犯197人，公安部B级通缉逃犯1人，境外逃犯17人），挽回经济损失9595.1万元；破获民间金融领域违法犯罪案件61起，抓获犯罪嫌疑人64人；破获集资诈骗、非法吸收公众存款等非法集资类案件18起，抓获犯罪嫌疑人40人；破获恶意逃废债务违法犯罪案件3起，抓获犯罪嫌疑人4人，涉案金额4亿元；破获假冒伪劣犯罪案件396起，抓获犯罪嫌疑人340人，涉案金额6000余万元；破获组织领导传销案件5起，抓获犯罪嫌疑人351人；破获银行卡犯罪案件699起，抓获犯罪嫌疑人777人，涉案值3500万元。

【禁毒工作】 全市破获各类毒品案件1386起（其中攻克11起部督和6起省督毒品目标案件），抓获毒品犯罪嫌疑人1503人，缴获各类毒品1.92吨（其中冰毒1.876吨、氯胺酮36.58千克、海洛因1.83千克、其他毒品4.6千克），查获吸毒人员5591人次，依法强制隔离戒毒796人，执行社区戒毒715人、社区康复131人。同时，会同相关部门积极推动毒品预防教育示范学校建设，全市建成禁毒宣传教育基地48个。

【治安管理】 完成21世纪海上丝绸之路国际研讨会、第一届全国青年运动会泉州赛区、第十四届亚州艺术节等973场大型活动安保工作。开展枪爆管理整治百日行动，缴获炸药6506.7千克、黑火药2523千克、雷管45862枚、枪支204支、子弹13133发、管制刀具6065把、剧毒化学品345千克。扎实开展为期3个月的旅馆业实名登记工作专项整治行动，全市旅馆业实名登记率85.4%、畅通率99.87%，录入旅客信息总数1068.6万多条。推进“护校安园”专项行动，排查校园内部安全隐患2153处，整改隐患2088处。加强对重点单位内部治安保卫工作的检查、监督和指导，对重点单位开展安全检查13628次。严厉打击涉枪涉爆违法犯罪活动，破获涉爆涉枪刑事案件42起、治安案件928起，抓获违法犯罪嫌疑人1009名。持续推进“打四黑除四害”专项工作，破获涉假类刑事案件323起，其中食品类案件66起、药品类案件106起。推进打击赌博违法犯罪专项行动，破获涉赌刑事案件525起、涉黄刑事案件115起，禁赌工作名列全省各设区市公安机关第1名。

【户籍管理】 科学合理划分警务网格，落实社区民警和协管员配备工作，至年底，全市划分警务网格806个，配备警务网格民警936名、专职协勤2509名，建成社区（农村）警务室714个。依托信息系统有效整合社会资源，强化对各类重点人员、关注人群的摸排稳控，开展矛盾纠纷排查化解工作，有力地维护社会稳定。贯彻落实《福建省人民政府关于进一步推进户籍制度改革的意见》要求，全年为48391名外来人员办理户口迁入。推进流动人口居住证制度，全年发放居住证77万余张。采集流动人口基础信息，压降流动人口犯罪率，全市登记在册流动人口297万人。

【出入境与往来台湾管理】 全市受理中国公民出国境76.37万人次，办理外国人证件3987人次，为从石井口岸和晋江机场进入的台胞办证7705人次，群众满意率99.97%。推进出入境办证受理服务点延伸工作，启用南安梅山、仑苍和晋江安海、龙湖及安溪官桥、永春蓬壶等6个服务点，方便群众办证。通过微博、微信等平台进一步拓宽预约办证渠道，做到让群众少跑腿、让数据多跑路，完成12670人次的网上办证事项，同比增长1.5倍。

【交通管理】 全年全市发生涉及人员伤亡的道路交通事故1445起，造成382人死亡、1511人受伤，直接财产损失270.3万元，同比分别下降14.34%、10.96%、16.89%和20.03%。全年组织开展16个交通安全专项整治行动，查处各类交通违法行为289万多起（其中查处酒驾7648起、醉驾4418起）。排查交通安全隐患911处，投入整治资金4370余万元。不断创新便民利民举措，主动延伸车、驾管服务，受理汽车类驾驶人各个科目考试70万多人次，办理汽车业务112万多

11月28日，鲤城警方开展“毒品预防教育”进社区宣传活动（图/王盼阳）

辆次。完成《泉州中心市区交通组织规划》研究编制工作，对中心市区的路口信号配时进行重新优化调整，完善市区交通指路标志牌和停车诱导系统建设两个项目被列入市委、市政府为民办实事项目。完成道路交通安全警卫任务232批636天次，特别是完成21世纪海丝国际研讨会、第一届全国青年运动会和第14届亚洲艺术节等重要道路交通安全保卫工作。

【边防工作】 因应社会治安形势变化，推进打击诈骗、黄赌毒、缉枪治爆等8个专项行动，通过支队挂牌督办、定期通报分析等，强化督导、考评、奖惩，辖区案件高发态势有效遏制，接处警24764起，破获刑事案件1126起、查结治安（行政）案件10471起，治安难点热点问题有效整治，群众安全感、满意度得到提升。部署“泉海之盾”打击走私等专项行动，查获涉私类案件249起，其中成品油案237起2758.78吨、案值1750万元，泉州沿海地区成品油走私活动得到有效遏制。

【执法规范化建设】 全市公安机关以维护社会公平正义、提升公安机关执法公信力为目标，以持续深入推进执法规范化建设为主线，以强化执法理念、执法制度、执法管理建设为重点，以夯实执法基础、提升法制队伍履职能力为保障，立足巩固、深化、提升、拓展，推动公安法制工作和执法规范化建设取得新的明显成效。制定《泉州市公安机关执法规范化建设总体规划（2015—2017年）》等文件，明确今后三年全市公安机关执法规范化建设的具体要求、措施以及各警种部门的职责任务，继续培养选树各地近年来执法较好的基层所队，切实发挥好执法示范单位的引领示范作用。积极开展权力清单清理工作，保留行政权力272项，公共服务26项。大力加强信访工作，提升矛盾纠纷化解能力，全年处理群众来信来访1075件，同比下降6.5%。

检察

【打击刑事犯罪】 全年批准（决定）逮捕各类刑事犯罪8438人，提起公诉16422人。加大打击加强区域突出问题专项整治，高压威慑电信诈骗、非法传销、涉毒等犯罪案件，批捕上述犯罪嫌疑人2096人，依法办理公安部督办的“6•21”涉毒涉枪涉恶案、省公安厅督办的“4•19”特大跨国（境）电信诈骗团伙案等一批社会影响恶劣的刑事案件，有效提升人民群众治安满意度。开展“清网行动”，严厉打击利用网络敲诈勒索、诈骗、制造传播谣言、泄露个人信息等犯罪，净化网络空间。开展打击涉医违法犯罪专项行动，维护医患双方合法权益和正常医疗秩序。安溪县检察院办理的陈某泉等人聚众扰乱社会秩序案被最高检评为全国依法惩处涉医违法犯罪典型案例。总结提升“四位一体”未检工作“泉州模式”，制定出台《未成年人刑事检察工作规程》，完善对涉案未成年人和未成年被害人“双向保护”机制、未成年人犯罪预防的社会化帮教体系。晋江、石狮推动政府购买未成年人司法服务工作，为涉罪未成年进行帮扶。南安市检察院及时介入网上曝光的校园暴力视频事件，维护未成年人合法权益。全市共在村（居）委会、学校和企业建立帮教基地65个，帮教失足青少年261人，涉罪未成年人不捕、不诉率分别为40%、26%。98名涉罪未成年人重新入学、就业。

【加大职务犯罪力度】 全年查办各类职务犯罪案件272人，其中贪污贿赂犯罪215人，渎职侵权犯罪57人，涉及公安司法、农业机械、环保监管、海洋渔业、发改、税务、公用事业管理等办案领域。共立案查处级以上7人。探索反渎并案侦查机制，协调指导5个基层院对与渎职罪牵连的其他犯罪实施并案侦查12人，涉及5个罪名7个领域。开展打击行贿犯罪专项行动，查办围猎腐蚀干部的行贿犯罪案件17人。完善追逃追赃工作机制，全市追缴赃款1706万余元。石狮市检察院敦促龚某回国自首案被高检院确定为职务犯罪国际追逃追赃专项行动七大典型案例之一，系福建省唯一入选案例。

【加强职务犯罪预防】 全市两级检察院均与当地政府召开协作推进职务犯罪预防工作通报会，协同推进行政执法部门职务犯罪预防。加强预防文化共建，通过微电影、微动漫、编制预防职务犯罪漫画宣传手册、开展预防职务犯罪主题演讲比赛等主题活动形式提高预防文化的影响力。对10个重点项目开展专项预防，主动介入厦沙高速公路德化段建设，开展“三安一廉”专项预防活动，针对项目建设过程中发生的生产安全事故及时发出检察建议，促成排查消除各类安全隐患51条，落实安全违约罚款316.9万元，获省、市领导批示肯定。泉州市检察院、德化县检察院联合开展的“厦沙高速德化段工程建设专项预防”、泉港区检察院“人防工程易地建设费征管专项预防”被评为全省检察机关首届“十佳预防项目提名奖”，永春县检察院“‘美丽乡村’建设专项预防”、安溪县检察院“矿山地质环境示范工程专项预防”获评“优秀预防项目”。

【助力创业创新和产业转型升级】 在全省率先成立知识产权刑事司法保护研究中心，广泛深入开展知识产权保护工作，服务企业创新发展。批准逮捕侵犯商标权、专利权、著作权和商业秘密等犯罪嫌疑人151人。高度重视平等保护各种所有制经济，针对泉州市欠缴土地出让金问题突出的实际情况，举一反三，督促有关国家机关、国有企事业单位提起民事诉讼15件，帮助催缴到位土地出让金、科技发展基金、排污费等国有资产1.6亿余元，保障国有资产安全。注重保护产业转型过程中经济、安全、环保三大效益平衡发展，泉港区检察院与福建联合化工公司、氯碱公司、石油运输公司等相关企业及物流部门建立“易燃易爆、有毒有害化工物品安全管理规范”联动预防制度，并开展环保领域行政执法监察监督专项活动，督促有关部门加强危险化工产品行业监管。

【改进涉企案件办案方式方法】 组织开展“双联双促”“访十走百”等调研服务活动，召开座谈会6场，征得金融监管机构、银行、企业等意见建议82条，准确把脉企业发展涉法需求，并就发挥检察机关职能作用服务经济发展新常态细化实施意见，获市委书记、市长批示肯定。出台服务保障国企改革发展十条意见及服务创业创新和民营经济十条意见（“双十条”），明确司法导向，强化制度保障。挂牌成立泉州市人民检察院驻台商投资区检察官工作室，同步出台内设机构挂钩联系企业制度，各基层院均在辖区产业园区设立检察官工作室、检察服务站，通过提供常态化、订单式法律服务，帮助依法妥善处理和有效预防合同纠纷、品牌侵权等涉法问题，服务企业发展。

【深化服务“金改区”建设】 设立全国第二个、全省首个金融检察处，加大金融领域犯罪法律监督力度。严厉打击各类严重破坏市场经济秩序犯罪，批准逮捕该类犯罪嫌疑人485人，提起公诉889人。开展打击整治民间金融领域违法犯罪、打击和处置非法集资专项整治活动等一系列专项行动，批捕非法吸收公众存款、集资诈骗等涉众型经济犯罪18人，涉案金额37亿余元；起诉362人，办理公安部、国家税务总局联合督办的蔡某等8人重特大虚开增值税专用发票案，涉案价税47.6亿余元；社会影响恶劣的陈某峰诈骗、非法吸收公众存款案，涉案数额高达15亿元。建立“10+1”（银监局、人行、农发行、华夏、中信、兴业及四大国有银行+检察机关）信息共享、案件协作工作机制，共同维护金融安全。

【加强生态环境司法保护】 全年批准逮捕破坏环境生态资源犯罪46件55人，提起公诉82件125人。推行“预防+监督+修复”三位一体生态检察工作模式，结合区域特点，开展电镀、皮革、流域及水、涉危涉化等重点领域治理工作，分别开展晋江沿海防护林、洛阳江流域、永春桃溪流域等生态损害专项预防，努力提高城市宜居度和承载力。立足补偿和修复理念开展毁林案件“补植复绿”工作，依法监督恢复林地面积1679余亩，落实生态修复补偿金和保证金3万余元。永春县检察院服务“美丽乡村”建设经验、南安市检察院生态立案监督工作机制探索在“全国生态环境法治保障”主题大型系列活动中分获创新优秀事例和提名事例，3项工作经验在全省工作会议上作交流。

【提升司法便民利民服务水平】 建成检察便民服务中心，整合控告申诉、咨询查询、案件管理、律师接待等职能，为群众提供“一站式”服务；扎实推进案件信息公开，向社会公开案件程序性信息、重要案件信息26689件、法律文书10705份。开通“两微一站”，发布各类工作信息830余条，打造指尖上的便民服务中心，两级检察院官方微信多次跻身福建省法律微信影响力排行榜前列。完善巡回检察机制，打造群众家门口的便民服务中心，就地为群众排忧解难。市检察院在法律援助机构设立民行检察监督便民联系点。丰泽区检察院全方位打造检务公开工程，实现接待窗口、接待功能、公开载体全优化，并在全市率先开展行贿档案查询网上预约。洛江区检察院在区行政服务中心设立检察网络便民服务窗口，为群众提供触手可及的法律服务，获得当地群众好评。

【依法严惩侵害民生犯罪】 开展危害食品药品安全、破坏生态环境资源“两个专项”立案监督活动，监督立案上述两类案件18件，依法办理“毒卤味”、利用物流平台销售假药等一批严重危害人民群众生命健康安全的案件，保护群众“舌尖上的安全”。严厉打击发生在群众身边、损害群众安全感和幸福感的信息诈骗、“黄赌毒”等犯罪，批准逮捕利用“伪基站”实施诈骗犯罪18件24人，对石狮市“维多利亚”酒店涉毒犯罪20名犯罪嫌疑人提起公诉，并深入查处为“黄赌毒”犯罪提供保护伞的司法人员渎职犯罪16人。围绕群众反映强烈的突出问题，开展损害群众利益职务犯罪专项行动，立案侦查206人。全市查办公交系统职务犯罪窝串案10件10人，涉案金额270余万元。鲤城区检察院立案查处医疗采购领域相关人员4件5人，涉案金额800多万元。开展打击涉农犯罪、维护农民工合法权益系列专项行动，起诉拒不支付劳动报酬案件44人，比升70.5%，支持弱势群体追索劳动报酬及工伤赔偿581余万余元，为52名困难当事人提供司法救助金25万余元，维护劳动者特别是进城务工人员合法权益。

【推进涉法涉诉信访改革】 创新群众诉求表达机制，建设完成远程视频接访系统，率先实现市、县、乡三级视频接访联通，检察长亲自通过远程视频接访系统接谈信访群众，初步破解“受理难”“立案难”“纠正难”“渠道不畅”“程序空转”等问题。改进信访调处工作方式，切实将矛盾化解在基层。全年受理群众来信来访4096件次，比升14%，其中，重复访1153件次，比降17.1%。永春县检察院依法监督执行拖欠信访人李某18年之久的货款，息诉一起历时13年的信访案件，获泉州市政法委书记批示肯定。加强刑事被害人司法救助工作，全年开展司法救助52人次。惠安县检察院深化小额司法救助基金“前置、救急、简化”落实方式，将救助程序提前至判决前，时间缩短至1周内，共办理小额司法救助3件，发放救助金7000余元。完善检察环节依法维权和多元化纠纷解决机制，制定出台《关于邀请第三方参与化解涉检信访案件的规定（试行）》，聘任35名人大代表、政协委员、律师为第三方涉检调解员，邀请6人次参与接访来访群众63人次，妥善调解信访案件11件，通过整合社会力量有效推进社会矛盾化解，该做法获省检察院转发推广。市检察院联合丰泽区检察院、丰泽公安建立依法处置信访活动中违法犯罪行为快速联动机制，保障信访工作依法有序开展。

【强化法律监督】 加强刑事诉讼监督，与公安机关建立刑事案件会商及信息互通共享机制，共监督公安机关立案112人、撤案88件；追捕128人，追诉18人。着力提升刑事抗诉案件质效，共审查抗诉案件18件，对认为确有错误的刑事裁判提出抗诉10件。法院已判决9件，改判7件、发回重审2件，改判率88.9%。拓展民行检察职能，强化对生效裁判、调解书的监督，依法向法院提出民事行政抗诉10件、发出再审检察建议5件，提请省检察院抗诉5件，法院再审改变29件（含积案）。丰泽区检察院搭建信息共享、检法沟通、指导衔接、优化办案四个平台，实现再审检察建议法院采纳率100%。聚焦执行难问题，开展“终结本次执行”专项监督、涉案人员专案监督等活动，加强执行监督力度，共向法院提出执行监督检察建议203件，均获采纳。规范刑事执行活动，开展减刑假释案件逐案审查，试点开展刑事裁判涉财产部分执行检察监督，针对扣押涉案物品未依法处理、判决生效后未依法对刑事涉财部分移送立案执行等问题发出检察建议11份，督促立案执行238件，防止财产刑“空判”。在全省率先出台《办理减刑、假释案件办法》，规范对监狱提请、法院审判环节的全面监督。

【促进严格执法】 完善“两法衔接”工作机制，推行“两全一巡查”，与市法制办联合制定《行政执法与刑事司法衔接信息共享平台业务工作规程》，市委办、市府办专门转发至各县市区政府、市直单位执行，全市285家行政执法机关接入平台，实现“网上衔接，信息共享”，依法监督录入行政处罚案件信息8275条，监督行政执法机关移送涉嫌犯罪案件249件，监督公安机关立案167件，有效纠正以罚代刑、降格处理等问题。建立依法行政与检察监督工作互动机制，加强行政执法监督，促进法治政府建设共向行政机关及相关部门发出督促履行职责检察建议161件，均获采纳。

【落实人权司法保障】 以“四访”“百案析查”“四查四看”“瑕疵法律文书展评”等活动为抓手，通过列清单、深查摆、立整改，评查案件2037件，有力纠改检察机关司法行为中存在的突出问题，提升执法司法公信。与公安机关联合开展刑拘后未报捕未移送审查起诉案件专项检查，完善对限制人身自由的司法措施和侦查手段的司法监督机制，监督撤案15件17人，建议终止侦查5件7人。坚守防止冤假错案、防范办案安全事故和廉洁自律“三条底线”，强化执法规范化、制度化建设，坚决杜绝超期羁押、违规违法办案及办案安全事故，进一步提升执法公信力。出台《泉州市人民检察院刑事诉讼涉案财物管理办法》，规范涉案财物管理。延伸监督触角。率先将巡视检察制度引入社区矫正监督领域，联合市司法局开展巡视检察，督促司法部门强化对社区矫正人员监管。做好特赦检察工作，检察特赦对象107人，其中，涉及未成年罪犯103人。开展社区服刑人员脱漏管专项检察，核查发现社区服刑人员脱漏管197人，监督重新入矫20人、建议收监9人，查办脱漏管问题背后职务犯罪案件1人。在全国率先开展剥夺政治权利罪犯专项检察活动，清理剥夺政治

8月31日，市检察院和市司法局举行人民监督员颁证仪式

（图/市检察院）

权利罪犯663人，发现未列入管控的41人、又犯罪的13人，依法予以监督纠正。更加重视律师对维护权益、保障公正的积极作用，联合司法局召开座谈会，听取律师代表关于执业权利保障的意见建议，联合法院、司法局制定出台《关于开展律师代表申诉工作的若干意见（试行）》，从制度层面为律师扫除不合理的执业障碍，共建检律良性互动关系。

【自觉接受监督】 坚持将人大代表、政协委员以及社会各界群众提出的批评、意见和建议，作为全市检察机关改进工作、科学发展的动力源泉，制定出台联络人大代表工作计划，获市人大常委会领导批示肯定。两级检察院领导、中层干部“一对一”“面对面”走访290名代表委员，征求意见建议240余条；邀请人大代表、政协委员视察工作、参与检察各项业务工作、开展“走进生态检察”等主题开放日活动12场次；妥善办理人大代表、政协委员意见建议17件。市检察院举办“走进美丽乡村、体验生态检察”主题检察开放日活动，邀请27名省、市人大代表、人民监督员及特邀群众前往永春凤山村检察工作联系点和德化戴云山自然保护区实地查看深度考察生态保护情况。

法院

【概况】 全市全年各级法院受理各类案件171267件，审结133369件，同比上升42.3%和28.9%，收案、结案数创历史新高，居全省法院首位。其中，市中级法院受理案件17113件，结案13157件，同比上升30.7%和23.8%。在案件数量持续高位运行、案多人少矛盾凸显的情况下，全市法院审判质效继续保持良好态势，共审结刑事案件15034件，民商事案件75646件、标的总额270.7亿元，行政案件869件、非诉行政案件7311件，执行案件32090件、标的总额23.7亿元，申诉和申请再审案件379件，减刑、假释案件2017件。

【坚决惩治刑事犯罪】 依法打击暴力犯罪，一审审结故意杀人、故意伤害、强奸、绑架、抢劫等严重危害社会治安犯罪案件1582件，判处罪犯2040人。审结贪污贿赂、渎职等职务犯罪案件98件124人。审结涉毒品犯罪1166件1517人；审结诈骗案件669件1257人，其中，特大电信网络诈骗6件83人。贯彻罪刑法定原则，加强对刑事证据的审查，落实证据裁判、无罪推定原则，杜绝冤假错案。惠安法院建立证人出庭保障机制，设置证人“单视线玻璃房”，签发人身保护令，落实出庭经济补助，在全省法院刑事审判工作会议上作为典型予以推广，并作为司法改革先进经验专刊上报最高人民法院。落实宽严相济刑事政策，对3716名被告人判处缓刑。依法做好轻微刑事案件和解、刑事附带民事诉讼调解和被害人司法救助工作，严格减刑假释条件及审理程序，加强刑事审判与社区矫正衔接工作。德化法院与县公安局、检察院、司法局建立联动机制，推行轻微刑事案件快速办理机制。

【妥善化解民事纠纷】 审结工伤、医疗、道路交通事故等人身权纠纷6207件，财产权属、相邻关系等纠纷3404件。密切关注受经济运行影响而引发的企业劳动争议，采取提前介入、部门联动的方式，稳妥处理此类案件2650件，确保劳资和谐、社会稳定。着眼家庭和谐，加强司法调解，审结婚姻家庭、抚养继承等纠纷6973件，其中调解、撤诉结案的占53.7%。妥善处理农村宅基地、农业承包、土地补偿等涉农纠纷，保障农村发展。加强涉军维权工作，实现司法拥军常态化，维护国防利益和军人军属合法权益。

【依法调节经济关系】 支持和保障市场主体公平竞争，妥善审理买卖、加工承揽等合同纠纷案件，规范市场交易行为，审结上述案件9285件，标的总额20.8亿元。依法保障经济持续健康发展，审结借款、融资租赁、票据等纠纷案件32969件。开展知识产权审判工作，通过司法裁判引导形成有利于创新的良好环境，服务创新驱动发展，审结专利、商标、商业秘密等各类知识产权案件859件。促进对外经济活动，平等保护双方当事人合法权益，审结涉外、涉港澳台商事案件1444件，办理对外、对港澳台司法协助案件136件。

【促进依法行政】 推进行政机关负责人出庭应诉工作，泉州市行政机关负责人出庭参加诉讼次数居全省首位。着眼于切实保护当事人的诉权、实质性化解行政争议，畅通行政诉讼救济渠道，加强行政纠纷协调，通过协调方式化解行政纠纷36件。完善府院联席互动机制，加强司法建议，联合举办行政诉讼知识讲座、研讨，提升依法治理水平。落实行政案件管辖制度改革，指定鲤城、丰泽、南安三个基层法院交叉审理其司法管辖区以外的行政案件。审结国家赔偿案件23件，决定予以赔偿金额33.7万元，维护赔偿申请人的合法权益。

【保障胜诉权益】 发挥执行联动机制作用，全市法院对被执行人存款、房产、土地、车辆等执行网络查控机制建设走在全省前列。丰泽法院依托“跨域•连锁•直通”式诉讼服务平台首创跨域联动执行。加大涉民生案件执行力度，执结人身损害赔偿、农民工“讨薪”等案件1214件，执行到位2980.9万元。加大对逃避执行、抗拒执行的制裁力度，将44435人纳入“失信被执行人”名单，限制出境403人，限制高消费20801人，司法拘留1489人，对17人给予刑事处罚。组织开展“集中清理涉金融执行积案专项活动”，打击逃废金融债务行为，稳定金融秩序。南安法院开展“执行攻坚月”活动，加大对涉民生、金融类案件的执行力度。稳步推进网上司法拍卖工作，实施网拍384件，成交204件，为当事人节约佣金787多万元。

【突出司法精准施策】 加强司法指导。根据市委十一届九次全会精神，及时研究出台《关于依法履行职责有效服务保障泉州市产业转型升级和泉州制造的实施意见》《关于化解金融风险保障金融稳定的工作意见》等指导性文件，服务保障转型升级和“金改区”建设。加强金融审判。组建金融审判工作领导小组，10月9日挂牌设立全省首个金融审判庭，集中管辖、归口指导、快立快审快执各类金融案件，实现金融审判集约化、高效化、专业化。各基层法院相继设立金融审判庭或专门合议庭。稳妥开展企业破产清算和司法重整工作。应对经济发展新常态，建立泉州市破产管理人选任、管理、培训相关制度。受理福建省首例H股上市公司福建诺奇股份有限公司重整案取得重大进展，对其他破产清算、司法重整申请进行审慎司法审查。市委书记郑新聪先后三次对中级法院破产审判工作及相关工作意见建议作出批示予以肯定。创新审判方式。加强生态保护，推行生态资源案件民事、刑事、行政三审合一制度，审结污染环境犯罪案件32件。针对泉州市外向型经济日趋活跃的情况，推动在全省率先实现基层法院涉外、涉港澳台商事案件集中管辖全覆盖。组建专家陪审员、商事调解员、特邀调解员等专业队伍，积极完善知识产权、涉港澳台及涉侨涉外等审判机制，有效化解纠纷，为海丝先行区建设营造公正高效的法治环境。

【参与社会治理】 以“社区法官、林区法官、法制副校长”等为载体，开展社会治安防控体系建设和基层平安创建活动。在未设法庭的乡镇、街道建联络点、联络员，打通服务群众“最后一公里”。注重矛盾化解，完善人民调解、行政调解、司法调解联动工作体系，通过司法调解成功化解18371件民商事纠纷。深化人民陪审员制度改革，晋江法院成为全国人民陪审员制度改革试点50家法院之一。注重少年审判，认真贯彻“教育、感化、挽救”方针，走进少管所开展减刑和判后的“一对一”帮教，实现审判与矫治的无缝对接。注重家庭和谐，设立家事审判庭，聘请特邀调解员和家事调查员，柔性化解家事纠纷，相关做法在全省法院工作会议上做介绍，并入选全省妇联工作2015十大新闻。5月29日，全省法院“传家风、促家睦、反家暴”新闻发布会在泉州举办，鲤城法院就家事审判工作做经验介绍。中级法院与市妇联联合召开家事审判工作现场会，德化法院就探索家事审判“温情弥合六步法”做经验介绍，推进家事审判工作专业化。注重立体法制宣传，借助报纸、电视、广播等传统媒介和微信、微博等新兴媒介，引导正确舆论。《人民日报》、中央电视台等十余家国家级媒体先后报道泉州市法院典型做法。

【保障群众合法诉求】 贯彻落实立案登记制度，依法保障当事人诉权，自5月1日立案登记制实行以来，当日立案率99.6%。市中级法院改扩建新诉讼服务中心，简化诉讼费退费、执行款划拨审批手续，更加方便当事人和群众办事。鲤城打造“全功能型”诉讼服务中心；丰泽法院设置“异地立案专项窗口”，推行“半小时立案”承诺制度；洛江法院邀请民主党派、律师等在诉讼服务中心设立法律援助工作站；惠安法院建立远程微信立案；石狮率先在全省法院实现“12368”分区接入功能，上线试运行互联网律师服务系统；永春法院探索创新网络远程立案调解、半小时司法服务圈、法官驻矿工作室、交通事故赔偿速裁速调速执等便民司法举措，有效推进司法为民工作。坚持院领导每周定期轮流专项接访制度，该制度施行以来，市中级法院领导接访690件次，及时解决群众合法合理诉求。2015年，办理群众来信829件，接待群众来访784人次，同比分别下降36.4%和21.9%。信访工作各项正面指标均居全省法院前列。加大司法救助力度，为219名刑事被害人、执行申请人和涉诉信访人发放司法救助金479.74万元。

【完善审判监督管理】 严格审判流程管理，加强审判绩效评估，强化对审判质效、案件流程的监控预警、分析研判和通报督导，实行逐人逐庭逐月办案情况通报，建立长期未结诉讼案件防控机制，促进收结案动态平衡。丰泽法院探索“标准化办案”模式，安溪法院大力推行院、庭领导办案。认真做好司法改革前期准备工作，围绕完善和落实审判责任制，积极探索推进人民法庭办案责任制改革工作。南安法院着力构建庭室和个人绩效考核评价体系。

【创设“跨域•连锁•直通”式诉讼服务平台】 1月12日，首创推出“跨域•连锁•直通”式诉讼服务平台，建立起法院“跨地域服务”、群众“家门口诉讼”的新型诉讼机制。通过平台，当事人在整个泉州地区，不论所诉案件具体由哪个法院或法庭管辖，均可就近选择或自愿选择任一法院（法庭）无障碍、一站式地办理从立案到审判、执行以及前后延伸的数十项诉讼事务，原来需要当事人老远跑、反复跑的事项，现在交由法院间的内部协调流转来完成，大大减轻了群众诉累。与平台运行相配套，市中级法院全面加强软硬件基础建设，同步研发诉讼服务智能辅助信息系统，取得全国法院领先的系列技术创新成果，为平台的运行、推广提供技术支撑。平台自推出以来，成效显著，受到社会各界的欢迎、好评。8月1日、11月11日，最高人民法院院长周强先后两次对平台作出重要批示。9月21日，省高院在市中级人民法院召开新闻发布会及现场会，决定自10月21日起将平台推广到全省各法院。市中级人民法院还在11月24日召开的全国法院诉讼服务中心建设推进会上作经验介绍。

【建立行政执法及行政审判“专家会审”机制】 针对各界关切的行政诉讼案件化解难度大、服判息诉率低等问题，于2015年4月创建行政执法及行政审判“专家会审”机制，即由法院牵头，聘请省、市级行政机关业务骨干、高校学者、代表委员及各行业领军人物等组成专家库，专家以第三方的独立身份对行政决策、行政执法、行政审判提供专家意见、协助化解行政争议、促进服判息诉，发挥专家对行政审判及行政决策的监督作用，从源头上预防和减少行政争议及行政涉诉信访。聘任首批33名专家，全市法院邀请专家132人次参加“会审”行政案件37件，成功化解23件，专家意见经合议庭评议后采纳51条。

7月17日，最高人民法院副院长景汉朝到市中级人民法院调研“跨域•连锁•直通”式诉讼服务平台工作 （图/市中级人民法院）

【坚持党的领导，接受人大监督】 坚持党对法院工作的领导，坚决贯彻执行党的路线方针政策，坚持重要工作部署、重大案件、重大事项等及时向党委请示汇报，确保法院工作的正确方向。自觉增强接受监督意识，向市人大常委会专题汇报行政诉讼法实施情况，配合市人大常委会开展执法检查、视察调研等活动。坚持每半年向市政协通报工作情况。推进人大代表、政协委员联络常态化、制度化，加强沟通，及时办理、答复代表委员通过短信平台反馈的建议意见19项。办理人大代表建议和政协委员提案，专人办理、加强督导，2014年“两会”期间代表建议5件，委员提案8件，全部按期办结答复。开设代表委员、公务人员、律师绿色免检快速通道，邀请代表委员参加视察法院、旁听庭审、明察暗访及代表委员谈司法、谈诉讼服务等活动，邀请代表委员协助诉讼调解制度。坚持司法公开，上网公布生效裁判文书82792件，居全省前列。持续开展法院开放日活动，建立新闻发布会制度，共举办专题开放日活动44场，新闻发布会15场（其中市中级法院举办6场），及时向各界通报法院重大工作情况。

司法行政

【普法依法治理】

完成“六五”普法规划 协同市委宣传部组织开展“六五”普法检查验收和迎检工作，省司法厅厅长陈勇对泉州市迎检工作作出批示和肯定。8月，市四套班子分管领导带领检查组对各县（市、区）、泉州开发区、泉州台商投资区和部分市直单位落实“六五”普法规划情况进行检查验收，并分别作书面反馈。10月，省“六五”普法检查组对泉州市“六五”普法规划落实情况进行检查验收。市委副书记、市长康涛出席市“六五”普法工作汇报会并作表态发言。10月9日，《法制日报》刊登市委常委、政法委书记、市依法治市领导小组常务副组长许昆贞接受专访的文章《让全体市民真切感受到普法正能量》，全方位介绍泉州市普法工作的重要举措和成效亮点。2015年，全市累计开展各类法治宣传主题活动1586场次，发放宣传材料278万份。

开拓新兴媒体 创新法治宣传载体，定期开展网络法律知识竞赛，制作泉州市农村普法动漫光盘并分发到所有乡镇（街道）、村（社区）。市局制作的《泉州市打击诈骗犯罪宣传片》动漫宣传片，获第十一届全国法治漫画动画微电影作品征集活动动画优秀奖。在全市开展以律师为主体的“以案释法”典型案例征集活动，经筛选审核后印发《以案释法案例汇编》2万册作为典型普法读本面向全市发放。运用普法网站、微信、广播、电视、报纸、手机、LED屏等媒介，创新普法载体，拓展普法领域，形成纵横联动、上下联动的普法网络。“泉州司法在线”“永春普法”“丰泽普法”“洛江普法”等一批微信公众号影响力与日俱增，丰泽区还利用微信公众号，定期邀请律师在线为群众解答法律问题。

推进法治文化建设 立足地方实际，挖掘本土历史文化中的法治元素，引导群众在参与创作和欣赏过程中体验法治文化，感悟法治理念。协同市委宣传部、市文联举办法治文学作品征集活动，征集到文学作品713篇，集中展示泉州市法治建设的成果和风貌。推进法治文化阵地建设，全市建成65个规模较大的法治文化阵地，其中农村（社区）法治文化阵地54个。

推进基层法治建设 贯彻实施《泉州市2013—2017年依法治市规划》《泉州市贯彻法治福建建设纲要（2014—2020年）的意见》，指导各地各单位开展法治创建活动，提高社会法治化管理水平。3月，永春县、石狮市、洛江区被表彰为第三批全国法治县（市、区）创建活动先进单位，德化县、泉港区被表彰为第二批全省法治县（市、区）创建活动先进单位。全市民主法治村（社区）创建率100%，全市现有全国民主法治示范村6个，省级民主法治示范村（社区）93个，市级民主法治村（社区）251个。

【人民调解】

推进人民调解规范化 贯彻《人民调解法》，落实市两办名义印发《关于加强人民调解工作的实施意见》以及市综治委名义印发《关于进一步加强行业性人民调解委员会建设的实施意见》，把各行政部门对本行业调委会建设工作纳入社会管理综合治理年度考核范围，力促人民调委会在行政部门全覆盖。全市建立各类人民调解委员会2935个，其中乡镇（街道）人民调解委员会163个，村居（社区）人民调解委员会2483个，企事业单位调委会185个，交通事故调委会11个，医疗纠纷调委会11个，劳动争议调委会9个，其他调委会73个，形成以县人民调解中心为主导，以乡镇调委会为重点，以村（社区）调委会为基础，以行业性、专业性调委会为辅助的多层次、多形式、全覆盖的人民调解组织网络。实行调委会标牌、印章、标识（徽章）、工作制度、工作程序“五统一”。

推进“矛盾纠纷多元调解” 加强“援调对接”工作机制，落实《泉州市司法局关于加强法律援助与人民调解相互衔接机制的实施意见》，引导当事人向相关人民调解组织申请调解，调解成功873件。推广“公调对接”工作机制，推进在公安派出所设立人民调解室工作，巩固加强交通事故赔偿纠纷调解工作，形成人民调解与公安机关行政调解相互衔接、良性互动。规范“诉调对接”“检调对接”模式，推进以人民调解为基础，人民调解、行政调解、司法调解相互衔接、优势互补的大调解格局得到完善。加强预防和处置医患纠纷“五位一体”长效机制建设，确保医患纠纷得到及时化解。全市公安派出所调解室187个，拥有专职调解员250名，全年调解案件6750件，调解成功6263件，成功率92.79%。交通事故调委会11个，调解案件6343件，调解成功5008件，成功率78.95%；全市11个县级人民法院调解工作室聘请专职调解员22人，全年调解案件1206件，调解成功1034件，成功率85.7%。医疗纠纷调委会11个，医疗纠纷调解委员会调解纠纷262件，调解成功224件，成功率85.5%。在全省率先推行以全国、全省“人民调解能手”名字命名的人民调解工作室，48家人民调解工作室调解矛盾纠纷2034件，调解成功率98.13%，以0.3%的调解员数量，调解9.8%的案件，形成品牌示范效应。

推进纠纷调处常态化 各县（市、区）始终坚持预警在先、控制在先、调解在先的原则，建立健全镇、街道矛盾纠纷排查月例会制度，介入房屋征地拆迁补偿、医疗卫生、道路交通、劳动争议、环境保护、物业管理等社会热点、难点纠纷的调处，拓宽调解领域。全系统在“两节”、“两会”、第七届

海峡论坛、“抗日战争胜利70周年”等重要活动期间，开展“化解纠纷促和谐 助力建设新福建”、“矛盾纠纷百日大排查大调处和对重点人员排查管控”等专项活动，维护社会和谐稳定。全市各级人民调解委员会受理调处各类民间纠纷20653件，调解成功20253件，成功率98.06%；防止群体性上访85件2045人；防止群体性械斗14件99人；防止民转刑案件39件166人；防止非正常死亡7件13人。

【社区矫正与安置帮教】

部署开展社区矫正“质量提升年”活动 市司法局在全市部署开展社区矫正“质量提升年”活动，召开全市社区矫正工作推进会，全面规范提升社区矫正监管水平。以省社区矫正信息系统为平台，建立市、县、乡“三级”手机定位管控机制，加强节假日和特殊时段的管控，集中开展重点社区服刑人员的排查管控，确保全市社区矫正监管的安全稳定。各地强化对社区服刑人员的心理矫正，注重开展多种形式的教育活动。初步建立社区矫正工作督查机制，由市局分管领导和纪检组长带队，抽查全市47个司法所的社区矫正日常监管情况。全市社区矫正工作开展以来累计接收社区服刑人员18082人，累计解除矫正13730人，当前在册社区服刑人员4352人，累计再犯罪42人，累计再犯罪率0.23%。

推进社区矫正新载体建设 市社区矫正指挥中心和市级“中途之家”建成后有效发挥功用，强化对社区服刑人员的手机定位监管，举行六期社区服刑人员集中教育活动，采取封闭式、准军事化管理方式，对各地报送的受过警告处罚等严管社区服刑人员共305名进行集中教育。6月，市政协委员视察市“中途之家”，调研社区矫正工作和社区矫正中心建设情况，就社区矫正工作和社区矫正中心建设议题积极建言献策。全市各县（市、区）基本建成县级社区矫正中心，中心逐步承担起指导管理、组织实施社区矫正工作的职责，做到制度健全、运行顺畅。

开展社区服刑人员特赦工作 按照中央统一部署，泉州市开展社区服刑人员特赦工作，市司法局成立报请特赦评审委员会。经全面摸排全市4700多名社区服刑人员，初步摸排出符合特赦条件的社区服刑人员96人，其中，第二类3人，第四类93人。对初步摸排符合特赦条件的社区服刑人员全部报送公安、国安筛查。经市局审核，报送市中级法院87人，其中，第二类2人，第四类85人。经市中级法院审理，对该87名社区服刑人员全部裁定特赦，维护社会和谐稳定。

市级社区矫正机构更名为社区矫正管理局 11月，市司法局社区矫正与安置帮教科更名为社区矫正管理局，强化社区矫正的专门机构设置，突出社区矫正的刑罚执行性质。强化队伍建设，举办两期司法所长业务知识培训班，讲授社区矫正廉政知识和业务知识，全体司法所长集体到泉州监狱接受警示教育。

做好刑释解教帮扶工作 市、县两级重新调整充实刑释解教工作领导小组及办公室组成，加大领导和协调力度。在全面运行省厅刑释解教人员信息管理系统（互联网版）的基础上，完善中央刑释解教人员信息管理系统有关数据，改变以往依靠刑释解教人员主动报到和基层地毯式全面排查的被动式接茬局面。落实刑释解教人员“就业有人扶、创业有人帮”的要求，推行派出所、司法所、村（社区）、家庭“四帮一”帮教模式，加强对刑释解教人员的动态化管理。全市依托42个安置帮教基地对重点人群对象进行人性化帮扶。开展刑释解教人员排查走访活动，对刑释解教人员安置帮教情况进行全面排查访视，了解情况，对比核实派出所（边防所）的信息，对刑释解教人员基本信息和情况不明人员进行查实，做好登记建档工作，最大限度做到底子清、情况明。全市新回归刑满释放人员6091人，安置5998人，安置率98.47%，帮教6091人，帮教率100%。

【律师管理】 全市有109家律师事务所和1230名执业律师，全市律师办理各类案件34862件，担任法律顾问2222家，代写法律文书2677件，解答法律咨询24413件，业务收费25077万元。保障律师执业权利，提请市委政法委牵头召开泉州律师事业发展史上首次由公、检、法、司联合召开的全市律师工作会议；与市公检法等部门联合出台若干细化律师执业权利保障措施的文件；配合市中级法院推进诉讼材料电子化建设和“跨域•连锁•直通”式诉讼服务平台建设，为石狮市人民法院律师休息室配备电脑等设备，方便律师执业，减轻律师讼累。围绕党委政府中心工作，为政府重大决策提供法律依据220多次，为项目建设提供法律意见书370多件、进行“法律体检”190多次；引导律师参与涉法涉诉信访接访、电视电台接访、联合接访等活动520人次，接待信访群众970人次，调处解决涉法纠纷467件，推选19名律师参与全省百件信访积案集中评查评审和化解推进工作，选派15名律师参与市检察院“第三方参与涉检信访化解矛盾活动”，推动社会矛盾纳入法制化轨道解决。实施律师领军人才和涉外人才培养规划，联合市律协推荐15名律师作为市立法专家咨询委员会候选人，推选6名涉外领军律师人才加入“涉外法律服务律师团”、推选15名青年律师加入全省优秀青年律师人才信息库。成功举办第二届“泉州市公诉人与律师电视论辩赛”，展现律师良好风貌。深化对外协作交流，分别与访问泉州的台湾彰化律师公会、台湾全联会代表团、新疆乌鲁木齐市律协座谈交流律师工作经验，探讨建立长期合作关系；派员赴内蒙古律协交流取

11月17日，全市律师工作会议召开　　（图/市司法局）

经。主动履行社会责任，全市律师累计参加公益活动4253人次，为公益事业捐款近70万元。

【公共法律服务】

启动公共法律服务体系建设　1月，市司法局推动市府办转发《关于加快推进公共法律服务体系建设的实施方案》，部署在全市全面推进公共法律服务体系建设，并且要求丰泽区、晋江市、石狮市上半年先行开展试点工作，总结形成一套可复制、可推广的经验模式；其他县（市、区）年底前要全面启动。各县（市、区）相继出台本地区公共法律服务体系建设实施意见。6月，市司法局召开新闻发布会启用泉州市公共法律服务中心。8月，市司法局在晋江召开现场推进会，部署加快推进全市公共法律服务体系建设。人民网、福建电视台等主流媒体对泉州市公共法律服务体系建设分别进行报道。

建设公共法律服务实体平台　市司法局通过对旧司法局办公大楼一层沿街四间店面进行装修，率先建成泉州市公共法律服务中心实体平台，面积约150平方米，于4月投入使用。市级公共法律服务中心大厅设置法治宣传、法律援助、法律服务、人民调解、社区矫正和安置帮教等五个窗口，采取政府购买服务方式，安排律师、法律援助、人民调解和社区矫正等工作人员进驻窗口值班，为全体市民提供法律知识普及教育，为经济困难和特殊案件当事人提供法律援助，开展公益性法律顾问、法律咨询，开展律师、公证、司法鉴定等法律服务引导，开展预防和化解民间纠纷等综合性法律服务。中心以“12348”法律服务热线为依托，将窗口接待与后台延伸服务结合起来，实行“集中受理、分类办理、限时办结”和“统一接待、统一分流、统一协调、统一督办”，提供“一站式”服务，确保群众走进一个大门，解决一揽子法律服务需求，打造泉州人的“法律之家”。丰泽、晋江、石狮、安溪、永春五个县级公共法律服务中心建成并投入使用。

升级“12348”法律服务热线　打造公共法律服务语音平台，对“12348”法律服务热线进行升级，市、县两级共设26个坐席，成为接受群众法律咨询、宣传法律知识、化解社会矛盾、维护群众权益的综合平台，有效延伸泉州市公共法律服务的覆盖范围，方便边远山区、农村的群众申请和获得基本公共法律服务，全年接受群众来电来访咨询8020人次。创新服务载体，晋江市开通法律援助、公证信息平台，构筑线上、线下立体式的法律服务模式；永春县借力“美丽乡村”“智慧党建+”广电网络云平台，在全省首创将36项公共法律服务内容纳入云平台，为群众提供“零距离”、贴身式的法律服务。

推进一村（社区）一法律顾问　落实一村（社区）一法律顾问制度，整合全市法律服务人才资源，引导律师和基层法律服务工作者进村（社区）担任法律顾问，全市1293个村（社区）聘请法律顾问，覆盖率52%，超额完成省司法厅年度工作目标22个百分点。协调落实村（社区）法律顾问经费保障，丰泽区、洛江区、晋江市、石狮市将聘请村级法律顾问经费列入财政预算。石狮市宝盖镇财政每年补助各村（社区）5000元专项经费用于聘请律师担任村（社区）法律顾问，成为全市第一个法律顾问覆盖所有村（社区）的乡镇。石狮市灵秀镇全镇13个村（社区）实现“一村（社区）一法律顾问”全覆盖，法律顾问每月至少到所聘用的村（社区）服务1天，为村（社区）提供“四式”法律服务。

【公证管理】　全市现有10家公证处和54名公证员，公证机构全年办理各类案件46111件，同比下降0.4%，业务收费1885.8万元，其中办理各类涉外案件9605件，涉台案件1781件，涉港澳案件10890件。开展公证年度考核检查活动，推动全市公证信息平台的建设和使用，全市各公证处实现涉台公证使用信息平台网上办证，惠安县公证处实现涉港澳及国内经济公证网上办证。晋江市公证处率先在全市开通公证申请网络服务平台，涵盖公证事务在线咨询、材料预审、预约办理等多项功能，推动网络法律服务与实体法律服务的互联互通。根据《福建省公证机构形象导视识别系统手册》，通淮、刺桐、晋江、南安、永春五个公证处基本完成新标识更换工作。

【司法鉴定管理】 全市现有16家司法鉴定机构，107名执业司法鉴定人，其中专职65人，兼职42人。司法鉴定机构共办理各类案件24511件，业务收费2702万元（其中法医类22354件，收费2356.1万元；交通事故车辆检验鉴定1868件，收费179.9万元）。深入开展司法鉴定年度考核检查和规范化建设检查活动，考核定为合格的司法鉴定机构15家，因不符合法定设立条件，不合格的司法鉴定机构1家；考核定为合格的司法鉴定人101人，基本合格的1人，不予年度考核的5人；规范化建设达标的鉴定机构为8家。开展亲权鉴定及酒精检测鉴定质量专项检查，检查1家亲权鉴定的鉴定机构和5家酒精检测鉴定的鉴定机构。召开法医类司法鉴定机构业务研讨会，制定并印发《泉州地区法医临床司法鉴定若干问题的指导意见（试行）》；充分发挥协会理事会、常务理事会及全体司法鉴定工作者的积极性、主动性和创造性。开展能力验证活动和省级资质认定活动，全市12家司法鉴定机构申请参加47个项目的能力验证活动，通过39项，通过率82.9%，有1家司法鉴定机构通过省级资质认定。

【法律援助】 全年市、县两级12个法律援助便民窗口实现100%临街化。打通法律援助服务群众“最后一公里”，新增计生协会、军人军属等社团法律援助工作站，全市社团法律援助站总数达113个。推行“互联网+”法律援助服务，实现网上受理法律咨询和法律援助申请。运行“泉州市法律援助中心”网站服务平台，构筑线上、线下立体式的法律援助服务模式。晋江市在全省率先开通首个互联网法律援助信息平台，其做法在司法部举办的全国法律援助管理专题培训班上进行经验交流。会同市财政局在全省率先出台《泉州市市级法律援助办案补贴标准》，大幅提高市级法律援助办案补贴标准。与市检察院、市中级法院、泉州军分区、市老龄办和泉州计生协会等部门加强协调，建立完善民事行政检察、律师代理申诉、军人军属、老年人、计生等法律援助协调工作机制。通过扩大宣传，降低法律援助门槛，结合办案目标任务管理机制，全市案件数涨幅明显。全年全市受理指派法律援助案件6103件，比上年同期增长12.4%，增幅居全省首位。其中，民事案件4276件，刑事案件1791件，行政案件36件。受援人总数8017人，解答各类法律咨询8020人次。群体性案件126件，占案件总数的2.1%。市中心还多次派员参加市信访工作联席会议，对48件疑难、复杂信访案件进行集中专案评查，促进化解信访纠纷。全年市法律援助中心有效利用中央专项彩票公益金法律援助项目资金14.47万元，办理项目案件72件，为受援人挽回经济损失1157.5万元。各中心与法律援助人员沟通、旁听率达到案件总数的2%以上、回访率10%以上。《泉州晚报》以半版篇幅报道市法律援助中心的先进事迹。省、市政法委微信公众号和司法部、省司法厅网站均刊登《泉州市法律援助中心撑起一片晴天》事迹材料。

【司法考试】 完成国家司法考试泉州考区考务工作。2015年，全市报名考生1880人，实际参加考生1433人，参考率76.2%；通过考试280人，通过率19.5%。

法治政府建设

【增强依法行政工作实效】 根据《福建省2015年推进依法行政建设法治政府工作要点》，及时制定泉州市2015年度推进依法行政建设法治政府工作要点，明确职责分工，部署具体措施，严格落实依法行政工作情况年度报告制度，确保依法行政工作取得实效。通过法律讲座、法制工作联席会、业务培训、邀请专家学者授课等多种形式适时组织对新颁布的法律、法规、规章的学习，提高领导干部运用法治思维和法治方式深化改革、推动发展、化解矛盾、维护稳定的能力。市政府法制办加强落实《关于加强政府法制信息报送工作的通知》，明确法制信息的报送范围、要求和方式，并将法制信息的报送及采纳情况纳入对各县（市、区）政府年度绩效考评标准，加大泉州法制建设成效的宣传力度。

【提高重大行政决策水平】 健全重大行政决策机制，贯彻落实《泉州市人民政府重大行政决策若干规定》，健全完善政府重大决策的规则和程序。坚持重大行政决策集体讨论制度，继续落实邀请人大、政协列席政府常务会议制度，探索构建公众参与、专家论证、风险评估、合法性审查和集体讨论决定相结合的行政决策机制，促进决策的科学性、民主性。落实重大行政决策合法性审查制度，坚持在作出重大行政决策之前，听取法制机构的审查意见，确保重大行政决策的合法性。2015年，市政府法制办参与审查各类合同、协议56件，出具法律意见47份。开展承接和落实地方立法权的各项工作。深刻把握《中华人民共和国立法法》的精神实质，提高全市对立法工作重要性的认识，明确目标任务，增强工作责任感和使命感，进一步明确立法目标任务。泉州市针对城乡建设与管理、环境保护、历史文化保护等方面的专业人才和法律人才进行了全面梳理，拟从中筛选、建立立法咨询专家库。

【提升规范性文件管理水平】 做好本级规范性文件的审查工作。2015年，泉州市审查拟以市政府及市府办名义出台的规范性文件100件，出具法律审核意见63份，有效

5月5日，市政府和市中级法院召开第二次府院良性互动联席会议
（图/市法制办）

确保泉州市出台的规范性文件与政策及上级法律法规规章的法制统一。开展规范性文件年度清理和专项清理工作，下发《泉州市人民政府办公室关于清理2015年度到期行政机关规范性文件的通知》，对清理工作作出具体安排。清理结果经市政府81 次常务会议研究通过，对外公布。做好省级地方法规、规章的法律意见征求工作。市政府法制办牵头组织《福建省法治宣传教育条例（草案）》及《福建省城市供水条例（草案）》等25份文件的法律意见征求工作，及时汇总和反馈各方意见。做好县（市、区）规范性文件备案审查工作。严格执行规范性文件备案审查制度，加强对各县（市、区）文件起草、审查、备案、公布等各个环节的监管。2015年，对各县（市、区）报备的231份规范性文件备案材料进行审查，向省政府、市人大报送84份规范性文件备案材料。同时，根据省、市部署，开展清理规范税收等优惠政策工作，为经济发展打造公平有序的制度环境。

【推进简政放权】 统筹谋划简政放权职能转变工作。市政府主要领导多次召开专题会议，研究部署政府职能转变工作。市政府及时成立市推进政府职能转变协调小组，统筹政府职能转变工作；出台《2015年推进简政放权放管结合转变政府职能工作方案》，谋划各项改革工作。全面推行权力清单、责任清单。完成权力清单、责任清单清理工作。市直有关部门清理之前共报送行政权力6966项，经审核清理，精简2906项，精简率41.7%。其中，保留市级行使2059项，实行属地管理2001项。权力清单于4月1日正式公布实施。市、县两级责任清单编制工作均于10月底按时完成，并在同级政府门户网站上公布，包括市级编制责任事项6069项、多部门监管责任事项125项。泉州市行政权力清单公布稿被省审改办推荐作为其他设区市范本以供借鉴。加大减权放权力度。积极对上衔接，针对国务院和省政府下放、取消的审批事项，主动衔接，同步取消，共承接上级下放事项90项。主动对下交接，先后三次对行政权力和公共服务事项进行动态调整，全面取消非行政许可审批类别，共取消和下放县级172项，并加强对基层的业务指导培训，确保“放得下”“更便利”。目前，市级保留行政权力事项4026项，比首次公布减少34项，其中行政许可事项284项，比首次公布减少59项，精简率17.2%；保留公共服务事项397项，比首次公布减少136项、精简率25.5%。四是建立健全工作保障机制。结合“比服务、看实效”活动，督促市直部门每月报送简政放权自查情况和有关经验做法，逐步建立完善改革成果评价制度。利用泉州政府门户网、市行政服务中心网站、泉州晚报社、中国机构网和省市编办网站等平台，及时报送并发布工作信息。仅2015年6月以来，各类报刊、网络平台刊发泉州市简政放权、转变政府职能工作信息3000多条次。坚持“一季度一督查”制度，市效能办、市审改办、市行政服务中心管委会加强配合，开展专项督查，督促抓好整改落实。

【营造公平公正执法氛围】 2015年，市政府各工作部门立足各自工作职能，在食品药品、工商质检、公共卫生、安全生产、资源环境、交通运输、城市管理、文化旅游、农林水等领域积极开展各项执法检查工作，努力做到违法必究、执法必严，有力地打击违法行为，维护社会和谐稳定。建立依法行政与检察监督工作互动机制，强化行政执法与刑事司法衔接机制。组织召开市政府与市检察院第一次联席会议，通报相关工作情况，建立依法行政与检察监督工作互动机制。市政府法制办与检察院联合出台文件，对部门两法衔接工作进行通报。健全“两法衔接”机制，加强案件双向咨询和业务交流，共同提高执法水平。同时强化监督治理，切实纠正行政执法机关以罚代刑、降格处理、监管缺位等问题。加强行政执法信息化建设。为进一步推动网上执法平台运用，出台《泉州市人民政府办公室关于做好网上行政执法平台运行工作的通知》，要求各单位对职权目录、单位信息和执法人员信息以及2014年以来一般案件处理的处罚结果进行补充录入。同时，推进信息共享，全市183家行政执法机关接入“两法衔接”信息共享平台，录入行政处罚案件信息3567条，实现“网上留痕、在线监控”。规范行政执法人员管理。按照省上要求，要求各单位对全市行政执法人员全部录入省上开发的执法人员平台。进行规范管理，并做好相关执法人员证件的补、换证工作。对全市拟参加执法资格考试的准行政执法人员进行摸底调查，为2016年全市行政执法资格考试做好准备工作。加强执法人员培训，提升执法队伍整体素质。切实转变行政管理理念，端正执法目的，改进执法作风，坚持文明执法、规范执法。改进和创新执法方式，推行行政合同、行政指导等柔性执法方式，减少执法冲突。

【打造阳光透明政务环境】　主动公开政府信息。贯彻落实《信息公开条例》《福建省政府信息公开办法》，有序推进信息公开各项工作。完善依申请公开工作，明确办理流程，规范受理、交办、承办和答复等环节，提高答复质量。自觉接受各方监督。建立健全党内监督、人大监督、民主监督、行政监督、司法监督、审计监督、社会监督、舆论监督等综合协调的监督体系，增强监督合力与实效。自觉接受行政监察、审计等专门监督机关的监督，畅通群众投诉举报和舆论监督的渠道。坚持向人大报告、向政协通报的工作机制，主动接受人大依法监督和政协民主监督。认真办理人大、政协代表议案、建议和意见。全面开展法治宣传。深化“法律六进”活动，全市累计开展各类法治宣传主题活动1586场次，发放宣传材料278万份。创新法治宣传载体，定期开展网络法律知识竞赛，在全市开展以律师为主体的“以案释法”典型案例征集活动。

【化解社会矛盾，维护社会和谐稳定】　办理行政复议案件。2015年，市政府受理行政复议案件73件，审结83件（含上年结转案件），其中，不予受理10件，告知4件，维持40件，撤销10件，责令履行2件，确认违法2件，驳回10件，终止5件。通过行政复议案件的审理，有力地保障了公民、法人和其他组织的合法权益，化解社会不稳定因素。探索提高行政复议工作质量的新方式、新举措、新途径。多次在晋江市开展相对集中行政复议权试点调研工作，了解相对集中行政复议权工作可能存在困难、探讨解决的办法。同时，做好泉州市行政复议委员会试点的筹备工作。为确保行政复议委员会的专业性，市政府法制办对泉州市法律、劳动争议、房地产等方面的专家、学者进行一次全面的摸底。同时，泉州市完善行政复议案件审理机制，综合运用书面审理、实地调查、听证等多种方式，规范案件审理程序，提高案件办理质量，提升行政复议工作实效，为将来建立行政复议委员会做好实践准备。做好行政应诉工作。2015年，办理应诉案件28件，且自9月21日实行异地管辖以来，以市政府为被告的案件绝大部分是由厦门市中级法院审理。市法制办均能精心准备答辩和证据材料，积极出庭应诉，注重加强与法院的沟通联系，争取法院的理解和支持，促使案件得到公正地解决。加强与市中级人民法院的良性互动。组织召开市政府与市中级法院第二次府院良性互动联席会议，扩大互动范围，提升府院良性互动内涵。会同市中级法院行政庭对2015年度全市行政机关负责人出庭应诉情况进行检查并由市政府办公室发文予以通报，规范行政应诉工作，提高应诉工作水平。

监所管理

泉州监狱

【监管安全工作】　守住防止脱逃和保障安全的底线，开展“制度落实年”活动。利用三级安全教育模式，宣传落实好“六个一律”刚性规定。规范并加强物品出入监、危险品管理、重点罪犯、重点部位、狱内超市购物及会见管理等环节工作。建立监狱、监区、分监区隐患排查整改体系，加强机关科室挂钩基层定期检查隐患制度，强化狱内耳目的布建和管理使用，盯住精细管理和狱情导向排除各类安全隐患。落实罪犯考核标准和流程，落实执法办案质量终身负责制，推进法治监狱进程，特别是及时保质保量落实罪犯特赦工作。加强各类安全预案实战演练，扎实推进联防联动建设。

9月23日，泉州监狱开展纪念抗战胜利70周年活动　（图/泉州监狱）

【教育改造工作】 延续教育质量年活动，继续“让罪犯在希望中改造”工程，不折不扣执行8511制。落实三课教育、正课教育、夜间教育等基础工作，推动模拟社会实训特色工作，开办创业培训班。积极开展民警进号房听诉求，落实罪犯心理矫治工作。落实恢复性司法、志愿者帮扶、亲情帮教三大平台建设。落实监区文化建设。以抗战胜利70周年纪念为契机开展爱国主义教育。落实罪犯生卫保障，试行入监被服“零带入”，探索罪犯月伙食点菜制，完善疾病防控机制，做好夏季防暑降温和冬季防寒保暖工作。

【队伍建设】 围绕法治队伍和过硬队伍建设目标，坚持警情研判、督察问题整改、警情沟通平台等经验，健全《关于全面推进法治队伍建设的实施意见》等规章制度。开展“严明纪律、严格履职”专项教育活动和“严纪律、严履职、严督查、促安全”专项整治活动，完善“抓早抓小”监督管理和责任追究范畴，推行“三比一看”实践活动，严抓民警8小时内从严管理和8小时外守法养成，查处违反制度的人和事。建立监狱工作法律顾问制度，聘请专业律师和公职律师。利用四下基层、政治工作上一线、警情沟通平台等载体倾听民警诉求，发做好民警职级待遇、医疗互助、子女就学、民警困难救助、发放生日蛋糕、举办篮球赛等举措。

【作风建设】 落实党风廉政“两个责任”，抓好“两意见一细则”落实，出台《关于深化廉政风险防控工作的实施意见》等工作制度，完善“四防一体”岗位廉政风险防控管理。举行“4·22”警示教育日和典型案例警示专题教育活动。完善纪检监察工作“八必谈预警”机制，落实每季度“三个一”检查和“四项制度”抽查，建立与检察机关的联席会议制度，坚持每月双接待日、纪检委员“进号房、听诉求”、罪犯刑释前谈话等制度，强化重点领域监督，优化民警“八小时以外”行为监督。

泉州司法强制隔离戒毒所

【提升场所安全保障】 签订安全稳定责任状，明确工作职责。建章立制，宣传贯彻“361”戒毒模式，逐步规范戒毒管理工作。盯紧“十道关口”， 把住“十个关键环节”， 加强场所硬件设施和民警执法装备的升级改造，做好安全稳定各项基础工作。做好探访窗口的建设工作，打造“温情探访”。

【提升教育戒治质量】 利用元旦、“中华魂”、场所文化月等重大节假日及活动关口，开展以演讲、文艺演出、体育竞技等形式多样的文体活动；通过制作文化墙，举办文化素质讲座，帮助戒毒人员普及文化知识，提升场所文化氛围。与共青团泉州市委、泉州市教育局、泉州市公安局、泉州市丰泽区关工委等部门合作，举办泉州市丰泽区中小学学生法制夏令营、“泉州市2015年青少年毒品预防教育进校园”系列巡讲等活动，取得良好的社会效果。

【提升生活卫生安全】 夯实生活保障基础，保证伙食标准供应，深入开展防暑降温和防寒保暖工作。深化防疫宣传、传染病防控、所内诊治、医药品管理等重点工作，实现医疗健康运行。

【提升队伍整体素质】 重视政治理论学习和理想信念教育，开展“三严三实”专题教育活动，增强践行“三严三实”要求的思想自觉和行动自觉。强化业务培训，抓好纪律作风。重视党建工作，推动精神文明建设和创先争优活动的开展。重视基层建设，坚持从优待警。

【提升廉洁公正执法水平】 抓好“龙头”工程，把党风廉政建设责任制纳入各级领导干部的目标管理，落实“一岗双责”，强化责任落实。加强对重大决策部署贯彻落实情况的监督检查，拓宽信息渠道。纪检监察部门按照“转职能、转方式、转作风”的要求转变职能，聚焦监督执纪问责主业。丰富宣教载体，提升拒腐防变能力。

6月3日，市法律援助中心在泉州司法强制戒毒所开展“法律援助进场所”帮教活动
（图/泉州司法强制戒毒所）

人民武装

REN MIN WU ZHUANG

责任编辑：陈建强

泉州军分区

【思想政治建设】 坚持把学习贯彻习近平系列讲话作为首要政治任务，注重在系统学习、领悟要义、转化运用上下功夫。开展争当新"四有"革命军人授课比赛和军营阅读活动，推动"学习实践强军目标、做新一代革命军人"教育向实践转化深化。学习领悟军委改革工作会议精神和军委国防动员部指示要求，在改革强军大局下统一思想凝聚共识。狠抓肃清徐才厚、郭伯雄案件影响具体措施落实。抓好政工网、互联网吧、国防教育专网建设，深化"三防四反"教育，加强军营文化建设，确保部队纯洁巩固。

【军事斗争准备】 坚持以"两评两演"为牵引，破解如期形成作战能力短板问题，集智攻关指挥信息网络构建课题，编实建强应急、支援、储备3类队伍，推动后备力量建设向海上加强。抓好作战值班专项整治和指挥信息系统整建，严格落实战备制度，常态保持战备状态。突出抓好国动委、专武干部、民兵营连长、应急分队、海上民兵5支骨干队伍集训和公勤队每月徒步行军，落实参训人员9500多人次，合格率96.5%。持续抓好练将练官"月训季考"活动，军分区首长机关参加省军区练将练官考评成绩优异。

【军民融合发展】 贯彻《关于大力推进福建军民融合深度发展的决定》和《关于加强党管武装工作若干问题的意见》文件精神，结合区位实际，研究具体贯彻措施。结合开展抗战胜利纪念日、国防教育日、国家公祭日等活动，宣贯《福建省国防教育条例》，推进全民国防教育。重视加强专武干部队伍建设，巩固深化民兵基层党组织建设。注重抓好征兵宣传发动，严把关键环节关口，完成2932名新兵征集任务。落实双向兼职、党委议军、国动委会、述职报告、绩效考评等制度，鲤城、南安、泉港、惠安党管武装绩效考评成绩位居全市前列。

【依法从严治军】 开展"全面学法、严格执法、自觉守法"活动和"稳思想、严纪律、纠隐患、保安全"教育，强化法治思维，确保工作循于法、秩序统于法、忙乱止于法。严格战备制度、训练管理、日常工作、生活秩序"四个规范"，落实每季度分析安全形势，每月督查行管工作、每周检查保密办公、每天夜查直属队等制度。抓好季节性安全预防、车辆交通规范、民兵武器弹药收拢搬运、年度演训任务等方面的安全教育训练，搞好风险评估，增强安全防范能力。强化组织纪律观念，纠治不正常交往、不假外出、违规开车、违反禁酒令等问题，加大查纠问责力度，确保部队安全稳定。

【党委机关建设】 坚持把"三严三实"教育整顿作为破"四风"转作风的常态长效任务紧抓不放，通过集中学习总书记习近平关于作风建设重要论述、收听军地各级领导授课辅导、主官带头上党课，把理论武装抓实抓严。通过直面积弊问题、自我剖析反思、去除思想污垢、过好组织生活，把党性锤炼抓实抓严。通过学习贯彻《廉洁自律准则》和《纪律处分条例》，组织参观泉州市第四监狱，深刻汲取各种违纪违法案件教训，把警示教育抓实抓严。通过"八个专项清理整治"自查、干部工作检查、财经管理清查、租赁项目审查、反映问题核查，把问题整改抓实抓严。通过实施"关爱工程"、开展"部所挂钩"活动、走访慰问老干部、救济特困官兵家庭、协调军转安置和干部家属就业子女就学、落实官兵探亲休假福利等，把改进服务抓实抓严。

【综合保障工作】　推进后勤战备建设和动员准备，投入130余万元用于战备物资储备，与福马食品等4个应急采购点签订协议，论证确定1个国家级、2个省级经济动员储备中心项目。巩固深化现代后勤建设成果，规范新常态下财经管理制度，抓好民兵训练经费自查自纠。集中采购物资620万元，节约经费52万元。军地合力组织人武部职工考核讲评，对考评不称职和不参考的职工进行严肃处理。加强工程建设管理和质量监督，完成军分区机关公寓楼翻建，绿化美化营区环境。重新签订房地产租赁合同项目37份，终止有偿服务项目40个，解决2个农场历史遗留问题，确保部队利益不受损。

武警泉州市支队

【思想政治建设】

紧跟创新理论抓武装　以学习贯彻习近平系列讲话精神为主线，以古田政工会议精神为要点，落实中心组带机关理论学习制度，较好地坚持领导串讲、专家授课和录像辅导等方法，推动学习贯彻向深度广度拓展。注重抓好经常性的时事政策教育，严格落实“三个半小时”，让官兵在倾听主流声音、辨析时事热点过程中增长见识。特别是全国“两会”、抗战胜利70周年大阅兵等重大活动，支队都认真组织官兵收听收看，进行新闻点评、网上讨论交流，使官兵加深对党的路线方针政策的理解，不断增强践行强军目标的坚定性自觉性。

紧密联系实际抓教育　推进“学习践行强军目标，做新一代革命军人”主题教育，在深入调查、摸清底数、找准问题基础上，精心制定教育实施方案。坚持用好推门听课、点将上课、视频查课和“四会”优秀政治教员评比等方法，提升教育的质量。在抓好专题大课辅导同时，抓好“新一代革命军人样子”大讨论试点和主题演讲、板报、摄影评比等配合活动，编印下发《新“四有”革命军人的60个细节》卡通图，把主题教育引向深入。支队《坚持三个注重，深化讨论效果》经验做法被总队《情况通报》转发。

紧扣时代主旋律抓熏陶　坚持用先进文化建队育人，突出“一队一特色”“一队一品牌”，下大力抓好基层政治环境建设，规范标语、灯箱和营区布局，建立网上警史馆、荣誉室，浓厚警营政治氛围。借助地方师资力量为基层培训“双50骨干”（新闻、文体骨干各50名），以视频录制、集中观看、机关基层共评的形式组织开展“八一”文艺汇演和政治工作三首歌曲歌咏比赛。挖掘驻地“闽南侨乡文化”中爱国主义丰富资源，坚持运用海防抗倭的崇武古城、复台驱荷的郑成功墓、爱国尚武的南少林寺和热爱人民的解放军庙等元素，每年赋予不同形式的主题活动。开展“读书育人”活动，为解决书源，各县市中队全部与新华书店、共建单位对接建立警营流动图书馆，加大读书指导、引导力度。搞好新闻宣传报道，及时挖掘和宣扬部队的新人新事新风貌。

紧贴思想心理变化抓引导　注重用好“三互”“双四一”“三帮一带”等有效载体，坚持定期分析官兵思想，“四反”、警示教育不断线，确保不发生任何政治问题。开展大谈心活动，把解决官兵思想、心理问题与解决实际困难结合起来，向生活特困官兵发放补助7万元。通过清理、优化机关公寓房分配，为17个随军干部家庭解决住房困难。协调市教育局，29名适龄干部子女全部进入泉州优质学校就读。2015年“一征两选两退”开始后，支队突出保安全保稳定这根主线，深入摸排满服役期人员的思想底数。围绕“学老兵、赞老兵”，扎实开展三项政治活动（老兵荣誉上墙入册进光盘、“青春无悔”履职尽责感悟报告会和“安全退役、文明返乡”表决心挑应战），为老兵排忧解难，把退役士兵的困难和问题解决在营区之内、离队之前。针对部分战士“个人想法多、前景顾虑多、走留困惑多”等问题，支队主官上好一堂课，算好三笔账（政治账、成才账、经济账），调动老兵的留队热情，初选比例由早期的21%提升到32%，下士晋升中士比例占到50%，17名中士都有晋级意愿。9月19日，支队195名新兵到位后，支队以《一封信》精神为指导，把稳定新兵思想作为新训工作的基础工程来抓，组织为期15天的新训干部骨干培训，明确“五个要”（想法要摸清、思想要引导、规矩要讲清、生活要规范、训练要科学）的总体要求，扎实开展密切内部关系教育，建立《知兵录》，编印《新兵入伍须知》《文明带兵手册》《我们可爱的第二故乡》，给每名新兵家长寄去《平安信》，努力构建和谐氛围，确保新兵安心警营生活。

【提升履行职责任务能力】

提升全时备战水平　结合任务实际，突出战备建设“三化”，即体系化、实案化、精确化思路，修订完善执勤、处突、反恐、防卫作战等各类预案。按照平战结合、快速转换的要求，规范部队的“编携配装”，提高快速反应能力。“两场战役”备战期间，支队组织3次全要素拉动，特勤排AB队全时备勤，以车代库，保持“箭在弦上、引而待发”的战备态势。注重信息强勤、理念创新，接入公安指挥信息网和道路监控视频信息，与市水利、地震部门建立联动机制，规划建设支队新指挥训练中心，实现情报侦察、指挥训练、辅助决策、勤务管控、综合保障功能一体化。

提升勤务安全系数　贯彻湖北会议和全省监狱、看守所安全工作会议精神，与泉州市公安局、泉州监狱召开“现场推进会”，建立“一所一策”治理方案，定出时间表，明确责任人。目前未上勤的3个单位（南安、永春、德化看守所）AB门全部整改完毕，待总队验收合格即可上勤。泉州监狱也确定AB门改造方案。开展勤务鉴定和执勤隐患“六查”活动，采取与目标单位召开联席会、发函督促等方式，协调目标单位投入140万元，有效治理执勤隐患16处。加大对勤务的督导力度，在惠安中队召开正规化执勤等级评定推进会，着力遏制执勤中“常见病”“多发病”，提高执勤分队软实力。支队连续20年实现执勤安全无事故。加强临时勤务动态管控，组织武装联勤巡逻观摩会，提高任务官兵处置突发事件的能力。

提升练兵打仗能力　制定出台《党委抓训十三条措施》和《贯彻落实军事训练“八落实”实施细则》，重点突出能力建设，抓好“五个头”（首长机关这个“龙头”、教练员这个“教头”、分队干部这个“排头”、新兵训练这个“源头”、反恐力量这个“拳头”），精心组织支队战训法集训，采取理论辅导、课目演示、现地观摩等方式，集中5天时间，规范基层战术训练方法和训练场地建设标准，促进“讲、研、摆、练”基本施训程序向实践转化、在末端落实。组织为期15天的教练员集训，从全支队范围抽调优秀教员对部队集中授课，邀请体校、竞赛队专家教练来队开设辅导讲座，提高各级教练员的教学水平。召开新兵教育训练开训动员大会，通过课目演示，调动新兵参训热情。制定《加强特勤排建设方案》，组织特战排全年驻训和应急班定期轮训，年中，猎鹰、雪豹“两只国家队”在泉州海训，支队热情邀请他们到轮训队传经验、搞辅导，提高特战官兵战斗素养。

【部队安全工作】　以依法从严治军为切入点，落实条令条例，注重提升精细水平，夯实安全根基，有效正规部队“四个秩序”。对照军委四总部和武警总部的法规制度，尤其是《关于进一步规范基层工作指导和管理秩序若干规定》，对规章制度分类梳理，集中修订完善《安全工作责任制》《干部教育管理细则》《财务管理实施办法》等13项规章制度。开展“学法规守法规用法规”活动，按照“区分层次、突出重点、着眼实效”的原则，明确每周四为法规学习教育日时间，通过电视会议系统组织全员学法，培育官兵遇事找法、办事依法、事事守法的素质养成。支队《注重“三个结合”，提升官兵法治素养》经验做法被总队转发。精心组织基层中队、大队部精细化管理现场会，部队经常性基础性工作落实水平有明显提升。突出加强长期驻训、大型押解、常态巡逻部队管理，坚持各项活动有组织，日常勤务有干部，外出活动有编组，做到动中抓有序、散中抓统一、平时抓规范。注重用好信息化建设成果，在支队机关和部分新建中队建设数字化营区，在营区周界安装脉冲电子围栏，提高营区安防系数。对所有公务车辆加装北斗定位系统，利用定位、轨迹回放和超速、跨区自动报警等功能实时监督车辆运行状况，定期搞好通报讲评，支队连续10个季度没有发生车辆交通违章抄告行为。支队安委会坚持每周编写一条安全信息，每月讲评通报，每季度风险评估。逐级与每名干部签订《三项（安全、保密和“四反”）工作责任书》，严格内部资料集中文印和机要机房屏蔽，有效消除失泄密隐患。学习贯彻总部《八个方面安全基本工作规范》和饮酒“六条禁令”，编印下发《军人自我防险手册》，紧盯“十二个方面重点问题”，开展“安全大检查”“百日安全竞赛”活动。对总队交叉检查出的11类57个问题进行分类梳理，明确责任和整改时限。

【部队基层建设】　坚持以《军队基层建设纲要》（以下简称《纲要》）统领，注重抓经常打基础、注重党委机关靠前帮带、注重激发自身造血功能，实现基层全面发展均衡发展。强化《纲要》意识，支队以新修订的《纲要》颁发为契机，利用广播、网络和宣传橱窗等多种形式搞好宣传学习，开展群众性大讨论，进行《纲要》知识竞赛，营造学《纲要》、用《纲要》的浓厚氛围。各级领导带头宣讲辅导，组织官兵通过逐章逐句学、新旧对照学、带着总队下发的70道问题学，使官兵在理解精神实质中，掌握基本内容、熟记具体规定。总队三级主官《纲要》培训后，支队注重深化培训成果，组织《纲要》的再辅导，开展“三个一”活动（一次培训总结、一次体会交流、一次揭短亮丑会），将基层干部骨干全部轮训一遍，确保学习培训全覆盖，形成机关按《纲要》实施指导、基层按《纲要》加强建设、官兵按《纲要》争先创优的良性运行机制。修订完善《“双争”考核细则》，坚持每季度组织“双争”考核一遍、调研一遍、帮扶一遍。将每年第四季度作为次年度的第一个季度，采取“一个队伍一把尺子量到底”的办法，对全区部队进行基准排名，划分先进和一般两个层次，避免年终抓建“冬眠期”。运用“同层次竞争、按比例升降”的机制，有效调动不同层面中队，特别是基础相对薄弱的中队争先创优积极性。支队开展“双争”活动的做法，在总队三级主官《纲要》集训上以授课形式作了汇报。注重用好激励机制，坚持在干部使用上先进中队干部、优秀干部和基层干部的“三个优先”，坚持在士兵入党、选改士官、考学学技术从优秀士兵中甄选的“三个必须”，让激励更有效，使基层官兵干工作有劲头，干得好的有舞台，营造安心基层作奉献的浓厚氛围。按照“帮建支部、帮带干部、帮抓骨干”的要求，完善《蹲点、调研、帮建工作计划》和《按纲指导基层措施》，构建常委、机关股室和基层中队“三挂钩”帮建机制。抓好蹲连当兵制度，每季度安排常委到基层蹲点7天以上，帮助基层理清思路，查找和解决问题，提高自建能力。针对年初中队主官调整多的实际，采取大队领导靠前帮带、前任主官延期离岗、业务股长定期施教的方式，使他们较快熟悉情况，胜任工作；针对“三帮一带”活动的新要求，支队结合实际将活动方法、步骤、机制进一步细化，帮助基层理清重点、搞好渗透，促进基层自主抓建能力的提高。

边 防

市公安边防支队

【概况】 支队全年接处警33429次，立刑事案件6291起、破2204起，受理治安（行政）案件16114起、查结15382起。查获各类涉私案件363起，案值2560元，其中无合法手续成品油案351起3849吨，案值1900万元；查处违法违规船舶3240艘次、渔船民3689人次，查获各类船舶22艘，破获“三非”外国人案件17起156人；破获毒品案件575起658人，查获各类毒品共525千克，侦破公安部、省厅毒品目标案件3起，获评全省公安机关“亮剑扫毒”会战成绩突出集体。全年完成抗战胜利70周年、全国首届青运会等重大安保425场次，成功防抗台风1次、处置群体性事件3起。

【争创泉州市爱民固边模范边防支队】 推动市政府办印发《泉州市融入环泉州湾发展大局 持续深化模范系列创建活动方案》，由市领导组织市财政局、教育局、民政局等部门联合开展创建活动检查验收；泉港、台商、晋江、南安大队推动当地党委政府发文创建爱民固边模范区（市）工作。支队各级创建爱民固边模范县（市、区）7个，模范镇（街道）28个，模范村（社区）174个，创建比例实现“3个100%”。

【推动重点帮扶边防派出所建设】 投入1477.75万元，分级启动7个重点帮扶派出所、7个示范警务室和7个示范船管站建设。树立“品牌引领建设、品牌带动工作”的思路，打造泉厦平安边界、侨乡警务、“成功”模范团队三大品牌。贯彻落实边防总队“五个规范性文件”，规范建设一类警务室22个、一类船管站10个，勤务指挥室9个，为基层购置7艘橡皮艇，超额完成网格民警、辅警队伍配备标准。

【推进基础信息化建设】 研发“基层勤务指挥室信息化建设”“营区视频监控系统改造”“无线图像传输系统”“执法监督提醒系统”等；推动泉州市公安局将边防辖区统一纳入泉州市城市安全信息系统建设规划；推动7个沿海县市区将边防辖区6514个视频监控点全部纳入村级平安视频监控建设计划；新增3个海防监控站；开展船管系统信息采集大会战，强化船舶、渔船民信息采集、录入、更新等工作，确保采集信息的完整、鲜活、规范。

【提升警务实战化水平】 筹资430万元完成支队应急物资储备库和9个基层单位勤务指挥室建设，同比上升125%。建立“三级联动”快速研判打击机制和线索研判追责制度；建立重点、敏感节点预警评估“三级联合会商”的情报预警研判机制和重大安保任务、紧急突发事件的合成作战指挥机制；初步建立海上联勤联动工作机制；修订支队应急预案库，推进应急处突机制建设；开展警务巡回教学、野外驻训工作，提升实战训练机制效能。

【打造执法规范化建设升级版】 围绕“法治边防”目标，以承办全省边防部队执法规范化建设推进会为契机，紧盯“四项建设”标准，全面夯实一个基础，健全四个体系，“4+2”执法精细化管理模式和自主研发的办案区使用管理系统、执法监督提醒系统在全省边防部队推

4月22日，惠安大队东岭边防派出所完成营区夜景工程改造

（图/市公安边防支队）

广。代表总队参加2014年度执法规范化建设强制达标项目验收并获得边境沿海总队第一名，获评全省公安机关执法质量优秀单位；在2015年全省边防部队法制业务技能竞赛中获团体三等奖，自主研发“办案区使用管理系统”获2015年公安边防部队科技进步奖优秀奖。

【开展“泉海之盾”专项行动】 部署开展覆盖全年的“泉海之盾”打击走私专项行动，坚持“打防并举、防堵结合”的工作方针，加强组织领导，强化沿海管防，保持对泉州市沿海地区各类走私违法犯罪活动的严打高压态势。行动期间，支队各级共查获涉私类案件363起，总案值约2560万元，查扣涉案车辆270部、船舶11艘，取缔非法油罐144处169个、油管10处约1500米。其中，查获无合法手续成品油案351起3849.025吨、冻品案4起93.85吨、台杂货案3起597件、洋酒案5起471箱。

【破获“2015-447”“2015-532”公安部毒品目标案件】 4月10日，支队根据线索，在深圳市公安局、泉州市公安局技侦、网安支队和漳州边防支队的配合下，组织警力在沈海高速驿坂服务区和石狮市区统一收网，成功破获“2015-532”公安部毒品目标案件，当场抓获犯罪嫌疑人4人，缴获毒品冰毒1.72千克、“K粉”3.21千克。2015年4月22日，支队根据线索，在市公安局技侦支队、网安支队、禁毒支队、指挥情报中心、丰泽分局和广东省惠州市公安局的配合下，组织警力在沈海高速池店出口、泉州市丰泽区、石狮市新兴路和广东省惠州市统一收网，抓获涉嫌贩卖毒品的犯罪嫌疑人7人，现场查获疑似毒品“K粉”7.1295千克、“神仙水”2瓶、“奶茶”2包、“开心粉”1.8克、“K仔”3粒，查扣涉案车辆2部，侦破“2015-447”公安部毒品目标案件。

【做好典型培树工作】 打造公共形象品牌，在“一队一品”的基础上，创新推出“支队抓攻坚项目、大队推品牌做法、所队育亮点工程”，制定出台品牌建设规划，9个大队品牌、26个所队亮点全部完成。巩固爱民固边品牌，创建爱民固边模范县（市、区）7个、模范镇（街道）28个、模范村（社区）174个，率先实现创建比例“3个100%”，创建数量和比例均居第一。完善警地“双线培育”模式，主动把第三届泉州市“边防拥军固边模范和爱边敬业先锋”警地评选表彰拓展至驻泉边防部队，并组织举办颁奖典礼，成功推出一批叫得响、立得住的先进典型，45个集体、296名个人受到各级表彰奖励，支队获评公安边防部队安全工作标兵单位、岗位技能练兵活动先进单位，全省公安机关执法质量优秀单位，总队正规化管理、信息化建设、新闻宣传工作先进支队级单位。

【建设“美丽警营”】 开展“美丽警营”二期建设，投入950余万元完成92个项目建设，提升部队基层基础建设水平，建成蚶江、深埕、深沪、溪东、石井所及船艇大队等“花园式”营区，巩固莲城、东岭及永宁所等教育基地建设水平。

泉州边检站

【概况】 全年检查出入境人员70万余人次，同比增长8%；出入境交通工具8500架（艘）次，同比增长6%。政治处被公安部评为“公安现役部队先进政治机关”，站党委被总队党委评为“先进支队级班子”和“模范团队”，“海峡党建连心桥”创建品牌被泉州市委市政府评为党建文化示范点，1个基层单位获评“福建青年五四奖章集体”，2名个人分别获评部局“爱民固边”先进个人和部局“四会”优秀政治教员。

【优质服务“泉金航线”台胞旅客突破50万人次】 2月12日，“泉金航线”迎来开通后的第50万名台胞旅客。自2006年开通以来，“泉金航线”出入境旅客以平均每年20%的速度增长，计验放出入境客轮16000余艘次，出入境旅客71万人次，其中台胞50万人次，约占70.4%，成为两岸人员往来的“海上公交”和经贸文化合作的“黄金水道”。

【网上警史馆启用】 4月1日，泉

5月1日，泉州边检站启用出入境旅客自助通关系统（图/泉州边检站）

州边检站网上警史馆启用。网上警史馆以“我们的故事”为主题，采用轻巧灵活的网页版为基本形式，设置“我们的历史”“我们的工作”“我们的服务”等5个版块，展现泉州边检官兵坚守国门、奋发有为、激昂向上的青春风采，该站网上史馆相关工作做法，在一季度全省边防部队政治处主任视频联席会议做交流推广。

【启用出入境旅客自助通关系统】 5月1日，泉州晋江国际机场2条自助查验通道启用，成为拥有出入境旅客自助通关系统的口岸。借助自助通关系统，旅客只需在设有自助通道的口岸刷卡或其他出入境证件，通过按比对指纹、面相，即可完成自助通关，所需时间平均仅为5秒至10秒， 最大限度地满足出入境旅客“快捷通关”的需求。

【开展警营开放日活动】 8月19日，泉州边检站邀请社会各界的代表40余人走进该站晋江机场分站营区及石湖、石井、机场执勤现场，和官兵开展互动交流，零距离体验边检工作和警营文化生活。

3月4日，肖厝边检站组织官兵开展实战化训练 （图/林晓华）

肖厝边检站

【推进四项建设】 以“深度应用”为抓手，整合升级基础信息网络，自主设计口岸基础信息系统，实现口岸基础信息采集、情报收集、边检管控等基础工作的统一入口和网上流转；开展港区视频监控系统高清数字化改造，建设应用船舶外舷无线视频监控系统，消除在港大型油轮监控“盲区”。以“打赢实战”为目标，创新抓好实战技能练兵，出台《岗位技能练兵暨实战化训练工作实施方案》，实现练兵日常化、岗位化、制度化；健全业务岗位轮训、验证岗位普训和骨干教学培训“三训制度”，实行“日学周练月考季评”考核机制，建立短平快培训模式，实现练兵效果最大化。以“规范执法”为要求，全面营造公平法治环境，建设斗尾区域勤务中心执法办案区，形成集言行规范、取证规范、文书规范、程序规范为一体的执法工作定式；结合“法治边检讲坛”活动，夯实官兵法治理念基础，提高官兵执法技能和实战经验，深入开展执法问题排查整改。以“严格管理”为抓手，着力打造过硬边检队伍，组织政治干部开展“事业观交心谈心”活动，从制度建设、队伍培训、激励机制等方面加强政治干部队伍建设；深入推进干部工作大检查，提升干部队伍正规化管理水平。

【创新边检管理】 出台《服务泉州市外贸进出口20条措施》，优化口岸通关环境。深化“一提二跟三同步”工作法，保障肖厝港区11号泊位和中化泉州石化码头10万吨、30万吨两个泊位通过省级开放验收。完善大型油轮快速通关133工作机制，推动中化泉州石化等重点石化产业发展，服务原油进口累计突破亿吨大关。自主设计口岸基础信息系统，实现口岸基础信息采集、情报收集、边检管控等基础工作的统一入口和网上流转；开展港区视频监控系统高清数字化改造，建设应用船舶外舷无线视频监控系统，消除在港大型油轮监控“盲区”。健全站指挥中心、区域勤务中心、边检勤务室三级指挥体系，推进小单元执勤模式，实行口岸“1+N”管理，建立“检查员（士官检查员）+边检协管员”巡查机制，优化勤务运行模式，提升边检服务效能。

【启用区域勤务中心】 以推动斗尾区域勤务中心实体化运作为载体，向地方争取区域勤务中心建设补助经费246万余元，完成完成勤务值班室、执法办案区及官兵工作、生活区域等核心场所建设。5月，派出一个建制综合执勤业务科入驻试运行，制定《斗尾港区域勤务中心勤务实施方案》《斗尾港区域勤务中心正规化管理规定》，通过“分区域执勤、一体化服务、高效型管理”，打造边检“10分钟警务服务圈”，提升执勤用警和服务管理效能。11月，站举办斗尾区域勤务中心进驻揭牌仪式。该区域勤务中心辖区内建有投入使用的中化泉州石化1200万吨/年炼油项目和福建联合石化一体化项目等2个国家级重点项目的配套码头工程，口岸年均进出口货物量超过2000万吨。

消 防

【火灾防控】 至12月31日，全市接出警12500起，其中火灾3462起，抢险救援9038起。全市火灾四项指数连续2年大幅下降，火灾起数下降34.63%，亡人数下降12.50%，伤人数下降16.67%，直接财产损失下降27.63%，火灾形势总体平稳。

【提升部队正规化和实战化】 开展训练和练兵工作，举办基层指挥员、班长骨干和攻坚组队员集训等各类培训班6期，组织全体官兵开展体能技能普考2次，对25名考核不合格的官兵取消评优评先资格。突出比武竞赛，组织32支现役和单编队伍开展业务技能比武竞赛，对获各类别全能第一的官兵进行专项记功，同时对获政府专职消防员组全能前六名的提升一个工资档次。突出练兵专业化，开展石油化工灭火救援准备工作专项行动，全面评估全市消防力量、石化企业、危险源分布等情况。制定《石化火灾力量调集参照表》，完成3个油罐火灾处置编组和3个化工装置火灾处置编组，到中化、福炼开展实地训练9次。突出练兵实战化，开展大型联合实战演练15次，召开支队级战例研讨会6次。开展大型联合实战演练15次，召开支队级战例研讨会6次。年内，处置鲤城“6•14”鸿荣轻工厂房火灾等，完成“9•3”阅兵、青运会、亚艺会等安保任务。举办11期“灭火救援安全大讲坛”，4次组织官兵到石化企业参观学习，选送72名战训骨干参加泉港石化专题培训和国家级地震救援培训。联合泉州高级技校举办一期中、高级技工培训班，年内91名士官通过灭火救援、通信专业和车辆装备保障等专业职业技能鉴定。

【推动专项治理】 开展火灾防控、消防安全大检查等专项行动5次。制定出台27项措施，施行“周任务清单、周调度会议”等五项工作制度。主动对接综治委，将消防网格化管理纳入综治工作社区网格管理体系，91%的乡镇街道网格化管理达标，100%完成1381家重点单位“户籍化”管理。年内，13家重大火灾隐患单位完成整改销案，消防安全环境明显改善。

【消防执法规范工作】 开展12次执法质量考评，5次业务培训，消防监督执法岗位人员全部通过岗位资格考试。开展“办事难、办证难”专项整治，精简办理环节和办理时限，全市消防行政许可平均办结时间比法定期限缩短50%以上。强化重点项目绿色通道、技术指导等服务措施，对泉州总部经济区、福炼一体化扩建工程等重大项目主动上门、现场办公、跟踪服务。推行“阳光执法”，聘请12名社会廉政监督员，落实支队领导“周接待日”。

【全民消防普及】 在海峡都市报、泉州网等媒体开设专栏，在“泉州消防”微信公众平台开辟“企业自查”和“视频教学”等4项新功能，开展“橙色力量•消防小达人”等一系列线上、线下互动活动，微信公众平台订阅数达12万余人，影响力排名和订阅人数均位居全省首位。与东南公益联盟进行年度合作，开展“关爱山里娃、爱心送上门”等公益宣传活动。

【车辆装备换代升级】 全年投入4403.1万元，报总队集中采购19辆消防车，超额完成任务7辆，特勤和一级消防站均完成“四个一”灭火救援基本作战单元装备配备。投入1766.7万元，报总队集中采购6万件（套）器材装备，消防员个人基本防护装备全部达标。特别是漳州“4•6”火灾事故、天津“8•12”爆炸事故发生后，支队向市政府沟通协调，申请7640万元经费用于采购远程供水系统、举高喷射消防车等车辆装备。市政府原则上通过4250万首批车辆装备采购配套经费。

泉州消防增援漳州古雷“4・6”爆炸事故处置 （图/市消防支队）

海 警

【概况】 福建省海警第二支队全年支队出海执勤467艘次、警力10567人次，航程21609.1海里，航时2043小时25分钟，开展打击非法采捕红珊瑚等12项专项行动，并联合海事、渔政、边防等部门开展执法行动10次，查办各类案件72起，查获涉案成品油4365.67吨、走私废旧衣服368吨、冰毒1.36吨，缴获涉嫌非法采捕红珊瑚船只27艘、“三无”船舶20艘，打击走私成品油成效继续位列全省海警部队首位。

【综合执法实践】 2月5日，在福建省海警总队筹备组的统一组织下，海警第二支队派出海警35061、海警3558H、海警35062F等主力警艇及陆上执勤小组共60余名警力，联合驻地海监、渔政执法部门在辖区湄洲湾、泉州湾海域查扣涉嫌非法采捕红珊瑚船舶23艘。行动结束后，支队将部分执法经验丰富的干部集中起来，协调海洋与渔业执法部门同步参与案件办理，从简单的受案询问、现场勘查做起，学习海洋与渔业执法的基本方法、程序，提升涉渔执法本领。举办2期、19人次综合执法培训，通过学理论、谈案例、学经验、找短板、攻弱项、解难题，参训学员都达到掌握海洋渔业法律法规及执法办案程序、能办一般海洋与渔业案件的预期目标。年内，支队办理全省海警首起渔业行政案件，查获涉嫌非法采捕红珊瑚船舶27艘。

【推进治安基础信息“百日大会战”工作】 3月31日—4月2日，福建省海警第二支队自兴化湾至围头湾开展全辖区海上治安基础信息调查，对陆上不易到达或信息采集不到的岛屿、海上养殖区、港澳口及辖区较偏远的兴化湾、南日等海域进行调查。其间，派出执勤艇3艘，走访人员65人，走访踏查有人岛屿8个，无人岛屿13个，港澳口7个，海上工程项目4个，海上养殖区、渔排26个，走访船舶12艘、渔船民153人，了解掌握海洋、渔业等综合执法信息9条，收集治安动态信息8条，拍取海域基础信息照片364张。

【营房基建工作】 立足打造“功能完备、设施齐全、标准统一”的海警部队营区，从支队历年经费结余中划拨1750万元用于项目建设，并计划在三年内分三期再投入经费2780万元，推动部队营房基础建设实现新跨越。支队指挥中心大楼以及综合楼，共约12000平方米的空间基本构建，各项配套设施的选定及采购工作正按计划推进。

7月17日，首艘618B型舰艇——海警35102舰归建 （图/李 晨）

【首艘618B型舰艇——海警35102舰归建】 7月17日，支队举行35102舰归建欢迎仪式。海警35102舰是泉州海域吨位最大、设备最先进的海上执法舰艇。海警35102舰服役后极大提高支队在恶劣海况条件下打击海上走私、偷渡、盗抢等违法犯罪活动的能力，提升处置海上群体性突发事件和执行海上安全保卫任务的水平。

【开展“净海行动”海上执法专项行动】 8月下旬至国庆节期间，部署开展“净海行动”海上执法专项行动，将辖区划分为三大片区6个管防海域，细化分工，层层落实责任，走访辖区相关海洋与渔业及海事部门，协调开展海上联合执法行动，重点打击涉渔“三无”船舶、海上非法采砂等违法违规活动，净化海上治安环境，确保重要节点期间辖区海域绝对稳定。行动以来，出动船艇6艘次28航次，航程3372.8海里，航时339.2小时，出动警力1256人次，联合海事、海洋与渔业部门开展海上联合执法行动12次，检查各类船舶39艘，劝阻可能越界作业船舶8艘，查处违法船舶2艘，查获无合法、齐全手续成品油案件5起，查获无合法手续柴油278.1吨，案值200余万元。

【成立全国首家县级“警渔”合署办事处】 12月8日，福建省海警第二支队三大队举行“警渔”海上综合执法合署办事处揭牌仪式。合署办事处设在海警三大队，由海警三大队、晋江市海洋与渔业局执法人员合署办公，在资源共享、海上查缉、执法办案等方面紧密配合、深度合作、全方位互相支持，将合力管控海域的作用最大化发挥。

【打击海上违法犯罪】 完成打击非法采捕红珊瑚暨整治涉渔“三无”船舶专项行动、打击走私“五大战役”专项行动、“春雷”行动、“净海2015-9”等12项专项执法工作，查获涉案成品油4365.67吨，抓获涉案人员185人，查扣涉案船舶58艘、车辆12部，总案值2900余万元，查扣台籍走私船舶1艘，当场抓获台籍犯罪嫌疑人6名；协同省公安厅禁毒总队查获运输毒品案，查获冰毒1.36吨，抓获犯罪嫌疑人13人，查扣运毒车辆4部，查获过驳毒品橡皮艇2艘；协助江门、连云港海关查获特大走私案件2起，有效加强对海上违法犯罪活动的震慑作用。

人民防空

【地下空间开发与人防工程建设管理】 推进泉州丰泽广场地下空间开发利用项目的前期工作，召开多次协调会，10月向市政府请示有关开发项目的设计招标方式。2015年全市人防工程建设面积持续增长。4月中旬至5月底，组织开展全市人防“十二五”规划完成情况检查评估和“十三五”规划课题调研工作，各县（市、区）人防办做到项目、现场、内容“三到位”，客观分析存在问题的原因，逐项写出专题汇报材料，落实补救措施。做好创建“服务型政府”活动，落实“马上就办”，促进投资环境改善，规范人防审批工作，人防审批再提速，人防所有审批事项办理环节均压缩到4个工作日以内，承诺时限压缩到法定时限35%以内。

【军事斗争检验评估与指挥通信建设】 根据国家人防办和南京军区人防办、省人防办关于组织人防军事斗争准备检验评估的有关要求，市人防办成立专项工作组，组织人员到外省市学习，制定工作方案，召开全市人民防空指挥部全体成员动员大会。7月，完成静态检验6类20项评估内容的迎检工作；10月，完成动态检验评估工作。根据国家、南京军区、省三级人防办的总体部署，贯彻国家人防办《关于加强人民防空实战化建设的意见》和南京军区人防办《关于印发〈2015年全区人民防空工作要点〉的通知》要求，健立健全人防指挥机构，明确“一中心三部门”职能划分和相互关系。同时参与军区、省人防办和市国动委组织的训练演练。2015年，市本级机关人员参加各种集训16人次620课时，熟悉防空袭组织指挥程序、内容和方法。9月1日，泉州市举行第18次防空警报试鸣演练。全市演练的主会场设在晋江市第一中学，演练内容包括组织人员紧急疏散、防化侦察标示、清除染毒地域、抢救空袭伤员、消防灭火和高楼绳索速降搜救被困人员等。同时，全市组织近10万市民、学生在不同地点参加演练活动。人防指挥通信和指挥信息平台建设不断健全完善，县级人防指挥所建设有序推进，建成县级人防指挥所5个。12月18日，通过泉州人防机动指挥信息处理前导车、信息采集车和卫星地面站的验收。

【工程维护管理与平战结合工作】 贯彻执行国家、省人防办下达的文件精神，抓好全市人防公共工程的维护管理和开发利用工作，加强全市人防公共工程设施、设备的检修及维护工作。将每月的15日定为安全检查日，组织相关工程技术人员对全市人防公共工程的设备、设施进行安全检查。抓好人防公共工程的开发使用力度，通过各种宣传渠道按相关报批程序上网公开招租，全年收取人防工程使用费200余万元。中心市区工程效益发挥稳定，新建的人防工程平战效益明显。

【人防宣传教育与人防法规建设】 创新人防宣传教育手段，利用广播电视、宣传栏、会议、标语、网络等多种形式，宣传人防政策和法律法规，与市委宣传部等五部门下发600多份文件，组织各级人员观看《居安思危、备战人防》电影科教片。人防宣传报道力度不断增强，全市人防系统向《中国人民防空》《福建人防》和福建人民防空网站投稿，利用板报、宣传栏、人防简报等形式，及时报道人防工作最新动态。结合泉州市公益文化节，开展“走进e时代，互动零距离”人防公益宣传活动，运用泉州网、泉州网公众平台、政务微博微信、泉州人防网站等渠道对人防知识进行普及和宣传。围绕省、市支持企业转型发展和“二次创业”的有关精神，在落实人防法律法规的基础上，下放审批事权，梳理办事规程，压缩审批时限，实施“绿色通道”“容缺预审”，推动审批窗口“马上就办”。推动人防简政放权，围绕新一轮行政审批改革，开展审批工作标准化建设，全面梳理审批事权清单，停止人防工程建设监理单位备案，下放易地建设费减免审批权限。组织修改《泉州市人民防空行政执法15项制度》草案意见，并分别报省人防办和下发各县（市、区），开展人防行政执法工作，全年执法2家企业、行政处罚一家企业。

9月1日，泉州市举行第18次防空警报试鸣演练　（图/市人防办）

经济管理与市场监督

JING JI GUAN LI
YU SHI CHANG JIAN DU

责任编辑：郑燕红

统　计

【统计普法宣传】　2015年，市统计局开展“12•8”统计法制宣传和《中华人民共和国统计法》知识竞赛活动，在市中心广场使用大型LED宣传屏滚动播放纪念《中华人民共和国统计法》颁布三十周年宣传系列短片，设置现场咨询台，分发《中华人民共和国统计法》和《统计违法违纪行为处分规定》宣传材料1000多份，扩大依法统计的社会认知度和影响力。

【统计执法检查】　专门成立一支由法制、工业、商贸、服务业、建设领域和劳动工资等专业骨干组成的“统计执法检查小组”，集中力量到县、乡基层统计机构和属地企业，检查调研基层统计机构和人员是否存在违反国家统计局“四条红线”行为，查阅企业统计台账、财务报表、会计原始凭证等原始资料，对企业联网直报的统计指标和综合数据进行核实，确保统计数据的真实性、完整性和准确性。全市检查1678个单位，发现存在拒报、瞒报和虚报等统计违法行为的企业83家，立案17起，处罚金额13.9万多元。

【统计管理】　规范统计调查项目的管理与审批。按照国家统计局《关于印发统计调查项目审批管理规定的通知》和《福建省统计局关于进一步加强统计调查项目审批和管理工作的通知》《福建省统计局关于建立健全地方统计调查项目审批管理制度的通知》进行统计调查审批管理，经过不懈努力，全市统计调查项目的管理逐步规范，形成依法接受管理、依法实施统计调查的氛围和机制。

【统计从业资格、统计职称考试】　加强对全市统计人员上岗培训。全年全市组织389名基层和企业统计人员参加统计岗位培训和统计从业资格证考试；组织291名统计人员参加助理统计师、中级统计师和高级统计师职称考试。

审　计

【审计成果】　2015年，泉州市审计机关共完成审计（调查）项目355个，其中审计325个，专项审计调查30个。共查出主要问题金额1428512万元，其中违规金额17764万元、损失浪费234万元、管理不规范1410514万元，非金额计量问题1167个；处理应上缴财政17087万元、应减少财政拨款或补贴8717万元、应归还原渠道资金5573万元；审计期间整改金额23338万元，审计促进整改落实有关问题资金7792万元，其中增收节支3187万元；审计后挽回（避免）损失9466万元，核减投资额15006万元。移送处理事项13件39人。出具审计报告和专项审计调查报告450篇，被批示、采用121篇/次。提出审计建议978条，被采纳659条；提交审计信息877篇，被批示、采用1306篇/次。

【政策落实跟踪审计】　开展“稳增长促改革调结构惠民生防风险”政策措施落实情况跟踪审计，重点关注与稳增长密切相关的重大项目建设进度、资金保障、简政放权情况，财税、金融、产业、外贸等政策落实情况，反映存在的主要问题，提出对策建议，推动政策措施贯彻落实。两级审计机关累计派出564人次参加稳增长等政策落实跟踪审计，涉及推进简政放权等19个领域，提出问题84条，其中已经整改40条，正在整改的36条。

【财政审计】　探索新《中华人

4月1日，市审计局在审计市本级2014年预算执行时，到资金使用单位开展延伸审计　（图/市审计局）

民共和国预算法》下预算执行审计方式方法，实现对公共财政预算、政府性基金预算、社会保障资金预算和国有资本经营预算的审计全覆盖。全市审计机关共完成预算执行审计（调查）单位60个，延伸审计单位183个，查出问题金额513987万元，揭示预算编报不真实不完整22301万元，未按规定纳入预算管理26197万元，未按规定征收缴纳收入110780万元，未落实收支两条线和专户管理规定7536万元，资金滞留闲置23518万元，扩大开支范围提高开支标准列支12661万元，违规出借财政资金5513万元等。全市共查出问题金额913423万元。

【经济责任审计】　市审计局开展清源山风景名胜区管委会主任、市农科所所长任期经济责任审计，并根据省审计厅授权对漳浦县委原书记、县长任期进行经济责任审计，实行党政领导同责同审。全市共完成101位领导干部的任期经济责任审计，其中任中审计37人。查出主要问题金额1559627万元，其中：负直接责任金额2299万元、负主管责任金额796935万元、负领导责任760394万元；提交审计报告和审计结果报告188篇，审计提出建议301条、被采纳189条。

【固定资产投资审计】　市审计局加大对重点项目和工程建设领域的持续关注力度，先后开展了晋江大桥造价决算审计、晋石高速公路建设项目跟踪审计、田安路南拓片区道路改造建设项目财务结算审计，以及支持新疆发展资金和项目跟踪审计等。全市共对124个投资项目开展审计或调查，项目投资额1794057万元，完成投资额1298147万元，核减投资额15000万元，查出主要问题金额57930万元。

【涉民专项审计】　两级审计机关同步开展全市城镇保障性安居工程跟踪审计，对39个保障性安居工程项目的开工情况、17个项目的基本建成情况、37个项目的工程建设和质量管理情况进行了检查。市本级结合“同级审”，对农业、林业、扶贫和文化发展专项资金管理使用情况开展审计调查，组织开展了市本级生态环保专项资金管理使用情况审计调查，并对石狮市海域资源资产进行试点审计。晋江市开展了新型城镇化试点政策执行效应、特困家庭“四帮四扶”预算资金管理使用情况和排污资金管理使用情况专项审计调查；德化、石狮、南安和丰泽分别开展了公共卫生服务专项、新型农村合作医疗保险资金、城乡居民社会养老保险资金及垃圾处理等民生项目审计调查。

【信息化建设】　继续选派4批次年轻骨干，参加审计署和省审计厅组织的计算机中、高级培训，全市已有累计27人通过计算机中级水平考试。大力推进金审工程成果应用，推进和落实AO与OA交互工作；通过开展全市住房公积金归集管理使用情况专项审计，尝试对公积金行业核心业务引入新的数字化审计技术手段，着手开展泉州市联网审计系统平台和数据中心的建设。

国有资产监督管理

【稳增长】　以PPP模式承接市公共文化中心建设，项目总投资34亿元。源和1916创意产业园获评国家AAAA级旅游景区，“东亚之窗”文创园及泉州美食城被列入2016年泉州市重点预备项目。发起设立规模达100亿元的新兴产业股权基金等若干子基金；成立国投资产管理公司，布局银行不良资产管理行业。以产权交易中心为平台建立泉州市国有车辆市场化交易机制；与市旅游协会共同搭建海丝旅游资源交易平台。完成中心市区供水管网改造、泉南三期和金鸡水厂建设等重点民生项目年度目标，累计投资1.2亿元；全年完成供水量1.5亿吨，出厂水综合合格率100%，在全省率先推行供水水质信息每日公布。交通集团完成年度为民办实事项目，累计投用280辆新能源公交车。顺利完成“泉金”航线运营权承接；完成春运、国庆、青运会、亚艺节等重大节假日和活动的公共交通保障任务，运输旅客超1亿人次。泉州晋江国际机场航站楼改造主体工程提前半年竣工并投入运营，服务保障能力由400万人次/年跃升至600万人次/年，2015年旅客吞吐量突破363万人次，增幅31%。“十二五”期间，城建国投公司、路桥公司、国投公司累计为市政府重点项目融资近400亿元，其中通过资本市场融资51亿元。

【抓改革】　落实党中央、国务院《关于深化国有企业改革的指导意见》及已出台的相关配套文件精神，研究制定泉州市国有企业改革方案及文件，拟定“整合资源　做大做强国资国企”方案，配合起草深化市委管理企业负责人薪酬制度改革意见，修订企业负责人经营业绩考核办法。坚持依法依规、公开透明操作，采取在产权交易中心公开挂牌的方式，择优引入“东亚之窗”文创园项目和源和堂公司战略合作伙伴。推动国投公司携手上海泉州商会，共同出资设立金融借贷服务平台公司及金融超市公司。指导市交通集团整合运输网络资源，组建安方物流公司。继续整合市本级公安系统经营性资产及县（市、区）安保类国有经营性资产，接收惠安、永春、德化3家保安公司，并出资设立泉州台商投资区和泉州经济开发区子公司，带动区域内安保类企业实现优势互补。完成泉州国旅、市政工程公司成建制划拨接收和泉港贸易公司关停、人员安置、资产划转工作。督促省集英保安集团、城建国投公司完成内部机构精简及下属物业公司整合工作。

【转职能】　主动取消3项、精简6项审批事项。强化行权履职的内部规范和外部监督，梳理建立包括40项具体责任事项、4项多部门监管事项在内的责任清单；全面绘制33项审批、审核、备案事项流程图，明确设立依据、责任部门、完成时限和办理流程。全年完成7项审计项目，审计总金额32亿元，跟踪检查2013—2014年度10家被审计企业问题整改落实。及时制定《关于进一步加强出资企业风险管理与控制的通知》，严控代开信用证或承兑汇票等风险行为。出台《泉州市国资委2015年度政府信息公开工作要点》，部署推进“阳光国企”建设目标任务。帮助协调解决金鸡水厂征迁补偿、国投公司26宗土地出让金补缴、中侨集团改制开行贷款偿还、路桥公司退出融资平台等问题。对接谋划市本级项目，推动监管企业参与市公共文化中心、晋江下游生态整治工程、山线绿道工程等重大项目建设。推动泉州火车站综合交通枢纽项目纳入泉州市重大项目前期督办机制。争取金鸡水厂获得8000万元国家专项建设基金。

1月28日，市国资监管企业工作会议召开　（图/市国资委）

工商行政管理

【商事制度改革】　自6月1日起，全面实施“一照一码”登记制，比全国提早半年实现目标。截至2015年底，全市已有3.6万户企业更换或领取了加载统一社会信用代码的营业执照。在全省首推集群注册登记模式，解决了无传统意义住所的网商主体无法办理工商登记的问题，降低了住所（经营场所）登记条件，为大众创业提供便利。启动电子营业执照改革，实现纸质营业执照和电子营业执照同发制度，推动企业身份标识进入数字化时代。在全省率先探索企业简易注销，提请市政府审议通过了《泉州市企业简易注销登记实施意见（试行）》。开展商事制度改革成效跟踪评估，调查报告客观评估泉州市改革前后各类市场主体生存、发展情况以及面临的突出问题，得到市委郑新聪书记、省工商局叶木凯局长等领导的批示肯定。2015年，全市新增各类市场主体12万户，同比增长25.68%，至年底，全市共有各类市场主体49万户，总量位居全省第一。

【服务经济发展】　通过利用股权出质、动产抵押、商标权质押等政策举措，全年共为中小企业、个体工商户创业发展提供资金支持250多亿元。其中，截至年底，全市累计办理股权出质登记1065件，出质股权数额330亿元，被担保债权数额783亿元，分别同比增长40%、52%和46%；办理企业动产抵押登记267份，帮助企业实现融资56.9亿元；指导8家企业通过注册商标专用权质押，获得贷款1.3亿元。出台支持和服务企业上市发展十条措施，截至2015年底，全市已有96户企业在境内外上市，同比增长5.49%，居全省首位、全国地级市前列；2015年全市新增境内外上市企业5户。推动重点项目更快落地。积极做好各类市级重点企业（项目）工商事务服务指导，月均服务重点企业（项目）20余家。完善工商登记便利化措施。建立审批服务工作回访制度，继续做好“泉州工商登记网上服务区”微信公众号的完善和推广，关注用户突破1.6万。2015年全市成功指导177户个体工商户转型升级为企业，其中30户升级为个人独资企业，147户升级为有限公司。重点推动全省首个网商（虚拟）产业园建设。2015年6月17日，泉州市网商（虚拟）产业园正式启动。至2015年底，总入园托管市场主体1723家。产业园及“泉州购”等平台建设列入泉州市“十三五”规划等重点工作部署中。市委、市政府和省工商局等领导多次到产业园检查调研，召开专题会议或作出专门批示予以肯定表扬。《福建日报》头版头条予以报道，《中国工商报》《泉州晚报》也多次在重要版面予以报道。

【品牌战略实施】 扩大泉州商标馆影响力。5月，泉州市编办正式批复同意泉州商标馆设置为隶属泉州市工商局管理的正科级事业单位。2015年，泉州商标馆先后接待国务院质量工作考核组、港澳台地区民间协会、企业代表、全市大中小学生以及比利时、加拿大、伊朗等数十个国家驻华外交官和外国媒体记者共3000多人次。泉州商标馆成为宣传展示泉州商标品牌形象的主阵地，在泉州市对外交流中逐渐发挥出重要的平台作用。扩大商标注册覆盖面。积极构建“全面覆盖，重点突出”的商标注册体系。结合企业及个体工商户的注册登记，提醒企业、个体工商户在筹建初期申请商标注册，抢抓注册主动权；围绕招商引资、项目推进和私营个体经济的发展，积极引导、鼓励创业型企业、服务性行业和农副产品申请一般商标注册；帮助农户、农产品加工企业、行业协会做好农产品商标和地理标志商标注册；引导各地支柱产业和龙头企业合理扩大商标注册类别和图样，注册联合商标、防御商标；着重引导“泉州制造2025”企业、区域性特色文化产业、旅游景区、现代农业及新兴产业、高新技术产业等领域的商标注册，引导省级以上的工艺大师的将自身的个性化签名注册成商标，破解商标注册增长瓶颈，打造新的商标注册增长极。《中国工商报》《福建日报》还对泉州培育人名商标的做法给予专题报道。推进商标品牌国际化建设。开展“一带一路”沿线国家商标国际注册情况调研，重点指导全市企业拓展商标国际注册，尤其加强“一带一路”沿线国家（地区）的商标国际注册，培育“海丝”文化、海洋经济品牌，做到“商品出口、商标先行”。主动帮助品牌企业兑现政策奖励，全市共协调落实驰名商标企业奖励1140万元，马德里国际注册补助53.6万元，地标及集体商标补助30万元。2015年，全市新增驰名商标8件、有效注册商标3.5万件、马德里商标国际注册50件。截至2015年底，全市拥有驰名商标144件、有效注册商标19.8万件、马德里商标国际注册756件，福建省著名商标1023件，泉州市知名商标1420件；地理标志证明商标19件，驰名商标数、有效注册商标数、马德里国际注册商标数分别位居全国地级市第一、二、三名。大力扶持广告园区发展，领SHOW天地国家级广告园区被认定为福建省首批17家众创空间之一，成为中央财政支持广告业发展的试点园区；扶持、推荐的石狮星期YI广告园区被评为省级广告园区。

【规范市场秩序】 全市系统秉持“监管执法是第一要务”的理念，持续提升监管执法效能，全面、有效履行工商行政执法职责。2015年，全市系统共办结虚假宣传、违法广告、制售假冒伪劣、不正当竞争、传销等侵犯消费者权益和扰乱市场秩序的各类经济违法违章案件3179件，罚没款2241万元。在互联网领域，大力打击网络交易违法行为，净化互联网商贸环境。2015年，监测检查网络交易网站3650个（次），实地检查1250个（次），通过网络监测和线索排查，全市系统立案查办网络交易违法案件48件，罚没款48.8万元，责令改正25回次，删除违法信息78条，关闭违法网站11个，责令停止平台服务

9月9日，外国驻厦门等三地的部分总领事参观泉州商标馆并签名留言（图/市工商局）

11月12日，市工商局向企业颁发首批电子营业执照　（图/市工商局）

网店21个（次）。创新探索微信传销监控研判，与腾讯公司就微信规范运营和传销违法行为监测处置模式达成合作协议，定向监测微商涉嫌传销行为，编写30多期涉嫌网络传销动态监测分析报告上报国家工商总局。突出打击假冒伪劣，重点开展“双打”整治，主动联合七匹狼、盼盼、玛米玛卡、公牛世家等本地品牌企业开展异地打假维权，2015年全市系统共查处假冒伪劣案件598件，罚没900多万元，销毁各类假冒伪劣物品标值2000多万元。主动将“安踏”“九牧王”纳入全省“红盾网剑”行动集中监测维权品牌目录，推动筹建“泉州知名企业网络维权联盟”，为泉州知名企业提供网络打假维权服务12回（次），为企业挽回经济损失近千万元。深化市场主体抽查机制，积极探索推行“双随机”抽查方式，2015年全市共抽查企业、个体工商户、农民专业合作社近1.64万户（次）。推行信用监管模式，与市文明办、法院、公安、银监等部门会签《“构筑诚信、惩戒失信”合作备忘录》，南安中国水暖城顺利通过“全国诚信示范市场”复评。

【消费维权建设】　完善“12315”平台建设，畅通消费者诉求表达渠道。以市局“12315”指挥中心为枢纽，以“12315”消费者投诉举报新系统为有效载体，进一步畅通语音呼叫、短信息、微信、红盾网等消费者诉求表达渠道，为广大消费者提供便捷高效服务。2015年，全市系统共受理各类咨询、投诉、举报案件7.7万多件，为消费者挽回经济损失2700多万元。推动“诉转案”机制规范化，一年来全市系统共实施诉转案99件，在解决消费纠纷的同时又严厉打击违法经营。强化流通领域商品质量抽查检验，共抽检小家电、婴幼儿服装、日用品等流通领域商品663批次，及时在媒体发布抽检分析、消费警示，依法责令停止销售不合格商品，严厉查处销售假冒伪劣和不合格商品案件131件，罚没款102.32万元。推进服务领域消费维权，组织全市维权志愿者开展广电网络服务体验及社会调查活动，积极开展汽车市场消费问卷调查，通报银行和保险业等服务行业消费评议情况。推动消费维权约谈制度化，定期约谈电信、移动等公用企业和电影院线等投诉热点行业企业。利用全省首个消费维权律师团在《泉州晚报》主流媒体上开展格式合同典型案件评点，引导科学消费。成立美容美发和装饰装修两个专业委员会，在消费纠纷侵权责任认定、举证、救济等方面提供专业支持，促进消费纠纷和解。建立泉州师院和黎明大学消费教育基地，创新延伸维权服务。市消费者权益保护委员会被中消协评为“2014—2015年度全国消协组织先进集体”。

质量技术监督

【质量技术监督管理体制改革】按照质量技术监督行政管理体制由省以下垂直管理改为分级管理的部署要求，2014年12月26日泉州市政府与省质量技术监督局签订《福建省质量技术监督系统行政管理体制调整移交议定书》（泉州），泉州市质量技术监督系统回归市管辖，市质量技术监督局成为市政府的工作部门。2015年2月27日，市政府召开质监管理体制调整县级移交工作会议，进行县级质监的移交工作。2015年5月26日，市委办公室、市政府办公室印发《泉州市质量技术监督局主要职责、内设机构和人员编制规定》的通知，明确新组建的市直质量技术监督系统包括市质量技术监督局机关、鲤城分局、丰泽分局、洛江分局和经济开发区分局、泉州市质量技术监督稽查支队等行政机构。市质量技术监督局下辖4个直属事业单位：泉州市产品质量检验所、泉州市计量所、泉州市标准化研究所（加挂国家标准馆泉州技术服务中心）、泉州市工业产品生产许可证审查技术中心。

【建设质量强市】　印发《泉州市贯彻实施质量发展纲要2015年行动计划》，实施《泉州市提升质量品牌专项行动计划》，确立“创新引领，品质至上”的泉州市城市质量精神，11月2日，国家质检总局正式批准泉州市创建“全国质量强市示范城市”。省政府对泉州2014年度政府质量考核工作获“A”级。118

项产品被省政府授予“2015年度福建名牌产品”称号，20家企业上榜中国品牌价值评价，1家企业获第二届中国质量奖提名奖，2家企业获得2014年度省政府质量奖，5家企业获得第三届“泉州市政府质量奖”。

【质量基础管理工作】 指导企业争夺行业话语权和发展制高点，全市92家企事业单位参与70项各类标准的制修订，新增5项国家标准、18项行业标准、5项地方标准。2015年4月“全国机械安全标准化技术委员会安全特征工作组”秘书处落户南安市闽旋科技股份有限公司。永春漆篮、永春纸织画获批国家地理标志产品保护，安溪铁观音、永春芦柑、永春佛手、永春老醋、永春蔑香、永春漆篮等6个产品入选“中国地理标志产品大典”。完成崇武古城旅游服务标准化试点单位中期验收，市行政服务中心国家级标准化试点顺利通过了国家级专家组验收。80家企事业单位申报2015年省、市政府标准化专项资金138项，共获得824.2万元的补助；起草了《泉州市人民政府关于贯彻落实计量发展规划（2013—2020年）的实施意见》，进一步理清计量事业发展路径，共检定、校准计量器具20.73万台件。开展全市范围内的危化品、城镇燃气企业在用的安全防护类计量器具监督抽查和安检机构专项监督检查，继续加强对医疗机构计量器具的监督检查，确保医疗质量和安全。全市医疗机构计量器具的受检率提高至95%，首检合格率提升至94%以上；继续开展部分计量器具免费检定工作，共免费检定22818台件；开展定量包装商品量计量监督抽检，加强对“民用三表”（水表、电表、煤气表）监督抽检工作，共监督抽检近13000台。

【保障特种设备和产品质量安全】 产品质量稳中有升，省级监督抽查2952批次产品，合格2751批次，合格率93.19%。市财政拨出专项经费首次开展市级监督抽查和风险监测工作，共抽查862批次。加大不合格企业整改力度，共向县级局转办了262份不合格/问题检验报告，责令企业整改262起，整改率达100%。开展旅游鞋、陶瓷砖、水暖器材、消防器材等重点工业产品和监督抽查批次合格率低于85%的问题产品专项整治，共完成区域产品、问题产品监督抽查229批次，合格195批次，合格率93.3%。做好全市379家获证企业监管信息的建档和录入工作，完成全市工业产品生产许可证年审和食品相关产品普查工作，全市共有食品相关产品获证企业179家，另有1422家发证目录以外的食品相关产品生产加工企业，其中大部分为陶瓷生产企业；修订《泉州市特种设备突发事故应急预案》，进一步提升泉州市特种设备安全生产事故应急处理能力。加强特种设备使用登记管理，全市新增特种设备使用登记8757台，压力管道67千米，登记在册各类特种设备85909台。打好“电梯安全监管大会战”“油气输送管线整治攻坚战”“燃煤锅炉节能减排攻坚战”等三大战役，推动数字气瓶工作深入开展。定期检验各类特种设备42374台，监督检验37585台，检验压力管道 392.7千米，核实燃煤锅炉3265台，落实各类气瓶数字化110.9128万只。

【技术支撑】 完成国家标准馆泉州技术服务中心第一阶段筹建工作，实现国家标准文献共享服务平台泉州服务中心运行。市级检验机构新建10个检测项目，国家水暖洁具产品质检中心进行实验室质量管理体系试运行，国家纺织服装质检中心通过国家质检总局现场考核验收，国家燃香类产品质量监督检验中心已获省局批转报国家质检总局批复。国家石材建陶产品质检中心建设细化了设备初步采购方案，准备硬件设施的配备。省食品质检中心正式对外开展监督检验服务；组织计量专业技术人员深入泉州湾跨海大桥、供水排水、厦沙高速等项目开展计量技术保障服务，检测仪器设备1200多台件；市计量所作为主导实验室，顺利实施省局委托的全省59家实验电子计价秤量值比对工作；组织对全市7家县级法定计量技术机构进行授权考核，对全市8家计量技术机构143项社会公用计量标准的维护和使用情况进行监督检查，新建13项社会公用计量标准，新增国家注册计量师一级、二级各1名，茶检中心张雪波顺利取得博士学位，1名技术骨干取得工程师任职资格。各技术机构积极参与科研工作，先后承担、参与1项国家科技部重点科研项目和1项省质监局科研课题。

【简政放权】 启动创建第十三届省级文明单位工作，指导各直属单位开展新一轮市直、市级、省级文明单位的创建和迎评工作，整体提升精神文明建设水平。市质量技术监督局获评第十二届省级文明单位，1人被市委、市政府表彰为“泉州市先进工作者”。结合质监工作实际，全力配合推进“一照一码”登记制度改革，帮助指导各县市区过渡衔接。推行“三张清单”制度，完成行政权力清单和公共服务事项清理工作，共保留行政权力324项，梳理保留责任事项341项，多部门监管事项5项。清理前置审批、中介服务和涉企收费项目，整理编制行政权力运行流程图35张。简化审批环节，压缩审批时限，市本级权限审批的行政许可项目压缩至法定时限35%以内。加强行政审批事中事后监管，推动行政审批提速增效。共计办理行政许可和非许可项目52025件，为11528家小微企业减免费用。

食品药品监督管理

【概况】 2015年，泉州市食品药品监管工作围绕“保障百姓饮食用药安全”中心任务，深化体制改革，创新审批执法机制，履行食品安全综合监督，推进食品安全三年行动和药械专项治理，开展食品药品“大摸底、大排查、大整治”，参与推进文明城市创建，全市出动执法人员5.58万人次，检查食品药品企业33018家次，立案查处2221件，结案2267件（含2014年结转201件），案值483.5万元，罚没款入库数1259.38万元，查处案件数、罚没款数居全省首位，有效整顿食品药品市场秩序，全市没有发生重大食品药品安全事故。

【健全监管体制】 完成泉州市食药监局各分局机构编制及股级职数备案，增设了泉州市食药监局餐饮服务食品安全监管科，人事教育科与机关党委合并，完成市食品药品执法支队和市食品药品认证与不良反应监测中心岗位设置。市食药监局编制了权力清单和责任清单。共保留行政权力132项（其中实行属地管理76项），具体为：行政许可17项、行政处罚76项、行政强制5项、行政征收1项、行政监督检查18项、其他行政权力15项；保留公共服务事项4项（均为承接省局下放事项）。承担具体责任事项191项、多部门监管责任事项12项。

【规范行政审批】 抓好减放接管。对上抓承接，承接省食药监局下放事项9个，委托事项17个，承办相关审批事项173件。对下抓放权，将11项行政审批授权分局实施，入驻各辖区行政服务中心；委托各县（市、区）审批事项4项；下放审批事项1项。分期分批接收基层审批人员、认证人员、审查员到审批窗口、食品药品认证中心跟班学习，对下放项目进行专项培训。推进审批窗口标准化管理，进驻中心的审批和公共服务项目标准化建设达100%。深度提速提效审批。推进“三减一清”，减环节：行政审批和服务事项的办理环节一律压缩到5个以内，不需要现场勘察的一律压缩到4个以内；减时限：市食药监局承办的13大项24小项的审批服务事项承诺时限由法定的471个工作日减到95个工作日，压缩至20%；减材料：经过清理共减少各类申请材料20余项。一清理：清理办事指南兜底性条款35条。规范涉企收费管理，取消食品生产许可审查收费项目，2015年全年免收费用150余万，减轻中小企业经营负担，优化项目投资环境。健全完善即办制度和限时办理承诺制度，凡不需要经过现场勘察的一般性审批服务事项，全部由承诺件改为即办件，审批事项即办件率达到56%。

【食品安全综合监督】 组织开展治理“餐桌污染”工作。出台2015年全市治理“餐桌污染”工作方案，召开年度全市食品药品工作会议进行全面部署和责任分工；市食安办多次牵头协调食药监、农业、海洋、卫计、工商、商务等部门组织开展系列专项整治，推动各级各部门共同做好食品安全工作；并组织对各县（市、区）年度食品安全工作完成情况进行督察考评，完成省政府对泉州市食品安全工作的考核评价。协调办理市人大常委会《审议意见》。组织食品安全监管各部门认真办理《市人大常委会关于加强食品安全监督管理工作审议意见》，配合市人大常委会关于食品安全工作的视察调研，并将调研组发现的问题及提出的意见进行任务分解并督促相关部门整改落实。4月，市人大常委会对全市办理《审议意见》进行满意度测评，结果为满意。

【落实为民办实事项目】 治理“餐桌污染”实施“食品放心工程”纳入市委市政府为民办实事，市食安办认真牵头协调相关部门圆满完成该项目3个子项目。项目一：开展食品（农产品）安全示范区创建。指导安溪县从落实属地管理责任，加强经营主体管理，强化农产品投入监管，开展农产品质量安全监测，打击违法违规行为，推进农产品标准化生产，健全农产品质量安全监管体系和完善创新制度机制等八个方面开展食品（农产品）安全示范区创建工作，组织相关部门进行创建工作督查，组织创建验收。示范效果明显，浙江、广东、四川、深圳等地先后到安溪学习考察。项目二：升级改造中心城区32个食品批发市场、农贸市场、

2015年，市食品药品监督管理局执法人员检查药品安全

（图/市食品药品监督管理局）

生鲜超市检测室。筛选了32个项目创建点，逐一现场勘查，制定项目建设实施方案，组织公开招标，并组织中标单位按创建方案实施，全部按时完成并投入运行，使其不仅具备农药残留检测，同时具备兽药残留、抗生素、二氧化硫等易滥用食品添加剂、硼砂等易添加非食用物质的检测能力。项目三：培育10家传统工艺食品小作坊。组织各县（市、区）食药监部门按照《2015年传统工艺食品小作坊示范点创建工作方案》组织创建，全市共有鲤城区佳源糕饼加工厂等12家小作坊经过验收，并取得福建省食品生产加工小作坊生产条件核准证书，完成年初任务120%。

【规范食品药品市场秩序】 “大摸底、大排查”摸清监管底数。至年底，全市有食品生产加工企业1590家，占全省1/4；新办流通许可7879户，餐饮许可4954户。目前全市食品流通持证经营户71107户，餐饮服务许可经营户20481户。学校食堂1998家；摸排冻库285个，小作坊1513家，学生校外托管小饭桌1141家。药品生产企业20家，经营企业1890家，其中药品批发、连锁企业60家。医疗器械生产企业38家，经营企业535家；保健食品生产企业4家，经营企业1456家。化妆品生产企业19家，经营企业4800多家。加强食品生产监管。开展肉制品、白酒、糖果巧克力生产企业和红茶加工企业风险排查，全市出动执法检查6610人次，排查企业数2656家次，发现问题企业总数539家，责令整改324家，对风险监测异常的147个问题产品严格落实后处理措施。召开“藻类及其制品”、“肉制品”和“食用油”生产使用企业约谈会2场，约谈企业50多家，督促企业切实落实主体责任。同时，重点加强食品加工小作坊规范管理，经摸底建档的小作坊共873家，报市政府审批同意，公布泉州市第二批小作坊允许生产加工食品目录（八类19个品种），出台小作坊监管指导意见，为泉州市食品小作坊规范化监管提供政策依据。强化食品市场监管。全面规范食品市场，出台《泉州市农贸市场管理规则》，对农贸市场等重点对象开展整顿规范，创建食品经营质量可追溯示范点28家，创建餐饮示范街19条，餐饮示范店189家；开展餐饮服务单位动态量化评定17875户次，其中A级37户次、B级3621户次、 C级14217户次，占餐饮服务经营主体总数的88%；加强对代储冻库、网络食品经营单位进行摸排建档，强化规范管理，通过摸底掌握泉州市主要的网络食品经营第三方交易平台中，全市核准登记从事网络食品经营的个体户536家、企业129家，另有1600多家泉州籍业主的食品网店在第三方平台内完成身份认证。推进“明厨亮灶”工程。鼓励、引导餐饮服务单位采取开放式加工区，或与用餐区玻璃隔墙透明化，或在加工区安装摄像头、在用餐区或其他方便监督位置利用终端设备闭路播放厨房实时画面，或在加工区安装摄像头、通过互联网利用手机等终端设备登录查看视频直播等方法，并以学校食堂试点先行为重点突破，全面推行“明厨亮灶”做法，为群众监督提供一个便捷的平台，促进经营者自律意识，特别是在学校食堂加工区安装摄像头，监管部门、学生和家长可以通过互联网百度云在手机等终端设备即时查看食堂画面，既强化群众监督效果，又增强监管效能，全市实行明厨亮灶4872户，约占持证餐饮经营户的23.8%，其中“视频厨房”和“网络厨房”761家，玻璃隔断的“透明厨房”487家，范围涵盖学校食堂、大型酒店、连锁餐饮、中央厨房、集体用餐配送单位、小餐饮等多种业态。加强药械监管。新开发药品生产企业原辅料、成品管理软件，逐步实现对企业物料管理、成品销售的远程监管。开展新版GMP、GSP认证工作，全市有16家药品企业56条生产线通过新版GMP认证；药品批发（连锁）企业58家、零售企业1481家完成新版GSP认证。制定医疗器械企业《日常监督检查工作方案》和《重点考核内容》，组织开展医疗器械“百日风险大排查”等行动，检查企业496家次，责令整改68家。开展化妆品备案审查工作，完成备案审核168件，检查通过137件。开展药械不良反应监测工作，全市上报药品（器械）不良反应报表7129例，严重的367例，药物滥用报告

5月3日，市食品药品监督管理局开展食品药品安全宣传活动

（图/市食品药品监督管理局）

500例，化妆品不良反应监测21例。开展违法广告监测，移交工商部门查处违法广告719条。

【开展食品药品专项整治】 在食品药品“大摸底、大排查”基础上，组织开展“大整治”行动，食品方面，重点开展食品农产品专项整治，茶叶违法生产“春雷行动”、校园及周边食品安全“春雨行动”以及婴幼儿配方乳粉、肉制品、桶装水、保健食品等重点品种专项整治，严厉打击非法制售行为。药械方面，组织开展含麻复方制剂、中药材、中药饮片、疫苗、特殊管理药品以及体外诊断试剂、义齿、隐形眼镜（美瞳）等专项检查，重点查处制假售假、无证、套证销售等违法行为。投入经费608万元，开展食品药品抽检监测。完成主要食品抽检1875样次，完成化妆品、药械的抽检、快检2615批次。全市共出动执法人员5.58万人次，检查食品药品企业33018家次，立案查处2221件，结案2267件（含2014年结转201件），案值483.5万元，罚没款入库数1259.38万元。查封问题产品1.9万公斤，取缔非法加工窝点45个。移送公安机关的涉嫌犯罪案件39件，其中被公安部列为部督案件8件，省公安厅列为省督案件11件，有80多人被追究刑事责任。

【重大活动餐饮安全保障】 10月，青运会在福建省召开，市食药监局牵头协调农业、粮食、海洋渔业等部门严格按照青运会组委会的要求，全面保障泉州赛区食品药品安全工作，做好定点基地、接待酒店、定点品种的遴选；创新各部门对接方式，落实各项保障措施，期间共出动执法人员1380多人次，检验食材3722批次，现场开展快检2279批次，保障238餐次，保障参赛人员约19800人次，圆满完成保障任务，得到了省组委会的充分肯定。11月，第十四届亚洲艺术节在泉州举办，此次活动参会人员规格高、人数多、饮食习惯差异大、用餐量大，为做好会议期间餐饮服务食品安全监督保障工作，市食品药品监管局精心部署，严格执行《重大活动餐饮服务食品安全监督管理规范》，提前制定《第十四届亚洲节术节食品安全保障工作方案》，抽调20名责任心强、业务精良的监督执法人员入驻9个接待酒店，全程巡查，突出工作重点，严把食品、食品添加剂和相关产品进货关口，全程监督采购验收，禁止使用审查认定为不适宜的食品，安排食品检测技术人员对肉制品、面制品、蔬菜等进行现场抽样、检测，共抽样1386个批次，主要检测蔬菜的农药残留，瘦肉精、面制品含铝、餐饮具表面洁净度等项目。对餐饮菜单、进货、食品储存与加工、从业人员健康状况、餐具清洗消毒及保洁措施、食品留样等各个关键控制点进行全程监督检查，将监督保障工作细化到每个环节，此次共保障58470多人次安全用餐，圆满完成了食品安全保障任务。

【食品药品安全社会共治】 构建多层次立体宣传教育体系。投入经费50多万元，进一步构建“一个平台、四个阵地”（机关门户网站、泉州晚报宣传专栏、泉州电视台宣传专栏、微信公众号、固定的户外宣传栏）立体宣传网络，全方位开展食药宣传；推出“平安杯”食品安全宣传主题微视频作品有奖征集活动，收到作品30多幅。积极组织开展“3•6•9”大型主题宣传活动（3月的“3•15”、“3•31”宣传活动、6月“食品安全宣传周”、9月“药品安全宣传月”）和“五进”活动，编印了《食品安全知识宣传手册》等宣传小册子，发放各类宣传资料4万份（册），在市区主要路口广告大屏LED上宣传，多渠道、多层次开展食药安全宣传，提升群众饮食用药安全意识、维权意识。强化社会共治体系建设。在晋江、石狮、南安、安溪、惠安5个县（市）局设立“12331”投诉举报平台，提高投诉举报件办理效率，全市共接收投诉举报3046件，咨询1587件，组织核查2086件，立案275件。招募、建立180人的食品药品安全打假志愿者服务队伍、320人的网络评论员队伍、培训2699名协管员队伍，组建88人的食品安全专家队伍和33人的“两代表一委员”食品安全荣誉监督员队伍，推进食品药品安全群防群治工作，带动社会各界参与食药安全监督。

【优化企业营商环境】 推行“四证合一”，激发企业创业新活力。9月起对新开办同时兼营第三类医疗器械、保健食品、预包装食品的药品零售（含连锁）企业实行“四证合一”，只核发药品经营许可证，简化审批手续，所需材料由32种减为6种；所需法定时限从原来申请四项许可的125个工作日变为15个工作日；多个项目一次性现场集中检查，一次发证。仅市区就有40家余家药品企业享受到改革红利。推进并联审批，优化企业办办环境。对药品批发连锁企业药品经营许可证和药品经营质量管理规范认证证书实行并联审批，合并流程，取消药品经营许可证筹建环节，申请人可直接申请许可证核发，直接提交核发药品经营许可证和GSP认证申请材料，合并现场检查，简化流程和程序，便民利民。推行互联网+审批，优化审批服务。所有许可事项和公共服务事项均进驻省网上办事大厅，设置星级服务项目，60%以上项目能提供在线申请、网上预审服务，4个项目实现全流程网上办理，实现24小时“点点就办”，让企业足不出户即能办证取证。推行药品零售连锁企业驻店药师+远程网络在线审方工作，由药品零售连锁总部执业药师通过互联网远程审方的模式，解决约350家连锁总部旗下实体药店执业药师紧缺之急，引导促进零售企业转型升级联锁经营。实行“一企一策”，贴心服务企业。转变过去单纯坐等企业申请工作方式，主动靠前为企业提供事前帮带、帮促企业转型等服务。对新设立食品生产企业不同需求提前提供技术指导，使食品生产布局流程、设备设施和条件更加规范、合理；对药品批发企业仓库建设进行现场指导，避免申请人在选址、装修阶段盲目施工造成的损失。进一步畅通“绿色通道”，对达利集团、中绿集团、金冠食品等龙头企业转型升级中遇到的新问题及时召开局长办公会，集思广议，为企业解决了问题，切实提升服务水平和服务质量，促使重点项目加速推进。对福建永燠制药有限公司全程帮扶和积极向上争取特殊政策支持，取得全省第一张容缺预审药品生产许可证。开辟绿色通道，为泉州市网商（虚拟）产业园的中心园区内的食品销售经营者申办食品经营许可证等有关事项，提供“直通车”服务，助力泉州市网商（虚拟）产业园区的健康发展。

安全生产监督管理

【概况】 2015年，各级各部门贯彻落实上级的部署要求，采取有效措施，抓好安全生产各项工作的落实，全市安全生产形势持续稳定向好。1—12月，各类生产安全事故四项指数与2014年同比“全面下降”，即：事故起数2659起，下降12.1%；死亡人数397人，下降12.4%；受伤人数1520人，下降9.4%；经济损失2559万元，下降28.2%（生产经营性事故起数270起，下降10.6%；死亡人数138人，下降10.4%；受伤人数204人，下降8.5%；经济损失739万元，下降21.8%）。发生较大事故2起，各类事故指标均控制在省政府下达的目标范围内。

1月6日，全国安全生产电视电话会议召开 （图/市安监局）

【落实各方责任】 市委、市政府高度重视安全生产工作。市委书记、时任市长郑新聪7次召开季度会、常务会，传达学习习近平、李克强等中央领导关于安全生产工作的重要指示批示精神，研究部署安全生产工作。市长康涛当选后的第二个工作日便召开安全生产季度会议，第三个工作日召开市政府常务会，听取安全生产工作情况汇报，协调解决有关问题，研究部署相关工作。市委常委、政法委书记许昆贞联系挂钩安全生产工作，多次带队开展安全生产检查。19个安全专项领导小组（市政府副职领导）也按照各自职责分工，部署、带队检查、督查所分管行业的安全生产工作落实。市安委会将安全生产责任体系建设延伸至乡镇、村一级，全市164个乡镇街道、2512个村（居）、12个开发区、工业园区全部建立简明扼要、责任清晰、可操作性强的“党政同责、一岗双责”制度。印制企业“五落实五到位”挂图至辖区28797家企业，已有24975家企业完成“五落实五到位”，完成率达71.1%（其中规模以上工贸企业3170家，完成率达100%），配备注册安全工程师196人，推动企业主体责任落实。

【开展安全生产标准化提升工程】 把标准化建设作为安全生产工作的“牛鼻子”工程，勤抓勤促，着力提升企业本质安全水平。结合全市安全生产教育培训系统工程和“进企宣讲”活动，组织专家对企业主要负责人、安全管理员和一线员工进行培训，提高企业自主创建能力和水平。多次召开评审机构会议，组织对各类安全生产标准化咨询、评审机构的收费情况、服务态度、服务质量等进行专项检查，对发现的问题及时进行通报，对1家严重违规的评审机构采取暂停其从业资格的措施。同时，加强对评审机构的管理，对评审机构进行整合，市财政拨出25万元的评审专项经费，明确所有工贸标准化的评审费用由财政支出，评审机构不得收取任何费用。全市应达标的企事业单位16032家，已通过评审达标13318家，达标率83.07%。其中，有1323家工贸行业大中型企业实现达标，达标率84.9%，5477家小微企业实现达标，达标率87.9%。有72048家个体工商户参与标准化提升工作。

【推进安全发展示范城市创建】 采取“五个强化”保障措施，全力构筑“八大体系”建设，成立10个重点工作推进小组，推动创建活动扎实有序开展。全市有52个乡镇、9个园区被评为省级安全社区、安全园区；有11家企业被评为安全文化示范企业；培植216家创建活动示范单位；建设“智慧安监”平台，已投入试运行。依托“智慧安监”信息管理平台，企业每月开展常态化隐患自查自纠，并建立台帐，上报排查情况。隐患排查治理信息系统覆盖全市13个县（市、区），323个市、县两级行业监管部门，172个乡镇（街道），至8月试运行以来，全市纳入信息系统监管共计6095家，企业自查上报隐患数10837条，已完成整改10666条，整改率98.42%，部门检查发现隐患675条，已完成整改632条，整改率93.63%。

【深化打非治违专项行动】 制定出台《进一步加强安全生产监管执法的通知》，通过建立健全安全生产执法检查常态化机制、“四不两直”暗查暗访机制，开展多部门联合执法，进一步强化安全监管执法，取得了较好成效。以开展举报奖励为抓手，公布举报电话，动员群众提供线索，协助查处非法违法行为。一年来，共受理12360安全生产举报投诉34件，做到件件有落实，件件有回复。每季度在市安监局网上公布一批关闭取缔企业名单接受群众监督，共公布164家企业名单，广泛接受群众监督，有效杜绝非法违法企业“死灰复燃”。同时，落实“一案双查”制度。一年来，共建议对7人给予党政纪处分，5人给予追究刑事责任，6人进行其他处理，事故行政处罚192.3万元，均按期批复结案。特别是“新安法”实施以来，对3家企业共处以罚款156万元，均比“新安法”实行之前的处罚幅度有较大提高，实现“重典治乱”的目的，推进安全生产工作的落实。

【开展重点领域专项整治】 根据季度安全生产特点和事故发生规律，每季度选择一些重点行业领域，深入基层、企业一线，集中人力物力解决突出问题，推动道路交通，消防，尾矿库，燃气，危险化学品，建筑施工，煤矿，液氨，油气、城镇燃气、危险化学品输送管道为重点的行业（领域）专项整治向纵深发展。全市共组织检查组3525个，检查企业15415家次，排查一般隐患15081项、已整改14897项，整改率为98.8%；排查重大隐患27项，全部整改到位；打击非法违法行为1500起，整治违规行为2205起，停产整顿42家，暂扣吊销证照25个，关闭取缔50家，处罚554.74万元，追究刑事责任9人。

【深化宣传教育】 在《中国安全生产报》《泉州晚报》《泉州广播电视报》等新闻媒体上投入33万余元，制作宣传短片在电视频道滚动播出，通过展览专题展板，张贴宣传海报，开展有奖问答，发放致企业的主要负责人一封信等活动，切实提高宣传效果，普及安全基本常识，营造浓厚氛围。6月16日，市安办会同洛江区组织有关单位开展“宣传咨询日”活动，通过宣传图片展览、发放宣传资料、现场解答问题、创安千人签名等方式，向社会公众提供安全生产政策法规咨询与服务。加强宣教基地建设，鲤城、泉港、永春的安全生产培训基地、警示教育体验馆陆续投入使用。

【提升安全生产保障能力】 加大安全生产经费投入。2015年，市财政安排安全生产专项经费预算700.4万元；对从事安全生产工作的人员实行特岗津贴，全市每年财政投入约195万元。加快职能划转。职业卫生划转方面，在市安监局成立了职业安全健康监督科，核增行政编制2名，增加正科级领导职数1名，并于3月11日进行了职能移交；将烟花爆竹安全监管职责由市公安局调整到市安监局，并核增市安监局1名行政编制。强化应急救援。已投入资金3912万元，加快推进泉港石化安全生产应急救援中心建设。开展应急资源普查，加强应急队伍建设，强化消防救援装备配备。

价格管理

【价格总水平保持基本稳定】 2015年，来泉州市居民消费价格总水平继续保持低涨幅运行态势，累计上涨1.9%。加强价调基金征用管理。开展价格调节基金检查工作，对基金使用情况进行督查，确保专款专用。2015年春节前夕，向全市17万社会困难群体发放临时价格补贴590多万元，重阳节前夕向7000多特困失能老人发放临时价格补贴220多万元。加强价格监测预警。认真执行价格监测报告制度，及时上报各种日报、旬报、月报数据。科学调整价格监测点，提高数据的准确率和上报率，注重苗头性问题的分析和研判。坚持发布民生价格信息。做好重要民生价格信息的发布工作，通过“价比三家”引导群众合理消费。坚持每月通报全市居民消费价格指数和鲜菜价格指数，针对不同价格形势提出具体稳价控价措施。

【助推经济社会发展价费措施】 贯彻落实电价政策。落实国家、省有关大工业、一般工商业及其他电价优惠政策；贯彻环保电价、差别电价政策，帮助已经实施转型转产项目的石材加工企业剔除执行差别电价，推动民营企业加大落后产能淘汰力度，加快转型升级。落实安溪EC产业园优惠电价，帮助园区企业降低成本。协调处理安溪县农村污水处理用电价格。适时调整天然气价格。发挥天然气价格调整会商联席会议制度作用，深入供需企业开展天然气价格调研，提出调控方案。经市政府同意，重新确定建陶企业的用气价格，年可减轻泉州市建陶企业用气负担约1.17亿元。降低居民住宅供气工程建设收费标准，减轻房地产企业建设成本费用支出。清费减负成效明显。加强收费动态监管工作，对收费项目、依据、标准进行全面梳理汇总，及时对外公布《涉及企业行政事业性收费清单》《行政事业性收费优惠政策清单》《收费单位清单》等三清单，并编印成册向企业和社会免费发放。加强机关事业单位收费许可证、经营服务性收费证制度取消后的事中事后监管工作，深化收费公示制度，大力规范全市各收费单位及各级行政服务中心的收费公示行为。继续培育“阳光价费”示范单位，推荐14家省级“阳光价费”公示示范单位。对涉企行政事业单位和部分中介服务机构开展收费政策督查。改善旅游价格环境。严格按程序组织召开整合清源山门票价格听证会，进一步优化门票整合方案，经市政府同意后上报省物价局审批执行。核定永春牛姆林生态旅游区门票价格。

【重点领域价格改革稳步推进】 医药价格改革有序推进。在2014年全面推进公立医院医药价格改革的基础上，对公立医院零差率实施以来医院收入、医保、新农合和群众负担等情况开展专题调查，组织对现有医疗服务价格调整方案进行评估，征求多方意见后提出价格优化意见，完成市、县、镇（街道）三级医疗机构价格最新核定方案。推进气价、水价计价方式改革。气价方面，核定居民用户管道燃气建设费最高收费标准，规范燃气建设费收费行为，推动老城区普及使用管道燃气。同时，已开展居民燃气价格成本监审，召开居民用气阶梯价格听证会。水价方面，中心市区、惠安县已实施居民阶梯水价，泉港、德化已批复待实施，晋江、石狮已完成成本监审，南安正开展成本监审工作，安溪、永春已制定居民阶梯水价工作推进计划。推进中介服务收费改革。加大对列入政府定价或政府指导价的中介服务收费管理力度。贯彻落实国家、省简政放权的有关政策，先后放开了一批中介服务收费，大大缩减实行政府定价和政府指导价管理的范围，进一步激发市场活力。认真清理前置中介服务项目和标准，核定机动车安全技术检验和排气检测费收费标准。

【民生价费监管力度不断加大】 加强教育收费管理。核定泉州实验中学、外国语中学、泉州轻工职业学院等民办中学、高等院校的学费、住宿费标准和第三实验小学学费标准，以及闽南理工学院的学生公寓空气能热水费标准。制定公布2015年春季普通中小学课本费和作业本费标准。同时，做好泉州市财贸幼儿园等民办幼教机构保育教育费标准的审核报备工作。开展民生价费专项检查。开展药品价格、涉企收费、教育收费、停车收费等专项检查。推行网格化市场价格监管。推行网格化监管方式，按照“横到边、纵到底”的工作格局，联合县级价格主管部门共同抓好辖区内市场价格监管；组建应急处置小分队，有效应对市场价格异常波动和突发事件。重要节日期间对主要超市、商场等领域进行价格巡查。利用各行业协会宣传价格法规政策，促进行业价格自律。发挥价格举报平台作用。完善12358价格举报系统建设，确保12358价格举报系统高效运行。

粮食储备与供应

【落实储备规模和增储任务】 落实完成在原有35万吨粮食储备基础上新增6万吨的任务，年底实际到位42.07万吨。常年保持1万吨应急大米和4000吨食用油储备足额到位。2015年度全市地方储备粮轮换10.51万吨。

【加快推进粮储设施建设】 采取新建、扩建、功能提升等措施，加快推进全市储备粮库建设工作。由市本级带动鲤城、丰泽、洛江三个区于洛江罗溪镇集中建设的市区中心粮库于2014年底动工建设。泉州市区中心粮库项目和泉州台商投资区储备粮库项目分别被列入市、县两级管理重点项目。全市建成1.6万吨、规划动工建设36.5万吨标准化仓容，维修改造仓容2.6万吨，功能提升仓容12.5万吨，争取中央、省、市各级财政补助资金4676万元（其中中央补助资金4476万元），进一步改善粮食仓储设施条件，解决有效仓容不足的问题。

【开展粮食订单收购】 2015年，早籼稻最低收购价为每50公斤135元，中晚籼稻最低收购价为每50公斤138元，订单粮食直接补贴为每50公斤12元。全市完成早晚籼稻订单收购8656吨，完成计划108.2%，发放直补款207.7万元，切实做到“创优服务方式、促进粮农增收”。

【搭建产销协作平台】 组织引导各类经济成份的规模化粮食流通企业参加“6•18”海峡科技成果项目对接会、第十一届粮食产销协作福建洽谈会、黑龙江金秋粮食交易合作洽谈会等多场省内外粮食展销会。全年签订粮油加工科技合作项目3项、引粮入泉粮食购销合同55多万吨。

【多方保障粮油市场供应】 协调全市骨干粮油企业和军供定点加工企业组织适销对路粮源，确保全市粮油市场的正常供应和重大节日市场保供稳价。委托省产品质量检验研究院检测粮油产品共计75项检验项目，确保青运会泉州赛区粮油供应和运动员“舌尖上的安全”。全

4月2日，国家粮食局粮油科学研究院院长杜政到泉州调研粮油食品加工和粮油产业化经营情况（图/市粮食局）

市军供网点建设改造三年规划项目总投资551.8万元，争取中央、省级补助资金441万元。

【提升依法管粮水平】 加强对原粮收购、储存、运输及军粮、应急等政策性用粮监管，全市参加粮食收购资格核查和收购市场检查人员486人次，检查企业373次。粮油质量卫生指标抽检合格率达95.24%，完成治理“餐桌污染”目标任务。完善粮食执法体系建设，全市持有粮食执法证48人。推进放心粮油工程建设，全市分别已有5家全国、11家全省放心粮油示范加工企业，1家全国、12家全省放心粮油示范销售店。在永春县和南安市开展以“爱粮节粮，健康消费——粮食科普进家庭进学校”为主题的2015年粮油科技周宣传活动和以“兴粮惠农进万家”为主题的第35个世界粮食日爱粮节粮宣传活动。

【规范建设应急供应网络】 修订《泉州市粮食应急预案》，加强应急供应网点和加工企业规范管理。全市确定粮食收购资格年检合格企业123家，骨干粮店合格企业96家，骨干粮油加工合格企业18家，粮油应急加工企业18家，粮食应急供应网点187家。依托全市16个粮油价格监测点实时监测市场行情动态，全年编发粮油品种集市价格监测周报表50期。

【扶持服务粮油企业发展】 2015年全市国有粮食企业实现利润1169万元，同比增长34%。四家市级国有和民营骨干粮食企业成功申领引粮入闽、引粮入泉补贴209.42万元，调动企业引粮入泉的积极性。全市入统粮油加工企业37个，比上年减少7个，实现粮油工业总产值112亿元，比上年减少12亿元。产品销售收入114亿元，利税总额3.2亿元。全市大米、小麦年生产能力分别为69.13万吨和81.84万吨，实际分别加工33.07万吨和63.78万吨；全市食用植物油年生产能力油料处理87.5万吨，精炼40.13万吨，实际加工38.46万吨。

（资料图片）

财税金融保险证券

CAI SHUI JIN RONG BAO XIAN ZHENG QUAN

责任编辑：何佳媚

财政

【预算收支执行情况】 全市一般公共预算总收入完成804.74亿元，比2014年增加81.62亿元，增长11.3%，其中：全市一般公共预算收入完成388.3亿元，比2014年增加8.2亿元，增长2.2%。全市一般公共预算支出536.07亿元，比2014年增加59.34亿元，增长12.4%，其中：民生支出420.53亿元，比2014年增加69.26亿元，增长19.7%，占全市一般公共预算支出的78.4%，比2014年提高4.7个百分点。全市政府性基金收入140.13亿元，比2014年减少230.42亿元，下降62.2%；全市政府性基金支出189.03亿元，比2014年减少164.62亿元，下降46.5%。

【本级预算收支执行情况】 市本级一般公共预算总收入完成102.74亿元，比2014年增加1.74亿元，增长1.7%。其中：一般公共预算收入完成60.52亿元，与2014年持平。市本级一般公共预算支出86.51亿元，比2014年增加16.8亿元，增长24.1%。市本级政府性基金收入42.28亿元，比2014年减少68.39亿元，下降61.8%；市本级政府性基金支出69.3亿元，比2014年减少16.01亿元，下降18.8%。

表 23 2015年泉州市一般公共预算收支完成情况表

收入 单位：万元

预算科目	全 市	市本级
一、税收收入	3068520	384131
增值税	560867	77720
其中：改征增值税	71813	22453
营业税	762228	88450
企业所得税	530822	62215
企业所得税退税	—	—
个人所得税	135718	20272
资源税	13638	573
城市维护建设税	230315	32057

续表 23

预算科目	全 市	市本级
房产税	116264	14195
印花税	49829	5229
城镇土地使用税	123772	7747
土地增值税	346589	48935
车船税	39028	5944
耕地占用税	49141	562
契税	110309	20232
烟叶税	—	—
其他税收收入	—	—
二、非税收入	814516	143797
专项收入	210318	39808
行政事业性收费收入	220485	43743
罚没收入	83374	18457
国有资本经营收入	29067	7930
国有资源(资产)有偿使用收入	239246	29359
其他收入	32026	4500
本年收入合计	3883036	527928

支出

预算科目	全市	市本级
一、一般公共服务支出	437679	71759
二、外交支出	—	—
三、国防支出	16543	3867
四、公共安全支出	331733	94620
五、教育支出	1228361	152208
六、科学技术支出	123785	23044
七、文化体育与传媒支出	94404	32500
八、社会保障和就业支出	470003	30974
九、医疗卫生与计划生育支出	574981	68049
十、节能环保支出	113570	21601
十一、城乡社区支出	534936	59609

续表 23

预算科目	全市	市本级
十二、农林水支出	627848	40193
十三、交通运输支出	157589	35454
十四、资源勘探信息等支出	211916	14245
十五、商业服务业等支出	64214	18279
十六、金融支出	2536	1448
十七、援助其他地区支出	1628	1533
十八、国土海洋气象等支出	40400	6184
十九、住房保障支出	110965	2388
二十、粮油物资储备支出	22909	3231
二十一、其他支出	201981	32025
二十二、债务付息支出	29400	19976
其中：地方政府一般债券付息支出	9583	171
二十三、债务发行费用支出	1512	37
本年支出合计	5398893	733224

说明：此表根据2015年度年终决算数填报，市本级不含台商投资区

国税

【概况】　全年国税税收收入累计入库485.04亿元，同比增收77.89亿元，增长19.13%（全省增长7.5%），完成福建省国税局下达计划的102.5%，超序时进度2.5个百分点，超收11.84亿元。其中：联合石化入库97.9亿元，增收32.8亿元，增长50.3%；中化入库88.5亿元，增收55.6亿元，增长168.8%；全市扣除两化入库298.6亿元，减收10.5亿元，下降3.4%。受2014年11月以来三次上调成品油消费税税率及中化2014年下半年正式投产等因素影响，“两化”入库税收合计186.4亿元，占全市税收总额的38.4%，比2014年提升14.3个百分点，对“两化”的依赖程度明显上升。2015年，全市评估补税入库6.8亿元，同比减收0.3亿元，下降4.7%；稽查查补入库3亿元，同比增收0.1亿元，增长3.4%。稽查评估查补税款合计9.8亿元，占直接收入（不含“两化”、车购税）的3.8%，与2014年基本持平。

【税收服务】　全市完成出口退免税151.53亿元，同比增加29.73亿元，增长24.4%。其中：免抵调库26.2亿元，增加0.55亿元，增长2.14%；出口退税125.33亿元，增加29.18亿元，增长30.35%。

【各县区收入情况】　全市13个征收单位组织收入进度不均衡，仅有惠安（102.79%）、泉港（44.15%）、大企业（24.14%）、洛江（7.78%）、晋江（0.33%）等5个征收单位实现正增长；税收总量上，惠安、泉港、晋江超百亿位居前三，分别入库109.2亿元、107.2亿元、105.2亿元。从完成年初收入计划进度来看，全市仅有惠安县局、泉港区局、大企业局、洛江区局4个征收单位完成年初收入计划。

【依法治税】　随着“三证合一、一照一码”的实施推广，新登记纳税人数量迅速增长。2015年新登记纳税人26904户（2014年18816户），同比增长42.98%，其中一般纳税人2388户（2014年1748户），增长36.6%；但新登记纳税人入库税款1.08亿元（2014年新登记纳税人入库税款1.35亿元），同比下降21.5%，新增税源贡献度下降。

地税

【概况】　2015年，全市纳税人16.83万户，其中企业户10.44万

户、个体工商户5.19万户、其他类型纳税户1.20万户。全市地税系统组织各项收入395.6亿元，同比增收4.6亿元，增长1.2%。税收收入：入库296.6亿元；扣除耕地占用税和契税，入库税收278.30亿元。中央级税收48.34亿元；省级税收26.46亿元；县市区级税收221.75亿元。其他费金收入：入库98.98亿元，增收11.79亿元，增长13.52%，其中社保五险68.86亿元，增收8.03亿元，增长13.21%。财政收入：组织一般公共预算总收入226.9亿元，实现市政府下达的目标任务。

【服务发展】 主动对接泉州市委重点课题调研，围绕稳增长促发展、经济财税热点、难点等方面进行研讨，做好跟进服务、扶持发展，汇编《企业改制上市政策汇编》和《企业兼并重组政策汇编》两本书，积极提升站位服务全市经济发展大局，提出发展措施建议。

【税收法制】 深入推进依法行政，加快税收法治建设。充分发挥公职律师作用，全市地税系统共有11名公职律师；市局和8个县级局聘请了法律顾问，为依法行政提供外部智力支持；规范重大案件审理工作，市局审理重大案件1件，县级局审理重大案件14件；开展税收执法督察工作，发现问题涉及纳税人663户次，发现620个问题，执法过错数285个，提出追究责任174人次，违规税款数630.3万元。2015年，小型微利企业减免营业税1828万元、企业所得税3996万元；普通住房转让方减免营业税1.9亿元，普通住房购买方减免契税2.41亿元；落实政策，减征失业保险费1.09亿元；减征江海堤防费6347万元；减征价格调节基金1152万元。

【税费征管】 推进登记制度改革，2015年1月起实现地方税务登记证照电子化管理；6月起施行企业和农民合作社"一照一码"登记制度改革，当年采集登记"一照一码"1.40万户。夯实征管基础质量，全市税务登记信息完整率达到95%以上，税务登记信息差错率低于5%，重点税源的财务报表采集率达到90%。加大欠税清理力度，共清理各类旧欠5281万元；召开征管改革工作座谈会，深化税收征管改革。全面推行《全国税收征管规范1.0版》，推进税收征管规范化建设；继续推进税收风险管理，全市税收风险管理识别推送9826户次，入库税款1.67亿元。持续推进"四位一体"税源组织机制建设，建立各序列间系列工作机制。建立联席会议轮值机制，开展国地税合作。优化全市193户挂钩联系企业和10个对地方税源贡献大的在建重大项目个性化纳税服务，开展6户企业集团在泉成员单位定点联系企业税收风险管理工作，试点运用大数据开展大企业税收服务与监管工作。大力推进税费同征同管工作，加强基数管理，夯实征管基础，优化缴费服务，着力提升社保征缴"五率"水平，全年净增基本养老保险参保户12131户，企业单位覆盖率提升至96.1%，清理各类基本养老保险费、失业保险费欠费额1.07亿元。社保缴费基数提升明显，征缴质量持续稳步提高。

【纳税服务】 深入开展"便民办税春风行动"，积极落实纳税服务规范，其中地税事项基本规范已全部落地，纳税服务方面53项升级规范已实现29项，其他升级规范正逐步落实中。结合纳服规范更新要求，修订完善办税服务规范、业务规范、服务管理等制度，印制并发放《涉税办理指南》宣传手册。完善优化办税服务环境，对新启用的办税服务厅合理划分各楼层功能区域，方便纳税人办税。依托信息化技术，丰富、提升办税服务体验——推行"电子导税台"，运行24小时自助办税终端机66台，自行研发"网上办税服务综合平台"和办税服务APP软件；创建微信公众平台，开通微信预约办税等多个实用功能；推进网上自助办税，单位纳税人网上申报比例达到85%，试点拓展网上办税系统26项功能，实行电子文书网上送达；改版门户网站，设置网上纳税人学堂，按季举办以政策解读为主题的在线访谈，开通线上纳税咨询和投诉功能，开展网上调查和意见征集；开展泉州市地税系统"与税相伴、与美同行"系列税收宣传活动。加强国地税合作，联合国税部门开办"纳税人学堂"；联合组织对21504户应参评户进行纳税信用等级评价。同时加大对纳税信用

企业税收服务队到企业宣传税收协定政策 （图/市地税局）

分析的成果运用，与多家商业银行通过税收贷、税易贷等项目为19户A级纳税信用企业提供贷款6.37亿元。泉州地税“12366”热线全年共接听人工语音服务量52554次，纳税人满意率100%。加强涉税中介行业的监督及管理，开展税务师事务所执业年检和执业质量检查，依法引导，推动和规范涉税中介服务健康发展。

表 24　2015年度各项收入情况统计表

单位：万元

年度	各项收入	税收收入	同比增长	中央级税收	省级税收	市本级税收	县区级税收
2015	3955834	3909753	1.2%	483448	264597	337733	1879782
年度	企业所得税	个人所得税	营业税	城建税	房产税	土地使用税	教育费附加
2015	282505	200942	1082274	287189.412	116263.8976	123772.614	239163
年度	资源税	印花税	车船税	土地增值税			
2015	13638.07551	49829.24014	39028.45512	346588.7512			

金融 证券

【银行】 年末全市金融机构本外币各项存款余额6612.31亿元，比上年末增长8.8%，其中人民币各项存款余额6352.56亿元，比上年末增长9.6%。人民币存款中，住户存款余额3103.22亿元，比上年末增长10.0%；企业存款1994.29亿元，比上年末增长3.5%。全市金融机构本外币各项贷款余额5429.17亿元，比上年末增长10.1%，其中人民币各项贷款余额5284.98亿元，比上年末增长13.1%。人民币贷款中，个人消费贷款余额919.43亿元，当年新增92.34亿元，其中住房贷款余额703.64亿元，当年新增4.23亿元。至年末，全年全市新设银行机构5家、准金融机构17家。泉州银行业金融机构及分支机构网点1363个，从业人员2.12万人。泉州市银行业组织体系较为健全，全市共有10大类、42家机构，包括政策性银行市级分行1家（农发行泉州市分行）；大型商业银行市级分行8家（工、农、中、建、交行泉州分行及建行晋江、石狮分行，中行晋江分行）；股份制商业银行市级分行10家（兴业银行、中信银行、招商银行、民生银行、平安银行、光大银行、华夏银行、浦发银行、恒丰银行、广发银行泉州分行）；城市商业银行4家，其中法人机构1家（泉州银行），分行3家（福建海峡银行、厦门银行、厦门国际银行泉州分行）；邮政储蓄银行市级分行1家；农村中小金融机构13家，其中农村商业银行4家（泉州、晋江、石狮、南安农商银行），县级联社4家（惠安、安溪、永春、德化农村信用联社），新型农村金融机构5家（安溪民生村镇银行、惠安中成村镇银行、南安汇通村镇银行、石狮渝农商村镇银行、永春漳农商村镇银行）；外资银行分行1家，即（菲律宾）首都银行（中国）泉州分行；专营机构2家，即独立持牌的中信银行、民生银行信用卡泉州分中心；消费金融公司1家，即兴业消费金融股份公司；财务公司1家，即福建七匹狼集团财务有限公司。

菲律宾首都银行泉州分行　（图 吴寿民）

【保险】 全市保险业实现各项保费收入157亿元，比上年增长14.7%，其中，财产险保费收入54亿元，增长13.3%；人身险保费收入103亿元，增长15.5%。赔款及给付支出42.87亿元，增长8.5%，其中，财产险赔款及给付支出25.61亿元，增长9.2%；人身险赔款及给付支出17.25亿元，增长7.5%。

【证券】 全年证券市场通过发行、增发、配售股票共筹集资金107.3亿元，比上年增加62.8亿元。其中，新发行A股2只，增发1只，筹集资金32.6亿元，比上年增加14.5亿元；境外新发行上市3只，筹集资金74.7亿元。截至年末，境内上市公司（A、B股）数量由上年末的16家增加到18家，总市值1366.63亿元，比上年末增长71.1%；境外上市公司数量由上年末的75家增加到78家。

银行监督管理

【金融市场管理】 建立实施存款保险制度工作机制，组织落实存款保险制度宣传工作，加强对法人投保机构工作情况的督导，推进《存款保险条例》组织实施工作。持续加强对泉州银行、农村合作金融机构、村镇银行等中小法人金融机构风险监测，促进辖区法人金融机构稳健经营。组织兴业银行泉州分行和辖区各法人银行业金融机构机构开展银行业负债管理自评估基础上，对泉州银行、兴业银行泉州分行开展银行业负债管理专项现场评估。关注准金融机构快速发展中潜在的风险问题，推进石狮市金融服务中心和晋江恒盛民间借贷登记服务公司改进和完善民间借贷登记服务，推动民间融资“阳光化”，促进准金融机构规范、有序、可持续发展。加强对重点领域和行业、大型有问题企业风险排查，加强对辖区银行业不良贷款风险及处置情况监测分析，推动辖区银行、保险、证券期货金融机构落实金融风险监测预警机制和重大事项“零报告”机制，防范金融风险。配合政府部门做好辖区部分企业因经营不善、资金链断裂、企业主失联等导致银行信贷资金面临风险的资金防控和处置工作，维护良好的金融运行态势。

【加大信贷支持实体经济力度】 联合市金融工作局出台加强信贷服务支持实体经济发展八条措施等文件，引导泉州银行业多种渠道拓宽信贷资源。2015年末泉州银行业各项贷款5454亿元，比年初增加523亿元，同比增长10.60%；全市银行业小微企业贷款余额1810.38亿元，同比增长8.13%；全市银行业涉农贷款余额3258.24亿元，同比增长11.26%。

【推进银行业改革发展】 银行业组织体系持续完善，福建七匹狼集团财务公司开业，成为全省首家民营企业集团财务公司；恒丰银行泉州分行、广发银行泉州分行开业，全市股份制银行10家，位居全省地级市首位；村镇银行组建步伐加快，辖区8个县（市、区）实现村镇银行规划全覆盖，其中开业5家。银行业无还本续贷创新继续深化，指导泉州银行推出“无间贷2.0”升级版，组织开展泉州市农村合作金融机构创新还款方式、服务实体经济专项行动，至2015年末辖内法人银行机构累计办理无还本续贷7424笔、金额103.74亿元。

【实现银行业安全稳健运行】 抓好重点区域、重点机构、重点行业、重点客户的信用风险防控，出台信用风险防控工作意见，加强风险监测分析，创新构建联动防控机制，加大联合督导力度，2015年末全市银行业不良贷款率2.58%，低于全省不良率0.21个百分点。2015年全市银行业继续保持“零案件”良好态势。

【金融信用工作】 推动完善政府部门业务系统与泉州市中小微企业信用信息交换与共享平台的数据传输渠道，加快对部门信息的整合力度及入库数据的梳理力度，至2015年底，导入36种类型、14.84万家中小微企业的基础数据704万条，实现17个条块部门企业信用信息的互联互通与交换共享。依托该平台构建“5000家重点小微企业融资项目库”，至2015年底，推荐入库重点小微企业2472户，其中1030户获

恒丰银行泉州分行 （图 吴寿民）

得银行信贷支持，贷款余额97.26亿元，实现信用价值助推实体经济发展的良性链式反应。践行“普惠征信”理念，助力民间借贷诚信体系建设，在全省首家民间借贷登记服务公司——泉州晋江恒盛民间借贷登记服务有限公司布置个人信用报告自助查询机。围绕信用信息价值化，推动出台《石狮新市民积分管理办法》，将个人信用报告审查列入新市民积分项目。全市各涉农金融机构为109.51万户农户建立信用档案，为82.37的农户评定信用等级，累计为已建档农户发放887.13亿元贷款，贷款余额为317.48亿元。

金融机构

【中国人民银行泉州市中心支行】

贯彻执行稳健货币政策　落实差别准备金动态调整政策，有效保持地方法人金融机构信贷的平稳适度增长，全市15家地方法人金融机构新增人民币贷款130.47亿元。向2家地方法人金融机构发放支小再贷款4笔6.5亿元，向4家农村金融机构发放支农再贷款37444万元。组织辖内31家金融机构开展金融支持经济转型升级三年行动，夯实金融支持实体经济转型升级发展的工作基础。加强农村金融产品创新，全市农村土地承包经营权、农民住房财产权、林权等“三权”抵押贷款余额合计11.19亿元；农业贷款风险补偿专项资金增信贷款余额达18.45亿元，惠及一般农户和新型农业经营主体30844户。推动企业发债融资，全年全市中小企业在银行间市场发行企业债、中期票据和短期票据等各类直接债务融资工具余额223亿元，比年初增加31.5亿元，增幅16.45%。推进泉台跨境人民币贷款业务发展，至年末，全市9家企业办理泉台跨境人民币业务备案10笔，备案金额1.841亿元，业务进展良好。

维护辖区金融稳定　成立人民银行泉州市中支存款保险工作领导小组，加强指导和督促辖内投保法人机构做好投保手续资料报送工作和保费交纳数据提取工作。加强对泉州银行、农村合作金融机构、村镇银行、财务公司等中小法人金融机构风险监测。关注辖区类金融机构快速发展中潜在的风险问题，及时向上级行及相关部门反映类金融机构发展情况及潜在风险。关注经济下行背景下辖内部分区域、重要行业及企业出现的风险因素，提出风险防范措施及建议。

改善外汇管理服务　推广外商投资企业资本金意愿结汇政策，并做好直接投资外汇登记下放银行办理政策的宣传与指导工作。贯彻执行货物贸易、服务贸易、直接投资、外债、特殊目的公司境外投融资及返程投资外汇管理等外汇管理改革政策，大幅简化行政审批手续与程序，促进贸易投资便利化。推进个人贸易外汇管理便利化政策，扩大个人贸易外汇管理政策的宣传广度和深度，推动个人贸易外汇管理改革取得新实效。推进保险外汇管理改革，简化保险公司市场准入、退出及重新核准工作。推动辖区个人本外币特许兑换业务发展，全年累计新增2家法人本外币特许兑换机构。

提升金融服务质量　加强金融统计检查和培训，指导和督促辖内各金融机构做好统计口径的调整和报送。关注地方经济金融运行情况，自主开展具有区域特色的专题调查，为泉州市委、市政府和上级行提供决策参考。加大电子商业汇票推广力度，辖区全年办理电子银行承兑汇票承兑业务779.08亿元，电子化率47.32%。组织开展“泉州市联合整治银行卡网上非法买卖专项行动”，联合公安机关查处一批银行卡网上非法买卖的案件。持续推进深化农村支付服务环境建设，辖区共设立助农取款服务点2129个（其中可受理金融IC卡的929个）；推动手机支付等新兴支付服务快速发展，至年末，辖区农村地区累计开通移动支付用户1353.04万户。严格执行国库会计管理制度，安全、准确、高效完成预算收支任务，确保政府预算收支任务顺利完成。加强国库集中支付业务的监督和管理，确保国库资金安全。推进社会信用体系建设，提升征信管理服务水平。强化信用导向，推动小微企业金融产品与服务模式持续创新，全市优化、创新对接入库小微企业的信贷产品和服务方式50余项。推动农村信用体系建设工作提效增量，全市建立22个信用乡（镇）、519个信用村，对82.37万户农户进行信用等级评定，25.69万户农户获得金融机构贷款，贷款余额887.13亿元。组织做好兴业消费金融公司、安溪民生村镇银行、南安汇通村镇银行、惠安中成村镇银行和融资性担保公司等机构接入金融信用信息基础数据库指导和协调工作。做好发行基金调运、回笼、清分和复点等工作，确保全辖现金合理正常供应。持续推动反假货币工作长效开展，全辖接收假币358.76万元。组织辖区金融机构开展“金融消费者权益日”等宣传活动，提高金融消费者维护自身权益的素质和意识。联合人行石狮市支行、石狮市金融工作局、石狮市湖滨教委在石狮市开展“金融知识纳入国民教育”试点工作，并开展“金融知识进小学”活动。

行政执法　对辖内95家金融机构（含分支机构）开展专项执法检查（不含外管），检查内容涉及人民币流通管理、金融统计、征信管理、国库经收、反洗钱、金融消费权益保护、支付结算、黄金市场管理等；对邮政储蓄银行泉州分行开展综合执法检查。组织对73家银行机构（包括分支机构）开展外汇业务专项检查，对外汇违法案件立案45个，结案43个；申请法院强制执行案件3个，向公安机关移交案件3个。完成对全辖123家银行业金融机构、49家证券期货业金融机构、

99家保险业金融机构和3家支付机构2014年度的反洗钱工作情况考核评级工作。

【中国工商银行泉州市分行】 全辖本外币全部存款余额比年初增加12.32亿元，全辖本外币各项贷款余额比年初增加32.57亿元。2015年投放各项贷款超过500亿元，贷款余额、增量始终保持泉州市银行同业前茅。通过发展国际业务、资产管理业务等表外业务，通过“表内+表外”“本币+外币”“境内+境外”“商行+投行”“间接融资+直接融资”等多元化渠道，最大限度地满足泉州产业转型升级的各种融资需求。加大对新一代信息技术、新能源、新材料、生物医药等新兴产业和互联网+、中国制造2025等新兴业态项目的信贷支持。2015年泉州分行累计发放项目贷款近50亿元，较上年多发放13亿元。根据泉州产业集群优势突出的特点，探索小微企业批量化、集群化经营模式，对“南安市机械装备制造”等9个小企业重点客户群授信近40亿元（客户群和授信额为全省八个二级分行最多）。向小微企业提供“网贷通”服务，该产品“自助办理、随时随地、随借随还”，特别契合小微企业融资“短、频、急”的需求特点。创新推出针对泉州品牌企业的供应链融资创新方案，解决品牌企业上游供应商和下游经销商等小微企业融资难。结合泉州产业转型升级趋势特点，紧跟“品牌泉州”提升工程、“专特精”及科技型“小巨人”企业实施方案，创新组合产品，在投贷联动、并购重组、直接债券融资、互联网+等方面，满足企业个性化、综合化的金融服务需求。

【中国建设银行泉州市分行】 至年底，一般性存款时点余额569亿元，日均存款比年初新增20.46亿元。一般性存款时点余额、一般性存款日均余额及新增额继续保持当地同业首位。至2015年底，各项贷款余额504亿元，当年新增31.98亿元。全年实现中间业务净收入6.76亿元，净收入总量居全省建行系统及泉州当地同业首位。全年，通过加强批量转让、呆账核销以及其他处置方式，处置不良贷款14多亿元。

提升风险管控能力　围绕“控新、化旧”两方面工作，加快不良资产处置步伐，建立信用风险管理模式，扩大风险经营视野，加强政府与司法协同，价值化处置风险资产，重塑信贷文化，多措并举管控好资产质量。

加大业务营销力度　在突出存款核心地位的同时，更加坚持时点与日均并重的原则，围绕“重点产品、重点客户、重点渠道、重点运用”抓好存款落地推进，巩固和强化在同业和系统的位置和竞争力。个人存款方面，用批量思维和系统思维，拼抢“五大市场”，即居民消费市场、商户结算市场、收入分配市场、资本市场、高端客户市场。对公存款方面，强化考核，开展主题竞赛活动，并以产品促增存。成功引导有需求的企业购买单位大额存单，办理黄金租借业务，开通卷烟销售跨行支付结算系统，加大对公保本型理财产品的营销等；坚持分层营销增存，强化对公存款大户维护；加强与公积金中心的沟通联系与关系维护，加大住房维修资金归集力度，新增维修基金存款。对机构目标客户、重点营销行、产品组合、营销措施进行详细分析，实施高层营销。

调整业务结构　从省、市政府提出的未来五年重点项目中确定当年营销实现有效储备的重点项目，重点抓好城镇化建设贷款、海洋经济建设贷款、基本建设贷款等重大、特大项目的营销。实施战略转型，推进债务置换理财产品、股权类理财产品、供应链理财产品等三类创新理财项目，实现资管业务的突破。创新引领推动小企业业务，加快各项平台业务建设，成功搭建12个“税易贷”业务合作平台，加快推进福建省商务厅合作城市副食品调控基地企业“助保贷”业务，加快泉州市外贸“助保贷”推进，加大对本地纺织、服装及包袋等行业客户的扶持力度。稳步推进个贷业务增长。

加快战略性业务发展　电子银行方面，运用大数据管理，推进对公与对私电子银行全员售后服

9月13日，建设银行泉州市分行与匹克集团推出“匹克龙卡”，开辟银企互动合作新领域　　（图/建设银行泉州市分行）

务，持续扩大客户规模。加强场景应用，开发泉州市汽车运输总公司线上售票系统。贯彻落实“移动优先”战略，手机金融客户累计315万户，实现“在泉州每3人就至少有2人使用建行手机金融服务”。电商平台业务方面，促进信贷客户个人商城和企业商城高频转化。开展电商营销，推动平台交易量增长。信用卡业务做强做大，专项分期业务超10亿元，装修分期、车位分期、网点消费分期成为重要新增长点，信用卡中间业务收入成为全行中收的最重要来源。拓展政府投资项目审价业务，承办泉州市田安路南拓及片区改造项目、晋江大桥A标段、泉州市北迎宾大道拓宽改造项目等一批社会关注度高、影响力大的重点工程。

提升服务能力　着眼于“金融总量”“产品覆盖度”“交易量笔数”三项指标，从圈户逐步向客户提质转变。推进网点转型，全辖73个网点全部实现网点“三综合”转型，所有综合网点均组建综合营销队伍，同时体系化地推进“在线金融、百姓空间、丝路空间、三农天地”的规划建设。加强县域乡镇渠道建设，发展“助农点”“三农空间”，延伸向农村市场服务触角。加大服务工作考核和督导力度，每季度组织柜面服务大检查，聘请第三方进行柜面服务质量的神秘人检查，加大对检查结果整改情况的“回头看”工作，提高全行优质文明服务水平。盘活存量人力资源，结合网点“三综合”改革，在人员配置上向重点区域、关键岗位和一线岗位倾斜，重点充实客户经理、产品经理等岗位人员。

【中国农业银行泉州市分行】　至年末，本外币各项存款总量814.24亿元，比年初减少13.59亿元，各项贷款681.26亿元，比年初增加30.22亿元，实现利润22.28亿元。

助力地方经济发展　支持政府重大项目建设，对接政府交通基础设施、新型城镇化相关的民生保障工程、重点水利工程建设，支持泉州湾跨海通道工程、江南新区高山片危旧房改造、山美水库、惠女水库等建设项目；小企业专营机构建设稳步推进，2015年末小企业贷款余额113.68亿元，比年初增加5.35亿元，增速年年高于各项贷款平均增幅；发展个人信贷业务，2015年末个人贷款余额259.29亿元，居同业首位。

服务“三农”　服务现代农业、特色产业，形成对安溪茶产业链发展关键节点深化服务金融方案，创新“银行+供销合作社+产业链”合作模式，以惠农社保卡等优势产品对接供销社农资监管平台，推进惠农社保卡惠民服务。全行惠农社保卡累计制卡589.64万张，累计发放580.5万张，覆盖全市参合农户，设立全省首个惠农社保卡制发卡服务窗口，实现制卡、补换卡“立等可取”，累计设立该项服务窗口11个；实施金穗“惠农通”工程，设立惠农通工程服务点1219个，服务覆盖全市行政村，2015年末全行涉农贷款余额439.74亿元，比年初增加12.21亿元。

提升文明优质服务　优化渠道建设，全市范围内投放现金类自助设备达926台、自助缴费机603台、网银体验机183台、离行式注册终端145台、自助发卡机104台、超级柜台投放134台，电子机具总量近2100台，机具质量功能大幅提升。

【中国农业发展银行泉州市分行】　至年末各项贷款余额183.83亿元，各项存款余额54.3亿元，连续20年保持不良贷款零余额记录。发挥政策性银行的职能作用，支持泉州粮食安全、新农村及新型城镇化建设，以年均超过30%的增幅加快向泉州农业农村基础设施建设投放贷款，辖内县市区信贷支持覆盖率100%。累计支持政府主导建设项目114个，贷款审批金额501.5亿元，其中2015年获批项目27个、贷款金额214.2亿元。累计支持农村路网建设502千米、加固新建防洪堤132千米、河道整治清理105千米、污水管网铺设141千米、农村土地整治43766亩、新建农民集中住房小区67个、面积582万平方米、收储围垦海域面积116405亩、复垦土地面积6365亩。支持的项目还包括引水工程、水厂建设、小学、农村

农业银行泉州市分行在洛江区设立全省首个社会保障卡“立等可取”制发卡服务窗口，为客户提供快速补卡服务　（图/农业银行泉州市分行）

电视“村村通”、粮食仓储设施建设等民生工程。

【中国银行泉州市分行】 至2015年末，银行资产、负债总额分别为507.56亿元和510.88亿元；实现拨备前利润9.36亿元；本外币不良贷款余额8.51亿元，不良资产比率1.95%，资产质量表现优于同业。加大信贷投放，围绕支持重点战略项目、产业龙头企业、新兴产业以及优化过剩产业等，激活信贷存量和增长潜力，以实际举措促进实体经济增长。发挥“中小企业信贷工厂”审批优势，丰富产品体系，完善服务流程，加大对中小微企业金融服务支持力度。凭借中银集团多元化和国际化的服务优势，搭建内外桥梁，为“走出去”企业提供多渠道、多形式的融资支持。推广“出国金融服务”业务，满足市民出国金融需要。提升金融服务能力，发展非标理财资产，通过委托债权、产业基金等非标理财模式为企业提供资金支持，同时依托非标理等投行业务的开展加大托管业务的拓展力度，发展撮合业务、融资租赁、短期融资券等业务。推出中银步步高、大额存单、聚优惠等主动负债产品，帮助广大泉州市民提供财富管理。

8月，兴业银行泉州分行举行福建智能制造金融服务推介会

（图/兴业银行泉州分行）

【兴业银行泉州分行】 至2015年末，各项存款余额630亿元，较年初增长17.51%；贷款余额570亿元，较年初增长11.92%。

探索融资业务模式及产品创新 针对行业龙头企业并购融资需求，推出并购夹层基金业务；适应金融脱媒趋势，加快布局资本性融资业务，资产证券化实现零的突破；为满足智能制造企业转型升级要求，创新推出知识产权质押融资、“投联贷”、“三板贷”等系列产品；主动对接境外金融机构，采用内保外贷、黄金租借、跨境人民币贷款等产品，帮助本地企业规避汇率风险，支持企业成长，以实际行动给力实体经济。

全力发展小微金融 针对小微企业融资难、融资贵等问题，在原“易速贷”“流水贷”“连连贷”基础上，推出“税收贷”“网上自助循环贷”等业务品种。打造“互联网+银行+平台”的线上融资服务模式，推出“兴e融”在线融资e系列产品，客户可在线融资申请、在线自主提用、随借随还、循环使用。开展小微客户结算有礼、畅享旅游、贷款免利息等一系列活动，在有效减轻企业财务负担的同时，推动小微业务的发展。至年末，分行国标小微企业贷款余额超过220亿元，比年初增加近10亿元，增速4.70%，高于各项贷款平均增速0.18个百分点。

增强风险防御能力 调整完善风险管理架构，独立分设尽职调查部、法律与合规部、会计集中作业中心。同时，在分行企业金融条线、零售业务条线、金融市场条线内嵌风险管理团队，构筑风险管控的第一道防线。完善专业业务条线与风险管理职能部门的风险联席会议制度，在业务发展中有效把握和控制风险。贯彻总行及监管部门要求，加大各项内控合规检查力度，倡导“审慎、合规”的风险内控文化，营造合规经营的环境。

完善服务渠道布局 在泉州市区、南安、晋江、石狮、惠安等区域新开设8家社区支行。与此同时，加快自助机具布设，提高网点智能化服务水平。至2015年末，金融自助通、存取款机、自助回单机柜面替代率分别76.8%、87.38%、96.22%，自助机具替代率呈现逐月稳步上升态势，市民办理金融业务更加便利。升级微信平台，开发商城应用，服务网络多元化。

【泉州银行】 至年末，资产总额738.94亿元，比上年末增加131.11亿元，增幅21.57%；各项存款445.91亿元，比上年末增加99.45亿元，增幅28.70%，在泉州市场存款占有率5.76%，比上年末增加0.69个百分点；各项贷款247.41亿元，比上年末增长54.61亿元，增幅28.32%。2015年末非贷款利息收入占比持续提升，达到59.43%，较上年末增加2.28个百

11月27日，丰泽区政府与泉州银行签署战略合作框架协议

（图/泉州银行）

分点。年度实现净利润4.1亿元，同比增加0.27亿元，增幅7.05%。不良贷款率1.54%，比上年末增加0.44个百分点，不良贷款率低于全国及省市银行业、省内城商行平均水平。至2015年末，小微贷款增速高于全行各项贷款平均增速2.41%，小微贷款户数高于上年同期1347户，小微企业申贷获得率高于上年同期23.92%。

服务实体经济　2015年，表内外信贷总量近480亿元，比上年末增加约62亿元，增幅14.75%；表内信贷投放比上年末增加54.61亿元，增幅28.32%，高于全省贷款增幅16.32个百分点，高于全市18.19个百分点。通过信托公司、北京金融资产交易所、资产管理公司等结构性融资渠道，盘活信贷存量，为实体经济解决融资需求约41亿元。在银行间市场成功发行规模10亿元、期限10年的二级资本债券，基于市场品牌影响力与认可度，债券最终发行利率4.7%，远低于市场预期，成为省内城商行发行利率最低的银行。

提升社会品牌度与核心竞争力　推动政府债务平滑基金和产业基金两大业务创新，强化资产主动投资管理与流转能力；重点推出股票质押式回购、运营贷等信贷创新产品，创新公司产品；设计智能制造专项金融服务方案“泉能贷”，对接“泉州制造2025”。推出“无间贷”2.0升级版，成效明显，截至年末累计办理“无间贷”业务2984笔，发放金额71.28亿元，贷款余额48.67亿元，惠及1907户小微企业及个体工商户，为客户节约融资成本9980万元；“无间贷”业务贷款金额覆盖率49.56%，户数覆盖率44.78%，分别较年初增加29.1和32.21个百分点。围绕客户资产保值增值，实现财富管理在理财、基金、黄金、银保、信托五大产品系列全覆盖；关注民生需求，主打个人房产按揭贷，引进德国IPC微贷技术并推出“泉能V贷”；下沉社区服务触角，社区网点总数达37家，较上年末增加25家，解决金融服务“最后一千米问题”；通过社区支行向市民配套错峰、延时、便民增值金融服务，打造“泉行泉家福”品牌，深化“五心级”服务，改善社区居民金融服务环境。

强化分类施策与沟通　对于出现暂时性经营困难的企业，稳定预期、稳定信贷、稳定支持，通过必要的、风险可控的收回再贷、展期续贷、并购重组等方式，最大限度地帮助困难企业实现近期解危、远期解困。确立“当日审结”、“存量容忍”等授信审批机制，区别对待优质项目、存量续贷等业务；总行层级建立“四个清收小组”、“派员驻点督导清收”等不良贷款纵向联动机制；设立特殊资产管理部，强化不良贷款化解职能发挥；提足拨备，加大不良贷款核销力度。至2015年末，通过现金清收、重组、核销等多项举措，累计清收处置不良贷7.2元。落实省市金融稳定协调机制，协助、配合政府开展金融风险防范和化解工作，倾向性扶持存在资金困难企业并取得成效，维护地方金融稳定。

延伸网点服务触角　至2015年末，形成3家分行、4家区域支行、49家综合支行和37家社区银行的网点布局，网点总数93个，比上年末增加30个。2015年度，泉州银行厦门分行获批筹建，并于2016年3月获准开业，分行网点覆盖省内重点区域；完成丰泽、鲤城和晋江区域支行建设，区域支行达到4家；社区网点总数37个，总资产突破10亿元。

【华夏银行泉州分行】　至年底，辖有分行营业部、南安支行、晋江支行、鲤城高新园区小微支行、宝珊花园社区支行和10家自助银行。一般存款余额31.3亿元，占全辖银行业存款总量的0.47%；本外币各项贷款余额17.89亿元，占全辖银行业贷款总量的0.33%。以全辖银行业0.27%的网点占比、0.3%的员工占比和0.33%的信贷占比赢得全辖32家银行业金融机构存款总量0.47%的市场份额。至年末，一般性存款年日均30.77亿元；储蓄存款年日均4.37亿元，年日均占比14.2%，比年初提升　2.2个百分点。个人金融资产余额5.66亿元，较年初增长15%；保证金存款占比　17.05%，比年初下降10.35个百分点；无贷户日均存款16.04亿元，同比增加3.8亿元、增长30.67%；特别是第一大存款户由

9月30日，华夏银行泉州鲤城高新园区小微支行开业

（图/华夏银行）

年初的12亿元下降为0.2亿元，占一般存款的比例由年初的36.81%下降为0.65%，改变存款靠大户过日子的旧貌；本外币各项贷款余额17.89亿元，全行存贷比仅58%，同比下降20个百分点。年拨备前利润0.81亿元，同比增长2.13 %；账面利润0.4亿元，同比下降36.7%。拨贷比2.9%，同比提高 1.2个百分点；成本收入比31.12%，同比下降3.65个百分点；存款付息率1.84%，同比下降0.32个百分点；中间业务收入0.33 亿元，同比增长34%；中间业务收入比率25.5%，同比提高 7.8个百分点；非资本性中间业务收入占比95.6%，同比提高9个百分点；利息收回率98.6%，同比增加0.32个百分点。晋江国际机场华夏融资租赁贷款2亿元落地，带动存款2亿元及900万中间业务收入。联合券商为泉州市城建国有资产投资有限公司发行小微企业增信集合债券7亿元，该只债券的发行工作作为“泉州市领导工程”的重要金改项目之一，于2015年底获国家发改委批准批复，是福建省首只小微企业增信集合债券。推广内保外贷等新业务产品，重点落实普明贸易和飞拓进出口等5户低风险业务，带动新增存款5亿元；推广“定盈通”新产品，落实城发集团、财政局、恒安集团、片仔癀等4户启用，带动存款3.09亿元。为泉州路桥建设非公开定向债务融资工具10亿，获总行批准。加强授信风险管控严防新增业务风险，做好经营困难企业转续贷工作，遏制逾欠贷款多发的势头。“一户多策”持续推动落实存量不良贷款有效清收化解，2015年现金收回问题贷款1.08亿元，通过债权打包等方式处置问题贷款1.35亿元；出台实施《泉州分行信贷资产质量考核奖罚办法》，强化客户经理履职尽责意识，逐步建立起信贷资产管理的长效机制。年末不良贷款余额2322万元，不良贷款率1.3%，优于上级行和泉州市政府下达2.5%计划控制指标1.2个百分点，比全市不良率和省行系统内平均不良率分别低1.28个百分点和2.1个百分点；逾欠贷款8047万元、比年初减少10393万元，下降56%。小企业贷款余额8.08亿元，贷款户数101户，申贷获得率90.6%，实现了“三个不低于”目标。

【泉州市农村信用社　农商银行】

至年末，全辖各项存款余额1128.26亿元，比年初增加133.44亿元，增长13.41%，存款市场份额17.74%，比年初增加0.4个百分点，存款增量、总量均位居全市银行业首位；各项贷款余额714.88亿元，比年初增加65.43亿元，增幅10.07%，贷款市场份额13.24%，比年初减少0.48个百分点，位居全市银行业第二位。

“支农支小”工作　涉农贷款余额624.9亿元，占各项贷款余额的87.41%，全市48万农户获得农信系统信贷支持，全年新发放“农业风

4月29日，晋江农商银行金融服务进村入社区活动启动

（图/农商银行）

险补偿专项资金贷款”13.4亿元，存量贷款余额18.45亿元。小微企业贷款余额507.4亿元，占各项贷款总量的70.98%。建立农户信息档案130.18万户，建档面100%。长期以来农信社、农商银行为困难户、低保户等弱势群体发放扶贫贴息、大学生创业、二女户创业、下岗失业、生源地助学等贷款，支持帮助他们发展生产、改善生活。

普惠金融工作　制定普惠金融发展三年规划，实现“五大目标”，通过电子化及自助式服务推广，改善网点终端服务，拓展服务功能，实现便捷普惠目标；推进农户建档、阳光信贷、信贷流程升级，加快信用乡（镇）建设，实现阳光普惠目标；依托普及互联网+金融，推进产品创新、担保创新、服务创新、科技创新、机制创新，实现创新普惠目标；发放各类贴息贷款，实现民生普惠目标；普及金融知识及推广产品服务，开展送金融知识下乡，实现教育普惠目标。

提升风险管控能力　不良贷款占比较年初上升0.9个百分点，风险基本可控。全辖资本充足率13.6%，下降1.16个百分点；拨备覆盖率235.44%，下降98.77个百分点；拨贷比5.38%，上升0.72个百分点。

电子银行业务　发行借记卡672.62万张，卡内余额268.45亿元；普惠金融卡13.03万张，比年初增加8.29万张，增长174.76%；布设ATM机具580台，CRS机具773台，交易笔数434.95万笔；布设POS机1.29万台、福农通2.77万台、小额便民点1875个；签约网银个人用户29.13万户、对公用户2.4万户、电话银行33.7万户、短信银行154万户；签约贴膜手机银行4.3万户、客户端手机银行98.74万户，覆盖率16.9%；电子交易占比为89.7%，较年初提升1.49个百分点。

【中信银行泉州支行】　至年末资产总额 227.21亿元，一般性存款余额116.19亿元，各项贷款余额147.38亿元。加大公司业务转型，通过结构化融资、股权融资、理财等新型融资手段和模式，推进与当地政府“大项目、大工程”的合作力度，累计为各类政府类项目投放75亿元。启动审批流程改造，加快放款审批，从审批优化着手，打造高效、快捷的中信银行融资服务。组建“总分支”三级联动的内训师，推进零售产品导入，通过持续培训，逐步提高零售团队的服务能力。针对社区、代发工资、出国金融、香卡、菁英卡、幸福年华卡等客群开展各类营销活动，拓展客户群体。建立健全个人贷款业务架构，推动个贷业务发展，完成泉州分行个贷中心的组建。

【交通银行泉州分行】　至年末，拥有分行营业部、晋江支行、石狮支行、南安支行、开发区支行、惠安支行六个营业网点。已设离行自助银行达22家，离行单机点9个。至2015年末，人民币各项存款平均余额104.3亿元；人民币贷款余额97.68亿元；实现经营利润 7642 万元。注重在产品和服务上动态、过程的管理，整合业务品种，拓宽发展渠道。加强高位营销，建立清晰的分层营销服务体系；拓展政府重点项目，优化信贷资产结构；转变票据业务发展模式，优化供应链客户结构；实现投行业务的突破，拓展同业客户。加强与总行信用卡中心直销团队紧密协作，树立当地“最红星期五”和“超红”品牌的口碑，优化当地用卡环境；建立个贷团队开展房贷业务，营销国有企事业单位、军队等优质单位。贯彻落实市委、市政府工作部署，加强政银企之间的沟通，服务当地重点项目建设，支持泉州小微企业发展。

泉州金融服务中心　（图/吴寿民）

经济开发合作与产业园区

JING JI KAI FA HE ZUO YU CHAN YE YUAN QU

责任编辑：陈雪娥　苏艳艳

经济开发合作与产业园区

产业集群

【产业规模】 2015年全市完成工业投资1149亿元，增长14.7%；完成技改投资742亿元，增长16.4%；实现工业增加值3345亿元，规模以上工业增加值2903亿元，4387家规模以上工业企业实现利润总额785亿元，增长18.1%。涌现出一批明星企业和拳头产品，拥有民营工业企业10万多家、上市企业96家，民营经济占国民经济比重超九成，享誉“民办特区”。

【产业结构】 2015年，泉州市三次产业结构由上年的3.0:62.0:35.0调整为2.9:61.0:36.1，第三产业增长速度超过第二产业；轻重工业比例由上年的65.8:34.2调整为65.2:34.8，规上重工业增加值增速比轻工业高出6.9个百分点；规上高技术产业增加值66.64亿元，增长10.9%，五大新兴产业完成规上工业增加值440.95亿元，增长20%。

4月18日，泉州商品博览会暨第十七届中国（晋江）国际鞋业博览会开幕 （图/吴寿民）

【主导产业】 已形成一批产值超千亿元、超五百亿元产业集群，其中纺织鞋服产业产值超3700亿元（纺织服装产量占全国的10%，运动鞋产量占全国的40%、全球的20%）；石油化工产业产值约1800亿元；建筑家居产业产值超1500亿元（石材出口量占全国的35%）；机械装备产业产值超1300亿元；食品饮料产业产值约900亿元（糖果出口值约占全国1/4）；纸业印刷产业产值约600亿元；工艺制品产业产值超500亿元（工艺陶瓷出口量占全国的65%）。箱包、休闲运动鞋、休闲服装、五金水暖器材、日用工艺陶瓷等5个产业集群入选“中国百佳产业集群”。

循环经济

2015年，惠安中化项目进一步扩大产能，鸿山热电二期、海峡水泥等高耗能项目新建投产，带来较大的能源消费增量，但是通过挖掘节能潜力，全市能耗水平仍实现下降，2015年全市规模工业增加值能耗同比下降2.9%，单位GDP能耗同比下降4.78%，完成“十二五期间年均下降3.427%”的年度目标任务。2015年，全市有40个项目获得省、市2015年节能循环经济、合同能源财政奖励资金共1024.25万元。有福建联合石化公司、福建湄洲湾氯碱工业有限公司等5家企业，进入第一批重点用能企业能源管理体系建设通过省级验收企业名单，上述两家企业被评为示范企业。全市累计淘汰燃煤锅炉943.56蒸吨，超额完成省下达的淘汰700蒸吨的任务数；累计整治燃煤锅炉226台，完成2014—2017年度总任务数的113%。重点用能企业节能低碳行动有序推进，“十二五”以来累计完成节能量155万吨标准煤，已超额完成省上下达的“十二五”节能量目标任务（135.54万吨标准煤）。循环经济建设初显成效，德化陶瓷产业园区、泉港石化工业园区、福建海西 “城市矿产”基地，石狮市国家级循环经济示范县等国家级循环经济示范试点创建工作扎实开展。

高新技术产业

【打造国家高新区新增长极】 对接国家自主创新示范区扩大布点，以争创福厦泉国家自主创新示范区为目标，实施科技创新、产业提升、空间优化、综合配套和示范带动五大工程，推进泉州片区建设。培育新增泉港新材料园区为高新区第9个分园区，引导各类创新资源向“一区九园”转移集聚，编制实施新材料、集成电路、生物医药等产业转型升级路线图，聚焦实施“无氟防水面料的研发”等重大科技专项，促进战略性新兴产业加快发展。2015年泉州高新技术产业开发区内工业总产值达1615亿元，同比增长9.5%。

【培育高新技术企业】 实行领导挂钩联系制度，全市确定200个企业作为高新技术企业重点培育对象，将任务分解到各县（市、区），每位局领导带领相关科室负责联系1—2个县（市、区），以此强化高企培育工作。做好高新企业申报辅导工作，举办全市高新技术企业申报认定培训班，邀请具有丰富经验的高企管理专家、财务专家授课，来自企业和相关业务人员共300多人受训。组织12个企业参加高新技术企业复审，107个企业申报高新技术企业认定。全市高新企业数量增长取得突破，12个企业通过高新企业复审，88个申报企业获得高新技术企业认定，全市有效期内的高新技术企业总数达到266个。据税务部门统计，2014年全市共有116个高新技术企业获得高新企业税收减免政策，减免企业所得税6.07亿元，享受此项政策的企业数量占全部高新企业数量的52.3%。

产业园区建设

【概况】 2015年，全市省级以上开发区实现地区生产总值超过2100亿元，财税收入超过218亿元，实际利用外资超7.7亿美元，进出口额超过100亿美元。实现绿色园区和污水集中处理100%全覆盖。

【产业集群更加壮大】 各开发区不断发挥自身优势，努力拓展上下游配套项目，促进产业集群化发展，已产生良好的集聚示范效应，带动形成纺织服装、鞋业、石化、机械装备和建筑建材等5个超千亿产业集群，打造一批全国性产业基地。

【强化招商成效明显】 组织开发区参加项目对接，着眼区域特色开展重点招商。2015年“9•8”厦洽会上，泉州市组团成功对接92个项目，投资总额43.45亿美元，拟利用外资18.65亿美元。其中，合同项目78个，投资总额27.24亿美元，其中80%以上的项目落户在各开发区中。特别是泉港、泉惠石化园区，紧盯大型央企国企、国内百强民企、世界500强等石化巨头，全面推进“三维”对接，签约及意向项目总投资额超过300亿元，金星莲花汽车、颐和三甲综合医院项目等一批外资台资项目落户泉州。

【产研融合突出创新】 通过政策引导鼓励，促进产学研加快融合，实现创新创造质的提升。泉州高新技术产业园鲤城园区打造“泉州高新区科技创新服务中心”，现有入驻项目63个，被福建省科技厅认定

泉州出口加工区跨境电商直销中心 （图/泉州出口加工区）

为“省级科技企业孵化器”。石狮高新区坚持奖励和宣传并重，激励自主创新，区内现有1个省级科技孵化基地和1个创新创业中心。鲤城、石狮高新园区企业专利申请量1457件，授权量达到1145件。南安经济开发区作为全国水暖厨卫系列先进技术的引领者，拥有国家实验室、国家检测中心2个和国家高新技术企业9家。

【坚持绿色集约发展】 全市省级以上开发区共完成固定资产投资超过330亿元，大量的资金投入加快园区基础设施建设和项目建设速度，资源配置不断优化。安溪经济开发区在全省率先实现石材行业全退出。德化经济开发区利用荒坡开发“工业梯田”，新办工业企业80%入驻其中，实现企业用地高投入高产出的集约效应。

【提升完善综合功能】 完善配套措施，健全服务机制，进一步提升开发区总体功能优势。泉州出口加工区升格为综合保税区。晋江经济开发区出台实施《扶持晋江经济开发区中小企业融资工作方案》，为中小企业提供融资提供担保；台商投资区出台台湾青年创业基地实施方案，提供台湾青年投融资服务等十个方面优惠扶持；石狮高新园充分发挥入园企业办理手续服务小组和项目落地促进小组的作用，指导协助园区项目建设业主办理项目审批手续。

【注重引导推动转型】 结合经济发展形势，引导各开发区加快产业转型升级步伐，充分借助新兴业态等新渠道，保持产业竞争力。安溪经济开发区中国国际信息技术（福建）产业园成为国家级战略信息化项目，华东南规模最大、国际最高T4等级的高可用数据中心于5月投入使用。永春、德化、城南、惠东等生产生活必需品生产企业较多的开发区，O2O、B2C等电商营销模式逐步兴起，成为新的经济增长点。洛江经济开发区通过扶持嘉泰数控等高科技应用企业，实现智能制造新的突破，逐步形成省内有特色、有高技术含量的工程机械产业基地。

对外经贸与技术合作

【利用外资任务顺利完成】 全市新批外商投资企业102家，投资总额20.6亿美元，合同外资9.9亿美元，实际使用外资15.8亿美元，同比增长6.1%，完成年度计划目标的100.1%。新批（含增资）投资总额超亿美元项目4个，投资总额9.75亿美元，合同外资3.8亿美元。

【外贸出口实现小幅增长】 全市对外贸易总额271.04亿美元，比降12.2%。其中，出口1139亿元（含福建一达通数据9.7亿元），增长2%；受原油等大宗商品价格持续下滑影响，全年进口完成546.4亿元，下降29.8%。

【境外投资总量明显增加】 全年新批赴境外投资企业20家，投资总额5.93亿美元，增长11倍。全年完成外经营业额4777万美元，同比增长14%，外派劳务人数5856人次，同比增长15.3%。

【消费领域运行总体平稳】 全年累计实现社会消费品零售总额2459.6亿元，同比增长12.3%。其中，限上企业零售额986.2亿元，同比增长16.3%。

对台港澳经贸与技术合作

台港澳经贸合作稳步发展。对台方面，项目招商推介见成效。4月泉州同台湾海峡两岸医事交流协会签订合作框架协议，计划于台商投资区建设医疗健康产业项目；12月16日作为该项目之一的泉州颐和医院举行奠基仪式，开创泉州两岸医疗服务项目合作的先河。涉台展会规模持续扩容。第八届农订会和第二届闽台（泉州）食品交易会分别达成9.58亿元和65.3亿元成交金额。与此同时，两岸交流取得新发展。全年组织近10场与台湾电电公会、“三三会”、经济研究会和

9月5—7日，第八届海峡两岸（泉州）农产品采购订货会举行
（图/吴寿民）

香港贸发局的项目交流和培训会。对港方面。引进港资继续独占鳌头。全年香港地区到泉州投资总额11.79亿美元，合同外资7.13亿美元，实际利用外资11.86亿美元，分别占全市相应利用外资指标总量的57.19%、71.63%和75.02%。“9•8”厦洽会期间，共签订56个港资项目，项目投资总额27.18亿美元，拟利用港资12.69亿美元。品牌行活动持续升温。2015年，组织22家企业参加第六届“品牌泉州香江行”活动，达成549万美元成交金额。

山海协作

【实施项目发展工程】 2015年，继续从市财政法定增长的农业专项资金安排100万元，用于10家市级山海协作重点项目的贷款贴息资金扶持。据不完全统计，这10个项目全年完成新增产值1.35亿元，新增税利1160多万元，新增劳动力就业人数5300多人，增加农民年人均纯收入8360多元。

【与南平、三明山海协作对口帮扶活动】 2015年，泉州分别向南平、三明两市捐赠山海协作项目贷款贴息资金和社会公益事业建设项目资金各100万元和50万元，合计300万元。

对口支援

【对口支援西藏工布江达县】 第七批援藏干部10位，组织实施援藏项目19项，落实援藏项目资金5595万元，实施完成松多集镇基础设施建设、泉州公园二期工程、旅游综合接待服务中心、农贸市场升级改造和全民健身活动中心、县城园林绿化工程、县城街景立面改造、县城污水处理厂、乡镇小学教师周转房建设项目、乡镇幼儿园等重点建设项目；由县财政和援藏资金每年安排400万元用于扶贫工作，为困难群众办实事1000余件，投入500万元设立县城乡困难群众大病救助专项基金和贫困生助学金，共发放救助基金和助学金55万余元，惠及困难群众、贫困生110余名。2015年，全县整合资金1.6亿余元，实施巴松措创建AAAAA级景区125个建设项目和甲嘎东赞景区基础设施建设等旅游设施建设，目前，巴松措景区已通过“申报创建AAAAA级旅游景区资源与景观质量专家评审会”。

【对口支援新疆昌吉市】 第六批援疆干部30位，在新疆昌吉市实施援建工作。

项目援建 2015年，泉州市援建项目6个，总投资1.1亿元，安排援疆资金2191.4万元，其中，智力援疆673.96万元。743户安居富民房全部建设完成，2600名农牧民入住新居；5个乡镇农村安全饮水工程实施完成，8个村5152人受益；回民小学教学楼即将投入使用，新增12个班540名学生就学；广场及老旧小区体育健身器材项目、昌吉高新区中小企业创业园7号厂房项目投入使用。

产业援疆 吸引全国供销社总社、台湾正新橡胶、兵团福建商会、晋江青商会、晋江陈埭商会等15批58家企业来昌吉市投资考察，组织招商引资团队5批43人次赴泉州、厦门、成都等地开展定向招商，成功引进厦门三维丝环保除尘设备、福清建材商行、福建甲子润滑油、福建国辉集团节能材料、徐工海虹集团职业技术学校等5个亿元以上项目，总投资11.34亿元，建成后可实现产值约11亿元，实现税收收入约1.2亿元，提供就业岗位1200个。2015年，签约投资额达45.5亿元，引进福建泉州中威斯集团投资10亿建设铝棒加工项目、福建泉州中创集团投资12亿元建设“一带一路”文化广场项目、曦隆投资有限公司投资3.5亿元建设沃特农耕创意文化体验城项目，嘉信集团投资10亿元建设物流电商交易平台项目，北八道集团投资5亿元建设联运物流项目，云南滇红集团投资5亿元建设茶文化产业园。

智力援疆 组织参加下乡义诊21批次，成功引入针灸放血疗法、火针疗法、中风一体化治疗、食道癌晚期介入治疗等多项新技术。完成农产品质量抽检2000多例，协助编制技术规范1项，培训受援地技术骨干10人、农民100多人。投入教育援疆资金200多万元，资助项目12个，促成泉昌两地8所学校开展教育共同体建设，援受两地教师业务水平不断提高。2批16人次短期援疆技术人才轮换工作顺利完成，援疆干部“传、帮、带”作用逐步释放。促成昌吉市各级党政领导干部12批480余人次赴国家高等学府、沿海省市培训学习和参观考察，并依托“星光讲坛”学习平台，邀请福建省著名专家学者作专题讲座。

交流协作 扶贫帮困112户，新成立“泉昌情•生命救助基金”和“晋昌青少年交流基金”，捐赠资助款96.8万元，走访慰问公安民警、特殊儿童中心、中小学等30余次，发放慰问金及慰问品187万元。筹资36万元完成苗圃一村居民点巷道和思源村基层文化阵地建设，同时，先后迎接对口援疆省市各级考察团12批160余人次到昌吉市参观考察，并组织昌吉市党政考察团赴泉州市及丰泽区、晋江市等地进行考察回访，闽昌两地高层互访不断加强。

【对口支援宁夏三个县】 第九批援宁干部6位，分别在宁夏原州区、红寺堡区、同心县实施对口帮扶工作，援建项目领域主要集中在生态移民、农民培训、教育设施、产业发展等，全市每年投入援建资金160万元。

泉港区对口帮扶原州区 援宁原州区工作组通过学习、走访，逐渐了解当地的产业发展、民族宗

教、文化教育、医疗卫生等情况，投入资金近500万元，帮扶建设扶贫开发整村推进示范村、小城镇建设、学校建设等大项目。投入95万元的泉港小学（原区十四小）已完工，2015年9月开始招生；投入100万元的AAAA级国家名胜风景区须弥山所在地黄铎堡镇小城镇建设项目已基本竣工；投入200万元的张易镇上马泉村扶贫开发整村推进“销号”脱贫村建设项目、投入15万元援建的须弥山景区环境整治及基础设施建设项目、投入20万元扶持相关企业进行油用牡丹及黄芪、板蓝根、决明子等中草药种植试验项目已基本完工。推进教育助学活动，在原州区第五中学设立高中“泉港班”，每生每年平均奖励助学金5000元；第十六批福建泉州赴原州区三营中学支教队筹资27.5万元支持本校发展，福建中医药大学博士生暑期实践服务团向头营镇大北山小学捐赠10万元图书、文化体育用品，西安泉州商会向头营镇二营小学捐赠5万元的电脑、课桌、学习用品；组织44名基层干部到泉州举办干部培训班，考察泉州企业和乡村建设等。

晋江市对口帮扶红寺堡区　红寺堡区工作组落实对口帮扶资金，落实的援助资金达1618.48万元，其中捐物计485万元，主要投入到医疗、教育、卫生、文化、体育和扶贫等群众长期受益的民生项目上。晋江幼儿园、晋江书苑、晋江报告厅、人民医院晋江综合楼、一中晋江深沪楼已经建成并投入使用；晋江体育馆等项目已完成主体工程；党建信息化平台、晋红人才交流培训基地建设项目2015年底前建成投入使用。实施6个助学项目，分别是设立4个“闽宁协作晋江班”、开展捐书活动、设立“晋江奖学金”、协调福建支教队员募集助学款、成立晋江特困助学金基金、援助电脑支持学校教学教研活动。立足当地特色农副产品优势，举办各类创业培训班，闽宁协作就业创业培训总共完成910人次。组织晋江籍企业家到红寺堡区考察23批184人次，加强两地沟通交流，深化两地协作互补。

安溪县对口帮扶同心县　同心县工作组共争取资金3000多万元，其中，国家电商进农村综合示范县专项资金1850万元，安溪县项目和工作经费530万元，市计生协会项目和工作经费32万元，市级工作经费24万元等。确定一批民政、教育、卫生、扶贫开发以及生育关怀等方面的民生援建项目，投入100万元援建同心县安溪第二敬老院；投入100万元援建下马关镇中心卫生院、韦州镇卫生院、丁塘镇卫生院门诊大楼的改建、扩建，分别挂牌安溪门诊楼；投入80万元援建同心县安溪幼儿园；投入150万元援建张家塬、下马关等5个乡镇的安溪文化活动中心；投入80万元支持预旺镇安溪北关新村的美丽乡村建设；投入25万元实施生育关怀行动；投入资金20多万元，开展助学助困活动，资助贫困家庭学生100名，发放保暖内衣裤200套，向安溪中学捐赠图书10000册。推进两地人员往来交流和加大招商引资力度，组织同心县领导和部门负责人参加安溪县茶博会；协调促进吴忠市民族职业技术学院与安溪茶学院就师资交流、专业支持、学生培养、茶产品研发和营销以及构建深度合作平台等方面达到合作意向；落实招商引资项目3项，投资意向3亿元，已到位资金3000多万元。

晋江五里电商园鸟瞰图

民企与泉商

MIN QI YU QUAN SHANG

责任编辑：陈建强 杨 翚

综述

【概况】　2015年泉州民营经济生产总值4965.23亿元，占地区生产总值的81.5%，对于泉州地区总体经济的发展作用凸显。泉州是民营经济综合改革试验区，拥有民营企业法人单位10万多家，其中亿元企业1891家，上市企业96家，泉州籍异地商会192个、异地泉商200多万人，“本土泉州”“海外泉州”“对岸泉州”及“异地泉州”拥有民间资本2万亿元。泉州的产业集群数量占福建全省第一名，是海西乃至全国重要的先进制造业基地。在全国颇有影响力的五大传统产业纺织鞋服、建筑建材、工艺制品、食品饮料及机械制造均超千亿。

【私营企业户数和注册资金稳步增长】　至2015年底，全市现有私营企业126782户，增长30.2%；私管企业注册资本(金)为5673.76亿元，增长27.0%；私营企业户均注册资金为447.52万元，增长2.5%。

【个体工商户发展】　至2015年底，泉州市实有个体工商户数为349460家，增长率25.9%。从注册资金看，至2015年底，泉州市个体工商户注册资金为243.64亿元，增长率为40.4%；泉州市个体工商户从业人数为790742人，增长率为28.9%。从户均注册资金看，至2015年底，泉州市个体工商户户均注册资金为6.97 万元，增长率11.5%。

【民营企业投资融资】　至2015年底，民营经济社会投资总额为2262.10亿元，增长8.5%，占全市投资总额比例为66.4%。融资方面，1—12月民营经济贷款余额分别为1616.01亿元、1645.62亿元、1658.74亿元、1663.28亿元、1679.01亿元、1669.91亿元、1678.29亿元、1692.80亿元、1677.04亿元、1682.83亿元、1694.55亿元、1641.48亿元。

【民营企业进出口】　至2015年底，泉州市民营企业进出口总额为145.9亿美元，增长12.2%，占泉州市进出口总额的53.8%。出口方面，至2015年底，在各类企业出口比较中，泉州民营企业出口额绝对值为120.3亿美元，占出口总值比例65.7%，超过国有企业出口占比4.8%及外商企业出口占比29.5%。民营企业成为拉动泉州外贸进出口增长的重要“生力军”。进口方面，至2015年底，民营企业进口总额绝对值为25.5亿美元，占全市进口总额的28.9%。

投资兼并

【贵人鸟投资足球经纪公司】　贵人鸟与Piramagen,S.L.以及11MAC11,S.L.于4月20日签署《合作意向书》，贵人鸟对THE BEST OF YOU SPORTS, S.A.进行投资，投资金额2000万欧元加码足球产业。根据公告，BOY主要从事足球经纪业务，服务内容以及收入来源主要包含对球员服务和对俱乐部服务两部分。

【七匹狼投资时尚产业】　7月，七匹狼全资设立厦门七尚股权投资有限公司专注于时尚消费生态圈的投资布局，参与一些服装行业以及相关的时尚产业、零售消费产确立“实业+投资”的战略方向，打造“时尚集团”。

【九牧王子公司投资韩都衣舍电商】　7月，九牧王全资子公司九盛投资与韩都衣舍投资设立合资公司济南九韩国际电子商务有限公司，开发推出商务休闲男装系列产品。合资公司的注册资本为1000万元，九盛投资的持股比例为50.1%。为有效推进服装相关产业的投资步伐，九牧王全资子公司九盛投资与上海景辉投资管理中心(有限合伙)发起设立九盛欣联，投资于互联网时尚生活相关项目。

【诺奇向泉州中院和债权人会议提交重整计划草案】 12月，诺奇向泉州中院和债权人会议提交重整计划草案，重整计划草案对诺奇债务进行披露，并提出清偿方案和出资人股份调整方案。标志着诺奇重整案实现重大突破。重组方将支付1.5亿元用于清偿债务，并以此获得诺奇51%的股份成为控股股东，并保留诺奇现有的办公场所、土地等维持公司营运的资产。另据重整计划中的出资人权益调整方案，除丁辉无偿让渡所有股份，其他内资股股东也将无偿让渡所持有85%的股份，这些让渡的股份将受让重组方及用于普通债权人分配。

【天广消防25亿并购两家公司】 天广消防于2015年底以发行股份的方式收购中茂园林以及中茂生物100%股权，中茂园林是一家集园林景观设计、工程施工、绿化养护、苗木生产和生态修复为一体的综合性园林公司。中茂生物则主要从事食用菌的研发、工厂化种植与销售，主要产品包括金针菇、杏鲍菇等食用菌产品。标的资产资产预估值合计25.09亿元。

商会活动

【商会成立】 1月17日，泉州市汽车服务行业协会成立。2月1日，泉州市石城商会首届商会成立。3月16日，丰泽区泉秀商会成立。3月30日，德化县电商物流协会成立。4月25日，郑州德化商会成立。4月30日，澳大利亚南安总商会成立。8月8日，仙游县泉州商会成立。10月13日，永春县电子商务协会成立。

【商会换届】 1月11日，龙岩市南安商会二届一次会员大会暨理、监事会就职大会举行。2月5日，安溪县家居工艺商会第三届第一次会员代表大会暨第三届理监事就职典礼举行。3月4日，南安市水头镇商会第三届一次理事会议举行。3月21日，泉州市清华总裁经济促进会举行第四届理监事就职典礼。6月13日，西安市南安商会党支部换届选举举行。9月17日，泉州市工商联主办的以“强化科技创新 助力企业转型”为主题的华东地区泉州籍第三届联谊会暨厦门市泉州商会第二届理监事会就职典礼举行。7月19日，香港泉州慈善促进总会第六届董事就职典礼举行。8月1日，上海南安商会第五届理监事就职典礼举行。

【商会公益慈善】 1月18日，深圳市永春商会筹备善款30万元，专用于捐助永春县医院搬迁新址增添医疗设备。7月12日，晋江青年创业公益基金举行启动仪式，首期启动资金200万元。8月25日，陈埭镇青年商会举办2015年度金秋助学捐助活动，向陈埭54名贫困大学生发放总额为16.2万元的爱心助学款。10月18日，永春湖洋商会在永春四中召开第一届第三次会员大会暨湖洋镇奖教奖学基金管理委员会颁奖大会，为湖洋镇优秀教师、优秀学生、贫困生等60多人颁发奖金和助学金约13万元。

创新创举

【纳川股份投资进军新能源汽车领域】 年初，纳川股份以自有资金1.6亿元对新能源汽车高端零配件制造商福建万润增资，增资后持有公司51%股权，正式进入新能源汽车领域。7月10日，纳川股份与厦门金客兴汽车贸易有限公司及杭州伯坦科技工程有限公司签订《福建纳川新能源汽车运营服务有限公司出资人协议》，决定在福建省泉州市共同投资设立川流运营公司，出资7000万元，占合资公司注册资本的70%。

【361°推出智能运动鞋】 4月，361°携手百度，双方联合成立361°“大数据创新实验室”，启动

晋江361°公司 （图/陈起拓）

智能运动鞋的研发和生产，开启传统产业与智能制造结合的大门。5月，361°首批智能运动童鞋开始量化生产。11月，361°智能童鞋II代新品进行正式发售，除了I代的实施精准定位、运动数据监测、智能签到体型、安全围栏保护、历史轨迹回放的功能外，新增蓝牙近程看护和一键自动导航，变成八大功能。

【“泉州+匹克”宣传片在纽约时代广场播出】 5月1日，泉州国际化步伐和匹克国际化形象的广告片正式亮相美国纽约时代广场的十字路口。该广告是泉州市政府和匹克集团，为响应国家发展“一带一路”的政策号召，所进行的城市和企业联动的宣传片。宣传片时长30秒。前20秒集中展示清源山老君岩、九日山祈风石刻、晋江草庵摩尼光佛、开元寺、清净寺、南音、提线木偶、德化白瓷、安溪铁观音、南安蔡氏古民居、崇武古城、惠安女和洛阳桥等泉州元素。后10秒则集中展示匹克的产品宣传。

【四家泉州企业参与设立海峡人寿保险公司】 5月22日，福建三家上市公司发布公告披露11家福建企业筹资创建海峡人寿保险股份有限公司，成为福建省首家一级法人寿险机构。海峡人寿注册资本为15亿元，其中有四家泉州企业参股，福建七匹狼集团有限公司以1.5亿元的出资取得10%股份；福建盼盼生物科技股份有限公司拟出资1.35亿元，占海峡人寿注册资本9%；泉州鸿荣轻工有限公司拟出资0.75亿元，占海峡人寿注册资本5%。上海泉州商会会长陈家泉的企业——上海豪盛投资集团有限公司，也在11家发起公司中，拟出资人民币0.45亿元，占海峡人寿注册资本3%。

【特步全国首家6S旗舰店】 8月9日，特步在国内的第二家体验店落户武汉，这是特步在全国首家采用6S风格标准打造的最高级别旗舰店。

5月1日，泉州城市形象宣传片亮相纽约时代广场 （图/曾世彬）

【泉州企业家联合发起的联合国海陆丝绸之路城市联盟工商理事会在泉州成立】 11月8日，由泉州企业家发起的联合国海陆丝绸之路城市联盟工商理事会成立大会在泉州召开，中国民间商会副会长、泉州市总商会会长、恒安集团首席执行官许连捷担任首届理事大会主席。工商理事会的成立旨在汇聚海陆丝绸之路沿线城市工商业界的力量，加强和促进海陆丝绸之路沿线城市工商界之间的经济、贸易、商务和投资的联系，在贸易壁垒、商事调节、跨国投资、产业升级与产能合作方面开辟民间对话渠道。

【匹克装备进入奥林匹克博物馆】 11月11日，2012年伦敦奥运会女子BMX小轮车项目银牌获得者萨拉•沃克（SarahWalker），将她在奥运会登台领奖时所穿着的、由中国匹克集团制造的新西兰代表团队服，赠送给奥林匹克博物馆。国际奥委会主席托马斯•巴赫（ThomasBach）亲自出席此次匹克装备的捐赠仪式，并欢迎中国品牌入驻奥林匹克博物馆，这在历史上还属首次。

【达利集团上市】 11月20日，达利食品在香港联交所挂牌交易，募集金额超过100亿港元，成为2015年香港上市民营企最大的IPO之一。达利成为近八年以来福建最大的上市IPO企业，截至当日收盘，许世辉家族持股市值582亿港元，成为福建新首富。

泉商荣誉

【泉州新增56家省级创新型企业】 1月17日，福建省科技厅、经信委、国资委、总工会等部门联合发布第五批省级创新型企业名单，福建瑜鼎机械有限公司等56家泉州企业上榜。至此，泉州市共有140家省级创新型企业，数量居全省之首。

【13位泉州籍富豪登上福布斯2015华人前100名富豪榜】 4月20日，《福布斯》中文版发布2015华人富豪榜，前100名中有13名泉州籍富豪。其中，施至成以142亿美元身家位列第10名；黄惠忠以90亿美元身家位列第22名；蔡衍明以89亿美元身家位列第23名；黄惠祥以87亿美元身家位列第26名；吴奕辉以58亿美元身家位列第41名；林堉璘以57亿美元身家位列第43名；黄祖耀以

55亿美元身家位列第46名；许荣茂以54亿美元身家位列第47名；吴聪满以48亿美元身家位列第57名；李深静以46亿美元身家位列第62名；陈永栽和郑少坚分别以44亿美元身家并列第64名；林荣三以42亿美元身家位列第67名。同时上榜的泉州籍富豪还有：陈发树、许连捷、施文博，这三位富豪均以28亿美元资产并列第107名；陈觉中以27亿美元资产位列第115名；柯希平和蔡宏图分别以23亿美元资产并列第125名；林天福以19亿美元资产位列第166名；林秀成以18亿美元资产位列第170名；吴笙福以17亿美元资产位列第184名；丁世忠以14亿美元资产位列第252名；丁世家以13亿美元资产位列第267名；蔡天宝以11亿美元资产位列第338名；黄鸿年以10亿美元资产位列第350名等。

【12家泉州企业上榜福建省2014年纳税百强名单】 4月14日，福建省国家税务局下发《福建省地方税务局关于发布福建省2014年度纳税百强企业暨民营企业纳税百强名单的通报》，福建省2014年度纳税百强企业名单中泉州有12家知名企业上榜。这12家企业分别是：福建联合石油化工有限公司、中化泉州石化有限公司、泉州浦西万达广场投资有限公司、福建省鸿山热电有限责任公司、国电泉州热电有限公司、福建达利食品集团有限公司、富贵鸟股份有限公司、泉州东海开发有限公司、乔丹体育股份有限公司、利郎（中国）有限公司、泉州南海建设开发有限公司、晋江万达广场有限公司。

【9位泉商上榜胡润慈善榜单】 4月18日，胡润研究院发布《2015胡润慈善榜》，100名中国慈善家上榜，福建9位企业家上榜，排名全国第四。其中，许荣茂以19700万元的捐赠总额，位列慈善榜单第七，主要捐赠项目为集团及个人捐赠教育、香港新家园基金会、中国红丝带基金会；陈发树以18700万元的捐款总额，位列慈善榜单第八，主要捐赠项目为向闽江学院新华都商学院捐赠；许连捷家族以10300万元的捐款总额，位列慈善榜单第十七，主要捐赠项目为恒安集团向晋江市慈善总会捐款2亿元，许书典家族向晋江市慈善总会捐款6666.66万元；黄文佳家族以5000万元的捐款总额，位列慈善榜单第二十九，主要捐款项目为个人向家乡南安市慈善总会捐赠5000万元；尤钰涵以5000万元的捐款总额，位列慈善榜单第二十九，主要捐款项目为个人向厦门大学捐赠5000万元用于厦门大学马来西亚校区主楼群四号楼建设；施文博以3720万元的捐款总额，位列慈善榜单第三十七，主要捐款项目为恒安集团向晋江市慈善总会捐款2亿元；柯希平以3060万元的捐款总额，位列慈善榜单第四十一，主要捐款项目为个人向福建农林大学安溪茶学院捐款2000万元、向龙岩上杭慈善会捐款1000万元；李贤义以2200万元的捐款总额，位列慈善榜单第五十七，主要捐款项目为向深圳市见义勇为基金会捐赠2000万元；许明金以1350万元的捐款总额，位列慈善榜单第九十六，主要捐款项目为集团向广东省闽商慈善基金会捐赠1000万元。

【泉州31家企业入选2015年度省级工业和信息化高成长企业】 4月30日，省经济和信息化委员会对201家拟作为2015年度省级工业和信息化高成长企业名单进行公示。根据名单显示，泉州31家企业被列为省级高成长企业。

【九牧和柒牌两家企业获第四届福建省政府质量奖】 6月4日，福建省政府质量奖颁奖会以及经验分享大会在泉州市举办，泉州企业九牧、柒牌获2014年度福建省政府质量奖。福建省政府质量奖主要表彰在经济领域中实行卓越绩效管理，经济社会效益显著的企业或组织。该奖每年评审一次，每年授奖总数不超过5个，每家奖励200万元。

【泉商登上天安门城楼观大阅兵】 9月3日是中国人民抗日战争暨世界反法西斯战争胜利70周年纪念日，邀请120余个国家和地区1779名爱国侨领和侨界精英回国参加阅兵观礼活动。祖籍泉州晋江的菲律宾著名侨领，菲律宾华商联合总会名誉理事长陈永栽应邀登天安门城楼观礼并出席招待会。

【6家泉州籍企业上榜2015年亚洲品牌500强】 9月21日，由世界品牌实验室和世界经理人集团编制和发布的2015年《亚洲品牌500强》排行榜在香港揭晓，共有20个国家和地区的500个品牌入选。其中6家泉州籍企业上榜，分别是丰益国际（第121位）、台塑（第126位）、华侨银行（第318位）、首都银行（324位）、旺旺食品（第364位）、上好佳（第495位）。

【3位泉州籍企业家上榜2015胡润百富榜】 10月15日，胡润研究院发布《2015胡润百富榜》，其中泉州企业家（含泉州籍）富豪32人上榜。在前100的富豪榜单中泉州籍富豪占3名，他们是：以350亿元财富，位列第41位的许荣茂家族，祖籍石狮；以340亿元财富，位列第43位的林秀成、林志强父子，祖籍安溪；以275亿元，位列第57的陈发树，祖籍安溪。同时也有5位泉商新上榜，分别是：蔡明通与蔡劲军父子（福建火炬电子科技股份有限公司董事长和副董事长）、王书同（厦门当代投资集团有限公司控股股东）、吴志雄（福建南威软件工程发展有限公司董事长兼总经理）、林福椿家族（福建冠福现代家用股份有限公司董事长）。

【50家企业入选2015年度商业模式创新典型】 10月20日，2015年

度商业模式创新典型示范企业正式出炉，泉州市服务堡网络科技有限公司等50家企业入选，每家企业将获得10万元补助。入围企业具体有：福建众益太阳能科技股份公司、泉州市虹约工艺品设计有限公司、福建视健明视力矫正技术有限责任公司、泉州市合创文化传播有限公司、福建省童猫动漫科技有限公司、福建海量轨道网络信息有限公司、泉州金励新材料科技有限公司、泉州市服务堡网络科技有限公司、泉州迪特工业产品设计有限公司、福建省尚云亿家居家工程有限公司、泉州六合儿童创意产业有限公司、福建海丝路科技有限公司、泉州苏宁云商有限公司、泉州九思信息技术服务有限公司、泉州华大龙腾智能科技有限公司、泉州安通物流有限公司、福建省讯网网络科技有限公司、福建泉州福山缘茶业有限公司、福建亚伦电子电器科技有限公司、福建铁拓机械有限公司、信和新材料股份有限公司、泉州市洛江区永盛鞋塑有限公司、旗牌王（中国）纺织服饰有限公司、泉州宏情食品有限公司、泉州市达人网络科技有限公司、泉州欧烨海事有限公司、福建省华企科技有限公司、石狮市翊安电子商务有限公司、石狮市豪宇服饰有限公司、福建著龙实业有限公司、裕佳利（福建）服饰有限公司、福建省纳金网信息技术有限公司、信泰（福建）科技有限公司、福建龙峰纺织科技实业有限公司、华宇铮蓥（福建）集团、泉州天地汇供应链管理有限公司南广传媒科技有限公司、泉州市天龙环境工程有限公司、南安市金淘镇小城镇建设有限公司、福建南安市新东源石业有限公司、南安市聚源网络科技有限公司、永悦科技股份有限公司、福建省弘桥智谷投资有限公司、安溪吾之茗生态农场（普通合伙）、永春县达埔彬达制香厂有限公司、泉州憨鼠智慧电子商务有限公司、福建省德化臻峰陶瓷有限公司、福建省德化县华茂陶瓷有限公司、福建省雾精灵环境科技有限公司、特步（中国）有限公司。

【泉州3家企业入榜“2014年中国民营500强”】 10月26日，由中国民营企业联合会、中国统计协会、中国管理科学研究院企业研究中心联合组织的“2014年中国民营500强”企业调研排序榜单正式发布，福建10家民企上榜。其中，泉州3家，分别为福建恒安集团有限公司、兴业皮革科技股份有限公司、福建龙峰纺织科技实业有限公司。

【恒安集团和达利许世辉入围第九届“中华慈善奖”】 11月30日，在北京召开的第九届“中华慈善奖”评委会第一次会议上，确定此届“中华慈善奖”150个拟表彰人选提名名单。恒安集团有限公司被提名“最具爱心捐赠企业”，达利集团董事局主席许世辉被提名“最具爱心捐赠个人”。

【20家泉州企业上榜2015年中国品牌价值评价信息榜单】 12月12日，由央视财经频道联合中国品牌建设促进会等单位发布2015年中国品牌价值评价信息榜单。其中上榜的20家泉州企业分别为：福建恒安集团有限公司、达利食品集团、九牧王股份有限公司、福建七匹狼实业股份有限公司、特步（中国）有限公司、福建鑫华股份有限公司、宏太（中国）有限公司、福建省晋江万利瓷业有限公司、福建百宏聚纤科技实业有限公司、舒华股份有限公司、劲霸男装（上海）有限公司、泉州宝峰鞋业有限公司、晋江市品质陶瓷建材有限公司、金冠（中国）食品有限公司、贵人鸟股份有限公司、福建泉州匹克体育有限公司、石狮市大帝集团有限公司、天广消防股份有限公司、福建火炬电子科技股份有限公司、泉州梅洋塑胶五金制品有限公司。

慈善公益

【金井李东昌伉俪捐赠500万元】 1月23日，晋江市金井镇南江村李东昌、蔡育毅伉俪向晋江市慈善总会捐赠善款500万元，并成立“李蔡淑清慈善基金”。

【苏文彬向梧山小学捐赠200万元慈善基金】 2月25日，晋江市安海镇梧山小学校董会第六届董事、监事就职暨苏文彬黄玉燕基金会成立仪式举行。旅居澳门的晋江乡贤苏建华任新届董事长。梧山小学校董会得到乡贤的支持，募得资金1300多万元，将用于支持学校建设发展和奖教奖学。大会还成立苏文彬黄玉燕基金会，苏建华父亲苏文彬向该基金会捐赠200万元慈善基金。

【菲律宾侨领蔡聪妙捐建家乡教学楼】 4月18日，在位于晋江市金井镇塘东村的锦东华侨学校，由菲律宾侨领蔡聪妙以父母之名捐建的“蔡玉峰、曾淑燕教学楼”举行落成剪彩仪式。

【许书典家族向晋江市慈善总会捐赠善款1000万元】 5月10日，恒安集团CEO、晋江市慈善总会会长许连捷向晋江市慈善总会捐赠善款1000万元。许书典家族成员热心慈善，累计捐资42000多万元。

【晋江东石乡贤王一平捐赠500万元】 5月14日，晋江东石企业家王一平向晋江市慈善总会捐赠善款500万元，设立“王秋万黄秀喜慈善基金”，用于帮扶弱势群体、教育、老年人事业等公益事业。

【晋江龙湖乡贤许华沙捐赠500万元善款】 5月21日，晋江龙湖乡贤许华沙向晋江市慈善总会捐赠500万元善款，并以父母的名义设立“许清源施淑惠伉俪慈善基金”。

【晋江罗山商会会长向晋江慈善捐资200万元】 5月31日，晋江市罗山商会会长、福建晋兴集团有限公司董事长陈建福向晋江市慈善总会捐赠善款200万元。

【泉州企业“爱心助医”项目捐赠仪式举行】 6月27日，泉州市政协在泉州市儿童医院举行“爱心助医”项目捐赠仪式。捐赠仪式上，北京泉州商会、上海泉州商会、福建七匹狼实业股份有限公司、福建浔兴拉链科技股份有限公司、森美（福建）食品有限公司、广西润嘉集团、重庆泉州商会、济南泉州商会捐助市儿童医院“泉商爱心楼”改建资金1100万元；泉州市政协港澳委员、特邀委员捐助泉州市第一医院血透室建设资金370万元；匹克集团捐助福建医科大学附属第二医院、市儿童医院救护车及装备各100万元。

【石狮吴清水家族捐资120万元】 7月20日，信义集团执行董事吴银河代表家属将简办丧事节省下来的120万元捐赠给石狮慈善、教育等公益事业。

论坛展会

【泉州市“知识产权进民企”公益系列活动】 1月16日，由民盟泉州市委、市工商联和市知识产权局主办的“知识产权进民企”公益系列活动在洛江举行。活动旨在走进企业开展知识产权培训活动。全年安排12期，每月在泉州选择一家创新型民企举办活动，培训师资力量均由省内资深的知识产权专家组成。

【2015泉州经济年会年度峰会】 2月23日，由泉州市委宣传部、市经信委、市科技局、市商务局、市工商局、市工商联（总商会）、泉州晚报社等单位主办的“创业 创新”2015泉州经济年会年度峰会在惠安举行，并发布以“互联网+”为主题的《2015年度泉州民营经济蓝皮书》。会上，主办方评出2015年度泉州经济人物、年度十佳市民最喜爱的品牌企业、年度十佳“互联网+”经济产业园区、“泉州制造2025”年度十佳科技小巨人、年度优秀泉属异地商会等奖项，并在现场进行颁奖。峰会特别邀请泉州多位本土实业家、经济产业园区创新运营者参会，利郎（中国）有限公司执行董事胡诚初、九牧厨卫股份有限公司副总裁张彬、弘桥集团董事长林志强等三位知名企业负责人，结合企业经营实例展开主题演讲。峰会上，主办方设置“挑战、融合、突破——互联网+传统产业的机遇与挑战”高峰对话环节。峰会发布的《2015泉州民营经济蓝皮书》以“互联网+””为主题，在深入调研泉州各产业与“互联网+”结合方式的基础上，从互联网+陶瓷、互联网+鞋服、互联网+机械制造等方面，探索泉州“互联网+传统产业”存在的问题及转型路径。

【中国(晋江)国际鞋业博览会】 4月18—21日，第十七届中国（晋江）国际鞋业博览会在晋江举行，此届鞋博会到会客商8.63万人次，比上年同期增长34.4%；达成意向成交额147.5亿元，同比增长7.8%。此届鞋博会以“聚焦经济新常态，助力鞋业新跨越”为主题。展会集纳安踏、特步、361°、乔丹、卡尔美、瑞士康步等知名鞋企，吸引英国、意大利、德国、西班牙、瑞士、芬兰等多个国家和地区的专业客商齐聚晋江，形成强大的品牌集聚效应，展会国际色彩浓厚。

【第十八届海峡两岸纺织服装博览会】 4月18—20日，以“两岸、规模、专业、休闲、时尚”为主旨的第十八届海峡两岸纺织服装博览会暨2015石狮国际时装周在石狮举行。此届海博会参展企业471家，展览面积超过5万平方米、市场交易区超过45万平方米，主要理念是展示“海丝”全产业链优势，突出绿色环保、科技创新和功能性新产品，发布纺织服装最新流行趋势。展区包括主展区、分展区。在主展区新设立互联网+展区，分展区除了缝制设备展区、海西电商园展区，增加星期YI服饰创意博览园展区、石狮辅料城等分展区。其中，法国、意大利、韩国、日本、泰国、菲律宾等国家纺织服装业的商务人士组团参会。展会还建立产业对接平台，

4月18—20日，第十八届海峡两岸纺织服装博览会在石狮市举行
（图/吴寿民）

邀请“海丝”经济区30多家大中型纺织企业和20多家台湾功能性面辅料企业对接。

【泉州“互联网+物联网”创新研讨会】 6月18—19日，由泉州市发改委联合鲤城区政府主办，福建省物联网科学研究院承办的2015泉州“互联网+物联网”创新研讨会暨物联网产业对接会在泉州召开。此次大会以“物联世界•共赢未来”为主题，以促进国际、国内互联网+物联网创新学术交流和合作，搭建省内外协作平台，共享最新学术成果”为宗旨。会议收到来自全国5位特邀专家的报告，45个专家的对接项目，全市110家企业的项目对接意向。

【泉厦两地青年企业家交流座谈活动】 7月5日，受厦门市工商联（总商会）邀请，泉州市工商联副主席陈晖率领20余位泉州籍青年企业家走访厦门市工商联（总商会），并与厦门市青年企业家进行交流座谈。厦门市委统战部副部长、市工商联党组书记王沁，厦门市总商会秘书长朱福志出席交流活动。座谈会上，厦泉两地青年企业家围绕“互联网+”“大众创业、万众创新”“商会资源平台整合”“金融服务实体经济”等话题展开讨论。

【泉州制造2025暨推进产业转型升级招商洽谈会】 8月26—27日，泉州制造2025暨推进产业转型升级招商洽谈会在深圳召开。泉州市工商联组织邀请深圳市泉州商会30多名企业家参会。招商会上洽谈项目25项，总投资104亿元。招商洽谈会旨在加快推动《泉州制造2025》的组织实施，宣传泉州市促进产业转型升级的系列政策，交流对接重点产业链项目，增进与深圳企业家和泉州籍乡亲的交流和联系，鼓励回归创业，推进泉州市与全国民企500强及行业龙头企业产业项目对接，促进产业集群转型升级。活动中还举行民营企业产业对接项目签约仪式。

【闽商资本市场与企业风控高峰会】 9月20日，由泉州市工商联（总商会）、泉州新社会阶层代表人士联谊会、两岸资本市场服务联盟、福建天衡联合律师事务所主办的“与未来对话——2015闽商资本市场与企业风控高峰会”在泉州举办。会议针对泉州企业家关心的“闽商资本市场与企业风控”等话题展开讨论。

【全市全年组织40场境外展会】 2015年泉州市组织40场境外展会.从境外展来看，展会主要包括欧洲运动用品采购展、德国柏林亚洲服装及配饰博览会、印尼国际汽车零部件展、法国工程机械展、泰国国际食品展、俄罗斯国际石材及技术博览会、斯里兰卡中国商品展等。在欧洲运动用品采购展上，泉州市组织30家企业40个展位，参展面积480平方米，是泉州市体育用品行业历年组团参加境外展会规模最大的一次，现场达成各类意向成交额1790多万美元，现场成交450多万美元，一些特装企业如八达服饰、太阳海等老参展商，现场成交额和新老客户数都有大幅提升。印度国际石材展，泉州市有10家企业参展，共20个展位，现场及意向成交405万美元；印尼国际汽车零部件展，泉州市有37家企业39个展位，现场及意向成交1145万美元；泰国国际食品展，泉州市有18家企业30个展位，现场及意向成交795万美元；斯里兰卡中国商品展，泉州市有24家企业28个展位，展出面积252平方米，展出期间达成合同意向260万美元。

石狮国际轻纺城 （图/吴寿民）

农业

NONG YE

（NONG LIN MU YU YE）

（农林牧渔业）

责任编辑：陈雪娥　苏艳艳

农业（农林牧渔业）

农　业

【概况】　2015年，全市各级各部门贯彻落实中央、省农村工作会议精神，围绕“发展农业现代化”主线，落实各项惠农政策，加大对农业基础设施的投入，继续优化农业生产结构和布局，狠抓各项支持农业发展各项政策措施的落实，促进农业和农村经济的持续健康发展。全年完成农林牧渔业总产值320.59亿元，同比增长2.0%。其中，农业实现产值132.82亿元，同比增长4.2%；林业实现产值4.17亿元，同比下降1.1%；畜牧业实现产值58.41亿元，同比下降9.0%；渔业实现产值116.86亿元，增幅5.6%。全年农村居民人均可支配收入15861元，同比增长8.7%。粮食播种面积211.55万亩，总产72.82万吨。全年水果产量45.81万吨，同比增长3.1%；茶叶产量7.48万吨，同比增长6.6%；蔬菜总产137.13万吨，同比增长6.7%；食用菌总产量7.01万吨，同比增长9.2%；肉蛋奶产量20.44万吨，同比下降16.1%。

2月3—15日，2015泉台农业精品展销会在泉州举行　（图/吴寿民）

【农业资源】　3月26日，下发《泉州市农业区划委员会办公室关于做好休闲农业监测工作的通知》，布置休闲农业监测工作，休闲农业经营主体总计275个，其中农家乐137个，休闲观光农园（庄）138个。开展休闲农业景点资料调查，全方位掌握全市休闲农业点的相关信息资料，建立休闲农业信息库，进一步完善泉州农业信息网上的休闲农业专栏材料。

【农田建设】　2015年，泉州市承担福建省农业厅抛荒山垅田复垦改造项目700亩，其中：永春县福建省施畴农业有限公司200亩；德化县500亩，包括德化县赤水协力农场300亩，德化县三珍种养农民专业合作社200亩。项目由省财政补贴资金共105万元，田间工程主要包括机耕路、田间灌溉渠道、排水（渍）沟等，提高山垅田综合生产能力。

【粮油高产创建】

粮油高产省级万亩示范区　2015年，南安市承担1个省级早稻万亩示范片高产创建任务，共涉及2个乡镇10个村，万亩示范片位于溪美、码头2个乡镇，面积1.01万亩，涉及农户数7550户。主推特优009、丰优22和东联5号等高产优质品种，平均亩产544.4千克，与上年同片田比亩增12.5千克，同比增长2.35%，比非示范区亩增55.1千克，同比增长11.3%；是年，在德化上涌镇建立1个省级万亩中稻高产示范片，总面积1.02万亩，分布在上涌镇17个村，涉及农户数4000多户。主推品种为宜优673、中浙优8号、闽丰优3301、泰丰优656等4个高产优质品种。示范片平均亩产627.8千克，比上年同片田亩增12.9千克，同比增长2.1%。高产创建示范片超过亩产600千克的创建目标，总增稻谷13.16万千克。是年，在惠安县的螺阳、涂寨、净峰建立万亩花生示范区1个，面积为1.01万亩，涉及14个村，5500个农户。示范区推广闽花6号、泉花7号、汕油71等优质品种。平均亩产鲜果228.27千克。取样烘干，平均晒干率为61.2%，折合平均亩产171.42千克，最高产量202.1千克，最低产量为136.9千克，比2014年平均增产8.7%，产量指标基本达到预期目标。

粮油高产市级核心示范片　2015年，泉州市建立粮油高产核心示范片20个，面积5262亩。其中：早稻9个点，面积3521亩，平均亩产490.7千克，比非示范片亩增57.2千克，增幅13.2%；中稻3个点，面积435亩，平均亩产652.8千克，比非示范片亩增71.5千克，增幅11.3%；马铃薯6个点，面积1098亩，平均亩产2395.6千克，比非示范片亩增596.5千克，增幅33.15%，产品优质率达95%，商品率达85%；甘薯2个点，面积208亩，平均亩产2818.3千克，比非示范片亩增352.6千克，增幅14.3%。以上20个点，单产水平均达到创建指标。

【休闲农业】

开展休闲农业知名品牌创建活动　南安市皇旗尖休闲茶庄园被评2015年“全国休闲农业与乡村旅游示范点”；永春县茂霞村被评为2015年“中国最美休闲乡村”。德化县桃仙溪休闲农业园、晋江市龙湖镇南浔村休闲旅游度假区、永春县茂霞村、惠安县葵花休闲农业生态园、安溪县华祥苑茶庄园被评为福建省休闲农业示范点，惠安县大岞村、南安市洪岭村被评为福建省最美休闲乡村；南安市皇旗尖休闲茶庄园、永春县金斗洋生态茶园、南安市御仙庄、洛江区虹山生态景区、丰泽区宏源生态园、泉港区惠屿休闲渔村、台商投资区隆达生态休闲农场、南安市桃园玫瑰小镇、永春县大自然山庄、安溪县山都幸福小镇休闲村庄等10个休闲农业点被泉州市人民政府授予“泉州市休闲农业示范点”称号；同时，泉州市政府在安溪县虎邱镇召开全市休闲农业与乡村旅游现场会，进一步引导全市休闲农业规范化发展，推动休闲农业成为繁荣农村、富裕农民的新兴支柱产业。

创建“休闲农庄”“休闲农业园区”“休闲茶叶庄园”3条休闲农业体验带　以24个承载点为发展重点，打造“休闲农庄、休闲农业园区、休闲茶叶庄园”3条休闲农业体验带，生产基地规模4.4万亩，资产总额9.9亿元，年接待人

风雅颂休闲农业度假区　（图/市农业局）

数188万人次，年营业收入27050万元（其中农产品销售收入18031万元）。

安溪县芦田镇山国饮艺生态基地茶园 （图/刘伯怡）

种植业

【粮油作物】 2015年全市粮食播种面积211.55万亩，平均亩产347.4千克，总产72.82万吨。

谷类作物 播种面积123.99万亩，平均亩产385.7千克，总产47.82万吨，其中春收作物种植面积2.08万亩，总产3900吨；夏收作物56.49万亩，总产21.94万吨；秋收作物种植面积65.41万亩，总产25.49万吨。稻谷：播种面积113.8万亩，占谷类作物91.8%，总产44.55万吨，占谷类作物93.16%。其中早稻面积49.92万亩，平均亩产391.6千克，总产19.55万吨；中稻面积23.25万亩，平均亩产411.7千克，总产9.57万吨；晚稻面积40.63万亩，平均亩产379.6千克，总产15.42万吨。全市水稻面积最大是南安市的37.19万亩，占全市水稻面积的32.68%，总产14.65万吨，占全市水稻总产的32.88%。其次是永春县27.65万亩，占全市24.29%，总产11.14万吨，占全市25.0%。其三是安溪、德化和惠安，面积分别为19.72万亩、11.72万亩和5.97万亩，分别占全市的17.32%、10.29%和5.2%。大小麦：播种面积2.06万亩，平均亩产188.4千克，总产0.39万吨。以小麦为主，面积1.56万亩，占76.1%。主要分布在泉港区，面积1.22万亩，占78.2%。杂粮：播种面积8.13万亩，平均亩产355.5千克，总产2.89万吨。以玉米为主，面积7.24万亩，占89.05%，其次是高粱6700亩，占8.2%。

薯类 播种面积77.82万亩，平均亩产298.5千克，总产23.82万吨。甘薯播种面积56.18万亩，占薯类面积70.38%，总产18.37万吨，占薯类总产77.12%，平均亩产327千克。全市面积最大是惠安县，面积14.15万亩，占25.18%，总产4.14万吨，占22.53%，亩产292.6千克。其次是晋江市8.45万亩，总产2.83万吨，亩产335.1千克。马铃薯播种面积23.63万亩，总产5.45万吨，平均亩产230.8千克，面积最大是德化县，面积6.46万亩，总产1.75万吨，亩产271千克。其次是永春县，面积6.44万亩，总产1.2万吨，亩产187千克。

豆类 面积7.74万亩，总产1.16万吨，亩产150.6千克。以大豆为主，播种面积6.5万亩，占83.9%，总产9400吨，占81.0%。

油料 播种面积32.15万亩，总产5.46万吨，亩产169.8千克。以花生为主，播种面积32.08万亩占99.8%。总产5.44万吨，占99.6%。

【蔬菜】 2015年蔬菜播种面积130.01万亩，增长18%，产量152.07万吨，增长18%。

【水果】 2015年全市水果总面积95.01万亩，比2014年减少0.17%，总产量45.81万吨，比2014年增长3.08%。其中，柑桔面积22.74万亩，比2014年增0.8%，产量26.35万吨，比2014年增2.45%；龙眼面积33.38万亩，比2014年减1.1%，产量5.50万吨，比2014年增长5.36%。

【中药材】 2015年中药材播种面积6037亩，增长22.5%，全年产量878吨，增长5.5%。

【食用菌】 2015年食用菌总产量6.69万吨，同比增长8.08%。

【茶叶】 2015年，全市茶叶总面积79.97万亩，年产量7.48万吨。

畜牧业

2015年全市生猪存栏90.77万头，同比减少18.3%；出栏148.08万头，同比减少29.11%。家禽存栏960.15万羽，同比减少16.73%，出栏1669.26万羽，同比减少3.52%；牛存栏13.1万头，同比增长2.29%，出栏6.66万头，同比增长5.32%；羊存栏25.85万头，同比增长6.81%，出栏34.24万头，同比增长4.87%。全市肉蛋奶总产量20.44万吨，同比减少16.12%。

渔 业

【概况】 2015年度全市水产品总产量113万吨（比全市粮食产量高40万吨，多55%），同比增长5.57%（增幅比2014年提高1.42个百分点，增速同比全省高0.27个百分点，从全省倒数第二跃升至超过全省平均水平），渔业产值117.83亿元（占农业产值320.59亿元的36.5%，为泉州大农业总产值增长2个百分点贡献1.9个百分点），同比增长6.6%。实现渔业经济总产值实现279.67亿元，同比增长8%（比全省高2.8个百分点）

【发展远洋渔业】 拓展发展空间，引导企业开展大洋性、过洋性渔业资源开发。远洋渔业规模进一步壮大，新增远洋渔船21艘（总数54艘，同比增长63.6%，总吨位4.5万吨，全省第3位，同比增长22.5%），同时获得俄罗斯入渔指标30艘，获得西非几内亚比绍入渔指标6艘。深沪远洋渔业通关口岸通过市级验收，即将接受省级验收，将为泉州及周边地区远洋渔业企业自捕鱼进境提供通关便利，提高通关效率，为规模化、产业化发展远洋渔业打下基础。全年远洋渔业产量5.25万吨（全省第三，增长225%），实现产值近6亿元（全省第三，同比增长230%）。

【加强设施渔业建设】 开展标准化池塘改造，扶持陆基工厂化循环水养殖和优质苗种繁育，完成规模设施渔业建设11个，带动项目总投资3900万元。引进日本鳖、绿盘鲍、台湾红湄等新品种，开展小山塘水库健康生态养殖试验，推广新式附苗绳和聚氯乙烯浮球2种牡蛎养殖器具，不断改善全市养殖结构和提高养殖效率。

【提升渔业综合生产能力】 推进渔业品牌建设，“崇武鱼卷”“泉州金牡蛎”入选全省十大渔业品牌。全市新增渔业专业合作社37家，4家获评省级示范社。获得省级“水乡渔村”称号养殖企业18家。2015年全市休闲渔业产值达到4597万元，同比增长2.45%。水产品出口8.64万吨、货值3.18亿美元（创历史新高），同比分别增长31.1%和39.4%。加强水产品质量监管，17家养殖企业纳入水产品质量安全可追溯试点，全年例行监测749批次，合格率100%。

6月30日，泉州港远洋渔业深沪作业区授牌暨远洋渔船启航仪式举行
（图/市海洋与渔业局）

林 业

【概况】 林业生产稳步推进。全年完成植树造林总面积12.75万亩，比上年增长18.0%。其中，荒山造林11.74万亩，增长191.7%，人工促进天然林更新面积1300亩，增长27.0%。全年完成幼林抚育作业面积15.54万亩，增长22.3%。年末实有封山育林面积44.19万亩。全部木材产量34.90万立方米，增长5.6%。2015年，泉州获得中央投资建设项目主要有10个，分别是：1.沿海防护林项目，其中中央政府投资560万元。2.福建戴云山林业有害生物防控体制系建设项目，其中中央投资301万元。3.福建安溪白濑国有林场福建柏良种繁育基地建设项目，其中中央财政投资566万元。4.库周水源涵养林建设工程，其中中央基本建设投资166万元。5.木材战略储备项目，其中中央基本建设投资100万元。6.林业工作站建设项目，其中中央基本建设投资40万元。7.中央造林和抚育项目，其中中央财政投资1591万元。8.湿地和林业国家级自然保护区建设项目，其中中央财政投资300万元。9.林业科技推广示范项目，其中中央财政投资100万元。10.林业有害生物防治项目，其中中央财政投资65万元。

【林业企业】 全市现有工商注册林业企业1395家，初步形成德化竹木加工、林产化工，永春人造板、神香、竹制品生产、生物医药，南安家具、木地板生产，晋江装饰贴面板、干花生产，惠安木雕、野生动植物加工驯养，鲤城、丰泽装饰木线条、家具、木材加工经营，洛江花卉业的林业产业体系。其中，产值在规模（500万元）以上的有88家。省级林业产业化龙头企业17家，分别是福

7月12日，“绿盾2015”林业检疫执法行动检查木材使用企业
（图/市林业局）

建安溪聚丰工艺有限公司、晋江市艺达木雕美术有限公司、福建泉州市万兴木业有限公司、福建省德化县祥盛工艺有限公司、福建省德化县宏盛达工艺品有限公司、南安市乐峰印山林场、德化县祥山大果油茶有限公司、泉州市金草生物技术有限公司、泉州市秉尚石斛科技有限公司、泉州泉芳植物科技开发有限公司、福建万年青市政园林装饰工程有限公司、南安市新奇美园艺发展有限公司、晋江市安海镇鸿江盆景植物园、德化县龙盛农林科技有限公司、泉州市泉美生物科技有限公司、福建亚森农业综合开发股份公司、福建永前园林有限公司。

2015年，根据《市级美丽乡村建设专项资金使用专题会议纪要》和《泉州市林业局　泉州市财政局关于申报扶持发展森林林下经济项目的通知》，全市安排专项资金200万元，用于扶持森林林下种植项目35个。

【林业企业选介】

福建泉州泉芳植物科技开发有限公司　成立于2005年4月，注册资本1500万元，是一家集种植、加工、销售为一体的企业，具有显著的社会、经济和生态效益，被福建省林业厅授予“科技示范基地”；被福建省财政局和福建省林业厅授予2011—2013年度“福建省林业产业化龙头企业”称号，2008年通过绿色食品认证，成为全省唯一的获得绿色认证的香辛料种植加工企业。公司目前已经投入资金2000多万元，建设树脂精油提取工厂，年产树脂香精油100吨。培育香辛料苗圃基地13.3公顷，育苗400万株；建设八角、茴香、肉桂等香辛料示范基地267多公顷。公司将采用“公司+农户+基地”的发展模式，严格制订产品标准、建立健全产品质量检测、监督体系，把产前、产中、产后等环节纳入标准化管理轨道，确保产、供、销有“标”可依，并在全省范围内推广生态公益林套种香辛料种植模式，增加生态公益林的收益。

德化县龙津林化有限公司　公司创建于1955年，是一家利用本地的松脂资源，从事林化产品精深加工的市级龙头企业。现有脂松香和松节油、松香改性树脂（浅色增粘树脂）、制桶等三条生产线，是闽南地区唯一一家生产技术最为规范、设备最齐全，工艺最先进的蒸汽炼香企业，若产销衔接良好，在林产品市场有很好的竞争力；公司生产的戴云牌脂松香荣获“省优、部优”称号，公司被福建省财政局和福建省林业厅授予2011—2013年度“福建省林业产业化龙头企业”称号，并被省林业厅授予“全省松香行业十佳企业”，为德化县扶优扶壮企业。

碧水蓝天　（图/黄万成）

工业

GONG YE

责任编辑：郑燕红

综 述

【概况】 2015年泉州市规模以上工业累计完成增加值2902.86亿元，增长8.9%，增速比全省高0.2个百分点，比全国高2.8个百分点。全市规模以上工业生产增速比上年有所回落，但总体运行较为平稳，累计增速波动幅度较小，稳定在8.8%—9.5%区间。

【工业生产持续稳定增长】

多数行业实现增长 全市规模以上工业37个行业大类中有32个行业实现增长，占86.5%，分别比一季度和上半年扩大8.1个和5.4个百分点，与1—3季度持平，有16个行业实现两位数以上的增长。增加值总量前10位的行业中有5个行业实现两位数增长，分别为石油加工炼焦业（增长38.1%）、食品制造业（增长14.3%）、造纸和纸制品业（增长10.8%）、纺织业（增长10.6%）、以及橡胶和塑料制品业（增长10.1%）。与1—3季度相比，增幅提高或降幅收窄的行业有20个，幅度超过2个百分点的行业有9个。

主导产业贡献逐步增强 2015年，泉州市规模以上五大传统产业实现增加值2039.23亿元，同比增长7.1%，增速分别比一季度、上半年和1—3季度提高2.9个、1.4个和0.4个百分点，对规模以上工业增长的贡献率达到56.7%，分别比一季度、上半年和1—3季度提高25.8个、13.6个和3.9个百分点，比上年同期提高7.4个百分点。

超六成产品产量同比增长 全市列入统计的177种产品中有108种产品产量比上年增长，增长面达61%，有40种产品增速超20%，占全部监测产品的22.6%。装备类产品中，铸造机械增长16.3%；一般消费类产品中，运动服类服装增长28.6%，衬衫增长31.5%，家具增长24.8%，糖果增长12%；能源产品中，原油加工量增长20.1%，汽油增长20.7%；原材料产品中，乙烯增长16.5%，纯苯增长14.3%。

工业产销衔接水平提升，小微企业表现良好 2015年，泉州市规模以上工业实现销售产值10964.78亿元，产销率96.4%，为5月以来的最高水平，比上半年和1—3季度均提高0.3个百分点。其中，小微企业实现销售产值3870.43亿元，产销率98.1%，为年内最高水平，高于全市平均1.7个百分点，高于大中型企业2.6个百分点。

民营工业发展势头趋好 民营经济活跃程度是反映一个经济体经济活力的重要标志。2015年，全市规模以上民营工业完成增加值2571.62亿元，增长7.2%，比1—3季度、上半年和一季度提高0.4个、1.3个和1.7个百分点；占规模以上工业增加值的88.6%，比上年提高0.1个百分点；对规模以上工业增长的贡献率为72.8%，比上年提高4个百分点，比重和贡献率均高于上年。

【结构调整步伐稳步迈进】

高技术行业增速加快 2015年，高技术行业实现增加值66.64亿元，同比增长10.9%，比2014年高4.3个百分点，比全市规模以上工业平均增速高2个百分点。分行业看，电子器件制造业增长较快，增长38.8%，拉动高技术行业增长5.9%，对高技术行业增长的贡献率为54.4%。

装备制造业贡献率显著提升 2014年开始，泉州市在全省率先实施“数控一代”示范工程建设，全面向数控化、自动化、智能化发展，在工业机器人、精密设备等装备生产涌现了嘉泰、瑜鼎、黑金刚等一批具有较大发展潜力的企业。2015年，该行业增速呈现逐步上升的态势，全年实现增加值310.13亿元，增长8.2%，对全市规模以上工

3月26日，法国驻华大使参观太古势必锐公司飞机发动机反推装置维修流程（图/泉州出口加工区）

业增长的贡献率比年初提高14.3个百分点。

工业投资结构明显改善　技术改造投资占比提高。2015年全市工业完成技术改造投资742.24亿元，增长16.4%，占全部工业投资的64.6%，同比提高0.9个百分点。技术改造投资力度的加大是企业内涵式发展动力得到激发的重要体现，也是企业市场竞争力增强的有力表现。高耗能行业投资占比降低。2015年，全市六大高耗能行业完成投资228.18亿元，下降13.4%，占工业投资比重由上年的26.3%降低至19.9%。高附加值产业投资比重提高。作为核心技术载体的装备制造业投资占工业投资额的24.9%，同比提高3.4个百分点，增长32.8%，高于工业投资增速18.1个百分点。

【发展质量和效益有所提高】

整体效益水平逐步提高　单位成本逐渐下降，2015年每百元主营业务收入中的成本为83.27元，分别比上半年和前三季度低0.07和0.36元，按登记注册类型分，外商及港澳台商投资企业每百元主营业务收入中的成本最低，为82.42元，比前三季度低0.36元；期间费用增速趋缓，销售费用、管理费用和财务费用这三项费用合计795.02亿元，增长7.0%，增速比2014年低1.3个百分点，比2015年上半年低0.2个百分点；企业盈利效率不断提高，主营业务收入利润率为7.3%，比上半年和前三季度均提高0.3个百分点。

主导产业效益表现良好　2015年泉州市五大传统产业盈利水平较高，全年实现主营业务收入利润率8.1%，比全市平均水平高0.8个百分点，分别比上半年和前三季度高0.2个和0.3个百分点。分产业看，食品饮料和装备制造业的盈利效率高于传统产业和全部规模以上工业平均水平，分别实现主营业务收入利润率10.7%和8.3%，比传统产业平均水平高2.6和0.2个百分点，比全部规模以上工业平均水平高3.4和1.0个百分点。

采掘业

【煤炭开采和洗选业】　2015年，全市规模以上铁矿企业8个，实现工业总产值7.26亿元，工业销售产值7.25亿元，工业增加值4.44亿元，利润总额0.36亿元，利税总额2.05亿元。

【黑色金属矿采选业】　2015年，全市规模以上黑色金属矿企业12个，实现工业总产值22.41亿元，工业销售产值20亿元，工业增加值5.54亿元，利润总额0.43亿元，利税总额1.54亿元。

【有色金属矿采选业】　2015年，全市规模以上有色金属矿企业5个，实现工业总产值0.16亿元，工业销售产值0.16亿元，工业增加值5.31亿元，利润总额0.02亿元，利税总额0.02亿元。

【非金属矿采选业】　2015年，全市规模以上非金属矿采选企业9个，实现工业总产值15.28亿元，工业销售产值15亿元，工业增加值14.88亿元，利润总额2.86亿元，利税总额3.59亿元。

【采盐】　2015年，全市规模以上非金属矿采选企业1个，实现工业总产值0.38亿元，工业销售产值0.48亿元，工业增加值0.25亿元，利润总额0.07亿元，利税总额0.09亿元。

制造业

五大传统产业

【纺织鞋服】　2015年全市纺织鞋服业实现规模以上工业增加值1047.16亿元，同比增长6.5%，多年位居福建省第一位，是中国纺织鞋服重要生产基地和出口基地。

【建筑建材】　2015年建筑建材规模以上工业增加值303.01亿元，同比增长7.2%；销售产值1075.76亿元，产销率97.4%。非金属矿采选业规模以上工业增加值14.88亿元，同比增长5.1%。非金属矿物制品业357.43亿元，同比增长5.6%。2015年规模以上工业企业主要产品产量：花岗石板材4736.73万平方米；陶质砖30578.52万平方米；瓷质砖143037.83万平方米；水泥410.22万吨。

【工艺制品】　2015年，全市完成工业总产值约564.83亿元，其中规模以上企业303家，产值552.9亿元，出口值约314.57亿元，利润总额39.71亿元，利税总额51.81亿元。

【食品饮料】　2015年以来食品产业继续保持平稳增长态势，全年完成规模以上工业增加值213.6亿元，同比增长9.8%。具有行业布局合理、品牌效应显著、规模效应凸显、装备水平较高等发展优势。形成以晋江市和惠安县为主的全国休闲食品生产基地。现有“中国名牌”13项，“中国驰名商标”17项。全市规模以上食品企业236家，产值超亿元企业146家。引进了国内外先进水平的各类生产线500多条。2015年达利、好来屋在香港上市，安记食品在国内创业版上市，回头客、天线宝宝、八马茶叶在国内新三板挂牌。

【装备制造】　2015年泉州市装备制造产业完成规模以上增加值310.13亿元，实现销售产值1185.38亿元。行业门类相对齐全。在机械装备产业的8个大类、47个中类、223个小类中，泉州就涉及其中的8个大类、42个中类、111个小类。区域特色日益显现。泉州机械装备产业已形成较为完整的“毛坯铸锻—零部件生产—整机装配—产业服务”产业链，形成了工程机械、建材机械、纺织机械、制鞋机械、机床、水暖、模具以及轴承等8个特色子集群。企业主要分布在南安、晋江、鲤城、安溪、洛江等地。产业平台初现雏形。全市已规划建设福建省装备制造业（南安、晋江）重点基地等一批机械装备制造基地，其中南安基地（包括滨江、成功、扶茂、仑苍英都等4个工业园）已有700多家企业入驻，并成为国家级和省级新型工业化产业示范基地。晋江市获评首批省级智能制造试点示范基地（全省仅2个）。形成一批特色行业和优势产品。在国内市场，泉州工程机械中的路面机械、装载挖掘机械，专用设备中的砌块机械、石材机械和金刚石工具、陶瓷机械、纺织机械、制鞋机械，通用设备中的轴承、阀门、电动工具、空气压缩机等均占有较大市场份额，其中圆盘针织机（大圆机）、砌块机械、石材机械和金刚石工具等产品产量居全国首位。双面电脑提花移圈罗纹机、WSM993T45叉装车两项产品被认定为2015年度福建省首台（套）重大技术装备（全省仅3个）。在国际市场，泉州机械装备产品已销往包括欧美发达国家在内的100多个国家和地区。

五大新兴产业

【石油化工】　2015年，全市规模以上石化企业317家，完成工业产值1793.42亿元，工业增加值363.4亿元，利润总额69.35亿元，利税总额328.54亿元。

【电子信息】　2015年，全市规模以上电子信息企业68家，实现工业总产值180.16亿元，工业增加值45.12亿元，利润总额12.97亿元，利税总额18.2亿元。

【修船造船】　2015年，全市规模以上船舶企业3家，实现工业总产值3.91亿元，工业增加值0.72亿元元，利润总额0.1亿元，利税总额0.13亿元。

【汽车制造】　2015年，全市规模以上汽车制造企业77家，完成工业总产值92.06亿元，工业增加值21.76亿元，利润总额4.8亿元，利税总额7.25亿元。

【生物医药】　2015年，全市规模以上生物医药企业14家，实现工业总产值29.9亿元，工业增加9.36亿元，利润总额2.85亿元，利税总额4.35亿元。

3月15日，消费者权益咨询服务日，泉州盐务局工作人员介绍多品种盐
（图/泉州盐务局）

盐业

因受暖冬气候条件差，开晒率低及晋江盐场、青山盐场废转等因素的影响，2015年，全市原盐总产量69509.489吨，同比减产44121.361吨，减幅38.83%，原盐放运量83541.87吨，同比减少11258.11吨，减幅11.88%，年末存盐量59174.264吨，同比减少14032.381吨，减幅19.17%。其中，山腰盐场原盐产量62425.489吨，同比减产37917.057吨，减幅37.79%；放运量75466.87吨，同比减少3136.81吨，减幅3.99%。2015年，全市实现销售盐产品76118.0094吨，完成年计划93.33 %，同比减销1906吨，减幅2.44%。其中，小包装碘盐实现销售28172.5894吨，完成年计划93.22%，同比减销1004吨，减幅3.44%；食品加工用盐实现销售44551.32吨，完成年计划94.21%，同比减销2057吨，减幅4.41%；小工业盐实现销售3394.1吨，完成年计划83.8%，同比增销1155吨，增幅51.58%；多品种盐实现销售15962.4074吨，完成年计划399.06%，同比增销11816.4477吨，增幅285.01%。非盐商品，大包味精实现销售343万元，小包晶华味精实现销售41.4吨，完成年计划任务165吨的25.09%。非盐销售收入497.31万元，实现毛利29.55万元，同比减少19.31万元，减幅39.52%。2015年，实现利润总额539.17万元，比2014年同期增加311.05万元，完成年计划目标370万元的145.72%，增幅73.33%。

建筑业

2015年全市完成建筑业总产值1285.87亿元，同比增长11.3%，其中省外产值603.16亿元，同比增长18.25%，实现增加值399.48亿元，同比增长10.3%，增加值占全市GDP的6.51%。企业结构调整方面。2015年新晋升特级总承包企业1家，一级总承包企业16家，二级总承包企业25家。截至2015年底，全市有总承包、专业承包和设计施工一体化企业958家，其中特级总承包企业2家，一级总承包、专业承包和设计施工一体化企业111家，二级（含不分等级）总承包、专业承包和设计施工一体化企业489家，劳务企业67家。招投标完成方面。2015年共完成招投标项目1461个，中标价99.67亿元，比最高控制价下降9.37%。其中公开招标项目1207个，中标价95.05亿元，比最高控制价下降9.38%。

城镇集体工业

【完成濒危艺种抢救保护工作】　市城镇集体工业联合社到安溪、永春、鲤城、南安、台商投资区等地指导竹藤编技艺等濒危艺种的抢救保护，下达第三批6个濒危艺种抢救保护专项经费37万元（累计17个艺种、90万元）；组建濒危艺种大师工作室6个（累计20个），组织15个濒危艺种抢救保护单位技艺人员参加各类全国性展评，获评金、银奖26件；完成纸织画等17个艺种的抢救保护评估报告。

【开展第二届泉州市工艺美术大师评审认定工作】　市城镇集体工业联合社根据修改后的《泉州市工艺美术大师评审认定规定》，起草大师评审、现场创作考评、“天工奖”大赛三个方案经市政府第71次常务会议研究同意组织实施。宣传发动全市462人报名现场创作，其中399人参加藤铁工艺类、石玉雕类、木根雕类（含漆线雕）、陶瓷类、综合类等五场现场创作考评。经县级工艺美术主管部门审核推荐248名技艺人员参评第二届泉州市工艺美术大师。完成第二届泉州市工艺美术创新设计“天工奖”大赛暨泉州市工美术大师评审工作，提出150名市大师、253件天工奖大赛获奖作品建议名单呈报评审领导小组审定。

【服务大师工作】　市城镇集体工业联合社根据市政府办《关于加强工艺美术大师服务管理的实施意见》，会同市财政局开展创建大师工作室和组建大师创作团队评审认定工作，命名2015年度40个工艺美术大师工作室（累计100个）和3个大师创作团队（累计12个），落实补助资金55万元（累计160万元），发挥大师示范引领作用，促进工艺美术产业转型升级。根据市政府第71次常务会议和《泉州市工艺美术大师评审领导小组关于开展“泉州市优秀工艺美术大师工作室”评选活动的通知》，评选11个优秀工艺美术大师工作室。落实2015年度师带徒授艺培训补贴174.36万元，支持100名工艺美术大师带徒传授技艺。会同泉州师院举办“2015年海峡两岸工艺美术高级研修班”，配套举办“走进高校——2015工艺美术大师精品展”，全市有37名省大师、省名人、市大师参加研修培训；选派1名省大师参加中国雕刻艺术研修班，2人参加工信部工艺美术行业管理业务水平提升培训班。会同市委组织部成功举办泉州市工艺美术高层次人才沙龙活动，全市80多名工艺美术大师(名艺人)、专家教授围绕“传统工艺美术保护传承与创新发展”进行跨界交流，取得良好社会反响。

【展评工作】　第十四届亚洲艺术节期间，市城镇集体工业联合社会同市文改办在源和1916旧面粉厂一层展厅举办“泉州工艺美术精品展”，展示泉州市48个工艺美术大师优秀代表作品63件。12家企业、1000多件作品参加第50届全国工艺品交易会，参评作品51件，获奖19件（其中金奖5件），金奖及获奖作品数量均位居全省首位。组织315家企业、110名省、市大师、名人参加第八届福建省工艺美术精品“争艳杯”大赛、第十届中国（莆田）海峡工艺品博览会和2015中国工艺美术百花奖，送展作品6300多件，参赛作品791件，获奖525件（其中金奖135件）；6人参加第六届“艺鼎杯”中国木雕现场创作大赛获评银、铜、优秀奖各1人。会同泉州师院、福建鼎立雕刻集团联合举办“鼎立杯”石雕贺岁新品创意现场彩绘大赛，30人参加，评出金奖1名、银奖2名、铜奖3名。组织18家企业参加第五届中国轻工大展暨中国工艺美术精品展“华艺杯”作品评选活动，获奖作品30件（其中金奖21件）；组织145人参加第三届中华工艺美术精品奖，入围作品98件，获奖作品52件（其中金奖5件）。惠安县在中国国家博物馆举办“心造天成•中国惠安南派雕刻艺术展”，展示惠安55位雕刻家的108件石雕、木雕、玉雕精品以及若干大型雕刻工程案例，共有10.8万人次入馆参观、39家新闻媒体进行宣传报道、12件作品被中国国家博物馆永久收藏，成为中国国家博物馆第一次接受区域性工艺品集体展览。安溪县举办首届家居工艺文化博览会“匠心杯”优秀作品评奖，征集作品350件，获奖93件。

【校企合作】 市城镇集体工业联合社与泉州师院签订“泉州市工艺美术产业发展战略合作框架协议”，加强在工艺美术产业规划、作品设计、创新创意、学术成果交流、人才引进与培养以及大学生实习实践、教育互动、就业指导等方面合作，加快产学研成果转化，助推泉州市传统工艺美术产业转型升级。积极推动“传统工艺美术进校园、入课堂”工作，配合市非遗中心编写《泉州市传统工艺美术教程》；筛选一批优秀工艺美术大师走进大中专院校，举办1次专题讲座、开设1次大师讲坛。

【做好服务产业发展工作】 市城镇集体工业联合社按照市政府的要求，围绕打造1000亿元工艺制品产业集群，深入调研，摸清情况，委托工信部文化发展中心，制定工艺制品产业转型升级路线图。安溪县联社牵头举办2015“有限•无限”当代国际雕塑（装置）现场创作活动，邀请国内外15名著名艺术家分别挂钩1家工艺企业，共创作15件当代雕塑（装置）艺术作品永久坐落在安溪过溪绿色长廊，形成安溪第一个文化主题景观长廊；惠安县针对产业博物馆、工艺美术展示、交易、服务基础设施配套平台欠缺情况，筹建“惠安石雕文化展示馆”，共收藏石雕文物、近现代石雕作品实物300多件，充分展示惠安1600多年灿烂的石雕文化；永春县积极指导筹建漆篮展示馆，共分为四个主题馆，展示面积800多平方米，总投资300多万元。

【指导协会发挥职能作用】 市城镇集体工业联合社指导德化、惠安做好参评“世界陶瓷之都”和“世界石雕之都”迎检工作，通过世界手工业理事会专家组的正式考评并获得命名、授牌。组织开展“轻工行业十强企业”“中国轻工业百强企业”评价工作，德化恒忆陶瓷艺术股份有限公司、福建省富贵红文化发展有限公司入选。组织参加福建省工艺美术“创新杯”评选活动，有59件作品入围，获评金奖3件，银奖7件，铜奖13件。2015年，全市规模以上工艺美术企业销售产值552.9亿元，增长6.8%；完成增加值165.34亿元，增长4.9%；出口交货值314.57亿元，增长0.2%。

9月23日，工艺美术玉石雕类考评现场（图/市城镇集体工业联合社）

第三产业

DI SAN CHAN YE

责任编辑：陈雪娥　苏艳艳

第三产业

综 述

第三产业增加值2217.13亿元，增长9.3%。其中：交通运输、仓储和邮政业实现增加值437.03亿元，增长8.7%；批发和零售业实现增加值587.17亿元，增长7.6%；住宿和餐饮业实现增加值78.17亿元，增长2.9%；金融业实现增加值284.11亿元，增长11.5%；房地产业实现增加值250.74亿元，增长4.2%；营利性服务业实现增加值251.79亿元，增长13.1%，非营利性服务业实现增加值245.88亿元，增长4.4%。

交通运输业

【概况】 2015年，全市拥有营运车辆61087辆。其中，客运班车6011辆（含出租汽车3369辆），营运载货汽车55076辆。高级客车1326辆，占客车总量的50.19%。全市拥有营运船舶272艘271.15万载重吨340个客位（其中：海峡两岸直航客运船舶1艘158个客位，营运货船262艘271.15万载重吨）；沿海省际运输船舶单船平均吨位10349载重吨，同比增长2.55%；集装箱（多用途）船舶169艘186.37万载重吨12.16万TEU，平均单船载箱位7.9TEU/艘，同比增长6.84%；油船11艘5.28万载重吨。

【道路运输】 2015年，全市完成公路货运量1.37亿吨、货运周转量140亿吨千米，分别比增15.07%和15.94%；完成公路客运量8212.77万人，旅客周转量70.94亿人千米，公路运输总周转量增幅15.15%。

【城市公交】 2015年，正式实施《优化泉州市中心市区公交线网规划》和《环泉州湾公交发展规划》，全市新增公交线路8条（含环湾2条），新增更新新能源公交车248辆，新开通K207、K605路等疏港公交专线。全市共有公交企业17家，公交车2273辆，营运线路231条，公交从业人员3485名。中心城

12月30日，沈海高速公路复线莆田仙游至南安金淘泉州段建成通车
（图/市交通委）

区公交站点500米覆盖率达97.5%，清洁能源、新能源公交车所占比例达23.4%，中心城区万人公共交通车辆拥有量达12.43标台，中心城区公共交通占机动化出行比例达25.8%。中心市区公交企业3家，公交车1212辆，营运线路85条，其中泉州公交发展有限公司1061辆、线路71条，泉州市第二公共交通运输发展有限公司136辆、线路11条，泉州开发区公交公司15辆、线路3条。中心市区公交综合停车场7个，总用地面积17.8万平方米，公交首末站81个，其中自有首末站9个（用地面积1.86万平方米）。

【水路运输】　2015年，全市完成水路货运量9341.37万吨、货运周转量1417.96亿吨千米，分别比增17.74%和17.95%；泉州港完成货物吞吐量1.22亿吨、比增9.29%，集装箱吞吐量201.51万TEU、比增6.93%；泉台海上集装箱班轮运输完成25211TEU，比增127.33%；泉金海上客运航线完成运送两岸旅客123030人次，同比增长19.3%。

【航空运输】　2015年，机场年旅客吞吐量首破300万人次大关，各项指标保持平稳较快增长。一年来，机场紧紧围绕全年总体目标，牢固树立持续安全理念，不断夯实安全生产基础，打造精品机场，实现持续安全、快速发展。全年完成航班起降32687架次、旅客吞吐量363.56万人次、货邮吞吐量4.3万吨，分别增长20.6%、30.6%、4.4%。旅客吞吐量在当年全国208个民航机场中，列第46位。

邮政业

【概况】　泉州市邮政业发展势头依旧强劲，邮政企业和规模以上快递服务企业全年业务总量完成80亿元，同比增长46%，占全省比重

11月30日，国家邮政局局长马军胜向泉州市委书记郑新聪颁发“中国快递示范城市”牌匾　（图/市邮政管理局）

36.7%，业务收入完成40亿元，同比增长18%，占全省比重28%。其中，全市规模以上快递服务企业业务量（含EMS）累计完成3.76亿件，同比增长45%，占全省比重42%，列全国第十三位，人均年寄递量达45件；快递业务收入完成33.3亿元，同比增长26.5%，占全省比重33%，列全国第十六位。以上四项指标均列全省第一位。2015年泉州正式获批“中国快递示范城市”的称号，行业发展环境进一步优化。

【邮政公司】　原“泉州市邮政局”正式更名为中国邮政集团公司泉州市分公司，系国有企业，履行邮政普遍服务义务。全市共有提供邮政普遍服务的营业场所数量220处，其中，城市自办网点45处、委代办网点25处，农村自办网点125处、委代办网点25处，电子化作业营业场所数量177处。全市共有邮筒（箱）763个，其中城市地区232个，农村地区531个。邮筒（箱）的平均服务半径及开箱次数符合并总体上高于《邮政普遍服务标准》。邮政报刊亭128个，信报箱（群）、智能包裹箱318组，村邮站439个，其中2015年村邮站新增村邮站数量367个、三农服务站205处。

【快递企业】　全市有快递企业及网点900家（其中法人企业120家），品牌快递企业省一级快件分拨处理中心12个。国有、民营、外资等不同所有制类型企业并存，快递服务多元经营格局形成。全市快递企业经营场地面积24万平米，干线运输车辆、快件揽投车辆1200部，手持终端设备近万个，微剂量X射线安检设备15个，自动化分拣设备40个，安全监控摄像装置4500个，从业人员超2万人。重点快递品牌乡镇网点覆盖率在全省率先达到100%，社会化服务能力显著增强。快递服务总体时限不断缩短，省会重点城市间72小时投递率大于90%，快递服务满意度水平达到80.5分。

【邮政服务与监管】　2015年，泉州市邮政管理局着眼长远，找准工作定位，强化对新常态的认识、把握和应用，以建设“五个邮政”和法治邮政为抓手，引领泉州邮政业主动适应新常态，围绕“1+2+4”的工作思路，即坚持“放管结合”1条工作主线，实施规划体系、政策体系2个体系，推进快递服务县域经济

发展工程、快递产业园落地、“两箱两站”建设、机关文化建设等4项工程，服务泉州邮政业跨越发展，服务地方经济社会发展。

电信业

中国电信泉州分公司

【概况】 全年业务经营收入累计完成32.56亿元；其中，固网业务累计完成17.98亿元；移动业务收入累计完成13.48亿元，收入占比为41.41。净利润累计完成5.42亿元，完成调整后预算净利润目标值的100.54%。天翼用户年度净增4.52万户，总数达236.8万户，其中3G用户总数达82.23万户，3G智能机用户总数达68.02万户；4G用户总数达38.56万户，4G智能机用户总数达38.56万户；电话用户（含天翼）总数达427.88万户；宽带用户（含无线宽带）年度净增5.34万户，总数达161.5万户；ITV用户总数达31.92万户。

【移动通信网络】 中国电信泉州分公司在“泉州市城市信息化建设项目”在2008—2014年建设的基础上，于2015年完成LTE三期工程3627个基站、8818个载扇的建设开通任务，在网总载扇规模达到18825个，实现县市城区、乡镇、热点农村及主要交通干道等区域的连片全网覆盖，基本达到C网覆盖水平，高流量区域如核心城区、沿海乡镇甚至超过C网覆盖(CDMA城区覆盖率为97.2%， LTE城区覆盖率达98.1%)。

【光纤宽带网络】 2015年系统组织基于行政村的光节点整网规划及建设，指导泉州全光网络的统一、有序推进。实现ODN覆盖98.8%的宽带用户所在行政村，FTTH网络规模达226万个，全省最大，进一步满足泉州全光本地网创建及业务发展的需要。同时，推进海西光城建设，实现全市城区光资源覆盖率达96%、乡镇光资源覆盖率达90.6%，并完成鲤城和丰泽两个光网城区（光宽用户占比超90%，光宽端口占比超80%）的建设，以及德化一个光网县城（光宽用户占比超90%，光宽端口占比超80%）的建设。

【电信服务】 通过创造性地构建服务质量监督六大体系，以“投诉处理集约化”为抓手，围绕“便捷服务、透明服务、精品服务、尊享服务”，通过改善内部流程、创新服务渠道、提升网络品质、实施差异化服务等措施，以实际行动践行“用户至上、用心服务”的服务理念，实现2015年各服务触点客户感知测评满意率96%以上。2015年在新的互联网+环境下，泉州电信持续以互联网+行业信息化应用切入提供差异化服务，强化团队运营，深挖行业典型，努力践行“六化”标准，即平台自有化、应用标准化、业务融合化、功能差异化、支撑专业化、运营品牌化。其中主要新兴项目包括：

【微网站】 即手机网站应用，将企业信息（新闻、广告、图片、文字等）快速构建成一个手机网站。随着智能机的普及，政府事业单位通过微站开通服务窗口，提高公众参与度并提升服务能力，打造一个发布、服务、互动、合作的平台；企业通过开通微站，帮助企业展示形象，打造品牌，开创营销新模式，如线上线下的营销互动。2015年泉州电信立足自身平台，拓展在美丽乡村、党政、中小企业等的微网站服务，与近250个客户达成合作，形成规模发展，促进泉州政府、企业在微信息化应用的转型升级。

【CaaS】 即电信能力开放管理平台依赖和整合电信的网络和通信资源，向电信的合作伙伴提供语音和视频通信等能力，方便地将通信能力快速地集成到合作伙伴自有的行业应用和互联网应用中去，是电信向移动互联网服务转型的一个重要方向。2015年，泉州电信在即时通讯、互联网电商、移动医疗、远程教育等各大热门行业与国内龙头企业如腾讯等50多家公司合作，树立行业标杆客户，带动电信业务在新型行业的拓展。

【居家养老】 即中国电信泉州分

9月11日，中国电信泉州分公司和泉州广播电台举行“百兆光社区”便民活动
（图/中国电信泉州分公司）

公司作为泉州居家养老信息呼叫服务平台的承建方，发挥自身在网络和信息技术等方面的优势，助力“互联网+养老”建设。一方面，全面推进居家养老服务平台的覆盖范围，实现天翼定位手机在老年群体的快速覆盖，提升平台服务价值。另一方面，将加快融合应用拓展，努力延伸至医疗卫生、安防监控、便民支付、高清电视应用等领域，不断扩大居家养老服务范围，涵盖全市9个县市区。

【个性WiFi】 通过在WiFi领域的拓展，形成多种的技术解决方案，通过个性化定制网关实现无线上网，可满足客户通过短信认证或微信认证实现无线上网的需求。2015年，泉州电信通过与商超商圈、金融行业、政府单位等多个行业达成合作，为泉州互联网+政务、互联网+行业、互联网+服务等多个应用提供帮手。

【物联网】 即通过无线技术把物体连接到到同一个网络，进行人与物、物与物之间的信息交换和通讯，实现智能化识别、定位、跟踪、监控和管理的系统。2015年泉州电信有效将物联网应用于能源、移动医疗、智慧物流、车联网、智慧家庭、零售、工业自动化、公共事业、安全等多个行业，拓展物联网卡3.5万张，为智慧泉州做出贡献。

【云业务】 基于云数据中心基础设施及专业服务能力，向客户提供按需租用的共享或独享的IT 基础资源（计算、存储、网络等）租用服务。客户可以便捷地进行资源申请、资源管理与监控，快速部署应用，并根据需求动态弹性扩展租用资源。2015年，泉州电信聚焦重点行业、重点客户，重点拓展虚拟私有云（VPC）项目、医疗云项目，成功拓展达利集团、鲤城海天、晋江一中等VPC混合云项目，及永春医院、晋江安海医院等医疗云项目，同时继续拓展政府、金融、教育、酒店、交通物流等行业客户。

中国移动泉州分公司

【概况】 全年实现通信服务收入近54亿元，收入规模在全省移动系统及本地通信运营商中排第一位。自公司运营以来，累计上缴税收超60亿元，税收贡献居本地国有企业前列。其中，2015年上缴各类税收6.5亿元，税收贡献居全市国有企业前列。目前公司移动用户总数近600万户，用户市场份额67%，保持区域市场领先地位。

【加快4G建设发展】 2015年，泉州分公司把握4G发展时机，加快网络建设和营销推广，加大发展力度，重塑公司竞争优势。在建设覆盖方面，累计4G基站建设总数近9400个，已实现全市主城区、县城城关、发达乡镇全境、普通乡镇镇区以及绝大部分行政村的4G网络覆盖，鲤城、晋江、石狮三个区县完成全境覆盖，实现高铁泉州段连续覆盖，沈海高速泉州段全线覆盖，其他高速服务区完全覆盖。12月23日，VOLTE（4G高清语音）技术正式投入商用，可为广大泉州市民提供更优质的语音服务。在业务应用方面，2015年，泉州移动结合泉州“智慧民生”战略布局，创新研发福建首例“移动图书车”，借助移动4G百兆无线网络，为石狮“移动图书车”提供高速、远程、稳定的通信服务；同时，和泉州市公安局台商投资区分局开展合作，建设省内首个4G警务航拍系统，助力“高空巡逻”。

【推动地方产业升级】 信息化应用推广方面，聚焦管理和效益提升，设计“一揽子”信息化解决方案，在连锁商超、快销品行业、建材行业、鞋服行业中复制推广，已应用于柒牌、恒安、中宇卫浴、金冠园、好彩头等200多家知名民企。物联网应用推广方面，通过移动定位技术，通过软件支持、数据交互、云端交互实现位置精准定位，实现企业物联网“蓝海”应用的有效延伸。适应穿戴式设备热潮和儿童定位安全需求，通过联合设备生产厂商、方案提供商，共同拓展物联网应用，成功推出“智能手环”“云朵童鞋”等物联网创新项目，拓展晋江安踏、361度鞋业定位项目，并陆续渗透延伸到医疗、安防、测控等领域，新增拓展车联网以及多个POS终端业务。

【履行社会责任】 在取得快速发展的同时，泉州移动履行国有企业使命，承担应尽的社会责任。做好应急通信保障。除常规性做好晋江鞋博会、石狮海博会、海丝文化节等地方重大活动的通信保障工作外，2015年，公司圆满完成抗击台风“苏迪罗”“海上丝绸之路国际研讨会”“海丝艺术节”等重大通信保障任务。为确保猴年府文庙春晚分会场顺利进行，公司提前入驻、派驻专人、全面部署，成功完成春晚府文庙分会场首场、第二场彩排的通信保障工作，当前我们仍紧锣密鼓地推进除夕夜春晚分会场及全市的网络通信保障工作。此外，泉州移动还引入超级基站、应急卫星通信车等先进设备，在汛期、台风等极端灾害天气下，保障地方的党政军工作以及全市生产生活通信需求。持续打造“惠民工程”。公司连续10年组织开展“百万真情关怀外来工”活动。其中，2013—2014年，针对全市民营企业创新启动“双百工程献真情”活动，通过“实惠进百企”“信息助百企”两大活动，为全市民营企业和企业员工提供信息化和通信优惠，帮助200多家民营企业解决经营困难。在此基础上，我们连续12年配合有关部门开展“平安返乡”系列活动，从最初的人身保险、话费优惠，到现在涵盖安全、返乡、就业等，为外来工朋友们提供全方位人文关怀服务，受惠外来工人数已超300万人。推进实名制。按照上级的部署和要求，启动“黑卡”整治专项工作，将整治“黑卡”作为“一把手”工程，县市联动迅速推进专项整治落地执行。我们通过反复宣贯、强化培训、跟踪通报等多样形式，推进实名制，特别是加大对没有签约授权的渠道的清理力度，2015年累计清理三无网点202家，回收非法批销的号码卡6万张。公司持续加大深入开展手机用户实名制工作，联合公安机关对涉嫌“黑卡”的号码进行整治，并联手本地主流媒体加大实名制工作的宣传普及，目前，移动手机用户存量实名率超93%，圆满完成工信部下达的目标任务。严厉打击“伪基站”犯罪。2015年，我们持续联合市公安局、泉州无线电管理局，制定打击伪基站联动机制，明确分工，加强合作，有力打击犯罪分子利用通信技术实施诈骗的嚣张气焰。针对伪基站治理中存在的“监测难、抓捕难、处置难”等关键问题，自主研发“伪基站跟踪平台”、创新打击模式进行解决。全年协同相关部门破获“伪基站”犯罪案件30起，抓捕“伪基站”犯罪嫌疑人42人，缴获犯罪设备32套，保障广大市民的通信安全，挽回经济损失近百万元。

中国联通泉州分公司

【概况】 2015年，中国联通泉州市分公司围绕“规模突破，提质增效”总基调，紧扣“聚焦资源，迅速推动4G发展上规模”工作主线，推动各项生产经营工作更上新台阶，企业整体经营呈现良好发展态势，截至2015年年底用户规模突破196万，当年上缴各类税收1.29亿元，同比增长50%。

【提升网络支撑能力】 2015年泉州联通把投资资源聚焦4G网络建设，累计投入5.7个亿，建成LTE基站总数超4200个，覆盖全市所有城区、乡镇，网络峰值高达300兆的4G高速网络，广度覆盖、深度覆盖、随时随地接入速率均保持行业领先，在全国中兴设备区域的重点城市中，泉州网络综合性能排名第一。在全力提升4G网络质量同时，“数字泉州宽带工程”建设步伐也没有停歇，2015年宽带总投资超5000万，4G网络、宽带网络能力顺利实现全面赶超。

【增强信息化水平】 泉州联通贯彻政府提出的“互联网+”创新理念，结合自身企业特色融入到各项社会化合作中，通过整合产业链资源、建立专业化队伍，在城市管理、教育、医疗、等民生领域形成独特优势。在原有已开通丰泽区等上百所学校的“班班通”系统的基础上，2015年又与南安市政府成功签约“南安班班通项目”，以政府推行教育信息化为契机，深入推广网络教育，针对“班班通”教育量身设计独特的信息化整体解决方案，配合政府推进泉州市教育系统的信息化工作，深受广大师生的好评，并将持续推进“班班通”系统在全市的推广应用。在促进城市文明执法方面，泉州联通独家承接晋江国土执法项目，在政府设施平台基础上建设执法远程指挥调度和矿山监控两大信息化平台，利用联通具备的网络设施，参与提升城市管理、改善执法能力，促进社会和谐。晋江国土执法项目更是由国土资源厅向全国国土资源系统进行推广。主动将“互联网+”融入到各种应用平台，广泛参与泉州各级政府"智慧城市"的设计，积极投入智慧工地、掌上智慧安监项目等信息化产业，结合民生需求和运营商的经验为企业、政府提供信息化解决方案，为城市建设提供网络支撑平台。

批发和零售业

【概况】 截至年底，全市期末实有从事批发和零售业的内资企业（含私营，下同）49253户，占内资企业总数的36.05%，注册资本额1317.45亿元人民币，占内资企业注册资本总额的18.32%；从事批发和零售业的个体工商户250364户，占个体工商户总数的71.64%，资金数额156.17亿元人民币，占个体工商户资金总额的64.10%。

【食品饮料批发及零售】 限额以上食品饮料批发及零售业法人企业331家，从业人员15694人，年销售总额184.71亿元。

【纺织、服装及日用品批发及零售】 限额以上纺织、服装及日用品批发及零售业法人企业750家，从业人员13316人，年销售总额974.62亿元。

【文化、体育用品及器材批发及零售】 限额以上文化、体育用品及器材批发及零售业法人企业52家，从业人员1115人，年销售总额50.26亿元。

【医药及医疗器材批发及零售】 限额以上医药及医疗器材批发及零售法人企业30家，从业人员2034人，年销售总额50.15亿元。

【矿产品、建材及化工产品批发及零食】 限额以上矿产品、建材及化工产品批发业法人企业297家，从业人员6903人，年销售总额968.86亿元。

【机械设备、五金交电及电子产品批发及零售】 限额以上机械设备、五金交电及电子产品批发法人企业56家，从业人员1943人，年销售总额89.81亿元。

【汽车、摩托车、燃料及零配件零售】 限额以上汽车、摩托车、燃料及零配件零售法人企业260家，从业人员12804人，年销售总额390.25亿元。

【烟草批发及零售】 限额以上烟草批发及零售法人企业2家，年末从业人员1590人，年销售总额113.52亿元。

【供销社批发及零售】 2015年，全系统实现商品购进总额80.91亿元，同比增长29.25%；商品销售总额112.3亿元，同比增长20.38%；实现利润总额5789.47万元，同比增长40.55%。

物流业

全年完成公路货物运输量1.37亿吨，货物周转量140.42亿吨千米，同比分别增长15.1%和15.9%；完成水路货运量9341.38万吨，货运周转量1417.96亿吨千米，同比分别增长17.7%和18.0%；全年铁路货物发送量494.39亿元，同比下降14.8%；机场货邮吞吐量完成4.3万吨，同比增长4.4%。全年港口完成货物吞吐量1.22亿吨，比上年增长9.3%；集装箱吞吐量完成201.51万标箱，增长6.9%。

住宿餐饮业

【概况】 2015年全市住宿餐饮业健康便捷成为市场主流，大众餐饮稳定发展。据统计，全年限额以上住宿餐饮业法人企业实现营业额53.27亿元，比上年同期增长6.2%。

【旅游饭店】 限额以上旅游饭店法人企业115家，从业人员17803人，年营业额26.57亿元。

【一般旅馆】 限额以上一般旅馆法人企业59家，从业人员2889人，年营业额4.21亿元。

【餐饮服务】 限额以上餐饮业法人企业95家，从业人员4993人，年营业额10.95亿元。

【星级酒店】 2015年，全市新增星级饭店5家（其中五星级1家、四星级3家、三星级1家）、到2015年底，全市共有星级饭店94家，其中五星级饭店13家、四星级38家、三星42家、二星1家，星级饭店总数和高星级饭店数量居全省各设区市之首。

房地产业

【概况】 2015年房地产业实现平稳发展。全市资质等级以上的房地产企业有582家，资产总计3165.98亿元，全年主营业务收入491.87亿元，营业利润71.96亿元。全年完成投资额达681.59亿元，比上年下降12.2%，其中住宅投资436.29亿元，比上年下降15.0%。全市房屋施工面积6197.99万平方米，比上年增长6.1%。房屋新开工面积991.20万平方米，比上年下降18.7%，房屋竣工面积613.48万平方米，比上年增长2.3%。全市商品房待售面积316.36万平方米，比上年增长58.1%，其中住宅待售面积167.08万平方米，比上年增长75.4%。

【土地市场】 2015年，使用权招拍挂出让140宗，出让土地面积265.86公顷，成交总金额106.55亿元，其中中心市区出让9宗地，出让土地面积48.15公顷，成交价款55.44亿元。全市工业国有建设用地使用权拍卖、挂牌出让309宗，出让土地面积630.57公顷，成交总金额21.22亿元，其中中心市区出让1宗地，出让土地面积8.43公顷，成交价款0.17亿元。根据《泉州市中心市区2015年地价状况分析报告》显示，2015年泉州市中心市区居住地价水平值为5939元/平方米，与2014年相比上升14元/平方米，增幅0.24%。

【房产市场】 3月、9月出台房地产新政，4月商品房成交量止跌回升，房地产市场渐趋平稳。新建商品房成交量同比降幅逐月收窄。1—12月，全市商品房销售830.56万平方米，同比增长3.6%，其中商品住房销售706.54万平方米，同比增长6.6%。市本级商品房销售211.78万平方米，同比增长28.39%；其中商品住房销售182.12万平方米，同比增长30.85%。存量房交易大幅增长。1—12月，

泉州环球广场 （图/李芸生）

全市存量房交易面积231.05万平方米，同比增长46.41%。其中，存量住房交易面积186.78万平方米，同比增长61.25%。市本级存量房交易面积72.07万平方米，同比增长23.37%；其中存量住房交易面积62.70万平方米，同比增长49.56%。县（市）中存量房交易面积除了永春县（同比下降19.89%）同比下降，其余县（市）都同比上涨，其中安溪县、晋江市、德化县分别同比上涨82.03%、78.75%和71.08%。商品住房库存量稳中有降。至12月末，全市商品住房库存量967.9万平方米，去化周期19.4个月，与1月相比，库存量减少118.1万平方米，去化周期减少2.25个月。商品房价格基本稳定。1—12月全市商品房均价7308元/平方米，同比增长1.69%，其中商品住房均价6866元/平方米，同比增长0.91%。市本级商品房均价9078元/平方米，同比下降2.39%；其中商品住房均价8746元/平方米，同比增长3.53%。住房价格保持平稳发展。商品住房供应明显放缓。1—12月，全市商品房供应779.32万平方米，同比下降35.7%；其中商品住房供应541.91万平方米，同比下降34.24%。市本级商品房供应235.1万平方米，同比下降26.39%；其中商品住房供应143.17万平方米，同比下降38.93%。房地产开发投资增长率逐月下滑。1—12月，全市完成房地产开发投资681.60亿元，同比下降12.16%。房地产投资增长率由年初2月底的27.7%逐月下滑。主要原因是土地购置费大幅下降，1—11月全市土地购置费104.90亿，比2014年同期减少117.71亿元，同比下降52.9%。在建安工程费同比增长8.2%（增长38.80亿元）的情况下，仍然没办法填补土地购置费下降的缺口。房地产地税收入同比下降。1—12月，全市房地产税收114.7亿元；同比减收6.73亿元，同比下降5.5%。房地产地税收入占地税总收入的38.7%。

【稳定地产市场措施】 出台房地产新政。结合泉州实际，分别于3月、9月出台《泉州市人民政府办公室关于稳定住房消费支持刚性住房需求的实施意见》《泉州市人民政府办公室关于进一步促进房地产市场平稳健康发展的通知》。组织召开全市房地产工作会议，传达房地产政策，部署贯彻落实措施。开展调查摸底，深入中心市区在售楼盘宣传新政，跟踪了解市场动态变化情况，提出应对措施。各地因城施策 。派出工作组到各县（市、区）宣传房地产新政，指导各地“因城施策”，结合实际出台针对性促进措施。如泉港区给予购房者所购商品住房成交备案价8%的购房补贴；石狮市推行新市民“积分入住”政策，符合积分管理条件的每户最多补贴12万元购房款；晋江市对选择以货币补偿安置的被征迁户，按被征收房屋面积计算，每平方米额外奖励1500元。盘活存量去库存。推动市政府出台《泉州市打通商品房与安置房及保障房转换通道的实施方案》。搭建 “泉房通”服务平台，向社会征集房源，提供被征收人到服务平台自主购买商品房、待售安置房作为安置房，同时，对通过“泉房通”购买商品房的予以价格优惠。推进房屋征收货币化安置。推动市政府出台《泉州市国有土地上房屋征收与补偿暂行规定》《关于在中心市区国有土地上实施房屋征收补偿的指导意见》《关于在中心市区国有土地上对未经登记建筑调查认定和处理的意见》三份规范性文件。推动金融信贷支持房地产业。组织行业协会、企业、银行召开多场预备会，对全市房地产项目和施工企业融资存在瓶颈及具体需求进行调查摸底，研讨解决措施。在此基础上，配合市政府办组织召开全市银行、房地产、施工企业三方融资对接座谈会，切实解决企业资金困难。支持开发企业适应市场变化。对所有在售项目的库存情况逐一列出清单汇总统计，梳理排查全市存在风险项目和拟作出转型或户型结构调整的项目。深入房地产市场一线进行调研，对存在风险的项目，了解需要协调解决的问题，并针对性提出解决措施。支持外来品牌房企和本地实力房企整合提升、合作共赢，如津汇•红树湾，是上市国企天津泰达与本地汇龙集团的联姻之作，外来一线房企的品牌、管理和优质产品线的输出，和本土房企的资源优势，有效提升项目的品质和价值，提高企业核心竞争力。推进房地产交易网签系统建设。在已全面实行新建商品房销（预）售合同网签备案的基础上，从2015年8月1日开始，泉州市二手房买卖合同实现网上签约备案，规范二手房交易行为。八是举办首届泉州秋季房交会。突出“公益和服务”主题，为广大有购房需求的市民搭建一站式便捷购房平台。除参展房企展位外，还专门开辟城市建设成果展示区以及政策资讯服务区等。活动期间共促成成交121套，现场成交39套。

旅游业

【概况】 2015年，全市接待游客5125.31万人次，同比增长15.74%。其中，国内游客4903.46万人次，同比增长16.32%；接待境外游客221.85万人次，同比增长4.24%；全年实现旅游总收入617.89亿元，同比增长16.88%，旅游创汇13.3亿美元，同比增长8.13%。泉州入选“中国入境旅游综合市场吸引力最高城市”第3名、外省来闽旅游过夜人气城市第1名。

【旅游项目招商】 筛选推出80个旅游招商项目，总投资752.25亿元，其中重点精选25个项目，总投资340.92亿元，汇编《泉州市旅游重点招商项目指南》，主动对接各地旅游投资商，成功签订合同和意向协议20个项目，总投资122亿元。借助泉州市产权交易中心的支撑平台，成立海丝泉州旅游资源交易平台，为地方政府、旅游企业以及投资机构提供旅游项目招商、企业融资、企业股权交易、旅游实物资产交易、旅游产品发布等各类服务，目前，已有3个旅游项目进入平台交易，成交价6457万元，增值110万元。

【重点旅游项目建设】 列入省《关于进一步加快福建科学发展跨越发展的行动计划》重大旅游建设项目13个，石狮永宁古卫城等11个旅游项目已启动，总投资162.3亿元，2015年年度计划投资19.5亿元，累计完成19.86亿元；永春天沐温泉等3个省重点在建项目总投资48亿元，2015年年度计划投资9亿元，累计完成9.5亿元；德化九仙山等13个市级旅游重点在建项目总投资178.78亿元，2015年年度计划投资26亿元，累计完成27.26亿元，这些重点旅游项目均超额完成年度投资计划。

【创新旅游产品】 晋江五店市、鲤城源和1916获评国家AAAA级旅游景区、南安郑成功文化旅游区获评国家AAA级旅游景区；推动清源山、安溪清水岩、惠安崇武古城等重点旅游景区优化提升，带动景区周边旅游消费业态集聚发展；加快新门街、领SHOW天地等一批省级旅游特色街区、志闽旅游区、洛江山边乡韵农场等一批省级旅游露营地的创建工作；发挥泉州工业强市优势，引导特色工业企业融入现代旅游元素，晋江七匹狼、德化顺美陶瓷、安溪八马茶业等13家企业获评首批省级观光工厂称号，数量居全省首位。

【完善旅游公共服务体系】 贯彻落实《福建省旅游厕所建设管理三年行动计划》，2015年已新建和改扩建旅游厕所73座；加快推动泉州市旅游集散服务中心和德化戴云山脉旅游集散服务中心建设步伐，泉州市旅游集散服务中心窗口进入动车站，永春县旅游集散服务中心全面建成投入运营；推进旅游无障碍建设，完善旅游景区道路标志标牌系统，加强旅游咨询公共服务体系建设；完善景区公共信息服务，推动景区WiFi布设，新增中国闽台缘博物馆、晋江五店市、龙湖衙口景区、安溪清水岩等A级景区对游客开放免费WiFi；鼓励源和1916等景区建设二维码语音引导系统，推进智慧旅游企业建设，鼓励和支持星级酒店、景区、旅行社应用信息技术手段开展智慧化建设。

【乡村旅游提档升级】 新增安溪湖头、永春五里街、德化南埕等3个省级乡村旅游休闲集镇，晋江围头村、泉港樟脚村等15个省级乡村旅游特色村，晋江安海镇、洛江区虹山乡虹山村等16个省级特色景观旅游名镇名村，泉港惠屿休闲渔村等10个市级休闲农业示范点。惠安崇武镇、晋江围头村入选第三批全国景观旅游名镇名村，南安皇旗尖休闲茶庄园入选全国休闲农业与乡村旅游示范点，安溪蓝田、洛江山边乡韵获评福建省第九批水乡渔村。开展古厝民房招商引资工作，20个民宿招商项目入选《海峡两岸乡村（民宿）项目对接会招商手册》，探索乡村古厝民房保护与开发新途径。精选21种乡村旅游伴手礼参加旅博会乡村旅游美食及伴手礼展示。在安溪虎丘镇召开全市乡村旅游现场会，交流总结各地发展乡村旅游的经验做法。乡村旅游成为农民增收、农村扶贫有效平台。

【构建“清新福建·海丝泉州”立体营销网络】 继续在央视1套和新闻频道、美国纽约时报广场、北京西客站等重要媒体平台投放泉州城市形象宣传片；组织旅游企业赴海丝沿线国家、合福高铁沿线城市、陕甘宁青、山东等地举办旅游宣传推介活动；举办“千年海丝路·魅力泉州行”2015泉州市第二届自驾旅游节、2015纵横中国汽车房车露营万里行“海丝泉州·茶韵安溪”之旅，举办九日山仿古祈风暨海丝沿线国家摄影采风活动；借助第十四届亚洲艺术节暨第二届海上丝绸之路国际艺术节、全国青运会等节庆赛事活动大力推介泉州旅游；加强区域合作拓展旅游市场，与潮州、西安、烟台等地签订旅游合作协议，与金门联合举办“金门旅游文化周”；加强新媒体营销，开展“海丝起点对话陆丝起点”活动，微博话题多次登顶全国热门话题榜第一，获得超过4500万人次的点击量；与南方卫视联合开展“魅力泉州微摄影大赛”，活动总影响人数超过5600万人次。泉州旅游创新营销成效明显，在第五届中国旅游产业发展年会上，获评“2015‘一带一路’旅游推广城市Top10”，泉州市旅游局官方微博被人民日报等媒体联合评为“全国十佳创新应用微博”，张锡坤局长在新浪金足迹旅游盛典上荣获“2015新媒体十大旅游营销人物”奖。

【规范旅游行业运行】 加强安全生产监管，开展安全生产大检查和安全生产标准化提升工程三年行动，已有56家星级饭店、41家旅行社完成对照“国标”“省标”的提升工作，分别占比65.9%和52.5%；新增五星级饭店1家，四星级3家，三星级1家；对17家四星级、9家三星级饭店进行星级复核评定，取消9家星级饭店的星级资格；新增出境游组团社4家，AAAAA级旅行社2家、AAAA级2家，引进上海春秋、广东中旅集团等知名旅游品牌到泉州设立旅行社；与交通委联合印发《关于进一步加强旅游客运安全管理的通知》，规范旅行社租用旅游包车；开展文明旅游宣传和教育工作，举办“文明旅游保护文物古迹”“文明旅游随手拍”等系列活动，印制“泉州文明旅游礼仪手册”“赴台旅游文明出行手册”等宣传品；推选7名游客和6名导游参加国家旅游局“2015中国好游客、好导游”征集活动，全员入选；加大旅游市场监管力度，共出动行政执法人员730

5月1日，“海丝泉州”宣传片再次登陆美国纽约时代广场

（图/市旅游局）

多人次，检查旅游团队420个、导游610人次、旅游企业165家；受理旅游咨询78件、投诉22件，为游客挽回经济损失5.8万元。没有安全生产事故和重大恶性投诉事件。

【加强旅游人才队伍建设】　紧扣“海丝泉州”主题，开展导游年审培训、新导游上岗前培训；举办全市星级饭店管理人才专题培训，聘请知名专家分析旅游饭店目前面临的困难与热点问题，寻求新常态下饭店管理新突破；筹建泉州兼职市情讲解员队伍，承接海丝国际研讨会、亚艺节等大型活动嘉宾考察接待工作；做好涉外旅游人才培养工程项目“旅游管理人才”和“海丝导游员”的筹备工作，制定《泉州市涉外旅游人才培养工程实施方案》。

商务服务业

【律师事务所】　全市有109家律师事务所，其中合伙所79家，个人所30家；全市律师1230人，其中专职律师996名、兼职律师49名、公职律师147名、公司律师15名、法律援助律师23名。全市律师事务所共担任法律顾问2222家，代理各类案件34862件，解答法律咨询24413次，代写法律事务文书2677件，业务收费25077万元。各律师事务所围绕全市“二次创业”“金改区”和“海丝先行区”建设等战略举措，为政府重大决策提供法律依据220多次，为项目建设提供法律意见书370多件、进行“法律体检”190多次。

【公证服务】　全市10家公证处共办理各类公证42559件，其中，国内公证22037件，涉外公证11327件，涉台公证1833件，涉港澳公证7362件，总收费约1893.9万元。其中，为重大经济项目办理现场监督公证260余件、涉及金额110.9亿，办理法律援助公证99件。

【会计师事务所】　截至年底，全市期末实有登记会计师事务所27户，注册资本总额938万元。

会展业

表 25　　2015年度泉州市主要外经贸活动一览表

重大活动名称	主办、承办、牵头（组团）单位	时间	地点	参展内容	参加对象
印度国际石材展览会	市商务局	1月29日—2月1日	斋普尔	石材，工具及技术展览会	有关企业
巴西维多利亚国际石材及工具展览会	市商务局	2月3—6日	维多利亚	专业石材，工具及技术展览会	有关企业
欧洲运动用品采购展	市商务局	2月5—8日	慕尼黑	户外运动、健身及休闲用品等	有关企业
德国柏林亚洲服装及配饰博览会	市商务局	2月15—17日	柏林	各类服装、配饰、面料及辅料	有关企业
第二十五届上海华交会	华东九省市政府	3月1—5日	上海新国际博览中心	服装、家用纺织品、日用消费品、装饰礼品	有关企业
印尼国际汽车零部件展	市商务局	3月18—21日	雅加达	各种汽车零部件	有关企业

续表 25

重大活动名称	主办、承办、牵头（组团）单位	时间	地点	参展内容	参加对象
香港国际春季电子、灯饰展览会	市商务局	4月	香港	电子、灯饰产品	有关企业
第117届春季广交会	商务部	4月15—5月5日	广州琶洲展馆	综合类产品	有关企业
第六届中国泉州国际商品博览会暨第十八届海峡两岸纺织服装博览会	省政府、泉州市政府、具体工作石狮市政府承办	4月18—21日	石狮服装城	纺织服装类	纺织服装类企业
第六届中国泉州国际商品博览会暨第十七届中国（晋江）国际鞋业博览会	省政府、泉州市政府、具体工作晋江市政府承办	4月18—21日	晋江市美旗城1号展馆	鞋及制鞋设备类	鞋类企业
法国工程机械展	市商务局	4月20—25日	巴黎	土木工程机械、起重机械、部件与零配件、道路机械、挖掘机械、混凝土机械、脚手架，所有与建筑机械设备相关的组件和配件等	有关企业
阿尔及利亚国际建材及工程施工设备展览会	市商务局	5月3—7日	阿尔及尔	建材及工程施工设备等	有关企业
泰国国际食品展	市商务局	5月21—25日	曼谷	各种糖果	有关企业
波兰国际礼品及家居用品展	市商务局	5月22—24日	华沙	礼品、家居用品等	有关企业
俄罗斯国际建筑及工程机械展	市商务局	6月2—6日	莫斯科	挖掘机械，工程钻探机械及掘进机，铲土运输机械，钢筋和预应力机械，气动工具，混凝土机械，装修机械、路面机械，压实机械，工程起重机械，市政工程与环卫机械，机动工业车辆，建筑机械及工程机械配件	有关企业
俄罗斯国际石材及技术博览会	市商务局	6月16日—19日	莫斯科	专业类石材展览会	有关企业
南非国际贸易博览会	市商务局	6月22—24日	约翰内斯堡	五金工具和建材洁具用品、百货、家庭用品、办公用品、户外用品、服装、鞋类和皮革制品、化妆品、食品及食品机械等	有关企业
越南国际汽车、摩托车及零配件展	市商务局	6月22—25日	河内	各种汽车、摩托车零部件	有关企业
斯里兰卡中国商品展	市商务局	6月	科伦坡	综合类	有关企业

续表 25

重大活动名称	主办、承办、牵头（组团）单位	时间	地点	参展内容	参加对象
越南胡志明市国际皮革展	市商务局	7月15—17日	胡志明市	皮革、鞋材、鞋机	有关企业
德国杜塞尔多夫国际鞋类及时尚配饰展	市商务局	7月29日—31日	杜塞尔多夫	运动鞋、休闲鞋、时装鞋、室内鞋、户外鞋、劳保鞋、功能鞋；手袋、背包、钱包等；小皮件、皮带、手套、皮制及仿皮礼品等；首饰：项链、戒指、耳环、发饰等；围巾、帽子、眼镜等	有关企业
美国纽约秋季国际礼品及家庭用品博览会	市商务局	8月	纽约	礼品、家庭用品等	有关企业
巴西圣保罗国际礼品家庭用品展览会	市商务局	8月16—19日	圣保罗	餐厨具、家庭用品、护理用品、礼品、装饰品、玩具、办公文具、家具、家纺、纸品及包装、珠宝首饰、箱包等	有关企业
俄罗斯国际服装、纺织面料及家纺展	市商务局	9月	莫斯科	服装、纺织面料、家纺类	有关企业
俄罗斯莫斯科秋季国际消费品展览会	市商务局	9月	莫斯科	消费品	有关企业
俄罗斯莫斯科国际食品展览会	市商务局	9月	莫斯科	食品	有关企业
南非工程机械、工业车辆、建材、矿山机械展	市商务局	9月	约翰内斯堡	工程车辆、起重机械、混凝土机械、建筑机械	有关企业
第五届中国—亚欧博览会商品展	22个省市政府	9月1—5日	新疆乌鲁木齐国际会展中心	纺织服装、鞋、机械等	有关企业
孟加拉达卡国际面辅料及纱线展览会	市商务局	9月2—5日	达卡	纤维、皮革、染料、布料、辅料、纺织机械及零件等	有关企业
法国巴黎国际服装采购展暨中国纺织品服装贸易展览会	市商务局	9月14—17日	巴黎	纺织服装及服饰	有关企业
巴西圣保罗纺织服装展	市商务局	9月29日—10月1日	圣保罗	纺织服装、面料及服饰	有关企业
第118届秋季广交会	商务部	10月15—11月4日	广州琶洲展馆	综合类产品	有关企业
第十二届中国—东盟博览会	商务部、东盟秘书处	10月19—22日	广西南宁	综合类产品	有关企业

续表 25

重大活动名称	主办、承办、牵头（组团）单位	时间	地点	参展内容	参加对象
第六届中国茶都（安溪）国际茶业博览会	福建省人民政府、中国茶叶流通协会、海峡两岸茶业交流协会、中国茶文化国际交流协会主办，泉州市人民政府协办	10月10—13日	安溪茶博汇会展中心	名茶精品、茶业用品、茶陶瓷器、茶配套、茶食品等	茶业类企业
第十六届中国（南安）水头国际石材博览会	福建省人民政府，福建省经济贸易委员会，中国建筑材料联合会，中国石材工业协会，中国国际贸易促进委员会建筑材料行业分会，泉州市人民政府	11月8—11日	南安水头国际石材展览中心	各类花岗岩、大理石、板材及荒料、人造石制品、板岩、石材矿山开采设备、石材加工机械、金刚石锯片、磨具、各类石材监测仪器等	石材业类企业
波兰国际石材及机械设备展	市商务局	11月	佛洛茨瓦夫	石材及机械	有关企业
墨西哥中国贸易展览会（福建泉州品牌展区）	市商务局	11月	墨西哥城	五金、机械设备、建材、卫浴、家电电子产品、汽车及零部件、新能源、轻工、家庭用品、城市推介展览、峰会论坛等	有关企业
（非洲）中国商品、技术与服务展	市商务局	11月	埃塞尔比亚	轻工消费品、工艺礼品、家用电器、电子消费品、机械产品、技术服务展区	有关企业
东盟（泰国）进出口商品展	市商务局	11月	曼谷	服装纺织品、鞋类、工艺品、食品、汽配、工程机械等	有关企业
印尼国际食品展	市商务局	11月12—14日	雅加达	各种糖果	有关企业
第十七届中国国际高新技术成果交易会	商务部等	11月16—21日	深圳会展中心	高新技术产品	高新企业
马来西亚福建商品展	市商务局	12月	吉隆坡	机电及建材；家居用品、礼品及消费品；食品及饮料；鞋、箱包及服装面料	有关企业
越南（胡志明）国际贸易博览会	市商务局	12月	胡志明	综合类	有关企业
中国商品（印度孟买）展览会	市商务局	12月	孟买	家用电器、电子设备等；化工、化工、厨卫设备、灯饰灯具、五金产品等；机床及金属加工设备、印刷包装机械、塑料机械、纺织机械等；家具、家居用品、纺织面料、室内装饰用品等；轻工消费类产品等	有关企业

续表 25

重大活动名称	主办、承办、牵头（组团）单位	时间	地点	参展内容	参加对象
土耳其伊斯坦布尔国际皮革展	市商务局	12月	伊斯坦布尔	皮革、鞋材及鞋机	有关企业
中东（迪拜）中国家居品牌博览会	市商务局	12月8—10日	迪拜	家居生活用品、家用纺织品、家居装饰品	有关企业

广告业

【概况】 2015年度，全市新增广告企业1807户；至年底，全市广告企业数达5383户；2015年度新增数占全市总数的33.57%。

【广告园区创建】 领SHOW天地国家级广告园区被认定为福建省首批17家众创空间之一，成为中央财政支持广告业发展的试点园区，2015年获中央财政补助750万元。2015年，新入驻园区企业62家，至年底，入驻园区企业达293家，其中广告企业200家、广告关联企业93家。12月，石狮星期YI广告园区被省工商局认定为福建省广告产业园区，全市的省级园区增至2个，占全省的50%。

领SHOW天地园区 （图/吴寿民）

【公益广告】 年初完成2014年度全市公益广告平面和影视类作品评选表彰。4月以来，市委宣传部、市工商局等举办“建行杯”第三届泉州市“刺桐新风”公益广告创意大赛活动，海峡都市报闽南版首版连续多期刊登参赛作品。大赛征集作品数创历年新高，外省市参赛作品占68.07%，评选出《绿色泉州》等一批佳作，获各界好评。全市公益广告大赛获奖作品还在市区40座公交站台刊播。市广告协会还将近五年全市公益广告大赛获奖作品编印成册。

获评省级文化旅游街区的新 （图/张九强）

港口建设与口岸管理

GANG KOU JIAN SHE YU KOU AN GUAN LI

责任编辑：郑泽虹

综述

2015年全市海港口岸外贸吞吐量持续壮大，空港口岸国际（地区）航班成倍增长，晋江陆地港贸易额实现翻翻，“海陆、空”各类口岸快速壮大。1—12月，全市港口外贸进出口吞吐量完成3379.07万吨，同比增长8.99%；集装箱进出口完成90654.75标箱，同比增长1.58%；晋江陆地港总贸易额29.97亿美元，货运量107.89万吨，集装箱吞吐量21.75万标箱，创下历史新高。泉州晋江机场航空口岸出入境飞机4874架次，出入境旅客676029人次，同比增长16.9%；泉金客运航线安全行运2527航次，运送两岸旅客123063人次，同比增长19.30%。

港口建设

2015年，全市港口完成外贸货物吞吐量3379.07万吨，其中进口3301.18万吨，出口77.89万吨；外贸集装箱完成90655标箱，其中进口64356标箱，出口26299标箱。对台货运量完成113.9万吨，同比增长12.82%。泉金客运航线共接送旅客123018人次，其中进港63405人次，出港59613人次。全港全年新开内贸集装箱航线31条、外贸航线2条。2015年泉州港（不包括湄洲湾南岸的港区）港口水运工程在建项目8个，实际完成投资5.10亿元，完成年度投资计划的84.98%。在建的秀涂作业区16号泊位工程进展顺利；石井客运码头1号泊位技术改造工程，泉州湾航道二期工程（小坠、秀涂、锦尚）基本完工。按照“竣工一批，续建一批，建设一批，储备一批”的原则，认真做好项目储备和前期工作。秀涂作业区4—7号泊位工程、石湖作业区5—6号泊位工程、秀涂作业区人工岛整体围堰工程以及泉州湾航道二期工程（大坠航道）等工程施工图设计获港口局批复，石狮市梅林码头改扩建工程项目核准获市发改委批复，石井作业区16—17号泊位工程、锦尚作业区4号泊位工程以及围头湾石井航道二期工程等项目核准前置的相关论证工作已基本完成。

泉州石湖港 （图/石狮市方志办）

海关

【通关监管】 2015年泉州海关共审核报关单60370份，同比增长2.97%；监管进出口货物3369.1万吨，同比增长3.46%；监管进出口货值166.16亿美元，同比减少19.86%。全年共办理加贸合同备案434份、备案金额8.67亿美元；截至2015年底，泉州关区共有8家公用保税仓库和1家出口监管仓库。全年监管进出境集装箱164821标准箱，重量203.78万吨。

【税收征管】 在严峻外贸形势下，泉州海关认真做好养税、稳税、强税等综合治税工作，保证应收尽收，2015年完成税收入库116.92亿元，同比下降31.36%，占厦门海关税收总量的33.8%。全年共办理征免税证明186份，涉及审批货值7589.45万美元，审批减免税款5148.71万元。

【行邮监管】 泉州海关监管泉金航线进出境旅客123018人次，同比增长19.05%；航班2526航次，同比减少4.43%。监管晋江机场进出境旅客554940人次，同比增长16.72%；航班4872架次，同比增长6.54%。监管晋江陆地港快件200149件。

【打私工作】 助力泉州市反走私诚信体系建设，推进“诚信守法便利、失信违法严惩”的企业管理机制，夯实进出口行业诚信体系建设基础。2015年，部署“五大战役”和“春雷”“紫光”等专项行动，发挥“中心海关”“中心局”统筹协调机制，合力推进专项打击，全年查发案件61起，移交缉私案件58起。

【地区贸易】 2015年，泉州市外贸进出口总值1675.7亿元，占同期福建省进出口总值的15.9%；其中出口1129.3亿元，同比增长1.1%，进口546.4亿元，下降29.8%，贸易顺差582.9亿元。在福建省九市一区中，2015年泉州市进出口值、出口值、进口值均居全省第三，其中出口增幅1.1%略高于全省平均水平的0.7%。2015年泉州口岸外贸货物吞吐量3241.4万吨、增长0.4%。其中出口95.8万吨、增长93.4%，进口3145.6万吨、下降1.1%。泉州企业从泉州口岸进出口1301.8万吨、占泉州口岸外贸货运量的40.2%，其中出口18万吨、占泉州口岸出口总量的18.8%，进口1283.8万吨、占泉州口岸进口总量的40.8%。

11月15日，泉州跨境电子商务服务中心与泉州国际快件监管中心在晋江陆地港揭牌 （图/泉州海关）

【对台贸易】 2015年，泉州市对台贸易值21.4亿元。加强对台小额贸易规范整治，推动台小额贸易专用货检X光机在泉州关区安装应用，促进对台小额贸易健康有序发展，全年共监管对台直航货重54.26万吨、增长16.68%，对金直航货重42.18万吨、增长71.71%。

【全面推进各项业务改革】 加大自贸区政策复制推广力度。积极协调推动，成功复制上海自贸区13项、福建自贸区17项创新制度。5家企业获批开展“批次进出、集中申报”通关模式，全年进出区货值1311万美元，税款461万元；“简化统一进出境备案清单”报关5474份、货值22.87亿美元，其中“两单一审”报关单760份；“境内外维修”模式进出口总额4.54亿美元，同比增长17%；“委内加工”模式进出口额680.98万美元，同比增长24.8%。推动口岸管理“三互”建设。与泉州国检局联合在石湖启动“一站式”查验模式并迅速覆盖全关区，在厦门关区先行完成对总署、总局联合开发的“一单两报”系统的测试。全年关检合作“三个一”的“一次申报”报关单共209票，“一次查验”1046票，“一次放行”45012票。深化区域通关一体化改革。率先在泉州出口加工区启动泛珠区域通关一体化改革新模式，推广跨关区“属地申报、属地放行”和厦门关区内“多点报关，申报地放行”业务模式。全年通过“泛珠”四省海关区域通关一体化平台申报报关单44276票，异地审结报关单8335票。推进通关作业无纸化改革。全年通关无纸化比例达94.02%，其中出口98.19%，进口88.19%，分别比2014年提升45.55个、36.76个、50.59个百分点。

【服务“海丝先行区”建设成效显著】 积极争取政策支持。积极反映泉州市发展需求，并争取多项支持，其中航空器用翻新轮胎关税税率获国务院关税税则委员会认可暂定税率由8%下调至4%；推动厦门海关与泉州市政府签署合作备忘录，携手落实署省《合作备忘录》，支持泉州海丝先行区发展规划；积极协调海关总署调研组到泉州开展“一带一路”署级课题调研，推动支持泉州“波兰新达商品城”“俄罗斯克拉斯诺达尔中国（福建）商品城”“巴林龙城”项目运行。提升通关便利化支持外贸稳定增长。开展促进进出口稳定增长专题调研，并形成专题分析报告向市委、市政府建言献策。积极推广预归类、预审价和原产地预确定、汇总征税、“三证合一”等措施，提高审单、验估效率，优化现场查验机制，降低企业通关成本，提高通关效率。推广大宗散货进口网上担保和电子支付，在出口加工区启用应急卡口通关机制，整合窗口资源为企业提供“一站式”服务。泉州外贸出口自8月开始止跌并迅速回升，全年外贸进出口总值1675.7亿元，其中出口1129.3亿元、增长1.1%。支持地方重点行业项目发展。助推中化泉州石化公司重点项目建设。以“一船一报”方式支持原油进境，推动新增外贸作业点获批启用，主动协调辅导助力实现原油进口数据本地化，实行个性化监管方式服务7.23万吨的来料加工成品油顺利出口并结关。积极支持、全力推动泉州出口加工区升级为综合保税区；积极争取在石湖码头安装非侵入式查验H986设备并投入运行；整合监管资源支持泉州晋江机场拓展国际航线、开通国际中转、对台直航等业务，以及各口岸业务持续增长。支持“互联网+”等新型业态发展。着力扶持跨境电子商务发展，启动晋江陆地港国际快件业务，首票进口台湾快件顺利通关；积极协调推动厦门国际邮件互换局晋江分中心验放并推动邮包业务常态化运营；拓展以“旅游购物商品”的监管方式在晋江陆地港办理拼箱出口业务，有效破解鞋服等杂项货物出口通关难的瓶颈；主动提前介入协助泉州晋江国际机场出境口岸免税店获批并通过验收开始营业。2015年，晋江陆地港现场新兴业务运行情况良好，其中快件方面，累计进口16425票、货重74.8吨、征收税款61.5万元人民币；邮件进口70301票、货重145吨、税款18.4万元人民币，出口邮件113423票、货重387吨；跨境电商出出口15票、货值120万元人民币、货重7.86吨。为地方远洋渔业发展做好政策宣传、税款担保延期和快速通关等各项工作，全年监管远洋渔获物2.94万吨、货值8058万元、减免税款1962万元，同比分别增长13.8倍、10.8倍、10.8倍。

出入境检验检疫

出入境总批次货值下降，出境货值与上年同期基本持平。受法检目录调整以及非法检货物快速核放模式影响，泉州局2015年共检验检疫出入境货物3.23万批，货值110.13亿美元，同比分别下降22.97%和30.50%。分别占福建局检验检疫进出口批次、货值的17.27%和43.15%，与福建局辖区进出口平均增长率比较，批次低10.82个百分点，货值低2.61个百分点。其中：出境2.21万批，货值9.94亿美元，同比分别下降17.80%和0.03%；入境1.02万批，货值100.18亿美元，同比分别下降32.24%和32.54%。出口货物质量不断提高，进口货物不合格检出率增长较快。不合格检出批次大幅增长，共检出不合格货物3766批，其中出口317批、进口3449批。出口批次不合格率1.43%，同比下降46.09%；进口批次不合格率33.98%，同比增长39.75%。检疫交通工具数量下降、出入境人员数量增长。共检疫交通工具10190艘（架）次，同比下降8.78%。其中船舶5309艘次，同比下降19.51%；飞机4881艘次，同比增长6.69%。检疫出入境人员76.81万人次，同比增长13.36%。积极推动成品油重新顺利输出。12月24日，1批3.8万吨1444万美元汽油从斗尾港中化青兰山码头顺利出口

1月9日，福建口岸首次进口名贵观赏植物罗汉松，图为泉州出入境检验检疫局工作人员对罗汉松实施检验检疫　（图/泉州出入境检验检疫局）

表 26　2015年泉州检区出口大宗货物检验检疫一览表

名次	商品名称（按CIQ编码）	批次（批）			货值（万美元）		
		累计	同比（%）	占比（%）	累计	同比（%）	占比（%）
1	动物水产品	1803	23.58	8.16	26997	47.39	27.15
2	家具及竹木藤草制品	5973	-5.71	27.0	17915	-7.68	18.02
3	糖果	2957	13.60	13.38	11227	4.86	11.29
4	玩具	4243	-0.66	19.20	10914	6.11	10.98
5	水果	1429	57.73	6.47	8120	75.80	8.17
6	蔬菜水果制品	553	28.31	2.50	3594	10.99	3.61
7	日用陶瓷	1476	-64.29	6.68	2865	-61.22	2.88
合计		18434	-8.46	83.40	81632	10.37	82.09

2015年泉州检区出境货物
主要贸易国家（地区）货值分布图
单位：货值（万美元）

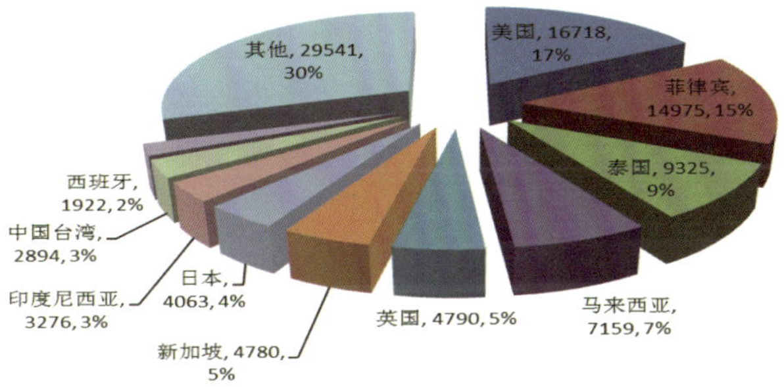

图 8

2015年泉州检区入境货物
主要原产国（地区）货值分布图
单位：货值（万美元）

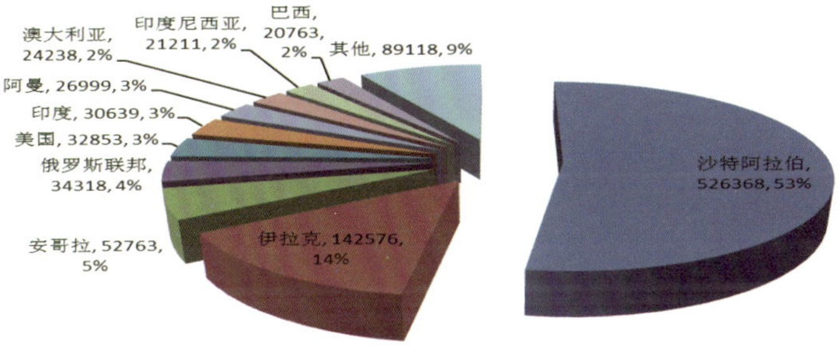

图 9

表 27　2015年泉州检区进口大宗货物检验检疫一览表

名次	商品名称（按CIQ编码）	批次（批）			货值（万美元）		
		累计	同比（%）	占比（%）	累计	同比（%）	占比（%）
1	原油	159	20.45	1.57	832121	-31.46	83.06
2	大豆	51	183.33	0.50	39456	26.40	3.94
3	石材	2991	-24.70	29.47	30644	-25.51	3.06
4	动物皮张（牛皮）	1111	5.71	10.95	20979	-12.58	2.09
5	煤	72	-32.08	0.71	20053	-50.16	2.00
6	废物原料	3426	-0.29	33.75	14632	-16.91	1.46
7	金属矿砂	23	-8.00	0.23	7194	-41.81	0.72
合计		7834	-34.90	77.18	965082	-33.14	96.33

新加坡，在中断8年之后福建口岸再次出口成品油，“三桶油”的成品油出口格局被打破。国际快件等国际贸易新业态步入快车道。共检验查验出入境快件200批、16602件、重量153.9吨；入境邮件188批、73601件、151.2吨；出口美国、中国台湾地区的跨境电商产品4批、614公斤、货值2.69万美元。其中12月国际快件、国际邮件分别为114批、120批、分别占总批次的57%、64%。与海关实现了共同辖区关检合作“三个一”全覆盖。2015年共检验检疫放行货物2674批、货值40.82亿美元，涵盖入境废物原料、荒料石、铁粉矿、化工品、彩色液晶显示板、服装、空集装箱等产品。

海事

【概况】　2015年，泉州港进出港船舶40240艘次，同比下降7.3%，其中，国际航行船舶6018艘次，同比下降15.9%；国内航行船舶34222艘次，同比下降5.6%。泉州港港口货物装卸量1.04亿吨，同比增长5.2%，其中：外贸货物3233.4万吨，同比增长1.3%；内贸货物7177.7万吨，同比增长7.0%；集装箱装卸量179.8万标箱，同比增长1.1%；危险货物5208万吨，同比增长10.3%。2015年，办理船舶登记303艘次，其中：所有权45艘次，国籍96艘次，抵押权48艘次，抵押融资金额18亿元。注册船员19106人。全年组织搜救行动12次，成功救助船舶13艘、救助124人，海上人命救助成功率98.4%，挽回直接经济损失1.26亿元。船舶港务费累计征收1687.51万元，自10月1日起取消征收；港务监督管理费累计征收375.17万元，同比下降8.98%；港口建设费累计征收2.36亿元，同比增长3.01%；油污基金累计征收650.55万元，同比增长15.47%；代征车船税572.65万元，同比增长137%。

【优化海事服务举措】　服务泉州市“三大战略”，辖区港口装卸量首次突破1亿吨。推进口岸开放、便利口岸通关，指导中化泉州石化新增外贸作业点通过省级验收，促成石井口岸晋升国家一类口岸。提前介入，加强湄洲湾航道三期、中化外走马埭回填工程、金门供水等重点工程安全监管和服务保障，全力服务泉州湾跨海大桥顺利通车，全年保障超大型原油轮安全进出152艘次，LNG安全进出港78艘次。推行《航运公司安全诚信培育工作机制》，举办第二届航运公司安全管理技能比武竞赛活动，新增国家级“安全诚信船舶”8艘，占福建辖区的89%。进一步优化工作流程，简化船舶、船员办证手续，取消船舶港务费等七项费收，联合工商部门打击船员黑中介，保障船员权益，释放市场活力。坚持“上门服务”、邮政送达等便民利民措施，全年政务受理14577件，平均办结时限比法定时限压缩50%以上，累计上门服务近2500人。指导泉金客运码头1号泊位升级改造，加强泉金航线大陆营运公司走访检查，保障泉金航线安全运营2526班次，两岸同胞往来突破12万人次。

【加强海上安全监管】　加强现场巡航巡查，对外走马埭等水工作业现场实行驻点盯防，高压严管，坚决打击内河船参与海上运输，严厉查处非法违法采运砂行为，建立海事、边防、海警执法协作机制。进一步理清职责，试点运行以“分级标识、分类监管”为核心的散装液体危险品船舶分级分类监管工作机制。吸取“东方之星”沉船事故教训，开展客渡船安全监管“回头看”活动，实行泉金航线“专人专台”值守，加强直航客轮动态掌握。主动破题，着力推动地方政府牵头开展集中整治，消除滨海旅游及海上客运安全隐患。

【提升应急处置能力】　强化《福建省海上搜寻救助规定》的宣贯执行，修订完善《泉州市海上搜救应急预案》《泉州海事局防台工作预案》，启用溢油应急设备库巡检管理系统，印发实施《加强船舶供受油作业监督管理指导意见》，全省首个船舶污染防治联防体设备配备到位，有序运转，溢油应急能力有效增强。组织泉金客运航线应急救助演练等演习12次、搜救应急业务培训4次，进一步提升应急反应能力。2015年共组织实施搜救行动12次，救助遇险人员126人，人命救助成功率为98.4%。

海巡船在泉州湾检查锚泊船舶　　（图/吴志超）

文化（文艺 社科 体育 传媒）

WEN HUA（WEN YI SHE KE TI YU CHUAN MEI）

责任编辑：郭延杰

文化（文艺 社科 体育 传媒）

综 述

【文化体制改革】 制定《泉州市全面深化改革领导小组文化体制改革专项工作小组2015年工作要点》，下发《泉州市2015年文化改革发展工作要点》，出台《泉州市深化文化体制改革实施方案》，明确之后五年全市文化体制改革的总体要求、指导思想、基本原则和工作任务。开展泉州传统文化保护传承与利用机制试点工作，总结形成《建立六个机制 加强传统文化保护、传承与利用》做法在《福建改革情况》2015年第2期刊发。出台《泉州市扶持民营实体书店发展暂行办法》、建立健全文化产业发展促进机制、建立文化产业统计协调工作机制等，把市场机制引入公共文化服务领域，继续深化文化事业单位“三项制度”改革，推动泉州晚报社、泉州广播电视台深化内部机制改革，推动落实泉州广播电视台“三定”方案，泉州广播电视台与福建省闽南文化基金会共同组建“福建海丝云文化发展有限公司”。推动传统媒体和新媒体融合发展，泉州晚报社形成以“泉州通”客户端为龙头及旗下各媒体20多个官方微博微信、微商城组成的新媒体矩阵，报社新媒体用户（粉丝）数已突破100万。

【文化公共服务体系建设】 开展科技文化卫生“三下乡”活动，市、县（市、区）“三下乡”集中服务活动共收到捐赠现金89.88万元、项目投入184.8万元、物品76.22万元，各级财政专项拨款1100万元，让老百姓在“三下乡”活动中得到好处。打好打响“欢乐泉州”惠民文化活动品牌，开展“走进德化浔中镇”“走进泉州开发区”“走进白衣天使”“到人民中去”等10多场送欢乐下基层的文艺演出活动，同时围绕重大节庆日举办20多场文艺展示展览活动，弘扬社会主义核心价值观。组织开展“闽南地方戏曲进校园”“闽南传统文化进校园”，在全市各县（市、区）进行下乡巡回演出，共演出60多场。开展服务农民服务基层文化建设活动，编印全市“双服务”经验交流汇编，组织推荐11家基层文化单位参评第六届全国服务农民、服务基层文化建设先进集体，其中晋江市安海镇文体服务

“闽南传统文化进校园”活动 （图/黄欣怡）

中心、晋江市高甲柯派表演艺术中心、晋江市广播电视事业局3家单位入选，占全省入选12家单位的1/4。

【文化产业发展情况】 2015年，全市文化产业增加值预计273亿元，总量继续位居全省首位。福建佳美集团获评“2014年度福建省文化企业十强”称号，安溪惠普聚贤国际数字媒体产业基地、永春五里街历史古街文化旅游展示区2个项目获评省级文化产业十大重点项目，福建泉州顺美集团获批设立国家级博士后科研工作站。皇品微电影在新三板挂牌上市，并完成融资3000万元。文化制造业持续增长，全市规模以上工艺美术企业实现产值552.9亿元，增长6.8%，出口交货值314.57亿元；印刷业龙头作用凸显，规模以上印刷企业67家，实现工业总产值103.45亿元，增长6.2%，形成较为完整的印刷产业链。产业结构持续改善，文化旅游新增AAAA景区2家、AAA级景区1家，泉州上塘雕艺街、新门旅游文化特色街区和中国茶博汇旅游特色街区入选福建10个旅游特色街区。广播影视业新增影院2家、影厅13个，开启4D影院时代并提前实现县级城区数字影院全覆盖的目标，全市电影票房收入达2.5亿元。动漫业成立泉州市动漫产业协会，形成品牌授权对接实体产业的发展模式。广告业有各类广告经营单位4970户，其中，国家一级广告企业5家，省一级广告企业24家。集群效应持续显现，中心市区主要以文化服务业为主，形成广告、文化创意、动漫、文化旅游等产业集群；晋江、石狮和南安立足各自经济特色，形成鞋纺、文具、服饰、水暖等为主的工业设计和印刷产业集群；惠安、安溪、德化和台商区分别以石雕、木雕、藤铁、陶瓷等行业，构筑工艺美术产业集群；泉港和永春分别发展油画和工艺香，集群效应初显。项目带动持续发酵，对接“一带一路”建设，策划中国海上丝绸之路博物馆等50多个“海丝”先行区重点文化项目，其中文化产业类项目40个。新门旅游文化休闲街、惠安雕艺文创园等项目开工建设；海上丝绸之路国家艺术公园•亚洲园等项目建成。闽南文化生态园、泉州古港古城文化产业园等项目已动工；世界闽南文化交流中心、3D灯光秀（大罐秀）、海丝云平台等文化项目落户泉州。

【文化交流与合作】 2015年，泉州开展文化交流和合作，文化事业蓬勃发展。举办第十四届亚洲艺术节暨第二届海上丝绸之路国际艺术节。延续东亚文化之都2014活动年的良好势头，对外文化交流持续深化，全年共有27个文化团组532人次赴外、赴港澳台文化交流，组织参加2015金门世界闽南文化节，承办“中国福建周”活动，组团赴马来西亚、老挝举办“泉州之夜”文艺演出；组织市木偶剧团赴柬埔寨举办《保护非物质文化遗产公约》履约培训班及优秀实践名册项目交流“福建木偶戏”演出活动；组织市高甲戏剧团赴孟加拉国参加孟加拉国国际戏剧节演出，并赴英国伦敦大学亚非学院高甲戏讲座与示范演出。组织开展对外新闻交流，继续推进泉州光州横滨三市新闻交流合作，组织泉州影视文化交流团赴光州交流合作。先后在美国纽约、加拿大多伦多、葡萄牙里斯本、西班牙马德里、巴西圣保罗、阿根廷的布宜诺斯艾利斯和秘鲁利马等7个城市举办“海上丝绸之路起点”泉州专题图片展。在实施文化走出去战略的同时，邀请33个文化艺术团体477人次到泉州进行文化交流，建立起对外文化交流长效机制，提升泉州的城市影响力和美誉度。

【重大文化专项活动】 举办2015年泉州元宵灯会、第七届泉州民间布袋戏邀请赛、第二十四届中小学生南音演唱演奏比赛、第二十五届威远楼戏剧节、“你选书•我买单”、第五届“好书伴您过年，为外来工服务读书活动”“4•23世界读书日”系列活动等主题鲜明的群众文化活动。

2015年泉州元宵灯会 3月3—6日（农历正月十三至十六），在泉州市区举办元宵民俗灯展活动。花灯题材以表现泉州人文、自然景观为主，展示泉州市经济社会发展成果。一改往年集中一处举办灯会的形式，首次分设四个主要展区，花灯布展题材以突出“海丝”花灯，悬挂传统工艺花灯为主。主要街区均做到门前张灯，烘托传统佳节气氛。共有700多盏花灯亮相，有80万人次参与该届灯会，共评出最共评出优秀花灯50盏，其中：成人组30盏、少儿组20盏。此外，与泉州市侨联、台南文化协会主办“迎新春台南灯会”，展出泉州花灯50多盏。

2015年“文化遗产日”系列活动 6月14—18日，由中国艺术研究院联合国教科文组织亚太中心、福建省非保中心、泉州市文广新局举办的“保护非物质文化遗产实践国际研讨会”，共有120名国内外专家、学者、传承人参加，会议邀请亚太地区相关国家非物质文化遗产优秀实践项目的代表介绍保护经验。举办“丝路古乐情—泉州南音、西安古乐音乐会”。该音乐会6月13日在泉州音乐厅举办。

泉州市第二十五届中小学生南音演唱演奏比赛 8月13—14日，由泉州市文化广电新闻出版局、泉州市教育局主办，泉州市艺术馆、泉州市南音传承中心承办的泉州市第二十五届中小学生南音演唱演奏比赛在泉州市艺术馆剧场举行。比赛设小学组演唱、中学组演唱和中小学演奏三个项目进行，共吸引各县（市、区）近百名选手参加比赛，决出中小学演奏一等奖1名，二等奖2名，三等奖3名；中学组演唱一等奖2名，二等奖4名，三等奖6名；小学组演唱一等奖5名，二等奖10名，三等奖14名以及优秀组织奖6名。

福建省第十一届少儿故事大王

比赛　由福建省艺术馆、福建省朗诵艺术等级评定委员会主办，九地市艺术馆、文化馆承办的“福建省第十一届少儿故事大王比赛”于7月7—10日在福州（福建省少年儿童图书馆）举行，泉州市共组织选送33名选手（其中一个小品节目）参加比赛，最终获得金奖8个，银奖5个（其中一个小品节目），铜奖17个（其中，幼儿组1金3银6铜，小低组5金5铜，小高组2金1银6铜1弃权）及优秀指导教师奖若干名。

泉州市第二十六届威远楼戏剧节　8月14日—9月20日在市区威远楼广场举行。经专家评议，评出优秀演出奖1个、演出奖3个和优秀演员奖4个、演员奖4个。

社科

【10人入选2015年“泉州市哲学社会科学领军人才”】　3月23日，市人才工作领导小组公布市“海纳百川”高端人才聚集计划2014年度人才项目入选名单，马华祥、古大勇、吕振奎、许月云、许培源、吴泽福、陈秋燕、陈彩棉、陈燕武、颜晓燕等10人入选“泉州市哲学社会科学领军人才”。

【首届泉州市哲学社会科学人才主题沙龙在领SHOW天地举行】　7月17日，首届泉州市哲学社会科学人才主题沙龙在领SHOW天地举行，来自全市社科领域的70余名专家学者齐聚一堂。该活动由市委组织部、市委宣传部、市社科联、泉州市广播电视台主办，以“打造新型智库，助力海丝先行”为主题，旨在搭建市社科人才互动交流平台，提升社科人才服务泉州市经济社会发展水平，打造建设新型社科智库的良好环境。

【泉州市社科界在第二届人才理论征文中取得好成绩】　8月19日，《中国人才》杂志组织的第二届人才理论征文活动评选结果揭晓，泉州市社科联组织选送两篇论文获奖，分别是泉州市委组织部熊建军撰写的《关于实施21世纪海上丝绸之路人才培养工程的设想》获一等奖，华侨大学工商管理学院张向前、张豪撰写的《我国十三五期间适应创新驱动的科技人才评价机制研究》获二等奖。

【2015年市哲学社会科学领军人才遴选评审工作完成】　根据《泉州市“海纳百川”高端人才聚集计划（2013—2017年）》《泉州市哲学社会科学领军人才遴选暂行规定》精神，经市委人才办研究同意，中共泉州市委宣传部 泉州市社会科学界联合会于6月22日联合下发《关于印发〈2015年泉州市哲学社会科学领军人才遴选工作方案〉的通知》，组织开展2015年泉州市哲学社会科学领军人才遴选工作。该年度的申报工作于7月20日截止，共有6个单位申报17个人选，其中党校系统2人，本科院校12人，高职院校2人，党政部门1人。市评审办在各有关单位初步审核的基础上，对收到的申报材料进行复审。9月25日，市评审办组织评审专家召开复评会，听取12名入围复评者的汇报，并以无记名投票的方式，产生10名推荐人选。

【泉州市首次成立社科工作志愿服务队】　10月16日，泉州市首支社会科学工作志愿服务队正式成立。市社科工作志愿者来自各县（市、区）、高校、社科研究机构、公共文化场馆、新闻媒体、社科普及基地、社科社团、企业，在2015年市社科普及宣传周启动仪式上，参加志愿服务队成立仪式志愿者代表在现场向广大市民开展社科普及读物分发、社科知识咨询等服务工作。

【晋江市社科联成立】　3月27日，晋江市社会科学界联合会成立大会暨第一次代表大会召开。会议审议并通过《晋江市社会科学界联合会章程》，选举产生晋江市社科联第一届委员会委员、常务委员、主席、副主席、秘书长，中共晋江市委常委、宣传部长林惠玲当选首届主席。

【泉港区社科联成立】　5月13日，泉港区社会科学界联合会成立大会暨第一次代表大会召开。会议表决通过《泉港区社会科学界联合会章程》，选举产生泉港区社会科学界联合会第一届委员会，陈三龙当选为泉港区社科联主席，庄俊洋、庄惠煌、郭惠卿、肖腾伟当选为副主席，黄俊当选为秘书长。

【惠安县社科联成立】　12月16日，惠安县社会科学界联合会成立大会暨第一次会员代表大会召开。大会通过《惠安县社会科学界联合会章程》，选举产生第一届委员会委员、常务委员人选。在第一届委员会上，蒋向群当选主席，王传金、庄剑锋、邱俏兰当选副主席，詹于容当选秘书长。

社科研究与学术动态

【25项课题获国家社科基金项目立项】　2015年，市社科界在国家级社科规划项目竞争中，再创新纪录，共获得国家社科基金项目立项25项，资助金额合计498万元。

【晋江市委托项目获省社科规划专题立项】　晋江市委委托的六个课题作为福建省社会科学规划《晋江五城同创》专项项目面向全省进行招标，并列入2015年度福建省社科规划特别委托项目。六个课题分别是《晋江环湾新城的空间演化及城镇化发展策略研究》《作为人文之城的“晋江经验”》《晋江落实“全面从严治党”的经验与启示》《生态绿城建设的晋江模式：理论经验与制度创新研究》《从制造到

表 28　　2015年泉州市获国家社科基金项目立项课题表

项目类别	课题名称	负责人	所在单位
一般项目	中国梦凝聚中国共识研究	薛秀军	华侨大学
一般项目	产能过剩背景下完善中小企业退出机制支持政策研究	尹晓波	华侨大学
一般项目	“一带一路”战略的地缘政治分析研究	刘文波	华侨大学
一般项目	新兴民主国家的政党政治共识危机研究	叶麒麟	华侨大学
一般项目	知识产权诉讼证据规则研究	陈慰星	华侨大学
一般项目	当代青年政治认同的实证研究	赖晓飞	华侨大学
一般项目	后危机时代西方消费社会的新变化及其对中国建构消费型社会的启示研究	罗建平	华侨大学
一般项目	新媒体时代主流媒体新闻学提升影响力研究	刘文辉	华侨大学
一般项目	制度距离对中国跨国公司海外子公司生存及创新能力跃迁的影响研究	衣长军	华侨大学
一般项目	游客高聚集场所的风险防范与安全防控研究	郑向敏	华侨大学
青年项目	国际货币体系改革视角下金砖国家金融合作机制研究	叶　芳	华侨大学
青年项目	具有截面相关的平稳与非平稳非线性面板数据模型及其应用研究	黄智淋	华侨大学
青年项目	基于LDA模型的“海上丝绸之路”文本挖掘研究	王婷婷	华侨大学
青年项目	闽台传统节日习俗与基层社会治理研究	郭荣茂	华侨大学
青年项目	宋代历史评论研究	张　宇	华侨大学
青年项目	万历至康熙年间闽台诗学嬗变研究	翟　勇	泉州师范学院
青年项目	汉代礼制与赋体文学关系研究	蒋晓光	华侨大学
青年项目	闽东方言的语音特征及其历史演变研究	袁碧霞	华侨大学
青年项目	隐喻视野下的学术英语写作认知过程反思性学习模式研究	万　婉	华侨大学
青年项目	汉语紧缩句的多维研究	赵雅青	华侨大学
青年项目	大数据背景下网络虚拟人物对消费者行为的影响研究	周　飞	华侨大学
青年项目	环境政策工具的选择模式、执行逻辑及优化策略研究	王惠娜	华侨大学
一般项目	新中国交响音乐创作观念研究	檀革胜	华侨大学
后期资助项目	个人征信法律关系研究	翟相娟	华侨大学
后期资助项目	唐君毅佛教哲学思想研究	张云江	华侨大学

“智造”：晋江产业转型升级路径、经验与启示》《筑牢“民生底线”打造“幸福康城”的晋江经验研究》。课题要求深入研究晋江经验，进一步推动晋江经济社会发展，为福建全面建成小康社会提供借鉴。最终来自省委党校、厦门大学、华侨大学、集美大学、泉州师范学院的六个课题分别获得立项。

【2015年市社科规划项目立项】 2015年，市社科规划项目分两批进行评审，共资助立项120项，提供课题研究经费73.5万元。该年度项目立项有三个新的亮点：一是首次采用公开招标的方式。二是启用全省社科系统中第一个社科规划项目管理系统。三是课题研究经费来源更

多样化。

【市社会科学规划项目首次实行网上公开招标】 4月，市社科规划办将中共鲤城区委宣传部、泉州台商投资区党工委党群工作部、泉州台商投资区教育文体旅游局、泉州市创意文化发展研究中心等单位委托的《闽南文化与社会主义核心价值观融合发展途径研究》《在新常态下推进干部教育培训工作研究》《建立健全基层党建工作责任制研究》《农村大学生流动党员管理与服务研究》《融入环泉州湾文明城市群建设研究》《推进泉州台商投资区“21世纪海上丝绸之路先行区”建设——以百崎回族的文化融合与经商潜能为例》《南安市光电信息产业“十三五”发展规划》《机械装备制造产业如何适应新常态升级发展》8个课题，以公开招标的方式通过泉州社会科学网面向社会邀请课题组承接。6月，该8项通过网上公开招标确定的课题，被列入泉州市社科规划项目2015年第一期课题正式立项，是市社科规划项目首次采用网上公开招标的方式遴选课题组。

社科活动

【市社科联资助21项社科活动项目】 2015年，市社科活动资助项目收到合格申报26项。经评审组评审，评出资助项目21项，其中学术交流类7项，普及宣传类14项。“海丝文化国际青年学者论坛”和“看见西街——都市历史核心聚落的文化再现”等10个项目被评为重点项目；“古城复兴与泉州学研究学术研讨会”“老房子的魅力——闽南传统建筑文化科普及宣传活动”等11个项目被评为一般项目。

【历史文化中心丛书首发】 3月5日，泉州历史文化中心在承天寺讲经堂举行第一批丛书首发式，并向泉州市图书馆和泉州华侨历史博物馆赠送书籍。该次首发的丛书共五册，分别是《温陵探古录》（作者：陈祖泽，审校：杨清江）、《月是故乡明》（作者：王和声，审校：吴远鹏、林英明）、《泉州民间传说》（作者：吴藻汀，审校：陈日升）、《高山仰止—纪念弘一法师圆寂七十周年》（主编：泉州历史文化中心）、《字游闽南》（作者：颜瑛瑛）。

【《大明雄风•俞大猷传》首发式】 9月13日，由泉州市社会科学界联合会主办、泉州市俞大猷文化建设发展中心承办的“《大明雄风•俞大猷传》首发式”在泉州市实验小学（原俞大猷都督府第）举行。《大明雄风•俞大猷传》的作者、厦门市作家协会副主席曾纪鑫，以及泉州市社科界专家学者近百人参加。《大明雄风•俞大猷传》于9月由北京九州出版社出版。

社科普及

【省社科联到洛江区调研指导】 1月29—30日，福建省社科联到洛江区调研指导“省级社会科学普及示范点”建设工作，调研组听取洛江区社科联关于建设省级社科普及示范点工作情况的汇报，实地考察灵感文化公社、仰恩大学管理学院、洛江区中小学社会实践基地、罗溪镇文化站、洛江区美术创作基地等建成或正在建设中的社科普及基地。

【省社科普及工作现场交流调研组到洛江指导工作】 4月13—17日，省社科普及工作现场交流调研组到洛江区、厦门市、上杭县、南靖县4个省级社会科学普及示范点和长乐市开展社科普及工作现场交流调研。调研组于4月14日在泉州先后参观中国闽台缘博物馆和洛江区灵感文化公社，以“看、听、问、查”的形式，现场听取洛江区社科联近年来社科工作开展情况的介绍，全面了解洛江区社科普及工作，交流社科工作经验。

【公益讲座“刺桐讲坛”开讲】 8月30日，“刺桐讲坛”在泉州海外交通史博物馆开讲，社科界专家、学者，市民朋友近100人参加首讲活动。

【“人文泉州”社科微信公众平台启用】 泉州市社科联开设的“人文泉州”社科微信公众号，2015年

1月29—30日，省社科联到洛江区调研“省级社会科学普及示范点”建设工作
（图/市社科联）

8月30日开通。“人文泉州”作为专门推介泉州特色社科资讯的平台，设置“人文脉动”“刺桐讲坛”“精彩社科”三个栏目，旨在向公众展示、宣传泉州这个历史文化名城、东亚文化之都特有的人文魅力。

【泉州市“2015年社科普及宣传周”活动举行】 10月16—23日，泉州市2015年社会科学普及宣传周活动在全市范围内举行，该年度活动主题是“贯彻社科普及条例•深化法治泉州建设”。市委宣传部、市社科联在全市范围内开展社科图书、宣传图片下基层，社科知识现场咨询，社会科学专题报告、讲座，泉州特色文化宣传展示等系列活动。据统计，共开展专题讲坛、讲座25场，系列展览活动35场，科普读物发放19次，特色科普活动项目41场。

学会建设

【泉州市公司法务研究会成立】 1月31日，泉州市公司法务研究会在泉州迎宾馆举行成立大会。市公司法务研究会是全国首个公司法务研究社团法人机构。来自中国公司法务研究院，厦漳泉等地从事法律教育、法律服务、公司法务的教授专家、内外部律师、企业界人士百余人出席会议。会议表决通过协会章程、会费标准和管理办法、机构人员名单，资深法律人王庭木当选首任会长，李维真当选常务副会长兼秘书长。

【泉州市闽浙赣边区革命史研究会召开一届二次理事大会】 4月25日，泉州市闽浙赣边区革命史研究会在泉州市老干部活动中心召开一届二次理事大会。研究会全体理事等近百余人参加。

【泉州市精神文明建设研究会召开第四次会员代表大会】 10月20日，泉州市精神文明建设研究会第四次会员代表大会召开。大会审议通过市精神文明建设研究会第三届理事会工作报告、《泉州市精神文明建设研究会章程》等，选举产生第四届理事会理事、常务理事。

【泉州市新四军研究会召开第四届会员代表大会】 10月29日，泉州市新四军研究会在金星酒店召开第四届会员代表大会。会议通过第三届理事会工作报告、第三届理事会财务报告、第三届监事会的监事报告和新的章程。选举产生第四届常务理事会及常务理事，柯仲秋当选会长，李贻先、陈成春、叶芬蓉等3人当选为副会长，秘书长由李贻先兼任。

【泉州市高校马克思主义理论教学研究会召开2015年年会暨学术研讨会】 11月28日，泉州市高校马克思主义理论教学研究会2015年年会暨学术研讨会在华侨大学召开。会议由华侨大学马克思主义学院承办，来自华侨大学、泉州师范学院、黎明职业大学等泉州地面高校的近80位教师与会。会议听取和讨论陈少牧会长作的研究会工作报告和朱银端副会长作的研究会财务工作报告，审议通过《泉州市高校马克思主义理论教学研究会章程》。年会同时进行研究会理事会换届选举。新一届理事会由27人组成，其中常务理事14人。在新一届常务理事会第一次全体会议上，华侨大学教授林怀艺当选为新一届理事会会长。年会分成本科组和专科组进行讨论，并组织优秀论文评选，共评出一等奖论文2篇，二等奖论文5篇，三等奖论文7篇。

学术交流合作

【21世纪海上丝绸之路国际研讨会在泉州召开】 2月11—12日，21世纪海上丝绸之路国际研讨会在泉州市举行。研讨会由国务院新闻办公室主办，新华通讯社、中国社会科学院、中国外文出版发行事业局、福建社会科学院共同承办。研讨会主题为“打造命运共同体，携手共建21世纪海上丝绸之路”，分“海上丝绸之路：价值理念与时代内涵”“共同建设、共同发展、共同繁荣”“抓住发展新机遇，拓展合作新空间”三个议题设圆桌会议。来自中国、俄罗斯、韩国、泰国、巴基斯坦、埃及等30个国家的280多位专家学者，围绕上述议题展开对话交流。

【两岸高职教育论坛第二、三次峰会在泉州举行】 3月27日，由泉州市社会科学界联合会、泉州市职业技术教育研究会主办，泉州轻工职业学院承办的两岸高职教育论坛第二次峰会在泉州轻工职业学院学术报告厅举行。论坛以“创新教育教学模式、提高学生学习效果”为主题，共同研讨两岸高职教育的课程改革，以此借鉴台湾高职院校的经验，改革创新泉州市的高职教育教学模式。

【泉州市召开发展老年服务产业研讨会】 4月17日，泉州市老年学会在泉州市老年活动中心召开发展老年服务产业研讨会。学会部分理事及论文作者等近60人参加会议。陈彩珍教授等六位论文作者在会上围绕推动老年产业发展、加快发展老年服务产业、制约养老床位数发展因素、助老志愿服务体会等论题进行论文交流，与会人员也相继就该专题展开探讨。

【“海丝文化国际青年学者论坛”在泉州师院召开】 5月22—24日，“海丝文化国际青年学者论坛”在泉州师范学院举行。来自中国大陆、中国台湾、中国香港和新西兰、菲律宾、印尼、越南等国家或地区的80多位学者参加开幕式。该论坛是泉州市2015年社科活动资助重点项目，由泉州师范学院、泉州市社科联、台盟泉州市委、福建省闽南文化发展基金会主办，中国社会科学院文化研究中心闽南文化研究基地、台盟中央闽南文化交流研究基地、泉州师范学院中国语言文学重点学科承办。专家学者围绕“海上丝绸之路的历史、现实与未来，福建与海上丝绸之路的历史渊源关系、福建地方文化在建设21世纪海上丝绸之路中的意义和作用、海上丝绸之路背景下闽台经贸合作的路径选择、闽台文化交流对21世纪海上丝绸之路建设的影响和贡献”等七个领域展开研讨。

【“海上丝路与郑成功”论坛在石狮举行】 9月20日，一场以“海上丝路与郑成功”为题的学术论坛在石狮市举行，来自海内外的专家学者以新的视角对“海上丝路与郑成功”进行探讨与诠释。论坛由台盟中央两岸文化交流工作委员会、泉州市政协文史和学习宣传委、泉州市社科联、泉州郑成功研究会、国际（南安）郑成功文化交流协会等单位主办，石狮市政协文史和学习宣传委、石狮市社科联、台盟石狮市支部等协办，石狮市郑成功研究会承办。来自美国、日本和中国台湾、北京、广东、河南、江西及福建省福州、厦门、漳州、南平等地的专家学者，泉州当地的郑成功文化研究者近百人参加研讨。

【第三届亚洲文化论坛在泉州举办】 11月8—11日，作为第十四届亚洲艺术节重要组成部分的第三届亚洲文化论坛在泉州迎宾馆举办。第三届亚洲文化论坛由中国文化部和福建省政府主办，中国对外文化交流协会、中国艺术研究院和泉州市政府承办。中国文化部副部长丁伟，福建省委常委、宣传部部长李书磊，ACD机制轮值主席国、协调国泰国前副总理、泰中文化促进委员会主席披尼•扎禄颂巴，中国艺术研究院文学艺术创作院名誉院长莫言，日本茶道里千家第十五代家元千玄室大宗匠以及ACD临时秘书处秘书长班迪•林沙军等领导和专家先后在开幕式上致辞。闭幕式上通过《泉州共识》。

11月8—11日，第三届亚洲文化论坛在泉州举办　（图/市社科联）

【第三届“文化的力量”论坛在泉州举行】 11月8—10日，由中国文化部和福建省政府主办的第三届“文化的力量”论坛在泉州召开。该次论坛以“海上丝绸之路与泉州文化”为主题，是第十四届亚洲艺术节暨第二届海上丝绸之路国际艺术节文化交流版块的重要活动之一。联合国教科文组织总干事博科娃、中国侨联主席林军发来贺信。副省长郑晓松，海峡两岸关系协会顾问陈云林、原常务副会长李炳才，旅菲侨领陈永栽，中国侨联副主席、世界华商联合促进会会长许荣茂，全国人大常委会委员、世界华商联合促进会首席荣誉会长范徐丽泰，香港特别行政区民政事务局副局长徐晓晖，联合国教科文组织代表古榕，泉州市领导郑新聪、陈万里、杨俊峰、许昆贞等出席开幕式。来自北京、浙江、台湾、香港、澳门等境内外的专家学者，围绕“海上丝绸之路与泉州文化”主论坛，以及“海峡两岸暨港澳经贸合作与文化交流新格局”“大数据时代的文化创造产业”“21世纪海上丝绸之路展望”三大主题，通过专题演讲、主旨演讲、座谈等形式展开讨论。

【陈祥耀《儒道思想论集》研讨座谈会召开】 11月21日，泉州孔子学会在华侨大厦举行“陈祥耀教授《儒道思想论集》研讨座谈会”。孔子学会会长洪辉煌、泉州师院副院长林华东教授、学会副会长林振礼等专家学者参加座谈会。《儒道思想论集》是陈祥耀在1979—2014年间所写论文的合集，凡20万字。前半部分分别论述儒道思想文化，涉及孔子、孟子、老子、庄子、朱熹、李贽等，后半部分附《哲学文化晚思录》。

【泉州市社会工作研讨会举办】 12月24日，由市民政局和市社科联主办、市社会发展协会承办的泉州市社会工作研讨会在市政府会议中心举办。研讨会以“开拓与展望：新时期社会工作探索”为主题，围绕泉州市社会工作的宏观思考、社工机构建设、社工人力资源、社区工作、各类群体社会工作以及社会工作的具体方法等方面问题进行研讨交流，近100人参加研讨会，是泉州市第一次举办社会工作研讨会，在全省各设区市中也是首例。

【“泉州学研究与古城复兴”学术研讨会举行】 12月28日，泉州市

2015年社科活动资助项目“泉州学研究与古城复兴”学术研讨会在泉州鲤城大酒店鲤城厅召开，近六十人出席会议。该次学术研讨会得到众多专家学者的响应和支持，共收到数十篇颇具分量的学术论文，经筛选结集出版成为泉州学丛书的重要成果。

社会文化

公共文化服务体系建设

【文化基础设施建设】 做好市委市政府2015年为民办实事项目——推进乡镇（街道）综合文化站达标建设，新建、改扩建27个乡镇（街道）综合文化站。协助东海建设指挥部推进泉州市图书馆新馆建设进度。

【开展第四次全国文化馆评估定级工作】 督促、指导各文化馆（艺术馆）于2015年5月30日前完成自查自评，并将自评数据录入“第四次全国文化馆评估定级系统”。成立由市文广新局分管领导为组长的市级专家组，于6月1—3日及6月24—26日对泉州市12个文化馆进行评估验收。通过听取汇报，查看自评材料和现场考察的方式，以文化部县（市、区）文化馆等级必备条件和评估标准为依据，对各文化馆的自评材料进行逐一检查，对个别文化馆在检查中出现的问题和存在的不足提出具体的整改意见和建议。经研究，根据复评分数排名，拟定如下定级建议：一级馆（6个）：泉州市艺术馆、晋江市文化馆、石狮市文化馆、鲤城区文化馆、南安市文化馆、永春县文化馆；二级馆（4个）：泉港区文化馆、惠安县文化馆、安溪县文化馆、德化县文化馆；三级馆（2个）：丰泽区文化馆、洛江区文化馆。10月12日，文化部第六评估组对泉州市艺术馆、晋江市文化馆进行检查、评估。

【群众文化活动】 举办泉州市第二十六届“威远楼之夏”戏剧节、泉州市第二十五届中小学生南音演唱演奏比赛、第十届“欢乐泉州—才艺大比拼”、第十一届“府文庙之夏”广场文化活动等常态性群众文化活动。举办泉州市第六届少儿普通话朗诵艺术大赛”、首届少儿民乐比赛、温陵讲坛（17期）、“好书伴您过年”“4•23”世界读书日系列活动、举办“文化走基层，春联送厝边”文化下乡活动、“读吧！福建”征文活动等主题鲜明的群众文化活动。举办“金门建县100年史绩”图片展、“泉州摄影家网十年摄影精品50幅展”、“深入学习贯彻十八届四中全会精神图片展”、“全国推进依法治国 建设社会主义法治国家”图片展、“西游漫记——青年油画名家八人联展”、“忘不了的乡愁”泉州古村落古民居摄影展等专题展览；泉州市图书馆专门开设“习大大书单”专柜，专柜受到许多读者追捧，借阅率非常高。

【基层文化队伍建设】 4月15日，由中共福建省委宣传部、福建省文化厅主办，福建省艺术馆、泉州市文化广电新闻出版局承办，泉州市艺术馆协办的2015年全省村级文化协管员培训班（泉州台投区）在泉州市台商投资区举办，历时三天，共有来自台商投资区、泉港区、惠安县的80多名文化协管员参加该次培训。10月15日，2015年全省村级文化协管员培训班（泉州北片）在德化县委党校举办，历时两天，共有来自安溪县、永春县、德化县的100多名文化站负责人和文化协管员参加培训。

【数字图书馆建设】 2015年，单位被福建省文化厅评为“全省古籍保护先进单位”，泉州市图书馆选送的小戏获文化部文化共享工程“观众最喜爱的十部小戏”荣誉，泉州市图书馆学会被福建省图书馆学会评为“2011—2015年度优秀图书馆学会”。完成数字资源库的更新与新增任务。少儿多媒体数据库、有声读物和博看休闲期刊库、文献之窗、CNKI等库完成更新；选购完成6.5万种电子书；发布泉州图书馆等3个网站实时资讯600条。完成与国家图书馆政府公开信息平台数据联建任务，向平台提供17000条数据。完成摄影摄像等网络设施设备的安装调试工作及“泉州南音数据库资源加工发布系统平台”投入使用。摄制工作有序开展。摄制40部视频，成片35部；南音记录工程完成录音41集，录像录音30集，并部分上传到“泉州南音特色资源平台”。2015年，录制泉州地方戏、民俗活动、文艺演出等45部，总计8000分钟。

【推动全市美术事业发展】 组织参加福建省第六届艺术节美术书法作品展。组织举办第十四届亚洲艺术节——“海丝情怀——名家画泉州•泉州名家画”美术作品展，共有143件作品参展，并出版大型精美画册《海丝情怀——名家画泉州•泉州名家画》。举办第三届福建省中青年水彩画家提名展、美国国家水彩画协会主席肯•戈德曼与福建省美协水彩画艺委会委员作品交流观摩展。

非物质文化遗产保护工作

【推动“聚宝城南•泉州闽南文化生态园”建设】 年初，分别邀请国家非遗专家委员会副主任刘魁立、周小璞，福建省艺术研究院副院长马建华及各级非遗专家，多次实地考察城南片区，对项目进行研讨。专家们一致高度评价该片区的历史文化价值，提出打造“见人见物见生活”泉州闽南文化生态园。6月，文化部社文非遗司副巡视员张兵、省文化厅副厅长陈吉等实地考察，指出文化生态园项目要以整体性保护、活态化展示为定位，突出联合国教科文保护公约的文化空间展示中心的理念 。

【传承人工作】 做好市级非物质文化遗产项目代表性传承人保护工作，对60岁以上市级传承人进行摸底登记，共有87名。60岁以上市级传承人补助经费下发。开展第六批泉州市级非物质文化遗产项目代表性传承人申报工作，有180人进行申报。组织做好第五批国家级非物质文化遗产代表性项目代表性传承人申报工作，正式向省文化厅推荐陈清河等22人为泉州市第五批国家级非物质文化遗产代表性项目代表性传承人申报候选人。

【项目申报】 组织开展第五批省级非物质文化遗产代表性项目名录申报工作，经组织专家评审、论证，正式向省文化厅推荐泉州南少林传说等18个项目申报第五批省级非物质文化遗产代表性项目名录、泉州歌诀（童谣）等6个项目候补申报第五批省级非物质文化遗产代表性项目名录。开展第五批泉州市级非物质文化遗产代表性项目申报工作，有60多个项目进行申报。

【举办2015年“文化遗产日”系列活动】 6月14—18日，由中国艺术研究院联合国教科文组织亚太中心、福建省非保中心、泉州市文广新局举办的“保护非物质文化遗产实践国际研讨会”，共有120名国内外专家、学者、传承人参加，会议邀请亚太地区相关国家非物质文化遗产优秀实践项目的代表介绍保护经验。6月13日，“丝路古乐情”——泉州南音、西安古乐音乐会在泉州音乐厅举行。

【生产性保护示范基地建设】 开展首批市级非物质文化遗产生产性保护示范基地申报工作，有33个单位进行申报。12月15日，正式公布首批泉州市级非物质文化遗产生产性保护示范基地29个。

文学艺术

音乐

【研讨交流活跃】 1月，新加坡湘灵音乐社举办“首届新加坡国际青年南音展演”，泉州市区、晋江、石狮的南音艺术团应邀参加。3月9—11日，由泉州市文联主办、市曲艺家协会承办的“2015年古韵文都县域南音会唱”在泉州源和1916文化创意产业园举办，来自台湾、广东和省内厦门、漳州、三明、泉州等地的33个南音团体同台献艺。3月31日，以福建省文联副主席陈毅达为团长的省著名音乐家一行到泉州采风。该次采风活动由福建省文联、省音协和泉州市文联、市音协主办，以“海丝扬帆”为主题。采风团在泉州期间，深入泉州海外交通史博物馆、泉州天后宫、李贽故居、闽南文化展示中心等地采风，举行“海上丝绸之路”音乐创作座谈会。4月3日，泉州市音协流行音乐专业委员会成立。6月，2015年海外华裔青少年“中国寻根之旅”夏令营在泉州文化宫南音社演出场举行开营仪式，来自马来西亚、越南、新加坡、印尼30多名爱好南音的华裔青少年朋友参加。该活动是福建省首次举行以“南音”为主题的海外华裔青少年夏令营。11月，作为十四届亚洲艺术节系列活动之一——第十一届中国泉州国际南音大会唱在永春县开幕。来自海内外的43个南音社团、500多位弦友共唱千年雅乐。

【举办系列赛事活动】 1月17日，“海丝起点涌歌潮”2015年福建省第六届新年合唱音乐会在泉州音乐厅举行，来自全省各地的6支合唱队约300多人汇聚海丝起点泉州，以歌会友，同庆新年。3月13日，在泉州师院音乐厅举办由市文联和市音协主办的福建省“第三届金钟花奖声乐比赛”泉州地区选拔赛，共有来自全市各县市区选拔推荐的25位选手参加比赛。7月17日，“扬帆海丝”百筝演奏会在中国闽台缘博物馆广场举行。8月，泉州市青少年宫少儿合唱团在泉州音乐厅举办“海西少年梦，刺桐海丝情”合唱专场音乐会。4—10月，市文联、市音协承办第三届亚洲艺术节会歌全

6月13日，“丝路古乐情”——泉州南音、西安古乐音乐会举行

（图/张九强）

国征集活动，共收到250首应征作品。最终评选出10首入围作品，优秀会歌创作奖空缺。10月10—11日，由福建省“2011计划”南音文化传承与发展协同创新中心承办，市音协协办，泉州师院和泉州市南音传承中心联合排演的南音新作《凤求凰》在省梨园剧院上演。《凤求凰》由市音协主席王珊担任总策划。10月18日，中共中央政治局委员、国务院副总理刘延东在福建省非物质文化遗产博览苑进行调研，观看《凤求凰》，给予较高评价并与演员合影留念。11月，参加第十四届亚洲艺术节并南音大会唱开幕式做专场演出。

【参加比赛成绩优异】 1月，晋江市音乐舞蹈协会主席黄斌获“第十二届福建音乐舞蹈节”声乐（群文组）金奖，晋江少儿合唱团获合唱类银奖。5月，泉州师院音乐与舞蹈学院合唱团参加省教育厅举办的纪念抗日战争胜利七十周年全省大学生合唱比赛获金奖。6月，参加在福州举行的福建省“第三届金钟花奖声乐比赛”复赛和决赛阶段的比赛，获得两银、一铜的好成绩，市音协获优秀组织奖。7月，晋江市青少年宫少儿合唱团参加由文化部举办的第六届中国童声合唱节并获银奖，市广电少儿合唱团参加首届中国和之声合唱比赛并获铜奖。11月，南音新作《凤求凰》参加福建省第六届艺术节获福建省第三届音乐舞蹈杂技曲艺类优秀剧（节）目展演获一等奖第一名。

【泉州市南音传承中心（泉州市南音乐团）】 是年，协办第十一届“德艺双馨”中国文艺展示活动泉州总评选。3月，在“1916源和堂”举办2015年元宵“文都古韵”大会唱。6月，赴北京高校（中央音乐学院、中国音乐学院、北京师范大学、北京大学、人民大学）进行“海丝弦管”专场巡演。8月，协办由泉州市文化广电新闻出版局、泉州市教育局举办泉州市第二十五届中小学生南音演唱演奏比赛。9月，赴金门参加2015世界闽南文化节，演唱南音《枫桥夜泊》，并分别赴武汉、泰宁参加园博会和省文联组织的中秋晚会演出。12月，举办陈特超南箫专场音乐会演出。

戏剧

【获奖频频】 3月，陈情瑜和王一鸣分别凭借在高甲戏《昭君出塞》和南音《恨王魁》的出色表演获省文联、省文化厅和省戏剧家协会主办的第十二届“水仙花”戏剧奖专业组表演金奖，王大浩凭南音《梅花操》获专业组演奏金奖，一批优秀演员获银奖和铜奖。市文联、市戏剧家协会获优秀组织奖。8月，惠安县戏剧协会创作的木偶戏《惠安女抗倭》获“金狮奖•第四届全国木偶皮影剧(节)目展演”优秀剧目奖，惠安县掌中木偶戏艺术保护传承中心的颜福安、刘美琴、陈纾、林江艺、周佳煌五人获表演奖。11月，参与福建省第26届戏剧会演暨泉州市第32届戏剧会演，梨园戏《御碑亭》、大型傀儡戏《卢俊义》和南音《凤求凰》分获第26届戏剧会演剧目奖一等奖和音乐舞蹈杂技曲艺类优秀剧（节）目一等奖。

【亮相第14届亚洲艺术节】 11月，在第14届亚洲艺术节开幕式上，闽南歌舞、木偶戏与外国艺术团在国际舞台上展示闽南文化、“海丝”文化的独特内涵和丰厚底蕴，彰显泉州文化魅力和文化自信，组织剧目参与国内精品剧目展演、第四届中国泉州国际木偶节等一系列活动。

【举办公益性低票价演出活动】 在梨园古典剧院、泉州南音艺苑、泉州木偶剧院等文化场所演出南音、木偶戏、歌舞、高甲戏等艺术活动853场。

【福建省梨园戏传承中心（福建省梨园戏实验剧团）】 福建省梨园戏传承中心于2月往德化瓷都广场参加泉州市2015年“三下乡”启动仪式暨春节慰问演出，并分别于元宵、“五一”、中秋、国庆期间开展公益性常态演出。6月，应法国MC93剧场邀请，赴巴黎参加第十届“理想标准戏剧节”。9月，梨园戏《李亚仙•踢球》赴金门参加2015世界闽南文化节演出。12月新编梨园戏《御碑亭》参加上海话剧艺术中

11月9日，第四届中国泉州国际木偶节表演现场 （图/吴寿民）

1月18日，福建省第六届新年合唱音乐会在泉州举行　（图/林劲峰）

心戏剧沙龙“戏曲•呼吸”首届上海小剧场戏曲节闭幕式演出。国家艺术基金资助项目“福建省古老剧种青年表演人才培养”于10月在中心进行结业演出，演出剧目有《陈三•睇灯》《朱文•赠绣箧》《李智远•井边会》《郭华•入山门》等，并实施“闽南文化生态保护区”2015—2016年规划项目《名老艺人传统折子戏传承》方案，培养梨园戏后备人才。

【泉州市高甲戏传承中心（泉州市高甲戏剧团）】 泉州市高甲戏传承中心排演新版高甲戏《美女与野兽》、简版《连升三级》、新编历史剧《范进中举》，及小戏《十五贯•访鼠》《笋江波》等剧目，并深入基层演出70多场，传统小戏《笋江波》作为非物质文化遗产项目传承人“传帮带”剧目。2月，携传统经典剧目《连升三级》赴新加坡心中文化教育中心参加文化交流展演，及携高甲戏《大闹花府》《江山美人》《兵反皇都》《凤仪亭》《樊江关》赴新加坡韮菜巴城隍庙参加文化交流展演活动。3月，携高甲戏经典剧目《连升三级》简版赴孟加拉国参加国际戏剧节文化交流演出活动。4月，携新版高甲戏《美女与野兽》赴英国进行文化交流演出。8月，携国家艺术基金资助项目高甲戏《妈祖》赴马来西亚参加文化交流演出。9月，携新编历史剧《范进中举》参加2015年—东盟（南宁）戏剧周文化交流演出活动。12月，复排高甲戏《昭君出塞》，并应香港福建妇女协会邀请，在香港新光戏院上演《昭君出塞》《杨门女将》《凤仪亭》《西施》，慰问当地闽南乡亲。9月开始，高甲戏童话剧《渔夫与金鱼的故事》与传统折子戏《桃花搭渡》在泉州市直鲤城、丰泽中小学及幼儿园，开展“地方戏曲进校园”展演活动，演出场次60场，并于每周六、日在中心剧场进行进行不定期公益性演出，演出30多场。

【泉州市提线木偶戏传承保护中心（泉州市木偶剧团）】 泉州市木偶剧团于1月、6月应台湾广播电视协会邀请，赴台湾彰化、新北三重等地参加文化交流演出活动，分别于3月、5月、10月选派优秀演职员参加由联合国教科文组织亚太地区非物质文化遗产国际培训中心主办的《保护非物质文化遗产公约》履约培训班及中国福建木偶戏文化交流活动，赴柬埔寨、印度尼西亚雅加达、北加浪岸市、澳大利亚墨尔本和悉尼进行交流访演及培训。4—10月，国家艺术基金《福建古老剧种木偶、梨园》表演人才培养培训班开班，在半年时间里进行理论课程的培训及结合各剧种实际开展实践教学课程，于10月进行结业汇报演出。6月，选派优秀青年演员沈苏苇赴马来西亚槟城、吉隆坡参加“福建周”文化交流活动。12月，选派优秀演职员分别赴天津、北京参与天津卫视《群英会》栏目专题录制介绍泉州提线木偶戏节目，同时携天桥高台节目参与录制北京电视台《传承者》节目。节目中，泉州提线木偶与川北大木偶、台湾霹雳金光布袋戏一较高低，以满票成绩夺魁。

【泉州市闽南民间歌舞传承中心（泉州歌舞剧团）】 泉州歌舞剧团创作一台全新的2016年泉州市新年音乐会，在元旦期间向泉州市民献演；创作一台具有闽南民间特色的歌舞，于6月赴马来西亚、老挝等地参加“中国福建周”文化交流活动；7月应日本东亚文化之都横滨市文化观光局邀请，赴日本参加“横滨艺术节”，在开闭幕式上及中华街作精彩的四场演出。完成多场市委宣传部、市文广新局、电视台主办的“宣传十八大”“欢乐泉州下基层”“文化下乡”“纪念《延讲》到人民中间去”“八闽清风颂”“革命传统教育”“抗战胜利纪念”等主题活动演出，并在“五一”、“六一”、“七一”、“八一”及纪念抗日战争胜利七十周年期间，创作相关主题活动演出，如歌颂劳动者为主题的“海丝情•劳动美”主题巡回演出，“我们生活在阳光下——闽南歌舞庆六一”的为少年儿童专场演出，“颂歌献给党”“军旗飘扬”“警梦鱼水情”等歌舞节目，深入社区、山村、学校、部队等巡回演出。完成交响乐“2015年元宵音乐会”演出，邀请中国十大指挥家卞祖善到泉州执棒完成“泉州市交响乐协会成立庆典音乐会”演出、“2015年泉籍在校大学生暑假音乐会”演出、“中国天才钢琴家牛牛钢琴音乐会”演出。

文 学

【文学创作】 20多人加入福建省作协。2015年，全市作家在《中国作家》《诗刊》《散文》《星星》《散文诗》《文艺报》《福建文学》等国家级、省级报刊发表作品近600余篇（首）；30多部作品集正式出版。蔡飞跃等10多人的作品入选《年度诗歌选》《年度散文诗选》《中国好散文2015》《星星•诗人档案2015年卷》。2月，施伟中篇小说《讨债记》、李集彬散文《谁在村中行走》获福建省作家协会主办的福建省第28届优秀文学作品奖暨第10届“陈明玉文学奖”佳作奖。6月，由福建省作家协会、《福建文学》杂志社、泉州市文广新局、泉州市文联、菲律宾博览堂等单位主办的第七届（2014—2015年度）“逢时杯”海内外文学征文颁奖活动在泉州举行，泉州作家洪少霖《炖粥感悟》获微散文奖，陈志泽《古船•七星伴月》、吴晓川《再一次祈风九日山》获特设组佳作奖。12月，施伟中篇小说《穿越三坊七巷的时候》获福建省作家协会主办的福建省第29届优秀文学作品奖暨第11届“陈明玉文学奖”（2014年度）一等奖；林筱聆中篇小说《王的密码》获三等奖；范云英中篇小说《鸟笼》、郑简散文《失语的村落》获佳作奖。陈弘编剧的电影《永春白鹤拳之擎天画卷》获海南省政府、中国电影家协会主办的“2015海南（21世纪海上丝绸之路）电影节”最佳动作片大奖。苏天才长篇侦破报告文学《逃也枉然》获2015年度公安部文学作品三等奖。姚雅丽散文获2015年中国散文年会二等奖。蔡其矫、白刃、曾阅、陈瑞统、陈志泽、蔡芳本、郑其岳、王南斌、颜长江、叶荣宗、吴谨程、林轩鹤、黄良、叶逢平、浪行天下15位诗人入选省文联、省作协编选的《闽派诗歌百年百人作品选》。泉州20多位青年诗人作品入选《福建文学》“福建80•90后诗人大展专号”。

【文学活动】 2月，市文联、市作协主办的“光明城•西街故事”征文大赛颁奖活动举办。3月，由市文联、市作协主办的“春华秋实蕴文都”——泉州作家作品展在泉州华侨历史博物馆举行，书展为期一周，展出泉州本土作家的部分作品集和《泉州文学》自创刊以来的226期杂志，合计近千件书集。4月17日，由市文联与泉州晚报社、市委宣传部、市委文明办、福建广电网络集团泉州分公司主办的“我的价值观”征文大赛揭晓，杨凤翔《人生如负重前行》等9篇作品从217件来稿中脱颖而出，分获一、二、三等奖。5月29日，由市文联、市作协、市文学院主办的泉州市作家协会新会员培训会在泉州七彩艺文会馆举行，会上同时颁发2014年度泉州市文学奖、《泉州文学》优秀作品奖，同时举行“2015年海峡中青年散文家交流会暨散文创作高研班”学习分享会。6月13日，中国石材协会等主办的2015年“弘扬石文化　共筑海丝梦”全国征文、摄影大赛采风活动在南安启动，60多名泉州市作家参加活动。6月18日，由市直机关工委、市文联、丰泽区委宣传部等单位主办，市直机关工会、泉州文学院、市作家协会等单位承办的2015年“丝海扬帆潮如歌”端午诗会暨诗歌创作交流会在泉州西畴农场举行，上百名泉州诗友齐聚一堂，纪念屈原，共度“我们的节日——端午佳节”。8月3日，由市委宣传部、市文联、泉州晚报社、泉州邮政公司主办的“清源山•母亲山”征文大赛揭晓，征得来稿209件，评出29篇获奖优秀作品。9月26日，由市文联、市作协、泉州文学院主办的“丝海明月共潮生”——2015年泉州中秋诗会在晋江出海口举行。10月18日，市文联、泉州市清源山风景名胜区管委会、泉州市作家协会主办2015年“我们的节日•重阳节”市民经典诵读活动，150余人到场参加。11月25日，纪念巴金诞辰111周年暨泉州市第四届巴金文化节纪念大会在黎明大学举行。12月20日，由市作协主办的首届泉州作家书画展在七彩艺文会馆举行，开展“创意、文化、休闲”作家体验活动、“人文刺桐•书香古城”读书文化周等活动。12月31日，由市委宣传部、市依法治市办、市司法局、市文联主办的泉州市法治文学征文活动评选揭晓，作品《我的警察哥们》获一等奖，另有若干作品获二、三等奖和优秀奖。征文活动收到713篇各种体裁的文学作品，产生一等奖1名，二等奖3名，三等奖5名，优秀奖7名。

【采风笔会】 举办“泉州海丝景点考察采风”等文学采风活动，在各级报刊上发表。5月上旬，泉州市20多名作家前往泉州市第一医院采风，创作反映医护人员风采的文学作品。8月，泉州市作家前往漳州市东山岛进行文学采风活动。9—12月，泉州市作协与泉州市文明办、市文联联合开展多场作家进校园“国学讲座”活动。11月，泉州作家到泉州市科协采风，采写20多个博士工作站事迹。

【理论研讨】 2月8日，泉州市作家协会新会员创作交流会暨“情寄御仙庄”情诗征文大赛颁奖仪式，在南安市官桥镇御仙庄农业文化公园举行。同时举行泉州市作家协会创作休闲中心揭牌仪式。“三八”节期间，泉州市女作家联谊座谈活动举办。11月，台湾著名诗人、散文家余光中文学馆在其家乡永春县开馆，余光中出席。12月10日，泉州作家与新加坡著名华文女作家尤今、马来西亚著名华文女作家戴小华座谈。

【文学交流】 3月30日，以中国散文学会会长王巨才为团长的2015中国著名作家“海上丝绸之路”采风团，考察泉州海上丝绸之路景点，为“21世纪海上丝绸之路核心区”建设建议献策。3月31日，中国著名作家代表“海上丝绸之路”采风团与泉州作家座谈会在泉州华侨大厦举行。5月17—23日，泉州作家戴冠青应邀参加在西班牙巴塞罗那举行的欧洲华文作家协会成立24周年暨第11届欧华文学研讨会，并作学术报告。

美术

【开展活动举办展览】 5月24日，福建省美术家协会、福建省青年美术家协会、共青团泉州市委、泉州市文广新局、泉州市文联、泉州晚报社、中国贸易报社福建记者站、现代消费导报名家艺术中心主办“西游漫纪”——青年油画名家八人联展在侨乡体育馆龙虎文化名家艺术馆开幕，展出林建平、张庆国、彭烈洪、翟义涛、施俊雄、杨荣孙、陈春恩、刘兴彪八位中青年实力派画家的96件作品。展览期间，还举办“中国油画语言探索与研究”学术研讨会。“邮储银行杯”首届泉州“海丝印象”少儿写生作品大赛暨少儿写生作品展作为2015艺术泉州系列活动之一，征集到参赛作品277幅。11月10—15日，作为第十四届亚洲艺术节系列活动之一的“本土画家画本土”——暨《写生泉州》美术作品联展在源和1916文化创意园御天成艺术馆举办，展出37位画家的37幅作品。11月7—15日，由第十四届亚洲艺术节组委会主办，第十四届亚洲艺术节泉州市执委会、市委宣传部、市文联、市文广新局、市美术家协会、泉州画院承办的“海丝情怀”——名家画泉州•泉州名家画美术作品展在台商区海上丝绸之路艺术公园举办。

【参加画展成绩优异】 1月，郭宁水彩《闽海渔歌》入选“百年华新——中国水彩艺术研究展”。5月，王绍昌、陈怀贵漆画《东海渔歌》入选2015北京国际双年展。7月，陈祥法《金色阳光》作品入选2015“水墨彭城•全国写意中国画作品展”。8月，郭宁水彩《潮起无声》《春播》参加“墨彩情致——中国当代水彩画名家作品展”，王暾晖《狂飙之劫三》入选2015年全国中国画作品展。9月，林志阳《恒》、郑琦玮《春暖行乐》入选2015“古蜀文脉•墨韵天府”——全国中国画作品展，郑琦玮《花田三月》入选“重温经典”第二届娄东（太仓）全国中国画（山水画）作品展，黄瑾毅油画《海西守望者》入选第二届全国美术教育学术展。9月，由省文联和省美协主办的“第七届福建省青年美术作品展”揭晓，泉州画家取得优异成绩。黄曦农《飞跃极限》（水彩粉画）获一等奖。10月，吕小川漆画《千里走单骑》入选第五届全国青年美术作品展览。

【开展学术文化交流】 10月13日，由泉港区委、泉港区政府主办的“海丝路•家乡情”——水彩名家画泉港作品邀请展活动在泉港区文化中心展出。该次活动为水彩专题画展，共展出84幅作品。12月14—20日，由省美术家协会、省水彩画会、泉州画院主办的“福建省第三届中青年水彩画家提名展暨学术活动”在龙虎文化名家艺术馆举行，展出76件水彩佳作。12月14日，省美术家协会水彩画艺术委员会、泉州画院、市美术家协会、泉州师院美术与设计学院主办的“美国国家水彩画协会主席肯•戈德曼与福建省美协水彩艺委会委员作品交流观摩展”在泉州画院举办，展出肯•戈德曼水彩佳作40幅和艺委会委员作品60幅。

曲艺

11月，在省文联、省文化厅、省曲艺家协会举办的福建省2015“丹桂奖”曲艺大赛中，泉州南音传承中心的南音表演唱《故土情深》获专业组表演奖一等奖，南音表演唱《刺桐》获专业组节目奖二等奖；晋江市文化馆、晋江市南音艺术团的南音表演唱《根在五店市》获业余组节目奖一等奖、创作奖一等奖；泉州艺术学

11月2日，十一届中国泉州国际南音大会唱在永春县举行
（图/林劲峰　姚德纯）

校的小品《撤诉》获业余组创作奖一等奖、节目奖二等奖；晋江市高甲戏柯派艺术中心的闽南讲古《林大抢花轿》获业余组表演二等奖；洛江区南音协会的南音说唱《陈三五娘古今唱》获业余组新人奖二等奖。泉州市文联、泉州市文广新局、晋江市文体新局、晋江市文联和泉州艺术学校获“优秀组织奖”。

书 法

【开展书法活动】 3月2日，由市委宣传部、市文联、市委文明办、市妇联主办，市书法家协会、中国文明网泉州频道主办的泉州市首届“赞家庭美德 扬和谐新风”获奖楹联书法作品展在泉州华侨历史博物馆举行。展览征集到来自23个省（市、自治区）楹联爱好者的楹联、家训家风家规征作品1300多件，评选产生95件弘扬中华民族传统美德、倡导和谐家风、传播文明新风的获奖作品。11月6日，由第十四届亚洲艺术节组委会主办，第十四届亚洲艺术节泉州市执委会、省书法家协会、市文联、中国闽台缘博物馆承办的第四届中国海丝书法大展赛作品展在中国闽台缘博物馆开幕，展出第四届中国海丝书法大展赛的24件获奖作品和100件入展作品。12月，泉州书法创作交流基地同永春纸织画创作示范基地、鲤城区南音研究基地被省委宣传部、省文联、省财政厅授予第五批福建省特色文艺示范基地。12月31日，市文联在泉州市青少年宫文化中心为“泉州市书法创作交流基地”举行揭牌仪式并举办“海丝梦”泉州市楷书作品展，展出楷书作品100幅。

【扩大交流】 9月，市书法家协会主席周焜民、秘书长洪光辉和泉州师范学院书法学专业主任、书法硕士生导师黄鸿琼三名书法家赴韩国光洲参加中韩日三国书法交流。

11月6日，第四届中国海丝书法大展赛作品展在中国闽台缘博物馆启动（图/李芸生）

三人各创作三幅作品参展，作品被韩国国立亚洲文化殿堂永久收藏。通过参加活动，泉州书家与来自首届东亚文化之都入选城市日本横滨和韩国光州，以及第二届东亚文化之都入选城市中国青岛、日本新潟和韩国清州五座城市书法家进行交流，扩大泉州书法的知名度和影响力。加强与港、澳、台等地区开展书法艺术交流。泉州书协与港、澳、台地区和新加坡等地的书法社团及有关书法家保持着比较密切联系，经常开展书法艺术交流，互相赠送书法作品集等。

【创作与研究】 6月10日，全国第十一届书法篆刻作品展览评审工作在北京结束，泉州书法家林景辉、许全业获优秀作品奖（最高奖）。8月4日，由中国文联、中国书协主办的“向人民汇报——‘文质兼美’优秀基层书法家创作活动”评审工作在北京举行，评出35位入展作者，泉州市书法家协会常务理事林景辉位居其中，全省仅1人上榜。在全国第二届手卷书法作品展中林景辉获优秀奖；在福建省第二届书坛新人新作展中王辛燎获一等奖，庄少阳等5人获二等奖，林明雨等10人获三等奖。在注重书法创作的同时，不少书法家潜心书法理论的研究，数篇书法理论文章在《中国书法》《书法》《书法报》《书法导报》等专业报刊杂志上发表，部分书法家的学术论文在国内专业学术研讨会上交流。

【文艺志愿服务】 春节前，泉州市书法家协会与泉州晚报社等在全市各地举行“党报送祝福 春联抒真情”等志愿活动，组织近60名书法家深入部分广电网络营业厅及德化、晋江、安溪、台商投资区、惠安、泉港、洛江、南安、石狮、永春、泉州晚报社等地举办22场活动，送出近万副春联。1月14日，市书法家协会一行30多人赴地处洛江区虹山乡偏远山村开展赠送文艺书籍和书法作品活动，向虹山中心小学青少年宫赠送文化艺术书籍250册，并在虹山艺术创作基地举行笔会，现场为虹山乡创作60余件书法作品。2月6日，由市文联主办，泉州市邮政公司、泉州市书法家协会承办，各县（区、市）文联、书协协办的“海丝泉州年•邮礼送春联——百名书法家义务写春联”活动，同时在泉州市区九一邮政大厦、泉港福炼生活区文化宫、惠安中新花园、台商东园镇上林村委会、安溪茶都广场、永春邮政局桃城网点、德化瓷都广场、石狮步行街、晋江青阳邮政局营业厅、南安会堂前广场等地开展，活动组织120多名泉州市书法家免费为5000多名市民书写新春对联20000幅。

摄影

【为群众服务】　市摄影家协会结合摄影的特性，组织开展“到人民中去”摄影服务，组织摄影家前往惠安县涂寨镇互助村、洛江区虹山乡虹山村、安溪县感德镇槐植村等地为村民拍照，并冲洗相片赠送。晋江市摄影家协会、南安市摄影家协会、洛江区摄影家协会、石狮市摄影家协会、德化县摄影家家协会等多次深入乡村，在春节、端午、中秋、重阳等节日为老人拍照，送上摄影人的祝福。

【开展讲座展览】　组织开展“光影传情，爱染陇南”“泉州、赤峰、洛阳三地摄影联展”“泉州摄影家网10周年精品展”及“港航杯”泉州港口摄影大赛等展览，组织作品参加海峡两岸摄影作品展。6月30日，由市委宣传部、中国闽台缘博物馆、市旅游局、市文联主办，泉州市摄影家协会承办的“辉煌泉州”摄影作品展在中国闽台缘博物馆举行开幕式，展出的155幅优秀摄影作品围绕海丝起点、文都风采、美丽家园、辉煌成就四大主题。11月7—15日，由市委宣传部、市旅游局、市文联主办，泉州市摄影家协会承办的“大美泉州”摄影作品展在泉州源和1916创意产业园展出，展览作为第十四届亚洲艺术节暨第二届海上丝绸之路国际艺术节“魅力文都”系列活动的组成部分，展出151幅摄影作品。

【进行艺术创作】　发挥摄影的纪实特性，反应普通百姓生活，通过报纸媒介等传统媒体、微信平台等新媒体以及各种影赛影展，利用新闻阵线发表反映人民大众的摄影图片。在第十四届亚洲艺术节等重大活动中记录许多珍贵影像。

【艺术硕果累累】　2月12日，储永志摄影作品《猴戏》获第58届荷赛自然环境类一等奖。比赛共收到131个国家的5692名摄影师投稿参赛的97912张照片，6位中国摄影师获奖。荷赛（WPP）是世界新闻摄影比赛（WORLD PRESS PHOTO）的简称，由总部设在荷兰的世界新闻摄影基金会（WORLD PRESS PHOTO FOUNDATION）主办，被认为是国际专业新闻摄影比赛中最具权威性的赛事。8月，王柏峰摄影作品《微商的世界》获中国摄影家协会主办的第25届全国摄影展纪实组优秀奖。9月，洪宗洲的作品《英姿》（Heroic Posture）获贝尔格莱德摄影奖金牌，贝尔格莱德摄影奖是经美国摄影学会(PSA)以及国际影艺联盟(FIAP)以及英国皇家摄影协会(RPS)共同认证的大赛。许诗伟摄影作品《天路》获美国国家地理图片比赛手机组优秀奖。

舞蹈

【举办舞蹈活动】　4月29日，泉州原创舞蹈作品参与中央人民广播电台“爱在乡村”、中央电视台“文化进万家”——走进“福建•晋江”（围头）演出并在央视播出。5月16—17日，第五届“海峡情”两岸国际标准舞公开赛在泉州南安市体育馆举行，来自台北、福州、厦门、泉州、漳州等地28支代表队的900多名国标舞选手共计1400人次参加比赛。公开赛设立职业组拉丁舞、摩登舞，业余组拉丁舞、摩登舞和少儿拉丁舞、摩登舞六大比赛项目100多个组别。“六一”儿童节期间，市舞协、市工人文化宫主办以“我们生活在阳光下——闽南歌舞庆六一”的为少年儿童专场演出，并深入多所小学与学生们共庆“六一”联欢演出。6月29日至7月1日，纪念建党94周年“活力青春•闪耀七一”快闪活动走进安踏、七匹狼、雨中鸟等十家企业。6月，“追梦年华，舞步飞扬”——“晋江市校园舞蹈师资培训班”开班，邀请省艺校舞蹈专家授课。7—8月，市艺术馆与市舞协主办暑假免费少儿舞蹈培训班。8月，市舞协组织部份会员到德化培训、辅导基层广场舞活动。9月中旬，市舞协前往晋江内坑亭上村，调查几近消失的民俗舞蹈《投食豆》活动。9月，市舞协班子及部分骨干前往市木偶剧团，开展木偶戏神相公爷秋祭民俗采风活动，为傀儡丑舞蹈素材寻找源头，为发掘继承泉州民间舞蹈做好基础性工作。9月28日，由市文联主办，市工人文化宫、市国标舞协会、文化宫群艺舞蹈艺术中心等单位承办的“庆祝国庆　喜迎亚艺节”文化宫群艺拉丁舞展演在市工人文化宫广场上演。11月14日，亚艺节鲤城区少儿舞蹈专场演出活动在西街面粉厂大麦仓举办。

【舞蹈成果丰硕】　5月23日，由省文联、省文化厅主办，福建省舞蹈家协会承办的第三届福建舞蹈“百合花奖”专业舞蹈大赛暨中国舞蹈“荷花奖”福建选拔赛（决赛）在福州落幕。由泉州歌舞剧团选送的男群舞《闯海歌》获创作银奖、最佳音乐奖，女群舞《银腰情》获表演铜奖，双人舞《让我们自由呼吸》获表演、创作铜奖。由泉州师院选送的《阮厝的银腰带》获创作铜奖，泉州歌舞剧团、泉州师院音乐与舞蹈学院获优秀组织奖。7月30日，市舞协副主席蔡彩虹，缪若聃、何小云等编导的舞蹈作品《呛呛滚滚来好年冬》获第八届“小荷风采”全国少儿舞蹈展演金奖、蔡彩虹、缪若聃、何小云获最佳编导奖。7月31日—8月1日，由中国舞蹈家协会、印度尼西亚廖内省政府主办的“一带一路”文化行暨第九届中国—东盟青少年舞蹈交流展演，在印尼廖内省北干巴鲁市金色大厅举办，市舞协副主席蔡彩虹等编导的舞蹈作品《呛呛滚来好年冬》获金奖。

工艺美术

【交流频繁】 5月24—26日，省民协副主席、省文化厅原巡视员庄晏成带领省民协采风一行到泉州开展“丝路情•中国梦”福建省民间文艺家创作采风活动。采风活动由福州出发，经过莆田，最后到达泉州。10月14—15日，由民间文学杂志社、福建省民间文艺家协会、市文联主办，泉州市民间文艺家协会、泉港区文联、泉州市文化书院承办的“中国梦•乡土情”闽南口传文学调研活动在泉港举行，该次调研活动还在泉州市文化书院举行民间文学杂志社“闽台民间文学传承基地”授牌仪式。

【中国闽南传统建筑营造技艺研习基地设立】 10月8日，中国民协在泉州古建筑有限公司设立中国闽南传统建筑营造技艺研习基地。12月12日，中国闽南传统建筑研习基地授牌仪式在中国闽台缘博物馆举行。作为授牌仪式的一部分，由泉州市文联主办，泉州市民间工艺美术家协会承办的闽南红砖建筑摄影展在中国闽台缘博物馆西展厅举办，展出100多幅闽南红砖建筑摄影艺术精品。

【市民间工艺美术家协会第三次会员代表大会召开】 10月18日，泉州市民间工艺美术家协会第三次会员代表大会在金星酒店召开，会议审议通过第二届理事会工作报告和财务收支报告，修改章程，选举产生新一届理事、常务理事、主席团。泉州市古建筑有限公司董事长蒋钦全当选新一届理事会主席，曾焕强、刘国文、陈仁海、蒋杰雄、郑雄彭、黄候阳、黄连福当选副主席。

【获奖成果丰硕】 3月，科技部公布2014年创新人才推进计划入选名单，德化陶瓷省级工艺美术大师林鸿福入选，福建省共有10人获科技创新创业人才。12月，由中国文联、中国民间文艺家协会等主办的第十二届中国民间文艺山花奖颁奖典礼在浙江省海宁市举行，泉州连紫华的陶瓷作品《仿宋木雕观音》、林鸿福的陶瓷作品《民族风•中国梦》2件作品获“民间工艺美术作品奖”。

收 藏

【向外发展】 泉州收藏家协会多次组织会员到北京、香港、广州、郑州、西安参加专业交流会、拍卖会等，鼓励会员走出去，开阔视野。

【协会建设】 通过专业交流小组，定期举行有针对性的收藏交流活动，通过密集的交流活动保持收藏家协会的活力，通过小组发展会员，增加8位协会会员，会员数量达到237个。

【收藏文化】 协助组织玉器、瓷器、紫砂、建盏等专项的展览5场，通过与银行、社团等单位合作开展收藏投资讲座，推广收藏文化。

【媒体合作】 与报纸、电视等传统媒体合作，宣传推广泉州的收藏文化，利用新媒体的手段，推广收藏知识。

文艺活动

【“三下乡”启动】 2月3日，泉州市2015年文化科技卫生“三下乡”启动仪式暨“欢乐泉州 走进浔中”春节慰问演出活动在德化县浔中镇瓷都广场举行。活动由市委宣传部、文明办、市文联等主办。活动包括慰问困难户、文艺演出、义写春联、科普宣传、专家义诊、健康咨询、普法宣传、优惠售书等利民、惠民、便民服务项目。

【“耀仁艺术馆”揭牌】 3月4日，“耀仁艺术馆”揭牌暨“寻根”康耀仁书画新作展在惠安县净峰镇榕溪园举办，同时还举行《康耀仁画山水》和《康耀仁山水新作》新书首发式，并举办“康耀仁书画艺术研讨会”。展览共展出康耀仁近期书画作品120幅。

【“艺术泉州”主题活动举办】 4月22日，市文联与福建日报报业集团东南网启动向第十四届亚洲艺术

惠安县山霞镇山霞村“农家民俗馆”收藏近千件农家用品
（图/泉州晚报社）

节献礼——2015“艺术泉州”主题活动。活动持续半年，包括“艺术泉州”系列访谈专题：每个月推介3—5名泉州艺术家及艺术机构；艺术泉州系列展览（10场以上）：由泉州市文联与东南网泉州站共同寻找具有潜力的优秀青年艺术家，由东南网泉州站寻找展厅进行落地执行，按照艺术类别不同举行个展；编辑出版《艺术泉州》专著。

【纪念“3•24”企业家活动日书画展举办】　4月24日，由泉州市文联、泉州市企业与企业家联合会、石狮市企业与企业家联合会主办的“改革创新　扬帆海丝”——纪念“3•24”企业家活动日书画展在石狮市木林森文化艺术馆开幕，展出来自石狮、泉州企业界及社会各界书法、绘画作品50余幅。

【闽南传统文化进校园】　5月6日，由市委宣传部、市教育局、市文广新局、市文联主办、泉州艺术学校承办的“闽南传统文化进校园”活动启动。第一站鲤城区选择在泉州七中举行。演出综合富有特色的闽南民间舞蹈、提线木偶戏、掌中木偶戏、泉州讲古、南音表演和几近失传的打城戏表演等。活动从五月起深入全市13个县（市、区）各选取一所中学和一所小学进行展演。

【机关文化大讲堂开讲】　5月21日，市直机关工会、泉州文学院在泉州行政中心主办“机关文化大讲堂”活动，邀请华侨大学华文学院教授、研究生导师庄伟杰作《文学的四个W》专题讲座。讲座中，庄伟杰教授围绕“文学到底是什么？”“为什么需要文学？”“文学有什么用？”“文学能给人什么？”四个方面为市直机关干部职工上了一堂生动的文学辅导讲座。

【“到人民中去——泉州市文艺志愿服务主题演出”上演】　5月23日，“到人民中去——泉州市文艺志愿服务主题演出”在泉州市广播电视台演播大厅上演。演出由市委宣传部、市文联、泉州广播电视台主办，泉州市电视艺术家协会、泉州广播电视艺术中心承办，有歌曲、舞蹈、小品、戏曲、朗诵等14个节目。

【海丝讲堂举办】　6月14日，由市政府、省闽台交流协会主办的“海丝风情”两岸青少年联谊周在中国闽台缘博物馆开幕，该活动作为第七届海峡论坛的重要活动内容，由“六个一”串成两岸青少年联谊之环，即“一堂课”（海丝讲堂）；“一次演讲”（两岸企业家创新创业发展论坛）；“一台戏”（海丝文化观摩活动；）“一路游”（两岸青年海丝史迹行）；“一日体验”（中华武术体验活动）；“一场联欢”（海丝情•青春联欢会）。

【全市老年书画摄影展览展出】　6月26日—7月1日，市委老干局、市人社局、市老龄办、市文联、泉州华侨历史博物馆、泉州市老年书画研究会主办全市老年书画摄影展览，展出书画作品210件、摄影作品90帧。

【“到人民中去　为党旗增辉”文艺演出举行】　6月30日，为庆祝中国共产党成立94周年，由市委宣传部、市文联、泉州广播电视台主办，惠安县委宣传部、小岞镇党委政府协办，泉州市电视艺术家协会承办的“到人民中去　为党旗增辉”文艺演出在惠安县小岞镇举办，演出歌曲、舞蹈、答嘴鼓、南音、配乐诗朗诵、提线木偶等节目。

【“海丝文化•文艺家之行”采风】　7月19日，由市文联、泉港区文联、泉州市第一医院文联、界山镇政府等单位的作家、摄影家及文艺爱好者40多人组成的“海丝文化•文艺家之行”采风团走进泉港区采风。该次采风活动由市文联主办，文艺家们深入界山镇九峰山风景区、“美丽乡村”东张村、“沧海桑田”现代农业基地、维真油画创作基地等地采风。

【“道德模范故事汇”基层巡演】　9月15日，2015年度泉州市“道德模范故事汇”基层巡演在安溪启动，首场演出走进安溪县桃舟乡，通过群舞、特色快板、独唱、韵律操、情景剧、歌伴舞等节目。

【庆祝新中国成立66周年泉州市老年书画摄影展展出】　9月23日—10月8日，庆祝新中国成立66周年暨国家第三个老年节泉州市老年书画摄影展在泉州市老年活动中心展出。活动由市文联、市委老干局、市人社局、市老龄委、市老年书画研究会主办。

【“海丝”楹联全国大奖赛举行】　10月13日，由泉州市文联、福建省楹联学会主办，泉州市楹联学会承办，晋江市龙湖诗书画协会协办的泉州“海丝”楹联全国大奖赛征集活动举行，活动得到海内外广大联友的支持，收到3681副作品，最后产生一等奖1名、二等奖3名、三等奖5名、优秀奖20名。

【“价值发现——海丝艺术漫步泉州”艺术活动举行】　11月6日，“价值发现——海丝艺术漫步泉州”艺术活动在泉州源和1916创意产业园揭幕。活动作为第十四届亚洲艺术节暨第二届海上丝绸之路国际艺术节“魅力文都”系列活动的主要组成部分，由第十四届亚洲艺术节泉州执委会、市文联、福建省闽南文化发展基金会主办，泉州中侨（集团）股份有限公司协办。活动包含一个画展、两场学术讲座、三次艺术品捐赠。其中，画展展出11名艺术家创作的近200件书画、雕塑作品。

体育

竞技体育

【青运会泉州赛区比赛组织工作】 泉州市承担第一届全国青运会武术散打、男子篮球（U16）和女子篮球（U16）比赛任务。其中，男子篮球（U16）和武术散打分别于9月5—13日和10月25—26日在海峡体育中心体育馆举行，女子篮球（U16）于10月19—27日在南安体育馆举行。泉州赛区成立以市委书记郑新聪为主任的执委会。制定周倒计时工作安排，赛时每日工作流程表、交通运输一览表，每项工作精确到具体事项、时间、地点、要求和责任人。各比赛场馆严格按照国家体育总局和组委会要求进行改造提升。遵照国家体育总局项目管理中心审定的器材清单，落实采购计划，确保所有器材符合比赛要求。组建竞赛信息编排团队，协助做好竞赛编排，及时做好竞赛秩序册、服务指南相关内容的收集、整理和编印工作。同时做好后勤保障工作，赛事期间共累计接诊运动员及相关人员87人次，投入警力8000多人次完成驻地酒店和比赛场馆安全保卫工作任务。

【泉州市第十届运动会】 泉州市第十届运动会于12月6—11日举行，设县（市、区）组和行业组2个组别，其中县（市、区）组设田径、游泳、举重等23个大项456个小项，共12个县（市、区）组团参赛；行业组设田径、篮球、气排球等11个大项80个小项，共有全市31个系统和行业近2000名运动员参赛。

【备战省年度比赛】 2015年是备战第十六届省运会的第一年，市体育局加强对各单项教练以及基层各体校的指导，协助教练员做好优秀运动员苗子的招生，并根据各单项省赛的时间安排，有计划的组织选拔赛。在2015年的省带分带牌赛中，共获9.5枚金牌，该成绩带入省十六届运动会总锦标。

【参加体育大赛成绩斐然】 2015年，泉籍运动员在国内和国际赛场上取得优异成绩。在第一届全国青运会上，泉州籍运动员共获4金7银5铜；在国际赛场上，赵永超在2015年世界青年举重锦标赛上夺得61kg级第一名，陈海威在击剑世界杯上与队友合作取得团体第二名，林超攀在2015年世界体操锦标赛获团体第三名，林松在世界蹦床锦标赛上获男子团体第一名；击剑亚锦赛上，陈海威、施嘉洛获男子团体第一名，刘勇诗获女子团体第二名。

群众体育

【全民健身活动】 举办2015年泉州市全民健身运动会，组织市、县（市、区）、镇（村）开展全民健身运动会项目，全市共举办各类全民健身活动400多项（其中市级50多项），参与人数达到35万人以上。利用春节、国庆等节假日，开展乒乓球、门球、气排球、地掷球、保龄球等一系列体育健身活动。举办泉州市篮球等级联赛、泉州市体育舞蹈选拔赛、泉州市太极拳比赛、泉州市第28届钓鱼比赛、泉州市第20届百队千场篮球赛等40多项市级活动与比赛。

【举办大型体育赛事】 承办“凯路仕烈风杯”2015年全国业余自行车联赛泉州站暨“清新福建、骑行八闽、与青运同行”活动、“宝珊杯”国际女子网球巡回赛、全国健身健美冠军赛、全国沙滩排球锦标赛（晋江）、海峡两岸马拉松比赛（石狮）、白鹤拳文化节（永春）、泉州市“东海泰禾广场”杯2015年篮球嘉年华等大型体育赛事。7月，举办第九届华夏南少林国际武术大赛，共有来自中国、奥地利、德国、以色列、克罗地亚等十余个国家的100多支代表队参赛，2000多名武术精英齐聚一堂。

【加大公共服务设施建设力度】 发挥全市城市街道（社区）、农村乡镇体育组织和镇村老体协、农体协以及各单项体育协会的作用，推进“亿万农民健身活动”再上新台阶。加大体育场地建设力度，投入812万元在全市建设29个省级社区多功能运动场，投入105万元建设7个室内健身房，投入165万元建设3个拆装式游泳，投入228万元建设6个笼式足球场。投入300万元建设60条全民健身路径，并投入150万元对4个区全民健身路径进行全面维修维

泉州培元中学东校区学生在球场上踢足球 （图/林劲峰）

护；投入150万元在东湖、刺桐、芳草园、中山公园、滨海公园5个公园增建体育健身设施，芳草园增建儿童健身娱乐设施。

体育产业

【获批国家体育产业联系点城市】 按照国家发展和改革委员会办公厅、国家体育总局办公厅《关于组织开展建立体育产业联系点工作的通知》及省有关部门要求，市体育局会同发改委，邀请泉州师院体育学院专家教授，梳理泉州市体育产业发展情况，结合泉州市实际情况，编制《泉州市国家体育产业联系点工作方案》，向国家发改委、国家体育总局申报国家体育产业联系点工作，并于7月被确定为国家体育产业联系点城市（全国35个）。

文物

【概况】 2015年，主动融入丝绸之路经济带建设，推动“海丝”申报世界文化遗产工作，配合古城复兴计划，全面推进历史文化名城、历史文化街区的保护。协助省文物局做好2015年10月19—23日在泉州举办的福建片区文物安全培训班。11月初承办省文物局举办的文物保护工程(泉州班)，培训泉州市文物保护工程勘察设计、施工、监理单位人员。12月上旬，组织泉州市四个传统村落较多的县（区、市）到中央文化干部管理学院学习传统村落与乡土建筑保护利用培训；12月中旬，利用中国文物保护基金会在惠安举办“第四期古村落保护、规划利用及修缮培训班”，组织市直及12个县市区相关人员参加。

【考古调查】

文物普查　开展泉州市第一次全国可移动文物普查工作，3月，分别从泉州市博物馆、泉州海外交通史博物馆选派两支普查工作组赴各县市区开展面对面的帮扶工作，不断推进文物信息采集与登录工作。协助省文物鉴定中心完成文物系统外国有收藏单位的文物认定工作，迎接7月底国家文物局可移动文物普查工作专项督查。12月16日，组织召开泉州市第一次可移动文物普查数据审核工作推进会暨业务培训会，邀请省文物鉴定中心王永平主任授课。

考古调查　组织人员参加全省博物馆陈列展览策划培训班、国家文物局文物安全（福建片区）培训班、古村落保护规划利用及修缮培训班、福建省文博人员陶瓷鉴定培训班、福建省博物馆讲解员培训班、福建省基层文博人员考古技能知识培训班（南片）、2015年度全省市级普查办主任工作会议暨全省普查数据审核与管理培训班、文化遗产创意产业培训班，派员参加国家文物局水下考古研究中心与海南省文化厅主办的“西沙珊瑚礁1号”沉船遗址水下考古发掘工作，申请变更泉州海交馆可移动文物修复资质和可移动文物技术保护设计资质的业务范围，新增陶瓷、铜质、书法绘画等三项内容。先后组织考古人员对安溪金谷汤内、晋江紫帽园坂村各一座古墓进行考古发掘，丰富闽南地区清墓葬考古资料， 对于研究泉州地区唐朝、清代时期墓葬形制、规模、葬俗方式及社会经济形态等具有重要的参考价值。6月，受泉港区委、区政府委托，组织泉州市博物馆工作人员赴泉港开展海洋史迹陆上调查，为全面实施“泉港区海上丝绸之路海洋资源的调查论证、评估、保护与合理利用”做好前期准备工作。

泉州“海上丝绸之路”古码头遗址　　（图/吴寿民）

【文物保护管理】 抓好文物保护专项补助经费组织申报工作。2015年，泉州市有泉州南安中宪第、南安林氏民居、蔡氏古民居建筑群、五塔岩石塔、陈埭丁氏宗祠、草庵石刻、施琅宅和祠、李光地宅和祠、安溪文庙、九日山摩崖石刻、泉州天后宫、惠安青山宫、安海龙山寺、西资寺石佛造像、安平桥—白塔、亭店杨氏民居16处国保单位的保护规划编制、文物本体修缮、安防、消防、防雷等向国家申请专项补助资金7945.3万元，实际到位资金3530万元；西坪土楼、威镇庙石碑、九仙山弥勒造像、惠安孔庙、祖闾苏等向国家申请涉台文物补助资金290万元；市“海丝”申遗工作、洛阳桥清淤工程、六胜塔环境整治工程、金交椅山环境整治工程等向省文物局申请创建世界文化遗产专项资金260万元。抓好文物修缮和周边环境整治工作。按照《中华人民共和国文物法》及《文物保护工程管理办法》要求，组织实施一批全国重点文物保护单位的修缮、抢救性加固、安防和周边环境整治工作。崇武城墙修缮工程、泉州大开元天王殿和拜亭修缮工程竣工；安平桥中亭、施琅宅、祠和墓（施琅祠）、蔡氏古民居建筑群二期修缮工程完成95%；府文庙东西两庑和西厢房开工建设。天后宫安防工程完工。抓好国保单位保护规划编制工作。陈埭丁氏宗祠保护规划送国家文物局审批；洛阳桥、圣墓保护规划第二稿修改完成，天后宫(德济门遗址)保护规划初稿完成第二次向规划、建设、公用事业、鲤城区政府征求意见；屈斗宫德化窑址、郑成功墓、南坑窑址、庵山遗址保护规划进行编制。抓好县（市）级文保单位修缮审核指导。完成《“开闽许氏宗祠”保护修缮工程》《晋江东石龙江寺修缮工程》《泉州承天寺檀樾王公祠抢救性维修工程设计方案》等县（市）级文物保护单位维修工程设计方案审核审批工作，并按照“不改变文物原状”原则提出修缮要求和指导意见。

【“海丝”世遗申报】 召开市政府常务会，出台争取“海上丝绸之路”申报世界文化遗产牵头城市有关措施。市委、市政府领导推进泉州“海丝”申遗。主动融入国家“一带一路”战略，年初提出在泉州建设多功能的海上丝绸之路国际文化交流展示中心，打造一批“海丝”文化交流品牌，支持把泉州海丝文化遗产纳入国家对外文化旅游交流重点，策划生成一批泉州与“海丝”相关国家（地区）的文化交流和学术研究项目，支持泉州申请建设“海丝”先行区。全市向省文物局推荐申报“海丝”潜力遗产点22处，在2012年原有基础上新增7处。省文物局、中国文化遗产研究院专家多次到泉州考察“海丝”申遗点。同时，制定“海丝古城：泉州（刺桐城）的重要遗存”申报世界文化遗产任务分解表，抓紧推进申报世界文化遗产各项工作，配合清华同衡规划设计院修改补充和完善申报文本，跟踪省政府颁布《福建省“海丝古城：泉州（刺桐城）的重要遗存”文化遗产保护管理办法》，配合组织有关专家进行申报文本评审会，做好海丝申遗文化遗存保护管理规划等相关准备工作。根据国家文物局要求，搞好申遗考察点修缮规制，做好海丝申遗牵头城市相关准备工作。

【交流合作】 元宵节期间，在天后宫举办第八届泉•澎“乞龟”民俗文化活动，推动泉州市和澎湖的文化交流活动。发挥泉州府文庙与台湾孔庙的相互优势，开展与台湾孔庙的儒学文化交流活动。发挥威远楼优势，加强威远楼与金门、台南等地的文化交流活动。完成马拉西亚前总理、宝腾集团董事长、莲花集团董事长马哈蒂尔参观泉州海外交通史博物馆的讲解接待工作。协助泉州华侨历史博物馆筹建奉献史馆，举办泉州文化生活直通车微信公众号上线新闻发布会、闽南文化博物馆奇妙周活动、《设计师笔记——文化 艺术 博物馆》新书首发式及“海上丝绸之路”两岸大学生闽南建筑调查夏令营等活动。3月23日，“碧海丝路 东方之舟——泉州‘海上丝绸之路’文莱特展”在文莱国家海洋博物馆开幕。5月16日，“闽南文化博物馆奇妙周暨两岸大学生生活产品设计营启动”在泉州市博物馆举办，由泉州艺校、泉州非遗界的闽南文化传承人进行闽南文化活态表演。8月17—22日，举办“2015‘海上丝绸之路’两岸大学生闽南建筑调查夏令营暨学术研讨会”。海峡两岸9所高校师生40余人参加活动。12月22日，海外交通史博物馆在马尔代夫首都马累市举办“蔚蓝丝路——中国海上丝绸之路文化特展”，是中国首次在马尔代夫举办的以“海上丝绸之路”为专题的高规格展览。在亚艺节期间举办“海上丝绸之路国家文化艺术展”、“丝路帆影——中国海上丝绸之路文物精品图片展”、“蔚蓝丝路——海上丝绸之路文化特展”、内蒙古通辽蒙古服饰展、亚洲文化图片展及亚洲文化精品展、纪念抗日战争胜利暨世界反法西斯战争胜利七十周年特别展“钓鱼岛—历史与主权”图片展等临时展。开展学术交流与研究，筹备召开“东亚海洋考古学术研讨会”、“泉州赵宋南外宗正司研究会”、“人海相依：中国人的海洋世界”国际学术研讨会（由中国海外交通史研究会、上海中国航海博物馆、泉州海外交通史博物馆主办，在上海举办）、“历史与现实：海上丝绸之路”国际研讨会、“福建与海上丝绸之路”学术研讨会。

博物馆

中国闽台缘博物馆

【概况】 2015年，中国闽台缘博物馆开展“三严三实”专题教育，强化党风廉政建设“两个主体责任”。完成原闽台关系史博物馆文物移交；新征集文物205件/套，其中从台湾岛内征集63件/套。编制“馆藏可移动文物预防性保护方案”，列入国家文物局2015年度项目，获得国家重点文物保护专项补助经费864万元。开展纪念中国人民抗日战争暨世界人民反法西斯战争胜利70周年和台湾光复70周年系列活动。举办临时展览16场，其中赴台湾举办“指掌春秋”——闽台木偶艺术展。新增谱牒文献资料113种178册，举办第二届海峡两岸民间谱牒文化论坛，开放“闽台姓氏与谱牒文化展”。主办“海丝风情——

1月25日，“指掌春秋——闽台木偶艺术展”在台湾开幕

（图/中国闽台缘博物馆）

两岸青少年联谊周活动”，开展“情系闽台缘——流动的博物馆”系列社教活动137场次。加强学术研究与交流，承担省级课题2项、市级课题2项。参与第十四届亚洲艺术节、海峡论坛等活动。完善基础设施建设，改善参观服务环境。全年共接待观众129.25万余人次，其中台胞7.24万余人次。首次被省委、省政府表彰为“省级文明单位”。获评“海峡两岸闽南语歌曲创作传播基地”“中国华侨国际文化交流基地”。

【结对帮扶民办博物馆】 1月9日，中国闽台缘博物馆与石狮海峡渔文化博物馆结对帮扶签字仪式暨“四世一品圣旨”捐赠仪式在石狮市鸿山镇东埔三村举行。与石狮海峡渔文化博物馆签订结对帮扶协议。随后，在鸿山镇东埔祠堂举行“清康熙三十六年敕封邱天胜及上三代一品诰命”（俗称“四世一品圣旨”）捐赠仪式。

【指掌春秋——闽台木偶艺术展】 1月25日，中国闽台缘博物馆党委书记黄衆问率团赴台湾高雄佛光山佛陀纪念馆举办“指掌春秋——闽台木偶艺术展”。展览由偶之源、偶之蕴、偶之艺、偶之趣、偶之衍五大部分组成，通过提线木偶、掌中木偶、盔帽、戏服、戏棚模型、古戏本、木偶艺术著作丛书等共近400件套展品，对闽台木偶戏的源流与发展、艺术与特色、传承与创新等进行展示。开幕式上，泉州市木偶剧团、台湾诸罗山木偶剧团共同表演精品木偶戏。此外，还开设亲子掌中木偶DIY制作、木偶头泥塑DIY制作、脸谱上色DIY制作等系列教育活动13场。

【第二届海峡两岸民间谱牒文化论坛】 6月12—14日，第二届海峡两岸民间谱牒文化论坛在中国闽台缘博物馆举行。该次论坛活动纳入国台办2015年对台交流重点项目、2015年福建对外宣传工作要点、泉州市2015年社科活动资助项目。论坛为期三天，先后举行论坛开幕式、两岸谱牒文献资料捐赠仪式（捐赠谱牒文献资料105册）、两岸谱牒文化论文交流、同宗（同名）村交流大会以及“闽台姓氏与谱牒文化展”等活动。林建春馆长以《着力推动闽台谱牒文化交流》为题，台湾谱牒专家杨绪贤以《台湾地区姓氏堂号考》为题，分别做专题演讲。

【开展纪念抗战胜利系列活动】 为纪念中国人民抗日战争暨世界人民反法西斯战争胜利70周年和台湾光复70周年，中国闽台缘博物馆举办“铁血铸军魂”——中国远征军中的黄埔军人文物展、“纪念抗日战争胜利70周年书作展”和“中国战斗”——抗日战争时期木刻版画展等展览。同时，在“闽台抗战 海峡壮歌”——福建省纪念抗日战争胜利70周年史实展展览期间，邀请原台干班学员、台湾光复亲历者阮传发讲述其经历的台湾光复历史。在“李友邦将军与台湾义勇队”展览期间，邀请李友邦之子、台湾芦洲古迹维护文教基金会理事长李力群及部分台湾义勇队家属追忆李友邦将军及义勇队抗日功绩。

【闽台缘两岸书画交流展】 12月30日，“闽台缘两岸书画交流展”在中国闽台缘博物馆开幕。展览共收到海峡两岸书画作品156件，其中大陆104件，台湾52件，现场分“墨宝区”“书画科普视频区”“书写临摹体验区”“拓印区”等区域，既展出精彩墨宝又提供观众互动环节。活动期间，特别邀请台湾书法家詹坤艋作《从相反比较谈书法表现》专题讲座，举行两岸书画家交流笔会。

【参与“亚艺节”活动】 中国闽台缘博物馆配合相关部门，协助做好“第三届亚洲文化论坛”接待会务工作，主办“海峡两岸闽南语歌曲创作与传播研讨会”“共同的记忆——两岸家庭老照片家书展”和“第四届中国海丝书法大展赛作品展”，获“海峡两岸闽南语歌曲创作传播基地”“中国华侨国际文化交流基地”，协助组织“一带一路中国梦•海丝青春万里行”跨国公益宣传活动和“助力亚洲艺术节•泉民斗阵来骑行——暨刘海翔单人骑行重走马可•波罗东游路（海丝之路）启动仪式”等。

泉州海外交通史博物馆

【举办中国博物馆协会航海委员会2015年度会议】 5月22日，中国博物馆协会航海博物馆专业委员会在泉州海外交通史博物馆召开2015年会。包括香港在内的全国各地16家涉海类博物馆的馆长及代表30余人出席会议。会上审议并原则通过章程修订稿及工作制度意见征求稿，基本确认专委会的LOGO设计方案。此次年会以探讨会员单位馆际合作为主题。与会代表围绕馆际交流展、专委会主题展等议题，结合各自单位馆藏特色与展陈思路，提出建设性意见。

【举办“宋元交替时期的东南沿海与海上交通”学术研讨会】 11月24—28日，中国海外交通史研究会、泉州海外交通史博物馆联合南京大学、阳江南宋文化遗存研究会在广东阳江举办“宋元交替时期的东南沿海与海上交通”学术研讨会。此次会议以宋元交替时期东南沿海的海上交通为主题，对海外贸易与航海人物、港口变迁、航海造船技术、文化遗存与历史传说等问题进行探讨。

泉州华侨历史博物馆

2015年，泉州华侨历史博物馆以筹建展示海内外泉州籍华侨华人对家乡、对中国所做贡献的固定陈列展览“奉献史馆”为中心任务，征集实物资料，举办多次专家论证会，完善陈列大纲，并于12月进入施工阶段，该展览工程预计于2016年5月竣工。同年，围绕如何加强文物保护工作，本馆首次开展文物定级，并参与全国第一次可移动文物普查，按国家文物局的要求，上报可移动文物530件（套），顺利完成任务。此外，在条件许可下，提升改造部分文物库房，一定程度上改善本馆库房环境，切实保护华侨文物。2015年是中国人民抗日战争暨世界反法西斯战争胜利70周年，为弘扬泉籍华侨华人在反法西斯战争中的贡献，本馆参与由中国博协华侨博物馆专委会举办的“反法西斯战争中的华侨华人图片展”和市委宣传部举办的“泉州人民抗日战争历史图片展”，并引入“赤子情怀”——福建华侨与抗日战争展览，配合录制华侨抗战专题节目，在《乡讯》上刊载泉籍华侨抗战专栏，通过老照片、华侨抗战文物等等，全面展示华侨华人为国家、民族和世界和平所作出的巨大贡献。

12月22日，泉州海外交通史博物馆承办的“蔚蓝丝路——中国海上丝绸之路特展”在马尔代夫首都马累开幕，马尔代夫教育部部长施哈姆和中国驻马尔代夫大使王福康参观展览 （图/泉州海外交通史博物馆）

南建筑博物馆

【文物普查】 如期完成2000件建筑构件审核上报工作。经省级文物专家对馆藏部分精品构件进行级别初步鉴定，属国家二级文物的有三件，三级文物的有数十件。

【构件征集】 征集宋、明瓦当9块，宋元时期古印度佛教图案墓碑3方，清后期石化龙木雕1对，宋元时期伊斯兰教建筑构件1块，清后期闽南传统民居红砖浮雕堵2套，清后期闽南传统民居交趾陶壁堵2套等，均较具历史研究价值。

【学术研究】 与市建设系统培训中心主办“闽南古建筑的传承与保护全国高级研修班”；着手编撰《泉州古建筑大系•红砖建筑》。

【其他工作】 配合市政府“东亚文化之都”闭幕式展馆布展工作；配合惠安县政府“世界石雕之都”考评布展工作等。

德化县陶瓷博物馆

【纪念中国人民抗日战争胜利暨世界反法西斯战争胜利70周年——德化抗战瓷展】 7月7日—9月15日，在德化县陶瓷博物馆举办“纪念中国人民抗日战争暨世界反法西斯战争胜利70周年——德化抗战瓷专题展”。展览展出80多件在抗战时期德化生产的抗战题材瓷器。

【千年不息德化窑——“中国白”陶瓷及其艺术传承展】 8月20日，德化县陶瓷博物馆与重庆中国三峡博物馆主办“千年不息德化窑：

9月30日，“采样——德化当下陶瓷艺术生态展”开幕

（图/德化县陶瓷博物馆）

‘中国白’陶瓷及其艺术传承展”在重庆三峡博物馆开幕，展览为期50天。该次展览共展出80件德化窑陶瓷，包括德化县陶瓷博物馆藏13件明清德化窑珍品以及60件当代德化窑精品佳作和重庆中国三峡博物馆藏7件明清德化窑珍品。

【采样——德化当下陶瓷艺术生态展】 9月30日，“采样——德化当下陶瓷艺术生态展”在德化县陶瓷博物馆开幕。展览展出19位艺术家的80余件作品，同时，参展艺术家等进行一场名为《瓷语•存在》的研讨会，对展览展开学术探讨。展览展期至11月15日。

【纪念陈其泰诞辰100周年系列活动】 10月16日，由德化县政府、福建省陶瓷行业协会主办的“纪念陈其泰诞辰100周年系列活动”在德化县陶瓷博物馆举办，以“陈其泰大师作品展”及“纪念陈其泰诞辰100周年座谈会”等形式纪念瓷塑名师陈其泰。展览展出陈其泰作品80多件。

【第一次全国可移动文物普查工作】 根据国家、省、市文物部门对第一次全国可移动文物普查的工作部署，至2015年12月底，德化县陶瓷博物馆基本完成博物馆8000多件藏品数据的采集、拍摄、录入、上报等工作。

石狮市博物馆

【发挥社会效益】 2015年，石狮市博物馆共举办第十一届书法全国展精品联展、“光影人生”何清和摄影展、纪念抗战胜利75周年特展等八场展览活动，接纳观众1.8万人次。其中，5月18日“国际博物馆日”主题展览：“记住乡愁”——石狮洋楼古厝石刻拓片精品展，集中展出体现社会主义核心价值观“爱国、敬业、诚信、友善”为主题的家风家训拓片。展出2个月，免费开放期间，2000余名市民前来参观。

【文化遗产保护】 石狮市政府下发《石狮市历史文化风貌区和优秀传统建筑保护管理工作实施方案》。完成全市红砖古厝及华侨建筑普查工作，共登记516处传统建筑名录。完成姑嫂塔、六胜塔、石湖码头三处“海丝世遗”申报点的重修核定及申报文本2015年修订版。央视英语频道、焦点访谈、国宝档案栏目分别推介六胜塔、姑嫂塔、林銮渡，“石狮海丝三宝”齐上央视成为石狮文化遗产保护的一大亮点。

【扩大宣传覆盖】 在石狮日报开设“古厝情缘”（获福建省副刊好专栏称号）“石狮往事”“书本上的石狮故事”三个特色文化专栏，刊载近百篇专题报道，营造文化遗产保护宣传氛围。通过提高文博学术研究水平。2015年3月，李国宏撰写论文《清初鲁直裕的〈台湾始末偶记〉》刊载于中国第一历史档案馆主办的全国中文历史类核心期刊《历史档案》第二期。2015年11月，李国宏撰写的论文《永春白鹤拳的文化视野》获首届世界（永春）白鹤拳大会论坛优秀论文三等奖。

【推进社会服务】 2015年，石狮市博物馆共计为石狮市老年大学、祥芝中心小学少年宫师生、大仑中心小学师生、华侨中学、宣传系统党委、财政局、人社局、统战系统党委、永宁镇沙美村等单位举办《感知石狮乡贤正能量》《品味经典》《建党•伟业》《穿越永宁卫》等12场专题文化讲座。

【特色展馆改版】 展览更新为《丝路狮源》，将“狮文化”置于“一带一路”文化背景纵向布局之下，全新地展现“狮文化”的内涵。增加狮情画意文化墙、凤里庵场景复制、观众舞狮活动区、影像播放区等内容。

南安市郑成功纪念馆

【免费开放】 2015年度免费接待观众人数约18.3万人次，其中青少年观众约6.2万人次，境外参观人数约0.5万人次，部队官兵人数近0.6万人次。

【对外交流】 1月，日本长崎县平户市副市长寺田胜嘉带领平户市访问团来该馆参观访问；4月，台湾济工会总会到该馆参观交流；5月，台湾艺文杂志社到该馆参观交流；7月，台湾台北景文高级中学来该馆参观学习；香港西门英才中学师生来该馆参观学习；8月，香港南安工会青委会返乡考察访问团来该馆参观交流。

【宣传活动】 配合相关部门和媒体做好对外宣传工作。5月，配合中共福建省委宣传部开展福建省爱国主义教育基地网上展馆的拍摄工作；11月，配合安徽卫视与深圳宏博昌荣传媒集团拍摄《中华百家姓》。此外，该馆还采取走出去的方式，派员深入到机关、部队、学校、社区开展爱国主义教育和国防教育宣讲活动40余场，利用网站、微信、微博等新兴网络媒介广泛宣传郑成功的崇高精神、光辉业绩及该馆的工作状况信息150余条。

【文物普查】 根据国家统一规范和技术标准，开展馆藏文物测量、拍摄、信息数据采集、信息登录等各项工作，并在规定的时间节点将文物信息通过可移动文物信息管理平台联网上报。文物信息采集与报送超额完成，报送率达到106.67%。

报 刊

2015年，泉州市共有6家报纸（泉州晚报、东南早报、晋江经济报、石狮日报、泉州广播电视报、海峡都市报·闽南版），7家期刊（华侨大学学报哲学社会科学版、华侨大学学报自然科学版、海交史研究、黎明职业大学学报、泉州师范学院学报、泉州文学、东方收藏），20家侨刊乡讯（泉州商报、泉州乡讯、侨乡科技报、华侨大学报、晋江乡讯、石狮侨报、南安商报、惠安乡讯、安溪报、桃源乡讯、梅山乡讯、泉州人家、闽南、收藏快报、晋江商人、海峡影艺、瓷都德化、泉州企业家、郑成功研究、闽台缘），30家连续性内部资料出版物（泉州通讯、泉州人大、泉州政协、泉州学林、泉州党史、泉州党校、泉州教育、泉州工人、泉州青年、清源、侨乡现代农业、惠安教育、泉州女性、福建炼化、惠安文化、安溪教育、安海、泉州工程造价管理、泉州建筑业、儿童发展研究、教研通讯、泉州法学、审判与法、星光、泉州文博、泉州月志、泉州市企业与企业家、泉州市人民政府公报、泉州检察、泉州保险）。

泉州晚报社

【概况】 2015年，泉州晚报社围绕“深耕主业、稳住大盘、创新转型、融合发展”的思路，继续围绕中心、服务大局，配合市委市政府做好各项宣传报道；发展新媒体，加快传统媒体和新兴媒体的融合发展，打造新的传播渠道。2015年7月1日，《泉州晚报》创刊30周年；9月，蝉联国家新闻出版广电总局评定的全国“百强报刊”；《泉州晚报》政风行风专栏组获得“全国青年文明号”的称号；《泉州晚报》在全省地市报印刷质量评比中再次获得“精品奖”，夺得福建省“四连冠”、八次获得“精品奖”。

【加强正面宣传】 报社继续坚持政治家办报、办网，各媒体紧紧围绕市委、市政府中心任务，运用专栏、专版、系列报道等形式，组织开展各个时期的报道，包括深入宣传中共十八届三中、四中、五中全会精神，省委、市委全会精神，中央省市各级两会，全省工作检查，践行社会主义核心价值观，“项目带动 赶超跨越”，创建生态市，创建全国文明城市、全国生态城市，“打头阵 走前列 勇担当”，海丝先行区建设等。对一些重大主题宣传，报社都精心编排特刊进行报道。

【做好第十四届亚洲艺术节宣传报道】 报社成立亚艺节报道中心，抽调120多名采编力量投入亚艺节的宣传报道中。从6月开始，《泉州晚报》在头版开设“喜迎亚艺节”专栏，至11月中旬亚艺节举办，晚报推出版面180多个，早报推出近200个版约500篇报道。在亚艺节宣传报道中，泉州通客户端开设亚艺节专题，发布亚艺节图文消息超过1600篇（幅），阅读量超过28万人次，制作亚艺节主题H5共计13个，浏览量达16万人次。人民网、文通网和

3月4日，第十届泉州经济年会举行 （图/陈晓东）

2015年，泉州晚报社与市慈善总会举办"共同托起他们的理想"助学活动，筹得善款140余万元。全市331名学子获得资助　（图/林劲峰）

中国文化网（英文）链接泉州网的直播页面。包括《人民日报》等在内的40多家海内外媒体对该次上线启动仪式进行密集报道，"网络亚艺节"相关新闻报道的百度搜索结果更是达到100多万条，成为"百度热词"。做好外宣报道，将第十四届亚洲艺术节的盛况传递到海外，利用《泉州商报》《泉州晚报·海外版》海外合作办报媒体《美国侨报》《欧洲时报》《大洋日报》《华侨新闻报》《台湾导报》，在亚艺节前和亚艺节举办期间，以专版、专题、特刊等形式，宣传、报道第十四届亚洲艺术节在泉州举办的盛况，推出亚洲艺术节报道78篇及15个专版。

【做好新常态下的经济报道】　在经济形势严峻的大环境下，报社各媒体持续做好经济建设方面的宣传报道，宣传泉州市各地各部门主动适应经济发展新常态，保持经济稳定增长，加强保障和改善民生的新举措新进展。做好"比落地　比促销　比服务　看成效"系列报道，介绍泉州市系列帮扶措施及市直部门及县（市、区）"三比一看"的具体举措。做好全市"促进项目落地　帮扶企业发展"活动周报道，打破常规报道规格，用较大篇幅、突出版位报道市委、市政府领导分赴各自挂钩联系县（市、区）抓项目促发展的具体成效，同时配发刺桐时评、记者手记等言论。

【强化舆论监督、深度调查和民生报道】　做好舆论监督报道，及时掌握线索并第一时间到现场采访，通过新媒体发布信息，报网互动，多条报道稿件点击率突破1000次，甚至超过10万点击率。2015年，泉州晚报刊出60多篇深度报道。报社利用"96339"热线平台，主打民生问题解决。2015年内，除新闻报料、报社业务外，"96339"网络及电话关于民生类投诉咨询约10万余件。大量投诉咨询通过网络、电话、传真等渠道联合部门消化处理，"96339"同时进行跟踪监督和处理。

【联合办报扩大影响力】　报社在原有与菲律宾《商报》《香港泉州报》合作办报的基础上，探索、开展与海外媒体合作办报工作。通过与世界四大洲最大华文媒体《美国侨报》（美洲，发行量8万份）、《欧洲时报》（法国，发行量6万份）、《大洋日报》（澳大利亚，发行量5万份）、《华侨新闻报》（非洲，发行量3万份）开展合作，分别开设《海上丝绸之路起点城市·泉州》专版，定期于每月15日、25日发布，每期一版。加强入岛宣传，与台湾地区重点媒体《台湾导报》（国台办合作单位）合作，开设泉州专版，定期于每月15日、25日发布，每期一版。首期合作版面于8月31日推出，截至12月1日出版7期。

【扩大新兴媒体影响力】　2015年，按照中央《关于推动传统媒体和新兴媒体融合发展的指导意见》和省里的实施意见，从内容、渠道、经营、用户等方面进行融合变革，重组采编作业流程，推进内容融合、形式融合、技术融合、业态融合、产业融合，加快传统媒体和新媒体深度融合，建设新型主流媒体。报社形成拥有网站、微商城、微博、微信、客户端等组成的新兴媒体矩阵，新兴媒体共有超过100万的粉丝（用户）。其中，泉州晚报官博粉丝超过25万，早报官博粉丝超过18万。根据中央网信办主管的《网络传播》杂志发布的"城市网站综合传播力2015年11月榜"，泉州网位居全国第12位；"城市网站'两微'传播力2015年11月榜"，泉州网位居第7位。此外，5月12日成立泉州晚报新媒体广告有限公司，开拓城市户外视屏传播。

【加强纸媒和新媒体的互动】　在日常运作中，报社各媒体都加强与新媒体的联动，每天重点编发泉州本地重要新闻、热点资讯，打造"最新资讯、权威主流"的公众号，本地重大新闻，第一时间在泉州通、官博、官微滚动播发。新媒体中心2015年正式运作后，在重大突发性新闻处理方面表现抢眼，单条信息点击量常突破10万。同时，结合新媒体传播技术，策划主题性专题。如，利用H5技术，融合图文、音视频等功能，策划泉州湾大桥通车专题，当日点击量超30万。

【加强技术投入】　提升采编工作

效率，报社投入100多万元进行泉州网新闻发布系统软件升级改造。同时，实施SEO网络服务项目，优化泉州网整体结构，提升搜索引擎收录和排名，以促进泉州网流量攀升。泉州网日均访问者数达5万IP，日均浏览量达18万PV。“泉州通”安卓版在2015年春节前进行一次升级，对部分页面进行修改，优化部分BUG，同时也增加水电查询、动车查询、航班查询、话费缴交、汽车票购买、房产信息等实用性功能模块。5月中旬，“泉州通”客户端安卓版完成一次升级，用户体验感增强，平均点击量有较大的增长，弹窗也开始植入广告。“泉州通”客户端苹果版完成一次升级。泉州通用户数增长迅速，接近9万。泉州网微信用户已突破14万，泉州网微博已超21万粉丝。建设完成手机泉州网。手机泉州网是适用于手机浏览的泉州网手机版，基于HTML5技术实现跨平台设计，手机端与pc端新闻数据共享。此外，2015年投入100多万元采购视频直播车。

【调整经营策略】 报社及时调整公务、金融、教育培训、汽车、茶酒等行业的执行价格，对新签订协议的客户按照广告量实行阶梯式送版；调高广告公司的广告代理费率，鼓励代理公司策划生成新的创收项目；拓展新兴行业，舍得政策优惠、要素投入，利用新开和拟开辟的“健康”“医疗”“电商”“名品视界”等专刊专版，引领消费，吸引广告客户关注；开设“家装服务平台”“泉州楼市资讯”“名医在线”等栏目，以优惠价格吸引小体量及推广费用较少的客户，促进收入增长。早报举办泉州春季房展活动，2015年创新形式配合推出亲子活动，晚报举办秋季房交会与住建设局联办，更加突出公益性、服务性；针对电商对卖场冲击较大的现状，借助行业协会的力量，与丰泽区政府联办丰泽购物节、丰泽婚博会等大型活动，搭建一个多方共赢平台；消费、家电等行业利用报社大厦大堂空间开展广告+展销的线上线下活动，举办红木、皮衣、虫草、手表、家电等十余场展销活动。强化广告中心与采编部室的沟通协作。采编与广告部门通力协作，从发动企业布展、舆论氛围营造再到场地布置一条龙服务，开启政府向媒体购买服务的新篇章；推出“东方米兰创意石狮”“德化陶瓷电商峰会”等大型品牌推广活动，通过政府服务、品牌打造、平台构建、人才阵容等支撑点细化挖掘配合，调动产业链上下游全面参与，宣传推广泉州各县市的支柱产业和城市形象。推进传统纸媒与泉州网、新媒体中心以及报社微信、微博矩阵的配合协作，推出新媒体矩阵广告发布价格执行标准，为客户量身订制 “战略合作伙伴方案”，提供全方位多媒体的广告套餐。

【拓展多元经营渠道】 对台经营合作取得突破，报社与金门的亚洲最大免税商场和五星级酒店昇恒昌达成广告合作。家政网络软、硬件建设全部完成，并通过泉州市财政局、商务局验收。加盟商有40来家，服务范围为钟点工、搬家、窗帘及空调清洗、净水器安装等。做大泉州晚报报刊亭，2015年新投入50座新亭体。做大做强矿泉水。扩大产能，投资公司新投建大型蓄水池；为扩大营业额，公司还为具备资质的品牌商进行贴牌生产。

【举办泉州经济年会】 第十届泉州经济年会于2015年初举行。年会主办单位增加到九个（市委宣传部、市经信委、市科技局、市商务局、市工商局、市质监局、泉州检验检疫局、市工商联、泉州晚报社），涉及经济管理的各个领域。年会上，年度经济人物、年度最具成长力科技小巨人、年度优秀泉属异地商会、年度新“海上丝路”十大出口品牌企业、年度十佳网络品牌、年度十佳最具成长性商业模式、年度工业设计十佳创新型企业及年度泉州工业设计十佳精英人物获奖标榜单揭晓，以工业设计为主题的《2014年度泉州民营经济蓝皮书》首次发布。

【举办泉州建材产品中国行系列活动】 泉州建材产品中国行系列活动由市政府主办，市经信委、市住建局、泉州晚报社联合承办。首场活动在泉州晚报大厦举办，共有59家企业参与，数十家知名企业到场。第二场在南安进行，同时举办水暖厨卫产业链上下游协作配套对接会。第三场在福州举办，第四场在长沙举办。

【全国晚报总编记者走进世界瓷都德化采访活动】 报社与中国晚报工作者协会、德化县委县政府共同主办全国晚报总编记者走进世界瓷都德化采访活动，共有近80位各地报社的社长、总编、主任、记者参加，深入陶瓷主产区与地方政府、企业及陶瓷艺术名家交流，通过参观、体验、采访等形式，了解德化陶瓷产业的前世今生，感受德化陶瓷艺术的古今辉映。

【持续做好品牌公益慈善活动】 “东南公益”重点策划“众筹救生圈”公益行动，筹到100个救生圈+2艘救生艇，在晋江危险水域“执勤”；参与主办的金秋助学最终筹集432万元，为2560名贫困生圆梦；推出“爱心午餐第六季”，短短两天就为100个山区孩子筹到5万元善款；学雷锋纪念日，推出特别行动——送爱心汤圆，情暖空巢老人活动；“六一”节前，重磅推出的“一个馒头引发的慈善”，资助100名贫困学生；中秋临近，开展“情暖中秋”特别公益行动，为空巢老人和困难家庭送上月饼等爱心物资；重阳节前夕，发起爱心众筹，翻山越岭慰问德化山区留守老人；母亲节来临之际，开展主题为“阳光母亲”的关爱行动，通过深入到那些深陷困境但依然勇敢面对生活的母亲们的采访报道，传递人间之爱，传递母亲之爱，传递积极向上的能量；高考结束后，报社第13年与市慈善总会主办“共同托起他们的理想”助学活动，2015年共筹得助学款140万余元，共有331名优秀贫困学子受益。开展泉州首届公益文化节系列活动，主要活动有：“汇聚爱心 圆梦海丝”慈善义拍；与市人防办合作开展“走进e时代 互动零距离”泉州防空减灾知识竞赛；与市民族宗教局合作开展“2015民族团结进步创建活动”；与市市政公用事业局、市环卫处合作开展第20个环卫节系列活动；开展泉州市第三届基层“最美人物”系列评选；与泉州市计划生育协会合作开展“中国梦国策情”人口文化艺术作品征集评选活动；与泉州市老龄服务志愿者协会合作“社区助老义工评选”；与市计生协会合作市人口计生艺术作品投票专题。重视公益广告宣传。全力配合文明城市、海丝宣传等中心工作，创作刊发一大批群众喜闻乐见的优秀公益广告作品。其中《泉州晚报》刊发公益广告183则，计51.5版；《东南早报》刊发公益广告80则，计44.75版。仅亚艺节公益宣传，《泉州晚报》就刊发公益广告33次，价值184.1万元；《东南早报》刊发公益广告13次，价值37.8万元。

石狮日报社

【提振产业信心】 紧密跟踪政府和经济部门工作动态，将有关扶持和奖励政策及时通过新闻报道传递给企业；聚焦石狮产业发展新成果，对企业“创牌”、工业机器人发展、石狮制造向“智造”转换等方面的成果突出报道，传递好新常态下经济发展正能量；全程追踪上海“中国面辅料展”，展现博览会上“石狮军团”的风采；先后推出30多个典型报道，为企业转型发展提供借鉴榜样；实时关注工商、质监、检验检疫、渔业等部门发布的产业警示，为产业发展有效规避各类风险和技术壁垒提供参考。

【关注基层民生】 继续加强“爱心新闻”专栏的品牌引领作用，2015年，通过专门报道为困难群众募集的爱心捐助超过300万元；扩大与石狮便民服务中心的合作，办好“民生热线”专版。2015年，推出80多个新闻专版，刊登千余篇稿件，帮助群众解决大量问题；持续落实“走转改”要求，开办行进中国•精彩故事、第一现场、民情日记、走基层•蹲点日记/亲历/暗访/调查、新闻“实验室”、记者核实、民生诉求等十多个栏目，坚持走基层常态化和民生服务常态化；与工商部门合作开办“12315直通车”栏目，与食药局合作开设“加强食品药品监管，保障舌尖上的安全”专栏，保护消费者合法权益，引导市场平稳发展。

【加快媒体融合】 贯彻中央要求，建设新媒体平台，形成以石狮日报官方微信公众号为核心、即时新闻平台、手机APP、官方微博，新闻网站为重点，众多微信公众号为扩散源的新媒体矩阵。先后组织多次“微公益”活动，提升平台影响力；注重新媒体平台“内容运营”，注重内容“整合”和图片使用，注重文字适应移动阅读潮流和需要；开通“石狮新闻110”微信平台，方便网友直接通过微信爆料、交流；拓展微信公众号代运营服务，为机关单位、村居、企业代运营的微信公众号达30个，成为一大亮点。石狮日报主办的石狮新闻网被中国地市新闻网联盟评为“十大县级最具影响力品牌”。

【助力文化繁荣】 办好“闽南文化”“艺术空间”“人在旅途”“宝盖山下”“光影生活”“旅游天地”等多个文化专刊。2015年，在省新闻奖副刊作品评选中，获得一等奖两个，二等奖、好版面奖、好专栏奖各一个；办好“一品堂艺术馆”，在石狮树立起文化引领标杆。2015年，石狮日报一品堂艺术馆举办十场高水平、贴近性强的书画艺术展览，吸引数万人次的参观人流量；办好《收藏快报》和《东方收藏》杂志，打造国内权威的文博收藏类刊物取得成果；做好石狮蚶江对渡泼水节、祥芝渔文化节、永宁城隍文化节等重点文化活动报道，推动传统文化的两岸交流文化的传承；承办第七届石狮渔文化节，并被评为“2015年石狮市书香单位”。

【领跑电商服务】 2015年，石狮日报主办的淘宝大学泉州机构被阿里巴巴确定为“淘宝县域人才服务商”，成为淘宝大学合作机构中持续办学时间最久、分教学点最多的资深机构；新申办速卖通大学泉州机构、阿里数据学院泉州机构，成为全国唯一一家获得阿里巴巴所有电商培训平台的合作机构；加入福建省电子商务协会，成为该协会常务理事单位，并被确定为“福建省电子商务协会人才孵化基地泉州办事处”；机构总部办公场所进行整合，接受阿里巴巴总部考察验收，为学员提供实践基地；整合上下游产业链和政府、协会资源，与石狮市经济局、石狮市电子商务协会、海西电商园区合作创办“海西跨境电商运营中心”并于“海博会”期间剪彩揭牌。

【热心青少年教育】 与石狮市教育主管部门合办《石狮教育》专刊，汇集报道教育、学校的工作动态和德育工作成效，为石狮加强未成年人思想道德建设服务；做好法律法规宣传，增强未成年人法制意识。报社先后与市委政法委、市公安局、市法院联合开设专栏，加强宣传《中华人民共和国未成年人保护法》《中华人民共和国未成年人犯罪法》等法律法规；结合儿童节、国庆节、抗战胜利纪念日、清明节、建队节等重要节日，与有关单位联合策划举办一系列活动，进行爱国主题教育；开展好“石狮日报小记者团”活动，推出主题鲜明的公益、爱心活动，全年组织各类小记者活动35次，开办6场夏令营活动，通过多种专版全年刊发小记者文章200多篇，刊登小记者书画30多幅。

【加强侨亲纽带】 以《石狮侨报》为平台，关注侨情侨务活动。新闻报道上，围绕石狮市委市政府中心工作和石狮的发展进行报道，满足侨亲对重大新闻事件的关注；架通海内外信息桥梁，汇集主要分布在港澳台地区及菲、泰等国的石狮乡亲的活动信息，让乡亲通过石狮侨报及时了解各地侨界动态；围绕“一带一路”热点，紧密结合石狮侨乡特点，提出“以侨为桥，推进一带一路建设”思路，策划“石狮侨界推动‘一带一路’建设澳门行动宣言”及相关活动，吸引澳门特首崔世安亲自参加；开办《赤子功勋彪炳青史》抗战专版，《福建自贸区》专版以及《一带一路》专版，加强侨亲。

【做好对外宣传】 2015年，《石狮日报》与《台湾商报》的新闻交流工作常态化。每周一至周五《石狮日报》每天固定向《台湾商报》传稿10至15篇，内容涵盖福建省经济、文化、城市建设、两岸交流等各方面。《台湾商报》每天辟出一个整版，刊发由石狮日报提供的相关新闻。2015年，《石狮日报》向《台湾商报》传稿257天，平均每月传图100张，计有3000多条新闻。2015年，在两岸新闻交流中，重点关注福建海丝文化、福建自贸区建设以及泉州东亚文化之都建设等方面的相关新闻。此外，2015年，《收藏快报》和《东方收藏》杂志成为菲航VIP机上读物，为传播中华文化再添新的平台。

晋江经济报

【服务晋江中心工作】 围绕晋江的“三比一看”“帮企业、促项目、谋思路、抓落实”以及产业转型升级等中心工作，挖掘部门、街镇、企业的好经验、好做法，并采访专家、企业家、海外乡贤为晋江发展献言献策。在晋江党代会、两会、千企大会、市委工作会等重要时间节点，策划推出系列深度报道。5月，中国新型城镇化高端研讨会暨国家新型城镇化综合试点工作交流会在晋江召开，晋江经济报开展会前、会中报道，并在研讨会当日推出64个版面的新型城镇化特刊介绍晋江新型城镇化经验。8月，中共晋江市委十二届十次全体会议召开，晋江经济报以专题报道形式，解读全委会的具体内容，对晋江19个街镇一把手进行访谈。

【关注民营经济】 晋江经济报关注报道“新常态”下的晋江民营经济，陆续推出深度报道；关注报道晋江龙头企业动向，对恒安、安踏、盼盼等晋江龙头企业进行专题报道。结合晋江市千企大会，推出“寻找产业新亮点”等正能量系列报道；结合晋江市转型升级推出“智造升级 心动更要行动”大型报道、晋江机器换工自动化升级、“人机大战”大型活动报道等等。对鞋博会、食交会、海峡杯工业设计大赛、晋江文化产业周等重要经济事件，推出特刊或系列报道。

【成立街镇新闻部】 2015年初，成立街镇新闻部，推出《街镇新观察》深度新闻栏目；加大街镇新闻报道力度，推出深沪镇产业转型升级报道，安海河长制报道，永和干部夜访村居等；随后深入村居，推出《今后三年怎么干 公开见报来看看》《村支书村主任压力更大事情更多了》一组安海村干部报道，并以专版形式公开亮相；推出消防进社区活动策划，加强社区、企业的消防责任意识。

【自行车公开赛报道】 围绕第三届中国•晋江自行车公开赛，策划推出晋江最美骑行路线评选、自行车趣味赛、自行车文化展等一系列活动。自行车公开赛前推出赛事指南。比赛第二天、第三天连续两天推出《破风》特刊，解读自行车赛。

10月24日，晋江经济报承办的361° 杯第三届中国·晋江自行车公开赛举行 （图/晋江经济报）

【小记者站工作】　2015年，晋江经济报小记者站达120个，小记者人数比2014年增长上千人，总数突破6000人大关，总人数保持全省第一。晋江经济报独家推出“奔跑吧！小记者”“小记者打工记”系列活动。在两会期间第一次组织小记者采访两会，取得小记者时政报道的突破。在纪念中国人民抗战胜利暨世界反法西斯战争胜利70周年之际，推出10个专版的“抗战烽火中的晋江人身影”大型系列报道；与晋江市教育局主办“我心中的抗战”小记者作文比赛。

【新媒体事业】　推进发展新媒体事业，重点在微信内容上创新。晋江经济报官方微信“晋江经济报”粉丝数从1月的14869，上涨到12月的27000多。“产业晋江”官方微信账号刊发重要报道。晋江新闻网2015年首次承办晋江为民办实事项目——“掌上晋江”手机客户端（APP）。4月，首次联合晋江域外机构举办“2015媒体微信公众号营销研讨会”活动，全国18个省份、56个城市的近60家新闻媒体参会，实现“网盟成员看晋江”。6月，晋江新闻网旗下微商城“媒买购”上线。

【承办国家级体育赛事】　晋江经济报承办361°杯第三届中国•晋江自行车公开赛，该赛事是晋江市委市政府高水平、高规格全力打造的城市体育品牌赛事，也是晋江2015年继承办CBA篮球联赛、中国足球乙级联赛、全国沙滩排球大满贯赛后推出的又一重大体育赛事。该次赛事参赛人数超过700人，大赛共设置公路精英组、公路专业组、男子山地车组、男子公路车组等4个组别，大赛总奖金205500元，是福建省内规模最大、赛事奖金最高的自行车赛事之一，吸引来自14个国家的实力强队和顶尖车手加盟参赛。其中，公路精英组不仅汇聚香港QUICK快客车队、中国魔迅车队、美利达山鹰车队等15支全国顶级俱乐部车队。同时，组委会还邀请塞尔维亚玫塔拉克队、荷兰北荷兰俱乐部队、澳大利亚狂速魔队、乌兹别克斯坦塔斯肯队以及2015年的新晋车队比利时巴达玟队等10支国际俱乐部车队，汇聚近50名外籍车手参与。

泉州文学

【编辑出版工作】　按时编辑出版12期《泉州文学》。做好选题策划工作。策划名家手笔•名家“海丝”行、“人文海丝• 山水戴云”采风作品小辑、第一医院文联采风作品小辑等专栏。出版泉州中青年女作家散文专号、泉州青年作家作品专号。加强对外对台文学交流，面向海（境）外泉州籍华文作家征集稿件，编辑出版泉籍华文文学专号。注重整体设计效果。在整体设计上坚持纯文学刊物的艺术品味，以简洁大方的风格为主导，倡导绿色环保理念。在内容选材上，刊登“讲文明，树新风”、社会主义核心价值观、图说我们的价值观公益广告。扩大文学传播效果。在“泉州文艺网”设置《泉州文学》栏目；在《泉州晚报》刊登每期目录；在微信平台发布目录；在晋江机场候机厅展示《泉州文学》；在2015年全市文化科技卫生“三下乡”集中示范活动中赠书。

【组织采风创作活动】　参与组织“人文海丝　山水戴云”泉州市文艺家下基层活动，并在《泉州文学》开辟专栏刊发采风文章。组织十几位作家深入安溪铁观音主产区——祥华乡采风，先后参观、走访祥华乡创兴茶叶专业合作社、安溪铁观音集团生态茶园基地、自清华生态茶园基地、祥华乡狮仔仑茶叶合作社、灵惠庙、冠和生态茶园基地等。

【举办主题征文活动】　举办首届“小城故事会”杯“老鲤城的味道”征文活动，征集到稿件1000多篇。评选出成人组一等奖1名，二等奖2名，三等奖3名，优秀奖5名；学生组一等奖1名，二等奖2名，三等奖3名，优秀奖10名。

闽南杂志

【《闽南》2015年01期专题策划】　该期策划主题为“双忠信仰”，分别收录《泉州万安飞炉庙与泉台双忠信仰》（作者李仁里　陈　鹏），《双忠崇拜及其在闽台的发展与变迁》（作者彭志坚）两篇文章。双忠公指的是唐代“安史之乱”时，两位著名的忠烈将领张巡与许远。该文还介绍张巡、许远完节身亡，成其不朽之忠义，历代帝王对张巡、许远二人加封情况，分析双忠封神，其信仰源远流长的因由。而后又详细介绍福建双忠庙的情况以及双忠文化对台湾的传播及其影响。

【《闽南》2015年02期专题策划】　该期策划属于“泉州优秀传统文化的保护、传承与利用”专题，收录《传统文化生态性保护利用的泉州探索》（作者许旭明　陈志宜）、《关于泉州历史文化街区保护发展的调查与思考》（作者中共泉州市委宣传部课题组）。

【《闽南》2015年03期专题策划】　该期策划属于“泉州优秀传统文化的保护、传承与利用”专题，收录《关于惠女文化传承与发展的研究》（作者惠安县委宣传部课题组）、《惠安女服饰的价值和保护》（作者惠安县文化馆）。

【《闽南》2015年04期专题策划】　该期策划属于“泉州优秀传统文化的保护、传承与利用”专题，收录《关于石狮市古民居保护和利用的思考》（作者纪培明　何世明　曾子明）、《传承与发展石狮狮文化的探讨》（作者吴泽荣）。

【《闽南》2015年05期专题策划】 该期策划属于“泉州优秀传统文化的保护、传承与利用”专题，收录《丰泽区传承发扬文化遗产的实践和思考》（作者中共丰泽区委宣传部课题组）、《关于蟳埔民居及民俗文化保护的思考》（作者杨新榕）。

【《闽南》2015年06期专题策划】 该期策划属于“泉州优秀传统文化的保护、传承与利用”专题，收录《关泉州北管保护、传承和弘扬的现状与思考》（作者黄嘉辉）、《黄氏造船世家与福船“水密隔舱” 制造技艺》（作者刘宗训）。

广播 电视

综 述

【概况】 2015年全市有广播电台8座（县级7座）、无线电视台1座、有线电视台8座（县级8座）。调频转播发射台9座，发射机总功率13.95千瓦，电视转播发射台6座，电视发射机总功率22.95千瓦。全市广播综合覆盖率98.43%，电视综合覆盖率98.39%。全年广电收入30370.42万元，其中市直广电单位收入15833.56万元。

【主题宣传】 全市广电媒体集中力量打好一系列主题宣传报道战役：抗战胜利70周年宣传，亚艺节宣传，海丝先行区宣传。特别是大力宣传泉州市深入实施“三大战略”，推进21世纪海上丝绸之路先行区建设的成效，宣传泉州市为适应经济发展新常态，保持经济平稳增长，保障和改进民生的思路举措，营造舆论氛围。

【广播电视精品频出】 2015年，泉州市各广电媒体获福建新闻奖一等奖1件、二等奖8件、三等奖8件。一件作品获中国新闻奖三等奖。福建皇品文化传播股份有限公司制作拍摄的微电影《父亲的小黄鸭》入选国家新闻出版广电总局主办的“弘扬社会主义核心价值观 共筑中国梦”原创网络视听节目优秀作品展播活动，另有一批网络节目和广电品牌栏目获省资金扶持。

【广播电视公共服务项目】 2015年，无线数字化覆盖建设完成安溪清水岩转播台、永春天马山转播台、德化九仙山转播台技术方案制定，并启动工程招标程序。完成南安南山发射台、晋江灵源山发射台、石狮调频转播台、德化观音岐转播台等四个补点台站申报工作。高山台站基础设施建设，督促安溪县清水岩转播台做好高山台基础设施建设，并协调落实上级补助资金100万元；农村电影放映2131工程方面，完成9个农村电影室外转室内放映点申报工作。做好全市农村电影老放映员情况调查摸底工作，完成全市287名老放映员的基本资料收集、整理、审核，并上报省局。全年完成农村电影放映24796场（其中商业片放映12477场），占年度放映任务100.36%；县（市）城区影院建设工程方面，全市有电影院39家、影厅199个、座位31823个，其中2015年新增影院7家、影厅41个、座位5400个。2015年，全市电影票房总收入2.5亿元，同比增长54%。

【交流合作】 2015年，各广电媒体拓展外宣渠道。对台工作方面，加强与台湾文化、传媒机构的联系，通过制作节目在台湾媒体合作播出、在台湾举办活动等形式，开辟多种入岛传播通道。泉州广播电视台的《安安时间》《三通俱乐部》继续被国台办评为2015年度全国对台宣传重点项目。晋江市广播电视台制作的纪录片《龙山寺》、南安市广播电视台参与制作的广播连续剧《牵手》入岛播出。举办第七届海峡两岸电视主持新人大赛，泉州广播电视台还举办第七届海峡两岸闽南语歌星选拔赛、2015海峡两岸闽南语歌曲创作演唱大赛颁奖典礼、第七届海峡两岸电视主持新人大赛等大型活动，促进两岸文化交流。对外宣传方面，突出地域优势和本土化色彩，并通过向上向外传送稿件播出、配合参与权威媒体采访报道、借助外宣平台等方式，拓宽外宣渠道。市文广新局以泉州市广播影视协会名义，在泰国电视台开设常态化电视专栏《丝路•泉州》并于12月5日试播，介绍泉州历史名城的文化、旅游资源和投资环境。组织各台选送节目赴泰播出。泉州广播电视台继续通过原有渠道向美国、东南亚等国家和地区输送泉州本土广播电视节目。并配合中央电视台到泉州拍摄《一带一路》纪录片，与中央新影集团等拍摄大型纪录片《海上丝绸之路》，与上海电视台、广东电视台拍摄《海上丝绸之路》纪录片。

【安全播出传输工作】 2015来，广播电视安全播出重要保障期累计70天。各级广电部门严格执行安全播出一系列规章制度，实行24小时值班及零报告制度，落实各项应急措施，完成元旦、春节、“两会”、防台风、国庆、青运会等安全播出重要保障期的24小时值班及零报告制度，未发生重大安全播出事故。开展广电设施保护宣传活动。组织开展三电设施保护宣传月活动，在广电大楼营业厅等重要场所悬挂宣传标语10条，全市播放公益广告330条次，设置1个咨询点，发放宣传资料1400余份。

【广播影视监管】 落实广电总局、省广电局的工作要求，加强广播电视播出调控和管理。加强节目内容监管，坚持开展广播电视节目收听收看工作，维护广播电视的正常播出秩序。重视《泉州视听评议》简报编发工作，召开评议工作会议，调整充实视听评议队伍。全年编印《泉州视听评议》29期。落实广告播出管理职责，加强对“瘦身大赢家”等31条违规广告的监管，严肃处理各类广告举报件。开展广播电视公益广告扶持项目初评工作，引导各广电媒体和节目制作机构注重公益广告宣传。抓好“图说价值观”“梦娃”等公益广告的播出协调与统计工作。

泉州广播电视台

【概况】 2月，春节期间，泉州广播电视台推出《五福临门——2015两岸闽南人春晚》，除夕晚首播，并通过“魅力中国IPTV”和菲律宾寰宇有线电视向欧美、东南亚和台湾等地同步播出。海峡两岸闽南人春节联欢晚会已成为闽南乡亲喜爱的“咱厝人的春晚”，多次获国家级大奖。同时，泉州广播电视台通过刺桐之声频率参加两岸春节联播活动，与台湾中广高雄台、嘉义台、台南台等24家台湾电台和大陆14家电台联手为听友奉献“2015两岸广播春节联播”——《喜洋洋过大年》。2月11日，21世纪海上丝绸之路国际研讨会在泉州开幕，泉州广播电视台通过各种形式做好宣传报道，在各档新闻栏目推出《扬帆海丝 泉州先行》主题专栏。2月11日，福建省委书记尤权到泉州调研并主持召开企业家和金融界座谈会，泉州广播电视台记者随行采访进行深入报道。4月22—23日，国务院总理李克强到福建考察，考察泉州的电子商务和数控企业，详细了解泉州打造“互联网+”和 推进“中国制造2025”的情况。泉州广播电视台记者随行采访进行深入报道。5月，泉州广播电视台被中共福建省委、福建省人民政府授予福建省“第十二届（2012－2014年）文明单位”称号。8月，泉州广播的电视台选送的广播新闻评论《三十年“加”与“减”》获2014年度中国新闻奖三等奖。11月8日，泉州广播电视台举办“闽南韵•海峡情”海峡两岸闽南语歌曲创作演唱大赛。11月，泉州广播电视台与马来西亚Astro欢喜台主办国际闽南语歌唱比赛——“全球欢喜来卡拉”。《全球欢喜来卡拉》，大赛汇集8个国家和地区的优秀闽南语歌手参赛。11月24日，第七届海峡两岸电视主持新人大赛在泉州举行。活动由中国电视艺术家协会、福建省文联主办，福建省电视艺术家协会、泉州广播电视台承办。该比赛共吸引海峡两岸28个省市的200多名选手参加。比赛初赛分别在大陆各省市和台湾举行，复赛和决赛在泉州举行。同时，承办首届海峡两岸主持人高峰论坛。12月23日，泉州定为2016央视春晚东部分会场，央视春晚导演组到泉州采风，泉州广播电视台作为协办单位。2015年，泉州广播电视台独立摄制或联合摄制重点影视节目节目。与中央新影集团等联合拍摄大型纪录片《海上丝绸之路》，该项目是国家新闻出版广电总局立项的重点题材影片，是落实建设“一带一路”国家战略的重要电视工程。与上海电视台、广东电视台合作拍摄《海上丝绸之路》纪录片，该项目为国家新闻出版广电总局立项的重点题材。独立拍摄海丝题材的外宣纪录片《锡兰公主》，续写中斯两国人民友谊篇章。

8月26—31日，马来西亚CLOVER SKY影视制作公司摄制组到泉州拍摄“海丝”专题节目 （图/张九强）

【技术革新】 2015年，泉州广播电视台初步建成全媒体数据中心项目。该项目通过台网融合的全新工作模式，将实现高清化采、编、播、管、存需求，并具备远程素材回传、新闻推送、4G直播回传、互联网信息编辑、微信、微博、APP发布等全媒体汇聚发布方式，其全媒体融合生产体系实现节目生产流程再造，内容、生产工艺及发布渠道的融合。全媒体数据中心采用开放标准的体系架构，实现应用层与后台支撑层的松耦合。泉州广播电视台全媒体数据中心项目初步完成一期数据机房建设工作，一期总投入600万元。数据中心机房是泉州广播电视台全媒体数据中心重要物理载体，总设计可用机柜数90个；满足数据中心信息化、网络化、智能化建设的发展需要。

【经济生活频率与新媒体融合发展】 2015年，923经济生活频率以传统渠道为龙头，构建“收音机

+微传播+互联网（移动端）在线收听”三位一体的传播矩阵，以及全网络听友互动方式。突破地域传播限制。2015年，微信订阅号新增用户近9万，全天互动量基本保证在每天4000以上。

【节目建构与市场份额】 广播电视台有4个广播频率、4个电视频道以及报纸、网络等多种媒体，自办电视栏目38个、广播栏目88个。电视方面，强化新闻综合频道新闻龙头地位，打造都市生活频道每天140分钟的财经生活晚间黄金节目带，增强闽南语频道的本土特色和服务性。广播方面，889综合广播和923经济生活频率等分别推出吃穿住用行生活大百科和经济访谈等一批新节目。同时，探索多种制播分离、制播合作的路子，《泉州财经报道》等栏目通过符合内容生产市场规律的运营方式脱颖而出。

【媒体融合与转型探索】 打造媒体矩阵。构建网站、微信、手机客户端为主的新兴媒体矩阵，加强官方网站“泉视界”的建设，实现广播四个频率、电视新闻综合频道在互联网的实时直播，网站总访问量超亿次。构筑传播矩阵。广播电视台拥有40多个法人微博、20多个微信公众帐号，微信传播力位居同行业前列。其中，新闻广角、904交通之声微信公众平台用户数量达10多万个，新闻广角微信公众号影响力连续多次排名全省第一。加快内容融合。推进适合新媒体传播的节目内容生产。电视新闻栏目中《天翼拍客》《微视界》《爱上电视》《谣言粉碎机》等新闻版块播出取得较好效果。

图书馆

【概况】 到2015年底，全市共有市、区、县公共图书馆11所（丰泽、洛江尚未建馆），其中一级馆7个（泉州、晋江、南安、石狮、南安李成智、鲤城、永春），二级馆3个（惠安、德化、安溪）。10月，泉港区图书馆建成开放。泉州市图书馆完成7万多册图书的采访、编目、加工、入库工作；完成1318种刊报的订购、登到、上架流通工作；搜集到地方图书577种1165册，其中赠书498种968册，完成2种4册约887页古籍修复装订；举办6场专题图书展、17场温陵讲坛讲座；为到馆读者查询下载论文约300余篇；向到馆读者提供报刊查询约1500册。全年投入250万元文献购置经费，完成采购加工任务。入藏电子图书65000种。截至2015年12月，馆藏总量85万册，电子图书共计35万种，数字资源总量50TB，其中商购34TB，自建资源16TB。全馆流通总人次30万，流通总册次68万，其中外借册次48万册次。办理借阅证7000本。馆外流通点41个，新建泉州市颐乐园分馆，藏书5000册，与总馆通借通还。泉州市图书馆等三个网站点击量累计200万次；泉州文献之窗•泉州数字图书馆累计10万次。摄制工作有序开展。摄制40部视频，成片35部；南音记录工程完成录音41集，录像录音30集，并部分上传到“泉州南音特色资源平台”。2015年，录制泉州地方戏、民俗活动、文艺演出等45部，总计8000分钟。

【泉州市图书馆参加“三下乡”服务团】 2月3日，泉州市2015年科技文化卫生“三下乡”启动仪式暨春节慰问演出在德化县浔中镇瓷都广场拉开序幕。泉州市图书馆选购500册种植、养殖、陶瓷、法律以及卫生保健方面的图书赠送浔中镇。此外，市图还在现场派送泉州数字图书馆网上阅读卡200张，发放“掌中泉图”移动图书馆、电子书借阅机、数字资源等宣传折页，派送印制有数字资源及使用说明的书签1000多份。

【晋江市图书馆获“全民阅读示范基地”称号】 7月，在中国图书馆学会公布的《中国图书馆学会关于命名全民阅读示范基地、表彰2014年全民阅读优秀组织奖和先进单位奖获奖单位的决定》中，晋江市图书馆被授予“全民阅读示范基地”称号。该项称号是全国图书馆界最高荣誉之一。

【鲤城区图书馆开展“9•28”终身教育日活动】 9月28日，以纪念《福建省终身教育促进条例》实施十周年为契机，鲤城区图书馆携手泉州市实验幼儿园大班的小朋友和家长们开展终身教育专题活动。泉州市实验幼儿的小朋友和家长们在图书馆工作人员的引导下，参观少儿外借室、期刊阅览室、电子阅览室、多媒体影音室、借书服务台等多处地方，并为孩子们讲解图书排架的规律及图书的分类，如何查找图书以及在阅览室看书的规则等。在参观的过程中，还让孩子们亲身体验当一回图书馆管理员，了解怎样借书，如何办证。此外，在多媒体影音室为小朋友们播放防火、防震、防走失等安全教育动画短片。

【泉港区图书馆落成开馆服务】 10月9日，泉港区图书馆举行开馆仪式，区四套班子领导、市图书馆领导、区直单位、各镇（街道）分管领导及各文化站长、村文化协管员、部分学校师生共200余人参加开馆仪式。泉港区图书馆馆址位于泉港文化中心五楼，建筑面积近4000平方米，图书馆部门设置有：综合图书阅览室、少儿图书阅览室、期刊报刊阅览室、电子阅览室(全国文化信息资源共享工程泉港区支中心)、视障阅览区等5个功能室。有工作人员共14名，藏书近11万册。

【中国文影协、全国文影标2015年年会暨学术研讨会在泉州召开】 11月17—19日，中国文影协、全国文影标2015年年会暨学术研讨会在

全国首个公益性海洋图书馆落户泉州　　（图/市海洋与渔业局）

福建省泉州市召开。国家图书馆副馆长、中国文影协理事长、全国文影标主任委员魏大威，中国文影协副理事长徐建华、杨成斌以及来自全国各公共图书馆、高校图书馆、档案馆、科研单位60余位代表参加会议。会议听取中国文影协和全国文影标2015年度工作报告，并对第五届文影标委员会的标准制修订工作进行总结。

【泉州市图书馆学会召开2015年学术年会】　泉州市图书馆学会2015年学术年会于11月17—18日在泉港举行。该次会议是第十三届泉州市科协学术年会的分会场，也是泉州市图书馆学会第十三届学术研讨会。年会的研讨题目是“图书馆：社会进步的力量”。会议共收到论文50篇，评选出三十篇优秀论文，会上表彰十家在2014—2015年中小学图书馆先进单位，福建省图书馆学会秘书长到会宣读省学会表彰的优秀学会工作者、优秀会员和先进单位名单。

著作

【概况】　2015年，海内外泉州人新出版各类著作计126种。研究泉州的著作出版取得新成果，《泉州学研究与古城复兴》《泉州侨批档案•世界记忆遗产》《闽南红砖文化》等专著、文集出版。文学类著作大量涌现，涵盖小说、散文、随笔、诗歌等文学体裁；其他著作还包括自然科学类、哲学、社会科学类、艺术类等方面。

【作品选介】

《泉州侨批档案——世界记忆遗产》　夏丽清主编；泉州市档案局（馆）编，北京九州出版社2015年出版。该书以泉州市档案馆馆藏侨批档案为主，以图文并茂的形式，用“侨批渊源”“泉州侨批”“侨批价值”和“侨批申遗”四部分介绍泉州侨批的渊源，展示“侨批档案”这一世界级记忆遗产的价值和现状。该书既为研究华侨史、家族史、经济史、金融史、中外交通史等提供弥足珍贵的原始文献，也有利于更好地宣传、保护、传承侨批文化，提升泉州侨批品牌影响力。

《闽南红砖文化》　丁马执著，福州海峡书局2015年出版。该书较为系统地阐述闽南红砖之美，以及红砖的烧制过程、每种规格的名称及用途、雕刻工艺的演变、图案沿用名称等，并对一些混淆已久的概念、常识和现象进行深刻剖析和纠正。

《泉州市非物质文化遗产展示馆藏品图集》　泉州市艺术馆、泉州市非物质遗产保护中心编，2015年由福建科学技术出版社出版。该书包括江加走木偶头雕刻、李尧宝刻纸、陈天恩彩扎、林存忠纸扎，杨氏锡雕；泉州花灯、漆线雕、竹编、装糕人、金苍绣、佛像雕刻；惠安石雕、木雕、惠女服饰，德化瓷雕，晋江泥金线画，石狮通草画，安溪蓝印花布，永春纸织画、漆篮等非物质文化遗产项目，计200余种。

表29　自然科学类著作

书　名	编著者	出版年份	出版社
台历周报2016	周连成主编；傅志雄等编	2015	北京：旅游与交通杂志社
百岁真经	蔡成祖主编；泉州市老龄委办公室，泉州市老年学学会编	2015	香港：香港风雅图书出版有限公司
陈柏志中医临床经验集录	陈柏志，陈廷辉著	2015	福州：福建科学技术出版社
闻道说茶：何融融茶学论文选集	何融融著	2015	厦门：厦门大学出版社
闽南红砖文化	丁马执著	2015	福州：海峡书局

表 30 哲学社会科学类著作

书 名	编著者	出版年份	出版社
泉州年鉴2015	泉州市地方志编纂委员会编	2015	北京：方志出版社
泉州海丝史话	张惠评　许晓松编著	2015	福州：海峡书局
泉州戏曲史话	张惠评　许晓松编著	2015	福州：海峡书局
泉州古代科技史话	张惠评　许晓松编著	2015	福州：海峡书局
泉州抗战史话	张惠评　刘志家编著	2015	福州：海峡书局
泉州经济史话	郭宝琛著	2015	福州：海峡书局
晋江年鉴2014	晋江市地方志编纂委员会编	2015	北京：方志出版社
石狮年鉴2014	石狮市地方志编纂委员会编	2015	北京：方志出版社
永春少林寺	潘长安主编	2015	福州：海峡文艺出版社
石狮城隍庙	李天赐编著	2015	文华出版社
丰泽宫庙	黄荣波主编；蔡飞跃执行主编	2015	北京：中国文联出版社
丙申年大历日通书	吴弘禄主编	2015	香港：香港风雅图书有限公司
陈剑雨文集：全三册	陈剑雨著	2015	北京：文化艺术出版社
群英话名城：名城群英会访谈实录	中共泉州市委组织部，泉州广播电视台编著	2015	泉州：编著者
晋江人写晋江	黄良，刘志峰编	2015	福州：海峡文艺出版社
五店市论坛	郑丽玲编	2015	福州：海峡文艺出版社
北山斋汇稿	庄世传著	2015	香港：香港闽南人出版有限公司
中国共产党晋江历史第二卷1949—1978	中共晋江市委党史研究室著	2015	北京：中共党史出版社
中共南安市（县）历次代表大会重要文献选编	中共南安市委党史研究室，南安市档案局编	2015	南安：编者
新时期高校共青团工作实践与探索	傅志雄等主编；于百江，庞成宇副主编	2015	长春：吉林大学出版社
我是知青：纪念泉州知青上山德化四十五周年	陈世哲主编；本书编委会编	2015	北京：九州出版社
儿童社会工作本土化实践：晋江“四点钟学校”经验与反思	陈莲凤编著	2015	厦门：厦门大学出版社
晋总二十年：菲律宾晋江同乡总会二十周年纪念特刊：1993—2013	菲律宾晋江同乡总会编	2015	菲律宾：爱达印务出版机构
开拓与创新：旅菲各校友会联合会第九届理事会活动纪实（2013—2015）暨成立十八周年纪念特刊	旅菲各校友会联合会第九届理事会编	2015	菲律宾：爱达印务出版机构
南洋烽火：泉州华侨抗日资料汇编	中共泉州市委党史研究室，泉州新四军研究会编	2015	泉州：编者

续表 30

书　名	编著者	出版年份	出版社
来自侨乡的红色记忆：泉州华侨革命历史博物馆展示录	中共南安市委宣传部编	2015	北京：中共党史出版社
烽火赤子心：滇缅公路上的南侨机工	林少川著	2015	北京：新华出版社
华侨史第十二辑：泉州市华侨农场史	陈小钢主编；泉州华侨历史学会编	2015	泉州：编者
新加坡华人通史	柯木林主编	2015	新加坡：新加坡宗乡会馆联合总会
城市文化与城市电视台：以泉州为例	沈文锋著	2015	厦门：厦门大学出版社
泉州教育史：远古至清朝	王映辉著	2015	福州：福建教育出版社
国际南少林五祖拳联谊总会廿五年纪事1990—2015	国际南少林五祖拳联谊总会编	2015	香港：闽南文化出版社
邮票图说我们的价值观	福建省集邮协会编；陈国成等撰文	2015	北京：东方出版社

表 31　　文学类著作

书　名	编著者	出版年份	出版社
菲华道德美文选第四集	林鼎安执编；菲华孔德孝道文化学会编	2015	菲律宾：亚洲旭林出版社
大爱真情：蔡丽双爱情长诗《比翼云天》评论集	蔡曜阳，蔡佩珊主编	2015	香港：香港文联出版社
晋江诗联文丛：全八册	晋江市文体新局等编	2015	福州：海峡文艺出版社
三人行・文	林婧影等著	2015	福州：海峡文艺出版社
香港文学促进协会作品集：全三册	张诗剑，蔡丽双等总编辑	2015	香港：香港文学报社
情系华园：《华侨大学报》校友觅踪第四辑	赵小波主编；华侨大学报编辑部编	2015	泉州：华侨大学校友总会，华侨大学报出版
悬壶万安	贺彦豪，张俊阳著	2015	北京：团结出版社
丝路花开：泉州文学奖获奖作品选	许旭明主编	2015	福州：海峡文艺出版社
乡愁的故事	周良土著	2015	香港：香港天马出版有限公司
诗画飘馨	蔡佩珊著	2015	香港：香港文联出版社
两个人的时光	吴谨程，林娜著	2015	香港：中国经典文化出版社
千岛望星海	王勇著	2015	香港：香港风雅图书出版有限公司
诗歌晋江	刘志峰等编	2015	福州：海峡文艺出版社
驼铃	蔡丽双著	2015	香港：环球文化出版社
泉州诗词总第十八集	王仁山主编；泉州诗词学会编	2015	泉州：编者
泉州诗词总第十九集	王仁山主编；泉州诗词学会编	2015	泉州：编者
秋山红叶集	黄旭东著	2015	香港：香港人民出版社
兴翠簃律再续	许连进著	2015	香港：香港妙韵出版社
砚边吟草——泉州书家诗什	泉州市书法家协会编	2015	香港：闽南文化出版社

续表 31

书 名	编著者	出版年份	出版社
中国梦："蔡丽双杯中国梦"全球华文"清丽双臻"填词大奖赛获奖作品专集	蔡丽双，蔡曜阳主编	2015	香港：香港文联出版社
南音传奇	魏献宗著	2015	厦门：鹭江出版社
望夫楼	陈春龙著	2015	北京：中国华侨出版社
女孩 请走开	古剑雁歌著	2015	北京：中国文联出版社
小说晋江	许谋清编	2015	福州：海峡文艺出版社
纪事晋江	郑简编	2015	福州：海峡文艺出版社
丝路交响	林轩鹤著	2015	北京：团结出版社
那些年我天涯又海角	李江峰著	2015	沈阳：白山出版社
丰泽古厝	黄荣波主编	2015	北京：中国文联出版社
散文晋江	洪群，颜长江编	2015	福州：海峡文艺出版社
蟳埔风情	黄荣波主编；蔡飞跃执行主编	2015	北京：中国文联出版社
牵你的手	陈志泽著	2015	福州：海峡书局
相约岁月	黄志专著	2015	北京：团结出版社
文海扬帆——评说陈瑞统文学人生	陈小蕙，钟河编	2015	香港：中国书画艺术家出版社
百草斋楹联作品选	曾清泉著	2015	北京：中国文化出版社
洛阳桥传说	陈德彬编著；	2015	泉州：编者
晋江民间灯谜拾趣	郑简著	2015	福州：海峡书局
可不可以不艺术	蔡文悠著；申舶良译	2015	桂林：广西师范大学出版社

表 32 艺术类著作

书 名	编著者	出版年份	出版社
闽南俚语：繁体版	林和安编著	2015	香港：世界电子公司
字游闽南	颜瑛瑛著	2015	北京：九州出版社
泉州市小城镇建设书画艺术展	泉州市小城镇改革发展促进会等编	2015	—
设计师笔记•文化 艺术 博物馆	杨条岙著	2015	香港：中国艺术家出版社
蔡灿津作品集	蔡灿津著	2015	北京：华夏文艺出版社
海丝情怀：名家画泉州•泉州名家画	陈庆宗主编	2015	沈阳：辽宁美术出版社
中国美术家协会美术家会员图册：蔡沧洲	徐里主编；中国美术家协会，人民美术出版社编	2015	北京：人民美术出版社
丁朝安画集	丁朝安绘	2015	香港：中国美术出版社
苏汉锡画集第二集	苏汉锡著	2015	—
赤岸：作家许谋清画集	许谋清著	2015	—

续表 32

书　名	编著者	出版年份	出版社
廖建河油画作品集	廖建河绘	2015	
当代中国水彩画名家：苏瑞庭画集	苏瑞庭著	2015	福州：福建美术出版社
第3届福建省中青年水彩画家题名展作品集	福建省美术家协会等编	2015	香港：中国艺术出版社
何路鸿书法作品集	何路鸿著	2015	长沙：湖南美术出版社
泉州弦管指谱大全	郑国权等编校	2015	北京：中国戏剧出版社
泉州南音源流考述	魏朝阳编著	2015	泉州：丰泽区南音艺术研究会

表 33　文博方志类著作

书　名	编著者	出版年份	出版社
新志编纂通论	夏侯炳　吴乔生等著	2015	南昌：江西科学技术出版社
泉港文史资料第十二辑	中国人民政治协商会议泉州市泉港区委员会文史资料委员会编	2015	—
泉港文史资料第十三辑	中国人民政治协商会议泉州市泉港区委员会文史资料委员会编	2015	—
安溪文史资料第34期	政协安溪县委员会文史资料委员会编	2015	—
晋江文史资料第三十二辑：古韵新村专辑	晋江市政协文史委编	2015	—
泉州市非物质文化遗产展示馆藏品图集	泉州市艺术馆， 泉州市非物质遗产保护中心编	2015	福州：福建科学技术出版社
怡园主人文稿	高武铺著	2015	香港：四季出版社
邮票上的泉州：全二册	中共泉州市委宣传部等编	2015	福州：海峡书局
石狮文化遗产图典	石狮文体旅游新闻出版局编	2015	香港：香港风雅图书出版有限公司
明诚集：海疆学术·闽南文献	陈盛明著	2015	厦门：厦门大学出版社
宋元泉州与印度洋文明	李大伟著	2015	北京：商务印书馆
建安纪事	吴章中著	2015	北京：中国文联出版社
泉州学研究与古城复兴	许旭明主编	2015	福州：海峡书局
海上丝绸之路起点——泉州印象	郑国防主编；本书编委会编	2015	泉州：编委会
九都镇志	黄荣周主编； 南安市九都镇志编纂委员会编	2015	—
行悟集——晋邑文史杂记	陈仲初著； 晋江市政协文史资料委员会编	2015	—
晋江文化丛书	吴幼雄著	2015	福州：海峡文艺出版社

续表 33

书　名	编著者	出版年份	出版社
记忆泉港	连启明主编	2015	泉港：泉港区政协
大美晋江：文化博览篇：全七册	黄良主编；晋江市文体新局编	2015	福州：海峡书局
晋海拾遗：罗山·新塘·灵源卷	晋江市文广新局，晋江市文化馆编	2015	
谱牒研究与家训家风——海峡两岸家训家风文化研讨会文集	周仪扬，蔡长谋主编	2015	香港：中国文艺出版社
中华王氏大典：福建卷	王枝忠，王瑜臻主编	2015	香港：中国姓氏文化出版社
大明雄风：俞大猷传	曾纪鑫著	2015	北京：九州出版社
烽火南洋：抗日老兵话当年	郑仕照口述；郑国宝执笔	2015	厦门：编著者
福建新四军女兵传	福建省新四军研究会编	2015	北京：中央文献出版社
天下泉商：泉州商报封面人物专访特辑	郭培明，李明灿主编	2015	福州：海峡文艺出版社
大道中行——特级教师刘运来的教育人生	张晓梅，钟志贤著	2015	南昌：江西人民出版社
泉州文化人访谈	陈庆宗主编	2015	上海：上海文化出版社
惊鸿一瞥：首席财经主播陈伟鸿自述	陈伟鸿著	2015	南京：江苏文艺出版社
德化民俗	德化县地方志编纂委员会办公室编	2015	厦门：鹭江出版社
百哀诗：全二册	（清）吴鲁著；郭延杰校注；陈支平审订；《晋江文库》整理出版工作委员会整理	2015	厦门：鹭江出版社
憨书：全二册	（明）蒋德璟著；粘良图校注；陈支平审订；《晋江文库》整理出版工作委员会整理	2015	厦门：鹭江出版社
正气研斋彙稿：全二册	（清）吴鲁著；郭延杰校注；吴幼雄审订；《晋江文库》整理出版工作委员会整理	2015	厦门：鹭江出版社
白毫菴集：全八册	（明）张瑞图著；粘良图校注；郭志超审订；《晋江文库》整理出版工作委员会整理	2015	厦门：鹭江出版社
张燮集：全五册	张燮撰；陈正统主编	2015	北京：中华书局
晋江古代与近现代著述录	陈仲初编著	2015	福州：海峡文艺出版社
泉州市科学技术协会志	泉州市科学技术协会编	2015	福州：福建科学技术出版社

表 34　　经济类著作

书　名	编著者	出版年份	出版社
海峡两岸经济区发展绿色经济战略研究	张向前著	2015	北京：中国言实出版社
2014泉州民营经济蓝皮书：工业设计篇	林耀平主编	2015	上海：上海文化出版社
泉州侨批档案·世界记忆遗产	夏丽清主编；泉州市档案局（馆）编	2015	北京：九州出版社

泉州学研究

【概况】 2015年，泉州学研究所贯彻落实市委、市政府赋予的工作职责，以研究、弘扬泉州文化和闽南文化为主要任务，发挥组织、联络、协调、服务作用，推进“泉州学”研究及办好《闽南》杂志。策划、组织、承办“泉州学研究与古城复兴”学术研讨会，研讨会为泉州市2015年社科活动资助项目，由中共泉州市委宣传部和泉州市社会科学界联合会主办，泉州学研究所承办。编纂《泉州学研究与古城复兴》于12月28日的“泉州学究与古城复兴”学术研讨会上首发。2015年，泉州学研究所参与21世纪海上丝绸之路先行区相关活动，出席历次调研会议，报道海丝相关专题研讨活动，联系相关专家学者，多次召开《泉州海上丝绸之路百问》编撰座谈会，组织泉州学丛书——《泉州海上丝绸之路百问》的出版编辑工作。参与“东亚文化之都•泉州论坛文集”编撰工作，收集整理本所于2014年承办的“走向世界的地方学研究国际学术研讨会”相关材料，召开数次编撰座谈会，完成前期编务工作。参与编纂2015卷《泉州年鉴》“泉州学研究”栏目及泉州市第二轮修志泉州学研究相关条目。

【研究成果】 是年，泉州文物研究、华侨华人研究、泉州港与海上丝绸之路研究、方言研究等方面的研究成果推陈出新，多个高规格、高质量的学术研讨会在泉州举行。泉州市2015年哲学社会科学研究规划结项的与泉州学有关的有：“泉州市建设21世纪海上丝绸之路先行区研究”“泉州剪瓷雕原始工艺溯源——以涂门街为个案研究”“新泉州模式视阈下泉州民营经济可持续发展研究”“建设东亚文化之都发展文化旅游业的路径选择”“基于GIS的三维虚拟技术在泉州历史文化古城改造的应用”“保护西街文化古迹营造闽南传统文化生态区”“祖宗神灵与闽南家族文化异地传承研究”“闽南俗语的图像诠释与传播研究”“泉州非物质文化遗产传承的文化生态路径”“新加坡英语中的闽南语借词研究”“闽台传统狮阵武术民俗文化的传承与创新研究”“‘东亚文化之都’间文化经贸交流合作与发展研究”“‘泉州模式’转型升级研究”等。泉州市2015年社科研究规划立项的课题有：“闽南文化与社会主义核心价值观融合发展途径研究”“推进泉州台商投资区‘21世纪海上丝绸之路先行区’建设——以百崎回族的文化融合与经商潜能为例”“海上丝绸之路先行区背景下传统村落保护的思路及对策”“二战时期泉州籍星马华侨受害调查”“21世纪海上丝绸之路视域下的闽南方言保护和流播研究”“21世纪海上丝绸之路与泉州海洋经济发展研究”“泉州传统村落文化与传承研究”“‘一带一路’视域下闽台民间信仰与两岸关系互动研究”等。

【学术活动】 2015年，“21世纪海上丝绸之路国际研讨会”“‘聚青春力量 助海丝先行’青年发展论坛”“‘海上丝路与郑成功’论坛”、第三届亚洲文化论坛、第三届“文化的力量”论坛、“大明雄风、俞大猷传”首发式及其座谈会、“泉州学研究与古城复兴”学术研讨会等泉州学相关学术活动在泉州举行。泉州学研究所组织人员参加“聚青春力量 助海丝先行”青年发展论坛、“厦门市保生慈济文化节世界闽南文化论坛”“城市的变迁——2015年中国地方学学术研讨会”“城市规划与发展——广州学和地方学城市学研讨会”、鄂尔多斯“地方学的应用于创新座谈会”、第二届晋学与区域文化国际学术研讨会、泉州学研究与古城复兴”学术研讨会等泉州学、地方学、闽南文化相关学术活动。

12月28日，“泉州学研究与古城复兴”学术研讨会召开（图/洪 旭）

教育

JIAO YU

责任编辑：刘楷彬

教育

综述

【概况】 2015—2016学年度，全市有高等学校19所，其中本科6所（含独立学院1所、应用技术类型大学2所）、高职高专12所、成人高校1所，招生38666人，在校生127881人；中等职业教育学校48所（含技工学校7所），招生33958人，在校生90284人；普通中学325所，招生129628人，在校生375766人；小学1340所，招生131479人，在校生688208人；幼儿园1424所，招生133892人，在园幼儿361608人。全市各级各类学校教职工119191人，其中专任教师94121人；普通高等学校教职工10056人，其中专任教师6689人；中等职业教育学校（含技工学校）教职工4121人，其中专任教师3342人；普通中学教职工36297人，其中专任教师30668人；小学教职工33964人，其中专任教师33109人；幼儿园教职工30112人，其中专任教师17350人。

【推进基本公共服务均衡发展】 全面完成公办义务教育学校标准化建设。南安、惠安、永春、德化、台商投资区通过国家检查认定，实现全市县域义务教育基本均衡，分别比国家和全省规划提早5年、2年，成为全省继厦门市之后第二批全面实现县域义务教育发展“基本均衡”目标的设区市。城东、东海、江南三个学园全部启用，泉州一中东海校区、鲤城第三实小招生，优质教育资源辐射到新城区，惠及新区居民。完成中心城区教育专项规划修订工作的初稿。加快“三通两平台”建设，提升教育信息化水平。建立和完善县（市、区）域内义务教育师资校际交流制度，全市义务教育学校校际交流2402人（校长248人、教师2154人）；举办中小学校长读书班、高中和中职教师信息教学技能竞赛、各种形式的教师培训和业务研讨。实施特教提升计划，启动国家特教改革实验区泉州市低视力“医教结合”实验工作。35.4万义务教育阶段外来工子女90%以上在公办学校就读。

【坚持立德树人】 未成年人思想道德建设取得较好成绩。启动开展纪念抗日战争胜利70周年系列活动。举办“闽台一家亲”中学生“1+1”和（泉州—台南）两岸中华经典诗词吟诵交流活动。泉州市被教育部确定为全国中小学劳动教育实验单位。组织开展纪念中国人民抗日战争胜利70周年系列活动。泉州师院附小的社会主义核心价值观教育优秀案例获教育部表彰。开展泉州市学校优秀班主任和先进德育工作者评选活动，评选表彰142名优秀班主任和83名先进德育工作者。举办“践行社会主义核心价值观，做党和人民满意的好教师”班主任演讲比赛活动。发动学校参与省级德育研究课题，15个德育课题入选省中小学德育研究专项课题。组织参加第三届福建省高校思想政治理论课教师教学比赛取得较好成绩。

【提升体质健康和艺术素养】 开齐、开足体育和艺术教育课程。推动中小学生每天一小时校园体育活动的落实；分别有100所和177所学校入选全国和省级中小学校园足球特色校，鲤城、南安入选省级校园足球试点县。评选14所闽南文化传承基地校。

【语言文字和科技创新工作】 国家二类城市语言文字工作达标城市通过评估验收。全市中小学生科技创新获奖数量首次列全省第一。

【校园安全建设】 全面推进学校安全标准化建设提升工程三年行动

3月8日，春季高考志愿填报咨询会在泉州信息学院举行（图/林劲峰）

和"平安校园"等级创建活动，加强校园安全主题教育、应急疏散演练、高校反恐演练，全市校园保持安全稳定，师生非正常死亡43人，同比下降25.9%。

【教育综合改革】　晋江市开展区域教育现代化建设、石狮市开展教育综合改革试点列入省教育厅2015年工作重点。推进考试招生制度改革。全面取消公办普通高中招收择校生，规范中考加分政策，全市普通高中实行统招、定向、保送生、推荐生、自主招生等多元招生。严格规范普通中学办学行为。简政放权，推进职能转变。落实和扩大学校办学自主权，完善学校内部治理结构，加强章程建设。加强督导队伍建设。建立健全学校办学评价标准，完善督学责任区责任督学挂牌督导制度。开展督政、督学和质量监测。

学前教育

【概况】　2015年全市有独立幼儿园1424所，其中公办幼儿园245所、民办幼儿园920所（其中部门办2所）、集体办259所；小学附设学前班（幼儿班）616个。在园幼儿数36.16万人，其中外来工子女12.22万人，占在园幼儿总数的33.79%。学前三年毛入园率97.44%，学前一年入园率99.73%。幼儿教职工总数30108人，其中在编教职工4102人。

【出台并实施第二期学前教育三年行动计划】　4月，市教育局联合市发展改革委、市财政局下发《关于第二期学前教育三年行动计划的实施意见（2014—2016年）》。继续扩大公益普惠性学前教育覆盖面。2015年列入全市为民办实事公办幼儿园建设项目20个（其中省政府公办幼儿园建设计划项目数共计14个）。加大队伍建设力度。2015年全市招聘公办教师470人。7月与泉州市妇幼保健院·儿童医院举办泉州市幼儿园卫生保健知识培训班，培训幼儿园卫生保健人员450人。制定生均公用经费标准。按要求，已制定生均公用经费财政年拨付标准的县（市、区）有洛江（160元）、晋江（350元）、石狮（120元）、泉港（150元）、南安（55元）、台商投资区（200元）。市教育局、财政局制定《泉州市普惠性民办幼儿园政府购买服务实施方案（试行）》。要求各地通过县（市、区）政府向有资质的民办幼儿园购买学前教育服务的方式，引导和支持民办园提供普惠性服务，解决群众"入园难、入园贵"问题。做好贫困儿童助学资金。配合市残联对本辖区内在公办和获得办园许可证的民办学前教育机构中接受教育的3—8岁家庭经济困难残疾儿童进行摸底，全市有30名符合条件的残疾儿童获彩票公益金共9万元的助学资金。

【贯彻落实《3—6岁儿童学习与发展指南》精神】　开展专题培训活动。4月，在市教育科学研究基地校——聚龙外国语学校，举办"提升学前教育保教质量"专题培训活动，全市约1000余人参与培训。5月，在泉州幼师附幼召开泉州市"践行《3—6岁儿童学习与发展指南》（以下称《指南》），提升质量"经验交流会。实施《指南》专家组成员、实验基地园园长、幼教干部和教研员等上百名幼教同行参与观摩和交流研讨活动。会前收集实施《指南》经验论文42篇并汇编成册，作为幼儿园园长和教师学习和借鉴的素材。

【提升学前教育管理水平和保教质量】　2015年有五所省示范园面向全市开展现场观摩活动。2月，晋江市桥南中心幼儿园和丰泽机关幼儿园2所幼儿园确认为"福建省示范性幼儿园"。12月，晋江金井毓英幼儿园和永春邦大第一幼儿园通过评估验收，七所幼儿园确认为"泉州市示范幼儿园"，德化城关幼儿园通过"泉州市示范幼儿园"复查换牌。9月，开展市直幼儿园保教常规工作检查，规范幼儿园办园行为，提高幼儿园保育教育质量，促进幼儿全面健康和谐发展。4月，开展为期两周的第七期园长跟班学习活动。采取边实践、边学习、互帮互学的形式，在市直四所幼儿园领导指导下，参与跟班的16名基层园长通过承担或参与相应工作任务，提升业务水平和管理能力。继续开展片区教研推进区域内学前教育整体水平的提升。市教科所幼教教研室组织开展园际教研8场，重点围绕游戏、区域活动专题开展研讨；组织开展园际教研7场，重点围绕集体教学中如何为幼儿提供自主学习机会、培养幼儿的学习品质等专题开展研讨；分别组织到安溪和南安丰洲送教送研下乡两场；通过组织微课评选、开展课题研讨及开展泉州市教育学会幼儿教育委员会“十二五”立项课题结题验收等活动，提升城乡幼儿园保教质量。承办省“幼儿园活动区游戏”专题研讨活动。

义务教育

【概况】 全市小学1340所，在校生68.83万人，适龄儿童入学率100%，毕业率99.75%，年巩固率达98.89%。全市初中214所，招生8.43万人，在校生24.9万人。初中学龄人口入学率98.59%，毛入学率109.99%。

【保障进城务工人员随迁子女就学】 围绕“平等、融入、成才”的理念，保障进城务工人员随迁子女与本地学生享有同等受教育权利。2015年全市小学进城务工人员随迁子女26.89万人，同比增加9700人，占全市小学在校生总数的39.07%。其中，鲤城、丰泽、晋江、石狮进城务工人员随迁子女在校生数比例均占62%以上，泉州开发区达91.62%。2015年全市普通初中进城务工人员随迁子女数85164人，占本学年在校生34.19%；初中一年级进城务工人员随迁子女招生数30853人，占本学年招生数36.60%。通过整合教育资源、扩班招生、扩容增量等办法尽量满足辖区内进城务工人员随迁子女的入学需求。广泛调研、科学制定、及早公布招生政策，如晋江市提出“有效证件、分类招生、电脑派位（抽签）、统筹调剂”招生原则，规范招生流程、明确招生时间节点；鲤城、丰泽教育部门到社区、镇区、工厂、企业宣传招生政策，营造公平、有序的招生环境。

【推广“小片区管理”及农村薄弱校“委托管理”】 深化“小片区管理”模式工作。探索符合实际、行之有效小片区管理工作，提高片区内薄弱学校的办学水平和教育教学质量。截至秋季，全市参与城区义务教育学校“小片区”管理模式的片区72个，城区学校232所，班级4626个，学生233552人，教师10945人，教师交流2015人，城区学校覆盖率（除安溪50%）100%。全市初中阶段有小片区18个，涵盖中学60所，班级1168个，学生55250人，教师6136人，交流教师349人。推广薄弱校委托管理。落实《泉州市教育局关于开展农村薄弱校委托管理工作的通知》，各县（市、区）因地制宜制定工作方案。全市农村薄弱学校“委托管理”托管小学31所，教师2912人，受托方学校31所，教师661人，班级969个，学生12744人，教师交流146人。全市普通中学现有委托方学校6所，受托方6所，交流教师50人。10月，全市初等与学前教育工作例会围绕“城区小片区管理暨农村薄弱校委托管理”主题，永春县、泉港区、晋江市、石狮市、安溪县分别做典型经验交流。

【推动义务教育学校办学水平整体提升】 上半年南安、惠安、永春、德化、台商投资区迎接义务教育发展基本均衡县（市、区）省级和国家级督导评估。推动南安市加大资金投入，对剩余13所学校创建义务教育标准化学校进行验收，基本完成全市小学义务教育标准化学校建设任务。

【扩大优质教育资源覆盖面】 推进优质学校跨县区多校区办学，鼓励引进外地优质教育资源（如洛江引进漳州闽南师院附小）。推进泉州市、石狮市合作创办泉州市幼儿师范专科学校附属幼儿园石狮校区、泉州师范学院附属小学石狮祥芝校区工作。8月6日，泉州市幼儿师范专科学校附属幼儿园在石狮设立新校区合作意向书签定。加快城东、东海、江南学园建设，做好市机关幼儿园东海校区、市二实小和丰泽幼儿园城东校区、刺桐幼儿园原校区改建早日动工建设的前期准备工作。泉州一中东海新校区初中部2015年秋季起开始招生。惠安一中等名校复办初中。组建合作办学联合体。晋江一中与华侨中学合作办学，晋江养正中学与安海中学、松熹中学、慎中实验学校、子江中学组建合作办学联合体。扶持农村中学信息化建设。泉州一中对口帮扶安溪县、台商投资区10所中学、529名教师；泉州五中对口帮扶南安市、永春县、台商投资区10所中学、548名教师。

【落实小升初免试就近入学】 落实《关于泉州市小学毕业生升入初中免试就近入学工作的实施意见》，严肃执行招生政策，规范初中特长生招生工作，公办初中招生采取单校划片对口直升或多校划片随机派位等方式，民办初中招生实行“三个统一”和“三个公开”。

【学校教育教学管理】 继续规范评价考试，规范教育教学常规，规范教学用书、教辅材料征订。提高教师教育技术应用能力和信息化教学水平。开展“一师一优课、一课一名师”活动。推进教师专业素养提升。推进教学领域改革。提高“全国学籍系统”管理和应用水平。

【部署“十个一”精细化管理体系】 加强普通中学内涵发展“十个一”工作体系建设，即建立一个学校章程、构建一个学校课程体系、建设一个“四化”校园、制定一套校本教学常规、深研一项课改教改项目、研制一套教师发展规划

近年来，泉州市加强足球师资力量培养，因地制宜加强场地建设，强化运动安全防范，让校园足球遍地开花。图为在鲤城区东门实验小学足球场，女子学生足球队的队员正在训练　（图/陈英杰）

与实施方案、构建一个师生发展科学评价体系、制定一份规范学籍管理细则、建立一个质量监测反馈指导系统、研制一张彰显素质教育的课程表。规范学校教学常规管理工作，提升学校精细化管理水平。

普通高中教育

【概况】　2015年，全市普通高中111所，普通高中招生45336人，其中进城务工人员随迁子女招生12986人；在校生126680人，其中进城务工人员随迁子女招生32925人；毕业生40069人；新增和晋级达标普通高中4所（永春二中、晋江市永和中学、南安市蓝园高级中学、南安龙泉中学）。全市现有省级达标高中88所，其中省一级达标高中31所（含省示范性高中6所）、省二级达标高中31所、省三级达标高中26所。

【高考再创佳绩】　2015年，全市高考本一上线率28.05%，高于全省（26.91%）的1.14个百分点；全市高考本二以上上线率71.23%，高于全省（68.55%）的2.68个百分点；高考600分以上人数2265人，比2014年2014人增加251人。其中，泉州五中本一上线率92.17%，南安一中本一上线率81.44%，泉州七中本一上线率75.33%，永春一中本一上线率70.09%，全市一级达标高中本一上线率43.10%。

【平稳推进中考中招改革】　全市中考改革呈现“四个结合”，即考试评价“全面考核+综合评价”相结合，笔试方式“闭卷+开卷”相结合，考试形式“笔试+实验操作”相结合，成绩呈现“等级+分数”相结合。各中学重视并做好初中毕业生综合素质评定工作。合理控制中考难度，2015年中考，全市初中学生三年巩固率98.06%，中考全科及格率66.61%，中考单科及格率84.33%。规范中考加分政策，初中阶段自2015年起参加全省青少年科技创新、美术、音乐、体育项目比赛的获奖学生不再享受中考照顾加分。公办普通高中全面取消招收择校生，全市各所省一级达标高中的招生计划按50%的比例合理分配到区域内各初中校（含完全中学初中部）。推动普通高中统招、定向、保送、自主招生等多元化招生模式，推进中考中招改革与高考综合改革相衔接。

【普通高中争创达标】　永春二中于12月被省教育厅确认为省三级达标高中，晋江市永和中学、南安市蓝园高级中学、南安龙泉中学创建省二级达标高中已通过市级评估，晋江市英林中学、泉州九中、晋江二中、南安市诗山中学创建省一级达标高中已通过市级资格审查和接受省教育厅现场考察。

【推动普通高中多样化、有特色发展】　1月在安溪沼涛中学召开全市普通高中特色办学多样化发展现场推进会，4月召开全市普通高中特色办学多样化发展实验学校工作会议，确立15所泉州市普通高中特色办学多样化发展实验学校。全市普通高中“一校一方案，校校创特色”的格局初步形成。2015年，批准安溪沼涛中学面向全市招收高中美术特长生30名。

【推动高考科学精准备考】　召开泉州市教研员高中教学工作会议、泉州市2016届普通高中毕业班教学工作会、2015年泉州市普通中学高考中考质量分析会议、2016年泉州市普通高中毕业班工作研讨会，举办面向全市普通高中学校高考学科教研组长及高三全体科任教师的泉州市高考改革学科研修班，召开全市高考学科研训会议，研发《泉州市普通高中毕业班学科复习教学建议》，成立学科教学教研指导组，开展高中毕业班教学调研视导，开展全市高中毕业班质量检查，应对2016年全省高考重新使用全国卷，强化行政主导，提高高考备考质量。

【规范学校办学行为】　落实依法治教、依法治校，推进全市普通中学依法建设学校章程和现代学校制度。组织全市各中小学使用省厅教辅材料征订网络管理平台，规范教辅征订管理工作。贯彻落实教育部

《中小学生学籍管理办法》，遵循学籍、学校、学生三位一体原则，坚持“一人一籍，籍随人走”，及时做好学籍异动处理等内容。7月，出台《泉州市教育局关于进一步严格规范普通中学办学行为的实施意见》，强调严格规范普通中学招生行为和严格规范学籍管理。12月，泉州市普通中学学籍管理工作经验在全省基础教育师资培训班上作典型发言，受到省教育厅肯定。

中等职业教育

【概况】 2015—2016学年度，全市中等职业学校41所，招生数33011人，在校生数88582人。技工学校7所，招生947人，在校生数1702人。职业技术培训机构516所，在校生数135774人。

【加快发展现代职业教育】 5月11—17日，全市组织开展主题“发展职业教育，成就出彩人生”的职业教育活动周，贯彻落实全国职业教育工作会议精神，营造加快现代职业教育发展的氛围。晋江华侨职校被评为第二批省级中职学校教育信息化学校，南安职校、安溪华侨职校通过第三批国家级中等职业教育改革示范校的省级评估。召开中等职业学校教学改革成果推介交流会，请省专家进行点评。

【推进现代学徒制建设工作】 晋江职业中专学校、晋兴职业中专学校、南安职业中专学校、德化职业技术学校四所职校被省教育厅认定为福建省现代学徒制项目试点学校。

特殊教育

【概况】 2015年，全市特殊教育学校11所，招收三类残疾儿童1003人，三类残疾儿童入学率96%。三类残疾儿童在校生5013人。

【组织实施特殊教育提升计划】 1月，《中国教育报》头版头条以《带着特殊感情做特殊教育》为题介绍泉州市特殊教育发展情况。报道泉州市以特殊教育标准化学校评估验收为抓手，加大投入力度，完善从学前教育到高中教育普特融合、普职融通的特教体系。探索出一条低视力“医教结合”的特色发展之路。泉州市入选国家特殊教育改革实验区低视力康复“医教结合”项目。推进国家特殊教育改革试验区低视力教育康复医教结合实验工作。6月下发《泉州市人民政府办公室转发市教育局关于国家特殊教育改革实验区泉州市低视力“医教结合”实验实施工作方案的通知》。

【创建省级特教学校标准化学校】 指导鲤城区、泉港区、晋江市、德化县特教学校创建省级特教标准化学校。6月、10月分别组织相关人员对鲤城区、泉港区、晋江市、德化县特教学校具体指导，12月6—12日接受省级特殊教育标准化评估验收。

【加强普通小学特教辅读班和随班就读的管理工作】 4月，下发《关于在全市建立特殊教育随班就读基地学校的通知》，各县（市、区）有随班就读基地校16所。3月，在泉州市盲聋哑特教学校承办2015年福建省特殊教育听障类教学研讨会。

高等教育

【概况】 全市有高等学校19所（公办9所、民办10所），其中本科高校6所（含独立学院1所、应用技术类型大学2所）、高职高专12所、成人高校1所；另有福建农林大学安溪茶学院、福州大学石油化工学院。泉州医学高等专科学校为国家示范骨干高职院校；黎明职业大学和原泉州信息职业技术学院为省级示范性高职院校（泉州信息工程职业技术学院于2014年5月获教育部批准升格为应用技术类型本科高校，并更名为泉州信息工程学院）。2015年，全市全日制在校生约12.4万人，其中研究生3803人、本科生约8万人、大专生约4.4万人，工科类学生过半，2015年全市高校毕业生就业率达98%以上。

【坚持内涵式发展】 全市高校现有国家级重点学科1个、特色专业8个、专业改革试点1个、人才培养模式创新实验区1个、精品资源共享课程14个、列入“中央财政支持的提升专业服务产业发展能力项目”的专业13个、实训基地10个；省级重点学科29个、特色专业22个、精品课程156个、专业改革试点27个、人才培养模式创新实验区21个、精品专业26个、示范专业29个、示范校重点建设专业12个、实训基地18个；博士学位授权点20个、硕士学位授权点111个、硕士专业学位授权点20个、博士后流动站5个。黎明职业大学等8所高职院校共承担5个领域25个教育改革试点项目。实施“桐江学者奖励计划”，新增引进2名“桐江学者”特聘教授。泉州师范学院、闽南理工学院、泉州医学高等专科学校、泉州幼儿师范高等专科学校、泉州工艺美术职业学院、泉州海洋职业学院、泉州轻工职业学院新校区建设基本完成；泉州信息职业技术学院、泉州理工职业学院新校区建设进展顺利；黎明职业大学、泉州华光职业学院扩建工程已启动。

【开展校企合作】 贯彻落实《泉州市人民政府关于推动全市高校与年产值亿元以上企业建立校企战略合作关系的实施意见》，推动校企合作工作深入开展。全市高校与近500家年产值亿元以上企业建立校企战略合作关系，校企双方在联合培养人才、共建实训实习基地、联合开展技术研发、组织企业员工培训、高校教师到企业挂职锻炼、毕业生到企业就业等方面构建起深度融合的校企合作平台。全市高职院校开设的“订单班”，每年大约为企业输送3000多名技能型人才；已建设国家级实训基地10个、省级实训基地18个。成立的职业技能鉴定站中可鉴定工种数达250多个，2015年面向社会开展职业培训近10万人次。医药护理（省级）、建筑、经贸、信息、纺织、幼教、机械、鞋业8个职业教育集团有效运作。

【提高大学生综合素质】　注重全面发展，以赛促教、以赛促学，提升人才培养水平。2015年全国、福建省职业院校技能大赛中，全市高校再获佳绩，其中获全国一等奖1项、二等奖3项、三等奖11项，省一等奖16项、二等奖35项、三等奖80项。

【促进闽台两地高校合作】　贯彻《福建省人民政府办公厅转发〈省教育厅关于实施闽台教育交流与合作工程意见〉的通知》的精神，推进闽台教育交流合作。全市高校与台湾有关机构、高校就科研学术交流、专业建设、师资培训、学生交流和课程研讨等方面签定初步协议，建立合作关系。2014—2015学年，全市高校有500多名学生赴台学习交流。

7月13日，第二届“力为杯”海峡两岸高校大学生记者挑战赛在闽台缘博物馆启动　（图/吴寿民）

表 35　2015年泉州市普通高等学校基本情况表　单位：人

学校	毕业生数	招生数	在校生数	教职工	
				计	专任教师
华侨大学	5773	6725	25366	2542	1665
泉州师范学院	4413	4808	18991	1304	901
仰恩大学	3020	1603	5081	548	294
闽南理工学院	3754	3831	15100	1169	713
泉州信息工程学院	1656	2579	7075	473	351
福建师范大学闽南科技学院	2245	1993	8207	667	420
黎明职业大学	3075	2886	9246	619	454
泉州医学高等专科学校	2183	2710	7459	556	414
泉州经贸职业技术学院	1707	1745	4678	296	232
泉州幼儿师范高等专科学校	1152	1576	4267	294	192
泉州工艺美术职业学院	307	697	1724	176	129
福建电力职业技术学院	790	652	1912	244	150
泉州纺织服装职业学院	205	626	1479	164	85

续表 35

学 校	毕业生数	招生数	在校生数	教职工	
				计	专任教师
泉州华光职业学院	711	1182	3032	202	143
泉州理工职业学院	1621	1635	5060	383	281
泉州海洋职业学院	286	635	1610	122	77
泉州轻工职业学院	492	1379	3549	254	167
泉州工程职业技术学院	0	226	242	43	21
合 计	33390	37488	124078	10056	6689

华侨大学

【概况】 华侨大学设有研究生院，有31个学院，140个研究院、所、中心；有21个博士学位授权点；111个硕士学位授权点，20个硕士专业学位授权点；90个本科专业。拥有哲学、经济学、法学、教育学、文学、历史学、理学、工学、农学、医学、管理学、艺术学12个学科门类，形成工科优势突出、华文教育特色鲜明、相互支撑、协调发展的学科体系。有教职员工2592人，其中专任教师1485人，正副教授689人；各类在校生43579人，其中博士、硕士研究生5437人，本科生25366人，成人教育本专科学生12776人；有来自50多个国家和地区的华侨华人、港澳台和外国留学生6620人，是全国港澳台和境外学生最多的大学之一。有国家重点学科、省部级重点学科41个；有5个学科进入ESI排名世界前列，其中2个学科进入ESI世界排名前1%，位居全国高校第75名。2015年，学校获21项国家社会科学基金项目立项，立项数在全国高校排名第34位，福建省高校排名第2位，另外，还获批1项国家社会科学基金重点委托项目，获批2项国家社会科学基金后期资助项目。有国家级实验教学示范中心、教育部工程研究中心、国务院侨办侨务理论研究基地、中国旅游研究院旅游安全研究基地、福建省“2011协同创新中心”、福建省社会科学研究基地、福建省高校人文社会科学研究基地、博士后流动站、福建省商务研究基地、省级重点实验室、省级工程技术研究中心、省高校重点实验室、省级实验教学示范中心、省研究生教育创新基地等国家级和省部级教学科研平台53个。总占地面积226.8万平方米，建筑面积97.6万平方米，有各类图书资料400万册。

【提升教学质量】 2015年，围绕教学工作这一中心任务，深化教学改革管理，提升人才培养质量。新增国际事务与国际关系、翻译、统计学、城市地下空间工程4个本科专业。组织完成绘画、应用语言学新专业申报工作；组织药学专业进行申请增列学士学位专业评估工作；组织开展全校88个本科专业调查；开通华侨大学教师在线学习中心，开通589门在线课程供全校教师免费学习。华侨大学课程中心平台上线，引进慕课课程30门。加强与西安交通大学联合培养本科生工作，上半年选派30位同学到西安交通大学进行为期一年的短期学习。根据《华侨大学本科教学质量提升计划》的安排，完成2014年六个工程教育专业认证立项项目初期经费180万的下拨计划，推进工程教育专业认证计划的各项工作。财务管理、金融学、新闻学、法学4个专业被评为2015年学校卓越人才培养计划立项专业，药学、视觉传达设计两个专业被评为2015年学校卓越人才培养计划培育专业。组织福建省高等学校创新创业教育改革项目申报和推荐工作，推荐环境工程设计基础景区管理和化学反应工程3门课程申报福建省2015年高等学校创新创业教育改革项目（精品资源共享课），推荐“数字媒体技术”和“旅游管理”两个专业申报福建省2015年高等学校创新创业教育改革项目（创新创业教育改革试点专业）。12月，邀请美国德保罗大学、马里兰大学和台湾文化大学等高校教师开展创业创新教学研讨会。根据《华侨大学学生科技文化创新基金管理条例（试行）》的总体规划，在学院申请、集体评审的基础上，批准“全国大学生数学建模竞赛”等53个项目为2015年学生“科技文化创新竞赛”资助项目，金额共155.5万元。组织学生参加国家级和省级各类竞赛活动，提高学生实践能力和创新能力。在美国（国际）大学生数学建模竞赛、IS ARCH国际建筑设计竞赛、全国大学生电子设计竞赛、全国大学生数学建模竞赛、全国大学生结构设计竞赛、中国大学生计算机设计大赛、“外研社杯”全国大学生英语写作、阅读大赛、“外研社杯”全国大学生英语演讲大赛、全国大学生英语竞赛暨全省大学生英语竞赛、全国大学生城乡规划作业竞赛、全国大学生化工设计竞赛、全国大学生广告艺术大赛福建分赛区、省大学生工程训练综合能力竞赛、省首届中国“互联网+”大学生创新创业大赛、省大学生机械创新竞赛等全国或全省竞赛活动中，获国家级奖项145项，省级奖项269项。

【加强学科建设】 2015年，继续以科技和哲学社会科学两翼并举相互支持的学科建设总体格局，聚焦重点学科、重点人才、重大平台、重大项目、重大成果取得重大突破，配套落实“哲学社会科学繁荣计划”“科技创新提升计划”“教学质量提升计划”“华文教育拓展和提升计划”四个计划，保障和促进学科建设目标的完成。推进实施《华侨大学哲学社会科学繁荣计划（2012—2020）》系列配套计划，如“百名优秀学者培育计划”“青年学者成长工程”“学术论文专项资助计划”“学术著作专项资助计划”“研究基地培育与发展计划”等；推进实施《科技创新能力提升计划》系列配套计划，如“科技创新团队和领军人才支持计划”“科技创新平台建设计划”“中青年教师科技创新资助计划”“高水平研究成果支持计划”等。各项配套措施的有力执行，使哲学社会科学和自然科学的研究水平逐年稳步提升，高水平论著数量持续增长，主办承办或参加的高规格学术会议日益增多，学科平台得到进一步拓展；学术研究层次、学术规划能力和科研探索水平得到提高，团队建设的步伐不断加快，科研机构管理和科研基地运作日益规范，两翼并举的整体实施效果逐渐显现。完成省级重点学科考核验收，组织全校22个福建省省级重点学科开展自查并提交总结报告，所有学科均通过考核验收并取得较好成绩。完成2014年度学科建设基本经费使用情况评估，督促检查学科建设基本经费执行情况，完成学科建设经费项目的大额度支出审批工作。按照相关要求选举产生学校第十届学术委员会委员，组建学校第十届学术委员会，并召开第十届校学术委员会第一次全体会议，讨论审议《华侨大学学术委员会章程》等。

【优化人才队伍】 截至12月底，学校教职工总数为2592人，专任教师1485人。学校专任教师中有教授233人，占师资总数的15.69%；副教授456人，占师资总数的30.71%。专任教师中取得博士学位的有818人，占师资队伍的55.08%；具有硕士学位的有479人，占师资队伍的32.26%；博士、硕士教师共有1297人，占教师队伍的87.34%。专任教师队伍中，有双聘院士4人；“国家杰出青年科学基金”获得者1人；国家千人计划“创新人才长期项目”入选者1人、“外专千人计划”入选者1人、“青年千人计划”入选者2人；长江学者讲座教授1人；“百千万人才工程”国家级人选3人，文化名家暨“四个一批”人才1人；国家高端外国专家（文教类）4人；教育部“新世纪优秀人才支持计划”入选者13人；科技部“创新人才推进计划——重点领域创新团队”1个，教育部“长江学者和创新团队发展计划”创新团队1个；教育部“高等学校优秀青年教师教学科研奖励计划”入选者1人，教育部“优秀青年教师资助计划”入选者1人，教育部“高等学校骨干教师资助计划”入选者1人；全国百篇优秀博士学位论文获得者1人；福建省高校百名领军人才3人；福建省杰出科技人才1人；福建省优秀专家2人；福建省海西产业人才高地创新团队领军人才1人；福建省引进高层次创业创新人才（“百人计划”）创新团队1个，创新人才11人；福建省“高端外国专家团队引进计划”入选团队1个，福建省“外专百人计划”入选者1人，福建省科技创新领军人才2人，福建省“百千万人才工程”领军人才1人，福建省“百千万人才工程”人选16人；福建省优秀青年社会科学专家3人；福建青年科技奖获得者7人；福建省“闽江学者”特聘教授14人、讲座教授17人；“福建省高等学校新世纪优秀人才支持计划”入选者61人，“福建省高校杰出青年科研人才培育计划”入选者43人；泉州市杰出人才奖获得者2人，泉州市“桐江学者”特聘教授10人；历年享受国务院政府特殊津贴专家51人。

【提升科研能力】 2015年，组织申报各类科研项目1310项，获各类资助项目728项，科研项目经费16645万元，其中纵向项目575项，经费12951万元；横向项目153项，经费3694万元。获国家自然科学基金项目70项；获国家社会科学基金项目21项，国家社会科学基金项目立项数在全国高校排名第34位，福建省高校排名第2位，同时，还获批国家社会科学基金重点委托项目1项，获批国家社会科学基金后期资助项目2项。获批省部级项目160项；市厅级项目126项。获国家海洋公益性行业科研专项（含参与）3项，国家公益性行业科研专项1项，国家科技支撑计划（参与）2项，福建省高校产学合作科技重大项目3项，福建省海洋高新产业发展专项项目1项，福建省科技计划项目16项，福建省自然科学基金项目57项，国家级重点实验室开放课题7项，教育部留学回国人员科研启动基金4项，中国博士后科学基金特别资助项目1项，福建省教育厅A类科技项目22项，教育部或中科院重点实验室开发课题1项，泉州市科技计划项目12项，厦门市经济发展局生产性服务业发展专项资金1项，厦门市科技创新公共技术服务平台1项，厦门市科技计划项目9项，福建省级预算内投资计划高技术产业发展项目、厦门南方海洋研究中心专项资金项目等其他纵向项目48项。获市

6月15日，华大男篮在第17届CUBA中国大学生篮球联赛中获总冠军，成为CUBA史无前例的“九冠王”（图/林威宇）

级以上科学技术奖12项，其中，福建省科学技术奖一等奖1项、二等奖3项、三等奖2项；福建省专利奖三等奖1项；泉州市科学技术进步奖、厦门市科学技术进步奖等共5项。被三大检索收录科技论文605篇，其中SCIE收录248篇、EI收录301篇、CPCI-S收录56篇。吴季怀教授入选2014年中国高被引学者“材料科学”领域榜单，并受邀在国际学术领域顶级期刊Chemical Reviews发表论文1篇，影响因子达45.66。申请国际发明专利3项，国内专利301项，其中发明专利218件、实用新型专利91件、外观设计专利32件；获授权专利171件，其中发明专利40件、实用新型专利99件、外观设计专利32件。软件著作权备案登记12件。获教育部第七届高等学校科学研究优秀成果奖（人文社会科学）三等奖1项，厦门文学艺术奖优秀作品奖2项，厦门文学艺术奖1项。发表哲学社会科学类学术论文469篇，提交咨询报告41篇，出版学术著作48部。启动第二批“华侨大学哲学社会科学百名优秀学者培育计划”，斥资540万支持16名哲学社会科学优秀学者冲击高层次人才项目。新增1个福建省高校人文社会科学研究基地；新增1个福建省商务研究基地。

【深化研究生教育改革】 2015年，持续推进研究生教育综合改革，提升培养质量：召开学位与研究生教育综合改革专题会议，制定《华侨大学研究生创新型人才培养工程（讨论稿）》，构建研究生成长成才机制。持续推进学位点评估工作，出台《华侨大学学位授权点合格评估工作方案》，46个学位授权点完成评估材料的梳理工作；完成2015年学位点专项评估工作，光学工程一级硕士学位点、旅游管理硕士（MTA）、工程管理硕士（MEM）、金融硕士（MF）及公共管理硕士（MPA）4个专业学位点通过评估。优化学位点结构与布局，增设“环境化工”二级博士点。推进教改立项申报，出台《华侨大学研究生精品课程建设暂行管理办法》。组织优博优硕评审，2015年有5篇学位论文被评为福建省优秀博士学位论文，22篇论文被评为福建省优秀硕士学位论文，生均获奖比例位居福建省前列。全面加强实践基地建设，2015年新设立研究生工作站13家，“机械工程研究生联合培养基地”获评福建省专业学位研究生联合培养示范基地。完成新一届校学位评定委员会换届工作。开展导师遴选，2015年新增博士生研究生导师15人、学术硕士研究生导师81人、专业学位硕士研究生导师68人、校外实践导师129人。深化研究生管理体制改革，筹备设立研究生教育管理办公室。发挥侨校特色，推进研究生教育国际化，推进境外办学工作。在澳门举行澳门研究生学位授予仪式暨新生开学典礼，为70余位澳门博士、硕士研究生颁授学位。日本华语与华文教育硕士班、印尼汉语国际教育硕士班开班，与美国侨商联合会签署合作招收硕士研究生协议，筹备启动在马来西亚、斯里兰卡、蒙古等国的研究生招生工作。选派优秀研究生到境外高校交流，选拔28名研究生到台湾高校学习交流。

【开展学术交流合作】 2015年，举办高级别学术会议110余场。其中，举办社科类学术会议10余场，包括第四届中泰战略研讨会、二十一世纪海上丝绸之路经济论坛、首届“闽台地方戏曲音乐研讨会”、第六届海外华人研究与文献收藏机构国际会议、第一届国际华文教学研讨会、华侨华人与海上丝绸之路研讨会等。主办或承办科技类学术会议10余场，包括第七届精密机械与测量国际研讨会、第一届国际有机合成前沿研讨会、2015年两岸可积系统及相关课题研讨会、第十一届国际水协嗅味和藻类毒素生成与控制研讨会、第十六届全国特种加工学术会议、第九届海峡两岸资讯科学与技术交流研讨会、2015年中国人工智能学会神经网络与计算智能专委会年会暨第十三届泉州市科协年会、闽南金三角“互联网+”创新发展论坛、第八届全国结构抗火技术研讨会、福建省光传输与变换重点实验室学术委员会年会等。此外，还邀请谭铁牛院士、王家耀院士、龚晓南院士、谢礼立院士等海内外知名专家学者做学术报告90余场。

泉州师范学院

【概况】　2015年，泉州师范学院下设15个二级学院，设置60个全日制本科专业，涵盖经济学、法学、教育学、文学、历史学、理学、工学、管理学、艺术学九大学科门类。全日制在校生19057人，其中校本部学生15060人（研究生60人、本科生14874人）。教职员工1152人，其中专任教师789人。专任教师中，教授96人；享受国务院特殊津贴专家2人、教育部新世纪优秀人才支持计划1人；福建省第一批特殊支持高层次人才“双百计划”（福建省哲学社会科学领军人才）1人、福建省闽江学者特聘（讲座）教授11人、省级百千万人才工程3人、福建省教学名师5人、福建省高校新世纪优秀人才支持计划17人、福建省高校杰出青年科研人才培育计划4人、泉州市“桐江学者”特聘教授6人、泉州市优秀人才4人。10月18日，中共中央政治局委员、国务院副总理刘延东在省委书记尤权陪同下，到福建省非物质文化遗产博览苑指导福建非遗保护工作，观看由泉州师范学院主办、福建省“2011计划”南音文化传承与发展协同创新中心出品的南音新作《凤求凰》展演，肯定该作品体现高校传承创新发展国家文化的作用。12月15日，第六届福建艺术节闭幕式上，《凤求凰》获第六届福建艺术节展演一等奖（第一名）。

【本科教学与人才培养】　启动迎接本科教学审核评估工作，完善评建工作机构。完成2015年本科基本状态数据库填报工作、2014年度本科教学质量报告。委托福建省教育评估研究中心对全校53个本科专业进行考察评估，为推进转型发展和迎接2016年本科教学审核评估做好准备。深化教育教学改革，获批省教育厅各类教改项目资助经费491.5万元。修订本科教学工作量计算办法、创新学分实施办法。推进教学实验室建设，信息技术实验室获批省级实验教学示范中心。推进在线学习模式，形势与政策和大学生心理健康两门课程试点使用慕课（MOOC）。加快专业结构调整，新增海洋技术、制药工程及商务英语3个本科专业。思想政治教育专业暂停招生，新增设公共事业管理（企业管理与法律实务方向）。新申报纺织工程、金融工程及物联网工程3个本科专业。社会体育专业获学士学位授权点。食品科学与工程、航海技术和轮机工程3个专业接受省专家组增列学士学位授权专业评审。制订创新创业“十六条”实施方案，电子商务、通信工程获批省级创新创业教育改革试点专业项目。获批国家级大学生创新创业训练计划项目22项、省级42项。加强创新创业教育，与多家企业合作开设跨境电商、IT企业、“互联网+”、小微企业、MOOC等创业培训班。与福建浅水湾建设发展有限公司合作启动孵化基地升级改造工程，“泉州师范学院浅水湾大学生创业园”开园。1个项目获福建省首届“互联网+”大学生创新创业大赛铜奖。2名学生创业项目均获福建省“创业之星”提名奖和2万元创业奖励，其中1名学生被评为泉州市“海上丝绸之路新生代青年”。开展第24届大学生专业素质能力竞赛、师范生教学技能竞赛、2015年新生学科专业入门知识竞赛等活动。学生获省级以上奖项120余项，其中国家级奖项近40项。如音乐与舞蹈学院学生获全国第四届大学生艺术展二等奖，物理与信息工程学院学生获中美青年创客大赛总决赛三等奖，航海学院学生获第三届中国海员技能大比武知识竞赛航海院校队团体总分第五名，1件学生作品获第十四届“挑战杯”全国大学生课外学术科技作品竞赛三等奖。面向全国26个省（市、区）录取本科生4952名，其中高职入学考试348人，专升本502名。2015届本科毕业生3943名，3894名取得毕业资格；专科生547名，543名取得毕业资格；3866名全日制本科毕业生取得学士学位证书，108名成人高等教育学生取得学士学位证书。2015届毕业生就业率97.24%、签约率40.67%。增加图书采购经费，优化数据库建设，扩充地方文献馆藏。拓展读者服务活动，规范各项管理工作，提升图书馆的保障能力和服务水平。做好语言文字工作，获评“福建省语言文字规范化示范校”称号，成为第四批省级语言文字规范化示范校。

【研究生教育与学科建设】　通过“服务国家特殊需求项目”——学士学位授予单位开展培养硕士专业学位研究生试点工作中期评审。“南音与闽台舞蹈传承发展联合培养示范基地”获批福建省首批专业学位研究生联合培养示范基地。新增6名硕士生导师。加强与福建师范大学、华侨大学联合培养学术型硕士研究生，与福建师范大学联合培养1名学术型博士研究生和3名硕士研究生，9名教师被华侨大学遴选为硕士研究生导师。首届7名艺术硕士研究生毕业。录取27名硕士专业学位研究生，涵盖音乐、舞蹈、美术三个领域，在校研究生达60名。规范研究生教育管理工作，制定研究生培养工作量计算办法、硕士学位论文抽检实施暂行办法。研究生获全国高师教育声乐比赛研究生组优秀奖1名；获第五届全国高校音乐教育专业钢琴比赛研究生独奏组二等奖1名、三等奖2名（一等奖空缺）。召开首次学科建设大会，实施学科建设五年规划。加强省级、校级重点特色学科建设和日常管理工作。推进学科建设服务泉州经济社会文化发展，完成20个一级学科及其团队对接泉州14个主导产业、特色产业、新兴产业和现代服务业方案。推进二级学院设置调整与改革，启动重组化工与材料学院、海洋与食品学院工作。

【科学研究】　完善科研管理制

度，制定横向科研经费管理办法、青年博士预研基金项目管理办法、国家级和各部委项目预研基金管理办法和学术委员会章程等。加强平台基地建设，获省经信委、省科技厅批准建设“福建省轻纺化工清洁生产产业技术开发基地”和“海洋藻类活性物质制备与功能开发重点实验室”2个省部级科研创新平台；获省体育局批准建设“福建省体育产业研究中心”省级科研创新平台；获省教育厅批准建设“化工材料绿色纳米技术福建省高校重点实验室”和“福建省高校人文社科基地体育产业研究中心”2个省厅级科研创新平台。对外申报各级各类科研项目401项，获批科研项目230项，获批科研经费合同总额3302.11万元，其中纵向经费2774.27万元、横向经费252.84万元、科研平台和人才经费275万元。与厦门大学合作，首次参与国家自然科学基金重点项目研究；首次承担省发改委产业技术联合创新项目。“南音文化传承与发展协同创新中心”接受中期绩效评估，获评优秀等次。主办或承办海丝文化国际青年学者论坛、海洋化工高端论坛、中国体育产业高峰论坛、福建省社科基金工作研讨会等国际国内学术会议8场。举办校级学术讲座51场，邀请国内知名专家学者来校讲学40余场。科研处被评为“全国先进社科组织”。《学报》“动态栏目”得到学界广泛关注。

【师资队伍建设】　新招聘人员73名，其中博士23名。引进学科领军人才1人。首次引进台湾全职教师4人。完成2015年专业技术职务聘任工作，聘任相关专业技术职务32人（教授5人、副教授16人）。开展第二轮岗位聘用，调整聘用专业技术岗位81个、附设专业技术岗位8个。新聘客座教授26人、兼职教授24人、兼职副教授43人。新增闽江学者特聘教授1人、讲座教授5人，桐江学者特聘教授2人。入选2015年度“福建省高等学校新世纪优秀人才支持计划”3人、“福建省高等学校青年科研人才支持计划”2人、泉州市“海纳百川”高端人才聚集计划14人。遴选学校第三批中青年教师国外访学项目5人。获批各级各类人才培养资助项目24人，包括教育部高等学校青年骨干教师国内访问学者项目1人、福建省高等学校千名学科带头人海外研修项目2人、福建省高等学校教师国内访问学者项目12人、泉州市优秀人才培养专项经费资助9人。推进教师发展中心软硬件建设，开展主题沙龙、研习营等教师发展服务活动。制定优秀教师和优秀教育工作者评选办法、教职工退休工作暂行规定、博士研究生引聘暂行规定等。做好离退休人员服务工作，退教协被评为泉州市“退教协先进集体”、老科协被评为泉州市“老科协先进单位”。一批教师获各级各类表彰奖励：许月云获“全国体育事业突出贡献奖”，戴聪杰被评为“泉州市先进工作者”，苏明强被评为泉州市优秀教师，吕小川获2015年中国漆画展评选最高奖——优秀奖，郑雪静获首届全国高校数学微课程教学设计大赛华东赛区特等奖并进入全国决赛。

【社会服务】　与晋江市政府、龙湖镇政府、尊道小学校董会签署联合办学协议，筹建“泉州师范学院附属尊道小学”；与福建炼油化工有限公司签定战略合作协议；与福建省物联网研究院建立产学研战略关系；与泉州清华总裁经济促进会签定校企战略合作框架协议；与市侨联签定校地合作协议，成为“南洋华裔族群寻根谒祖综合服务平台”合作单位；与市地方志编纂委员会合作共建泉州市“方志书库”。美术与设计学院和广州派歌文化发展有限公司共同设计的“情系亚洲•逐梦海丝”，美术与设计学院陈超淼老师及其团队共同设计的“妙妙”分别入选亚洲艺术节节徽、吉祥物。南音新作《凤求凰》参加第十一届中国泉州国际南音大会唱。参与亚艺节开幕式演出，承办亚艺节精品节目展演、国际招贴海报大赛作品展，选派253名志愿者参加亚艺节志愿服务。《中国社会科学报》整版刊载泉州师范学院闽南文化研究成果，出版闽南文化研究专著《泉州学概论》。继续教育学院承担福建省特教教师专业提升计划培训工作；高等教育自学考试招录2756名新生；拓展司法系统、民宗系统干部培训。2015年继续教育业务收入突破千万元。

【对台和对外交流合作】　与美国密苏里大学、韩国光州女子大学、台湾元智大学、台湾弘光科技大学、台湾高雄第一科技大学、台湾铭传大学等高校签定合作协议。接待来自菲律宾、日本、俄罗斯、马来西亚、英国等国家以及联合国的访问团到学校访问。520多名师生赴国（境）外进行文化学术交流、承担国家公派任务和交流学习。推进实施闽台合作“3+1”项目。2015年闽台合作项目招生计划260人，共有广告学、通信工程、音乐学、视觉传达设计、电子商务、材料化学6个专业列入该合作项目。355名合作专业学生赴台学习。选派18名汉语教师志愿者和国侨办外派教师到菲律宾、巴西、泰国和印尼开展汉语教学；承办2015菲律宾华裔学生学中文夏令营和2015年海外华裔青少年“中国寻根之旅”冬令营福建泉州营，培训来自菲律宾和马来西亚的营员146名；设立招收密克罗尼西亚留学生项目，首届招收2名学历留学生；中巴友谊中心招收4名巴西语言进修生来校就读。

【学生教育与管理】　1项大学生思政教育案例入选教育部思政司《高校德育成果文库》，1位辅导员论文获2015年度全国高校辅导员工作优秀论文评选二等奖。开展大学生征兵工作，58名学生应征入伍。设

1月4日，泉州师院第十一届“成功寒窗奖学金”颁发仪式举行

（图/市侨联）

立校长奖学金并进行首次评选颁发。心理咨询中心被评为2015年福建省大学生心理健康教育工作先进机构，1位教师被评为全省先进个人。组织青年志愿服务活动，“善行100•爱心包裹”品牌项目劝募总额取得全国100所高校排名第九、福建省第一，被中国扶贫基金会授予“优秀组织奖”。

仰恩大学

【概况】 仰恩大学现有8个学院：经济学院、管理学院、会计学院、工程技术学院、人文学院、政法学院、外国语学院、成人教育学院；5个直属系部：数学系、思想政治理论教研部、体育教研部、文艺教研部、军事理论教研部；23个本科专业。占地1217550平方米，生均占地239.63平方米；建筑面积415484平方米，生均建筑面积81.77平方米；其中教学行政用房152815平方米，生均30.08平方米；实验室总面积11999平方米，生均2.36平方米；运动场馆166个，总面积142812平方米，生均28.11平方米。图书馆馆舍面积29078平方米，有纸质图书132.66万余册，生均图书261册。2015年下达高职招考本科、专升本和普通本科的招生计划共1740名，生源质量提升：普通本科的招录，文科最低分481分，超过省控制线19分；理科最低分438分，超过省控制线28分。在校生5081名，比2014年减少22%。现有专任教师294人，生师比17.3∶1。其中，具有硕士学位教师约占60%；具有博士学位教师10人；具有国外、境外半年以上学习、工作经历教师35人；双师型教师17人。

【学科建设】 按照“加强建设有一定优势的经管学科，积极支持应用文法学科，努力发展特色工科，促进多学科协调发展”的学科发展思路，初步完成学科专业调整建设计划，对原有7个学科33个专业进行调整，招生暂定为5个学科18个专业，全部制订2015—2017年的专业建设规划。规划从实际出发，在对产业需求深入分析的基础上，确立专业建设目标。通过产教融合调整专业定位，促进教学改革，加强师资建设，建立教学保障体系，保障人才培养质量。逐步形成与相关产业链对接的若干专业群，使其更加适应经济社会发展对多样化人才的需求，专业布局更加合理。9月，《仰恩大学专业建设与发展规划（2015—2017）》公布；10月，2015版《仰恩大学本科专业人才培养方案》通过学校审定并实施；12月，举行第四届青年教师教学竞赛和教育改革经验交流会，中文系专业教改团队以《以“知行合一”理念引导创新　用“互联网+”思维推进教改》为题介绍团队教改的经验和做法。科研工作取得新突破。10月，与中国机械工程学会工业工程分会合办的“海峡两岸工业工程与管理论坛”在仰恩大学举行；成立仰恩大学科学技术协会，成为全市第一所成立科协的民办高校，也是全市第四所成立科协的高校；2015年省市级科研项目立项27项，新增省级教育教学改革项目5项；公开发表学术论文134篇，出版专著2种，文学创作1部；全年到账科研经费125.4万元，其中纵向经费115.4万元、横向经费10万元；发挥专业技术优势，服务行业企业，包括受泉州亿兴电力有限公司委托，独立研发“智能开关柜测控仪表关键技术的开发——10KV导线接头压差测量模块开发”，与北京福道威光仪器技术有限公司合作研发的“多通道不溶性微粒检测仪”项目，列入福建省科技厅战略性新兴产业专项项目。

【创新创业教育】 2015级学生入学即开设就业创业课程；自2012级学生开始开设“学科前沿”等课程；出台并实施《仰恩大学学科竞赛与技能竞赛管理办法》，试行《仰恩大学创新创业及素质能力学分积累与转换办法》《仰恩大学在线开放课程学习认证与学分认定办法》等教学管理和学籍管理制度，使投身创新创业的学生得到制度保障；创新创业学分纳入学生成绩档案管理，制作并邮寄学生创新创业学分管理成绩单；创造条件鼓励学生参加各类学科技能竞赛，获奖130多项，在2015年大学生全国机器人大赛中获华东赛区二等奖、全国总决赛三等奖，在“大智慧杯”全国大学生金融精英挑战赛中获全国高校金融操盘手三等奖、优胜奖；新增大学生创新创业训练计划项目国家级6项、省级30项。创办“三创（创新、创优、创业）精英班”，9月开班。以管理学院为试点，打通学院内工商管理、市场营销、行政管理、物流管理四个专业的基础课程，以“三跨模式”（跨闽台、跨校企、跨专业）培养具有扎实的现代创新设计、创意思维，掌握国际脉动及潮流，具备将设计及专利产品化、商品化、市场化，并实现自主创业或创造就业的理念及能力的高素质人才。创建泉州洛江仰恩大学生创业园，一次性拨款200万元，省、市、区出资48万元，合作共建。11月开园，首期占地面积2600余平方米，分电商孵化、实体创意两个区，可容纳30—50个创业项目；首批有18个项目入驻，其中电商孵化区有15个项目、实体创意区有3个项目，主要经营范围为软件开发、计算机信息系统集成、跨境电商贸易、创意设计等，被授予“泉州市大学生毕业生创业孵化基地”等称号；首批创业导师有58人，由创业企业家、优秀创业校友、行业专家和校内优秀教师组成，导师队伍涵盖财经、政策、经营实践、法务、电子商务等领域，学生可预约咨询创业过程中碰到的问题；创业园首月经营情况良好，有2个项目收入达到5000—20000元；创业园开展创新创业讲座、创新创业沙龙、社团主题活动20余场，1890多人次参加。12月，召开创新创业教育改革工作会议，学习讨论《仰恩大学深化创新创业教育改革实施方案》，明确学校以深化创新创业教育改革为突破口，推进转型发展的战略，提出今后五年创新创业教育改革的目标、任务，并部署具体的行动路线图。

【合作办学】 人才培养对接市场需求，与北京慧科教育科技公司共建市场营销专业，共同制订人才培养方案；与明达（厦门）实业公司合作开展英语专业综合改革试点，探索边教学边实践教改模式；与用友新道科技股份有限公司共建创新创业实验室；授牌成为阿里巴巴“跨境电商人才培育基地”，40名教师通过“百城千校 百万英才”高校师资培训、3322名学生通过跨境电商人才初级认证，在全国所有参与该项计划的高校中名列第一；学校被评为与阿里巴巴合作的百余所高校的“十佳高校”之首；与70多家企业建立校企合作实践教学基地，每个专业建设2—3个校企合作实践教学基地。聘请48位企事业专家兼职任教；选派5人到企事业单位实践锻炼。建立科技创新•文化创意产业园，引企入校。产业园搭建三大平台：以应用为驱动的创新研究平台、产业集群平台、继续教育平台。对台和对外交流合作不断拓展。与9所台湾高校、6所美国高校、1所韩国高校等16所高校签定合作交流协议；与台湾修平大学联合成立工业工程与管理研究院；与台湾远东科技大学合作成立“三创”研究院；聘请美国籍教授及台湾教授团到学校讲学，计40人次；选派7人到美国阿尔法联盟高校访学进修，选派11人到台湾高校访学进修；选派71名学生到台湾铭传大学、台湾暨南国际大学、台湾朝阳科技大学等台湾高校短期学习实践；引进美国阿尔法大学联盟AESL美式英语系列课程之语法、阅读、写作、发音、文化介绍5门课程。

泉州黎明职业大学

【概况】 黎明职业大学是由市政府举办的省管公办全日制综合性高职院校，为全国职业教育先进单位、福建省首批示范性高职院校、福建省文明学校。占地42公顷，建筑面积21万平方米，其中二期工程17.07公顷，正在拓展建设；设置9个学院、38个专业，形成立足泉州，面向福建，以应用工科为主，直接对接区域二产、服务三产的专业布局；有教职工498人，其中专任教师395人，高级职称占30.7%（正高11人、副高142人），硕士研究生以上学历占64.9%，“双师型”教师占85%，拥有省级教学团队4个、省级专业带头人11人、省应用技术工程中心2个，常规开展40多种技能鉴定。拥有国家重点专业2个、福建省示范专业9个，在全省高职院校专业建设质量评价中，所有专业均进入前十名，其中8个专业全省排名第一、3个专业排名第二、10个专业排名第三。在省教育厅发布的《福建省普通高校发展潜力报告》中，在全省高职院校综合排名第二。立足泉州，面向福建，贴近区域现代化建设需要特别是产业、行业发展需求，实施“专业群对接、服务产业群”战略，深化产教融合和学以致用，为全省输送一批又一批合格的各种专业技术、技能人才，毕业生达4.2万多人，有良好的社会声誉和专技名望。学校招生录取分数高，报到率高，毕业生就业率99.5%以上，用人单位满意率在97%以上。

【专业与课程建设】 实施“专业群对接、服务产业群”战略，专业设置覆盖泉州的纺织鞋服、石油化工、机械制造、建筑建材四大主导产业和文化传播、经济管理、外贸旅游3个重要行业，主动对接食品饮料、工艺制品、新一代信息技术、新材料、新能源、现代物流、电商等新兴产业和现代服务业，建设工程建筑、智能制造、数控技术、高分子材料、软件技术、服装设计等14个专业，重点培养自动化电气技术、应用化工技术、鞋类设计与制作、食品营养与检测等15个校级特色专业，形成专业群契合地方产业群发展的良好业态。2015年，新增校企合作开发课程12门，新建网络课程66门，在建50余门。在参与酒店管理等8个专业建设基础上，2015年，高分子材料加工技术专业作为联建单位参与建设。引入超星尔雅微课程与智慧树慕课等网络通识课程，投入120万元建设微课400集。优化2015级人才培养方案，落实“工学结合、能力递进、课证融合”的人才培养模式。各专业完善基于工作过程系统化的课程体系，强化实践教学，特别增加“创新创业实践”专题课程，开展以“综合实训、团队创新”为主旨的专题实训周。

【师资建设】 强化师资队伍建设，打造“三能”教学科研团队。开展以顶层设计为主旨的高职理论培训与学习，邀请知名职教专家、示范（骨干）院校领导来校讲授高职教育发展方向和示范建设经验，邀请市委党校教师解读“泉州制造2025”。开展4期高职理论培训，培训超过1500人次。坚持引进与培养并重，教育与管理相结合，打造一支师德高尚、精干高效、勇于创新、结构合理的高素质“专兼结合”师资队伍。2015年引进、录用硕士以上学历教师35人(博士2人)，聘请校外兼职教师174人。教师参加各类培训530人次，企业挂职锻炼半年15人。双师素质比例82.74%。发挥泉州市人才高地的作用，获国家、省、市纵向课题43项，到账经费117.95万元，创历史新高；获泉州市自然科学二等奖1项，科技进步三等奖一项；立项LED综测与节能技术省高校应用技术中心和泉州市光电技术公共服务创新平台。2015年，获全国石化教指委教学名师1名、优秀教学团队1个，获全国大中城市社科工作先进个人1名、福建省高校杰出青年科研人才1名、泉州市社科领军人才1名、泉州市社科普及先进个人1名。

【科研成果】 2015年为立项课题提供配套经费301.3万元。其中，校外纵向课题配套131.3万元、校内课题资助170万元。全校获批立项的校外各类科研课题72项，其中纵向课题48项，争取科研经费119.05万元；横向课题24项，到账经费30.78万元；资助66个校级课题研究，较2014年增加17个。申请发明专利7项、实用新型6项、外观设计5项。新增授权发明专利1项、实用新型3项、外观设计1项、1项计算机软件著作权。转让专利1单。

11月25日，团省委书记兰明尚到黎明大学调研，就该校“油菜花新媒体工作室”建设情况开展座谈并参观校史馆 （图/黎明大学）

【校园文化】 构筑“黎明特色”校园文化，营造良好育人环境。开展梁披云教育思想研究，完成编纂《梁披云全集》（五部）；编著公开发行书目“巴金研究丛书”之一：《巴金研究论文集》；开展尚大园、灵光园、校大门改造等文化景观建设；设计制作学校品牌识别系统；征集梳理海外侨亲拼搏进取、爱国奉献的生动范例，并进行广泛宣传。面向全校师生开展“黎明精神”主题爱校教育。开设“黎明精神”专题课程，并编印《黎明精神教育读本》，促进“黎明精神进课堂”，开展“黎明精神大讨论”，以“最美黎园”主题系列校园文化活动以及各种专业主题作品、毕业作品展。举行纪念巴金诞辰111周年暨泉州市第四届巴金文化节。

【招生就业】 年招生3171名，2015年秋季所招的学生，本科线以上的达27%，其中有6个专业全部招收本科线上学生，最低录取分数高出省定专科线80分，是近3年来全省唯一首轮完成招生录取工作的高职院校。拓展“二元制”人才培养机制，建立校内生产性实训基地12个，其中10个分别获得国家财政和省财政的支持，校外实训基地187个，做到每50名学生就拥有一个校外实训基地。学校实践教学环节超过总课时的50%，毕业生“双证”率达100%。毕业生就业率在99.5%左右，用人单位的满意度达97%以上。

【社会服务】 加强技术研发推广，逐步从对接产业向引领发展转变。2015年，接受企业委托的技术开发和管理咨询课题18项，到账经费26.63万元；1项发明专利实现成果转化。参与泉州市模具工业和新材料产业发展路线图编制工作。与行业、系统、企业合作开展职业培训，培训3万多人次。

福建广播电视大学泉州分校

【概况】 福建广播电视大学泉州分校下辖鲤城、南安、石狮、晋江、惠安、安溪、永春、德化、泉港9个工作站（学院）。本部占地5亩，建筑面积5050平方米。现有教职员工50人，其中高级职称11人、外聘兼职教师40多人。现有电大学历教育在籍生7000多人，其中本部现有电大学历教育在籍生2800多人，各种非学历教育培训结业15多万人次。

【内涵建设】 加强队伍建设，完善教职员工培训机制，组织教职员工参与继续教育培训，组织集中观看互联网时代8次，举办“传播主流价值、创新招生宣传”微信制作竞赛活动，为教职员工更好的认识信息技术、学习信息技术、掌握信息技术奠定基础，提升教职工的素质和业务能力。提高学校服务保障水平，开通泉州电大微电大平台，对接福建广播电视大学，搭建覆盖全省的微电大学习平台；加强机房改造，重新装修教学楼509机房，购置新的多媒体电脑，新建两间多媒体教室。做好学校安保工作，创建安全美丽的校园环境。加强电大系统建设，参加福建广播电视大学的招生办学研讨工作会，积极建言献策，为电大转型、提升发展贡献智慧力量；加强对下级学院（工作站）的工作指导，建立领导及分校中层干部联系工作部的招生督导员制度，加强对工作站（学院）招生办学督促指导，加强与兄弟电大院校的学习交流，组织到三明、永安、尤溪电大等进行考察学习，借鉴兄弟院校的先进办学经验。

【招生办学】 坚持与时俱进，顺时应势，创新招生宣传的手段方式。创新招生宣传载体，创建微信平台，定期在平台上发布招生信息；创新招生宣传方式，整合资源，将招生宣传与社区活动对接，提升招生宣传效果；创新招生手段，以“一村一、学前教育、助力计划、退伍士兵”项目及优惠政策为龙头，带动招生工作整体推进。2015年，招收开放教育学生346人，同比增长39%；网络教育招生125人，同比增长19%；成人高等教育招生53人。新拓展泉州台商投资区村干部学历教育办学点，将其定位为“具有党校培训性质”的村干部素质提升工程，参考党校管理办法，创新教学形式，提升办学水平与成效；举办8期SYB创业培训，完成近240名小企业主的创业培训。

【教学管理】 推选四份作品参与福建广播电视大学启动的第一届“教学创新奖”评选，力促教学质量的提升；以第一批的身份率先实行中央广播电视大学预约考试改革，为学生自主选择考试时间提供方便；实行送教上门服务，把教室“建”在企业，方便学员上课；以评促建，通过组织教学检查、集中实践环节审核、形成性考核抽查等工作，推进教务教学管理规范化，为开放大学学院准入评估做好基础工作，力争在全省第一批进入开放大学学院。

【继续教育】 继续教育富有成效。完成2015年第二期社区工作者岗位培训（共295人），及第三期社区工作者岗位培训的报名开班（共220人）工作；完成全国试点高校网络教育统考（1411人次 、1954人次）考试工作。主办针对泉州市市直中小学、幼儿园的以社会主义核心价值观为主题的培训，与鲤城电大合作完成鲤城区中小学及幼儿园的教师继续教育培训，培训人数3800人。

泉州医学高等专科学校

【概况】 泉州医学高等专科学校有洛江、清源等三个校区，占地面积32.68公顷，建筑面积20.38万平方米。校内实训基地总面积4.19万平方米，教学、科研仪器设备总值7028.76万元，馆藏图书总量50.3万册。拥有6所附属医院及分布在全省各地的教学实习医院、实习药企共190家。设有临床医学系、护理系、药学系、检验预防系、口腔医学系、基础医学部、社科公共部、成人教育部、高职发展研究所、科研信息中心和图书馆11个教学教辅系、部、中心。设置有临床医学、中医学、口腔医学、医学影像技术、护理、助产、药学、生物制药技术、医药营销、药品质量检测技术、康复治疗技术、公共卫生管理、医学检验技术、卫生检验与检疫技术、中药学、预防医学16个专业。面向全国招生，文理兼收，有全日制在校生7838人。成人教育设置临床医学、中医学、护理、药学、医学检验技术、医学影像技术、公共卫生管理、医药营销8个专业，在学函授学生2298人。拥有1个教育部、卫生部“第一批卓越医生教育培养计划”试点项目，2个教育部、财政部“高等职业学校专业服务产业发展能力”项目。1个国家级教学团队，2个省级优秀教学团队。6个省级高职精品专业，9个福建省高等职业教育示范专业；13门省级高职精品课程；2个中央财政支持国家级实训基地，3个省财政支持高等职业教育实训基地，3个福建省高等职业教育生产性实训基地。

【师资队伍】 有教职员工466人，专任教师318人，其中副高以上职称109人，享受国务院特殊津贴专家1名，省级高校教学名师2名。“双师素质”教师占专业专任教师总数90%。选派2人参加2015年福建省哲学社会科学教学科研骨干研修班，选派专业带头人及骨干教师7人到台湾大仁科技大学参加培训，选派1人参加省教育厅牵头组织的闽台师资交流培训，选派2人参加海外访学英语培训班。获泉州市事业单位人才高地资助，3人获泉州市优秀人才培养专项经费资助、1人获教育厅组织的国内访问学者资助、5人被评为第三批泉州市高级人才、1人获泉州市优秀教师称号。

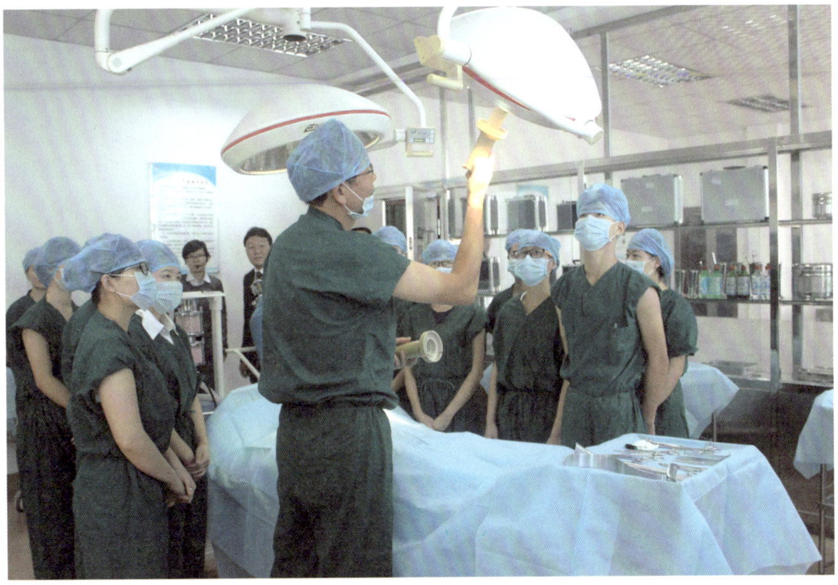

12月1—4日，省教育厅专家组到医高专开展第二轮人才培养工作评估，图为专家组考察该校临床实训基地　（图/医高专）

【“慕课”教学模式改革】　开展“慕课”在线教学资源开发和应用模式建设，儿童护理、内科护理、药理学、药剂学、基础护理5门课程成为全国卫生类高职院校幕课共享课程，其中药剂学、优生优育、儿童护理慕课分别在洛江校区、成教部试行，取得良好教学效果。

【闽台交流互动】　台湾新生医护管理专科学校秘书长刘瑞玲一行以及大仁科技大学副校长黄国光一行分别到访，签定友好合作备忘录；台湾大仁科技大学护理系助理教授黄美惠应邀到校讲座。选派李铮扬等9位同学到台湾大仁科技大学交流学习，校党委副书记耿永泉一行到台湾新生医护管理专科学校就教学管理、专业设置、课程规划等方面进行考察交流。

【迎接第二轮人才培养工作评估】1月启动迎评工作，根据“一校一方案”精神，结合学校定位与特点，对照首轮评估存在问题，研究制定评建方案与评估指标体系，开展状态数据平台分析、学生满意度调查、专业服务医疗卫生事业发展情况分析，总结经验，梳理发展思路。12月1—4日，按预期目标接受省教育厅专家组对我校第二轮人才培养工作的评估。

【人才培养质量】　获全国职业院校技能大赛中药传统技能项目一等奖、口腔技能表演赛牙体制备项目二等奖和三等奖、护理技能项目三等奖；第二届全国卫生职业院校“中医药社杯”检验技能竞赛1个综合一等奖、2个单项一等奖；第六届“外研社杯”全国高职高专英语写作大赛福建赛区复赛公共英语组特等奖和三等奖；第八届福建省大学生职业规划竞赛一等奖。

【科学研究】　2015年，共有32个市级及以上科研项目立项，获资助经费42.3万元，其中两个项目获省自然科学基金立项资助，实现省部级科研项目零的突破。教职医护员工发表论文123篇，其中核心刊物以上论文38篇、SCI1篇。

泉州幼儿师范高等专科学校

【概况】　泉州州幼儿师范高等专科学校占地面积34.4公顷，其中总校区20公顷，永春校区10.4公顷，当年新征地近4公顷；校舍建筑面积13.82万平方米；实验实习场所面积2.56万平方米。教学仪器设备总值2775万元；教学用计算机666台；学校图书馆藏书45.41万册，数字资源量3733GB；校园网出口带宽200Mbps；幼儿园、小学实习实训基地99个。面向全国招生，共招新生1675人（其中外省生78人）；3+2转段355人；全日制在校生达5306人。现有教职员工401人，专任教师220位，具有硕士学位教师119人，副高以上专任教师70人，双师素质教师147人。现有省级精品专业1个，省级示范专业4个，省级教学团队3个，省级精品课程6门，省级高等职业教育实训基地1个，省级高校教学名师3名，福建省高职专业带头人1名。

【人才培养】　获批播音与主持、体育教育两个新专业，于当年招生。学前教育专业首次招收免费师范男生48人。与弘光科技大学签订教育交流与合作协议，并开展休闲服务与管理专业课程研发。

【内涵建设】　申报“福建省示范性现代职业院校建设工程”。建立3个协同创新基地：“福建省应用文科早教实验研究基地”“闽南区域《指南》实验指导平台”“连捷集团恒福酒店休闲管理人才培养实训基地”。“儿童早期教养与指导福建省高校应用文科研究中心”获省教育厅批准建立。

【社会服务】　总校区与永春校区完成各类培训与鉴定达55期，参训学员分别为3752人次和2604人次。获批“福建省幼儿园教师（园长）项目基地”和“泉州市首批家庭服务类职业（工种）统一鉴定考点”。参加全国第十届少数民族传统体育运动会开幕式、第一届全国青运会颁奖仪式、第十四届“亚洲艺术节”开幕式表演。

【学生成长】 2015届毕业生1151人，毕业生初次就业率达96.78%，用人单位对毕业生的满意率达95.76%。学生参加省教育厅主办的福建省中、高职艺术专业技能竞赛，键盘乐器获中职组一等奖1名、二等奖1名，获高职组一等奖1名、二等奖2名，中国舞表演获二等奖4名。参加福建省第二届高校师范生教学技能大赛，获小学语文二等奖1名、小学数学二等奖1名、学前教育三等奖2名。

泉州经贸职业技术学院

【概况】 泉州经贸职业技术学院是现有两个校区（院本部和慈山分院），总占地33.33公顷，总建筑面积11.73万平方米。设置会计系、商务系、信息系、轻工系、经管系、公共基础部、继续教育部7个教学系（部）和1个分院（慈山分院），现有财经、电子信息、纺织食品、交通运输、文化教育6大类21个专业，面向全国招生。

【实践教学】 重视实践教学在人才培养工作中的突出作用，强化和改进实践教学，培养和提高学生的专业技能。筹措资金，加大投入，改善实践教学条件。有财税一体化实验室等功能齐全的校内实验实训室53个；与泉州九牧王有限公司、泉州宏兴记账有限公司、理想茶行、顺丰快递公司等企业建立合作关系，共建校外实习实训基地73个，满足专业实践教学的需要。全面实行“双证书”和顶岗实习制度，各专业的实践学时均已超过总学时的50%，主要专业的职业资格证书基本与国家职业技能鉴定接轨，职业资格证书获取率95%以上。高度重视学生技能的培养和锻炼，推行“以赛促教”“以赛促练”“以赛促提”，开展校内专业技能竞赛和参加校外专业技能竞赛，举办“会计技能”“‘大智慧杯’投资模拟大赛”“电商淘宝运营大赛”“瑞达期货杯精英挑战赛”“投资模拟大赛”“物流知识竞赛”“电子产品制作比赛”“服装设计”“汽车检测与维修”“英语口语”“英语写作”等专业技能竞赛；参加“东科杯”第八届全国职业院校外贸技能竞赛、第二届“大智慧杯”全国大学生金融精英挑战赛“金融操盘手”等，以专业技能竞赛推动专业实践教学质量的提升。在2015年全国职业院校技能大赛中获优秀奖2项（服装制版与工艺）；在2015年福建省职业院校技能大赛中获一等奖1项（服装制版与工艺），二等奖2项（服装制版与工艺、英语口语(非专业组)），三等奖8项（会计、企业沙盘模拟经营、电子商务、电子产品设计及制作、汽车检测与维修、服装设计2项、英语口语专业组）。

【科研成果】 教学科研成果显著，拥有财务会计等9门省级精品课程，会计专业为省级精品专业，会计专业主干课程教学团队为省级教学团队，有省级专业带头人1名，获省级优秀教学成果奖2项；5名教师被确定为福建省高校教学名师或获省“优秀教师”“优秀教育工作者”等称号；主持完成省、市级研究课题30多项；主编、参编教材或出版专著30多部；在《价格理论与实践》《税务研究》《国际金融研究》《商业时代》《光明日报》《中共党史研究》等报刊发表论文1000多篇，提供“投资项目可行性研究”等技术服务80多项；与行业、企业共同开发课程10多门。2014—2015学年，学院教职员工在省市级研究项目的申报成功率有较大提高，成功申报省市科研项目12项，到位项目经费17.2万元；在财会、电子商务、金融、泉州商业模式的转换、泉州产业转型升级、泉州文化产业建设与发展、高职教育教学、学生思想政治教育、学生就业创业等方面的研究取得可喜成果，发表论文145篇，出版著作1部，主编出版教材1部。

【队伍建设】 在编教职工296人，各类在校生4792人。拥有一支爱岗敬业、结构合理、具有较高教学水平、学术水平和富有进取精神的高素质教师队伍，其中高、中级职称教师占专任教师的70%以上，博士、硕士研究生学历教师占专任教师的60%以上，专业教师中双师素质教师占60%以上。

【服务社会】 注意发挥专业人才优势，开展财会、项目管理、商务、金融、信息技术、服装设计、电子产品开发、图书管理、项目评估等方面的技术与咨询服务。参与企业营销问题的研究和营销方案的设计11项，为企业提供“项目可行性研究”“筹资策划”等技术服务40项，参与企业管理软件的设计、电子产品的研发7项，提供财务咨询等服务200多次。利用教学资源与优势，与市财政局、市公务员局合作，开办福建省会计从业资格考试和泉州市国家公务员考试等常设考点，提供相关服务；2015年组织11589人次参加会计从业资格考试；组织公务员考试、事业单位招考、工勤人员岗位升级考试、全国护士执业资格考试、二级建造师考试、会计专业技术资格考试（初级无纸化）等，计22204人次。

泉州工艺美术职业学院

【概况】 泉州工艺美术职业学院占地约20公顷，总建筑面积7万多平方米。设有26个全日制专业、8个成人教育专业，面向全国招生。在编教师175名，教授3名、副教授34名、副研究员3名，省级优秀教学团队1个、省级教学名师1名、省级专业带头人2名，“双师型”教师88名，国家级、省级工艺美术大师15名，另有外聘兼职教授、大师25名。

【专业建设】 新增陶瓷艺术设计、美术专业、游戏软件、建筑装饰工程技术、财务管理5个专业，及时调整专业设置，优化专业结构，推动学院围绕陶瓷行业办学向服务工艺美术产业办学转型。加强重点专业建设和专业带头人培养，结合第二轮评建工作，开展专业建设专题调研，构建特色专业。2015年，艺术设计（陶瓷方向）专业、视觉传达艺术设计专业获高职教育省级示范专业，艺术设计（陶瓷方向）专业、电子商务专业获福建省创新创业教育改革试点专业。

【教学改革】 制定出台《学院综合改革年教育教学改革工作方案》《学院第二轮人才培养工作评估实施方案》。对接浙江经济职业技术学院、苏州工艺美术职业技术学院、长沙民政职业技术学院等国家示范骨干高职院校，选派师生前往学习交流。开展“大师班”教学、特色化培养等人才培养模式改革，聘请省级以上大师进校授课。开展院级职业技能竞赛，结合省级技能大赛项目和学院课程开展陶艺创作、图形创意设计、建筑CAD绘图、现代物流、企业沙盘模拟经营、英语口语、秘书职业技能等技能竞赛。2015年，学生在“2015年全国职业院校学生技术技能创新成果交流赛”中获工艺类一等奖1项、二等奖2项、三等奖1项，在2015年省级技能大赛中获二等奖1项、三等奖2项、优秀奖5项，在第五届福建省陶瓷艺术与设计创新大赛中获4金3银7铜，在第十届全国陶瓷艺术与设计创新评比大赛中，获2金1银7铜。

【队伍建设】 公开招聘艺术设计类专任教师2名；选派3名专业教师到台湾交流学习、9名专业骨干教师参加“国培”项目培训、27名专任教师到相关院校进修，选拔2名优秀教师作为“访问学者”到相关高校进修提高；制定出台《学院第二轮岗位设置与聘用管理实施方案》，强化教师职称管理，1人获正高专业技术职务资格、7人通过副高专业技术职务评审、5人通过中级专业技术职务评审，2人获评高级工艺美术师。2015年，徐俊东教授获“德化县孔子文化教育奖”，黄永星老师的作品《被悬置的存在》入选第三届中国国际雕塑双年展，张南章、周金田在中国陶瓷艺术大展暨第十届全国陶瓷艺术设计创新评比中获金奖。

【科研服务】 依托“陶瓷产业技术开发基地”“陶瓷新材料应用技术工程中心”，与龙岩高岭土有限公司合作，开展“龙岩高岭土矿石综合利用及配方横向课题研究”，研发产品已小批量生产，并研发陶瓷釉水80多种；组织建设3D工作室，筹建3D技术研究中心、传统技艺传承研究中心，建设3D技术公共服务平台和服务基地，推动3D技术在陶瓷产业发展和传统技艺传承的推广应用；组织建设电子商务实验室，探讨引进“猪八戒网”，合作筹建大学生电子商务创业基地；组织开展技能鉴定，全年认定技师、高级技师125人；组织撰写《文化审美——德化陶瓷工艺美术研究》《陶瓷材料色料及装饰》和《大学人文素质教程》。

终身教育

2015年，社区大学投入10万元资金配合省终身教育平台的改建扩容，搭建微信服务中心。举办泉州市第二届闽南文化知识竞赛，参与人数高达4226人。编撰社区居民学习手册《泉州十八景》《新市民礼仪手册》《泉州老街小巷》，印制8000多册发给社区居民。举办8期SYB创业培训，完成近240名小企业主的创业培训。举办“刺桐花讲坛”，邀请台湾学者开讲《因材施教做智慧家长》《用脑教孩子》《管好孩子的网络》三个大型讲座，700余人参加活动讲座。到社区举办小型《亲子教育讲座》《和谐家庭幸福人生》6期。社区教育理论研究成果突出，选送《基于东亚文化之都背景下泉州社区教育发展策略》《在社区教育中加强培育社会主义核心价值观的研究》等6篇论文参加省电大社区教育论文比赛，分获一等奖、三等奖和优秀奖。泉州社区大学的“闽南文化进社区”、泉州梅山工程学校的“梅山创业培训讲堂”、永春县桃城镇的“桃溪社区科普教育”被确认为福建省社区教育品牌。各县（市、区）以讲坛讲座、学习体验、知识竞答、广场活动、专栏宣传等多种形式，组织开展《福建省终身教育促进条例》宣传和法律常识普及教育活动，引导群众树立法治观念，自觉遵法守法用法。

民办教育

【概况】 2015年，全市有民办学校985所，占泉州学校总数的31.29%；在校生数30.36万人，占总数的18.53%。其中民办中等职业学校10所，在校生数1.06万人；民办中学21所，在校生数3.88万人；民办小学27所，在校生数2.4万人；民办幼儿园918所，在校生数18.82万人。在教育部门办理办学许可证的民办非学历教育培训机构128所，在校生数3.8万人。

【规范民办学校办学行为】 执行民办学校年检制度，规范办学行为。组织对全市800多所民办中小学（幼儿园）和100多所非学历教育培训机构在依法办学、办学条件、常规管理及安全管理等方面情况进行重点检查和抽查。对年检合格的学校，采取多种形式向社会予以公布，引导家长选择合格的民办学校就读；对年检“不合格”的学校，根据具体内容要求学校限期整改，促进其规范办学。开展无证教育机构专项治理工作，强化依法办学意识。9—11月，在全市范围内开展无证民办园和教育培训机构的摸底筛查和全面治理工作，对未经批准、非法开展各种教育教学活动的无证

4月2日，丰泽区东湖幼儿园组织到泉州烈士陵园缅怀先烈（图/林劲峰）

民办园和教育培训机构进行曝光。2015年依法取缔无证园56所（分流幼儿4128人），无证教育培训机构16所。

【开展民营经济综合改革试点工作】　根据民营经济改革的目标任务，开展民营经济综合改革试点工作，推进民办教育综合改革。2015年，推进营利性与非营利性民办学校分类管理研究，开展民办学校办学成本调研。组织对全市48所民办中小学的基本情况、近三年的收费标准和生均办学成本测算及学校对收费标准的建议开展全面调研，摸清民办中小学办学成本的主要内容和收费定价依据，形成调研报告。并协同市物价局对市直民办中小学的办学成本进行监审，根据成本监审结果适时提高市直民办中小学的收费标准，保障民办学校教师队伍的稳定和学校办学经费的正常运转，为全市制定出台民办学校分类管理的具体政策提供决策依据。

教育条件保障

【加大教育经费投入力度】　2015年，全市教育经费总投入170亿元。其中：公共财政预算安排的教育经费135亿元，占教育经费总投入的比例为79.41%；政府性基金预算安排的教育经费8700万元；民办学校中举办者投入2.78亿元；捐赠收入9800万元；事业收入24.71亿元；其他教育经费5.65亿元。2015年全市争取省上资金9.6亿元（不含政策性转移支付）

【落实义务教育阶段公办学校“三免一补”政策】　2015年全市城乡义务教育阶段免学杂费及提高生均公用经费6.08亿元，惠及学生170万人次；农村义务教育阶段免费提供教科书经费7830万元（国家和省规定课程由省级以上财政全额承担、地方课程由市县财政承担）；免费提供作业本经费2282万元，惠及学生148万人次；用于农村义务教育阶段寄宿生营养改善工程补助经费5700余万元，惠及学生近11万人次。对农村不足100人的小学按100人标准拨付生均公用经费；农村义务教育阶段公办寄宿制学校按寄宿生人数每生每年300元标准增加安排公用经费，并建立健全农村不足300人初中学校和农村不足200人小学公用经费保障机制，保证学校正常办学和运转所需经费；进城务工农民随迁子女接受义务教育方面，同等享受“两免一补”及免费提供作业本等教育惠民政策。

【加快推进民生项目建设】　新建20所公办幼儿园，新增学位额1万个。扶持50所农村中小学信息化建设项目。实施中小学幼儿园技防系统建设及提升工程，已完成建设和改建技防系统升级的学校2014所，完成年度计划的137.5%。全市中小学扩容新增学位额2万个。

【做好学生资助工作】　落实低保家庭幼儿园保教补助政策。全市受助幼儿3491人次，补助金额243.5万元。落实普通高中家庭经济困难学生国家资助政策。全年资助贫困学生约1.68万人次，补助金额1603.28万元。落实职业教育一年级免学费政策、助学政策及部分专业和经济困难学生免费政策。落实中等职业学校国家免学费政策，2015年，全市受助学生约7.41万人次，财政补助资金8547.03万元；实施国家助学金制度，全市享受国家助学金补助的涉农专业和家庭经济困难中职学生约0.77万人次，全年下达财政补助资金574.43万元。

【加强教师队伍建设】　做好泉州市2015年中职、中小学、幼儿园教师补充工作。2015年，全市补充教师2267人，其中通过公开招考方式补充教职工2096人。加强校长教师培训工作，坚持以基层需求为导向按需施训，采用现场诊断、教学观摩、案例分析、经验分享及互动交流等教师喜欢的方式开展培训，增强培训实效性。2015年，市级教师校长培训11017名，省级以上培训2545名。建立和完善县（市、区）域内义务教育师资校际交流制度，合理配置教师资源，推进城乡义务教育的均衡发展。2015年，全市义务教育学校通过多种方式进行校际交流2402人。制定《泉州市中小学（幼儿园）名师工作室建设与管理规定（试行）》，6月确定10个中小学幼儿园名师工作室。

科学与技术

KE XUE YU JI SHU

责任编辑：何佳媚

科学与技术

综 述

2015年，市科技局围绕创建福厦泉国家自主创新示范区，促进大众创业、万众创新，实施创新驱动发展战略，深化科技体制机制改革，提高科技创新服务管理能力，为加快推进泉州产业转型升级提供科技支撑。市科技局委托中国工程院“中国制造2025”编制组编制的“泉州制造2025”，成为“中国制造2025”制造强国战略首个地方试点，泉州市在全省率先实施国家“数控一代”示范工程区域试点等创新工作得到总理李克强和国家有关部委领导及省委、省政府领导的肯定。科技部火炬中心在泉州召开“全国装备制造+互联网”创新型产业集群现场会，肯定泉州取得的经验和成效。市科技局代表全国唯一地级市科技局，在“全国县市科技工作会”上作典型发言。继2014年11月，省政府于2015年7月再度在泉州召开福建省智能制造暨创业创新现场推进会，并要求全省各地市都组织到泉州学习。2015年，泉州市新增认定泉州市企业工程技术研究中心38家，全市企业工程技术研究中心总数155家；新培育认定108家科技小巨人企业，全市科技小巨人企业总数528家；组织12家企业参加高新技术企业复审，107家企业申报高新技术企业认定，有12家企业通过复审，88家企业获得高新技术企业认定，全市有效期内的高新技术企业总数达到266家；推荐两批220家企业参与2015年福建省科技型企业备案，第一批76家获得备案，全市科技型备案企业达768家，省级以上创新型（试点）企业279家。

4月21日，全省“数控一代”机械产品创新应用示范工程现场会在泉州召开。副省长洪捷序参加会议并到相关企业调研　　（图/市科技局）

科技计划项目

【概况】　2015年，泉州市共组织实施各级各类科技计划570项，经费投入1.39亿元，其中，国家项目66项，下达经费2759.915万元，省级项目71项，下达经费3096.22万元，市级项目433项，下达经费8019.98万元。全年全市财政科技支出12.40亿元，占当年公共财政支出2.29%，比上年增长0.07个百分点。

【公开征集技术创新需求项目】在全省科技系统率先创新实施产学研协同创新“燎原计划”，面向全国高校、科研院所公开征集产业转型升级技术创新解决方案40个，破解产业共性关键技术问题。深入实施全国产学研对接合作“蓝火计划”，面向全国100多所高校持续征集科技成果与专利技术，推动企业不断拓展产学研合作领域。

农业科技示范建设

【概况】 2015年，泉州市不断深化农业农村科技体制改革，增强农业科技自主创新能力，加大农业科技成果转化与推广，建设泉州国家、省级农业科技园区，培育农业科技创新平台，完善农村科技信息服务体系，加大科技帮扶力度，农业科技工作取得较好成效，有15个单位被评为全国第二届“三农科技服务金桥奖”先进集体，10人被评为全国第二届“三农科技服务金桥奖”先进个人，“甘薯淀粉型系列新品种的选育与推广”等6个项目被评为第二届“三农科技服务金桥奖”优秀项目。2015年，泉州市科技局会同市农业局、市林业局、市海洋与渔业局研究制订《泉州市特色现代农业科技创新行动计划（2015—2020年）》。制定印发《关于加强省、市农业科技、星火计划项目结题验收实施办法》。重新修订编印《农业科技政策汇编》1000册。组织208个项目申报国家、省、市级农业科技、星火计划项目，全市共有15个项目列入国家、省农业科技和星火计划，争取上级扶持资金355万元，下达市级农业科技计划项目97个，经费1038万元。2015年，新培育涉农高新技术企业2家、省级工程中心2家、市级工程中心6家、市级行业技术开发中心20个，全市新增共获涉农发明专利授权62项。

【建设泉州国家、省级农业科技园区】 市科技局组织召开泉州国家、省级农业科技园区工作推进会暨农业科技创新创业培训班。组织认定泉州国家农业科技园区示范企业（基地）60家。泉州国家农业科技园区“现代农业科技创新公共服务平台建设”项目列入省科技创新平台重点项目，获经费支持300万元项目；安排市级农业科技园区扶持专项42个，资金371万元。举办泉州市茶叶深加工技术科技成果产业化应用推广对接会，达成合作项目4个。泉州国家农业科技园区网站正式上线运行，《泉州国家农业科技园区宣传手册》编撰成稿。园区累计接待美国、日本、台湾等国际参访团200多人次。

【星火计划与星火产业带建设】 2015年，市科技局推进星火科技“12396”信息服务试点工作，培育15家星火科技“12396”信息服务站点。建设完善台湾农业技术数据库，收集农业技术与优新品种信息400多条，更新视频节目、图文信息近2000条，网络电视“星火科技”频道新增视频节目近30部，制作多媒体课件15个，摄制完成《火龙果良种与栽培技术》《石斛主要品种介绍和栽培技术要点》等2部科教片，收集科技部农村中心支持“星火科技30分”视频节目20多小时，发布各类农村综合短信约3万条次，编印《农业新品种与栽培技术》《台湾特色果树高产栽培技术问答》《台湾特色蔬菜高产栽培技术问答》等农业实用技术资料15万字、印刷小册子2400本。与福建省农科院、泉州市农业局、市林业局、市海洋渔业局、市扶贫开发协会、市农科所等部门合作，应用泉州市星火科技“12396”多媒体信息远程服务平台，举办星火科技扶贫大讲堂，开展星火科技远程培训和咨询服务20期，培训5.4万人次。联合泉州市科技培训中心、泉州市农科所、石狮市海洋生物科技园、安溪县生产力促进中心、泉州市泉美生物科技有限公司等22个单位，开展农产品电子商务培训、果蔬实用技术、优质肉鸽高产饲养、铁观音种植及加工关键技术、金钗石斛标准化种植等农村实用技术现场培训。市农科所主持在研国家、省、市级农业科技计划项目33个，选育出一批高产、优质、多抗、广适的突破性新品种（系）。其主持完成的“甘薯淀粉型新品种泉薯76的选育与推广”成果获得2014年度泉州市科技进步一等奖，育成甘薯新品种泉薯12通过国家甘薯品种鉴定、大豆新品种泉豆12号和泉豆13号通过福建省品种审定，引进粮油和园艺作物种质资源319份，开展20多个新品种配套栽培与产业化技术应用研究，在全市推广培育、引进的粮油作物新品种、新技术6.67多万公顷，创新和引进的各项新成果在省内外累计推广面积近26.67万公顷。

科技服务

【提高科技服务水平】 2015年，市科技局进一步完善科技创新服务体系。实施“海纳百川”高端人才集聚计划、科技创业创新领军人才评选等人才政策，通过引进中国科学院到泉州建设装备制造研究所，引入中国工程院到泉州指导“数控一代”示范工程，集聚吴曼青（中国电子科学研究院院长、中国工程院院士）等一批知名院士、专家。全市已有纳入泉州智库管理产业科技专家1300多人，各领域权威专家534人。创新科技金融产品和科技产业融合模式，运营好全省首个高新区科技金融服务中心，中心引进了45家机构（其中金融机构3家，类金融机构19家，增值服务机构23家），扎实推进知识产权质押贷款试点工作。面对广大科技型中小企业融资难问题，主动配合各金融部门、类金融机构全面开展企业融资需求调查摸底，做好贷款、贴息、融资、租赁、担保等各项工作。

【建设科技创新平台】 持续加大对各类科技创新平台的支持力

领SHOW众创空间的童界创客空间　（图/陈起拓）

度。促进中科院海西研究院泉州装备制造研究所，全面启动地面施工建设，组织开展中科院技术项目对接活动，促进中科院项目成果在泉落地转化。持续实施“137科技创新平台计划”，其中在全市各县（市、区）及高新区各分园区全面布局19个科技孵化器，新建64个企业研发中心、17个实验室、18个研究院所、8个检测中心、9个院士专家工作站（博士后工作站），实行重点项目管理服务和动态监督，完成投资9.93亿元。创新推动产业龙头骨干企业建设新型科研机构。引导泰克通讯、南方路机等多家骨干民营企业出资1.7亿元投资建设微波技术研究院等20家新型科研机构。培育农业科技创新服务平台。组织认定泉州市科技特派员示范基地20个、科技型农民专业合作社10个，新建国家科技特派员创业培训基地茶叶园分中心1 家，星火科技“12396”信息服务站点15家，下拨28个科技特派员示范基地和科技型农民专业合作社建设项目，下达扶持科技经费280万元。组织泉州市海洋生物加工产业技术创新战略联盟单位到诏安县金都海洋科技园区、东山县海洋生物园区和海洋科技企业学习考察，与国家海洋三所等科研院所开展水产食品检测技术对接；组织联盟9家企业组团参加第20届中国（青岛）国际渔业博览会，到高校科研院所及当地企业开展海水养殖、水产食品检测交流合作和技术对接；组织泉台果蔬产业技术创新联盟开展泉台农业科技交流合作，举办泉台农业新技术培训、交流、讲座和技术成果推介。安排100万元科技经费支持国家茶叶质量安全工程技术研究中心“茶产业质量安全管控体系建设及推广应用”项目研发。推动众创空间和科技孵化器建设发展，制定出台《泉州市科技局关于发展众创空间 促进创新创业的实施意见》《泉州市众创空间认定和管理办法（暂行）》等政策措施，整合聚集各项科技创新资源，着力推动众创空间建设发展。全市已拥有各具特色、与产业结合紧密的众创空间59家，其中省级9家。推动建设市级以上科技企业孵化器25家（国家级2家、省级8家）。

科技成果与奖励

【做好科技成果评价工作】 2015年，市科技局继续做好科技成果评审、登记等工作。全年共完成科技成果登记与评审81项，其中，推荐报送省科技厅成果登记15项，完成科技评审登记66项。2月16日，市政府表彰2014年度泉州市科学技术奖。其中“福建华泰集团股份有限公司”等3家企业被评为科技创业奖，授予“超仿棉涤纶长丝的开发”等6个项目被评为科技进步一等奖，“环保型静电复印纸的研制与生产”等13个项目被评为科技进步二等奖，“平安建设综合信息化解决方案” 等39个项目被评为科技进步三等奖，“一种汽车高架驱动前桥”等2个项目被评为专利奖金奖，“一种动脉穿刺针”等8个项目被评为专利奖银奖，“石感漆涂料”等17个项目被评为专利奖优秀奖。2月17日，泉州市（含驻泉单位）共有21项成果荣获2014年度福建省科学技术奖，其中自然科学奖二等奖1项，三等奖1项；技术发明奖一等奖1项；科技进步奖一等奖1项，二等奖5项，三等奖12项。同日，泉州市（含驻泉单位）共有8项专利荣获2014年度福建省专利奖，其中二等奖1项，三等奖7项。12月31日，市政府第84次常务会议研究通过2015年度泉州市科学技术奖与泉州市政府企业创新奖及泉州市专利奖，决定授予“福建省晋江优兰发纸业有限公司”泉州市科技重大贡献奖，授予“福建七匹狼实业股份有限公司”等3家企业科技创业奖，授予“染料敏化二氧化钛纳米晶太阳能电池的应用基础研究”等13个项目自然科学奖，其中一等奖1项、二等奖5项、三等奖7项；授予“反包毛圈数控提花针织机”等66个项目科技进步奖，其中一等奖5项、二等奖20项、三等奖41项；授予“兴业皮革科技股份有限公司”等5家企业泉州市政府企业创新奖；授予“陶瓷薄板的烧成工艺ZL201310453497.8”等31项目为专利奖，其中重大发明专利奖1项、一等奖3项、二等奖9项、三等奖18项。全年全市登记技术合同62项，合同成交金额3025.34万元。

表 36　2015年度福建省科学技术奖泉州市获奖名单（共26项）

项目名称	主要完成人	主要完成单位
技术发明奖（1项）		
三等奖		
高空钢筋混凝土大悬挑结构分段施工工法	吕建星、付志宏、庄煌威、林仲喜、郭定国	福建省第五建筑工程公司
科技进步奖（25项）		
一等奖		
名优乌龙茶害虫生态防控关键技术研发与应用	福建农林大学、福建省农业科学院植物保护研究所、漳州市英格尔农业科技有限公司、泉州出入境检验检疫局综合技术服务中心、福建八马茶业有限公司、华祥苑茶业股份有限公司、武夷星茶业有限公司、安溪县龙涓乡举源茶叶专业合作社	尤民生、孙威江、林乃铨、王联德、李建宇、陈李林、黄伙水、林志平、赵　健、曾兆华
二等奖		
弹力棉织物热定型工艺计算机辅助设计系统研究与应用	华侨大学	周丽春、金福江、黄彩虹、王　飞、梅小华
LB3000+RLBZ（M）2000沥青混合料热再生搅拌设备	福建铁拓机械有限公司	高岱乐、揭文忠、豆　凯、朱元波、林海翔、张　显、刘　万
循环流化床锅炉清洁燃烧福建无烟煤的技术开发及应用	集美大学、福建省石狮热电有限责任公司	何宏舟、俞金树、吴剑恒、邹　峥、洪方明、俞建洪、饶庆平
健康、节水、智能一体化坐便器的研究开发及应用	九牧厨卫股份有限公司	林　山、徐衍新、徐熙武、洪永强、张长俊、吴秋云、阙大海
爆破振动特性和结构效应预测及其控制理论与技术	华侨大学、山东科技大学	陈士海、俞　缙、林从谋、段宝福、逄焕东、魏海霞、燕永峰
QT12-15海格力斯全自动环保智能制砖成型机	福建卓越鸿昌环保智能装备股份有限公司	傅志昌、李晓颖、许赫正、王志生、章贤献
80%脱墨混合浆制造半透明纸的技术开发与应用	泉州华祥纸业有限公司	邹先锋、苏凤全、庄华强、柯吉熊、甘木林、陈梅兰、何县香
LED用高导热石墨/金属铝复合材料散热器制备工艺	厦门海莱照明有限公司、华侨大学	连宗山、李四中、陈建煌、陈赞锋、林明春、李晓伟、李成桂
鞋类鞋材检测和评价技术研究	福建出入境检验检疫局检验检疫技术中心、泉州出入境检验检疫局综合技术服务中心、集美大学	陈学灿、尹洪雷、戴金兰、郑　晶、陈绍华、胡宗祥、郑麟毅

续表 36

项目名称	主要完成人	主要完成单位
钢筋混凝土结构加固技术创新与应用	华侨大学、福建省第一公路工程公司、厦门特房建设工程集团有限公司	郭子雄、刘　阳、黄群贤、陈建华、柴振岭、陈庆猛、赖有泉
海洋红藻高值化加工关键技术及琼胶升级产品开发	华侨大学、福建省金燕海洋生物科技股份有限公司	肖美添、叶　静、张学勤、黄雅燕、陈振祥、王士斌、赵　鹏
高产、优质、抗病系列花生新品种选育与应用	泉州市农业科学研究所	陈剑洪、陈永水、滕振勇、陈茹艳、邱国清、郑　旋、黄瑞方
木麻黄海防林重大病虫害持续控制关键技术研究与应用	福建省林业科学研究院、华南农业大学、福建省惠安赤湖国有防护林场、平潭县林业科学技术推广站、泉州市森林病虫防治检疫站、福建省平潭国有防护林场	黄金水、蔡守平、何学友、柯玉铸、曾丽琼、孙　思、李茂瑾
OSAHS流行病学调查及其靶器官损害的机制研究	福建医科大学附属第一医院、福建医科大学附属第二医院	林其昌、曾奕明、陈晓阳、黄建钗、赵建铭、陈公平、张孝斌
三等奖		
铁锰酸盐的制备及其在水处理中的应用	华侨大学、中国科学院城市环境研究所、厦门水务集团有限公司、福州市水务投资发展有限公司	苑宝玲、周真明、付明来、李清华、费霞丽
铁路GSM-R数字光纤直放站系统	泉州市铁通电子设备有限公司	蔡胜敏、林光咏、洪杰星、马宏平、游丽萍
地坪抛光研磨机	晋江兴翼机械有限公司	冯　强、谢其鹏、叶长汀、叶根翼、廖捍真
基于Matlab的供水仿真暨库群连通提升泉州市水安全技术研究	福建省水利水电勘测设计研究院、泉州水利投资有限公司、泉州市山美水库管理处	朱光华、刘建锋、黄桂元、颜沧波、陈国庆
功能性涤纶单丝（茶炭）与经编间隔织物关键技术研发与应用	福建省晋江市华宇织造有限公司、泉州铮蓥化纤有限公司、东华大学	苏成喻、陈南梁、陈志鹏、柯文新、蒋金华
节能砌块隐形密框复合墙体关键技术研究与应用	华侨大学、福建省第五建筑工程公司、厦门安能建设有限公司、厦门理工学院	李升才、郭定国、陈新泉、陈潮沛、陈志彬
城市人居环境中的功能湿地技术应用	华侨大学	刘　塨、郑　志、姚敏峰、洪　毅、洪俊明
采用γ-CoOOH粉末作为添加剂的高温镍氢电池制作工艺	泉州劲鑫电子有限公司	陈端典
多弹簧式高转速旋转接头	福建省闽旋科技股份有限公司	朱　斌
纯天然酵母粉的研发及产业化	福建省麦都食品发展有限公司	李志斌

表 37

2015年度福建省专利奖泉州市获奖名单（共2项）

专利名称	专利号	专利权人	发明人
二等奖（1项）			
改性白糖还原剂及其制备方法和其在印染行业中的应用	ZL200910111933.7	福州大学、石狮市清源精细化工有限公司	刘明华、刘剑锋、蒋晓丽、叶　莉
三等奖（1项）			
在建筑物内实现移动通讯信号场覆盖的方法及装置	ZL201010004144.6	泉州泽仕通科技有限公司	林志华

科技交流与合作

【概况】　实施泉州科技创新产品和技术应用推广计划，举办推介发布会15场，向省科技厅推荐科技成果展览展示项目（技术需求项目）32项帮助科技企业迅速打开市场、扩大份额。举办泉州•首都科技服务驿站系列活动，推介在京院所的科技成果产业化项目24个。全市共登记技术合同62项，合同成交金额3025.34万元。

【加强对外科技交流与合作对外】

12月，全国“装备制造+互联网”创新型产业集群工作现场会在泉州召开　（图/市科技局）

立足港台区位优势，着力加强对台湾、香港等地区和以色列、独联体等国家先进技术的引进消化吸收再创新。积极引进台湾精密机械中心等台湾诸多产业技术研发单位，以及台湾海洋大学等8所大学育成中心到泉州设立联合办事处，开展创新技术推展工作。与香港生产力促进局开展交流合作，建立区域战略合作关系，为企业提供升级、转型及转移服务。引导全市民营企业对接以色列、独联体等国家在电子信息等优势创新领域方面的先进科技成果，举办以色列、俄罗斯、白俄罗斯、乌克兰等多场项目推介会，推动实现泉州“数控一代”机械产品出口独联体国家。

【举办和参加各类科技交流会议】
7月23日，泉州•首都科技服务驿站揭牌仪式暨第一期科技产业化项目路演会在泉州市数控一代科技创新中心举行。路演会上推出20个产业化项目。9月8日，市科技局组织本市相关科研院所及科技型企业代表参加2015年厦门国际投资贸易洽谈会福建省代表团科技分团活动。在由科技部国际合作司和福建省科技厅共同举办的第9届科技外交官跨国技术转移专场暨海峡两岸技术转移对接会上，市科技局促成中科院海西装备制造研究所等科研院所、铁通电子等5家企业及新材料、电子信息等领域产业技术创新战略联盟代表等参与项目对接。9月11日，泉州市科技局与首都科技服务业协会共同举办泉州•首都科技服务驿站第2期科技产业化项目对接活动，并召开泉州石油化工产业技术交流座谈会。9月21日，泉州市科技局、泉州国家农业科技园区管委会办公室在安溪茶叶科技园举办泉州市茶叶深加工技术科技成果产业化应用推广对接会。中国农科院茶叶研究所、湖南农业大学、浙江大学等科研院校专家与相关茶叶加工企业代表面对面交流，并发布近50项茶叶深加工科研成果。福建省安溪铁观音集团有限公司分别与安徽农业大学茶与食品科技学院、湖南农业大学园艺园林学院签订“茶叶深加工质量安全技术”“清洁化加工技术及其设备的开发”产学研意向合作协议；福建省添寿福地实业有限公司与福建农林大学签订“有机速溶茶开发”产学研意向合作协议；安溪县益酩茶酒酿造有限公司与福建农林大学签订“茶酒开发与产业化”产学研意向合作协议。11月27日，市科技局支持举办纺织军工新成果推介会暨产学研用配套衔接交流会。此次会议共有全国近50家特种纺织品生产企业及科研院所、高校的专家学者参加。

科学普及与宣传

【加大科学普及与宣传力度】 2015年，泉州市科技局继续加大科学普及与宣传力度。积极向市“两办”报送信息，与各大主流媒体开展合作，加大对科技重点工作和政策的宣传力度。2015年，编辑出版《侨乡科技报》51期，国内发行20多万份，与菲律宾《商报》合作出版《侨乡科技报》菲律宾版53期，海外发行100多万份。有2件作品分获28届（2014年度）全国科技报系统优秀作品二、三等奖。编辑刊发《泉州科技》手机版，发布项目征集信息。

【举办“泉州市科技•人才活动周”】 5月16—22日，以“创新创业　科技惠民”为主题的2015年泉州市科技•人才活动周于在全市各地同时举行。2015年泉州市科技•人才活动周，突出创新驱动经济社会发展和创新创业成果服务改善民生两大主线，在现场与网络科普活动同步、展览与流动展示活动互补、科技资源开放与科技人员服务活动结合、政府组织与社会参与并举等方面创新活动形式，针对与百姓生活密切相关的科技需求，面向人民群众和企业开展服务。据不完全统计，2015年全市共有159个单位、561名科技人员参加了活动，开展各类活动77项，参与活动的群众达5万多人次。其中，举办科技报告会（讲座、研讨会）16场；科技培训29期，受训人数近7000人次；科技下乡活动82次，科技咨询服务18640人次、技术服务39人次、义诊服务422人次，赠送农资、物品93000元；开放科研院所、高校3所，科普基地19个；发送科技短信13857条、科技资料38840份，展出宣传展板326块、科普画廊48米，放映科普影视38场。

科技拥军与扶贫

【科技拥军】 建立了领导和职能部门抓落实责任制，下发《泉州市科技局2015年科技拥军工作要点》，对全年科技拥军工作进行分解立项抓落实，并完善监督检查制度。加强与解放军180医院泉州军分区司令部、武警泉州市支队、武警海警二支队、泉州消除支队等单位开展共建活动。通过支援部队高素质人才培养、科研成果对接、科技难题攻关、信息化建设、科普宣传等各方面分别建立定期工作交流机制。市科技局重点在科技奖励申报、科研立项等方面对驻泉部队给予优先倾斜支持，2015年重点优先扶持解放军180医院“影响腹腔镜输尿管切开取石手术时间的相关因素分析”等14个项目44万元；解放军180医院“HBV基因型及相关细胞因子在重型肝炎发病机制中的研究”等3个项目分获泉州市“自然科学奖”二、三等奖和“科技进步奖”三等奖。持续加大科技拥军项目经费投入。从有限的科技经费中安排170万元专项经费用于科技强军、科技强警及国防动员建设。实施14个科技拥军、科技强警项目，所有项目经费于年底前足额到位，并落实项目跟踪指导，及时监督经费落实。每年坚持向部队官兵免费赠阅《侨乡科技报》等科技报刊杂志2000多份。突出科技创新融合，对军民融合企业创新项目给予优先立项扶持。召开军工新成果推介暨产学研用配套衔接交流，邀请相关领域院士专家到会交流指导，开展产学研用配套衔接交流。泉州市生产力促进中心组织走访驻泉部队，开展技术与人才培养需求调研活动，分别与武警福建省边防总队医院共建高清远程医疗服务，与其他驻泉部队共建连队网络教室、生产基地大棚防虫网，并陆续为部队开展摄影技术培训、授课技巧培训、舞蹈培训等各项现役军人的技能培训工作，开展“医患，我们如何相处”专题讲座及及创业培训讲座，为部队培养一批高素质军地两用人才。

【科技扶贫】 2015年，市科技局积极落实帮扶项目、资金和政策，扶持贫困地区发展现代农业，建设社会主义新农村。先后安排2批171万元科技帮扶资金，扶持20个贫困乡村发展现代农业。同时，做好对口帮扶单位帮扶工作，组织召开科技扶贫工作现场办公会，深入挂钩帮扶村永春县桂洋镇文太村、永春县吾峰镇侯龙村、南安市康美镇康美村，调查贫困村贫困户贫困状况，研究整村精准脱贫办法和措施。先后支持挂钩帮扶村——永春县桂洋镇文太村扶贫专项资金10万元，开展芦柑园改造、珍稀花卉引进、种植、推广，组织申报建设科技特派员示范基地，下达科技特派员示范基地补助经费10万元，扶持园林珍稀苗木生产示范基地建设，下达科技示范项目经费8万元，支持桂洋镇开展珍稀花卉引进、种植和推广，组织成立文太村星火科技12396信息服务站点，与永春县科技局合作，在文太村开展蔬菜、花卉苗木栽培技术培训，支持挂钩帮扶村——永春县吾峰镇侯龙村扶贫专项资金10万元，开展优良农牧业品种推广和实用技术培训等，组织建立侯龙村星火科技

12396信息服务站点，与永春县科技局合作，在侯龙村开展竹鼠、黑兔健康养殖技术培训；支持挂钩帮扶村——南安市康美镇康美村扶贫专项资金10万元，开展生猪养殖、粮油作物和果树栽培实用技术培训等。2015年来全市先后组织实施国家、省、市级农业科技、星火计划项目107个，争取（或下达）科技经费1443万元，组织认定市级科技特派员示范基地20家、市级科技型农民专业合作社10家，通过政府引导，科技示范，不断提高贫困地区的“造血”功能。永春县九龙谷生态农业专业合作社与福建省农林大学农业生态研究所等合作，聘请张志兴助理研究员等为科研顾问，建设水稻农业“五新”推广应用高产示范片333.33多公顷，有效促进粮食作物优质高产高效，带动农民增收致富。泉州市永春新新园艺有限公司与永春县林业局邹秀红高级工程师合作建立泉州市科技特派员示范基地，重点解决铁皮石斛容器苗在枫香、青冈等树干上捆绑技术难题，引导农民利用林下土地资源发展林下经济，为农民增收致富开辟了一条新路子。与泉州市扶贫开发协会等部门合作，围绕贫困村的主导产业和现代农业发展需求，应用泉州市星火科技12396多媒体信息远程服务平台，举办星火科技扶贫大讲堂，组织开展种植业、畜牧业、林业等农村实用技术远程培训与咨询服务20期，受惠5万多人次。

知识产权

【概况】　2015年，全市专利申请和授权量分别为30362件和23968件，同比增长分别为63.78%和109.22%。年度专利申请和授权量连续5年位居福建省首位。发明专利数量有较大幅度增长，发明专利申请和授权量分别为3938件和1015件，同比增长分别为84.02%和87.62%。截至12月，每万人发明专利拥有量为3.09件。有95家企业获得2015年度福建省发明专利清零奖励。组织评选2015年泉州市专利奖31项，其中重大发明奖1项，一等奖3项，二等奖9项，三等奖18项，发放奖金255万元。有2项专利荣获第十七届中国专利奖优秀奖，发放奖金30万元。有3项专利获2015年度福建省专利奖。2015年，全市新增75家各级知识产权试点示范和优势企业，其中国家知识产权示范企业2家，国家知识产权优势企业3家；福建省知识产权优势企业10家；福建省专利导航试点企业1家；泉州市第二批知识产权示范企业20家；泉州市第六批知识产权试点企业40家。

【国家知识产权示范城市】　市知识产权工作领导小组办公室印发2015年推进计划，并将目标任务及主要专利指标分解到市直有关单位和各县（市、区）、泉州开发区、泉州台商投资区，扎实推进国家知识产权示范城市工作，确保示范城市工作取得实效。12月，泉州市通过国家知识产权示范城市复核。同时，2015年知识产权发展专项资金提高到900万元，市本级全年发放专利资助与奖励资金610万元，有力推进知识产权工作的开展。县域知识产权工作取得新成效，鲤城区被列为“国家知识产权强县工程示范县（区）”；德化县被列为“国家知识产权强县工程试点县（区）”。

【知识产权创造和运用】　出台《泉州市促进专利运用工作措施（2015—2017年）》，提出促进专利技术转移转化的12条措施。市科技局组织实施《泉州市专利事业中长期发展规划》，印发2015年度推进计划，将主要工作任务进行分解细化，提出年度工作目标，截至年底已完成年度目标任务，达到预期效果。启动泉州市知识产权“十三五”规划的编制工作。泉州市知识产权局组织开展2015年企业发明专利“清零”和“倍增”行动，确定清零和倍增企业名单300家。全年组织市、县两级知识产权工作人员、专家支撑团队300多人（次）深入企业开展帮扶服务，宣传和解读政策措施，指导和帮助企业建立知识产权制度，挖掘申请专利的资源，引导企业将知识产权融入研发、生产、经营等环节，增强企业意识。泉州市知识产权局开展专利权质押融资需求征集工作，全年向银行推荐28家有专利权质押融

2月21日，全省检察机关首个知识产权刑事司法保护研究中心在市检察院成立　（图/市检察院）

资需求的企业，有25家企业实现专利权质押贷款，贷款额度达到6.8亿元，贷款金额居福建省首位。同时，加大省、市专利权质押贷款贴息政策的宣传力度。泉州市共有12家企业获得福建省企业专利权质押贷款贴息补助293.3万元，有3家企业获得泉州市专利权质押贷款贴息补助65.58万元。泉州市知识产权局选择水暖卫浴和纺织面料2个专利相对密集的重点产业开展专利导航工作，已完成泉州水暖卫浴产业与纺织面料产业专利导航分析报告（初稿），分别为2个产业3家龙头企业提出重点技术创新发展和专利培育运营服务的规划建议。泉州市知识产权局建立并完善泉州市专利技术展示交易中心，全年征集400多项优秀专利技术项目进入泉州市专利技术展示交易中心网上平台展示推介。有一批专利项目成功对接签约。推荐10个专利技术项目列入福建省专利技术实施与产业化计划项目，获得121万元经费支持；有20个专利技术项目列入泉州市科技局专利技术产业化项目，获得384万元经费支持。开展知识产权贯标和托管工作。泉州市知识产权局积极推动企业贯彻执行《企业知识产权管理规范》，委托中介机构对20家有贯标需求的企业进行辅导培育，有3家企业正在启动知识产权贯标认证程序。

6月12日，世界知识产权组织专家在德化县考察版权保护工作

（图/陈林森）

【知识产权保护】 推进专利行政执法能力提升工程，加强与县级知识产权局的协调联动，依法查处各类专利违法行为。5月，仅用21天时间快速处理二起涉外专利侵权纠纷。开展执法维权“护航”专项行动，每月至少组织一次有针对性地的集中检查行动，及时发现专利侵权假冒行为线索。2015年，全市知识产权局系统共深入开展集中检查近40次，出动执法人员230多人（次）。以电子商务发展迅速的德化县为重点，探索建立电商沟通协作机制，定期对企业在淘宝等电商平台遇到的专利保护问题进行收集、反馈与答疑。2015年受理电商领域举报投诉6件，处理2起电子商务领域的专利侵权纠纷处理请求，并于立案12天后快速调解结案，妥善解决。在泉州商品博览会暨中国（晋江）国际鞋业博览会、海峡两岸纺织服装博览会等重点展会期间，市知识产权局、市知识产权维权援助中心联合晋江、石狮等知识产权局工作人员进驻展会开展专利行政执法及维权援助举报投诉工作，接受相关咨询30多人次，及时受理参展企业的9件举报投诉并进行调查处理。开发建设并完善泉州市专利行政执法信息管理系统，2015年为县（市、区）知识产权局各配备了一部专利执法移动终端设备，推动县级局开展日常执法检查，提高专利行政执法条件和能力建设。深化知识产权执法协作。与市中级法院、市版权局联合制定《关于建立知识产权纠纷“诉调对接”工作机制的若干意见》，为知识产权权利人依法快速维权和降低维权成本拓宽了渠道。推进跨区域专利执法协同协作，贯彻执行全国知识产权系统跨省（自治区、直辖市）专利行政执法协作协议、全省知识产权联席会议等协作机制，受理成都市、广州市知识产权局移送的假冒专利案件，依法做好相关工作。有效运行12330知识产权维权援助与举报投诉服务平台，修订《泉州市知识产权维权援助暂行办法》等制度，筹建12330微信公众平台及手机官网。深化分中心和工作站工作，2015年在市创新中心设立知识产权维权援助数控分中心，为“数控一代”企业及知识产权创客提供服务。开展重大项目与高层次人才维权援助服务工作，完善知识产权维权援助协作网络，与10家知识产权服务机构签订协作协议。开展知识产权志愿者服务活动，共组织知识产权志愿者深入社区、企业开展活动5次，为企业和市民提供知识产权咨询服务。

【知识产权宣传服务】 加大知识产权宣传，在泉州广播电视台、《泉州晚报》等主流媒体开设固定宣传栏目，每月播放或刊登1—2期知识产权宣传专栏；在《法治连线》栏目中开辟为期两年的“知识产权小百科”宣传版块，每周宣传1个知识产权基础知识。2015年“福建省知识产权日”“知识产权宣传周”“中国专利周”期间及“知识产权示范城市通过复核”期间，组织开展集中宣传活动，发布《2014年泉州市知识产权发展与保护状况》白皮书，与泉州市学生记者团联合开展“手拉手”进校园活动，在泉州广播电视台及《泉州晚报》《海峡都市报》《东南早报》《侨乡科技报》进行专题宣传。2015年共播放知识产权公益广告50期，发送手机短消息2000余条，印制7000册服务手册和3500个环保袋。同时，利用泉州知识产权信息网、泉州知识产权简报等宣传媒介及时宣传知识产权工作动态，并向《中国知识产权报》、国家、省知识产权局网站投稿，全年刊发知识产权信息200多条。2015年，市科技局通过委托办班的方式确定8个委托培训项目，并围绕“专利信息分析运用实践”等主题开展专题培训和讲座。与中国民主同盟泉州市委员会举办“知识产权进民企”公益系列活动，全年举办12期。2015年共举办各类知识产权培训24场（次），利用福建省知识产权远程教育平台泉州分站开设36门课程，受训人数6000多人（次）。开展2014年度专利代理机构综合评价工作，确定5家泉州市优秀专利代理机构，其中5A级代理机构1家、4A级代理机构2家、3A级代理机构1家，并给予一定的奖励。依法查处了一家在未取得专利代理执业资质的情况下，以营利为目的从事专利代理服务的中介机构，维护公平有序的专利代理行业秩序。

无线电管理

【规范频率台站管理】 开展频率使用情况核查专项工作，开展监测和数据比对，填报核查数据，梳理频率指配文件283份、频率数据1816条；规范4G基站管理，修订验收办法，优化验收流程，核发电台执照5385份；加大事后监管力度，路测基站11350个；优化审批流程，精简办理环节，压缩审批时限，由20天缩短为7天，提高办事效率，共受理审批258件；年检核验设台单位205个，电台执照3.88万份，收取频率占用费89余万元，有效年检率98%。

【规范生产管理】 打击非法生产和假冒伪劣行为。开展日常督查，加大监管力度，出动执法人员176人次，检查企业72家，查处非法和仿冒企业7家，扣留设备165部，罚款20000元。严格型号核准制度。调研生产企业，了解难点问题，宣贯模转数政策，核验新核准企业，抽检在线设备，核实生产信息，通报检查情况，抽测179种型号、528部对讲机，合格率87.2%。开通生产管理平台。落实生产备案制，利用互联网优势，研发生产管理平台，征求企业意见，不断调试界面和系统，在局门户网站开通运行，优化服务功能，方便企业备案，实现动态管理，备案企业80家、型号1827种，备案率100%。开展网络对讲机调研。针对“网络对讲机”生产管理问题，深入重点企业调研，提出措施，编写专报，规范管理。

【加强执法检查】 执法检查72次，出动人员271人次，检查设台单位或个人107家，立案8起，查处干扰7起；查处典型非法设台，在清理450—470兆赫兹频段时，发现一频率464.05兆赫兹，经监测，查明是某汽车培训机构训练系统使用的GPS数据传输，属非法设台，依法立案处理；在230兆赫兹数传频段监测中发现一不明信号，频率为228.725M兆赫兹，经查找定位，确认为永安车辆段泉州运用车间所设置的数传电台，用于列车“试风”系统，需要与南昌铁路局协调处理，通过专报向省无管办报告，提议纳入管理。

【开展打击非法设台专项行动】 严厉打击“伪基站”“黑广播”。联合市公安局、文广新局和三大电信运营商，建立沟通协调机制，成立工作小组，明确责任分工，制定实施方案，加强落实推进。加强对重点区域、重要业务和广播频段的日常监测，比对分析数据，识别不明信号，排查干扰隐患；查处“伪基站”7起、“黑广播”6起。

【保障无线电安全】 全力做好高考保障，高考期间，未发现考试作弊信号，有效防范和打击考试作弊行为，维护高考公平公正。完成司法考试、公务员录用考试、注册会计师、研究生入学考试和高考等8场重要考试保障，在考试保障中成功阻断3起无线电作弊信号，其中二级建造师考试1起、研究生入学考试2起。完成“两会”、春节等重要会议和重要节日无线电安全保障。在5—10月汛期中，加强对防汛、气象等重要频段的监测保护。利用监测车和便携监测设备，实地监测重要水库、高山防汛中转台等重要地区，保证设台正常使用。完成“海上丝绸之路国际研讨会”和“第十四届亚洲艺术节暨第二届海上丝绸之路国际艺术节”无线电安全保障工作。完成青运会泉州赛区保障任务。

【加强信息宣传】 全年报送专报2篇，编辑《简报》22期、微信48期，撰写信息近70篇，被《中国无线电》《无线电管理工作通讯》、省办网站大量采编，《泉州晚报》《东南早报》和《海峡都市报》刊登报道近15次，泉州电视台新闻报道3次，获评2014年度全省无线电管理系统宣传先进单位。广泛宣传无线电管理法律法规，发送刑法修正案（九）专题宣传短信200余万条；利用电视开机广告平台，在泉州市区和安溪县进行宣传，收视人数约250万；在微信平台和门户网站发布刑法修正案（九）相关条款，通过微信朋友圈互动讨论；在《泉州晚报》刊登题为“扰乱无线电通讯管理秩序最高入刑7年”的公告。2月13日第

11月8日，“第十四届亚洲艺术节”在泉州海峡体育中心开幕，市无线电管理局为活动提供无线电安全保障　（图/无线电管理局）

四个世界无线电日，以“无线电与创新”为主题，结合实际，开展系列宣传活动。依托电视开机广告平台，在永春、德化和南安县集中一个月进行主题宣传，150万人次收视；征集青少年无线电科技创新作品，两个作品参加全省“电波畅跑福建加速”主题活动启动仪式现场展示；在门户网站发布宣传口号和科普信息；协调三大电信运营商，发送主题宣传短信近200万条；在“泉州无线电”微信平台发布专题海报、新闻通稿和活动动态。2015年全国无线电宣传月期间，开展“滤波在泉州”广播专题宣传，以打击“伪基站”“黑广播”和重点考试保障为内容，进行现场采访和问答互动，在88.9广播频道播出；组织20多家对讲机生产企业代表开展“无线电检测开放日”活动，参观检测实验室，体验无线电设备检测，了解检测资质、检测能力和检测流程；制作成漫画广告，依托移动彩信平台，面向全市各级行政事业（包括国企）单位人员，宣传无线电管理法律法规、工作职责和工作重点；组织近百名中学生开展“玩转无线电”测向活动。

【加强无线电监测检测】　做好日常监测与专项监测，报送监测月报12期，固定监测8076小时，移动监测528小时，电磁环境测试5起；开展边境（界）电磁环境测试，重点对广播、航空、数传和公众移动通信等频段进行监测，统计分析频段占用度，通报数据情况。抓好无线电设备检测，落实数字专网产业发展政策措施，推进检测实验室建设，规范业务流程，完善质量体系，顺利通过资质认证评审，拥有包括数字对讲机、4G移动通信基站等9个项目的检测资质，检测设备1410台，其中对讲机743台，车载台3台、基站641台；鉴定伪基站23台。

石狮服装城　（图/吴寿民）

城乡规划建设管理

CHENG XIANG GUI HUA JIAN SHE GUAN LI

责任编辑：吴远鹏

城乡规划

城市规划编制

【编制《“美丽泉州”发展纲要》】 1月，泉州市和石狮市、晋江市、南安市列入福建省“多规合一”试点城市。市城乡规划局在《环泉州湾城乡一体化规划》基础上形成具有高度共识的城乡发展战略——《美丽泉州》，以作为引领全市“多规合一”的工作纲领。《“美丽泉州”发展纲要》通过分析泉州特有的魅力特质，提出城市发展的愿景目标、空间战略和行动纲领：以建设“美丽泉州”为抓手，以生态文明为引领，着力提升经济、社会、文化、生态和城市发展质量，将泉州逐步建设成为区域影响力强、产业创新发展、文化多元开放、生态环境优美、城乡服务均衡、社会管理高效的国际智造名城，生产、生活、生态融合共生的“美丽泉州”。

【《南安市城乡总体规划纲要（2013—2030）》通过评审】 2月11—12日，福建省住房和城乡建设厅在南安市主持召开《南安市城市总体规划纲要（2013—2030）》技术审查会，认为《规划纲要》在城乡统筹、多规合一等方面做出积极探索和研究，原则通过《规划纲要》。规划纲要提出，南安市城市性质为面向全球的特色型家居产贸综合中心（专业型采购中心）、厦漳泉都市区的现代制造业基地，具有闽南特色的山水宜居城市。到2020年，南安市市域城镇化水平达到65.4%，中心城区城镇人口规模控制在91万人，城市建设用地规模控制在104.7平方千米。到2030年，城镇率力争达到73.7%，中心城区城镇人口规模控制在115万人，城市建设用地规模控制在131.4平方千米。

【编制《基于国家战略的泉州海丝空间规划研究》】 2月，邀请中科院梅宏院士和上海交大马文军教授开展《基于国家战略的泉州海丝空间规划研究》。项目研究范围涵盖“两江一湾”的泉州湾地区，以海丝核心区建设为目标，打造湾区休闲、旅游、水上活动为特色的开放空间。根据泉州丰富的海丝文化与多元文化遗存，以及优美的滨海生态景观，构建五大特色片区，并据此串起通过水上线路、山线等方式串起与“古”“海”有关的众多遗迹与景点，打造古城生活、海丝遗迹、滨海风光、宗教朝圣、生态休闲为主题的五大文化旅游线路。12月23日，市城乡规划局主持召开项目审查会。

【编制《洛阳古桥流域整治保护规划》】 3月，市城乡规划局牵头负责编制《洛阳古桥流域整治保护规划》。规划邀请国内在文化遗产研究和保护方面的权威专家陈同滨领衔的中国建筑设计院建筑历史研究所牵头主持，并和河海大学、泉州市城市规划设计研究院共同形成多专业的规划编制团队开展工作。规划研究内容重点包括洛阳桥及其相关史迹和历史环境整体保护、泉州湾和洛阳江水域和生态环境治理、所在地城乡建设区域控制性详细规划整合。经过组织多轮的市相关部门讨论，规划形成初步研究成果。

【《安溪县城市总体规划（2013—2030）》通过评审】 3月，《安溪县城市总体规划（2013—2030）》通过技术评审会。规划强调有序拓展城镇空间，在县域3057平方千米范围内，构建“一主、两副、两带、多点”的县域空间结构；在规划区866平方千米范围内，逐步形成“一主、两副、两轴、两组团”的布局构架。规划到2020年，县域人口118万人、城镇化水平55%，中心城区人口34万人；到2030年，县域人口130万人、城镇化水平达70%，中心城区人口48万人。推进产业转型升级。大力发展生态现代农业，构建以茶产业为龙头的产业集群；改造提升传统优势产业，培育发展战略新兴产业，形成“一带一基地多园区”的产业空间格局。完善基础设施体系。积极构建以高速铁路、高速公路为骨架的对外交通运输体系，构筑以公共交通为主导，与带状多组团空间结构相适应的多层次、高效率、可持续发展的综合交通体系，统筹建设城市给排水、供电、防洪排涝、环境卫生、生态保护等设施。加强生态环境建设。发挥生态优势，促进“山、水、城”有机融合，形成“水曲连四片、山青绕六岸”城市景观，塑造优美的城市天际线，保护好历史街区、传统村落和特色建筑，留住乡愁记忆。

【《永春县城总体规划调整（2012—2030）》获批】 2015年4月，市政府作出批复，原则同意《永春县城总体规划调整（2012—2030）》。规划区在原规划区五个镇（桃城、五里街、石鼓、岵山、东平）的基础上，新加入东关镇，总面积173平方千米，比原来增加41.6平方千米。规划区内将逐步形成“一心”（永春城市中心区）、“两轴”（桃溪滨水生态景观轴，南北向人文景观轴）、“六片区”（城东产城融合发展区，城西居住及文体发展区，城北生态居住区，东关休闲养生区，岵山传统村落保护及门户商贸休闲区，卿园弹性发展区）空间布局。到2030年，县城人口规模达到63万人，城镇化水平达到75%，其中，规划区总人口达到30万人。产业方面，永春将做强休闲养生旅游、轻纺鞋服、新能源新材料、现代农业和香产业等主导产业，培育生物医药、现代商贸物流、文化创意、电子信息和节能环保等新兴产业，促进产城融合，打造福建山海协作通道上重要的“外引内联”经济平台。

【《泉州北翼新城发展战略规划（2014—2030）》获批】 4月，市政府作出批复，原则同意《泉州北翼新城发展战略规划（2014—2030）》的成果。该规划将作为统筹协调泉州北翼片区城市建设、功能布局、生态保护以及规划修编的重要依据。此次规划范围以泉港区、惠安县为主；规划总面积约730平方千米，总建设用地约304.07平方千米（其中城市建设用地面积约237.19平方千米）。人口预测规模近期约100.59万人，远期约118万人。功能定位：海峡西岸乃至全国重要的临港重化、港口工贸和先进制造业基地；厦泉漳大都市区进一步辐射湄洲湾的重要产业重心、交通枢纽与城市服务节点；泉州滨海旅游与生态宜居示范区。规划结构及布局：“一城”（泉州北翼新城）、“两轴”（组团式城市功能拓展轴及滨海产业功能拓展轴）、“三区”（惠安生态新城片区、空海港产业新城片区、泉港产业港口新城片区），呈现“西部生态新城、东部产业新城、北部综合服务”的空间格局。

洛阳桥 （图/吴寿民）

【编制《泉州市中心城区公共空间布局规划》】 6月30日，《泉州中心城区公共空间布局规划》通过审查讨论会。通过该规划，将为城市管理提供公共空间优化的发展模式与整体策略，从整体到微观多层面、多尺度地塑造泉州公共空间的整体形象，构建以人为本、生态和谐、特色鲜明的城市公共空间系统和丰富而优美的城市风貌；在城市设计技术方面提供规划范式，为后续的优化和完善奠定基础，为进一步的详细规划、城市设计和建设管理提供依据。

【泉州市文化产业空间发展规划成果通过技术审查】 9月8日，市城乡规划局审查通过《泉州市文化产业空间发展规划》。该规划由意厦国际规划设计（北京）有限公司与理想空间（上海）创意设计有限公司联合编制。规划在东亚文化之都规划发展策略研究基础上，从城市规划和空间落实角度，深入挖掘泉州文化资源及文化产业发展现状，借鉴台北、横滨、格拉斯哥等在文化与产业有较高相似性的国际文化都市发展经验，提出泉州文化产业提出发展方案。规划对中心城区的文化产业项目和文化产业设施进行针对性地空间布局，形成系统性的文化空间体系，并以规划图则的形式落实到各片区中，提高规划可操作性；同时策划形成泉州文化产业项目策划库及三年行动计划，指导泉州文化产业空间发展，建设海丝泉州、美丽泉州。

【《泉州市综合交通规划（修编）》通过技术审查】 《泉州市综合交通规划（修编）》在对上一轮综合交通规划成果的继承、延续的基础上，结合新的内外部环境变化进一步完善和发展，从多层次多系统提出综合性交通方案。在区域国家层面，把握国家“一带一路”战略机遇，面向国际、融入沿海、辐射内陆，构建海港、空港、陆港、信息港四港合一的国家级区域交通枢纽，支撑与引领泉州成为21世纪海上丝绸之路的战略支点和先行区；在厦漳泉都市圈层面，注重区域一体化发展趋势，通过城际轨道、都市圈快轨、高速公路等交通设施建设，加强区域间融合，提升泉州核心竞争力与区域影响力；在大泉州层面，突出TOD的发展模式，构建城市轨道、有轨电车等大中运量公交为主导、多级公交网络合一、换乘便捷高效的全国一流水准的公交都市，快速推进快速路网建设，形成快、主、次、支的多级道路网络，支撑与引导大泉州和“环湾一体化”紧凑集约的城市空间结构与土地开发；在中心城区层面，秉承“以人为本”交通发展理念，建设体系完备、功能完善、服务均等的健康型综合交通体系，实现慢行友好、方式多元、彰显泉州山水人文特征的高品质交通模式。

【开展鲤城区笋浯金山片区控规等编制工作】 11月20日，《泉州市鲤城区笋浯金山片区控制性详细规划》通过技术审查。笋浯金山片区，规划范围北至笋江桥，南至顺济新桥，东至笋浯溪—剖腹沟，西至晋江，总面积约为1.75平方千米。规划依托古城文化核心优势，融入古城，充分利用滨水资源，凸显江城融合，整体定位为“人文体验、滨水宜居的古城西部门户”。按照古城保护要求，增加笋浯溪两侧绿化空间，加快恢复“鲤鱼型”的古城轮廓，强化从清源山俯瞰古城“鲤鱼”平面构图形态的线形。规划凸显城市山水格局，控制水系、预留绿化，留出新华路视廊，在江滨北路、新华大桥等特定景观节点上提出“望得见山，看得见水”的规划要求。

【编制《环泉州湾地区城乡一体化规划》】 经规划方案竞赛，该项目选定深圳市城市规划设计研究院和泉州市城市规划设计研究院联合承担编制工作。《环泉州湾地区城乡一体化规划》主要包括总规实施评估、环泉州湾地区城乡一体化、环泉州湾地区控规整合和专题研究四个方面内容。

【编制《崇武至秀涂滨海区域生态保护和景观旅游规划》和《崇武至秀涂海岸带资源环境保护和开发利用专项规划》】 两规划范围西起秀涂村，向东至崇武东海岸端头，全长约38.5千米长的滨海区域；规划将海岸线两侧2—5千米范围内的滩涂、山体、水系、湿地、岛礁、海面、文物古迹等重要自然和人文资源要素统一纳入研究范围，总面积约220平方千米。规划发展定位：世界一流的滨海旅游休闲度假区。规划提出“一心、两翼、三线、一环、多节点、多廊道”的旅游总体空间结构，形成以海洋为前厅，以笔架山脉为绿色屏障，以规划的月亮湖为中心、以秀涂商务中心和崇武古城为次中心、规划的生态廊道为连廊，建立完整的生态旅游空间框架和山、海、城、廊有机融合、互动共生的生态格局；规划提出海岸带生态安全格局，制定海岸带资源环境保护和开发利用控制性导则，按照区位和生态特性，将海岸线分为15个管理区段，对各区段海岸线提出管控要求，为生态保护和景观旅游规划提供依据。

【推进晋江、洛阳江两岸景观整治规划实施】 晋江、洛阳江景观整治规划实施范围为晋江北岸、洛阳江西岸。2015年基本打通21.5千米的亲水慢道，北峰示范段、建成黄龙大桥至锦溪胜境精品段景观工程、基本建成锦溪胜境至笋江公园（北），建成田安公园景观提升工程和枪城至滨江公园段景观工程总长2.2千米，并与部分公园内慢道形成环线，能够满足市民自行车骑游的需求；洛阳江生态景观系统方面，重点是开工建设城东滞洪区公园，塑造城市形象，带动片区繁荣发展；启动红树林湿地公园建设的前期工作，改善洛阳桥周边景观环境。

【编制《泉州市轨道交通线网规划》】 《泉州市轨道交通线网规划》总体上按“老城区线跟人走，新城区人跟线走”的原则进行编制，注重发挥轨道交通对城市布局和结构的引导和导向作用。城市轨道线网规划在结构上分成以大、中运量轨道交通线路为主线联系环泉州湾核心区各城市组团和以中、低运量轨道交通线路为补充线联系环泉州湾核心区与外围组团的两个不同层次网络，整个轨道线网呈现与土地利用状况相符合的放射式轨道线网形态；规划在具体布线中充分结合对未来城市客流交通流向的论证、预测，将联系主城区－晋江－石狮的线路作为1号线，联系南安—主城区－惠安、泉港方向的线路作为2号线；在这两条主线的基础上，考虑城市其他重要发展组团（如洛江、安海水头等区域）的发展需求，构建起未来城市发展区域的轨道网络。线网总规模为349.6千米，

泉州绿道　（图/李芸生）

其中环湾核心区范围内的轨道线长度为207.6千米。

【协调泉惠石化工业区控规修编】　根据2015年4月《泉州市人民政府关于泉州北翼新城发展战略规划（2014—2030）的批复》，市城乡规划局就《泉惠石化工业区控制性详细规划修编（2014—2030）环境影响报告书》提出意见。意见要求泉惠石化工业区控制性详细规划修编应以《泉州市城市总体规划（2008—2030）》和惠安县城市总体规划为依据；环评应明确泉惠石化园区对惠安生态新城片区、空海港产业新城片区、泉港产业港口新城片区的环境影响和需要采取的控制措施和要求；应明确环保措施（如生态隔离带、安全防护距离）的具体意见；应按照“属地管理”原则，进一步征求惠安县规划主管部门意见。

【开展《后渚港区、百崎湖至崇武滨海（江）区域规划和管控》专题研究】　后渚港区、百崎湖至崇武滨海滨江区域规划范围，西起后渚港区，跨过洛阳江经百崎湖，向东至崇武东海岸端头，环湖滨海岸线两侧2—5千米范围内的滩涂、山体、水系、湿地、岛礁、海域、文物古迹等重要自然和人文资源要素统一纳入本区域规划管控范围，总面积约105平方千米；本区域以创建世界一流的滨海旅游度假区为目标，遵循生态优先的原则，加强水体的保护和生态景观的修复，整合自然生态资源、人文资源，以构建“海绵城市示范区”“生态型滨水城市示范区”“节能减排城市示范区”“地下综合管廊示范区”为发展理念，加强自然景观和城市景观的协调，将自然生态格局融入到整个城市新区建设之中；此专题研究将从生态底线、建设容量、用地控制、市政交通、景观风貌、重要节点等方面加强规划管理控制，在后渚码头及周边区域、百崎湖片区、金融商务区、月亮湖（浮山湖）核心区等重要区域和节点提出管控要求。

【开展宜居环境建设项目工作】　2015年，市城乡规划局开展宜居环境建设项目工作。福建省宜居环境建设“三边三节点”两个项目中，江滨北路景观提升工程按计划完成投资10000万元，完成比例100%，形象进度完成黄龙大桥至笋江公园精品段建设和绿地景观提升；桃花山公园建设提升工程完成投资2187.5万元，完成比例43.75%，形象进度完成园内游览路、机动车停车场及观景亭等项目建设。2015年，市城乡规划局牵头的99个“点线面”项目，年度计划投资25.235亿元，实际完成投资26.265亿元，完成比例104.08%。

【完成“三旧”改造初审及政策修订工作】　该实施意见将重点推动完善公共服务设施和市政配套设施；下放部分审批权限给区政府，对保留原有建筑，继续保留工业用地用途的项目，由区政府自行研究和办理相关手续，切实提高审批效率；在自行改造项目的申请条件、初审审核、政策措施等方面，突出对鼓励产业的政策扶持和保障措施，强化项目所在地政府的审核、监督责任，以及逾期未组织实施和擅自改变用途、分割产权等行为的处理原则。

历史文化名城名镇名村保护

【中山路历史文化街区被列为“第一批中国历史文化街区”】　4月3日，住房城乡建设部、国家文物局公布北京市皇城历史文化街区等30个街区为第一批中国历史文化街区。泉州市中山路历史文化街区入选。

【市政府开会研究西街保护规划工作】　6月19日，市政府开会研究西街保护规划，设计单位北京清华同衡规划设计研究院有限公司和泉州市城市规划设计研究院向市政府副市长李建辉和市直有关部门汇报规划方案，西街重点保护片区保护与复兴整体规划设计工作提交工作成果。

【《泉州市历史文化名镇名村保护研究》完成技术审查】　规划通过对泉州市域现状历史文化名镇名村的梳理、分析和总结，形成推荐泉州市历史文化名镇名村名录库，并提出保护原则、保护目标、保护策略、保护模式和保护措施，可以指导下阶段全市深化历史文化名镇名村保护规划编制工作。

村镇规划建设

【概况】 2015年，市城乡规划局按照“环湾、向湾、同城化”和“一座城、一张图、一盘棋、一把尺”的要求，推进村镇规划管理各项工作。加强对市域村镇工作指导力度，指导南安市强化城乡统筹，南安沿海三镇产城融合培育小城市综合试点方案获得省政府批复试点；转发省住建厅在邵武、政和县两次召开历史文化名村和美丽乡村现场会精神，指导各县（市、区）深化家园清洁行动；在泉港区对全市村镇规划工作者进行历史文化名镇名村保护工作业务培训，强化“记得住乡愁”新型城镇化精神；完成2015年度村镇建设年报统计工作；发挥本地规划技术单位作用，对晋江市磁灶镇大埔村等12个村庄规划进行提升。加强规划编制和评审工作，市政府批复同意《泉州北翼新城发展战略规划（2014—2030）》；永春县城市总体规划获得市政府批复实施；完成安溪县城市总体规划（2013－2030）技术审查；组织对石狮市西裤产业园区进行技术审查；完成晋江市、德化县的景观风貌专项规划评审工作；督促安溪县湖头镇、龙门镇修编小城镇总体规划；指导德化县编制上涌镇历史文化名镇保护规划，该规划于11月通过省住建厅主持的评审；完成泉港区土坑村国家级历史文化名村保护规划技术审查工作。强化规划实施督查工作，联合省政府规划督察组对泉州市环湾区域的城市规划执行情况进行例行督察，对近两年来环湾区域的控规编制、报批以及调整情况，以及“一书两证”办理流程和审批情况进行抽查，发出相关建议书；对市级城乡规划督察员进行控规专题培训，协同省政府规划督察员开展环湾绿道规划专项督察，加快“一江两湾”生态景观整体建设。加大新农村建设扶持力度，安排拨付村镇规划补助资金400万元，调动基层编制村镇规划积极性，减轻镇村经济负担。加强挂钩村的帮扶工作，深入挂钩的安溪县福田乡尾洋村，指导新农村建设工作，安排专项经费，测绘地形图，提供规划技术服务；参与第四批泉州“美丽乡村”评选活动，参与全市20个候选美丽乡村的评选活动。向省住建厅推荐永春县蓬壶等六个乡镇作为乡村规划师试点县，提高乡村建设水平。

【完善村镇规划编制和评审】 市政府批复同意《泉州北翼新城发展战略规划（2014—2030）》，作为统筹协调泉州北翼片区城市建设、功能布局、生态保护以及规划修编的重要依据；永春县城市总体规划获得市政府批复实施；完成安溪县城市总体规划（2013－2030）技术审查，并获市政府常务会议通过，加快山区新型城镇化进程；组织对石狮市西裤产业园区进行技术审查，为环湾新城区建设提供科学依据；完成晋江市、德化县的景观风貌专项规划评审工作，引领建设特色城市；督促安溪县湖头镇、龙门镇修编小城镇总体规划，适应新常态下发展需求；指导德化县编制上涌镇历史文化名镇保护规划，该规划于11月通过省住建厅主持的评审；完成泉港区土坑村国家级历史文化名村保护规划技术审查工作，落实历史遗存保护要求。

小城镇规划建设

【晋江市入围国家新型城镇化综合试点地区】 1月，国家发改委、中央编办、财政部等11部委确定2个省、62个城市（镇）作为国家新型城镇化综合试点地区。泉州市晋江市入围国家新型城镇化综合试点地区。《试点方案》提出新型城镇化综合试点的五大主要任务：建立农业转移人口市民化成本分担机制，按照户籍制度改革要求，调整户口迁移政策，出台具体可操作的农业转移人口和其他常住人口落户标准，并向社会公布，建立居住证制度，以居住证为载体建立健全与居住年限等条件相挂钩的基本公共服务提供机制；建立多元化可持续的城镇化投融资机制；改革完善农村宅基地制度，具体试点工作按照中央批准的宅基地制度改革试点方案实施；探索建立行政管理创新和行政成本降低的新型管理模式。

【省级试点小城镇规划完善提升情况汇总】 市城乡规划局完成收集汇总全市6个省级试点小城镇的规划完善提升情况，并于6月报送省住建厅，督促试点镇加强控规的编制，提高控规的覆盖率。

新农村规划建设

2015年，市城乡规划局安排拨付村镇规划补助资金400万元，调动基层编制村镇规划积极性，减轻镇村经济负担。加强挂钩村的帮扶工作，深入挂钩的安溪县福田乡尾洋村，指导新农村建设工作，安排专项经费，测绘地形图，提供规划技术服务；参与第四批泉州“美丽乡村”评选活动，参与全市20个候选美丽乡村的评选活动，树立先进典型示范，引领今后美丽泉州方向。向省住建厅推荐永春县蓬壶等六个乡镇作为乡村规划师试点县，提高乡村建设水平。

测　绘

2015年，继续实施数字测绘县域建设，“数字永春”通过省测绘地理信息局组织的竣工验收，“数字晋江”通过省测绘地理信息局组织的预验收，“数字泉港”整体进入收尾阶段，预计于2016年上半年完成全部子项验收并开展项目整体验收筹备工作，继续推进“数字德化”。

重点工程

2015年，泉州市安排交通、能源、城建等基础设施项目共计124个，总投资2900.4亿元，其中，在建交通项目25个，总投资329.7亿元，年度计划投资52.3亿元，预备交通项目14个，总投资983.6亿元；在建能源项目6个，总投资161.3亿元，年度计划投资29.8亿元，预备能源项目5个，总投资186.9亿元；在建城建项目50个，总投资729.9亿元，年度计划投资162.4亿元，预备城建项目24个，总投资509.1亿元。2015年泉州市交通、能源、城建等在建基础设施项目全年完成投资257.3亿元，完成年度计划的105.24%，其中，在建交通项目完成投资64.5亿元，完成年度计划的123.42%；在建能源项目完成投资24.5亿元，完成年度计划的82.04%；在建城建项目完成投资168.3亿元，完成年度计划的103.63%。泉州跨海通道工程、双安高速建成通车，新增高速公路里程41.94千米，全市高速公路里程达574千米；国道324线丰洛段拓改建设工程、南安至官桥公路改建工程建成通车，新增公路里程41.24千米；国道324线洛阳段拓改建设工程、国省干线纵四线介福至五里街公路工程开工建设，城镇规模进一步拓展，中心城区建成区面积206.5平方千米，城镇化率63.5%。泉州湾跨海大桥项目获省政府“重点建设项目优胜奖”。

城市建设

【市政道路建设】 2015年，泉州市突出交通先行，完善道路骨架，改善交通状况，推进普贤路拓改及延伸段工程、后渚至城东通道景观绿化配套工程、站前东西大道西延伸段工程、泉州市滨江北路景观提升与绿道工程、东海片区滩涂区域纬五路等十三条市政道路工程（第十标段）、晋江大桥西侧市政道路工程，宝秀小区周边市政路、泉州一中南侧市政道路等市政道路建设。

【文化教育设施建设】 2015年，环湾中心城市文化设施建设完成年度投资约10亿元，市住建局抓紧东海学园、潘山小学、市东海工人文化宫、泉州图书馆、泉州科技与规划馆、泉州大剧院等项目建设。

国道324线北迎宾路段 （图/市公路局）

【安置房建设】 结合新型城镇化，抓紧潘山安置房、田安大桥北连接线拆迁安置房工程、东宝花苑保障性住房、海星小区扩建、浦西安置房、沉洲二期安置房等安置房项目建设。

【生态宜居建设】 注重生态保护，深化宜居环境建设，加快滨江片区潘山公园及其市政配套工程建设，为市民打造生态宜居的城市环境。

【中心市区停车场建设】 市住建局具体负责实施的为民办实事项目新增2500个以上地下停车位工作，与中心市区各住建部门沟通联系，完成新增地下停车位4458个，完成年度目标的178.32%，超额完成任务。加快建设立体停车场前期工作，市住建局多次会同市发改委、财政局、规划局、市政公用局、国土局、国资委、公安交通管理等部门及各意向业主单位，研究制定泉州市中心市区停车场年度建设计划，上报市政府研究。根据该计划，2015年泉州市拟建设公共停车场年度建设项目共有万德商厦、正骨医院南侧、泉州国投大厦立体停车楼及第一医院立体停车场四个在建项目，另有儿童医院立体停车楼及泉州商城停车场两个预备项目。截至年底，万德商厦、正骨医院南侧停车场项目由项目业主自行建设并已完工，其他项目及今后停车场建设项目按照市政府要求，由市国资委牵头，其下属的福建省集英保安集团有限公司采取与省投公司合作或独立建设运营及管理的方式进行建设运营，并会同相关业主对接开展前期工作。推动《泉州市公共停车场建设和管理条例（草案）》的立法起草准备工作。根据市人大常委会2015年11月20日召开的泉州市立法项目起草工作会议要求，

东宝花苑保障性住宅小区　（图/李芸生）

按照泉州市人大常委会2016年立法计划任务分解表，由市住建局牵头《泉州市公共停车场建设和管理条例（草案）》的立法起草工作。组织收集、整理立法相关材料，包括国家、省、市已出台的相关法律法规，针对公共停车场建设与管理工作的相关政策文件，国内外相关重要理论研究成果等。根据市政府停车场规划建设和管理工作专题会议要求，抓紧征集2016—2018年度中心市区停车场建设项目计划，并编制停车场建设“三年行动计划”。

【工程质量安全】　2015年，泉州市住建系统加强工程质量安全生产工作，以实施工程质量两年治理和三年“双提升”行动为主线，深化质量安全隐患排查治理，严格质量安全“一岗双责”，强化建筑质量安全生产目标管理，全面推进安全生产标准化建设提升工程，严厉打击建筑施工安全生产非法违法行为，创建安全发展行业。全市质量安全生产形势持续稳定，共有2个项目通过鲁班奖评审，12个项目获评省优质工程，62个项目获评市优质工程，16个项目获评省级标准化优良项目，66个项目获评市级标准化优良项目。举办2场全市建设行业岗位技能比武竞赛、1场全市建设工程安全文明施工标准化及扬尘治理现场观摩会和1场全市建筑安全教育体验馆观摩会。全市责令停止使用塔吊19台、施工电梯16台，责令模板支撑拆除并重新搭设的工程项目12个。对违规责任主体实施经济处罚381.34万元。全市有338家建筑施工企业达到标准化建设提升要求，其中一级28家、二级235家、三级75家。

村镇建设

【概况】

推进小城镇改革发展　加强规划建设，21个省、市级试点镇坚持规划先行，延伸编制产业发展规划、修建性详细规划、连片示范区建设规划、历史名镇名村保护规划以及重要项目的方案设计，水头镇完成4个区域控规编制、12项专项规划，4个城市设计获准实施；金井镇完成3个片区控制性详规，以及中国历史文化名村福全村、中国传统村落塘东村等13个村庄规划；推进产业升级，各试点镇充分发挥特色资源、特色项目，推动主导产业转型升级，打造具有竞争力和区域特色的产业业态，磁灶镇实施“淘汰、转移、升级”战略，加快传统建陶业转型升级；仑苍镇启动国内首家水暖厨卫产业链垂直电商交易平台“中国水暖城020平台”；提高管理水平，各试点镇围绕激发发展活力、方便群众办事、综合执法改革等工作重点，主动承接上级下放的管理和服务权限，进一步增强经济社会发展能力，晋江市加快建设晋南行政服务中心，金井镇拟承接市一级经济、社会、综合执法权限136项，南安市在水头镇建设沿海三镇行政服务中心，96项行政审批事权将纳入市行政审批及电子监察系统；强化功能完善，各试点镇加快城市功能配套设施建设，6个省级试点镇“六个一”工程全部完成，镇区人均道路面积达14平方米以上，各试点镇人均绿地面积达10平方米以上，城镇基础设施日趋完善，水头镇加快实施“四横二纵一支线”路网升级工程，新建道路20多条；东石镇优化内联外拓功能，金世片区景观干道港湾路及配套设施竣工通车；蚶江镇抓紧建设文化公园、六胜塔历史文化公园；洪濑镇东翼污水处理厂投入运行等；注重环境改善，各试点镇突出生态与文化相融合，致力营造优美的生态环境，挖掘和提炼丰富的文化资源和历史遗存，彰显小城镇独特的山水田园风光和文化魅力，永宁镇举办永宁古卫城暨城隍文化节，被“今日头条”节目列为福建省36个最美地方之一，涂岭镇启动小坝蒙古族特色村，樟脚村特色景观旅游名村、最美古村落保护开发建设，龙门镇基本建成滨水绿道等6个“三边三节点”项目。

推进村庄环境综合整治　围绕“布局美、环境美、建筑美、生活美”的总体要求，抓好“千村整治、百村示范”美丽乡村建设。全市133个村庄完成投资7.89亿元，占年度投资额的113.32%。全市整治裸房93.2万平方米，村道硬化

262.6千米，村庄绿化73.6万平方米。各美丽乡村结合实际落实环境卫生扫清楚、违法建筑拆清楚、生活器具摆清楚、雨污分流分清楚、旧房裸房粉清楚的工作要求，明显改善村庄人居环境，如永春县石鼓镇桃联社区将农村污水收集处理与湿地公园景观打造相结合；永春县呈祥乡东溪村将当地传统文化“呈祥结”作为村庄立面装修的特色符号；村庄风貌凸显特色，各美丽乡村突出因地制宜，充分利用乡土材料，打造独具特色的村落景致和景观节点，如惠安县山霞镇山霞村、洛江区马甲镇洋坑村建立“农家民俗馆”留住乡愁；德化县水口镇湖坂村推广“戴云山筑”传统建筑；经济水平逐步提升，各美丽乡村因势利导推进产业发展，增加农民收入，如晋江市磁灶镇大埔村加强农村“三资”管理，盘活集体资产，发展特色经济。

推进历史文化名镇、传统村落保护整治　以德化县上涌镇被列为2015年省重点扶持历史文化名镇为契机，强化上涌镇在规划设计、保护传承、环境改善、产业发展及长效管理方面的服务指导，上涌镇完成投资1374万元，占年度计划的115%，《上涌镇历史文化名镇保护规划》通过省住建厅验收，上涌公园基本建成，新增绿化面积近7000平方米，“戴云山筑”风格改造房屋5万多平方米，“云路—刘坑—黄井—辉阳”10千米美丽乡村景观带建设有序推进，初步形成地域风貌统一协调、特色明显，环境治理清新优美、风貌显著，基础设施配套提升、串联完善，文化传承侨乡特色、地道古味，产业发展群众参与，特色经营的历史文化名镇保护发展格局；加大传统村落保护力度，继续做好传统村落调查，召开全市历史文化名镇名村暨传统村落保护工作会议，组织、动员各地组建团队，开展传统村落普查，建立一村一档，积极申报中央、省级传统村落，全市建立传统村落档案近60个。涂岭镇樟脚村、水口镇淳湖村等26个村入选第一批省级传统村落；积极争取上级资金支持，指导全市现有10个中国传统村落编制保护发展规划，确定保护整治项目，争取中央补助资金，有7个村落获得中央资金超2100万元；加强指导和监督，开展传统村落检查工作，指导传统村落优先安排基础设施和公共服务设施建设项目，充分尊重传统建筑风貌，尊重传统建筑周边景观环境的依存关系，做到整体保护，活态延续发展，深化与泉州电视台合作，对全市10个中国传统村落保护整治情况进行系列报道，营造工作氛围。

推进农村住宅示范小区建设及绿色乡镇创建工作　推进省级村镇住宅优秀试点小区建设，全市10个省级村镇住宅小区建设全年累计完成投资1.86亿元，占年度计划的99.5%，基本完成年度投资计划，项目全部获得省级资金奖补；组织各地引导积极性高、条件成熟的村民集中建房，建设村镇住宅小区，全市生成农村住宅小区项目41个，10个入选省级村镇住宅小区建设试点；提升建设品质，开展农村住宅示范小区建设专项督查，指导各地优化和提升小区规划设计方案，规范建设流程，引导村民多依山就势建房，傍水顺势造屋，少推山平地、少填塘造地建房，建设绿色节能农房；强化小区管理，引导各地村镇住宅小区建立自治组织，健全长效管理机制，保持住宅小区风貌和环境整洁。推进省级“绿色乡镇”创建工作，晋江市西滨镇、南安市洪梅镇、安溪县桃舟乡、永春县桃城镇、德化县美湖镇基本达成省级“绿色乡镇”创建要求，提请省厅验收；开展省级“绿色乡镇”创建自查、检查，督促各地强化绿化工作的组织领导，制定和落实工作制度，建立绿化工作目标责任制；推进各镇立足各地气候环境特点，绿化美化乡镇。如洪梅镇完成投资4000万元，新增建成区绿化覆盖面积4.3公顷，新建公园2个，全镇森林覆盖率达80%，镇建成区绿化覆盖率达19.2%。美湖镇森林覆盖率达75.6%，建成区绿化覆盖率达到19.4%，人均公园绿地面积达到5.9平方米；落实长效管理，督促各地加强乡镇公园绿地及附属设施的管理和养护，建立管理制度。

组织各地申报特色景观旅游名镇名村　惠安县崇武镇、晋江市金井镇围头村上榜第三批全国特色景观旅游名镇（村）。洛江区河市镇、南安市眉山乡观山村等16个镇（村）入选第二批省级特色景观旅游名镇名村。

开展村镇建设精品项目评选工作　探索一套村镇建设项目精品的评价标准，引导各地树立精品意识。完成东海街道大坪村等50个民族村人口、产业发展等情况的调查登记。开展全市农村危房调查摸底工作。全市共录入农村住房信息系统用户41.32万户，其中C级危房17.63万户，D级危房22.41万户，地震设防烈度8度以上地区农村危房1.99万户。

【“美丽乡村”建设】　2015年，泉州市完成50个环境整治村、20个美丽乡村示范村、5条美丽乡村景观带等“两村一带”项目建设；以点带线、以线促面，逐步丰富美丽乡村建设内涵，提升创建品位，开展第四轮“泉州美丽乡村”评选，经严格考核评定和公示，共评选出10个“泉州美丽乡村”，分别是：永春县东关镇南美村、石狮市蚶江镇厝仔村、晋江市英林镇嘉排村、惠安县山霞镇山霞村、泉港区后龙镇峰前村、南安市洪濑镇大洋村、安溪县福田乡场前村、永春县横口乡福德村、惠安县净峰镇五群村、安溪县官桥镇善坛村。

【重点乡镇、村扶贫】　2015年，泉州市按照全省统一部署，完成农村贫困户建档立卡“回头看”工作，按照2015年农民家庭年人均纯收入低于4568元（市定贫困线），泉州市2015年度贫困户、人分别为22994户，64760人，其中家庭年人均纯收入低于2870元（国定贫困线）共8056户、20722人，家庭年人均收入低于3497元（省定贫困线）共5517户、16117人，家庭年人均收入低于4568元（市定贫困线）共9421户、27921人。市级财政从新增下游补偿上游等专项资金中统筹安排1亿元予以重点扶持30个市定扶贫开发重点乡镇、重点村，共扶持基础设施建设项目113个、产业发展项目14个。继续实施对口帮扶活动，晋江、石狮、丰泽30个沿海发达乡镇分别对口帮扶安溪、永春、德化30个扶贫重点乡镇，落实帮扶资金725万元。实施驻村扶贫工作，全市30个市级扶贫重点村，由30个市直机关单位挂钩联系，有关县（市、区）选派30名干部驻村担任村党支部第一书记(驻村时间为2年，回访1年)，每个村100万元予以扶持。30个市级扶贫开发重点村实施建设发展项目286个，完成投资5563万元。

【造福工程】 2015年，泉州市完成省级造福工程危房改造任务指标2967户、12847人，完成投资27632万元；市级造福工程搬迁任务867户、4000人，完成投资8742万元。市级财政安排300万元，支持英都镇霞溪村宝峰新村等10个市级造福工程集中安置点完善配套基础设施建设，完成投资939.18万元。

【老区建设】 2015年，泉州市老区建设促进会创新工作机制，助推老区发展，继续实施市、县两级老促会14个老区村挂钩联系点为期三年(2013—2015年)“发展特色产业，壮大集体经济和提高村民收入”为主的强村富民活动。三年来，市、县两级老促会共筹集155万元资金，用于帮助挂钩联系老区村52个项目建设，带动2326万多元的资金投入，推动挂钩联系村经济社会发展，调整产业结构，推动特色产业发展，投入大量人力、物力、财力，完善基础设施，改善民生保障事业，提高群众生活质量，改变经营管理模式，增加村财和村民收入，以点带面，发挥联系点示范带动作用的较好效果。

市政建设

【概况】 2015年，泉州市围绕“环湾向湾同城化发展”战略，不断完善中心城区市政基础设施，推进市政精细化管理，促进城市园林绿化景观和城市品位的持续提升。完成国家园林城市复查迎检工作，8月通过国家住房城乡建设部复查。加快完善市政设施，力推城市精细化管理，行业服务指标持续攀升。中心市区生活垃圾处理率98.67%，全市生活垃圾处理率达98.5%；中心市区城市污水处理率达90%，全市城市污水处理率达88.3%；中心市区建成区绿地率、人均公园绿地面积分别达40.27%、14.1平方米，全市城镇建成区绿地率、人均公园绿地面积分别达39.78%、13.38平方米；中心市区出厂水及管网末梢水水质合格率保持99.9%以上；中心市区气化率达95.2%。构建文明城市长效机制，制定印发市政行业各类精细化管理实施细则，开展城区市容环卫保洁调研，出台《中心市区卫生保洁细则》；城市管理综合考评在主次干道、内沟河、住宅小区等26个专项考评的基础上，又拓展延伸至美丽乡村、跨境流域（20段）、海漂垃圾（541千米海岸线）、工地文明施工等专项考评，促进城乡环境卫生、市容市貌的持续提升。行业应急抢险处置能力不断增强。启动节水型城市创建工作。拓展公众参与平台。“泉州市政”微博、微信市民关注度持续提升，全系统微博微信粉丝累计超过40万人；继续与媒体合作开辟“寻找身边安全隐患”“问诊地下迷宫 畅通城市血管”等多个专栏；有奖举报范围新增私自挖路、破路等行为；采纳市民“金点子”意见建议，受理反馈市民投诉，引导市民有效参与行业监督管理。完成“第十届中国（武汉）国际园林博览会”泉州展区“东亚文化之都艺术馆”建设，举办“第五届福建省菊花展览（泉州展区）”，展出各类菊花13万盆，累计接待游客50多万人次。清源山国家AAAAA级旅游景区宣传持续升温，国家邮政局发行《清源山》特种邮票；与北京和昌正道影视公司合拍的大型电视连续剧《老子传奇》即将亮相央视荧屏，向全世界展现清源山景区旅游魅力和文化内涵。

【生态景观整治与建设】

中心市区沿江两侧及高速公路通道夜景提升工程 项目分二期组织实施。2015年实施一期建设，投资估算为1.85亿元。市市政工程管理处对顺济新桥、泉秀东街迎宾馆段、沉洲安置房、东湖公园、安吉路（坪山隧道口至海体段）试验段进行先行建设，建安投资估算约1711万元。

内沟河栏杆加高改造 对北低渠（1103米）、破腹沟（2524米）等内沟河进行栏杆加高改造，项目总投资250万元。

北环城河清淤 组织对北环城河（环城桥闸段—茂兴路段）进行清淤，全长1125米，清淤总量7200立方米。总投资160万元。

临漳门对外开放修缮工程 工程主要建设内容包括对园内东西横向园路进行扣宽改造，对绿地内原有临时公厕进行拆除并新安装1座生态公厕，园内绿地排水管道铺设，东西横向园路排水管道铺设，园林绿地浇灌给水管道安装，城楼窗安装钢化玻璃、露台翻修、城楼底层涵洞裂缝处理及盐渍处理，城楼底层两间房间重新铺装地板，建筑外墙清洗，改造散水、排水沟，古城河护栏、吊桥、龙门架修缮，园桌椅、简介牌、景观照明、监控、广播等设施安装及园内绿化提升。工程5月开工，7月完工。

【中心绿地建设与绿化整治】

成洲路小游园　该项目位于泉秀东街成洲路中段，占地总面积1650平方米。工程内容包括：拆除旧厂房、破除水泥地面、回填种植土、种植绿化树木、铺设休闲广场、结合花围石设置休闲座凳、安装照明、给排水设施等。

临漳门周边景观改造　该项目改造提升面积约5000平方米。主要梳理移除长势欠佳的植被、进行种植土的回填堆坡、增加园路及绿地出入口的铺设、建设绿地休憩空间、布置景石及休憩设施、苗木种植、围护设施安装及养护等。改善道路景观节点，绿地景观效果显著提高。

东湖街渠边绿地景观提升改造　该绿地景观提升的核心内容是围绕荫生植物生存环境而展开的景观与生态规划设计，适当融入具有传统民间特色的文化元素，使城市绿地更具观赏性、趣味性、生态性和休闲性，构建人与自然和谐统一的林荫道路景观带。

刺桐路绿化整治项目　对刺桐路道路绿地中下层灌木进行疏株调整，乔灌木进行全面整型修剪，补植金叶假连翘、红花继木、胡椒木等苗木，整治后的刺桐路绿化整洁美观，改变以往较为杂乱的情况。

府东路、府西路绿化整治项目　对府东路、府西路两条道路绿化进行景观提升，增植腊肠树、金扶桑等，道路绿化景观得到明显提升。

南环路道路绿化景观整治改造工程　工程道路里程7.5千米，道路绿地面积约52500平方米，建设内容含绿化带缺失苗木补植、老化及生长不良苗木更换、重要路口绿化带景观提升及部分护栏增设等。

【城市园林绿化彩化花化工程建设】　做好中心市区各主要道路绿地、街旁绿地、渠化岛、人行天桥等重要景观节点时花布置工作，日常布置时花采购主要采取公开招投标形式，全年共计采购、栽植矮牵牛、三色堇、紫罗兰等各类时花约280万盆。

【垃圾和污水处理设施建设】

滨海路接丰海路及东海污水处理厂横穿管返坡改造工程　项目为2014年度续建项目，工程总投资726.7万元，2015年度计划投资额526.7万元。施工单位为福建汇达建筑工程有限公司，于6月完成施工任务，通水运行；共计完成顶管施工370米，检查井7座，改造进水泵站集水池及格栅。该工程12月通过竣工验收。

中心市区污水厂（市级）配套污水管网专项普查　本项目为2013年度续建项目，工程总投资2136.09万元，2015年计划投资额1000万元。2015年1月组织北峰、东海和城东三个组团的招标，同期组织施工单位进场施工。工程于12月底完成全部管网普查任务，共计完成北峰组团45.6千米、城东组团52.4千米以及东海组团33.2千米管网普查。

宝洲组团污水管道缺陷专项整改工程　项目总投资550万元，本年度计划完成投资额200万元。

泵站设备更新改造　项目总投资200万元，于2015年6月完成公开招标，中标单位为泉州市朗格机电设备有限公司；9月底设备全部到货，包括水泵2套、格栅5套、变频控制柜6套，于10月中旬完成设备安装调试，提前完成设备更新改造工作。

应急抢险设备采购　项目由液压动力设备、CCTV检测设备和吸污车三项设备采购组成，总投资143万元。该项目分别于7月及9月组织两次开标，采购内容包括双回路液压动力设备2套、CCTV检测设备1套、吸污车1辆，各项采购设备陆续在10月底前到货并完成安装调试，提前完成设备采购工作。

【公用事业】

环境卫生　2015年，泉州市中心市区共清运垃圾约35.57万吨，转运垃圾约48806车次，垃圾清运率达100%；转运大件垃圾约1111车次；2015年1月起，开始承接泉州始发深圳动车组的吸污作业，吸污作业365车次；征收垃圾处理费5663万元。设施建设：东梅生活垃圾中转站于6月完成土建施工、场地绿化以及设备安装调试等全部建设任务，7月

泉州海上丝绸之路艺术公园亚洲园帆影标志　　（图/李芸生）

投入试运行。北星生活垃圾中转站于7月完成土建、场地绿化施工以及设备安装调试等全部建设任务，8月投入试运行。室仔前填埋场环境设施整改，填埋库区由原来的黄土覆盖变为HDPE防渗膜覆盖，建设完善的雨污分流系统，实施调节池膜浮盖工程，减少雨水渗入，有效减少渗滤液产生量。对填埋场基础设施进行修缮。对西郊、云谷、新华、三群等4座中转站共12台设备进行大修，2015年10月进场维修施工，年底完成施工。在新华、东霞、江南、双阳、浔美、美仙山、清濛、万安、金山、清源等10座中转站增设化粪池，并将预处理后的污水接入市政管网。9月进场施工，年底完成施工。实施精细化管理：推出新华、环清、北峰站等3个精细化管理示范点，进行全面提升整改，并对小型站、大型站和填埋场的设施设备进行整改修缮。建立起涵盖中转站、运输、填埋和维修等全部环卫作业环节的精细化考评机制。开展“滴、洒、漏、夹”专项整治，市环卫处对80个8吨压缩车厢进行改造，更换老化的底盘等配件，经过改造，有效减少垃圾“滴、洒、漏、夹”现象。

供水　2015年，泉州市自来水公司完成供水量1.49亿吨，售水量1.05亿吨，受理用水申请30576户，出厂水质综合合格率99.9%。城市供水设施建设方面，落实“最后一千米”供水服务项目，推进为民办实事，完成北峰街道霞美、群山、肖厝社区及台商区东园镇秀涂村、张坂镇玉霞村等一户一表给水工程建设，改造灯星、乌洲社区、北峰塔前、塔后自然村户表，惠及5780户用水户；中心市区新建与改造市政供水管网70.94千米，总投资约6480万元；水厂建设项目方面，2015年10月成立金鸡水厂筹建处并入驻原金鸡拦河闸管理楼办公，取得净水厂、取水口规划许可和总平面布置图批复，完成净水厂农用地转建设用地手续和取水口用地回收程序，

华星石化乙烷罐　（图/市市政公用事业局）

并根据市政府拆迁补偿实施方案调整项目投资估算，调整后估算为6.58亿元，泉南三期项目取水工程完成建设并投入试运行，净水厂工程完成主体工程，完成投资额8060万元。

节水　完成第一医院（城东分院）、万达广场商业物业公司、理工职业学院、泉州酒店等8家单位的水平衡测试及节水型企业（单位）验收、对中骏西湖1号、福新花园城等2家单位进行节水型居民小区报批和验收。整合节水信息，提高节水管理效率，3月起在泉州节水网开放“泉州市城市节约用水报表”网上填报系统，进一步完善节水用户资料，提高节水信息的准确性和完整性。

农村家园清洁行动　全市新建（改扩建）42座生活垃圾转运站，购置27辆垃圾运输车，共争取省级“以奖代补”资金1140万元。

燃气　至年底，泉州市LNG（液化天然气）项目完成投资24亿元，在各县（市、区）成立9个子公司和成立高压管网分公司和车用燃气公司2家直属企业，建成并投入4座门站、9座储配站、8座高中压调压站、15座加气站、2560多千米管道，接驳26多万户民用户、2500多家工商户、5200多辆加气车辆，全年天然气供气总量10.29亿方。全市有液化石油气企业35家，全市液化气年供气量达15万吨。2015年中心城区气化率为95%，管道燃气已普及到大部分县（市、区）的中心城区，乡镇、农村地区也都普及使用液化石油气。燃气行业监管方面，严抓场站检查，规范企业行为，在原有逢重大节假日开展安全检查的基础上，要求各区（县、市）燃气管理站强化常态化检查和全覆盖检查工作，运用日常检查和突击检查相结合，重点检查和常规检查相结合等方式，做好燃气场站的安全检查工作，加大对企业的监督管理力度，严查严管燃气企业。2015年组织检查各类燃气场站165次，处罚燃气企业3家，罚金9万元。严打违法经营，净化市场环境，把日常检查与重点检查、部门检查与联合检查相结合，力求将安全检查落到实处取得实效，并坚持注重落实整改，检查过程闭环管理，加大安全检查力度，以餐饮场所治理为重点目标，要求各县（市、区）燃气行政

主管部门落实属地监管责任，燃气企业落实安全生产主体责任，组织或参与联合安全检查38次，检查各类燃气场站、餐饮场所63站次，发出责令改正通知书2份、督促餐饮场所立即整改的通知2份，提出整改意见157条，并逐条抓好整改落实。加大打非治违力度，坚持抓源头管理，坚持惩防并举，加大对企业的监管力度，严禁瓶装燃气企业给无证无照“黑气”点提供气源，严查燃气企业违法违规经营行为，组织联合执法15次，出动人员152人次，出动车辆25车次，取缔瓶装液化气非法经营站点29家，扣押钢瓶632个。开展燃气安全专项整治行动，在各县（市、区）属地管理自查的基础上，打击非法违法和治理纠正违规违章行为，狠抓隐患排查治理，对辖区内32家液化气企业、10家管道燃气企业和3家汽车加气企业所属的燃气场站进行抽查，检查燃气场站36座，发出督促改正通知书25份，提出整改意见82条；市政公用事业管理局对省专家组专项检查存在的问题进行闭环式管理，督促相关企业举一反三，落实安全生产责任和各项安全生产措施。

【公园建设与管理】 2015年，公园管理中心落实公园精细化管理的要求，开展园容园貌环境景观提升整治活动，加强公园各项管理工作，建设整洁、优美、舒适的游览环境。

东湖公园仁风亭周边景观提升工程　主要建设内容包括建设仁风亭周边回廊及观景平台，进行绿化提升。

刺桐公园　建设内容主要包括增加增设防腐木停车棚、假山及荷花池底毛石铺砌、更换园路路灯22盏、监控系统升级改造、北大门增加保安岗亭、道闸。

郑成功公园小战役项目　主要为木栈道修复、裸露山体原挡土墙加固、破损路灯更换、增加电动闸门1处、树池铺防腐木板、砌筑卵石护坡等零星修缮项目。

滨海公园节点景观提升工程　主要建设内容包括对滨海公园出入口广场、下沉式广场等景观节点进行提升。

西湖公园景观整治工程　主要对公园南大门、南北水榭等古建筑进行外墙油漆整修，并在刺桐阁南侧水域新建700平方米人工沙滩，提升公园景观，完善公园游乐功能。

西湖街北侧绿化工程　包括生态停车场、防汛物资仓库、控制室及生态公厕。新建的生态停车场2800平方米，其中激动停车位78位，非机动停车位176位；新建物资防汛仓库及控制室390平方米；新增生态公厕72平方米。

【风景名胜区建设与管理】

景区建设　2015年，清源山风景名胜区完成紫翠湖除险加固工程、景区电子门禁系统、水电系统改造、清泰岩前广场建设4个项目；老君岩周边停车场建设项目、游客中心展馆改造提升工程、编制灵山圣墓景区详规、完善灵山圣墓景区基础配套设施、清源山景区智能化综合工程、清源山摩崖石刻描红、拓片和清源山总体规划修编等7个建设项目有序推进。加快清源山风景名胜区总体规划修编工作。

景区管理与资源保护　6月起，清源山景区实行50元/人•年、90元/人•两年的市民卡，适用范围扩大到大泉州市民，市民可凭身份证，新泉州人可凭居住证等有效证件即可办理。10月，经省物价局批复，清源山主景区门票价格调整为70元/人票，核定灵山圣墓景区门票价格为15元/人票，九日山景区门票价格为25元/人票。7月18日，《清源山》特种邮票发行，编撰发行《大道清源》宣传纪念册，结合《清源山》特纪邮票发行，制作邮票宣传纪念品，被市政府定为艺术节与会嘉宾伴手礼；围绕“三清之源”“道教圣地”等主题口号展开宣传，更新制作特色宣传文化衫、老君水晶挂件、书签、道德经竹简、修订《大道清源》等；开展旅游节庆活动，组织“太上老君圣诞庆典”及“中国海丝九城2015新年联合撞钟祈福”及“新春快乐•清源有（游）礼”及购票送红包、送春联、新春祈福表演、“国庆黄金周”清源山国庆节系列活动、“我们的节日，重阳节”老君经典诵读等多场游客互动活动；科学性、系统性掌握市场动态，首次开展游客问卷调查活动，收集汇总游客的具体情况，了解景区市场客源、游客需求，做好数据分析统计。对旅行社的团量逐月进行常态化统计与分析，有针对性地制订旅行社合同，为下一年度的营销合作模式提供参考；走访泉州地面地接社和绍兴市旅游协会，参与国家、省、市旅游局组织的各类宣传营销活动，如国家旅游局“山岳联盟”成立大会、厦门旅游集散中心成立揭牌仪式、第十一届海峡旅游博览会等；利用“一带一路”“海丝文化”等主题宣传，配合国内外、省市电视台、广播电台、网络报刊媒体的采风采访拍摄取景十余次；首次开展门票销售网络的合作，1—10月线上销售门票12138人次。

景区综合整治　“两违”得到有效遏制。景区执法大队严格按照责任片区划分巡查网块，以网格巡查、错时巡查、集中突查等有效形式，加大对主景区“两违”查处；在景区主要交通路口派专人设卡查堵，控制违建户建筑材料运入景区，共截获违建户运载材料16车次，从源头上预防和制止违法建设；严格依照“立即停、坚决拆、严格管、综合治”的制违方针依法处置违法建设，共拆除违法简易搭盖5处，联合清源办事处拆除清源社区水流坑违法建设2处约120平方米；对在巡查中发现的军分区靶场北侧701工地新建空墓2处、旧墓翻新3座，及时制止并予以强制拆除。针对巡查中发现1处属于景区三级保护区范围的违法建设，及时致函属地执法部门依法查处。

景区安全生产　旅游安全方面，建立完善各项安全生产制度，落实常态化管理。针对年度重要节日的旅游安全进行细致部署，节前开展安全生产大检查，节日期间执法人员及协勤队员支持景区一线管理，明确责任分工，热心服务游客，积极为游客排忧解难，妥善处理突发应急事件，共计处理应急施救案件8起，协助寻找丢失小孩案件15起；森林防火方面，加大宣传力度，提高广大群众自觉文明用火的意识，共制作安全宣传横幅9条，向群众发放《友情提示》宣传单600份，结合宣传日活动在景区LED显示屏滚动播放宣传标语，加强山林防火巡查，及高火险期间野外用火的管理监控力度，针对清明节发生的4起森林火险，及时通知市森林公安对肇事者进行严肃查处，追究当事人的法律责任；防汛安全方面，建立完善防汛工作体系，调整充实防汛指挥机构，落实防汛责任制，完善景区《防御“台风、暴雨”应急预案》，对景区抢险力量进行登记造册，提高景区防汛和处置突发事件的应急能力；道路安全方面，联合清源派出所在景区各主要路口开展违规“摩的”查处、抓堵逃漏票点，整治齐云路夜间飙车等不安全隐患，对景区各主要路口随意停放车辆、摆摊设点等进行规范整治，共清理流动摊点35处，整治和打击“黑摩的”46辆，查堵逃漏票共补票456张。

景区环境全面美化　遵循“依山就势、顺应自然”原则，采用自然式布局，精心选用树种、合理搭配，重点对老君岩片区进行绿化景观改造提升；做好景区大山门、游客中心、老君岩片区、智慧天阶桃花林、老君岩入口、千手入口和齐云入口等绿化景观改造与提升工作，认真选择树种，合理搭配乔、灌、花木，做到花化、彩化、香化相结合；探索景区的绿化管养市场化运作和精细化管理模式，按照合同要求及《清源山景区风景园林绿化养护管理质量标准》进行质量检查，成立考评小组，进行定期、不定期日常考核，在检查考评过程中发现问题及时提出整改意见，责令承包方整改，形成制度，每月根据考核结果拨付养护经费，推进景区绿化养护精细化工作全面、具体落到实处。

宝洲污水厂　（图/市市政公用事业局）

【市政设施建设】

大坪山、朋山岭隧道监控系统改造　加强公路隧道安全管理，2015年对大坪山、朋山岭隧道监控系统进行数字化改造，项目总投资95万元，中标单位为厦门誉捷科技有限公司，12月开工，预计2016年3月完工。

下穿排涝泵站维修　更换明发下穿、站前下穿通道止回阀、更换明发下穿、307下穿通道、东海下穿水泵，维修浦西泵站低压直流屏，购置朵莲寺下穿通道配电柜1台等，总投资130万元。

中山南路（天后宫至江滨北路段）路面大修　对中山南路破损路面进行大修，并对该路段进行积水改造及边沟清淤，该段道路总长208米，宽9米，总投资60万元，7月完工。

坪山路（泉秀路至津淮街）雨水管道清淤　对坪山路（泉秀路至津淮街）雨水管道及检查井进行清淤，总投资40万元，完成清淤管道总长2761米，5月完工。

301线管道清淤　组织对省道301线排水管道及检查井进行清淤，总投资83万元，清淤管道长度8750米。7月开工，8月完工。

田安路沿线三个交叉口改造　对田安路与湖心街、宝洲路、泉秀路三个交叉口进行绿化迁移、交通设施工程改造、市政设施改造，电信控制箱、电力变电箱及分线箱迁移，总投资387.3万元，3月开工，预计2016年2月完工。

市区城市桥梁结构检测　2015年对桥南B标国道324线Ⅰ桥（南）、桥南B标国道324线Ⅱ桥（北侧），江滨南路上的东浦水闸南桥、东浦水闸北桥，江滨北路上的沉洲水闸外港桥、金山水闸桥、临漳水闸北桥、临漳水闸南桥、新门水闸桥、西门沟桥一、坪山高架桥滞洪区桥（西、左幅）等13座桥梁开展结构检测。总投资150万元，中标单位为福建省永正工程质量检测有限公司，12月开工，预计2016年3月完工。

宝洲路（城雕环路至泉秀东街）沥青罩面工程（第三标段）

工程改造起点为坪山路与宝洲街交叉口，终点为云鹿路与泉秀东街交叉口，全长1260米，建安投资1446.43万元，主要建设内容是对旧路面病害处理、旧路面调平、加铺沥青砼、人行道改造、交叉口改造优化、增设排水设施、管线井盖更换等，项目经公开招标确定设计单位为悉地（苏州）勘察设计顾问有限公司、监理单位为泉州工程建设监理事务所、施工单位为邯郸市市政工程公司，10月开工，预计2016年2月完工。

【市政设施管理】

市区市政设施日常维修 2015年，通过各道路所及巡查科的日常巡查，结合市民群众投诉举报、数字城管监督等信息渠道相结合的方式，开展市政设施维修维护，提高市政设施完好率。全年修复砼路面10282平方米，修复沥青路面12015平方米，修复各类人行道18502平方米，修缮台阶1020米，调整、安装路缘石566米；更换检查井421套，更换雨水口396套，清淤8134立方米；修缮高架桥护栏970米，桥石护栏122米，内沟河石栏杆80米，铁艺栏杆148平方米，设置障碍墩143根，清除杂草70040平方米，调整、更换水沟盖板781块；维修路灯1194盏，更换LED大功率夜景洗墙灯1101套。

市区道路积水改造 组织对部分道路积水节点改造，改造坪山路、安吉路、江滨南路等路段积水节点64处，增设雨水口234座，新增检查井32套，增埋管道2873.5米。

北峰、城东、东海污水管网专项普查 项目由市市政公用事业管理局负责，市排水管理中心作为项目业主单位，工期360天，施工单位为江苏省地质勘查技术院，项目中标价631.4万元，3月开工，12月完工。施工内容包括管道清淤疏通、CCTV检测、井盖更换以及管线测绘等，共普查管线约120千米，探查收集的管线属性资产数据119项，管线病害数据24项。此次普查发现结构性和功能性缺陷共计5916处，其中功能性缺陷386处，占到缺陷总数的6.52%，在所有的功能性问题中，以沉积最为严重，其次为障碍物；结构性缺陷889处，占到缺陷总数的15.02%，在所有结构性问题中，以异管穿入最为严重，其次为破裂；特殊结构性缺陷4641处，占到缺陷总数的78.44%，检测共发现雨污混接点23处。通过对北峰、城东、东海组团污水管网的普查，建立起较完整的基础属性和图形数据库，全面反映污水处理设施、排水管网设施和排水泵站等的数量、分布和运行能力等基础信息，系统地掌握各类设施的设计情况和运行状况，为水资源管理提供重要的管网数据。

制定监管污水处理厂办法 12月，印发《泉州市中心市区污水处理厂运行监督管理规定（暂行）》和《泉州市中心市区生活污水处理厂污泥转运焚烧处置监督管理办法（暂行）》，严格履行《特许经营协议》，将污水处理厂出水达标情况与运营费挂钩。通过系列有效措施强化对污水处理厂的监管力度，负责监管的四座污水处理厂运行效果良好。

城市管理

推进城市管理相对集中行政处罚权，加强城市市容环境整治。深化城乡“两违”综合治理，落实全省开展“两违”综合治理三年行动安排，全市完成调查摸底“两违”670.92万平方米，组织拆除“两违”580.76万平方米，完成省政府下达370万平方米拆违目标任务的156.96%。推动全市“两违”分类处置工作，全市确定创建省级“无违建”县1个（泉港区）、乡镇11个、社区（村）131个，创建市级“无违建”乡镇21个、社区（村）276个。强化城市环境综合整治，推进示范街路创建活动，复查评选永春县八二三东路等15条街道为城市管理示范街路；组织修订《泉州市中心市区便民摊点设置方案》，调查摸底中心市区公共停车场停车泊位、物业管理小区停车泊位86527个，清理各类占道摊点14.45个，查处夜市大排档9332处、取缔2318处，清理违法户外广告13436块，拆除简易搭盖31.62万平方米，报请电信部门对“牛皮癣”提供的电话号码给予停机处理7762部、立案查处1892件，制止查处违规开挖路面、窨井盖缺失、破坏绿地、倾倒垃圾等行为1904起，查处工地违规施工噪声扰民行为704起，整治“滴洒漏”土方车1087部、暂扣车辆600部。加快实施城市科学化管理，组织升级中心市区“数字城管”城管通软件，修改完善综合分析评价等功能，信息采集范围扩大至江南、浮桥、金龙、常泰等区域；中心市区平台完成采集上报信息案件36482件，社会公众举报41件，立案派遣36297件，应处置36611件，处置35685件，处置率97.47%，完成清理处置平台积压案件3506件。石狮市、泉港区、台商区、永春县建成“数字城管”平台投入试运行。推进队伍依法行政，推进简政放权，梳理行政权力清单，上报市政府研究同意保留行政权力20项；全市完成办理执法案件3521件，收缴行政罚款3518万元；落实承办市人大提案、政协议案26件。推行行政指导、行政服务工作，全市发放行政指导书6万余份；全市受理各类信访案件5029件，办结4996件；实施《福建省城管系统基层执法中队建设规范》。探索推动执法体制改革，理顺城管执法体制，联合市公安局出台《关于建立协同机制依法处置涉及城管执法类警情的意见》。实施城市“综合执法”试点工作，晋江市执法局加挂城市管理局牌子。

交通建设

【概况】 市公路局负责全市国省干线及部分主要县乡道共2130.64千米专养公路的建设、养护、管理工作。2015年，投入公路建设养护资金12亿元，实现年平均综合优良路率93.66%、年平均干线优良路率97.01%、年平均干线PQI值91.12。国道324线泉州路段通过交通运输部“十二五”干线公路养护管理检查的路况检测，年终规范化检查获全省第一名，综合考评全省第二名。

【公路拓宽改造】 国道324线丰洛段拓宽改造工程，长5.2千米，2015年实现全线竣工通车；国道324线台投区段拓宽改造工程，长8.23千米，2015年完成左半幅沥青碎石层铺设，完成年度投资2.1亿元。

【公路路面改造】 国省道：实施路面重铺8.98千米，投入资金3447万元；实施路面“白改黑”12.09千米，投入资金7771万元。县乡道：实施路面重铺12.09千米，投入资金3329万元；实施路面“白改黑”12.62千米，投入资金1200万元。桥梁隧道整治。完成14座隧道综合整治，投入资金1655万元；完成10座危桥加固改造，投入资金3180万元。

【公路排水系统整治】 完成公路排水系统整治77.11千米，投入资金800万元。

【路面修补】 完成国、省道水泥路面破碎板修复69912平方米，投入资金1748万元；完成国、省道水泥路面清灌缝3201972延米，投入资金736万元；完成省道201、省道203、省道206、省道306、省道308线路面裂缝修补26768延米，投入资金53.53万元。

【生态公路建设】 完成公路绿化补植65.7千米，投入资金104.8万元。完成省道203线德化城关至水口段42.56千米、省道306线永春段98.39千米生态示范路建设。办好市政府为民办实事项目，投入资金1252万元，完善道路地名、村名指路标志、标牌设置1945面。

【完善安保工程】 完善提升公路安保工程建设，实施钢筋砼防护栏29388延米，波形钢护栏658延米，完善标志372面、标线37440平方米。

省道206线永春岵山“白改黑”路段 （图/市公路局）

能源建设

2015年，泉州境内有发电厂691座，装机容量8526.87兆瓦。省公司管辖电厂7座，装机容量分别为晋江热电厂100兆瓦，云顶风电48兆瓦，福建炼化362兆瓦，南埔电厂1940兆瓦，晋江石圳燃气1528兆瓦，鸿山一期1200兆瓦，五堡电厂2000兆瓦，为7351兆瓦；其余为泉州地调管辖电站，装机1398.87兆瓦，其中：水电装机容量为911.50兆瓦，占地区各类电源10.69%；垃圾电厂装机容量113兆瓦，占地区各类电源1.33%；风电装机容量92兆瓦，占地区各类电源1.08%；光伏电站装机容量59.36兆瓦，占地区各类电源0.7%；其他包括余热余压余气、燃油、柴油机发电装机容量7351兆瓦，占各类电源86.21%。2015年度新增机组容量57兆瓦，新增云顶风电24台，装机容量48兆瓦，新增惠安创冠电站1台机组，装机容量9兆瓦，龙门滩四台机组技术改造，装机由原来的50.8兆瓦变为48兆瓦，山美电站#3机组技术改造，装机由原来的30兆瓦改为33兆瓦。县公司小水电报废14座，装机容量减少9.14兆瓦。2015年泉州地区电网建设累计投资40.5亿元，完成年度计划的103.6%。投产110千伏及以上变电站7座，其中220千伏变电站1座，110千伏变电站6座；投产110千伏及以上线路8条，长度37.04千米；新增和改造配变容量51.8万千伏安；新增和改造0.4千伏低压线路长度1317.4千米。至年底，泉州地区有500千伏变电站4座，容量820万千伏安；220千伏变电站37座，容量1240万千伏安，线路2036千米；110千伏变电站155座、容量1370万千伏安，线路2987千米；35千伏变电站48座，容量60.9万千伏安。

水务

【概况】　2015年，市政府出台《关于进一步加强重要流域保护管理切实保障水安全的若干意见》和《泉州“河长制”实施方案》。在全市全面推行“河长制”，建立市、县、乡、村四级负责制，设置河长、河段长和村管员1947人。落实最严格水资源管理制度，印发《泉州市实行最严格水资源管理制度考核工作实施方案》，对各县（市、区）进行考核，并通报考核结果；高分通过水利部组织的泉州市加快实行最严格水资源管理制度试点验收。开展《泉州市地下水调查评价和利用保护区划》编制工作，推进划定地下水警戒保护蓝线，加强全市地下水水资源开发、利用、管理和保护。推行水务一体化管理，统筹协调水资源管理重大问题，强化水资源调度配置，实现水资源统一规划、统一管理、统一调配、统一监控；推进水资源动态系统二期工程建设，从增加监测控制手段、扩大监测范围、升级系统平台软硬件等方面入手，完善提升水资源动态管理系统，通过对全市供水水源地实时水质水量信息和用水状况的在线监控分析，进行实时调度配置管理，实现全市水资源的科学调度和优化配置。

【市自来水有限公司】　2015年，泉州市自来水有限公司有4个全资子公司，1个合作公司，2个合资公司，3座水厂，设计供水能力40万吨/日，供水服务区域人口约200万人，面积约160平方千米。全年完成供水量1.49亿吨，售水量1.05亿吨，受理用水申请30576户，年度建设、改造供水管网约70.94千米，出厂水质综合合格率达99.9%。

城市供水设施建设　落实“最后一千米”供水服务项目，推进为民办实事项目，完成北峰街道霞美、群山、肖厝社区一户一表给水工程建设，切实为民办好事、办实事，惠及1390户用水居民；完成灯星乌州社区、北峰塔前塔后自然村户表改造工程，惠及用水户约1100户；“为民办实事——农村一户一表安装改造”项目完成台商区东园镇秀涂村、下垵村、仑山村、张坂镇玉霞村、崇山村、玉埕村、前见村、苏坑村、群贤村莲内、百崎乡后海村等一户一表给水工程，惠及用水户3290户。市政供水管网建设70.94千米，总投资约6480万元，包括：新管网建设，配合市政道路建设进行北迎宾大道拓改给水工程、普贤路拓改段、东海片区部分区域、南北主干道、东西主干道、通港路、张经三路、东纬三路、东支二路、杏惠路等市政给水工程的建设任务；旧管网改造，结合年度改造计划，完成南俊新街、城东金庄街、成洲片区、双阳华侨经济开发区（三期）、江南火炬工业区、锦美工业区锦工中路、清濛村口、兴贤路等区域的供水旧管网改造。水厂建设项目：10月成立金鸡水厂筹建处并入驻原金鸡拦河闸管理楼办公，取得净水厂、取水口规划许可和总平面布置图批复，完成净水厂农用地转建设用地手续和取水口用地回收程序，根据市政府拆迁补偿实施方案调整项目投资估算，调整后估算为65824.56万元；泉南三期项目取水工程完成建设并投入试运行；净水厂工程完成主体工程，完成投资额8060万元。

城市节水　完成第一医院（城东分院）、万达广场商业物业公司、理工职业学院、泉州酒店等8家单位的水平衡测试及节水型企业（单位）验收；对中骏西湖1号、福新花园城等2家单位进行节水型居民小区报批和验收；整合节水信息，提高节水管理效率，3月起在泉州节水网开放“泉州市城市节约用水报表”网上填报系统。

电力

2015年，全市发电量53.57亿千瓦时，年增长率13.63%。其中水电25.65亿千瓦时，年增长率3.83；火电20.18亿千瓦时，年增长率30.3%；光伏发电0.48亿千瓦时，年增长率82.42%；风电1.36亿千瓦时，年增长率8.96%；垃圾发电5.93亿千瓦时，年增长率8.92%。2015

泉州供电公司工作人员操作无人机对线路进行巡检（图/泉州电业局）

年泉州市用电量422.70亿千瓦时，同比下降0.92%，增长率同比降低8.80个百分点；工业用电量295.85亿千瓦时，同比增长0.03%，增长率同比降低6.22个百分点；最高负荷666.73万千瓦，同比下降2.38%。其中：第一产业用电量1.09亿千瓦时，同比下降2.31%，增长率同比降低9.29个百分点；第二产业用电量301.06亿千瓦时，同比下降0.24%，增长率同比降低6.39个百分点；第三产业用电量42.40亿千瓦时，同比增长1.77%，增长率同比降低12.18个百分点；城乡居民生活用电量78.15亿千瓦时，同比下降4.78%，增长率同比降低16.32个百分点。

信息化建设

【加快信息网络基础设施建设】 2015年，市政府出台《泉州市建设“宽带中国”示范城市实施方案》，成立创建“宽带中国”示范城市建设领导小组，组织实施“信息提升”工程，其中2015年计划投资34.7亿元。全市行政村以上实现光宽带网络100%覆盖，主城区及重点乡镇4G网络100%覆盖，三网融合实现稳步推进。建成政务网和政务外网，扩大政务网的横向和纵向接入范围，政务外网接入单位用户数达2000多户。

【推动“智慧城市”建设】 2015年，泉州被国家住建部、科技部列为国家智慧城市试点。动城市安全信息系统（四期）、市场主体登记和信用信息公示平台、信用平台等重点项目建设；完善信息化管理机制，制定出台《政务信息资源共享管理规定》，加强政务信息资源统建共享，制定《泉州市级财政性投资信息化建设项目管理规定》，建立规划、项目、资金、评价一体化管理等工作机制；创新建设模式，6月，市政府与中兴通信公司签订智慧城市项目合作备忘录，加强与中兴通信股份有限公司在智慧城市、大数据领域的合作。

【实施“互联网+”行动计划】 市经济和信息化委员会会同市发改委制定出台《关于加快互联网经济发展的实施方案》，加快互联网基础设施建设，发展电子商务、物联网、大数据、云计算、工作互联网、信息服务、互联网金融等产业，培育互联网经济新型业态。出台《支持中国国际信息技术（福建）产业园加快发展工作措施》，兑现1000万扶持资金。5月19日，中国国际信息技术（福建）产业园开园，建成数据中心可安装4500个标准机柜，容纳15万台以上服务器，达到国际最高等级T4等级，是华东南最大的高等级可用数据中心。

【实施信息惠民工程】 2015年，市政府出台《泉州市创建信息惠民国家试点城市工作方案》，推动政务服务、社会保障、健康医疗、文化教育、养老服务、家庭社区、公共安全、交通服务、食药安全等惠民的智慧化应用。11月，泉州电子证照建设项目被国家电子文件管理联席会议办公室（电联办）列入全国试点。建成电子证照共享应用平台，推进电子证照在日常行政审批、公民办事、信息共享中的便捷应用。建设无纸化网上审批环境，推动办事指南无纸化和窗口互动电子化，提供全天侯的移动申报、查询、咨询、投诉、建议等服务，实现行政审批事项100%进驻，网上办理率超过80%。

【营造信息化发展环境】 加快培育互联网经济载体方面，建成10个电商园区、全省首个网商虚拟产业园，以及领SHOW天地、源和1916、晋江三创园等“众创空间”，推动“互联网+园区”的典型应用；加强创业创新，人力与社会保障、教育等部门开展“互联网+”大学生创业大赛，南威软件等公司开展创业大赛（500万元）；加强宣传推广，设立“泉州制造2025”和“互联网经济”展示厅，在泉州晚报进行整体解读政策措施等，举办“中国云谷梦想启航”高峰论坛、2015年“互联网+物联网”高峰论坛等，筹办2015年泉州经济年会，以“创业、创新”为主题，包括编写《2015年度泉州经济蓝皮书（互联网+）》、评先年度十大创新互联网+经济产业园等活动。

【软件产业持续发展】 2015年泉州市软件产业规模达150亿元，其中软件企业业务收入约10亿元，智能软件收入112亿元，电子商务平台服务收入28亿元。全年，泉州市有9家软件企业获省软件产业专项资金的支持，合计459.8万元。

【动漫产业稳步发展】 泉州市功夫动漫设计有限公司以市场为导向，与传统品牌企业对接，打造动漫产业化互联网平台“动漫网”，并与全球100多个国家建立发行渠道。完善动漫创意产业的价值链，带动第二产业的整体提升。成立泉州市动漫产业协会，支持和引导动漫游戏产业各项活动的健康开展。市政府从鼓励原创动画播出、鼓励获奖作品与原创游戏上线、奖励动漫企业认定、奖励动漫衍生品出口、补助参加国内、国际动漫博览会、交易会、展览会，开拓国内外动漫市场和鼓励国内外动漫企业到泉州创业等六方面，支持泉州市动漫产业发展壮大，2015年下达动漫产业发展专项资金205.15万元。

【推进信息消费国家试点】 提出泉州市国家信息消费试点县（市、区）建设2015年工作要点，推动国家信息消费试点城市建设工作。电信运营商积极建设无线宽带城市、光网城市、4G-LTE等信息消费信息基础设施。开展数字家庭示范建设，2015年全市13个村被列为省级数字家庭示范村。

民生及社会保障

MIN SHENG JI SHE HUI BAO ZHANG

责任编辑：吴远鹏

综 述

2015年全市居民人均可支配收入28678元，比上年增长7.7%；人均消费支出19435元，增长4.5%；人均住房建筑面积64平方米。按常住地分，全市城镇居民人均可支配收入37275元，增长7.1%，人均消费支出24016元，增长2.7%，人均住房建筑面积61.3平方米；农村居民人均可支配收入15861元，增长8.7%，农村居民人均生活消费支出12605元，增长8.8%，人均住房建筑面积67.9平方米。年末城镇每百户家庭拥有彩色电视机138.8台、洗衣机88.1台、电冰箱102.9台、空调174.6台、计算机95台、家用汽车40.1辆、移动电话257.4部。年末农村百户家庭拥有彩色电视机123.6台、摩托车106.7辆、电冰箱98.6台、洗衣机66.1台、固定电话75.2部、移动电话255部。

民 政

【概况】 全面完成泉州市“十二五”民政事业发展专项规划。开展社会救助、养老服务等体系建设，提高工作标准，规范资金管理，完善制度建设，通过审计部门的审计检查。市民政局承办人大建议14件、政协提案40件，均按时保质办理完毕，办结率为100%，满意率为100%。改造提升200个自然灾害避灾点、新建100个农村居家养老服务中心、343户低保家庭安居房建设、筹集150万元开展“救急难”、支持培育10个老区特色产业发展项目、15个新型社区治理试点等6个项目列为市委市政府为民办实事项目。养老服务业发展取得新突破。积极应对泉州市人口老龄化的挑战，努力构建以居家养老为基础、社区服务为依托、机构养老为支撑的养老服务体系。扶持民办养老机构健康发展，创新养老服务模式，推进禾康智慧养老服务平台建设。12月，台资“医疗健康养生村”项目在泉州台商投资区奠基。福利慈善事业取得新发展。完成2015年两节期间慰问特困户和社会福利机构等相关工作，慰问特困难户、社会福利机构和乡镇敬老院、农村居家养老服务站等，持续推进福利设施建设，及时安排下拨资金，帮助受灾群众解决生活困难，开展“邮善促民生”项目，整合民政邮政资源，共同助力民生服务事业，孤残儿童福利措施保障得到进一步改善，强化福利企业管理和服务，促进持续健康发展，开展慈善资助活动，做好慈善信息公开，增强慈善机构的社会公信力，全年累计筹集慈善捐款8965万元，投入慈善资助活动1.01亿元，加强福利彩票销售管理，实现销售12.46亿元。社会救助兜底作用发挥明显。坚持托底线、救急难、可持续，完善现代社会救助体系，编密织牢基本民生安全保障网，切实维护困难群众基本生活权益和人格尊严。全年泉州市县两级投入1200千万元建设低保家庭安居房。开展流浪乞讨人员救助社工外展服务，建立街面救助模式，救助受助人员5682人次。推进全国综合减灾示范社区建设，提高群众自救互救技能及防灾减灾意识。重视做好双拥工作，提升泉州双拥共建水平，开展科技文化拥军，通过全国双拥模范城“八连冠”考评验收。推进军民融合深度发展，引导扶持优势民营企业进入军工领域，重点培育和发展航空航天通讯装备、电子信息、武器装备配件、军需用品、新材料等10大类产品，促进泉州市国防科技与产业发展深度融合。有效落实优抚安置政策，将家庭生活困难的“两参”退役人员一并纳入“两节”慰问对象，并单列慰问经费。做好退役士兵接收安置工作，接收2014年冬季退役士兵2580人，完成79名符合政府安排工作条件的安置工作。开展适应退役士兵需求的技能培训和职业培训，落实军休干部的待遇。按时做好移交政府安置的退休干部调资和遗属调整生活补助工作。加强军供站规范化建设，不断提高军供服务管理水平。完成村（居）委会换届选举工作。泉州市换届选举的村委会2059个、社区居委会433个。推进新型社区治理试点工作，推进16个省级综合服务站建设项目和20个市级城乡社区服务站建设。进一步创新和完善乡村治理机制，提升全市农村社区建设整体水平。开展优秀人才遴选，不断优化社工发展队伍。建立和完善政府购买社会工作服务机制方面，不断创新工作举措，探索购买服务形式，提高社会工作水平。强化教育培训，取得职业资格认证的社会工作者有1024人，民办社工机构25家。组团赴台开展社会工作人才考察交流，推进泉台优秀人才交流对接。提升社会服务水平。推进老区建设、婚姻登记、社会组织管理、殡葬改革、区划地名等工作，为民服务水平得到提升。加强殡葬管理，火化率达99.3%。全面实行对“城乡困难群众基本殡葬服务费”全免制度。有序推进公益性骨灰楼堂建设。推进社会组织登记改革，实行社会组织直接登记，重点培育发展行业协会商会、科技类、公益慈善类、社区服务类社会组织。做好社会组织等级评估工作，进一步推进社会组织承接政府转移职能和购买服务。加强苏区老区帮扶工作。开展《赣闽粤中央苏区振兴发展规划》对接工作，享受中央各项优惠政策项目资金10亿元，推动安溪、南安、永春、德化老区建设跨越发展。落实革命“五老”人员各种待遇。加大对革命老区的宣传力度。推进行政区划调整，促进新型城镇化和城乡一体化发展。做好“平安边界”创建活动，促进边界和谐稳定。

【社区建设与服务】 健全完善基层民主制度。全市完成2492个村（居）委会（其中村委会2059个、社区居委会433个）换届选举，完成率100%。全市村委会选举共有选民452.7万人，参选率90.1%。社区居委会采取全体选民直接选举的社区135个，参选率96.6%；采取户代表选举的社区96个，参选率89.7%；采取居民代表选举的社区202个，参选率83.3%。经选举，产生新一届村（居）委会主任2491人，平均年龄45岁，其中女性262人；其中村委会成员35岁以下1287人，居委会成员30岁以下273人，村（居）委会成员素质提高，结构优化。不断完善社区设施建设。推动发展公共服务、便民利民服务、社区志愿服务，强化社区服务功能。继续实施社区综合服务站项目建设，通过新建、改扩建、购买、置换等方式，实现城

江南老年颐乐园 （图/陈晓东）

市社区服务站全覆盖。继续推行“全方位、多层次”社区服务方式，推广“一站式”“一门式”服务规范，为居民提供更好服务。全年省、市共投入570万元，推进16个省级综合服务站和20个市级城乡社区服务站建设。全市共建设城乡社区服务站1244个（其中城市348个、农村896个）。探索创新社区服务机制。开展新型社区治理试点，市各级共投入770.4万元（其中市级150万元、县级225万元）推进15个新型社区治理试点工作。试点社区通过强化党组织核心作用，推行社区党代表工作室值班制度，培育和发展社区社会组织68个，进一步厘清多元主体、完善治理结构；通过完善社区自治制度，建立居民议事会制度，完善社区自治章程，引导社区各方力量参与社区事务管理，营造社区居民共同参与自治氛围。加快智慧社区信息化平台建设，充分发挥社区微信公众服务平台宣传优势，实现“数据多共享、百姓更方便”的目标；通过成立社区共建理事会，整合资源，推动社区多元治理。开展社区社会工作服务站试点，创新社区服务方式，加大政府购买社会工作服务的力度，推动社区、社会组织、社工“三社联动”机制，结合新型社区治理试点工作，开展社区社会工作服务站试点，构建反应迅速、服务专业的基层服务网络，为社区居民营造和谐的社区氛围。全市社区社工站覆盖居民23531人，服务71202人次，培育社区组织29个、社区领袖60人，组建志愿者队伍61支，志愿者人数1329人，累计服务超6713小时。推进农村社区示范建设。开展15个农村社区省级示范单位创建，创新和完善乡村治理机制，提升泉州市农村社区建设整体水平。继续开展全市社区工作者岗位培训和学历教育，提升社区工作者能力素质和学历层次。组织第二批社区工作者1271人参加岗位培训，招募25名高校毕业生服务于安溪、永春、德化城市社区，鼓励社区工作者参加社会工作者职业水平考试，其中382人通过考试（其中初级285人，中级97人）。

【社会组织管理】　实行社会组织直接登记，重点培育发展行业协会商会、科技类、公益慈善类、社区服务类社会组织。全市新登记社会团体301家、民办非企业单位150家、基金会5家，其中全市性社会团体48个、民办非企业单位13家，直接登记41家。确定晋江市作为全省社会组织工作改革创新观察点。泉州市泉源少儿培育之家、泉州市海西社工事业发展中心、泉州市新家园社会工作服务中心、泉州市新华学校、晋江市启航社工服务中心、石狮市慈爱老人福利院等6家社会组织参与包括扶老助残、救孤济困、社会公益服务、社会组织培训等四类社会服务项目，扶持资金共135万元。推进社会组织承接政府转移职能和购买服务。在晋江市建立社会组织孵化基地，加大对社会组织孵化基地的培育扶持力度。举办泉州市社会组织登记管理机关工作人员及社会组织负责人培训班，此次培训是2015年省财政支持社会组织参与社会服务项目之一。社会组织年度检查。对2014年10月1日前在市民政局登记的市级社会团体、民办非企业单位，以及2014年12月31日前在市民政局登记的非公募基金会进行年度检查，全面了解社会组织活动及发展情况，规范社会组织活动，发挥服务经济服务社会的作用。开展第二批全市性社会组织等级评估工作，组织评估专家组对26家参评社会组织申报材料进行初评，实地察看评估，提出等级评估初步结果送评估委员会各成员单位审核。

【婚姻登记管理】　2015年，泉州市共登记结婚58968对、离婚577对、补领证8274对；办理涉港、澳、侨、台结婚260对、离婚64对、补领证360对；登记涉外结婚12对。开展婚姻登记服务规范评定工作，规范婚姻登记行为，提高婚姻登记服务水平，推进婚姻登记规范化、标准化建设，为群众提供良好公共服务，上报晋江市、南安市婚姻登记管理机关参加达标评定。

【儿童收养与儿童福利院】　2015年，泉州市办理国内收养登记93件，涉港、澳、侨、台收养登记8件。全市现有儿童福利机构10家

3月17日，由市民政局主办的2015年国际社工日“发展社会工作·创新社会治理”主题宣传活动启动仪式在市区府文庙举行　（图/市民政局）

（含综合福利院儿童部），床位858张，在院抚养儿童329人。

【老年福利院与“五老”供养】 2015年，泉州市有各类老年福利机构180多家（含福利院、福利中心、敬老院、老年公寓、村级敬老院等），床位27423多张（不含日间照料室床位），入住2285人。足额发放生活定补，泉州市健在“五老”人员527人，全年共发放“五老”生活补助金296.6万元，各县（市、区）定期补助标准全部高于省定标准。80周岁以上“五老”人员428人，每人发放高龄补贴500元，共8.56万元；特困“五老”人员184人，每人发放特困补助1000元，共7.36万元。落实医疗补助政策，“五老”人员全部免费纳入新型农村合作医疗，每人每年享受600元医疗补助，共31.95万元。住院“五老”人员医药费在新农合报销后，基本实现实报实销。开展两节慰问活动，市本级安排30万元慰问金，加上县、乡配套，保证每个“五老”人员都能得到慰问。

【老区帮扶工作】 2015年，市委、泉州政府出台《关于贯彻落实〈赣闽粤原中央苏区振兴发展规划〉的实施意见》：协调、督促南安市、安溪县、永春县、德化县相应成立“对接落实《赣闽粤原中央苏区振兴发展规划》领导小组”，领导小组下设办公室（简称“苏区办”）。继续抓好4个市级老区重点帮扶村工作，每村补助50万元，落实帮扶资金200万元；将“扶持老区特色产业示范项目”列为市委、市政府2015年为民办实事项目，共扶持10个老区村农民专业合作社，每个项目补助10万元，共计100万元；全年共下达省、市级老区专项资金500万元，其中：省级300万元，市级800万元；每年有近百个老区村得到挂钩帮扶，推动全市革命老区社会事业全面发展。

【拥军优属与抚恤】 2015年，落实拥军惠军政策，拓宽安置渠道，按时完成124名军转干部安置任务，其中20名团职军转干部全部安置在党政机关，营职以下军转干部91.4%安置在党政机关和“参公”单位。做好自主择业军转干部服务管理和企业退休转业复员军人解困工作，确保企业军转干部安定稳定。制定出台《泉州市军人随军家属就业安置工作实施意见》，优先解决在公务员队伍和事业单位随军家属的随迁随调工作，举办军嫂创业就业培训班，54名军嫂参加培训，全部取得合格证书，增强军嫂自主创业的信心，发放未就业生活补助金1024人次、561万元。市县两级教育部门解决388名军人子女就近就便入学。邮政泉州分公司为驻泉部队退伍士兵提供包裹上门揽件服务。举办两场“军民同心•鱼水情深”单身青年男女派对交友专场活动，军地168名男女单身青年参加活动，为部队大龄官兵解决婚姻大事提供帮助。落实优待抚恤政策，坚持实施重点优抚对象抚恤补助标准自然增长和城乡同一标准制度，全市重点优抚对象各类抚恤补助标准平均高出省定标准40%。严格执行义务兵家属优待标准，农村和城镇义务兵家属优待金分别达到上年度农民人均纯收入的100%和城镇居民人均可支配收入的40%，及时发放义务兵家属优待金和立功受奖奖励金。通过纳入“低保”、医疗救助、临时救助、慈善救助、就业援助等形式，及时解决重点优抚对象“三难”问题。隆重举行烈士纪念日活动，完成零散烈士纪念设施抢救保护和烈士证换(补)证工作。持续开展下访谈心等活动，走访慰问重点优抚对象及“两参”退役人员9449人次，发放慰问金451.27万元。进一步完善优抚数据信息库建设，提升信息化水平。

【复退军人安置】 2015年，泉州市共接收2014年冬季退役士兵2580人（其中：自主就业退役士兵2496人，符合政府安排工作条件退役士兵79人，计划移交安置伤病残退役士兵5人）。79名符合政府安排工作条件退役士兵已安置。开展适应退役士兵需求的技能培训和职业培训，督促各县（市、区）加强退役士兵职业教育和技能培训政策宣传，做好组织和报名登记工作，协调考入泉州师院的退役士兵申报学费补助的相关工作，确保涉及每位退役士兵的优惠政策得到落实。接收安置复员干部5人。

【救灾】 2015年，泉州各类灾情发生后，各级民政部门及时启动应急预案，组织人员赶赴受灾地区查灾、核灾，上报灾情。全年共下拨自然灾害生活补助资金1680万元，帮助受灾群众解决实际困难。

【完善城乡医疗救助制度】 修订完善《泉州市城乡医疗救助暂行办法》，进一步提高医疗救助水平。进一步落实医疗救助政策，各县（市、区）将城乡医疗救助基金政府筹资标准提高到每人每年200元以上，救助对象政策范围内住院自付医疗费用救助比例全部实现达到60%，着力推行医疗救助“一站式”即时结算服务，2015年，全市共救助城乡困难群众140908人次，发放医疗救助资金7602.53万元。其中住院救助54765人次，发放救助金6692.04万元；其他救助86143人次，发放救助金910.49万元。全市共享受即时结算服务的困难群众120365人次，发放医疗救助资金3521.99万元，其中住院救助20701人次、2646.3万元，特殊门诊99664人次、875.7万元。资助（含部分资助）城乡低保对象225176人参加城镇居民医疗保险或新型农村合作医疗保险，缴纳保费2458.78万元。

【福利彩票发行与资金管理】 2015年，泉州市有电脑福利彩票投注站1053家，中福在线销售厅10家，即开型彩票刮刮乐销售点1080家，共发行福利彩票12.46亿元，同比减少

2039万元，减幅1.6%（其中电脑票发行8.49亿元，即开型彩票刮刮乐1.50亿元，中福在线2.48亿元）。上缴公益金3.54亿元（其中，中央级1.77亿元，省级7656万元，市、县两级1.0亿元），同比减少393万元。

【地名与边界线管理】 地名管理。2015年，召开全市区划地名和界线管理工作会议，开展全市区划地名和界线管理工作、全市第二次全国地名普查补查补更工作；开展泉州市地名文化遗产（市、县（市、区）、乡（镇）、村1911年以前古地名）情况调查、汇总和上报工作。行政区域界线管理。2015年，完成泉州市设区市间县级界线5条（同安—安溪线、同安—南安线、翔安—南安线(由厦门市牵头)，安溪—长泰线、安溪—华安线(由泉州市牵头)）、市内县级界线联检3条（即晋江—丰泽线（晋江市牵头），南安—洛江线（南安市牵头），惠安—泉港线（惠安县牵头））以及乡级界线61条的界线联检工作任务。全市各县（市、区）签订平安边界共建协议，其中，设区市间县级界线9条：同安—安溪线（同安区牵头），同安—南安线（同安区牵头），仙游—泉港线（仙游县牵头），仙游—洛江线（仙游县牵头），仙游—永春线（仙游县牵头），仙游—德化线（仙游县牵头），南安—仙游线（南安市牵头），南安—翔安线（南安市牵头），华安—安溪线（华安县牵头）；市内县级界线3条：晋江—丰泽线（晋江市牵头）、南安—洛江线（南安市牵头）、惠安—泉港线（惠安县牵头）。

【国防教育和双拥宣传】 2015年，组织全市军民广泛开展“弘扬伟大抗战精神，同心共筑强大国防”主题教育活动，进一步筑牢国防观念和双拥意识。坚持开展军事日、经济日、少年军校、军事夏令营、“军营开放日”等国防教育活动，开通泉州市国防教育微信平台，及时发布国防教育动态信息。组织开展第18次防空警报试鸣暨人员疏散演练活动，增强市民人防意识。举行烈士纪念日活动，市四套班子、泉州军分区领导和各界代表，向泉州市革命烈士纪念碑敬献花篮。特邀国防大学李兵教授开展“捍卫中国”国防知识讲座。加强国防教育基地建设，命名第四批市国防教育基地36个，第四批市国防教育示范学校26个。各基地各示范学校强化基础设施、管理水平、讲解员队伍建设，不断提高具有侨乡特色特质的国防教育基地。红色尖刀连、海防模范连、海峡神炮连等举办军营开放日，承担国防教育任务。全年共有18万人次参观各级各类国防教育基地。开展双拥宣传工作，举办“军民心连心”双拥书画巡回展、专题电视访谈、轻武器射击比赛等系列活动。举办“欢乐泉州.军旗飘扬”——纪念建军88周年暨抗战胜利70周年文艺演出。组织参加“9•3”阅兵军乐演奏的31集团军军乐队，到泉州市开展“进学校、进社区、进广场”专场演出。驻泉边防部队举办“强国强军.我们共担当”主题晚会，表彰一批边防拥军模范、边防最美家庭及爱边敬业先锋。充分运用网络、微信、微博等新兴媒体，广泛宣传双拥政策法规、工作动态和模范事迹。全市新设置双拥标语牌360处。

医疗卫生

【概况】 2015年，全市有医疗卫生计生机构4864家，其中：医院121家、社区卫生服务中心（站）153家、乡镇卫生院126家，疾病预防控制中心12家，妇幼保健院（所）11家，卫生监督所12家，急救中心及采供血机构各1家，门诊部105家、诊所563家、医务所（室）68家、村卫生所（室）3514家，计生服务机构164家。全市床位数31793张，卫技人员（含计生）36440人，每千人均床位数3.74张、每千人均卫技人员4.28人。全市总诊疗人数3295.35万人次，门急诊人数3162.03万人次，入院人数967332人次，出院人数966191人次。按发病日期统计，2015年全市报告法定甲乙丙类传染病40150例，报告发病率为475.71/10万，其中乙类传染病17721例，甲乙类报告发病率为209.96/10万；丙类22429例，报告发病率为265.75/10万，法定传染病报告质量综合率为99.93%。据计生报表统计，2015年度，泉州市出生人口政策符合率85.77%、出生性别比112.85、政策外多孩率1.82%。完成福建省委、省政府在泉州拉练检查、第七届海峡论坛、保护非物质文化遗产实践国际培训及中国福建木偶在亚太地区的传播交流推广活动和第十四届亚洲艺术节等25场次重大活动及中央领导等莅泉期间医疗卫生保障工作，累计派出医务人员164人次。12月，泉州颐和医院开工建设，医院坐落于泉州市台商投资区，是泉州首家台资医院，也是国内规模最大的台资医院，由台湾海峡两岸医疗产业基金独资建设，占地约24.6公顷，总规划为3000张床位的综合三甲医院，总投资5亿美元，首期建设1500张床位，建筑面积24万平方米。泉州市第一医院、泉州市中医院、泉州市儿童医院、惠安县医院4家单位5人参加中国（福建）第14批援博茨瓦纳医疗队赴博茨瓦纳执行为期2年的援外医疗任务。2015年泉州市获“全国婚育新风进万家活动示范市”“福建省计生工作先进市”“福建省消除疟疾达标市”“福建省灭蟑先进城区”称号，泉州市卫生计生委承建的泉州市中医联合医院获国家最高奖——中国建设工程鲁班奖（国家优质工程）。

【医药卫生体制改革】 5月29日，泉州市委、泉州市政府召开全市医

12月16日，泉州颐和医院奠基 （图/陈龙山）

改暨卫生工作会议，部署全市医改和卫生工作。成立以市委书记为组长的泉州市深化医改领导小组，下设医改办归泉州市发改委常设机构，核定编制，明确三定职能，配备专职干部。泉州市政府将涉及医改主要工作的卫生计生、人社、医保、药品流通等工作调整由一位泉州市委常委、常务副市长统一分管，加强医改统筹协调。泉州市委市政府印发《泉州市深化医药卫生体制改革试点实施方案》。继续全面实施药品和耗材零差率改革，终止公立医院以药补医机制，同步出台县级和市级公立医院医疗服务价格调整方案、公立医院综合改革医疗保险支付政策调整方案、县级以上公立医院实施药品零差率销售改革财政补偿等政策，同步推进医疗服务价格、财政补偿、医保报销“三合一”改革。实行药品零差率，市级公立医院价格平移补偿85%（县级82%），财政补偿10%（县级15%），医院消化5%（县级3%），县级、市级医疗服务项目价格分别调整3051项、3772项。2015年泉州市公立医院药占比同比下降5.58个百分点，公立医院破除以药补医，推进控费，公益性运行机制逐步显现。推进医保支付方式改革。在全市范围选择20个以上病种试行单病种付费。居民医保结合普通门诊统筹开展按人头付费，2015年按人头付费结算有效签约人数35万人，就诊1.5万人次，发生总医疗费用116.3万元，统筹基金支付46.9万元；深化新农合支付方式改革，10个新农合县（市、区）全面开展门诊总额预付、单病种付费改革，单病种付费改革病种数22-40种，补偿比70-90%。推进全市二级以上医保定点医疗机构的门诊和住院费用总额控制工作。改革医院管理运行机制。成立泉州市属公立医院管理委员会，由泉州市政府常务副市长林伯前担任组长，成员包括编办、发改、财政、人社、卫生计生、审计、物价、药监等部门，对公立医院改革重大事项实行决策和监督。各县（市、区）也相应成立公立医院改革管理机构，创新公立医院管理体制。推行院长聘任制。组建医联体，泉州市第一医院与永春县、惠安县医院、德诚医院、玉埕医院，医大附二院与石狮市、晋江市医院、泉州东南医院，医高专附属人民医院与马甲卫生院等组建医联体或协作关系，推进优质医疗资源下沉，造福百姓。稳步推进药品流通领域改革。逐步推行药品分类采购，坚持以省为单位的网上药品集中采购方向，加强药品采购全过程综合监管，保障药品质量和供应。完成泉州片区药品带量议价采购目录的专家票决工作，配合泉州市食品药品监督管理局组织遴选泉州市公立医疗机构药品配送企业工作，遴选确定全市10家基本药物和非基本药物的配送企业，完成泉州片区带量采购议价工作，全市各医疗机构开始使用新一轮中标入围的药品，新旧药品更替基本平稳。基层医改取得显著成效。推进乡镇卫生院分类管理改革，对丙类和山区乙类卫生院实行财政全额拨款，建立公益性保障机制，改革人事制度，完成基层医疗卫生机构核定人员编制8248人，其中乡镇卫生院人员编制6645人；落实全员聘用制度、岗位管理制度、绩效工资制度，在全市165家公办基层医疗卫生机构和2748个村卫生所（室）全面实施基本药物制度和药品零差率销售，基本药物实际销售价格下降14.05%。开展社区家庭医生和乡村医生签约服务，共签约家庭101.48万户，签约387.67万人。出台新政突破村医养老保障障碍，将符合条件的村医纳入卫生院管理，实行职工养老保险，稳定优化村医队伍。社会资本办医规模不断扩大。完善社会办医支持政策，提振社会办医积极性。全省规模最大的德诚医院运营良好，全市现有民营医院94家，床位5178张，占全市总床位数的16.3%。全市在建和获批民办医院10家，总投资达50亿元，可新增医院床位4000多张。

【疾病预防控制】 抓好重点传染病防控工作。人感染H7N9流感防控：制发《泉州市2015年职业暴露人群和环境高致病性禽流感监测实施方案》，开展常规监测，累计采集职业暴露人群血清标本121份，检测结果均阴性；外环境标本426份，结果H7N9、H5N1核酸阳性分别为111份、11份；调查处置8例人感染

H7N9病例，核实判定并按规范管理密切接触者74名，指导做好随时消毒和终末消毒工作；组织多次人感染H7N9防控工作专项督导，进一步落实各项防控措施。结核病防控：每月编印《病人发现及治疗管理情况》《转诊及追踪情况》；全市新登记活动性肺结核病4388例，其中新发涂阳病人1978例；共开展耐多药可疑者培养1699例，其中培养阳性1181例，阳性病例药敏试验中耐多药病例143例，广泛耐药8例，有65例纳入住院治疗，治疗6月末痰菌阴转率为84.6%，治愈率为73.8%。艾滋病防控：新增建立艾滋病初筛实验室4家，全市共建成艾滋病实验室43个；完成艾滋病抗体检测和数据上报386450人次，干预高危和重点人群107296人次，新报告艾滋病病毒感染者/病人507例，报告死亡42例，新纳入治疗422例；有序开展中国-默沙东艾滋病合作项目（二期）和第三轮全国艾滋病综合防治城市示范区创建工作。手足口病防控：加强手足口病阶段性分析，分时段明确各地区防控工作重点。加强疫情监测，及时处置聚集性病例和重症病例，防止疫情扩散；共报告17529例手足口病，死亡1例；监测标本649份，阳性542份。登革热防控：科学有效处置14例输入性登革热病例；安排专人关注国内外疫情动态，负责疫情网络浏览及舆情监测；新增丰泽区为市级登革热监测点；累计采集检测健康人群血清400份，结果均为阴性；捕获白纹伊蚊成蚊566只，PCR核酸检测结果阴性。流感防控：两家哨点监测医院（泉州市第一医院和泉州市儿童医院）累计报告流感样病例28933例，流感样病例比例为3.41%，未发现异常信息；采集咽拭子2219份进行检测，阳性410份。霍乱防控：制发监测方案，开展重点区域监测工作，共采集外环境标本2619份，检测结果均为阴性。鼠传疾病防控：设置国家级监测点1个（南安），福建省级监测点2个（晋江、安溪）。3个监测点共捕鼠1126只，平均鼠密度为6.04%，获蚤965只，检测结果均为阴性。

推进免疫规划工作。夯实免疫规划工作基础，与市教育局联合下发《泉州市入托、入学查验预防接种证工作实施方案》，制定《泉州市流动人口儿童预防接种管理办法》，进一步规范入托、入学儿童查验预防接种证工作，提高预防接种证查验质量和免疫规划疫苗接种率；组织开展1—59岁人群乙肝等免疫规划疫苗针对传染病血清流行病学调查，对各县（市、区）24个乡（镇）、24个村（居委会）的5462名对象开展问卷调查和采集血标本；提高常规免疫工作质量，为154260名本年度出生的儿童建立预防接种电子卡，为适龄儿童免费接种免疫规划疫苗3095204针次；编制免疫规划工作监测运行情况分析报告，全市报告麻疹121例、新生儿破伤风2例、百日咳4例、乙脑2例、流脑1例，继续维持无“脊灰”状态，无白喉病例，免疫规划针对疾病七病发病率为1.54/10万，上报疑似预防接种异常反应（AEFI）234例；开展疫苗查漏补种月等活动，全市共补种麻疹类等9种免疫规划疫苗110870剂次，补种率为96.44%；做好麻疹防控，全市共报告疑似病例372例，报告排除麻疹风疹发病率为2.74/10万，报告发病率为1.43/10万；下发《关于进一步加强麻疹防控工作的通知》，派员重点检查6个疫情较为严峻的县（市、区），指导洛江区、惠安县有效规范处置2起麻疹暴发疫情。

加强地方病、慢性病、寄生虫病、麻风病等防治工作。加强地方病防控，在全市11个县（市、区）开展完成居民户碘盐监测3300份，碘盐覆盖率98.09%，碘盐合格率95.09%；由卫生计生、盐务和水利等部门组成考评组，对全市11个县（市、区）开展“十二五”地方病防治规划终期考核评估，认为泉州市地方病防治工作达到《福建省“十二五”地方病防治规划》目标要求，向福建省卫生计生委提出考评验收申请。加强慢性病防控，泉州市基层医疗卫生机构和县及县以上指定医院完成慢病信息管理系统的端口改造工作，开展居民死因监测，在全市县级及以上医疗机构开展死亡病例报告，推进二级及以上医疗机构新发住院恶性肿瘤发病登记报告工作，全市共报告死亡病例10659例、新发住院恶性肿瘤病例5043例。加强寄生虫病防治，完成各县（市、区）消除疟疾县级自评和市级考评，对445名疟疾“三热”病人开展血检，结果均为阴性；通过省卫生计生委组织的消除疟疾考核评估，确认为消除疟疾达标市。在鲤城、洛江、惠安和南安开展人体重点寄生虫病现状调查；全市唯一的原血吸虫病流行区南安市，建立健全防治工作机制，做好血吸虫病预防控制工作，达到省级规划目标要求。加强麻风病防治，开展一线医务人员业务培训，最大限度发现麻风新发病例，规则治疗现症病人；组织开展专项督导检查，规范、指导各县（市、区）麻风病防治工作，进一步推进麻风病防治项目工作的完成；新发现麻风病人1例，全市累计发现报告麻风病人5805例，现症病人42例。

推进卫生监测工作。开展饮用水卫生监测和学校卫生工作，抽检348份自来水和二次供水，水源水、出厂水、管网水、二次供水合格率分别为0、81.25%、86.90%、82.5%；监测公共场所48家302点次，合格率79.2%；抽检7家游泳场所14份泳池水，合格率71.4%；抽检各类宾馆酒店公共用品具511件，合格率96.9%；对市区5所小学9806名学生开展体质监测，营养不良、肥胖、视力不良、龋齿检出率分别为29.78%、12.49%、63.37%和51.95%。开展食品安全风险监测，食品污染物及有害因素监测点、食源性疾病监测哨点医院均实现12个县（市、区）全覆盖；按时序采集

515份样品开展食品污染物及有害因素监测，1份沙丁鱼检出铅超标，9份水产制品检出违禁药物氯霉素，35份检出致病菌；规范食源性疾病临床诊断报告，通过网络直报系统上报病例信息968条，报告4起食源性疾病暴发事件；开展消毒监测抽检26家卫生用品生产企业非产品类样品639份和46批次卫生用品，合格率分别为92.48%和97.83%；抽检6家医疗机构非产品类样品670份，督促改进各环节消毒工作。开展职业卫生和放射卫生工作，全市完成职业卫生监管职能划转；泉州市疾病预防控制中心和南安市、晋江市疾病预防控制中心完成职业健康检查机构资质复评审；组织召开职业病诊断会15次，诊断尘肺新病例32例；全市共体检职业危害从业人员28249人；全市共发放《放射诊疗许可证》279家，发证率94.9%；对594名放射卫生工作人员进行个人剂量监测，监测率99.0%。加强县级疾病预防控制机构检验检测能力建设，继续按照《泉州市县级疾病预防控制机构检验检测能力建设实施方案（2014年—2016年）》要求，对丰泽区、南安市、安溪县检验检测能力建设进行补助各30万元，各县（市、区）按1∶1资金配套，添置实验室设备仪器，进一步满足县级传染病与卫生监测任务需求。

加强精神卫生工作。组建由泉州市政府分管领导为组长，公安、综治、民政、卫生计生等部门领导为成员的“肇事肇祸等严重精神障碍患者救治救助工作领导小组”，进一步加强和规范救治救助工作。召开全市严重精神障碍患者救治管理工作会议，组织开展专项督导检查，落实各项管理措施，进一步提高患者在册率、管理率；全市共检出严重精神障碍患者25338例，患者管理率87.93%、规范管理率56.17%、服药率72.32%，均达到国家指标要求；继续开展全市重性精神疾病管理治疗项目（686项目），2015年新增台商投资区55例患者，免费发药136人次，免费复诊845人次，免费体检111人次，免费住院治疗3人次，高风险患者管理指导155人次。

【基层医疗卫生服务体系建设】 推进“建设群众满意的乡镇卫生院”创建工作。2015年全省“建设群众满意的乡镇卫生院”工作现场会在泉州市召开，会议安排洛江区马甲中心卫生院介绍创建经验。泉州市推荐13家乡镇卫生院参评“建设群众满意的乡镇卫生院”，其中晋江市陈埭中心卫生院、洛江区马甲中心卫生院、石狮市锦尚卫生院3家卫生院被国家卫生计生委评为“2014—2015年度群众满意的乡镇卫生院”。推进基本公共卫生服务均等化。及时印发《关于做好2015年国家基本公共卫生服务项目工作的通知》，督促各县（市、区）按服务人口人均40元落实基本公共卫生服务配套经费，为城乡居民提供12类基本公共卫生服务项目；全市共建立居民健康电子档案791.86万份（电子建档率93.11%），高血压、糖尿病、重性精神疾病患者健康管理人数分别为53.72万人、19.65万人、2.57万人，65岁以上老年人体检42.72万人；泉州市基本公共卫生项目指标完成情况超过省定指标任务要求，通过全省基本公共卫生服务项目绩效考核；2015年，泉州市被国家卫生计生委确定为国家级基本公共卫生服务监测点；被福建省确定为全省流动人口基本公共卫生计生服务均等化工作重点联系地区。加强全科医生和乡村医生考核培训。出台《泉州市乡村医生考核管理办法（试行）》和《泉州市乡村考核标准与评分细则》，加强乡村医生从业管理，经考核合格的乡医列入卫生院统一管理，按职工社保落实乡医的养老保障，完成在岗村医5318人规范培训并考试结束，提高乡村医生常见病和多发病诊疗能力。推行基层签约服务。在全市所有社区卫生服务中心和乡镇卫生院推行家庭医生和乡村医生签约服务，为签约居民提供基本医疗、基本公共卫生、健康评估、健康咨询服务，签约家庭101.48万户、签约387.67万人。超额完成新农合筹资目标。2015年，全市新农合参合5646303人，参合率达99.98%，超出省、市医改提出的98%的年度目标要求，同比提高0.02个百分点。各县（市、区）新农合人均筹资水平提高到485元（其中，石狮市510元/人、晋江市500元/人，其他县市区480元/人），比目标要求提高7.78个百分点。实现单病种付费改革全覆盖。全市10个新农合县（市、区）全部开展单病种付费改革，单病种付费改革病种数达22—40种（其中晋江市40种、石狮市32种），实现新农合单病种改革全覆盖，新农合县（市、区）覆盖率100%。全市全年共有24361人次获得重大疾病单病种补偿，补偿金额5982.22万元。完善新农合补偿方案。2015年新农合住院报销比例乡、县、县级以上分别达到95%、80%、60%左右，特殊门诊病种数达20—30种，普通门诊补偿比例达70%左右，村级普通门诊补偿比例达50%—60%。全年县域内政策补偿比80.43%，有61.07万人次获得住院补偿18.15亿元，住院次均补偿2972元，同比增长3.26%；有104.32万人次获得门诊特殊病种补偿2.56亿元，同比增长36.92%、26.88%；有195.50万人次获得普通门诊补偿6349.66万元。完成上年度大病补充补偿工作（补充补偿金额和人次达到1.15亿元、1.57万人）。

【妇幼健康服务】 泉州市以妇幼健康优质服务工程建设为载体，推动全市妇幼健康服务水平持续提高。晋江市、石狮市先后通过省、市卫生计生委验收，被确定为2015年度福建省级“妇幼健康优质服务示范县（市、区）”。晋江市被评为国家级“妇幼健康优质服务示范县（市、区）”（全省

5月31日，团市委到市儿童医院开展活动　（图/张九强　谢　曦）

仅3家）。组织“爱婴医院”复核工作，泉州市推荐上报的11医疗保健机构全部被国家卫生计生委确认为“爱婴医院”。落实农村孕产妇住院分娩补助等妇幼重大公共卫生项目工作。完成农村妇女孕前和孕早期增补叶酸58898人（完成率124.52%），2015年农村孕产妇住院分娩补助51967名（完成率110.10%），城乡低保已婚妇女常见疾病免费检查项目累计检查10667人（完成率138.96%），农村孕妇和城市低保孕妇免费产前筛查诊断项目血清学筛查13763例（完成率103.48%）、超声筛查13318例（完成率100.14%）。综合防治出生缺陷。加大婚前医学检查与孕前优生健康检查整合力度，初步实现婚检、优检资源共享、优势互补的工作模式。2015年，全市婚检覆盖率达90%、免费优检的覆盖率达88.22%，有效降低出生缺陷儿的发生风险。加大产前筛查血样采集机构建设，新增8家采集机构，全市各县实现产前筛查血样采集机构全覆盖，共有采血机构57家，1家产前诊断（筛查）机构，有效提高中晚期妊娠前出生缺陷发现率，减低严重缺陷婴儿发生率。实施妇婴健康工程在机场和部分商场、医院、社区、车站等场所建设100个“爱婴哺乳室”。为全市35—64岁农村妇女免费提供“两癌”检查。完成农村妇女宫颈癌筛查10031人、乳腺癌检查10027人。开展人类生殖辅助技术服务。开展专项监督检查、打击代孕专项行动，按照《人类辅助生殖技术管理办法》要求，加强对有人类辅助生殖技术服务资质的三个机构（福建医科大学附属二院、泉州市中医院、泉州市妇幼保健院）开展日常监督检查，并对其业务水平、技术条件、硬件设施及人员配备等开展省级校验前初审工作。2015年，泉州市不孕不育专科门诊量逾42万人/次，完成夫精人工受精1707例，泉州市妇幼保健院完成体外受精-胚胎移植周期数952个。出台《泉州市治理出生人口性别比失衡进一步完善计划生育技术服务规范》，完善医疗保健机构计划生育技术服务规范，为治理“两非”提供技术支持，通过实施7周以上非医学需要终止妊娠审批制度，有效打击低月龄采血鉴定胎儿性别行为。组织开展病残儿鉴定工作。分别在8月、12月组织开展两轮病残儿医学鉴定，共鉴定183人，认定属病残儿140人，并及时将鉴定结果反馈各地。

【卫生监督体系建设】 把好许可预防性监督关，严格对全市380家新建、92家改建公共场所建设项目开展卫生审查工作，累计通过竣工验收472家，确保经营单位能在一个较好的卫生条件下为消费者提供服务。组织开展共监督检查各类公共场所5872户次，发出监督意见书1125份，责令限期整改127家，取缔无证经营单位23家；共抽检194家公共场所的公共用品用具，合格率92.67%；抽检116家大型商场等公共场所的空气质量，所检指标合格率100%；抽检集中空调通风系统经营场所32家，合格率78.13%。根据《公共场所卫生管理条例》及其实施细则，严肃查处违法行为，2015年，全市共查处违法行为26家，罚没款12.84万元。加大饮用水卫生监督力度，对14家市政水厂、30家农村日供水千吨以上水厂、1330家二次供水单位饮用水卫生管理工作开展监督检查，下发监督意见书253份，对发现问题的供水单位给予限期整改并督促落实到位；开展涉水产品专项监督检查，全市共检查各类涉水产品生产企业19家，经营单位133家，检查供水单位112家，下达监督意见书47份，限期整改单位6家。加强传染病防治与消毒产品监督管理。加强传染病监督工作，对全市医疗机构开展2轮传染病防治工作监督检查，全市累计检查各级各类医疗卫生单位4075家次，抽检透析处理水8份，合格7份，合格率87.5%，抽检口腔门诊牙科车针46份，合格46份，合格率100%，立案2起，已结案1起，罚款2000元。加强学校卫生监管工作。对各类学校传染病防控、学校医疗机构、饮用水卫生及基本卫生条件等学校卫生工作开展监督检查，共监督各类学校583所，其中专人负责疫情报告学校529家，合格率91%；有晨检记录学校488家，合格率83.7%；有制定学校传染病突发事件应急预案的学校552家，合格率89.5%；开展健康体检学校502家，合格率86.1%；有建立学生健康档案学校509家，合格率87.3%。开展消毒产品生产企业监督检查。对全市消毒产品生产企业逐一排查，核对、更新企业信息，完善生产企业监督档案的建立工作，与企业签订《消毒产品生产企业守法生产经营承诺书》，共检查消毒产品生产、经营和使用单位227家，共检283批次一类、二类消毒产品，限期整改8批次产品，责令3家单位立即将未索证产品下架或停止使用。加强餐饮具消毒服务单位监管和量化等级评定。对持有工商营业执照的餐饮具集中消毒单位开展两轮专项监督检查，抽检产品1728套，合格1613套，合格率93.3%；下达监督意见书128份，立案查处11起，处罚款1.9万元；将不合格的39家企业向社会公布，正确引导广大群众消费；对全市29家餐饮具集中消毒单位开展卫生监督量化等级年度评定工作。完成公共场所卫生保障。完成“21世纪海丝国际研讨会”、第一届全国青运会部分赛事、亚洲艺术节等8次重大活动公共场所卫生保障工作任务，组织对各接待酒店、活动场所公共场所卫生、饮用水卫生等关键环节开展监督检查，共出动卫生监督人员1218人次，车辆344车次，检查单位362家次，下发监督意见书35份。举办全市卫生计生监督及食品安全技能竞赛，遴选6位选手集中学习训练，代表泉州市参加福建省卫生计生监督和食品安全技能竞赛决赛，获团体第四名。市、县两级同步开展以打击防控采血鉴定胎儿性别行为为重点的整治“两非”专项行动，2015年全市共结案405件，其中重大案件19件；查处非法鉴定胎儿性别377例，采血鉴定胎儿性别案件115件，处理涉案人员213人，其中判刑11人，开除党籍10人，吊销医师执业证书1人。

【医政管理】 加强医疗市场监管。执行《泉州市进一步整顿医疗秩序打击非法行医专项行动方案》，开展整顿医疗秩序打击非法行医专项行动，继续落实无证行医“黑名单”公示制，严厉打击无证行医和非法采供血，2015年全市共公布已取缔的无证行医黑名单81户，移送司法机关22户，均同时在泉州市卫生计生委、泉州市卫生监督所等门户网站进行公示。针对医疗广告的发布合理性，共约谈16家医疗机构，要求其强化教育和培训，加强行业自律，提高依法执业意识。加强医疗安全监管。加强医疗质量监管，充分发挥13个市级医疗质控中心的作用，下发麻醉、院感等6个专业质控指标，组织开展医院感染管理、临床合理用血等医疗质控督查；加强“平安医院”建设，加强重点区域监管，落实隐患排查，加大对人员密集场所以及放射科、氧气供应室、危险品仓库、配电室等区域、设施的隐患排查，市卫生计生委邀请消防管理专家，举办泉州市直卫生计生系统安全生产业务培训暨消防安全演练，近200人参加培训；完善“五位一体”医疗纠纷调处机制， 6月，市卫生计生委召开医疗纠纷预防与处置专题工作会议，从完善医疗责任保险分担机制、医院内部沟通调解机制、提高医疗机构内部安防、积极争取公安部门早期介入，合力有效解决纠纷等方面部署下一阶段工作；举办“全市医疗纠纷防范与处置研讨会”，参会医院管理人员及医务人员达300余名，市本级举办两期医疗纠纷防范与处置培训，共培训医务人员500多人次；全市共受理纠纷调解申请217件，调结187件，司法诉讼8起，组织医疗事故技术鉴定32起，进一步缓解“大闹大赔”的状况，维护正常医疗秩序。 实施改善医疗服务行动。出台《泉州市进一步改善医疗服务行动实施方案》，提出推行预约诊疗、合理调配医疗资源等10项40条措施，推行惠民便民措施，动员卫生行政管理干部、医院领导干部，开展就医体验活动，坚持以病人为中心，以问题为导向，以改善群众看病就医感受为出发点，经常深入医院门诊、病房（区）体验就医程序、就医流程，感受医务人员服务态度和医疗质量，找出问题所在，持续提升服务质量；全市共有28家二级及以上医院设立“医院服务中心”，34家开展双休日及节假日门诊，在28家医院共开展287个病区优质护理服务病区。开展医护人员综合素质提升三年行动。制定出台《泉州市进一步提升医护人员综合素质三年行动方案》，在全市各级各类医疗机构（含民营医院）开展提升医护人员综合素质专项行动，促使全市医疗服务总体水平明显提高，医疗服务环境明显改善，群众满意度明显提升。 提升院前急救服务水平。修订全市质量控制标准，泉州市质控中心组织专家结合泉州市院前急救资源调查现状，修订《泉州市急诊质量控制评估表》（2015版、适用区域内的二级和三级医院）、《泉州市院前急救质量控制考核评估表》（2015版），明确急诊急救考核内容和要求，规范急诊急救医疗行为，为急诊急救质控考核评估提供依据，方便考核评估检查操作；开展质控检查，2015年11月，组织急诊急救专家依照考核评估表对全市30家二级及二级以上医疗机构、市区急救网络医院和9家市、县两级急救（指挥）中心开展检查；开展院前急救资源现状调查，开展全市10个急救中心、22家网络医院的急救机构资源现状调查，为政府合理化配置院前急救服务的资源，提高急救效率，提升服务水平提供决策依据；开展院前急救指挥调度人员岗位技能专项培训，分两批对县、市两级从事院前急救指挥调度人员进行岗位技能专项培训，内容包括院前急救指挥调度发展历程介绍、指挥调度工作的目的意义、调度人员基本素质、接警技巧、常态事件院前急救指挥调度流程规范、重大事件指挥调度规范和报告程序等内容，同时结合实际案例分析如何规避调度风险；开展急救知识“五进”活动（进学校、进企业、进机关、进社区、进农村），每月开展1到2次急救知识宣教活动，通过专题讲座、现场急救技能操作讲解、布置宣传展板、发放《泉州市民急救自救与互救手册》宣传材料等多种形式对学校师生、企业员工、机关工作人员、社区和农村居民等社会各类群体开展急救知识技能普及宣教活动，全年开展“五进”活动20余场次，培训各类群众万多人次，发放宣传材料万余册。组织开展城乡医院对口支援工作。按照《泉州市2013—2015年城乡医院对口支援工作方案》，泉州市第一医院等6家三级医院对口帮扶8家县级医院，25家县级及以上医院对口帮扶48家乡镇卫生院，帮扶医院以加强人才培养和临床专科建设为重点，加强医疗服务和业务指导，帮助受援医院提高医院管理水平和服务能力，促进优质资源下沉基层，按照分级医疗、双向转诊标准，逐步建立分级诊疗格局，使农村常见病多发病和部分疑难复杂疾病在县域内能够基本得到解决，从二级及以上医疗机构选派135名医师骨干对口支援帮扶60家基层医疗机构（其中市级选派40名医师支援8家县级医院，95名医师支援52家基层卫生院、社区卫生服务中心），形成城市、县、乡对口支援工作格局，推进双向转诊、分级诊疗工作。加强医疗废物集中收集处置。强化完善医疗废物管理重点部位、重点环节的监管，严格污染防控措施，做好医疗废物的收集、转运和集中规范、安全处置，全市4662家医疗机构与泉州市医疗废物处置中心直接或间接签订医疗废物处置合同，收集网络覆盖各级各类医疗卫生机构，共规范收集、安全处置医疗废物3270吨，医疗废物安全处置率达100%。进行医院重点科室行风问卷调查。制订《泉州市卫生系统加强医疗卫生行风建设“九不准”实施方案》等工作方案，对40家县级以上综合医院、中医院（含民营医院）的220个重点科室出院病人进行行风问卷调查，并将对群众满意率低于80分的科室实行黄牌警告，把行风评议结果与评优评先、绩效考核、职称评聘等挂钩，进一步提升卫生行业行风和形象，2015年在全省组织的二级以上医疗机构满意度调查问卷中，泉州市医院总体满意度较2014年明显好转，满意度得分显著提高，升幅达3.4分，进入全省十地市前3名。重拳治理违纪收受“红包”。在全市医疗系统开展违纪收受“红包”专项治理行动，整治范围及对象为全市各级各类公立医疗机构医务人员，参照效能管理手段，采取实行有奖举报、实施出院病人回访制度、建立责任追究机制、严肃查处违法违纪行为等九项具体措施，把专项治理工作与医务人员的职称聘用、绩效奖励、晋职晋级、评先评优及行政管理人员职务任免等直接挂钩，对在医疗服务活动中接受患者“红包”的医务人员，实行“一票否决”，对举报未查实的科室与个人实行“取消评优评先资格、黄牌警告、约谈、调整岗位”和“降低、取消当季度奖金”等行政和经济两方面措施。全年市本级共回访重点科室出院患者140485人次，其中主动退还红包1205人次，计36.10万元，查处收受红包等违纪违规行为6件7人次。在2015年度福建省卫生计生委组织的全省二级以上医疗机构满意度问卷调查中，群众对泉州市医疗机构治理收受红包回扣措施的满意度由2014年度的78.62分，提高到87.17分，升幅达8.55分。启动疾病应急救助基金申报工作。新出台《关于泉州市建立疾病应急救助制度的实施意见》，启动疾病应急救助基金申报工作，市本级和各县（市、区）分别设立疾病应急救助基金，通过各级财政投入和社会各界捐助等多渠道筹集。疾病应急救助基金补助资金纳入财政预算安排，鼓励社会各界向疾病应急救助基金捐赠资金，基金救助对象为在泉州发生急重危伤病后需要急救但身份不明确或基本生活难以维持、无力支付相应费用的患者，包括城乡低保对象、农村“五保”供养对象、“三无”病人、重度残疾人、低收入家庭患者；城乡居民因突发事件和意外事故造成人身伤害及财产损失，从而导致基本生活难以维持的，包括火灾、交通事故等突发事件或突发重度疾病等。加强重点学科及薄弱学科建设。加强临床重点专科和薄弱学科建设，出台《泉州市重点专科建设项目管理办法（试行）》，市本级年度筹集专项经费630万元，与建设单位按1：1比例，以每3年为一个周期，支持孵化培育建设一批市级临床重点专科，加强县级综合医院以人才、技术、重点专科为核心的能力建设，加强临床薄弱专科和核心专科建设，提升县域医疗服务能力，全市共有国家级重点专科9个、省级重点专科24个，国家重点中医专科3个，省级14个，市级18个。开展医学科学研究，下达年度卫生计生科研资助计划，筹集15.9万元，择优资助、支持、孵化50个科研项目，进一步提高全市医务人员参与医学科研的积极性。2015年，全市卫生系统获得泉州市科技进步奖15项，其中一等奖1项、二等奖4项、三等奖10项，获得省、市科研立项71项，经费达315万元，其中，福建省中青年骨干人才培养项目、医学创新课题、青年科研课题及面向农村推广适宜技术等18项、经费148万元，市科技项目63项、经费267.5万元。提高继续医学教育水平。泉州市第一医院和福建医科大学附属二院被列为国家级第一批住院医师规范化培训基地，规范化培训容量增加至758人，进一步提高培训能力，2015年度新招规培生112名，在院培训人数433人。加强继续医学培训，列入2015年泉州市级继续医学教育项目计划有106项，全市性学术会议24场。

【血液管理】　加强无偿献血宣

传，利用春节、元宵节、情人节、海丝艺术节、世界献血者日等节日，将日常宣传和集中宣传结合起来，利用现代传媒，利用“无偿献血日”“全国科普活动周”等节日及医疗机构院刊、网站等渠道，开展无偿献血知识的宣传，进一步提高公众对无偿献血知识的知晓率；在泉州市本级主流报刊、网络发布宣传稿件200多篇，发送招募短信53000多条，反馈献血结果及感谢短信39519条；开展热血送暖，为生命接力无偿献血活动，组织开展主题日无偿献血活动，保障“血荒期”，特别是春节期间的临床用血；提高采供血的服务能力，通过不断提高血站规范化、专业化、标准化、精细化、信息化管理水平，提高无偿献血招募能力，加强采供血服务能力建设，加快核酸检测技术建设进度，全市无偿献血72105单位，比2014年增长1200单位，进一步保证临床用血的需求；临床用血管理得到加强，通过开展临床用血检查和指导，加大临床合理用血、科学用血的培训力度，推行科学合理用血措施，保障临床用血科学合理、安全有效，确保全市临床用血100%来自无偿献血。

【中医中药管理】 制定《泉州市创建全国基层中医药工作先进单位实施方案（2015—2018）》，推进基层中医药服务能力提升工程，落实扶持中医药政策措施、完善中医药服务网络、增强中医药服务能力、提高中医药服务队伍素质等4个方面重点工作，推动丰泽区、洛江区、泉港区、惠安县、南安市、永春县、德化县、石狮市8个县（市、区）通过省级、国家级评审，成为全国基层中医药工作先进单位，推动鲤城、晋江、安溪三个已获得该荣誉称号的县（市、区）按时通过复核，争取泉州市通过全国基层中医药工作先进市评审。省卫生计生委公布首批6家福建省中医住院医师和全科医师规范化培训基地，泉州市中医院和晋江市中医院分别被确定列入，2家中医院开始接收学员进行为期3年的中医规范化培训工作，培训内容包括医德医风、政策法规、临床实践技能、专业理论知识、人际沟通交流等，进一步提高医师临床诊疗能力，提升和规范泉州市中医医师的技术水平和服务能力。

【卫生应急】 完善卫生应急预案。继续完善各类卫生应急预案及相关工作规范，组织制定、修订《泉州市中东呼吸综合征应急预案》《泉州市突发事件紧急医学救援预案》等，加强预案的衔接工作和动态管理，着力提升卫生应急预案的实用性和可操作性。制定出台《泉州市省级卫生应急队伍装备建设项目实施方案》，市卫生计生委与市财政局联合成立市级项目领导小组和项目专家组，调整和充实泉州市承建的福建省级卫生应急专业队员共25人，加强业务培训、应急演练和督导检查，按时序推进项目建设。2015年，共拨付采购资金460万元，完成福建省卫生计生委批复的55项和新增的5项采购计划，实际投资430万元，占全部资金总额的93.5%，如期达到省上关于项目结余资金不超过财政下拨项目资金总数8%的要求；卫生应急队伍涵盖内科、外科、麻醉科、ICU、急诊等专业，从业务能力到体能方面基本能达到具备持续3天自我保障，快速抵达现场先期开展应对各种重大自然灾害和事故灾难紧急医学救援的要求。加强卫生应急队伍建设。组建泉州市卫生应急专家库，组织对全市三级医疗机构和市属卫生事业单位副高及以上职称医疗卫生专业技术人员进行调查摸底，组建全市卫生应急专家库共763人，进一步加强泉州市突发公共卫生事件应急处置体系建设。强化卫生应急队伍培训与演练，各级卫生计生部门举办人感染H7N9流感、中东呼吸综合征等各类培训班180余次，培训人员近2万人次；结合第一届全国青运会医疗卫生保障工作，模拟某体育馆夜间比赛发生断电引起踩踏事件举行“突发事件紧急医学救援应急演练”，进一步提高卫生应急队伍素质。开展公共卫生风险评估工作。在市本级和南安赛点组织对传染病类突发公共卫生事件、生活饮用水和公共场所卫生安全事件和紧急医学救援等3项能力开展风险评估工作，研判活动期间公共卫生风险管理重点并及时评估总结，为科学、有序做好第一届全国青运会（泉州赛区）医疗卫生保障工作提供决策依据。开展国防动员医疗卫生潜力调查工作。在全市县级及以上医疗

泉州市中医联合医院 （图/李芸生）

机构和泉州市中心血站开展国防动员潜力调查工作，包括相关的人员、设备和急救车辆、床位等进行统计，为泉州市全省国防动员潜力调查提供依据。7月，泉州市组团赴港学习交流突发公共卫生事件应对与危机处理活动。活动由福建省港澳办主办，泉州市港澳办和泉州市卫生计生委联合承办，来自5家市属医疗卫生单位、11个县（市、区）和台商投资区卫生计生部门及疾病预防控制中心分管领导或专业技术人员共34人赴香港开展为期5天的专题交流活动，交流团先后参观香港卫生教育展览及资料中心、香港医学博物馆、医学辅助队总部、香港广安护老之家（养老院）等单位和机构，学习香港公共卫生管理系统和应急计划、医疗机构的现场精细化管理及资源管理、突发公共卫生事件（包括SARS、中东呼吸综合征等）的处置、感染控制、公共卫生应急系统的策划等课程。

【爱国卫生运动】 广泛开展爱国卫生月活动。3月，下发《泉州市爱卫办关于开展第27个爱国卫生月活动的通知》，围绕“清洁家园、除害防病、促进健康”爱卫月活动主题，纵深推进全市爱国卫生月活动开展，全市参与部门数1813个，参与人数115259人，组织集中清理活动50036人，共举办各种宣传活动182次，电视、报纸宣传555次，张贴宣传海报、标语5976次，出动宣传车、讲座460次，宣传覆盖530多万人；登记卫生死角、杂物乱堆放数30280处，清除卫生死角数22202处，清除乱堆杂物13452处，清理垃圾20359吨。泉州市爱卫会开展中心城区迎接灭蟑先进城区复查工作，落实各项工作任务，市疾病预防控制中心对6月、7月、8月连续3个月泉州市中心市区蟑螂种群密度调查情况进行通报，市爱卫办组织采购市级除“四害”药物，共投入经费57万元，其中灭鼠剂（0.5/万溴鼠灵稻谷饵剂）12吨、4.5%顺式氯氰菊酯微乳剂（灭蟑、灭蝇、灭蚊药物）3000公斤、1%高效氯氰菊酯灭蟑热雾剂（用于灭下水道蟑螂）2000公斤并分发到各区爱卫办。11月，泉州市通过福建省爱卫办复审再获福建“灭蟑先进城区”称号。巩固国家卫生城镇工作。2015年，永春县国家卫生县城、惠安县崇武镇国家卫生乡镇国家卫生乡镇（县城）复审名单，两地通过加大环境卫生综合整治力度，完善卫生基层设施建设，健全完善长效管理机制等一系列措施巩固提升创卫工作。市爱卫办于6月组织专家组通过暗访和明查的方式对卫生日常管理，主要是市容市貌、城区重点部位、薄弱环节卫生状况和各项指标进行核查，据全国爱卫会“关于2015年国家卫生城市（区）和国家卫生县城（乡镇）复审结果的通报”，永春县国家卫生县城和惠安县崇武镇国家卫生乡镇接爱国家爱卫办复查，被重新确认为国家卫生县城（乡镇）。开展卫生创建活动。丰泽区丰泽社区等10个社区、永春县丰山村等4个村结合“美丽乡村”建设、城乡环境综合整治工作，整治人居环境，村容村貌不断改善，除害除病工作得到加强，居民健康水平得到较大提高。经县、市爱卫办考核验收，达到省级卫生村（社区）标准要求，获得省爱卫办确认为省级卫生村（社区）。加强改水改厕工作。落实好农村饮用水安全改造项目水质监测工作，水质监测4个项目县（惠安县、安溪县、永春县、德化县）及环境监测2个项目县（南安市、惠安县）完成2015年度农村水改项目上半年枯水期和下半年丰水期的水质监测、检验工作并按时上报监测数据，全市农村改水累计新受益达4.4万户，2015年，全市农村自来水普及率可达95.16%。实施农村改厕工作，结合美丽乡村建设，在农村开展卫生村镇、卫生之家的评选活动，坚持典型引路，推进卫生村镇创建活动，促进农村环境卫生全面改善，全市新增无害化卫生厕所可达2.25万户，全市农村无害化厕所普及率达95.36%。深化健康教育和健康促进工作。印制、下发《做好日常预防，远离人感染H7N9》健康教育墙报2万张、《预防人感染H7N9居民自我防护知识》小折页5万张，印制手足口病、登革热健康教育墙报各1万张，手足口病、登革热小折页各5万张，开展灭蟑为重点的除“四害”宣传教育，编印《您应知道的灭蟑知识》健康教育墙报1万张和《除“四害”齐动手保健康》健康教育墙报1万张一同下发中心城区各机关企事业单位、街道社区居委会张贴。做好每周各两期的健康版、卫生新闻栏目的采编播工作，在泉州晚报《健康》版等栏目刊登卫生新闻、科普文章75篇，在泉州电视台播出卫生新闻、科普知识67则。开展卫生日宣传活动。在“3•24”世界结核病防治日、“4•25”全国儿童预防接种宣传日、4月底“职业病防治法宣传周”、“5•15”碘缺乏病宣传日、“5•31”世界无烟日、“6•26”国际禁毒日、8月第一周“世界母乳喂养周”、9月“全国科普日”“10•8”全国高血压日、“10•10”世界精神日等10个重大卫生日，组织专家深入工业区等流动人口、职业危害相关作业人群集中的场所，开展现场义诊咨询和知识竞答宣传活动，共发放宣传单近2万份、宣传海报600张、宣传小册1000份、宣传品800份，制作灯谜400条，约有近3500名群众参与现场宣传咨询活动。支持学校开展健康教育。完成华侨大学下学期选修课防艾知识课题讲座；在泉州师院举办一场“春季传染病预防知识”讲座，并举办一场“防艾知识进校园”“急救知识进校园”和“控烟知识进校园”等3个主题的宣传活动；在泉州儿童职业发展学院对全校1200多名学生，举办2场防艾知识讲座，并分发大众防艾宣传小折页给每个学生，共分发近4000张；支持泉州医高专学生开展暑期防艾社会实践活动，指导开展防艾社会实践活动要领，提供2万张大众防艾宣传小折页。

【规划与基本建设】 推进卫生项目建设。2015年，泉州市争取到中央预算内投资项目82个，项目总投资8.29亿元，其中：中央投资7145万元，省级投资400万元，地方投资7.54亿元，总建设面积18.8万平方米；项目中地市级医院项目1个，县级医院项目1个，乡镇卫生院项目10个，全科医师培训基地项目1个，妇幼保健院项目2个，村卫生所室项目67个；列入福建省委、省政府行动计划的泉州卫生重大投资项目12个、泉州市“2015年在建泉州市跨越发展重大项目”6个、2014—2018重大项目7个、市级重点项目8个。福建医大附属二院东海新院、泉州市中医联合医院、泉州市第三医院新院等一批区域优质医疗资源项目建成投用。出台加快推进社会办医的实施意见，全市新增医疗机构床位2000张，泉州市中医联合医院、永春县医院新院等完成整体搬迁。11月，泉州市中医联合医院获中国建筑业协会表彰的中国建筑工程质量最高奖鲁班奖。泉州市中医联合医院项目，位于鲤城区江南新区笋江路与池峰路路口东北侧，占地面积11.53公顷，规划建设床位1500张，按照三级甲等中医医院标准设计。首期建设1000张床位，设计为地下1层，地上医疗主楼17层、门诊医技裙楼4层，总建筑面积11.2万平方米，建设内容包括门诊医技楼、病房楼、高压养舱和能源中心、制剂中心，概算投资6亿元；工程于2012年2月开工，2014年8月竣工验收，2015年8月完成整体搬迁并正式投入使用。泉州市中医联合医院项目工程推广应用《建筑业十项新技术》中的十大项27子项，新技术应用达到国内领先水平，项目工程连续三年被评为泉州市重点项目A级单位，先后获全国建设工程优秀项目管理成果一等奖、福建省建筑业十项新技术应用示范工程、福建省重点建设项目优胜奖、福建省“闽江杯”优质工程奖、福建省科技示范工程。福建省医科大学附属第二医院东海新院项目。项目用地面积142.6亩，按1000张病床规模建设，总投资4.67亿元，建筑面积约112940平方米，主要建设内容：门急诊部、医技科室、住院部、保障系统、行政管理，分两期建设。前期项目（门、急诊医技楼、妇儿病房楼）分别于2015年1月和3月开诊运营。一期300张床位投入使用，包括妇科病区1个、内科病区2个、外科病区3个和急诊病区等7个病区，床位300张，专科涵盖妇科、呼吸内科、心血管内科、肾内科、消化内科、神经内科、内分泌科、神经外科、骨科、普通外科、肿瘤科、泌尿外科、胸外科、耳鼻咽喉科等。泉州市第三医院建设项目。医院坐落于泉州台商投资区洛阳镇白沙二村，占地面积4公顷，建筑面积4.26万平方米，总投资1.09亿元，共争取中央增投2000万元；医院目前编制床位700张，实际开放床位500张。医院共有业务用楼四座，分别为门诊医技楼、1号病房楼、2号病房楼和3号病房楼。泉州颐和三甲综合医院。台湾医事协会在台商投资区投资5亿美元建设泉州颐和三甲综合医院，占地约24.6万平方米,总规划为3000张床位的综合三甲医院。首期工程建筑面积46万平方米，医院建成后将设置急重症、心血管、脑血管及肿瘤中心等多个特色医疗中心，成为1家高端国际化医院。12月举行奠基仪式。完成居民健康档案信息系统质控评分系统建设。2015年10月与厦门智业软件有限公司签订实施合同价格，合同价格8万元，11月完成质控评分系统建设，实现对各接入平台的医疗机构数据上传情况进行监控及督促，通过统一医院药品编码等进一步优化医院信息系统数据，规范医院上传数据。完成原卫生及计生信息系统整合工作。根据福建省卫生计生信息系统整合实施方案，于2015年7月打通卫生和计生系统网络，由易联众及纵达公司负责项目实施，实现在保持原业务系统独立运行的情况下，业务系统之间可相互利用采集的信息，促进资源利用和信息共享，实现卫生计生资源的统筹规划和优化配置。

市儿童医院新院区内部设施更方便病人就医 （图/林劲峰）

【干部保健工作】 制定下发《关于进一步加强干部保健工作的通知》，规范保健对象医疗保健工作；做好泉州市直困难企业和原中侨集团60多名离休老干部医疗保健管理工作，做好医疗费用审核报销工作；组织泉州市直单位（含省部属驻泉单位）离休干部、“5•12”退休干部、地厅级退休干部等500多人到泉州市第一医院进行健康体检，对行动不便的老干部，组织医务人员上门体检；组织对各定点医疗服务窗口进行定期和不定期检查，确保各服务窗口为老干部提供优质服务。

【卫生人才队伍建设】 实施卫生人才“百千万”工程，2015年，全市有卫技人员数36440人，新增卫技人员13751人，其中医学博士69人，硕士1185人，学士8726人，高级职称2789人。加强对外交流和人员培训，全市选派8名技术骨干到美国、德国，选派266人到北京、上海等国内外知名医院进修学习。继续教育培训12480人次，住院医师规范化培训364人，培训乡村医生临床技能5218人。泉州卫生团队整体水平进一步提升。公立医院人事制度改革，扩大公立医院用人自主权，将公立医院编制使用审批制改为备案制，实施公立医院自主招聘，简化公立医院人员招聘手续。泉州市直公立医院职称聘任实行备案制，简化审批程序。适当提高公立医院高级职称岗位结构比例，改善职称晋升空间。对市属公立医院博士学历、县级公立医院硕士及以上学历人员聘任高级职称的卫生专业技术人员，实行统筹单列管理，不受本单位职数限制。加强高层次、实用型和培养型卫生人才建设，实施紧缺岗位政府补助政策，对农村卫生院大学本专科生、泉州市属公立医院的低年资硕士以上卫技人员以及紧缺岗位设立政府特别补助金，稳定人才队伍。

人口与计划生育

【计生管理与服务】 2015年，市委、市政府出台《全市计生工作意见》《关于贯彻落实生育政策促进人口长期均衡发展的实施意见》等文件，提出3—5年泉州市计生工作发展思路、目标任务和具体措施。9月，市人口计生领导小组在晋江召开计生利益导向经验交流暨社会抚养费征收工作现场会，推进计生利益导向工作和社会抚养费征收。市、县人口计生领导小组坚持组长办公会制度，研究、解决计生重点难点问题。县、乡两级坚持党政主要领导亲自抓、负总责。全年市级财政预算计生经费投入5525.41万元，其中计生部门专项经费4350万元，增长24%。建立和完善计生目标管理责任考评机制，加强对县、乡两级计生工作督导和考核，继续实行计生重点管理乡镇（街道）制度。年初确定18个市级计生重点管理乡镇（街道），后结合年中检查结果，增列6个乡镇为计生预警告乡镇（街道）。执行“一票否决”，在村级换届选举中，县、乡卫计（计生）部门否决村（居）两委班子成员候选人431名。市卫计委与泉州晚报、泉州广播电视台联办专栏开展“单独两孩”政策专题宣传。实施“单独两孩”政策以来，全市办理符合“单独两孩”政策条件的再生育服务证5889份，生育1509人。全市2015年当年度社会抚养费应征收8.73亿元，征收6亿多元，征收到位率为68.76%。其中，申请法院强制执行征收案件3463例，申请标的1.40亿元，执行标的6534.63万元。发挥相关部门职责作用，建立案件曝光制度和征信系统制度，征收社会抚养费，严肃查处政策外生育。市卫计委出台《泉州市治理出生人口性别比失衡进一步完善计划生育技术服务规范的通知》，规范低月份药流和孕7周及以上终止妊娠手术行为。4月，市卫计委召开疾病控制、卫生监督、卫生应急和出生人口性别比综合治理工作会议，部署2015年整治出生人口性别比失衡工作。市卫计委、计生协会等单位联合开展关爱女性健康项目，到企业免费服务群众2039人次；举办“育龄妇女生殖健康知识巡回讲座”42场、3000多名群众受益。8月，市人口计生领导小组印发《泉州市村级计生管理员绩效考评意见（试行）》，在提高村级计生管理员工资待遇的基础上，建立健全村级计生管理员绩效考核和退出机制。全市有853个村（社区）开展计生基层群众自治示范村创建活动，其中48个村（社区）被评为全国示范村，丰泽区被确定为第二批全国计生基层群众自治示范县项目点。市卫计委、市公安局、市民政局等相关部门建立信息通报制度，通报2015年度出生入户信息6万多条、婚姻信息4万多条等。卫生计生机构改革与资源整合。推进卫生计生机构改革，完成市级卫生、计生部门改革整合，除安溪县外，11个县（市、区）完成合并。2015年7月，启动直属事业单位机构改革，市卫生监督所与市流动人口计生管理站整合，成立市卫生和计生执法支队；市计生服务站并入市妇幼保健院；市农村卫生协会与市人口和计划生育信息中心组建市卫生和计生信息中心。整合基层卫生医疗系统、全员人口信息系统，加强卫生、计生信息资源的统筹规划和优化配置；保障妇幼健康，各县（市、区）相继优化整合婚前医学检查与孕前优生健康检查服务项目，2015年，全市计划怀孕夫妇参加免费孕前优生健康检查83643人，覆盖率88.22%；“实施妇婴健康工程”列入市委、市政府为民办实事项目，市本级财政投入200万元资金在机场、汽车站、大型商场、医院等公共场所，建设100个“爱婴哺乳室”，免费为全市1万名35—64岁农村妇女提供“两癌”检查。在省级半年质控考核中，所有县级计生服务站（所）考核结果均为优秀。

【计生奖励与扶助】 实施关爱女孩“五项工程”（安居、成才、致

7月3日，市卫计委、市计生协会在鲤城区常泰街道仙塘社区福建格莱德集团开展关爱女性健康企业行活动 （图/市计生协会）

富、亲情、保障工程）继续列入市为民办实事项目，2015年，市、县两级财政投入关爱女孩“五项工程”资金8403.82万元，帮扶计生女孩家庭383920人（户）次。其中，“安居工程”帮扶683户，“成才工程”帮扶和减免29422人次，“致富工程”帮扶3120户，“亲情工程”帮扶17634人次，“保障工程”帮扶333061人次。关爱特殊家庭，市财政对计生伤残、失独家庭每人每月发放特别扶助金1000元，每户分别发放慰问金不低于3000元和5000元。市本级对新增105户失独家庭上门发放一次性抚慰金达49.1万元；全市向435名计生特别扶助对象兑现特别扶助金553.44万元；免费为所有计生特殊家庭办理意外伤害保险和住院津贴保险。将计生奖励扶助标准提至每人每月200元，纳入低保家庭提至每人每月300元；市本级对新落实绝育手术的农村“二女”户兑现一次性奖励金1万元。全市计生小额贴息项目帮扶3446户，发放贷款8582万元，市级财政贴息105万元。开展失独家庭医疗服务，市卫计委与市计生协会联合采取七项温馨的医疗服务措施关爱失独家庭，全市公立医疗机构为失独家庭开设就医“绿色通道”，失独家庭成员在市域内定点医疗机构享受“先诊疗，后结算”服务，开展家庭医生签约服务失独家庭成员，失独家庭成员免费办理住院津贴保险，因病灾住院治疗每人每天可补贴60元，全年最高补贴额1.08万元。

【流动人口计生服务管理】 泉州市试点开展流动人口计生家庭“关爱女孩”五项工程，在鲤城、石狮、晋江等地创建15个流动人口社会融合示范社区。“泉州市流动人口卫生和计生信息共享比对登记系统”共享免疫接种和接生信息18万多条。7月，国家卫计委流动人口计生服务管理司举办全国流动人口基本公共卫生计生服务均等化工作交流会，泉州市派员参会并发言。10月，全国流动人口社会融合示范试点研讨班在泉州市举办，推广泉州工作经验模式。

社会保障

【概况】 2015年，泉州市社会保障能力水平持续提升，职工基本养老、医疗、失业、工伤和生育参保人数分别增至137.79万人、118.18万人、65.25万人、105.81万人和105.69万人。企业退休职工和城乡居民养老、医疗待遇水平再次提高。8512名参加外来工农民工住院医疗保险转为参加城镇职工基本医疗保险，平等享受基本医疗保险政策。出台城镇职工基本医疗保险费用总额控制办法，职工医保实行门诊统筹，支付限额达2.3万元。开展社保基金社会监督试点，社保基金监管进一步加强。“金保工程”项目建设加速推进。

【养老保险】 2015年，泉州市养老保险制度进一步完善。企业退休人员养老保险待遇连续十年大幅度提高，2015年全市87501名企业离退休人员参与年度待遇调整，月人均增加204.46元，调整后月人均养老金水平达到2140.47元。建立养老托底保障措施，着力解决3530名县以上无力参保县及以上集体企业退休人员、501名未参保高龄职工的老年生活保障问题。机关事业单位养老保险继续抓好征收发放、规范管理、服务改革、维护稳定等方面工作，不断提升经办能力和管理服务水平，各项工作平稳开展。全年共为79.33万名老年居民发放养老金10.34亿元，全市基础养老金平均标准及养老金水平分别达103.28元和105.96元。

【医疗保险】 2015年，泉州市城镇居民医保政府补助标准提高到380元。职工医保最高支付限额提高到12万元。落实公立医院改革医保联动十条措施，协同推进医改工作。建立职工门诊统筹制度，对门诊治疗费用在3000—23000元范围内符合医保支付条件的金额进行报销。

【失业保险】 2015年，全市失业保险金领取人数3.39万人次，失业保险金支出2927.52万元。为失业人员缴纳职工医保费517.47万元，确保失业人员及时享受职工医保待遇。开展降低失业保险费率工作，企业缴费费率由2%降为1.5%，个人缴费费率由1%降为0.5%。累计减征失业保险费1.01亿元。

【工伤保险】 2015年，全市参加

工伤保险人数达105万人，作出工伤认定3701件，办理劳动能力鉴定1601件。落实“同舟计划”，市人社局、住建局、安监局、总工会联合开展建筑施工企业参加工伤保险工作督导检查。

【生育保险】 2015年，泉州市出台进一步做好生育保险工作的相关文件，进一步保障参保职工保险待遇。将机关事业单位缴费率由原来的0.4%下降为0.35%，企业生育保险费率由0.7%下调至0.5%。

【保险基金发放与管理】 2015年，泉州市组织开展工伤、生育保险专项检查和企业职工基本养老保险基金管理情况检查；实施社保基金监管软件预警可疑信息的核查工作，提升基金监管工作质量。健全养老金领取资格认证信息资源共享服务机制，加大被冒领养老金的追讨力度。

【住房公积金】 2015年，泉州市住房公积金管理中心新增归集单位2274个，新增归集职工8.5万人，完成年度计划的170%；新增归集住房公积金55.59亿元，完成年度计划的116.54%。全市共批准68.15万人次提取住房公积金37.88亿元，完成年度计划的119.84%；新增发放个人住房贷款12231户、45.89亿元，完成年度计划的119.51%；个贷使用率97.98%，个贷逾期率0.13‰，住房公积金贷款占全市个人住房按揭贷款总量1/3。管理中心在坚持资金使用原则和确保安全的基础上合理运作，有效实现资金保值增值。全市住房公积金实现业务收入6.51亿元，同比增长10%；实现增值收益4.67亿元，同比增长78%；上缴城市廉租住房补充资金1.02亿元。全年为房地产市场注入资金77亿元，支持职工公积金贷款购房面积131.88万平方米，占全市年度社会商品房销售面积25.20%，为全市商品房去库存贡献达14.15%；公积金个人住房税收贡献值12.21亿元，贡献率10.65%。

【最低生活保障】 2015年，泉州市全面调整提高城乡低保和农村五保供养标准。调整后，全市城市低保标准最高的为580元，最低为441元；农村低保标准最高为580元，最低为265元；农村五保分散供养标准最高为820元、最低为455元；农村五保集中供养标准最高为1000元、最低为515元。全市共有城乡低保对象134090人（其中城市低保对象19482人、农村低保对象108273人、农村五保对象6335人），全市共发放城乡低保金3.75亿元，比2014年度增加20%。2015年12月，全市城市低保对象和农村低保对象月人均补差为359元和190元，农村五保对象月人均补助622元，分别比2014年同期提高73元、38元和49元，分别提高25.5%、25%和8.6%，更好地保障困难群众的基本生活。

劳动保护

【概况】 2015年，泉州市制定出台新形势下做好就业创业工作的实施意见、失业保险支持企业稳岗、社保补贴、就业专项资金管理等一系列政策，促进就业、鼓励创业，就业局势总体稳定。深入实施劳动合同法，全市各类企业劳动合同签订率达到96%，劳动用工备案制度全面实行，全市有5家企业和2个工业园区获得“全国模范劳动关系和谐企业”和“和谐工业园区”称号。

【就业服务】 落实积极就业政策和促进就业工作目标责任制。全市城镇新增就业15.29万人，农村劳动力转移就业6.15万人。城镇登记失业率1.27%，连续15年保持全省最低水平。实施大学生就业促进计划、创业引领计划，组织2000名大学生参加创业培训；引领700名大学生实现创业。全市建有创业孵化基地24家，市级基地14家，2015年新建3家，建筑面积12万平方米，投入资金4.6亿元。“领SHOW天地”创业孵化模式得到全省推广。开展“互联网+”大学生创业大赛，表彰9个创业优秀项目，发放奖金21万元。

【职业培训】 全年培训各类劳动者25.75万人，新培养高级工以上人员10292人。全市共建成互联网创业孵化基地4个，批准设立互联网培训机构3个、教育实践基地4个，培训互联网创业从业人员2.69万人。组织开展2015年度泉州市技能大师遴选工作，授予郭长根等10人“市级技能大师”称号。

【职业资格与技能考评】 在全省首推下放中级工职业技能鉴定权限，全市实施职业技能鉴定52502人，39389人取得国家职业资格证书。试行全市统一鉴定考试。保育员、育婴师等家政服务类职业（工种）实行全市统一鉴定考试。

【劳动权利维护】 加强劳动用工规范管理。完善协调劳动关系三方机制，开展实施集体合同制度攻坚计划和新一轮创建和谐劳动关系活动，全市各类企业职工劳动合同签订率达96%。劳动争议调处机制进一步健全。各县（市、区）劳动人事争议仲裁院全部建成，全市处理劳动争议案件10908件。劳动保障监察执法进一步加强。完善查处拒不支付劳动报酬案件制度，开展农民工工资支付专项检查，为1.3万多名劳动者追发工资1.2亿多元，维护劳动者合法权益。

【工资监管和指导】 泉州市最低工资标准自2015年7月1日起进一步提高到执行1350元、1230元两档，分别提高15.38%、17.14%。公布泉州市2015年企业工资增长指导线及建筑业、批发零售业、住宿餐馆业、交通运输仓储和邮政业等四个重点行业工资指导线。

民族与宗教

【不断巩固民族团结进步事业】 2015年，泉州市开展民族团结进步创建活动，联合宣传、统战部门在永春县举行民族团结进步宣传月启动仪式，晋江市、石狮市、鲤城区、洛江区等创新宣传形式，推进民族团结进步宣传进机关、进企业、进社区、进乡镇、进学校、进宗教场所等“六进”活动；与内蒙古科尔沁博物院联合举办少数民族民俗展。推进少数民族流动人口服务管理工作，晋江市组织11对新疆柯尔克孜族务工青年举办集体婚礼，为外来少数民族流动人口开设绿色服务通道；市长康涛接受国家民委大型系列报道《手足相亲 守望相助——百名市领导谈城市民族工作》采访。推动各项民族政策落实到位。

【发展民族乡村经济和社会事业】 2015年，泉州市民族乡村经济社会各项事业全面发展。全年争取到各级民族扶持资金1048.5万元，其中中央、省级民族补助款588.5万元、市级民族补助款460万元。深化挂钩帮扶机制，协调推动第二轮市民族工作协调委成员单位挂钩帮扶民族村（社区）活动落实到位。市政协组织市直单位和宗教界人士到永春县金城畲族村开展帮扶活动；开展民族村专题调研，重点调研人均收入8000元以下的民族村，研究制定帮扶举措，实施精准扶贫。市民族与宗教事务局会同市人大常委会调研民族地区新农村建设，推动民族乡村经济社会发展。少数民族特色村寨建设成效明显，泉港区小坝蒙古族村成功举办草地音乐节，小坝蒙古燕山部落被授予“中国乡村旅游金牌农家乐”；石狮市郭坑回族村通过省乡村旅游特色村考评验收。举办少数民族工作和少数民族经济发展培训班。民族乡村文体建设扎实推进，泉州市畲族文化展馆建设基本就绪；在第十届全国少数民族传统体育运动会上，泉州选送的2个表演项目获得综合类二等奖，武术竞赛项目获男子拳术A类三等。

9月7日，全市第八个民族团结进步宣传月活动在永春县启动

（图/市民宗局）

【宗教事务】 2015年，泉州市进一步落实国家宗教政策，推广晋江安海龙山寺收归宗教界自主管理的典型经验。推进宗教法治建设，率先在全省建立宗教活动场所普法宣传员队伍；推动宗教界深入开展以“国法与教规”主题的“宗教政策法规学习月活动”，市佛协先后举办教风建设和寺院管理两个培训班。市民族宗教局首次上线泉州晚报政风行风直通车宣传民族宗教政策。实现455处佛教场所、192处道教活动场所基本信息在国家宗教局网站上的公告、查询和挂牌工作。对全市未收归宗教界自主管理的宗教活动场所开展专项整治，严格宗教活动场所建设审批手续，制止未批先建、边批边建等不规范行为，推动宗教活动场所走“内涵式”发展之路。完成主要教职任职备案年度工作任务，符合条件的217处完成备案工作。加强宗教活动场所文物保护和管理工作。持续加强宗教活动场所安全工作，推进宗教活动场所智慧安监信息管理平台建设，全年开展4次宗教活动场所安全大检查。康涛市长专题调研宗教工作，听取宗教界人士意见和建议，并充分肯定泉州市宗教工作所取得的成绩。宗教界自身建设得到加强。泉港区佛协、南安市道协、永春县道协、永春县基督教两会顺利完成换届。泉州佛学苑成功复办，并迎来复办后的27名新生。市基督教两会以“基督教中国化”为主题，举行第七次神学思想建设研讨会。市伊斯兰教协会购置近万本图书，在清净寺设立全省首家伊斯兰教图书室，解决穆斯林信众读书难问题。扬州大学2015级宗教学（佛学）雪峰寺辅导点开学典礼暨雪峰寺三宝歌合唱团成立仪式在南安雪峰寺举行。大开元寺、通淮关岳庙、元妙观完成环保香炉改造工程，改善周边环境。引导宗教活动场所加强绿化建设，6处佛教寺院种植珍贵苗木400多株。宗教界以“宗教慈善周”活动为平台，推

进宗教公益慈善事业，据统计，从2014年10月至2015年9月，共筹集慈善资金2551万元，受到社会各界的好评。开展宗教界养老服务事业调研，市基督教两会拟筹资1.5亿元启动养老院建设。宗教文化交流取得成效，晋江安海龙山寺首次以祖庭寺院的身份，组成观音文化交流团一行13人，赴台开展为期5天的交流访问；晋江市佛协举办“2015闽台青年禅与乐佛教文化交流活动”，吸引104名两岸大学生青年参加；以向愿法师为团长的福建省佛教协会参访团11人，出访美国洛杉矶佛教寺院；成功举办第五届南安•国际凤山文化旅游节，海内外1500多名广泽尊王宫庙代表参加活动；第三届海峡两岸关帝文化节在台湾成功举办，通淮关岳庙建庙600多年来关帝神尊首次渡海赴台巡游；应台湾彰化圣武宫邀请，市道协林舟会长率团赴台参访。

老龄事业

【概况】 至2015年底，泉州市共有老年人口95.3万，约占户籍人口的12.68%。其中，女性老年人口52.6万人，占比55.2%。80岁以上老年人口13.93万人，占老年人口总数的14.6%。全市共有百岁及百岁以上老人273人，比2014年同期增加8人(2015年6月底统计数据为287人，男性33人，女性254人)。每位百岁老人每月可享受市、县两级高龄营养补贴250—300元。全市12个县（市、区）全部建立高龄老人生活补贴制度。其中，泉港区、石狮市、晋江市、台商投资区等4个县（市、区）为80周岁以上高龄老人发放补贴，丰泽区、洛江区、南安市、惠安县、安溪县、永春县、德化县7个县（市、区）为90周岁以上高龄老人发放补贴，鲤城区为95周岁以上高龄老人发放补贴。全市全年累计发放高龄补贴金3854.2万，惠及近5万名老人。全市共有79.33万名年满60周岁的城乡居民按月足额领取养老金，基础养老金平均标准达103.61元，高于国家、省定标准。企业离退休人员基本养老金月人均增加204.46元。全市共有744.63万人参加城乡基本医疗保险，“新农合”参合率达到99.98%。3所综合医院设立老年专科，22家机构开展老年医疗保健服务，老年医疗保健服务病床达787张，全市65岁以上老年人健康管理率达80.48%。泉州市委、市政府连续三年把实施200个社区居家养老服务站提升工程建设、为2000名特困且重度失能的老人提供政府购买服务和百村百座农村老年活动中心建设等三件涉老实事纳入为民办实事项目。居家养老信息化平台——泉州市禾康智慧养老服务中心服务覆盖除南安市、德化县、泉州台商投资区以外的9个县（市、区），近1.5万名的困难、高龄、失能、独居、失独老人享受到政府购买居家养老服务。平台服务热线“968962”呼入量突破15万次，出动紧急救援45次，11次成功救助陷于危难的老人。出台《关于进一步加强老年人优待工作的意见》。市及所有县（市、区）继续对老年人持福建省老年优待证乘坐公交车实行70岁以上老人免费和60岁以上老人半费优待，并为老年人乘坐公交车购买乘车保险，安溪、惠安两县对60周岁以上老年人搭乘公交车实行全免费。全市至2015年底建立各级老年大学（学校）2423所，市、县、乡三级建校率达到100%，村级建校率91.6%。在校学员26万多人，占全市老年人总数29.6%。建设老年活动中心3059座，门球、气排球、地掷球、柔力球等场地近3000个，建筑面积达75万多平方米，投入资金18亿元。泉州市老龄服务志愿者协会获全国“敬老志愿服务模范单位”，协会会员陈欠水、饶文福两人获“最美敬老志愿者”，林红娇、林丽娜、欧钟山三人获“优秀敬老志愿者”。

【加强老年人优待工作文件出台】 5月25日，《泉州市老龄办等33个部门关于进一步加强老年人优待工作的意见》出台。该意见进一步明确优待对象及优待服务要求，从政务服务、卫生保健、生活服务、交通出行、商业服务、文体休闲、维权服务等方面提出43条老年人优待措施，强化四大保障，推动泉州老年人优待工作深化发展，让老年人进一步享受到社会尊重和社会福利。

【泉州首个老年记者团成立】 9月16日，泉州市老龄委办公室和泉州广播电视报共同举办泉州市老年记者团启动仪式暨培训会，泉州市首个老年记者团正式成立。老年记者团由泉州市老龄办与泉州人民广播电视报联合组建，首期招募老年记者80名。老年记者将追踪老年人关心的热点，定期向社会各界传达老年人生活现状，展示老年人晚年生活风采。

【泉州老龄工作通过省检查组评估检查】 12月10日，福建省老龄事业发展“十二五”规划检查组对“十二五”期间泉州老龄工作进行全面检查和评估，检查结果显示，省老龄事业发展“十二五”规划提出的45项评估指标中，泉州市有43项达标或超标完成。其中，城乡最低生活保障标准年增长率、职工医保政策范围内住院医疗费用报销比例、新农合政策范围内的报销比例、老年志愿者占比、老年教育参与率等指标，远超过省“十二五”目标值。“敬老文明号”创建、特困失能老人救助帮扶、居家养老信息化平台建设等多项工作走在全省前列。泉州通过各项考察验收。

【走访慰问特困失能老人】 结合各大节日，泉州各级党政、各有关部门纷纷开展以特困失能老人、孤寡老人、低保老人等为重点的走访慰

10月18日，“我们的节日”——重阳节文艺晚会在市区府文庙广场举行
（图/市老龄办）

问活动。重阳节期间，市物价局安排一次性临时价格补贴资金220.86万元，对全市7362名特困且重度失能老人开展慰问，每人300元。

【社区居家养老服务中心（站）考评】 8月，泉州市老龄办印发《泉州市社区居家养老服务中心（站）考评定级方案》，对社区居家养老服务中心（站）开展考评定级，要求从服务设施、服务制度、服务队伍、服务成效等四方面进行提升。经过一年的提升建设，全市共评出三星级站点6个、二星级站点8个、一星级站点6个。

【“968962”居家养老信息服务平台服务】 居家养老信息服务平台——泉州市禾康智慧养老服务中心覆盖鲤城区、丰泽区、洛江区、泉港区、石狮市、晋江市、惠安县、安溪县、永春县等9个县（市、区）（其中晋江市为自建平台），近1.5万名的困难、高龄、失能、独居、失独老人享受到政府购买居家养老服务。平台服务热线“968962”呼入量突破15万次，出动紧急救援45次，11次成功救助陷于危难的老人。中心还在服务对象较为集中的社区成立实体服务站11个，为老年人就近就便地提供紧急救援服务及便民帮扶服务。

【敬老服务监督员队伍成立】 市老龄委特邀部分泉州市人大代表、市政协委员和市老龄服务志愿者协会组建老服务监督员队伍，不定期对执行敬老优待的窗口、景点、公园等明察暗访，督导第二届“敬老文明号”创建工作开展，督促全市老年人优待政策的落实。

【开辟“关爱老人 构建和谐”专栏】 泉州人民广播电视报开辟“关爱老人 构建和谐”专栏，通过专栏报道老年人生活，传递老龄工作动态，宣传敬老惠老政策，一年来共出版5期。

【“我们的节日”——重阳节文艺晚会举行】 10月18日，“我们的节日”——重阳节文艺晚会在府文庙广场举行。晚会由泉州市老龄办主办、泉州市夕阳红艺术团承办。整场晚会由夕阳红艺术团的老年团员主持、表演，吸引众多市民观看。

【退休干部】 2015年，泉州市落实退休人员“两项”待遇，开展“六个老有”活动，破解工作难题，加大服务力度，不断提升退休工作服务水平。共办理市直机关事业单位工作人员退休审批手续220人（不含党群、教育系统和事业单位工勤人员）为1900多名市直机关事业单位处级干部和高级职称专业技术人员赠订《福建老年报》。元旦、春节“两节”期间，陪同市领导慰问两位困难退休专家学者、组织慰问市直机关事业单位特困人员；慰问干部、职工遗属；慰问住院人员等610人。组织开展市直机关事业单位退休人员参观市重点项目活动。6月，组织162位老干部参观晋江五店市、泉州湾大桥和惠安聚龙小镇。11月，组织120位老干部参观晋江五店市、泉州湾大桥和惠安聚龙小镇。重阳节期间，为328名届满80岁、90岁、100岁的退休人员举办祝寿活动，给每个寿星发放慰问金和生日蛋糕。协同市老科协举办老科学工作者祝寿会、参加泉州市退休、离休教育工作者协会重阳节祝寿活动。重阳节慰问104名特困退休人员，并发放慰问金。答复离退休人员来信25件，接待来访离退休人员170多人次。

【退休职工】 全市共有企业离退休人员9.14万人，基本养老金按时足额100%社会化发放。2015年4月底，完成2015年度企业离退休人员基本养老金调整与发放工作。调整惠及全市87501名企业退休人员，月人均增加204.46元，月人均养老金水平达2140.47元。

【关心下一代工作】 2015年，市关工委立足基层，深化“百万大手牵小手”关爱活动，参与创新社会治理工作，为青少年办好事实事，各项工作有新进展和新成效。学习贯彻纪念中国关工委成立25周年暨全国关心下一代工作表彰大会精神，注重力量接续，尊重“五老”、爱护“五老”，弘扬“五老”精神，动员更多老干部参与；着力思想道德建设，引导青少年树

暑假期间，市关工委联合有关部门发动和组织近400名大学生志愿者到已建成的92个“青少年社会教育活动中心”，与当地青少年一起开展社会教育实践活动
（图/市关工委）

立和践行社会主义核心价值观，扩大“百万大手牵小手”关爱活动的覆盖面和影响力，建好、管好、用好“青少年社会教育活动中心”等平台，在争创全国未成年人思想道德建设工作先进城市中发挥特殊作用；市委、市政府印发《关于深入贯彻落实习近平总书记指示精神 进一步加强关心下一代工作的意见》，强调把关工委建设纳入“党建带群建”范畴，同步研究、部署、推进、考核，将原来的“三纳入、四同时”提升为“五纳入、五统一”工作机制等。开展社会主义核心价值观宣传教育，突出“三爱”教育和“纪念抗日战争暨世界反法西斯战争胜利70周年”两大主题，融合中国梦、革命传统、爱国主义、理想信念和民族精神、学习践行雷锋精神、“中华魂”读书活动、弘扬优秀国学文化，以及诚信、敬老爱老和感恩孝道、道德讲堂等各项教育和实践活动，深化社会主义核心价值观宣传教育。市关工委联合市委宣传部、市委文明办、市教育局、市总工会和团市委，开展“讲好泉州故事，学习身边英模，争当‘三爱’标兵，践行中国梦想”主题教育实践活动，聘请部分道德模范、劳动模范、美德少年为特邀报告员。配合教育行政部门和各级各类学校，在校内外开展“三爱”教育活动。参与社会治理创新，继续把帮扶失足、失学、失业、失管、失亲等“五失”青少年作为切入点，坚持一手抓教育关爱、一手抓帮扶办实事。推进普法宣传和帮教工作，继续深入开展符合青少年需求、有泉州特色的“普法读书”“模拟法庭”“法律知识竞赛”“现身说法”“心理矫正”“法制文艺演出”“法制征文演讲比赛”“预防青少年违法犯罪理论研讨”八项普法教育活动，以各县（市、区）直属中小学和乡镇所在地中小学为重点，举办法制宣讲1654场，受教育人数396920人。深入11个县（市、区）对全市关爱工作团工作进行调研、指导，推动关爱工作团（组）的建设，至2015年底，全市成立关爱工作团122个，关爱工作组1211个，共有组成人员3737人。协同推进家庭教育和心理健康教育，各级关工委配合妇联、教育行政部门和学校创办家长学校、爷爷奶奶学校，举办家教讲座和咨询活动1700多场次，听课家长达40万多人次。各县（市、区）关工委在92个“青少年社会教育活动中心”设立“心理咨询室”，举办心理健康知识讲座，开展心理健康咨询和疏导，促进青少年身心健康。参与网吧监督和文化市场督查，全市各级关工委发动“五老”网吧监督员917人，组建217个监督小组，参与网吧监督9300多人次，走访检查网吧784户，配合有关部门取缔无证黑网吧11户，劝阻未成年人进网吧2000多人次。不断强化科普教育和科技培训，发挥老科技工作者的作用，开展科普教育和实用技术培训，增强青少年的科技创新意识和动手能力，协助推进农村劳动力转移培训和就业，开展科技培训和“种子工程”情况调研，汇编《泉州市县（市、区）农村青年致富种子工程示范户简介》一书，分发各地借鉴。关爱弱势和特殊青少年群体，2015年，全市各级关工委会同有关部门组织各种关爱、慰问3200多场次，帮助解决实际困难11100多人（件）次，组织、参与筹集4526万多元，资助35693名大中小学贫困生。规划与建设“青少年社会教育活动中心”项目，市关工委会同有关单位勘察选址、指导建设、督促落实，如期完成市财政扶持建设的20个点，并补助建设4个点（计划投资400万元，实际完成投资641万多元）；联合承办单位制定《泉州市青少年社会教育活动中心使用管理若干规定（试行）》，对活动中心的功能定位、活动组织、日常维护和安全管理等进一步明确和规范；市关工委举办全市图书管理员、科技活动室管理员培训班，提高活动中心管理员队伍素质、发挥相应场所作用；2015年暑假，市关工委联合有关单位发动和组织396位大学生志愿者到各县（市、区）的活动中心，与当地青少年联手开展以“三爱”教育、纪念抗日战争胜利暨世界反法西斯战争胜利70周年为主要内容的主题教育实践活动；联合市委老干部局等单位，组织闽南文化名人讲座、非遗传承展示互动等活动，开展“服务下基层，汇聚正能量，扬帆海丝路”主题活动。不断提升和发展基层“五好”关工委创建的内涵，着力解决

瓶颈问题。召开专题会议，汇报交流开展“基层工作深化年”的做法、成效和存在问题，推动基层各项工作。

【老年教育及文娱活动】 2015年，全市已办各级各类老年大学（学校）2423所，市、县、乡三级建校率保持100%，村级建校率达91.7%，在校学员总数261457人，占全市老年人口总数的29.6%。全市各级老教委、老年大学（学校）推进社会主义核心价值观体系建设，深化时政教育，注重发挥老年学员的政治优势、经验优势、威望优势，发挥老年教育的正能量，组织引导老年学员讲好中国故事、弘扬中国精神、传播中国好声音，推动全社会更好培育和践行社会主义核心价值观。组织开展“学习贯彻四中全会精神、增添法治泉州正能量”“我看建设新福建、新泉州”“展示阳光心态、体验美好生活”等系列活动。坚持“一月一大课”，泉州老年大学先后邀请市领导、专家莅校举办专题时政报告或讲座18场次；创新教学形式，各级老年大学（学校）借助老年远程教育平台，从党员远程教育网、福建老年学习网、华大讲堂等远程教育网中挑选优质课件开展时政教育，提高教学质量和水平。继续办好时政系（班），新增时政五班，学员人数扩充至260人。对全市《泉州市老年教育“十二五”发展规划》主要指标完成情况和基层老年学校办学情况分类组织普查，掌握全市老年教育的实情；市老教委先后5次组织到石狮、晋江、南安、惠安、永春等地调研，征求意见与建议；组织各县（市、区）老教委、老年大学领导分赴烟台、青岛、大连、长春等四所老年大学考察学习先进办学经验，召开各县（市、区）老教委、老年大学工作座谈会，进行专题研讨，编制《泉州市老年教育“十三五”发展规划》。拓展老年远程教育平台，破解基层老校发展瓶颈。10月，市老教委与福建广电网络集团泉州分公司签订长期合作协议，开通“泉州老年远程教育”云平台。继续制作高质量教学课件，泉州、石狮、晋江三所老年大学的课件制作基地制作上传60个课件，丰富学习内容；推动全国老年远程教育实验区建设，泉州市、鲤城区、安溪县被评为第三批全国老年远程教育实验区，德化县被评为全国老年远程教育示范区。承办全省“全国老年远程教育实验区”工作推进会；继续开展新“双百”工程，培训100名基层老年远程教育优秀管理员，表彰100位基层老年远程教育优秀管理员。泉州、晋江、德化三所省一级老年大学示范校迎接首批省一级示范校回访和省级示范校、精品课程评审，巩固提升办学水平；市政府研究划拨20亩地，提供给泉州老年大学作为校舍建设用地，实施泉州老年大学校舍项目，项目总投资匡算1.5亿元，项目用地13205.1平方米，总建筑面积31920平方米，其中地上建筑面积20720平方米，地下建筑面积11200平方米，项目列入泉州市“十三五”重点建设项目；创建省级老年大学示范校、省级精品课程。泉州老年大学的摄影课程和石狮老年大学的音乐课程通过省级精品课程评审，永春老年大学通过省级示范校评审；继续开展市一级（市级）乡镇示范校和市级精品课程评审，对泉州、丰泽、安溪三所老年大学申报第二批市级精品课程进行评审，对10所新申报的第二轮市一级乡镇（街道）老年学校示范校和8所新申报第六轮市级乡镇（街道）老年学校示范校进行评审。经过综合测评，18所申报校全部通过评审。加强宣传报道，提高理论研究水平。2015年，市老教委重新调整充实市老年教育宣传报道通联站成员，复办《泉州老年教育简讯》，在《中国老年报》《中国老年教育杂志》《福建老年报》以及上级老年教育机构简报上报道的信息达100多篇。开展教学研讨，市老教委在德化老年大学举办全市老年大学古典诗词教学观摩暨经验交流会；完成中国老年大学协会项目《五个十工程•地级校项目》撰写任务；承担省委老干部局“文化养老”“构筑老干部思想政治教育阵地”两个调研课题和全国老年远程教育5个研究课题，如期提交调研报告与论文。开展文化交流，接待澳门和澳大利亚客人来访交流，6月，以庄丽华为团长的澳

10月29日，泉州老年远程教育云平台启动 （图/市老年大学）

门民乐团一行30人，莅临泉州、晋江老年大学交流，分别举行“闽南风·濠江情”“共奏乡音 同唱乡韵”两场文化交流演出；7月，澳大利亚墨尔本大学音乐学院Gary Mcpherson院长、王正亭博士一行莅临泉州老年大学参观考察；承办第14届亚洲艺术节暨第二届海上丝绸之路国际艺术节精品节目展演、第四届中国泉州国际木偶节三场演出活动；11月，泉州老年大学艺术团与来自柬埔寨、日本的艺术团和国内广东、浙江的皮影剧团及上海、四川的木偶剧团同台献艺，泉州老年大学艺术团献演的音诗画《扬帆丝海》、木偶《驯猴》等节目。

6月13日，泉州首届公益文化节慈善义拍举行（图/陈起拓）

慈善事业

2015年，泉州市慈善总会全年共接收善款9768.82万元。慈善总会新增冠名慈善基金6个，认捐善款2136万元，到位1592.4万元；收到群众日常捐赠55.59万元；年初，各县（市、区）、台商投资区资助近500万元用于颐乐园景观绿化建设。市慈善总会共投入善款1.16亿元，在11个县（市、区）、台商投资区开展“慈善助困、慈善助学、慈善助医、慈善助残、慈善公益”等五大品牌的慈善活动，其中：慈善助困投入59.42万元：资助343户低保户安居房装修34.3万元；开展春节慰问活动，走访慰问252户困难家庭，计15.12万元；资助团市委慰问贫困孤儿、市妇联慰问贫困母亲10万元；慈善助学投入129.52万元：资助3所学校建设“多媒体互动阅读室”15万元；资助315名2015年应届贫困大学生入学94.52万元；资助老年学校远程教育项目20万元；慈善助医投入70.49万元：资助患有癌症、白血病、尿毒症的低保病人360人，计65.49万元；与泉南协会合作下乡义诊送药项目5万元；慈善助残投入20万元：资助40名特困聋儿配戴助听器20万元；慈善公益投入1.13亿元：资助泉州市江南老年颐乐园建设680万元；定向资助教育、医疗、环保等慈善公益项目1.06亿元。加强与香港和台湾慈善机构合作，香港福建希望工程基金会通过泉州市慈善总会投入1295.5万元，在福建及全国偏远贫困地区捐建37所希望小学，捐助教育基金。香港泉州慈善促进总会投入9.5万元，与泉州市慈善总会共同开展助学、助听等慈善项目。市慈善总会联合市民政局同台湾慈济慈善事业基金会进行多次接洽商谈，按规定办理审批手续，为泉州市部分县（市、区）低保户发放冬令物资。泉州江南老年颐乐园是市慈善总会成立以来的一项最大公益项目，该项目工程建设基本完成。4月，颐乐园建设项目获得市级优良工程。5月21日，颐乐园投入试运营，共有38名老年人入住。推荐泉州天地星电子有限公司董事长魏腾雄参加“中华慈善奖·最具爱心捐赠个人”奖项的评选，统一按程序进行申报工作。

晋江加快国家新型城镇化试点建设

县（市、区）

XIAN (SHI \QU)

责任编辑：刘楷彬

鲤城区

【区情概况】　鲤城区面积53.74平方千米。下辖开元、鲤中、海滨、临江、江南、浮桥、金龙、常泰8个街道，拥有一个国家级的泉州高新技术产业园区（江南园），有79个社区居委会。常住总人口38.9万人，人口出生率8.9‰、自然增长率3.4‰、性别比105.91。现有旅居海外华侨、华人及港澳台同胞约33万人。被授予“全国义务教育发展基本均衡县（市、区）”“2014—2016年度中国民间文化艺术之乡”“第二届关爱明天、普法先行——青少年普法教育活动全国青少年普法教育示范区”等称号。

【经济发展】　全年实现生产总值250.91亿元，同比增长7.9%。公共财政总收入19.01亿元，同比下降2.3%；公共财政预算收入11.44亿元，同比增长0.05%。全社会固定资产投资113.39亿元，同比增长10.6%。合同利用外资4345万美元，同比增长1.6%；实际利用外资按验资口径完成3756万美元，同比增长40.7%。出口商品总值5.46亿美元，同比下降35.3%。实现社会消费品零售额287.56亿元，同比增长10.6%。居民人均可支配收入3.73万元，同比增长4.2%。

农业　全年农业总产值2481万元，粮豆总播种面积80.26公顷，蔬菜产量7717吨，肉蛋奶产量109吨，水果产量134吨，水产品产量102吨。引进台资成立泉州良园生态农业开发有限公司，在新步社区投资1亿元开发建设6.66公顷农业生态观光园，已建成智能温控大棚1.8公顷，栽种树葡萄3.33公顷。

工业　全区规模以上工业207家，实现规模以上工业产值336.24亿元，同比增长6%；规模以上工业增加值83.20亿元，同比增长5.4%；三大支柱产业：纺织鞋服、机械汽配、电子信息分别完成产值171.34亿元、40.27亿元和81.04亿元，分别增长-1.2%、9.2%和12.1%。上市及后备企业完成产值109.12亿，同比下降2.1%。其中，上市企业7家产值90.19亿元，同比下降2.8%；上市后备企业7家产值18.92亿元，同比增长1.2%。规模以上工业产销率98.1%。纺织鞋服、机械汽配等传统优势产业加快提升数字化、智能化水平，2家企业入围工信部“两化”融合管理体系贯标试点企业名单，1家被确定为首批省级智能制造试点示范企业，9家企业11个项目列入泉州市“数控一代”示范项目。新增高新技术企业13家、总数45家，数量排名全市第二，高新产值占规模以上工业产值比重近50%。

第三产业　金融业：全年实现增加值32.58亿元，增长13.1%，创税突破1个亿，增长19%。推进“金融服务科技创新改革”，高标准建设高新区科技金融服务中心，引进金融机构5家、创新型服务机构40家，帮助企业实现融资超过30亿元，获评省级中小企业公共服务示范平台。培育上市后备企业12家，推动火炬电子、众益太阳能2家企业分别在A股、新三板上市融资。电子商务：全区限上电子商务企业11家，实现网上零售额16.11亿元，增长54.3%；大学生电子商务创业孵化基地被认定为“全国青年创业示范园区”，入驻企业58家，持续扶持电子商务总部基地、幸福网店商城等载体做大。现代商贸业：全区有7个大型专业市场，其中南环路汽车贸易走廊实现零售额95.53亿元，增长14.2%，约占泉州市汽车销售市场份额的三分之一，创税8900万元，增长23.7%；水果、蔬菜批发市场年交易额28亿元。楼宇经济：全年利用闲置楼宇、厂房引办企业1646家，投资总额50.57亿元，总注册资本64.16亿元，盘活面积45.66万平方米，实现税收6197.33万元。文化旅游业：实施新海丝文化空间、东亚之窗等20多个文化产业项目，建成省、市文化产业示范基地11个，功夫动漫被评为全国十大动漫企业。认定首批50家“鲤城旅游特色单位”，2家企业获首届中国特色旅游商品金奖。源和1916创意产业园获评“2015年度中国文化创意产业最具特色的十大园区”、国家AAAA级旅游景区、首批国家小型微型企业创业创新示范基地。全年接待游客595.72万人次，增长15.8%；旅游总收入62.43亿元，增长16.5%。

实施“产业龙头促进计划”　推进民营经济综合改革，新增产值超亿元企业2家、总数77家，3家企业被认定为省级龙头企业、23家企业被认定为市级龙头企业。加快建设全省首家中小微企业创业园，引进7家新型科研机构、6家科技创新中介机构、53家科技型企业，入驻项目68个。实行“先照后证”登记等制度，新增市场主体6000多家，增长40%。培育9个众创空间，其中2个获评市级首批示范众创空间、4个获评市级众创空间。2家企业获评省级重点实验室，新增省级创新型企业6家、省级企业工程技术研究中心1个、市级工程及行业中心2个，市级科技小巨人企业8家，1家企业被评为“泉州制造2025”年度十佳科技小巨人；28个项目获上级科技项目支持1200万。全区每万人发明专利拥有量6.49件，居全市首位。1人通过国家“千人计划”创新人才答辩，2位企业家获评省首批科技创新、创业领军人才。获评第一批省级创新驱动助力工程示范区、国家知识产权强县工程示范县（区）。

【城市建设】

项目建设　全区58个在建重点项目完成投资54.5亿元，增长26.4%。其中总投资近70亿元的笋江新城12个项目部分竣工并陆续投入使用；滨江片区（金塔段）与葛洲坝集团签订战略合作协议。推动4个项目用地通过市用地联席会、9个项目通过市地价会，3宗地块成功出让。新增项目融资4.37亿元。

城市管理　开展占道经营、渣土车等五大专项整治，处置城市管理问题近10万件，市容市貌明显改观。继续实施“美丽社区建设”五年行动，53个社区完成标准化建设。开展“无违建”创建活动，拆除“两违”39.26万平方米，完成年度任务的151%。落实全日制卫生保洁等管理制度，安排财政资金4153万元用于卫生保洁、环卫设施建设。

国家级生态区创建　全年投入2010万元实施8个水环境整治项目，完成兴贤路西段排水管沟等11个污水配套管网建设；推行“河长制”和水资源管理制度，集中式饮用水水源地水质达标率保持100%。实施污染防治计划，淘汰6家落后生产线企业和840辆黄标车，全区空气质量优良率97.4%。严格执行建设项目环评制度，清理环保违规建设项目319个。连续4年区长环保责任书及减排工作全市考核“双优”，各环境要素达到功能区标准，公众对环境满意率96.3%。完成国家级生态建设5项基本条件、22项指标，通过环保部组织的考核验收，获评国家级生态区。

【社会事业】　全年财政投入用于民生事业建设7.6亿元，增长18.1%，占一般公共财政预算支出的61.8%。完成22个为民办实事项目。新增就业1.52万人，城镇登记失业率控制在1%以内。“五险统征”持续提标扩面，城镇居民养老保险、医疗保险参保人数为4.12万人、12.14万人，参保率分别为99.4%、96%。困难群众最低生活保障标准由每人每月470元提高到491元。建成保障性住房1475套，完成市下达任务的138%；总投资22.8亿元的东浦片区安置房等8个项目中的东浦片区安置房、锦美安置区等5个项目已竣工。实施中小学校布局与建设五年规划，加快江南学园等教育项目建设，区第三实验小学秋季招生。通过福建省2015年度义务教育质量监测工作，泉州七中获“全国科技教育创新十佳学校”“全国百强中学；开智学校通过“省级特殊教育标准化验收”；社区教育获“全国全民终身学习活动周优秀组织奖”；鲤城区实验小学入选“全国首批学校体育工作示范校”；通政中心小学入选“福建首批基础教育师资培训实践基地”，泉州七中、区东门实验小学等五所学校入选首批“全国青少年校园足球特色

6月12日，鲤城区“纪念中国人民抗日战争胜利70周年”歌咏比赛举行
（图/朱柏鋆）

学校”。实施城镇居民普通门诊医疗费用统筹，居民医保财政补助由每人每年320元提高到380元。区公共卫生服务中心一期主体工程通过验收。获全国基层中医药工作先进单位称号。创建平安鲤城，建立完善网上信访等制度，群众满意率保持中心市区首位，获评市社会管理综合治理先进区。出台安全生产“党政同责、一岗双责”规定，安全生产四项主要指标得到有效控制。推进泉州闽南文化生态园、泉州新门旅游文化休闲街区等一批项目建设，新门街区获评省级文化旅游街区；推动历史文化街区整修更新，中山路入选首批中国历史文化街区。颁布第七批区级非遗保护项目9项，总数57项。举办第十四届亚洲艺术节暨第二届海上丝绸之路国际艺术节鲤城板块系列活动。区文化馆再获一级馆称号。总投资4800万元的区文体活动中心建成投入使用。深化文明城市（城区）创建工作，获省级文明城区“四连冠”。

【政风建设】　加强行政监察和效能建设，发出效能整改通知书20份，效能告诫2人。区政府全年办理人大代表建议77件、政协提案142件，办复率100%；在全市率先完成政府职能转变和机构改革，推进事业单位分类改革，完成5%的控编减编工作任务，事业编制控制在2012年底总量内；行政服务中心通过国家标准化管理委员会评估验收，审批服务事项基本进驻行政服务中心集中办理，群众满意率99%。全面清理非行政许可审批事项。强化审计监督，核减工程造价、节约项目建设资金4815万元；各街道、部门“三公经费”全面公开。

丰泽区

【区情概况】　丰泽区面积129.6平方千米，总人口56.5万人，下辖8个街道、78个社区。包含泉州中心城市规划中的北峰、东海、城东组团及中心组团部分，系泉州市中心城市核心区。

【经济发展】　全年实现生产总值480.5亿元，增长7.6%。工业总产值408.0亿元，增长2.2%，其中规模以上工业产值366.6亿元，增长1.6%。一般公共预算总收入31.8亿元，完成调整后预算的106.2%，其中一般公共预算收入22.4亿元，完成调整后预算的110%。全社会固定资产投资276.8亿元，增长15.1%。社会消费品零售总额212.5亿元，增长12.3%。居民人均可支配收入44323元，增长6.5%。实际利用外资（验资口径）1.53亿美元，增长8.1%。海关出口商品总值13.2亿美元，增长0.2%。三次产业比重调整为0.3∶38.2∶61.5。加大政策扶持，制定出台促进实体经济发展、扶持电子商务发展等配套措施，兑现奖励资金约2亿元，争取上级资金补助约1.1亿元；设立企业应急保障周转资金，帮助企业应急转贷资金45亿元，化解企业融资债务风险；突出培育“四上”企业，新增“四上”企业90家，形成一批新经济增长点。发挥投资对稳增长的关键作用，131个重点项目完成投资173.5亿元，其中58个区级在建重点项目完成投资126.9亿元，新开工建设项目21个，10个项目全面建成投用（产），配合推进国道324线丰洛段拓改建设工程、泉州市社会福利中心（新址）等46个省、市重点项目征迁，完成征地43.33公顷、征收房屋7万平方米；加强“三维”项目对接，新批外资项目12个，对接民企项目4个、央企项目2个，总投资115.8亿元。扩大内需消费需求，举办丰泽区第三届购物节，培育浦西万达广场、东海湾太古广场、中骏世界城等新兴商圈，26家年零售额超亿元企业实现零售额85.6亿元，增长4.3%；52家新增批发企业实现销售额42.1亿元，增长128.0%。加大市场开拓力度，新增出口备案企业119家，组织120多家企业参加“品牌泉州香江行”、广交会、华交会和“一带一路”沿线国家展洽会等境内外展销活动43场，组织卡嘟嘟、匹克、宇源等企业进驻俄罗斯筹建中国（泉州）商品批发市场；鼓励企业开展跨境电子商务，芊彩服饰、中兴海丝路等一批企业率先开展跨境电子商务。主动对接“泉州制造2025”和“数控一代”示范工程，启动北峰工业区改造提升工程，引导南方路机、微柏工业机器人、华大超硬等企业开展工程机械、工业机器人等高新产品研发，实施并联式机械手研发及产业化、智能化焊接生产线应用研究等14个“数控一代”项目，促进数控装备制造业实现规模以上产值16.1亿元。发展无线通信产业，联拓牵头制定的数字对讲机ARC行业标准通过工信部评审颁布，海西电子信息产业育成基地引进41家数字对讲机及配套企业，数字专网通信产业年产值达17.9亿元。加快泉州软件园招商，引进力同科技、用友软件等24家企业，建设“云聚慧”众创空间，实施移动互联网大数据关键技术研发及应用等项目3个，带动软件业实现增加值4.9亿元，增长12.8%。引导纺织服装、包袋制鞋、工艺品制造等传统优势产业加快智能化改造，配套扶持一批数控化生产线技改项目，匹克、虎都率先推广机器人数控自动化示范生产线。深化“第三产业发展年”活动，50个项目完成投资95.2亿元；发展电子商务，启动华大电商产业园建设，举办第六届中国鞋服行业电子商务峰会，新增市级商业模式创新示范企业11家；全省首个网商虚拟产业园——泉州市网商虚拟产业园落户，并率先实行集群注册，入园注册登记企业超千家。与华侨大学共建华创园，启动泉州火车东站物流园区规划建设与招商，填补城市现代物流功能短板。

中心市区2015年度保障性住房——丰泽区宝秀小区 （图/张九强）

【城乡建设】 加快全域城市化进程，实施精细化管理，城区综合承载力、集聚力和辐射力明显提升。东海、城东、北峰三大片区和中心市区片区改造建设协同推进，分步实施华大片区等重点建设项目131个，城区框架不断拓展，基本实现全域城市化。实施城东片区排水户污水管道接入工程、北星社区东塔污水管道工程等城市污水支管网配套工程5个，完成850米截污管埋设和约10千米的管道普查（清淤），整治次干道路面、井盖破损和道路积水106处，改造石结构房屋1561栋，培育宝山、泉淮等“美丽社区”示范点29个。健全完善城市综合管理考评机制，投入城市保洁经费7500万元，率先对泉秀、城东和华大街道市政道路保洁实施市场化运作。强化占道经营、城市“牛皮癣”、立面景观、土方车“滴洒漏”等整治。开展“两违”综合治理专项行动，拆除违法建筑40.98万平方米。区环境监测站达到标准化建设东部三级站标准，强化重点流域（含近海水域）环境综合整治，开展水流域专项整治和赛水质活动，辖区空气质量优良天数达95.3%以上，工业废水排放达标率100%；开展“城市绿化年”活动，实施“四绿”工程，国家生态区创建工作顺利通过国家环保部考核验收。推行“一个核心、四位一体”社区管理模式，开展社区治理“一定五化”工作机制试点，街道社区服务中心、社区服务站建成率均达100%，建成省级社区综合服务站17个、市级社工服务站6个，完善提升居家养老站点63个。

【社会事业】 坚持优先保障教育发展，完成第二实验小学、崇德实验小学等4个项目建设，海城学府幼儿园等4所学校正式招生，开展“书香校园”建设等活动，免除义务教育阶段各类学杂费、教科书费和作业本费等2176万元，教育公平受惠面持续扩大。加快发展卫生计生事业，推进正骨医院门诊综合楼和华大街道社区卫生服务中心工作用房改造工作，人口出生率10.9‰，出生性别比105.95。文化体育事业繁荣发展，承办第十四届亚洲艺术节暨第二届海上丝绸之路国际艺术节系列活动，参加第十届市运会并取得历史最好成绩。夯实社会保障基础，完成社会保险扩面征缴任务，提高基础养老金、被征地人员养老保障金、城镇居民医保财政补助标准和企业退休人员待遇，加强社会救助和慈善捐助工作，低保金标准由每人每月470元提高到491元，“三无”人员纳入救助范畴，救助标准每人每月639元，保障困难群众基本生活。

洛江区

【区情概况】 洛江区面积374.81平方千米，常住人口20.9万。下辖万安、双阳、河市、马甲、罗溪、虹山6个镇（乡、街道），共86个村（社、居）委会。洛江区占市区2/3的土地，是中心城市东进的重要拓展带。

【经济发展】 全年实现生产总值141.58亿元，增长9.4%。一般公共预算总收入14.29亿元，下降0.7%；一般公共预算收入9.33亿元，增长0.1%。全社会固定资产投资85.45亿元，增长15.1%。社会消费品零售总额27.88亿元，增长11%。出口商品总值5.08亿美元，下降0.5%。实际利用外资（验资口径）4200万美元。

农业 扶持拓展设施农业规模，新建智能温室和大棚3.3万平方米，组织申报农业发展项目7个，推进省农民创业示范基地（现代畜牧业项目）建设。2个试点村土地承包经营权确权登记和颁证全面完成。新增林业特色产业基地2处、林下石斛仿野生栽培示范基地13.33公顷。

工业 落实各级扶持政策，开展“三比一看”和“促项目落地、帮企业发展”活动，拨付扶持企业发展资金9500万元，帮助企业解决困难问题；用好工业企业续贷周转金，帮助企业融资、续贷10.95亿元。出台《关于进一步推动产业转型升级的实施意见》、《关于贯彻落实〈泉州制造2025发展纲要〉加快发展智能制造的实施意见》，编制《智能装备产业示范园区发展规划》，引进华数机器人有限公司、荣华智能科技有限公司等项目入驻；列入全市“数控一代”示范项目15个。实施20个省市重点技改项目，组织申报市级以上科技项目50项；新增国家火炬计划重点高新技术企业、省重点实验室、省级企业工程技术研究中心各1家，省、市知识产权优势（试点）企业5家，市“科技小巨人”企业8家。实现工业增加值93.91亿元，增长10.6%。新投建企业28家、投产21家。

第三产业　商贸服务业及专业市场运行总体趋好。出台鼓励汽车服务业发展实施意见，吸引5家品牌4S店入驻，汽车销售额4.6亿元。出台进一步加快电子商务发展若干措施，全区现有电商企业300多家，实现网上交易额10亿元，增长33%。双阳物流园区加快建设，前兴工业物流配送中心建成招商。新开工房地产36.11万平方米、竣工33.67万平方米，实现销售额18.05亿元。旅游业逐步升温，完善仙公山、虹山瀑布、田格里拉生态园、后深溪等景区基础设施和旅游设施，新增森林人家2家，全年接待游客130万人次，实现旅游总收入13.63亿元。畅通民间资金进入金融领域通道，民生银行洛江支行入驻开业，新增金融服务公司1家。

招商引资　组织参加中国国际投资贸易洽谈会等各类经贸洽谈会与招商专题活动，签约项目4个、总投资1.05亿美元，合同利用外资5000万美元。新设（增资）外资企业3家。深化“三维”对接，新增对接民营企业产业合同项目13个，总投资24.6亿元；落实外资项目2个，总投资4亿元。与中交海西投资有限公司就洛阳江西岸综合整治项目签订框架协议。

【城乡建设】

基础建设　以生态宜居为目标，以“环湾、向湾、同城”为导向，推进城区基础设施和公共服务配套建设，完善城区功能。稳步实施片区改造，完成洛江区单元控规编制。实施45个“环湾规划建设年”项目，完成投资20.33亿元。推进“三旧”改造、石结构房屋改造，建设安置小区及保障性住房38.8万平方米，完成石结构房屋改造拆迁65.02万平方米、基本建成34.37万平方米。加快市政设施建设，西环路第一标段坛顶隧道顺利贯通，配合并基本完成国道324线丰洛段拓改，打通安顺路等断头路，城区市政路网进一步完善。完善城区污水处理设施，新建配套管网8.8千米。改造高低压线路130千米，改造、新建增容配变45台。建设“智慧家庭”，实施4G网络工程，网络质量、容量和覆盖率全面提升。

城镇化建设　深化马甲小城镇综合改革，21个小城镇建设项目完成投资3.7亿元，完成年度计划110%。河市镇旧镇区改造安置楼加快主体建设，新镇区安置楼主体工程完成建设，银河文化广场等商住项目进展顺利。罗溪镇、虹山乡集镇建设稳步推进，总投资6亿多元的泉州市中心粮库落地罗溪。实施农村公路安保工程8.7千米、提级改造农村公路25千米。

城市管理　落实《洛江区城市管理综合考评实施办法》，完善数字城管平台，建立健全市容环境卫生管理长效机制。开展全国文明城市创建工作。实施市容市貌整治，纠正、取缔占道经营、流动摊点、建筑工地扰民等行为，严查车辆“滴、洒、漏”，中心城区环境卫生、海岸带和市场秩序明显改善。深化“两违”治理，完成市下达任务145.4%。

生态建设　实施重点减排项目4个，推动黄标车和老旧机动车淘汰治理，全面完成节能减排任务，空气优良率达99.4%。国家生态区命名通过环保部公示。完成畜禽养殖“三区”划定，开展生猪养殖面源污染防治。投入2.66亿元开展宜居环境建设，投入2350万元完成惠女水库周边畜禽养殖污染整治。投入5010万元实施重点流域（含近海水域）水环境综合整治，开展第二批小流域“赛水质”活动，实施海漂垃圾治理和重要水源地生态修复保护。建设中心城区环城一重山森林生态景观66.67公顷，超额完成省、市下达任务。全面落实“河长制”，实施马甲洛阳江支流河道整治工程，河市镇洛阳江支流东西溪段整治列入全省万里安全生态水系建设试点。

美丽乡村建设　投入611.1万元抓好3个市级环境整治村、1个市级美丽乡村示范村建设；投入1500万元建设5个区级美丽乡村示范村。落实区领导挂钩和现场办公会议制度，整顿帮扶1个市级扶贫开发重点村、7个区级不适应村和经济欠发达村，培育1个市级新农村建设试点示范村。

【社会事业】

公共服务　落实教育优先发展战略，扩充优质教育资源，投入近1000万元续建奕聪第二中心幼儿园和马甲第二中心幼儿园配套设施。完成5所小学运动场建设，双阳第二中心幼儿园、闽南师范大学附属小学建设有序推进，泉州实验小学洛江校区等5所学校加快推进校园设施完善提升。财政拨付1450万元落实义务教育“三免一补”与助学政策。“两项督导”通过省级评估验收，“教育强区”创建通过市级督导核查；推动卫生与人口计生事业发展，出台落实深化医药卫生体制改革试点实施方案，加快区医院配套设施建设，推动基层卫生院做强做优，全面实行药品零差率销售。支持社会力量创办医疗机构，引进民营医院2家。落实“单独两孩”生育政策，加强计生优质服务和“三高”综合整治，人口自然增长率8.15‰；持续完善文体设施，新建中心村（社区）激情文化广场示范点4个、省级社区多功能运动场所4个、区级全民健身工程示范点4个、市级全民健身路径10条。举办泉州市第七个全民健身日活动。

第五届福建省菊花展览洛江展区　（图/市市政公用事业局）

民生保障　落实扶持就业措施，增设6家高校毕业生就业见习基地，新增5个省、市高校毕业生创业资助项目，与仰恩大学共建大学生创业园。开展就业培训1.05万人，新增城镇就业人员7655人，转移农村劳动力2285人。城镇居民人均可支配收入达到32833元，增长5.5%；农村居民人均可支配收入达到13499元，增长8.6%。城乡居民基础养老金提高至每人每月100元，被征地人员养老保障金提高至每人每月180元，企业退休人员基本养老金人均月增资203.82元，发放养老金3195.72万元。健全社会救助体系，发放低保金1249.37万元、各类救助金148.52万元。投资1.98亿元建设保障性住房1036套；建设低保安居房25户、“二女”户安居工程30户。

社会治理　完成村（社区）委员会换届工作。深化“平安洛江”“法治洛江”建设，开展新型社区治理试点，完成6个乡镇（街道）调解中心、9个调解工作室建设，调解矛盾纠纷662起。开展区领导接访群众91场，协调解决问题783件。全面加强综治和安全生产网格化服务管理，完善城市安全信息系统，新建110个高清视频监控探头和部分高清卡口。健全完善“党政同责、一岗双责”安全生产管理责任体系，推进安全生产发展城区创建和标准化提升工程三年行动、“打非治违”、校园安全、道路安全、危化等重点行业领域专项整治及食品药品安全专项行动。

泉港区

【区情概况】　泉港区面积441.4平方千米，其中陆域面积321平方千米、海域面积119.6平方千米（其中潮间带以上滩涂面积47.68平方千米）。辖南埔、界山、后龙、峰尾、前黄、涂岭6个镇，以及山腰街道办事处和1个国营盐场，下辖96个行政村和4个居委会。总人口39.25万人，以汉族为主，兼有回族、畲族、蒙古族等少数民族。是著名的侨乡和台胞祖籍地之一，共有旅居海内外华侨、华人和港澳台同胞37万多人。

【经济发展】　全年实现生产总值330亿元，增长10%。全社会固定资产投资199亿元，增长18%。一般公共预算总收入120亿元，增长42.9%；一般公共预算收入21.6亿元，增长55.6%。实现社会消费品零售总额82.99亿元，增长12%。城镇居民人均可支配收入28216元，增长7%；农村居民人均可支配收入15601元，增长9%。主动适应经济发展新常态，科学把握企业转型、结构转变、动力转换的平衡点和着力点。坚持问题导向、一企一策，全方位、多领域推进“三比一看”活动，帮助企业解决“两证”办理、人才引进等问题，打好企业帮扶“组合拳”。出台产业转型升级、智能制造等一系列优惠措施，兑现落实各级惠企资金8152万元，政策效应逐步显现。建立企业资金链风险防范和化解机制，帮助27家企业获得23.3亿元银行授信，运作21批次1.48亿元“过桥”资金。实施“百名企业家素质提升工程”，举办2期清华大学企业高级培训班，以及电商模式创新、石化产业人才等专题培训班。组织企业参加“泉州品牌海丝行”“闽货华夏行”等展销活动，12件产品入选全市名优产品名录，市场渠道不断拓宽。围绕提高项目开工率、建成率、投资完成率，突破项目前期、落地、投产等关键环节，发挥好投资的关键作用。201个区重点项目完成投资102.8亿元，56个项目新开工建设，福林气体、东鑫石化技改等45个项目竣工投产。项目用地集约高效，全年获批用地143.2公顷，盘活存量土地11.84公顷，收回闲置土地18.6公顷。招商势头持续向好，全年“三维”对接项目18个，签约金额394.33亿元。房地产市场健康发展，出台企业员工区内购买商品房等优惠政策，完成商品房销售2168套，增长7.19%，销售面积、销售金额增速位于全市前列。引导企业开展产品、技术、品牌、管理和商业模式“五个创新”，形成以企业为主体、各类科技创新服务机构为平台、人才政策为保障的创新体系。推进“两化融合”，成立首个创客服务中心，实施省市科研项目24项、区级重大专项43项、重点产学研合作项目15项，完成技改投资9亿元，专利申请量、授权量分别为2209件、1146件，增幅位居全市前列；新增国家专利奖1项、省级名牌产品8项、高新技术企业4家，12家企业获省市级工程（行业）技术研究中心称号。石化产业做大做强，钟山石化、凯美特等8个项目动工建设，联合石化EO/EG、福林空分等4个项目建成投产，新增石化产值22.4亿元。园区建设全面提速，南山片区新开发利用土地148.4公顷，单位产出贡献48.67万元/公顷，石化园区综合实力位居中国化工园区第5位。公用配套体系健全完善，石化研究院、应急救援中心（一期）正式运行，湄洲湾石化物流贸易基地规划建设。实施支柱产业扩张促进计划，粮油食品饮料、纺织鞋服、建筑建材产值分别增长12.7%、25.1%、10.7%，全年突破270亿元，拉动规模以上工业产值增长9个百分点，粮油食品饮料、纺织鞋服率先实现百亿目标。港口物流业持续增长，5—6号泊位、重件码头等建设加快推进，全年完成港口吞吐量4550万吨，增长15.4%。实施新型业态提速促进计划，调整“两头小、中间大”产业格局。加快发展现代农业，“五万工程”特色农业持续推进，新增土地流转25.33公顷，新建设施农业35.67公顷，完成农林牧渔总产值21亿元。推进电子商务应用，加快青年网商创业园、湄洲湾创客汇、建配龙（梦谷）网商创业园等项目建设，全区实现网商零售额5亿元，增长10%。东方伟业、为为国际等商贸综合体加快建设，新华都投入运营。

【城乡建设】 注重规划引领，开展城市总规中期评估，探索“多规合一”，城市规划展馆投入使用；聘请高手名家编制盐田片区控规、五里海沙城市设计和城市景观风貌专项规划，力求将每个片区、每条街区建成精品。中心城区扩容提质，78个城建项目完成投资29.5亿元，城镇化率提高2.5个百分点；总部经济区、锦川片区建设加快，驿峰路综合改造全面完成，区文化中心、锦绣公园等一批城建精品建成投用，成为群众休闲、健身好去处。镇村建设统筹推进，67个小城镇项目、55个美丽乡村项目分别完成投资19.12亿元、1013万元，5个村入选首批福建省传统村落名录，涂岭镇和樟脚村、土坑村获评福建特色景观旅游名镇名村。投入7.5亿元推进路网畅通、生态环保等宜居建设项目53个，市政道路、路灯照明、地下管网、公交客运向农村进一步延伸。治水造林持续推进，完成造林绿化261.93公顷，人均公园面积提高到9.1平方米；实行“河长制”管理主要河流，推进流域生态综合治理，整治河道60千米。加强海洋生态监测，开展海漂垃圾治理，海洋环保考核连续两年全市第一。节能减排力度加大，26个节能减排项目有序实施，全面完成年度减排目标。环保设施更加完善，南山片区污水处理厂、工业固废垃圾填埋场等项目投用或动建，新建空气自动监测站2个，垃圾、污水收集处理系统更趋完善。泉港至泉州动车站客运专线开通运行，厦漳泉城际轻轨、福厦客运专线泉港站获国家批复。开展“两违”综合治理和“百日攻坚”行动，依法拆除违法建筑48万平方米，超年度目标30个百分点，率先创建“无违建区”。出台石结构房屋改造实施意见，启动首批14个成片改造试点，全区改造石结构危旧房167万平方米。推进市容市貌、交通违法、文明施工、环境卫生等专项整治，“数字城管”覆盖城区8平方千米。

【社会事业】 深化金改创新，票据服务公司、政府主导融资担保公司完成报批，全区实现金融业增加值9.18亿元。推进民综改革，实施工商登记一照一码、三证合一制度，新登记各类市场主体增长38.7%；出台区属国企整体改革方案，完成水利水务公司整合重组，石化园区与民企组建6家股份合作制公司；推广政府购买服务，“互联网+”居家养老助残试点推行。出台农村宅基地管理实施意见，建立旧宅基地有偿退出机制。主动融入泉州“海丝”先行区建设，推进山腰街道、土坑村闽南文化生态整体性重点保护区域建设，黄素石楼等重点文物修缮保护工程顺利实施，建成非遗展馆，再获中国水密隔舱福船文化和海盐文化之乡两个国字号文化品牌。“六个一”文化特色产业发展态势较好，全区实现旅游收入增长15%。文化体育健身活动蓬勃开展，闽台“三同文化”、同名镇村和少数民族特色村寨旅游等对台交流合作创新开展，举办“海丝路•家乡情”文艺晚会、康寿文化等文体活动46项、惠民公益演出90多场；区青少年校外活动中心、图书馆正式投用，建成村居文体示范点7个、健身示范点19个、老年体育活动中心2个，区文体新局获评全国百城千村健身气功先进展示单位。侨台外事工作不断加强，举办第八届世联会、美籍华裔青少年“寻根之旅”夏令营等活动。组建广电传媒有限公司，数字电视信号实现全覆盖。投入1.14亿元，完成15项35件为民办实事项目。全年财政民生支出21.37亿元，占财政总支出的81.67%。围绕破解阻碍教育均衡发展的症结，实行区直小学划片招生改革，深化小片区管理，在全省首创校长和教师“县管校用”新机制，加强完中校班子建设，投入6500多万元完成泉港二中教学楼、益海实小新校区等项目建设，全区教学水平全面提高。围绕深化医疗卫生体制改革，实施泉港区医院院长招聘，成立大病救助基金，妇幼保健院迁址重建等项目进展顺利，疾控中心业务用房完成搬迁，公共医疗卫生服务功能不断提升。围绕构建覆盖城

泉港区新貌　　　　　　　　　　　　　　　　　　（图/庄国辉）

乡的“服务网络”，健全社会救助统筹联动机制，“救急难”工作列入全国试点；全面开展60周岁以上老年人免费健康体检，建成15个社区服务站、8个农村居家养老服务站，区综合社会福利中心即将投入运营；城镇新增就业7115人，农村劳动力转移就业7590人；推进扶贫开发，实现脱贫522户1095人；低保、居民保、新农合等进一步提标扩面，实行高龄补贴、一级残疾人护理补贴制度，发放各类救助资金1.5亿元，残疾人劳动就业服务中心被评为省级规范化建设单位。

【政府效能】　推进社会治理改革，启动新一轮“平安泉港”创建，实施天网视频监控体系建设，实现“两抢”案件286天零警情，群众治安满意率提高到92%。落实信访“路线图”，受理群众来信来电来访277件，办结反馈率100%；排查各类矛盾隐患912个，调处成功率99.88%。通过“六五”普法验收，社区矫正典型做法在省市推广，凤阳村获评全国民主法治示范村。抓好安全生产、食药安全、防汛抗台、防震等工作，完善环境应急预案，建成安全生产宣传教育培训基地，7个镇（街）全部获评省级安全社区。完成村级组织换届选举，村干部待遇大幅提升。兵员征集、转业士官安置工作走在全市前列，民兵“双25”高炮分队被总参谋部评为优胜单位。办理人大建议107件、政协提案148件，办结率100%、综合满意率99%。推行“马上就办”，即办率86%、提前办结率98%，行政服务信息化、电子化水平居全省前列。

石狮市

【市情概况】　石狮市陆地面积157.15平方千米，海岸线长67.6千米，海域面积968.5平方千米。辖7个镇2个街道。2015年常住人口753077人，比2014年减少4.39%；全市登记在册流动人口425478人，户籍总户数90809户，户籍总人口327599人，比2014年增加2357人。

【经济发展】　全年实现生产总值650亿元，增长10%。公共财政总收入59.3亿元、预算收入38.5亿元，分别增长-1.9%和2%。全体居民人均可支配收入40633元，增长8.8%。经济综合实力从全国中小城市百强第24位晋升到第17位。

帮扶企业发展　兑现惠企资金2.6亿元，争取上级补助6347.3万元。141个在建重点项目完成投资140.5亿元，带动固定资产投资412.6亿元，增长18%。引进在谈重大项目3个、总投资34.3亿元，实际利用外资1.66亿美元，增长7.1%。协调解决90家企业资金链问题，涉及信贷金额115.9亿元；为811家企业提供应急周转资金197.5亿元，新增企业信贷支持86.8亿元。举办第18届海博会和时装周，组织参加中国国际服装服饰博览会、美国拉斯维加斯国际服装展、德国柏林亚洲服饰展等20多场知名展会，帮助企业对接订单约80亿元。全市出口商品总值21亿美元。全面推行新市民积分管理，分别兑现积分“入住”“入学”名额137个、231个；成立全国首个县级服装服饰设计师协会，集聚240名设计人才。

加强结构调整　工业增加值323.2亿元，增长9.5%。新增产值超亿元企业17家，省、泉州市级龙头企业增至33家；鸿山热电二期等一批产业项目建成投产。纺织服装业完成产值475亿元，增长10%，获得全国纺织产业集群创新发展示范地区、中国纺织服装行业社会责任建设推动奖。第三产业增加值增长11.3%，增幅居泉州第一；社会消费品零售总额350.3亿元，增长12%。建成轻纺城、辅料城、建材城、青创城国际网批中心、国贸中心、富星电商仓储物流园区等商贸平台和专业市场。全市港口货物、集装箱吞吐量分别达3306万吨、151.9万标箱，增长11.3%、21.3%。农业总产值43亿元，增长3.9%，新认证无公害农产品基地3家、设施农业示范点7个、省级海洋经济示范项目3个。

加强创新驱动　完成技改投资81.7亿元，增长24.5%，扶持数控应用示范企业15家；建成星期yi创意园、闽商金融中心、海西电商园等众创空间，高新区创新创业中心获评省级科技企业孵化器，新增授权专利753件。与阿里巴巴合作开展“中国制造•石狮好服装”活动，开通速卖通石狮跨境产业带专区；组建京东、苏宁石狮馆；与中纺在

9月26日，第四届永宁古卫城暨城隍文化节在石狮市永宁镇开幕

（图/石狮市方志办）

线、四季星座合作建成石狮服装网批中心；526家服装企业抱团成立淘工厂联盟；获全国网商创业最活跃县市第3名，成为省级“互联网+”先行试点。

加强载体拓展 高新区完成基础配套项目投资1亿元，五金印刷、电子信息、新材料、纺服科技、港后物流等园区加快推进，入驻企业77家、建成投产35家。海洋生物科技园区入驻科技型项目3个、海产品加工企业40家。纺织服装产业发展基地一期建成投用，入驻企业12家。

【城乡建设】 制定“三区两线”生态控制线管理体系，完成“多规合一”试点方案编制送审。编制供水、景观风貌、三旧改造等专项规划。城市建设步伐加快，钞坑片区办公、商业部分和一期住宅、安置区基本建成，城东片区幸福新城高端住宅小区、邻里中心基本建成，长福、镇中路二期片区商业综合体建成融市，永宁、加曾寨、灵山灵峰等片区改造稳步推进。实施基础设施“六大提升工程”，泉州湾大桥建成通车，完成一批片区、专业市场周边道路改造，启动镇中路南拓、宝岛路征迁改造。城市管理初步建成数字城管系统，在中心市区试行公共设施、道路交通、市容环卫、园林绿化等数字化管理。完成年度“两违”整治任务。启动公交运行管理体制改革。完成宝盖山风景区、濠江北路等景观提升工程。推进23个水系环境综合治理项目，海水水质达标率超过省级考核标准。新型染整产业循环发展园建设加快推进，在全国率先实现区域集中供热，淘汰全部蒸汽锅炉、导热油炉。出台大气污染防治实施方案，率先开展PM2.5空气质量实时监测。郭坑村被评为省级旅游特色村，5个村（社区）入选泉州市美丽乡村“两村一带”。

【社会事业】 民生事业投入28.6亿元，占财政支出的65%。完成年度10件26项为民办实事项目。每百户城镇居民拥有汽车101.5辆，城镇、农村居民人均住房面积分别达61平方米和73平方米。新改扩建幼儿园和中小学校31所，新增学位4500个；引进厦门外国语学校、泉州师院附小等优质教育资源；在沿海镇创办2所市直实验小学分校；被确定为全省唯一的国家教育改革实验区。推进公立医院改革，组建由市医院和凤里、湖滨、灵秀、宝盖卫生服务中心组成的医联体；医保、社保综合覆盖率达100%，低保实现应保尽保。获省级妇幼健康优质服务示范市。开展“十大文明新风行动”，通过全国文明城市年度测评。《石狮市志（1998—2010）》被列为全国志书质量建设创新试点。社会保障力度加大，城镇新增就业18258人，农村劳动力转移就业3626人，失业率保持全省最低。低保、新农合、城居保等民生指标保持全省首位。完成沿海五镇石结构及危房改造审批24.6万平方米，配租配售保障性住房6238套。社会和谐稳定，公众安全感测评位居泉州市前列，获得全国法治县创建活动先进单位。成立泉州仲裁委员会石狮分会。推进新一轮政府机构改革，深化行政审批制度改革，行政审批办结率达99.8%、当场办结率达83.3%，居泉州市前列；在全省率先实现“三证合一”“一照一码”。完善便民服务系统运作，办结群众诉求3.1万件，回访满意率93.8%。

晋江市

【市情概况】 晋江市陆地面积649平方千米，其中耕地面积19036公顷，海岸线长121千米。辖13个镇、6个街道办事处、293个行政村和99个社区居委会。户籍人口111.82万人，常住人口207.8万人。晋江是全国著名侨乡和台湾同胞祖籍地之一，祖籍晋江的华侨、华人和港澳台同胞有300多万人。

【经济发展】 全年实现生产总值1620.47亿元，同比增长8.5%，总量分别占全省、泉州市的6.2%、26.4%。全市公共财政总收入200.29亿元，同比增长1.2%，其中本级公共财政预算收入117.20亿元，同比增长2.7%；本级公共财政支出127.08亿元，同比增长0.5%。全市社会消费品零售总额535.71亿元，同比增长12.6%。全市社会商品出口总值125.32亿元，同比增长11.2%。实际利用外资（验资口径）5.20亿美元，同比增长3.0%。外资企业实现产值1955.01亿元，同比增长7.5%。城镇居民人均可支配收入40035元，增长8.0%；农村居民人均可支配收入18166元，增长9.4%。全年实现农林牧渔业总产值38.68亿元，同比增长1.8%。全市粮食总产量4.81万吨，同比下降6.9%。主要粮油作物良种覆盖率提高到98.7%。新增流转耕地315.2公顷，规模经营土地比重提高到50%（8346.67公顷）。新增省级林业产业化龙头企业2家、泉州市花卉苗木示范基地1个、海洋龙头企业5家、培育水产新品种1个，引进大型远洋渔业企业1家，全市远洋渔船数量跃居全省第二位；泉州港远洋渔业深沪作业区顺利建成。农田水利基础设施建设继续强化，新增加固小型水库山塘17座，修复水毁工程20处，加高加固5.7千米，疏浚河道10.9千米，新增节水灌溉面积533.33公顷。全年实现工业总产值4002.47亿元，同比增长9.1%，其中规模以上工业产值3616.58亿元，同比增长9.3%。全社会用电量128.33亿千瓦时，其中工业用电量101.66亿千瓦时，同比分别增长2.3%和2.1%。工业产品销售率93.2%，同比下降0.6个百分点。规模以上工业企业实现出口交货值661.42亿元，同比增长11.5%。全市规模以上工业企业实现主营业务收入3324.91亿元，同比增长7.9%，主营业务成本2825.11亿元，同比增长8.2%，每百元收入中成本85.0元，同比提升0.2元；实现利润总额238.35亿元，同比增长3.9%，主营业务收入利润率为7.2%，同比下降0.3个百分点；资产负债率42.2%，同比下降3.0个百分点；应收账款497.15亿元，同比增长11.0%，产成品库存154.99亿元，同比增长7.5%，“两金”占比（应收账款和产成品库存占流动资产比重）40.6%，同比提高4.7个百分点。

【城乡建设】　全市全社会固定资产投资完成905.88亿元，同比增长18.3%。全市336个在建重点项目完成投资425亿元，完成年度计划的107%，其中75个新开工项目。有89个项目建成投用。135个中心城区重点建设项目合计完成投资276亿元，完成年度计划的101%。建成池店片区安置房等28个公共服务设施，配套功能和晋江机场连接线绿化景观等7个市民绿化地水系、道路街景项目，中心城区建成区面积拓展到107平方千米。建成陆地港二期、龙峰纺织等34个项目。25个三产重大项目完成投资55.3亿元，完成年度计划的108%。全市240个城乡基础设施“6+1”工程项目合计完成投资110.3亿元，完成年度计划的118%。县道318线、凤池路西段等22条道路建成通车。福厦高铁客专晋江南站落户永和镇。全市公路通车里程密度提高到每百平方千米368千米。电网工程完成晋江供电区域规范整合，新建设立110千伏输变电站2座，新增主变电压4台，容量12.6万千伏安，新建配网线路60.5千米。宽带用户平均速率提高到27兆，行政村全光网络覆盖率提高到92.4%，移动4G信号实现全覆盖。全市房地产开发投资175.36亿元，同比增长0.4%。全面升级智慧城管，实行网上巡查制度，实现城市管理由被动向主动服务的转变。启动5处公共停车场、1343个停车位建设，建成智能交通管理平台和“电子警察”二期。投入美丽乡村建设资金3.29亿元，整理土地10.4万平方米，绿化乡间道路221千米，修筑排水沟65千米，绿化50平方千米，启动20个农村小型污水处理设施建设，10个村入选省级“千村整治，百村示范”工程，启动农村宅基地制度改革，发放全省首单宅基地抵押贷款。启动绿色建设行动，全面加快绿色建筑推广应用，实施343个污染物减排项目，并完成302个。关闭畜养区所有畜禽养殖场（户）。关停水洗和造纸企业18家，淘汰皮革、造纸和印染企业78家，基本完成“十二五”减排任务。15条生态水域治理，31个重点流域水环境整治和23个跨境流域整治项目合计完成投资4.97亿元。完成河道整治18.4千米，河道清淤疏浚10.29千米，合计整治污染源268个。启动海漂垃圾整治三年行动，对114千米海岸线进行合理整治。全国林地平衡试点扎实推进，“全民动员，绿化晋江”活动投入2亿元，新增植被造林面积866.67公顷，全市可计算森林覆盖率提高到18.5%。市区绿化率提高到43.95%，通过“国家生态市”效益考核验收。

【社会事业】　科技创新力度不断加大，龙头工业纷纷融入“互联网+”“体育+”“文化+”等新概念，全社会研发投入占GDP比重2.6%。创新服务体系逐步完善，出台“1312“政策体系（一套运作体系，三大产业领域，一个支持体系，2个建设专项），兑现各项政策奖励金13亿元，构建城市相对健全的创新政策链条；设立产业投资引导基金和3支子基金，引导设立5家VC/DE机构；投建晋江人才大厦，筹建人才资源服务产业园，新增认定优秀人才426名，建设人才驿站10个，聚集博士20人，引进省“百人计划”专家5人，智通、投石、第一资源等专业人力资源机构相继落地投运；加快五大科创载体建设，促进福大晋江科教园区、清华大学深圳研究生院“两中心两基地”、江西大学国家级转移中心、中科院创客学院等一批公共创新创业公共服务平台相继落户晋江。全年新增、打造众创空间10个，引进知名科创研发机构机关等院校11家。创新能力加快提升，全市专利申请量、授权量分别达到6325件和6014件，同比分别增长33.8%和88.1%。传统产业加快优化升级，32%以上规模企业应用智能装备获省级智能制造试点基地。实施22个“数控一代”示范工程，160个重点技改项目投

5月28—31日，2015年全国沙滩排球大满贯赛在晋江市龙湖镇衙口滨海风景区举行　（图/陈起拓　黄祖祥）

产。教育资源加快整合优化。全市教育总投入达29.38亿元。新开办6所公办幼儿园和5所中小学。投入3.25亿元建成46个校园新（扩）建项目，增加优质学位11770个。中职教育综合改革试点持续深化，新增现代学徒制试点3个。高考本科上线率达76.23%，比上年提高5.47个百分点。新建体育场地30个、24个小时街区自助图书馆15个。全市举办（承办）各类文体活动（赛事）1000多场次。医疗卫生投入8.37亿元。4家公立医院药品收入占比下降7.15%，减轻群众药品费用3664万元。新农合人均筹资标准提高到500元，统筹区域改革范围内补偿比提高到80%。在全国率先实行新晋江人跨省异地统报。启动建设区域卫生信息平台，率先在全省建立市级临床病理诊断中心。

【民生建设】　全年投入68.8亿元用于民生建设，26件为民办实事项目基本完成，完成投资5.2亿元。落实就业政策措施，举办大型招聘会53场，推出就业岗位8.9万个，培训劳动者3.51万名，促成城镇2.1万人就业，农村8101人转移就业，城镇登记失业率控制在0.3%以内。城镇职工基本养老、医疗、失业、工伤、生育保险参保人数分别增加到31.67万人、25.49万人、13.90万人、23.73万人和24.08万人。社会保险基金收入完成10.91亿元，支出9.43亿元。城乡居民基本养老保险费和被征地人员养老保险人数分别增加到62.8万人和7.7万人；养老保险金和养老补助金分别提高到300元和148元。“革命五老”和“五保”标准分别提高到每人每月1188元和820元，低保人均补助水平提高到每人每月340元。失业保险率降低到20%，工伤保险平均费率降低0.75%，生育保险费率降低到0.5%，新晋江人统筹纳入社会保险参保范围。异地退休人员统筹纳入退休管理范畴。新增加投入3056万元实施医疗、临时、重残救助11432人次。投入3000万元帮扶300户困难家庭脱贫解困。城乡居家服务站增加到236个，覆盖率达60%。社会散居孤儿和机构孤儿基本生活费分别提高到每人每月820元和1300元。

【政府效能】　2015年，晋江市政府办理人大代表建议170件、政协委员提案255件，满意率、基本满意率100%，受理群众来电来访1.64万件，办结反馈率98.5%。出台政府权力清单、责任清单。行政许可和出台服务事项全部进驻行政服务中心和分中心。国家级行政服务标准化试点以全省第一高分通过验收，行政审批当场办结率提高到80.40%。加强效能监督、政务监查、绩效评估、行政监督和群众监督，行政效能明显提高。

南安市

【市情概况】　南安市面积2036平方千米，海域面积61.6平方千米，海岸线长32.8千米。辖23个乡镇、3个街道办事处、2个省级经济开发区。人口159万，海外侨胞和港澳台同胞350多万。2015年，南安市综合实力位居中小城市综合实力百强第32位，最具投资潜力百强第21位、最具竞争力百强第39位、福布斯中国大陆最佳县级城市第14位、全国工业百强县第56位，中国中小城市新型城镇化质量百强县市榜第37位。

【经济发展】　全年实现生产总值843.38亿元，同比增长8.0%。规模以上工业产值1613.30亿元，同比增长9.3%、一般公共预算总收入62.77亿元，一般公共预算收入36.59亿元。社会消费品零售总额352.89亿元，同比增长15.4%。城镇居民人均可支配收入36566元，同比增长7.3%；农村居民人均可支配收入16790元，同比增长8.5%。

项目带动　重点项目完成投资379.2亿元，195个项目建成投用（产），288个重点工业项目完成投资189.14亿，带动完成全社会固定资产投资514.34亿元，同比增长19.8%。逐宗化解土地遗留问题，清理闲地100多公顷，拆违70.6万平方米，盘活项目用地空间。全年对接招商项目220个，总投资853.4亿元。协调解决106家企业资金链问题，办理转续贷113亿元。“手拉

手”引导对接产能35亿元。

产业升级　石材、水暖、机械装备三大千亿产业集群发展规划全面实施，海西石材城、水暖城三期投入运营，光机电贸展中心一期交付使用，石材产业展示运营中心奠基落地。新增亿元产值企业19家、股权挂牌企业2家，新增限额以上商业企业19家，新增AAA级以上物流企业6家。“互联网+”行动有序推进，京东南安服务中心启动，南安北部电商创业园、中国水暖城O2O项目投入运营，电商交易额超130亿元。入围全国电商百佳县和省级农村电子商务示范县。第三增加值262.72亿元，同比增长9.7%，旅游总收入同比增长11.3%，新增AAA级景区1个，A级景区数量居泉州市首位。

品牌创建　新增国家高新技术企业9家，国家级创建知名品牌骨干企业10家，制（修）订标准9项，授权专利5543件，1家企业获省政府质量奖，1个产品获“国际环保奖”。建立伯恩特自动化技术研究院、海西智能制造装备联合创新中心，实施14个省级智能制造重点项目，2家企业获评省级智能制造试点示范企业，完成技改投资额居泉州首位。一批智能化高端卫浴项目投产，获评全国水暖厨卫知名品牌创建示范区。

对外经贸　全年实际利用外资1.63亿美元，同比增长8.39%，完成年计划100.5%，实现自营出口总额达14.6亿美元。第十六届中国（南安）水头国际石材博览会贸易总额97.4亿元，同比增长10.2%；签订购销合同1737个，同比增长8%；签订外贸订单4.23亿美元，同比增长8.5%；第十一届中国（南安）泵阀水暖交易会贸易额同比增长16.1%；在第八届海峡两岸（泉州）农产品采购订货会达成协议合作意向260笔，意向金额9.58亿元。11家台资企业落地，总投资金额5485万美元，合同利用台资金额3517万美元。

【城乡建设】　城乡总体规划修编列入省级首批“多规合一”试点。完成9个乡镇总规和中心市区公共停车场、排水防涝等专项规划编制。省道308线市区至仑苍沥青化改造、成功雕像至八尺岭两侧人行道整治全面完成，江北大道入选泉州十大“最美道路”。河滨二期、政务服务中心开工建设，体育中心安置房顺利回迁，会展中心获“鲁班奖”。双安高速投入使用，南官公路基本建成通车，创意大道一期、纵三线省新至梅山公路、江滨南路二期顺利推进。沿海三镇产城融合培育小城市综合试点有序开展。水头镇入围建制镇综合实力百强第55位，连续三年获省级小城镇建设综合考评一等奖。“两村一代”美丽乡村项目建设基本完成，观山村入选第一批省级传统村落名录。支农惠农政策有效落实，新建高标准农田726.67公顷、设施农业20公顷，新增农民专业合作社89家，完成184个美丽乡村“两村一带”项目投资1.15亿元，提级改造农村公路30千米、农村电网120千米，完成水利投资6.79亿元。实施精准扶贫，年度脱贫1.4万人。成为国家新型职业农民培育示范县（市）。气象防灾减灾中心开工建设。

【社会民生】　完成12件37项为民办实事项目，公共财政民生支出28.92亿元，占一般公共预算支出的77.9%。新增城镇就业19043人，培训农村劳动力10380人，实现转移8670人。最低保障、“五保户”供养提标扩面，城乡居民医保政府补助提高至每人每年410元。被征海农民养老纳入保障范围，城乡居民基本养老保险参保率97.2%，260名特困失能老人享受政府购买服务。开展“同心•春雨行动”等慈善公益活动，侨捐社会公益连续22年超亿元。建成保障性住房402套、安居工程371户，完成石结构房屋改造年度任务。教育通过省义务教育发展进步均衡发展评估验收，获“福建省教育工作先进县（市）”称号，被确定为“2015年福建省青少年校园足球试点县”。市医院新院区完成选址，乡镇卫生院改造有序推进，新增床位280多张；公立医院与基层医疗机构协作机制初步建立，“三医”联动效应渐显；计生“五大工程”惠及群众8.2万人次。举办凤山文化旅游节等重大文化活动近10场、群众文化活动300多场，新增8个省级文明村镇；市非物质文化遗产展示中心展开工建设，大型高甲剧目《郑

3月8日，南安—赣州、南安—南昌货物快运列车首发仪式举行

（图/朱晨辉）

成功》公演成功。承办全国青运会女篮U16赛事，国家篮球基地训练馆开工建设，“今日南安”官方微信公众号上线运行。创新“七对接一保证”联合调解模式，依法处理信访事项。维稳应急处突机制不断完善，平安视频监控系统率先实现全覆盖，安全生产四项指数持续下降，食品药品安全有效保障，社会保持安定稳定。“六五”普法圆满收官，村级换届率先完成。

【生态建设】 严格执行“河长制”，强化重点流域、跨境流域环境污染整治，推进山美水库生态保护国家试点，完成2条小流域“赛水质”整治任务，禁养区生猪养殖场（户）基本完成关闭，主要流域水质全优。强化工业污染整治，实施减排治理项目226个、节能项目15个，节能绩效考评蝉联泉州市首位。全面完成建陶行业LNG替代，新建LNG管网26千米，蝉联泉州市节能责任目标考评第一名。淘汰老旧黄标车1514辆，市区空气优良率达98%。市垃圾焚烧发电厂（三期）开工建设。推广采用PPP模式，加快城镇污水处理厂及配套管网工程建设，新建污水管网15千米。建设森林景观27公顷，完成植树造林1093.33公顷，治理水土流失3333.33公顷。“两违”综合整治、水土流失治理、“三边三节点”和“四绿工程”年度建设任务全面完成。

【政风建设】 政府机构改革全面完成，市政府工作部门从32个撤并至29个。简政放权进一步深化，“三张清单”制度和负面清单管理全面推行，“一照一码”登记制度改革顺利实施，市级行政审批提速近70%，网上受理、办结事项占比达81%，获全国行政服务大厅典型案例“百优”称号。成为省综合行政执法体制改革试点市。市政府自觉接受市人大、市政协监督和社会舆论监督，严格执行重大事项向人大报告和政协通报制度，办复人大代表建议281件、政协提案263件，满意和基本满意率达100%。启动公车制度改革，清理办公用房，政府系统“三公”经费压缩下降21.6%。

惠安县

【县情概况】 惠安县陆域面积（不含泉州台商投资区，下同）489.42平方千米，海域面积1725平方千米。辖12个镇、218个村（社区）。人口78.75万人。2015年，获省级教育工作先进县、全国文明县城“二连冠”，成为全国首批县级文明城市提名城市。

【经济发展】 全年实现生产总值536.83亿元，增长10.3%。完成一般公共预算总收入128.27亿元，增长81.7%；一般公共预算收入25.29亿元，增长8.1%。城镇居民人均可支配收入35365元，农民人均可支配收入15970元，分别增长7.1%和8.7%。县域经济综合实力连续22年进入福建“十强”行列。

农业经济 完成粮食产量8.29万吨，实现农业总产值42.73亿元，增长1.9%。大力发展设施农业，流转土地217.33公顷，新增温室大棚193.33公顷，建成农业部花生高产示范片、省级早中稻高产示范片和市级马铃薯高产示范片各3个。基本建成净峰杜厝二级渔港，新建钢质渔船20艘。“崇武鱼卷”获准中国地理标志商标注册。继续改善农村设施条件，77个水利重点项目完成投资4.2亿元，农村公路提级改造36千米，解决5.9万人农村饮水安全问题。

工业经济 出台支持企业发展六条措施等10项政策，县财政兑现扶持资金2亿元支持实体经济做大做强，全县实现工业增加值285.3亿元，增长12.2%。中化1200万吨炼油项目全面生产运营，100万吨乙烯及炼油改扩建项目获省发改委核准，中化青兰山3号、10号码头泊位口岸开放通过省级验收，32个石化中下游项目投产3个、在建14个，石化产业实现产值458.5亿元，增长40.9%。石雕石材、食品饮料、鞋服箱包、机械制造业四大传统产业加快发展，完成产值415.7亿元。引导石雕石材业向高端化、艺术化方向发展，新命名大师工作室8个，创建民间艺术馆2家，获“世界石雕之都”称号。玉雕基地36个入驻项目投建14个，雕塑公园、市政道路等项目有序推进，开发初具规模。在国家博物馆举办“中国（惠安）南派雕刻艺术展”，其中12件雕刻精品被永久收藏。32家企业完成技改投资15亿元，新增省级高新技术企业4家、市级“科技小巨人”企业10家。设立建筑业产业基金，引导企业整合资质、延伸领域，新晋升总承包企业11家，建筑业完成施工产值522亿元、回乡缴纳所得税3.12亿元，成为省级建筑产业现代化试点。

第三产业 实施服务业增量提质行动，实现第三产业增加值170.68亿元，增长8.1%。设立城南电商创业园，建成全县首家众创空间，入选中国“电商百佳县”。出台旅游业改革发展实施意见，设立专项资金扶持发展工业游、乡村游和文化游，开展“海丝泉州•风情惠安”巡回推介，全县接待境内外游客599.35万人次，增长17.1%；实现旅游总收入47.82亿元，增长18.1%。

项目建设 建立“一月一协调、一季一督查”项目落实机制，协调解决问题137个，116个在建重点项目完成投资147.35亿元，全社会固定资产投资262.23亿元，增长20.1%。工业项目投产24个、投建31个，完成工业投资81.05亿元。38个政府性项目完成投资36.76亿元，泉惠、城南、惠东、绿谷等园区21个基础设施项目完成投资10.9亿元。引进项目54个、总投资50.22亿元，实际利用外资1.22亿美元，增长44.8%。

【城乡建设】 编制城市景观风貌

10月17—26日，“心造天成”中国惠安南派雕刻艺术展在北京中国国家博物馆举行 （图/曾志刚）

等10个专项规划，修编涂寨等3个镇总体规划。统筹推进新型城镇化，28个重点城建项目完成投资36.87亿元，24个试点小城镇项目完成投资12.24亿元，嘉惠片区、黄塘镇区、高铁站前片区群众顺利回迁安置。深化宜居环境建设行动，57个项目完成投资11.9亿元。理顺城市管理体制，成立城市管理委员会，启动城市管理综合考评工作。统筹投入2亿元建设“美丽乡村”，55个整治村完成项目173个，10个示范村完成项目101个，培育“美丽乡村”示范线2条。加快实施石结构危旧房改造五年计划，拆除418万平方米、建成183万平方米。出台进一步加强防控“两违”实施意见，拆除违法建筑49万平方米、整治违法占地17.05公顷。

【社会事业】 投入33亿元用于社会民生建设，占财政支出82%。完成40个为民办实事项目。居民保基础养老金提高到每人每月100元，高于省定最低标准17.6%。新农合筹资标准提高到每人每年470元，县域内住院费用报销比例最高达90%。城乡低保、农村“五保”供养标准分别提高到每人每月491元、295元和609元。设立“救急难”专项资金，发放各类社会救助金5875万元。实施中小学校新改扩建项目10个，推行中小学结对帮扶制度，高考本科上线率再创新高，“义务教育发展基本均衡县”通过国家评估认定。开成职校获评全市首批闽南文化传承基地学校。出台公立医院改革实施方案，落实药品零差率和供应保障制度，群众就医成本平均下降20%。第二届“薯花文艺奖”表彰文化精品72件。举办亚洲艺术节孟加拉国、台湾艺术团专场演出，实施“一村一品”特色文化工程。深化“平安惠安”建设，开展综治“三率”甩后争先活动，启动螺城、崇武2个社会治理网格化试点。落实安全生产“党政同责、一岗双责”，持续开展“打非治违”，安全生产事故起数下降24.6%。

【环境保护】 通过国家生态县考核验收。实施文笔山绿化提升等6个重点绿化项目，创建31个“四旁”绿化示范村，全县造林绿化394.93公顷，治理水土流失933.33公顷。实施“河长制”，加快溪流整治向支流延伸，投入6800万元实施46条小溪流治理工程，整治河道80.5千米，溪流生态有效恢复。划定禁养区、禁建区和可养区，关停畜禽养殖场105家，严控溪流周边区域生产生活污染。建成惠西、崇山和泉惠污水处理厂，延伸污水管网59千米，实现污水管网镇区全覆盖。推进“石粉尘”专项整治，关停企业26家。淘汰营运黄标车298辆，县域空气质量优良率达99%。

安溪县

【县情概况】 安溪县面积3057.28平方千米，约占全市总面积的1/3，下辖24个乡镇，471个村（居、社区），户籍人口118万人，是福建省第三大人口县。安溪县是全国著名茶乡，也是福建省著名侨乡和台湾同胞主要祖籍地之一，现有海外侨胞和港澳台同胞400多万人。2015年，获省级文明县城、省级农村电子商务示范县等称号。

【经济发展】 全年实现生产总值424.03亿元，增长8%。规模以上工业增加值170.59亿元，增长8.3%。全社会固定资产投资293.15亿元，增长20.5%。公共财政总收入34.58亿元，下降2.6%；公共财政预算收入23.99亿元，增长4.8%。农村居民人均可支配收入13015元，增长8.5%；城镇居民人均可支配收入25320元，增长6.6%。县域综合实力全国百强县从2010年的第90位提升到第68位，全国最具投资潜力中小城市百强县从2010年的第50位提升到第31位。

产业园区 泉州（湖头）光电产业园已入驻企业16家（其中上市公司3家），投产8家，全年产值约50亿元，纳税2.5亿元。中国国际信息技术（福建）产业园于5月19日开园，江苏广和、厦门航空、省电子信息集团等一批企业入驻。华东南规模超大、国际T4高等级的高可用数据中心投入使用，开始承接泉州“金保工程”及金融数据系统等业务，成为全省唯一建成的大数据产业园区和“数字福建”重要载体平台。厦门泉州经济合作区湖里园、思明园获省政府批准成立，完成21.3万平方米标准厂房建设，有8家企业入驻，厦门鹭燕等20多家企业确定入驻。弘桥智谷（泉州）电商产业园获批国家电子商务示范基地、省级大学生创业孵化基地，有恒安、贵人鸟等240多家企业入驻，日均发货量5万多单，日销售额410多万元。全县电子商务销售突破40亿元。

茶叶产业　实施现代茶业提升计划，流转茶园1140公顷，茶园土壤改良947公顷，治理茶园坡耕地水土流失3207公顷，建设莆永高速公路安溪段两侧生态林带43.4千米，在全省率先开展茶树种植保险，完成茶园确权登记领证试点工作。新组建茶叶专业合作社300多家，茶园有效管控比例提升至48%。组织涉茶人员培训4.33万人次，引导制茶工艺向传统回归。强化安溪铁观音地理标志证明商标使用管理，引导认标消费，深入各地打击经销假冒伪劣安溪铁观音产品行为，茶叶产品抽检合格率99.5%。10月，获国家首批有机产品认证示范区称号。中国林业产权交易所茶业交易中心大厦奠基，打通茶叶大宗商品进入市场以及资本进入茶园的渠道。龙头茶企八马茶业在全国中小企业股份转让系统（新三板）挂牌，成为“铁观音第一股”。三和茶业“丝路知音”被选定为中意建交45周年纪念茶。陈香型铁观音标准通过全国茶叶标准化技术委员会审议。茶营销以及茶机械、茶配套、茶包装等产业集群发展壮大，产值不断增长，涉茶总产值135亿元。安溪铁观音传统市场占有率、电子商务市场占有率均居全国第一位。安溪铁观音以1401.38亿元居中国地理标志区域品牌价值茶叶类第一位。

家居工艺　全县家居工艺产业规模以上企业60家，产值超亿元企业20多家，从业人员12万人，产品年出口额3亿多美元，销往60多个国家和地区。11月，举办首届中国（安溪）家居工艺文化博览会，近10万件各种类型、各种材质、各种功能的精美家居工艺品参会，吸引来自美国、意大利、日本等国的客商，博览会期间成交2200万元。

项目带动　推行“一线工作法”，走访重点项目、企业458场次，解决各类困难和问题996个。全年230个县级重点项目完成投资171.06亿元，招商引资投资总额200多亿元。厦沙高速公路安溪段有序推进。白濑水利枢纽工程取得重大突破，项目建设书通过审查，基本完成实物调查工作。兴泉铁路经过安溪并在参内设站的建设方案确定。

【城乡建设】　完成《安溪县城市总体规划（2013—2030）》修编。三安大桥开工建设。三安大桥东侧片区、安溪一中南校门片区、沼涛实小片区等旧城改造项目加快推进。县科技馆、青少年宫、妇女儿童活动中心、人民广场、圆潭市民广场投入使用。西二环沥青混凝土路面改造完成。县自来水厂三期扩建工程启动。城区面积达26平方千米。湖头河滨南路片区改造、李光地故居文化广场、博物馆和龙门文化走廊、官桥河滨休闲大道二期等项目建设完成。南翼新城环东路、滨西大道基本建成。湖头环城路、南翼新城环北路、莲花大道依仁溪人工湖等项目建设顺利推进。南翼新城公交路线开通。美丽乡村，实施美丽乡村建设项目100个，湖头镇山都村、蓬莱镇彭格村等一批美丽乡村建设顺利推进，宜居环境建设项目60个，获评市级宜居环境示范县。西坪镇南岩村入选央视“记住乡愁”系列节目。完成造林绿化2400公顷，水土流失治理8467公顷。官桥—龙门矿山地质环境治理二期工程顺利推进。拆除“两违”（违法用地、违法建设）面积45.81万平方米。全面落实“河长制”，实施重点流域水环境综合整治项目49个。完成2005年底前注册营运“黄标车”淘汰任务。启动农村生活垃圾治理三年行动，获评全国农村生活污水全面治理示范县。

【社会事业】　完成24件为民办实事项目。新招考公办教师300人，铭选中学复办初中部。县十八小及县十幼、十一幼、十二幼投入使用，全年新增优质学位1.1万个。完成22所薄弱学校改造。高考本一上线率突破20%，创历史新高。全面推进县

安溪县新貌　（图/安溪县方志办）

级公立医院改革，实行药品耗材零差率销售（按进价销售），药占比降到42.8%。县医院综合楼、县妇幼保院综合楼建成投入使用。全县新增床位1000张。新农合人均筹资水平从150元提高到470元，县级报销比例从80%提高到85%。城乡居民基本医疗保险筹资水平提高到380元。城乡低保补助标准每月在市定基础上增加100元，为583名特困失能老人实施政府购买服务，职工“五险”继续扩面。新建扩建110千伏变电站3座。城区西二环路“白改黑”竣工，57.7千米农村公路、15座危桥拓宽提级改造。建成安置房43.84万平方米、保障性安居工程1090套，石结构房屋改造323.24万平方米。在全省率先实施农村生活污水处理第三方运营管理模式，城乡生活垃圾无害化处理率100%。完成扶贫开发建档立卡，推进27个扶贫村的扶贫开发工作。落实精准扶贫项目175个，扶贫资金5800多万元。完成《安溪县志（1991—2007）》编纂，由中华书局出版发行。《飘香》被评选为中国茶业新媒体营销“十佳微电影”。清水岩被确定为中国华侨国际文化交流基地，清水祖师文化专题节目《安溪盛事》上央视播出。安溪旅游集散服务中心开业。湖头镇获评省级休闲旅游集镇，蓬莱镇、桃舟乡获评省级特色景观旅游名镇，尚卿乡尤俊村获评中国乡村旅游模范村。

【政务改革】 简政放权，全面疏理并公布权力清单、服务清单、责任清单、权力运行图，推行审批服务“三个原则”（原则上部门主官不再审批，原则上所有审批事项进驻行政服务中心，原则上审批时限压缩至7个工作日以内），行政审批100%授权到窗口，窗口办结率提升到85.28%。推行“一照一码”（统一由工商行政管理部门核发营业执照、机构代码证、税务登记证）登记制度改革，登记发放营业执照2192本，构建“市场主体信用信息公示平台”。深化平安建设，打击各类违法犯罪行为，及时就地妥善化解矛盾纠纷，群众社会治安满意率94.7%。完成“六五”普法规划，落实“党政同责、一岗双责”，开展安全生产大检查和重点领域专项整治，安全生产形势持续稳定向好。

永春县

【县情概况】 永春县面积1456.87平方千米，辖18个镇、4个乡、236个行政村（社区），户籍人口59.08万人，是著名侨乡，有永春籍侨亲和港澳台胞120多万人，遍布世界50多个国家和地区。2015年，永春县获评国家园林县城、全国生态保护与建设示范区、全国绿色食品原料（茶叶、永春柑橘）标准化生产基地县、全国文明县城、全国首批安全文化建设十佳单位、全国法治县（市、区）创建活动先进单位等，被省政府确定为旅游全域化试点县。

【经济发展】 全年实现生产总值306.08亿元，同比增长9.5%。农业总产值38.37亿元，同比增长3.3%；工业增加值154.12亿元，同比增长10.7%；第三产业增加值110.67亿元，同比增长8.6%。公共财政总收入15.65亿元，同比下降5.0%；公共财政预算收入10.68亿元，同比下降4.8%。全社会固定资产投资113.65亿元，同比增长19.8%。社会消费品零售总额93.6亿元，同比增长12.4%。实际利用外资1839万美元，同比增长11.5%。出口商品总值5.49亿美元，同比下降2.4%。城镇居民人均可支配收入26178元，同比增长7.5%；农村居民人均可支配收入12549元，同比增长9.2%。

农业　粮食产量13.37万吨，同比持平。深化现代农业发展竞赛活动，加快农业转型升级，培育设施农业、精致农业、休闲观光农业，新增125家农民专业合作社、10个家庭农场，培育壮大莉芳茶厂等4家省级、聚富果品等23家市级重点龙头企业，推进五里街、湖洋两个现代农业示范园和德福农民创业园建设。全年支农支出同比增长11.2%。实施38个现代农业项目建设，完成投资13.36亿元；加快道畋农业科技项目建设，打造现代高效生态循环农业示范园；巩固全国绿色食品原料（芦柑、茶叶）标准化生产基地，发展无公害、绿色、有机农产品的生产。建成各种设施大棚86.67公顷、出口茶叶种植场备案基地362.40公顷，创建标准化生态茶园263.33公顷、芦柑标准示范园33.33公顷。新增花卉苗木基地200公顷。建设山地水利蓄水池40座，除险加固水库4座，治理水土流失3113.33公顷，解决农村2万人的饮水安全问题。完成旧村复垦70.87公顷、土地流转140公顷。借助“互联网+”发展农村电商，推广“批发市场+农户”“定制农业”等多种模式，促进“种”与“卖”良性互动。打造2处国家级农业旅游示范点，扶持农家乐、民宿经营等复合式的体验经济，提高农业综合效益。深化全国农村综合改革试验区建设，成立农村产权交易中心，颁发非规划林地林权证87.33公顷，新增林业经营权贷款1830万元。完成农村土地承包经营权确权试点工作，确权面积360.73公顷，占耕地面积90.18%。

工业　落实促进工业增长优惠政策，兑现各级各类惠企扶持资金1.19亿元，帮助企业办理应急转贷资金134笔12.71亿元。实施“数控一代”示范工程，组织奔达、新尚领、迈特富等轻纺鞋服企业和泉永等机械制造企业推广应用数控装备，35个重点技改项目完成投资16亿元，20个技改项目实现投产。发挥美岭水泥、锦林环保等8家市级龙头企业引领作用，规模以上工业增加值同比增长10.8%。抓龙头、铸链条、建集群取得实效。轻纺鞋服产业主导支撑作用愈发凸显，实现产值187亿元，同比增长10%；新能源新材料产业产值达102.3亿元，同比增长13%，成为第二个百亿产业。“中国香都”显现蝶变效应，香文化博物馆建成投用，入驻香品产业园（二期）的有6家香企竣工投产。香产业、生物医药、食品饮料产业年产值分别同比增长20.5%、10%、11.7%。

第三产业　依托良好的生态环境，推进全域化旅游建设。45个县级第三产业重点项目完成年度投资42.3亿元。实施“闽台乡村旅游实验基地”建设，推出岵山古镇文化、雪山晋江源头生态旅游等5条乡村旅游精品线路。天沐温泉项目加快建设，旅游集散中心建成投用，旅游市场日益活跃，全县接待游客人数、旅游总收入分别增长17.6%和18.3%。发挥永春白鹤拳的强身健体作用，以大羽、观山等白鹤拳特色村和福建体育职业技术学院仙岭白鹤拳实训基地为载体，培育发展竞赛表演、健身休闲、体育培训等新兴业态。引进国内知名电子商务运营商“弘桥智谷”，建成电子商务产业园并有19家企业入住，全县电子商务销售额5亿多元。新增货运车辆507部，回迁外挂车辆105部，客货运总周转量分别同比增长8%和13%。建设商贸项目2个，新增限额以上商贸企业11家。

项目带动　实施重点实事项目289个，完成投资208.08亿元，实现年度目标的103%，是2014年的1.22倍，其中投资超亿元项目43个，投产投用或部分投产投用项目170个，有10个项目完成年度投资的150%以上。贯彻省政府《关于促进工业园区提升发展六条措施》，推进县工业园区完善设施、开发扩容、提档升级，7个工业平台项目完成投资9.4亿元，可供工业用地168.67公顷。县工业园区规划环评获省环保厅批复，轻工新城西区机械园建设加快推进，香品工业园（二期）完成建设，下洋新能源新材料产业集中区、蓬壶工业园、苏坑陶瓷工业集中区、介福陶瓷产业园等乡镇工业集中区初具规模。召开全县“招商亲商安商”大会，开展招商选资竞赛活动，全年新引办工业企业45家，其中亿元以上项目5家，一期投资60亿元的新奥煤制天然气、总投资5亿元的梅洋绿色食品包装智能化产业园等一批重大项目签约。“厦洽会”、省民企产业项目洽谈会、央企专题招商洽谈会对接合同项目16个，投资总额近66亿元。

【城乡建设】　开展“清新桃源•宜居永春”三年行动，推进“山水名城、特色乡镇、美丽乡村”城乡一体化建设。成立县级城市管理指挥中心，提升城市精细化管理水平。开展“两违”综合治理“百日会战”行动，治理“两违”31.57万平方米。实施城区“十街百点”环境整治活动、“垃圾不落地”城乡清洁行动，通过“国家卫生县城”复评考核验收。启动国家园林县城和节水型城市创建，完成城西片区控规、县城景观风貌专规修编，实施东、南迎宾大道、“城市会客厅”、大鹏生态公园A区等城区重要节点绿化景观提升工程和岵山古镇立面改造、石鼓街道路改造工程。深化桃溪流域治理，实施桃溪流域综合治理子项目70个，年度投资6.52亿元，完成桃溪干流晋江防洪工程、支流许港溪、锦斗溪等7个河段的综合治理。创建桃溪国家湿地公园，实施白鹤广场主雕塑、“十里花海”绿化提升工程，建设景观公园22个，被评为国家级水利风景区。推进山美水库生态环境保护跨年度项目建设，实施子项目17个，完成投资4.77亿元。探索小水电退出机制，成为省小水电退出试点县。实施生态河道治理工程，城区屠宰场完成搬迁并新建投用，生猪养殖污染治理完成关闭拆除任务，被确定为全省万里安全生态水系建设试点县。在全省率先发布美丽乡村建设规范，形成“1+6”的永春县美丽乡村标准体系。注重连线扩面，打造岵山和塘古街片区、桃溪流域桃城东平示范段周边片区等5个美丽片区，建设“岵山和林—茂霞—塘溪—仙夹山后—东里”和“呈祥东溪—西村—醉风园”两条美丽乡村景观带。10个县级示范村、10个精品村、30个乡镇级示范村、5个美丽镇区建设完成投资5.53亿元，6个市级人居环境整治村和2个市级美丽乡村示范村建设完成投资4736万元。五里街大羽村、岵山茂霞村获评中国乡村旅游模范村，岵山塘溪村等4个村入选中国传统村落，五

以“乡愁”为主题的余光中文学馆在永春县开馆　（图/康庆平）

里街埔头村等7个村入选省级传统村落。把美丽乡村建设成果转化为乡村旅游特色优势，坚持高标准规划，加大道路、供电等基础设施建设投入力度，被确定为省级旅游全域化试点县。

【民生保障】　全年财政民生支出21.82亿元，占财政预算支出的85.1%。46件县级为民办实事项目完成投资13.8亿元，是上年的1.1倍；273件乡镇级实事项目基本完成。实施精准扶贫项目221个，年度投资8222万元，实现脱贫1万多人，脱贫率23%。3个省级和16个重点帮扶村、8个市级重点乡镇的扶贫开发取得实效。推进城区安置房建设，中州嘉园、临江经典等项目完成交房。建成盛福新苑二期公租房200套、农村居家养老服务站10个、农村敬老院2所、农村幸福院6所，完成低保、残疾人、慈善、贫困归侨安居工程85户。建成4个市级和8个县级村老年体育活动中心。募集慈善资金1828万元，发放救助款1806万元。城镇新增就业8562人，培训各类劳动者1.53万人次，城镇登记失业率控制在1.21%以内。提高离任村主干生活补助标准。提高城乡居民政府缴费补贴标准，扩大特殊群体补助范围，城乡居民保续缴率达98.43%，新农合续缴率达99.99%。

【社会事业】　培育省级文明单位、文明村镇和文明旅游区31个。开展创建全国安全文化建设示范县活动，举办第四届安全文化节。完成县公安业务技术用房和社会治理应急指挥中心智能化建设，深化法治永春和平安永春创建，获评第三批“全国法治县（市、区）创建活动先进单位”。实施教育提升工程，永春二中创建为省三级达标高中校，全县高考本一上线率28.56%，本二上线率65.27%，5人居理工类全省前100名，2人居文史类全省前50名。完成中小学校舍改造项目9个，第三实验小学加快建设，“义务教育发展基本均衡县”通过省级评估验收。加强科技创新，组织开展各级科技项目90项，获国家专利授权1292件，拥有有效发明专利58件，培育高新技术企业1家、科技小巨人企业3家。新注册商标530件，获批省著名商标6件、马德里商标国际注册2件。“永春纸织画”成为全县第六个国家地理标志保护产品，《地理标志产品永春漆篮》和《地理标志产品永春纸织画》省地方标准颁布实施。获评省级技能大师、市级技能大师各1名，认定县级第二批高层次人才29名。举办第十一届中国泉州国际南音大会唱和世界（永春）白鹤拳大会，以“乡愁”为主题的余光中文学馆开馆。完成22个乡镇综合文化站达标建设，推进“文博图”三馆提档升级。举办全国女子篮球锦标赛。以白鹤拳为载体，吸引10多万名武术爱好者习武健身。全年获市级以上各类体育比赛金牌28枚。深化县级公立医院改革，落实药品零差率政策，完成县医院新院整体搬迁并投入使用，完善120院前急救体系建设。

德化县

【县情概况】　德化县面积2232平方千米，户籍人口33.21万，辖18个乡镇、210个行政村（社区），纳入原中央苏区振兴发展规划实施范围。现有陶瓷企业1400多家，从业人员10多万人，2015年陶瓷产值188.2亿元，80%的产品销往190多个国家和地区，日用工艺陶瓷产业集群被评为中国百佳产业集群，是全国最大的陶瓷工艺品生产和出口基地，被评为中国瓷都、中国民间文化艺术之乡、中国陶瓷历史文化名城、中国电商百佳县、中国电商百强县，获评“世界陶瓷之都”称号。

【经济发展】　全年实现生产总值182.38亿元，同比增长7.4%。一般公共预算总收入15.3亿元，增长2.6%，其中一般公共预算收入10.7亿元，增长7%。城镇居民人均可支配收入26987元，农村居民人均可支配收入11961元，分别增长7.7%、9.1%。三次产业结构比例为5.3∶59.9∶34.8。

农业　全年支农支出4.94亿元，增长35.2%，修订农业现代化发展政策，落实强农惠农富农政策。粮食生产保持稳定，特色农业提质提效，林下经济持续发展，农业总产值达18.45亿元。创建众筹农业企业6家，新增“三品一标”产品4个，列入国家农业科技园区示范企业5家、省林业产业化龙头企业4家。特色农林业实现产值9.8亿元，占农业总产值的53.1%。农村电商蓬勃兴起，全市首家农村淘宝县级服务中心落地德化，县农村电子商务中心成立运营，三班镇和4个村分别被认定为全国淘宝镇、全国淘宝村，获评电子商务进农村省级示范县。

改革统筹　推进城乡统筹8大类127项工作任务、33项改革试点，完善全省首个县级农村产权交易中心建设，南埕镇农村土地承包经营权确权登记颁证省级试点完成，完成国家林地占补平衡试点县建设任务，龙浔、浔中列入省级机构改革试点镇，浔中、三班列入全国重点镇。实施“林权两换”（林权换收益、收益换限价房）改革试点，流转森林面积1733.33公顷，置换进城农民工限价房购买指标212套。

工业　强化服务扶持，开展“三比一看”活动，研究制定重点产业转型升级路线图，争取市政府专门出台《关于促进德化县陶瓷行业健康发展六条措施》，配套出台产业转型升级、智能制造、现代服务业、“互联网+”行动、提升品牌、发展高技术陶瓷、扶持企业出口等一揽子政策，全年兑现涉企资金1.66亿元，争取上级补助11.66亿元，增长27.3%。深化商事制度改革，全面实施“三证合一、一照一码”登记，新注册市场主体3991个，增长26.9%。实施产业龙头促进计划，列入省市龙头企业13家，新增规模以上工业企业14家、亿元企业5家。推动企业股权改制，新增海峡股权交易中心挂牌企业6家总数达24家，其中5家实现挂牌交易，占全市的27.8%。大众创新、万众创业不断兴起，新增国家知识产权优势企业1家、高新技术企业3家，省科技型企业3家、市科技小巨人企业8家、市级工程技术研究中心2家、市级众创空间4家，全县新办工业企业870家。全年实现工业总产值、规模以上工业产值分别为253.36亿元、217.04亿元，分别增长7.3%、6.6%，其中陶瓷业、规模以上矿业、规模以上电力业产值分别为188.2亿元、26.28亿元、7.03亿元；全县工业纳税5.95亿元，其中陶瓷纳税3.64亿元。

第三产业　出台实施《旅游发展总体规划及近期行动计划》，推进旅游重点项目，完成戴云山脉旅游区游客服务中心主体工程，九仙山晋级国家AAAA级旅游景区，乡村民宿悄然兴起，乡村生态游、陶瓷文化游成为新宠，瓷文化自之旅、绿色生态之旅入选泉州十大经典旅游线路。全年接待游客、旅游总收入均增长10%。全县金融机构存贷款余额为155.33亿元、136.46亿元，分别增长20.7、33.3%。商品房销售面积24.62万平方米，增长13.8%；实现商品房销售额14.3亿元，下降8.6%。实现第三产业增加值、社会消费品零售总额63.47亿元、49.55亿元，分别增长9.5%、13.2%。

内外经贸　坚持“线上与线下”结合，出台实施“互联网+”行动计划，成立电商分销协会和物流协会；争取阿里全国首个国际站LBS试点落户，发展跨境电商，电子商务创业园列入省电子商务示范园区、省互联网孵化器，成为同时获评中国电商百佳县、中国电商百强县、国家电商示范基地的全国唯一陶瓷产区、全省唯一的县份，阿里研究院、淘宝大学在全国推广“政府推动型”德化电商经验，全年网络零售交易额突破16亿元，增长33%。组织321家企业参加广交会、德国法兰克福礼品展等国内外知名展会；新增自营出口权企业45家达336家。全社会出口交货值126.86亿元，增长3.0%，其中自营出口2.28亿美元，增长1.9%。

项目带动　完成固定资产投资（不含农户）97.84亿元，增长15%；完成工业投资11.79亿元，其中工业技改投资8.5亿元。122个城乡“6+4”提升工程重点项目完成投资70.33亿元，增长23%，101个进一步扩大有效投资项目完成投资13.6亿元。全县新引进项目16个，实际到资1.04亿元，实际利用外资（验资口径）779万美元，增长51.3%。

品牌建设　全球唯一获评“世界陶瓷之都”。版权保护“德化经验”成为全球典范，入选国家知识产权强县工程试点。举办首届中国陶瓷电商峰会并成为创会会址。举办世界瓷都•德化陶瓷（柴烧）艺术交流展、“百态观音•慈航普渡”德化瓷艺大师作品巡回展；推动陶瓷艺术大师参与中法文化论坛艺术陶瓷展览。陶瓷产业园区列入第六批国家新型工业化产业示范基地。三班镇获评“中国茶具之乡”。新增国内注册商标1075件、马德里商标3件；新增中国驰名商标1件、省著名商标5个；8家企业被认定为省名牌企业；两项“陈设艺术瓷”国家标准获准发布。新增授权专利1381件，增长76.2%；新增授权发明专利42件，每万人口发明专利拥有量达3.01件。

【城乡建设】　城市更新改造持续推进，市政配套设施持续改善，25个市政提升工程项目完成投资18.98亿元。投入2.2亿元，动工建设蒲坂高位水厂，完成城区5处停车场建设、龙津桥重建工程、城区污水处理厂二期工程、高内坑生活垃圾卫生填埋场建设。争取兴泉铁路途经德化并设立客货站点、德化城关至永泰嵩口高速公路列入海西高速公路网规划；投入16.86亿元，超时序进度推进厦沙高速德化段建设；投入3.07亿元，完成北环路、车碓岭至观音岐道路建设和蒲坂路段沥青加铺，环城路形成闭合，城区建成区面积达26平方千米。投入1.36亿元，抓好省“千村整治、百村示

5月6日，台湾自驾游车辆首次到泉州，在德化县岱仙瀑布景区游览
（图/张九强）

范”工程18个村、省智慧家庭10个示范村、市人居环境整治6个村1条景观带建设，创建县级“美丽乡村”10个示范村（社区），改造石结构房屋1.65万平方米。水口镇列入全国宜居小镇示范镇，2个镇1个村获评省特色景观旅游名镇名村，4个村列入省传统村落。上涌省级历史文化名镇和三班、水口市级小城镇试点建设取得进展。生态文明示范创建扎实开展，全年造林绿化1333.33公顷，列入全省重点生态功能区。“河长制”有效落实，投入1.61亿元，实施浐溪流域清水工程，开展“赛水质”活动，抓好一批重点流域水环境、水土流失综合治理。投入5亿元，加快彭村水库建设，完成闽江防洪工程城东试验段。全县城镇生活污水处理考评排名全省县级第一。瓷都大道获评全市十大最美道路。列入国家智慧城市试点县并启动建设。

【社会事业】 县财政民生支出19.56亿元，占一般公共预算支出比重达77.1%。新增城镇就业7865人，农村劳动力转移就业6583人，培训各类劳动者15101人、互联网创业从业人员1039人。投入6300万元，完成金锁小学及幼儿园、三班中心小学扩建，推进丁墘中学、阳光小学及幼儿园、城东幼儿园、后所小学东校区、第二实验幼儿园等新扩建工程。“义务教育发展基本均衡县”通过国家评估。获评全国老年远程教育示范区。全年支出社会保障资金3.26亿元，发放各类困难救助3348万元。投入扶贫资金3644万元，造福工程搬迁3800人。开工建设各类保障性安居工程3395套。投入7855万元，完成中医院新院区综合大楼、浔中社区卫生服务中心主体工程建设及3个乡镇卫生院、15个村卫生所改造。德化电视台获评全国县级广播电视系统“十佳电视台”。投入5900万元，完成县体育场改建、老干活动中心、妇女儿童活动中心、数码影视城和一批乡村文体设施建设。深化精神文明创建，3人入选福建好人榜，2人获评市道德模范，邱双炯获评市最美文化工作者，刘志军获评市最美农民。获评省第三轮首批平安县、省食品安全社会共治示范县，群众安全感连续10年居全市首位。

【获评“世界陶瓷之都”】 为更好地提升德化陶瓷品牌，在连续三次获评“中国瓷都”的基础上，德化县县委、县政府于2013年启动“世界陶瓷之都”申报创建。2014年1月17日，成立以县委书记、县长为组长的申报领导小组，全面启动申报创建工作。2月，向世界手工艺理事会提交申请报告。4月7日，县政府提请福建省工艺美术协会向世界手工艺理事会推荐德化县申报“世界陶瓷之都”。6月16日，中国工艺美术协会向世界手工艺理事会推荐德化申报“世界陶瓷之都”。7月25—27日，世界手工艺理事会组织专家对德化县进行初评。2015年5月28日—6月1日，世界手工艺理事会组织专家对德化县进行复评，专家全票通过考评，成为世界首个拿到“世界陶瓷之都”称号的城市。获评“世界陶瓷之都”有助于陶瓷产业的转型升级、有助于发展旅游业、有助于增加市民福利，更有利于德化重振在海上丝绸之路历史的辉煌。

泉州经济技术开发区

【经济社会概况】 全年完成生产总值125.71亿元，同比增长7.8%；工业增加值110.42亿元，同比增长8.1%。财政总收入12.61亿元；公共财政预算收入5.49亿元。第三产业增加值14.66亿元，同比增长5.7%。全社会固定资产投资16.81亿元，同比增长26.4%。社会消费品零售总额46.05亿元，同比增长3%。实际利用外资4461万美元，同比增长27.5%。外贸出口4.95亿美元。全社会固定资产投资增长速度位列全市第一，实际利用外资提前4个月在全市率先完成年度目标。

【存量提升】 将清濛园区划分为8个片区，采取领导分片挂钩、部门包企负责方式，对区内所有企业的土地利用、生产能力和经营情况等开展普查调研，摸清底情，量化片区发展指标，宣传对接惠企政策，解决实际困难，帮助企业发展，实现服务企业全覆盖。开展百名干部“走百企、解百忧”活动，针对企业资金、用工、厂房建设等不同困难，为企业解决实际问题150多条，帮助企业新招工人4500多人；分片区、分行业召开10场企业观摩座谈会；完善开发区首创的出口信用保险“统保”做法等外贸扶持措施，补贴支持企业参加国内外展会，帮助企业开拓海内外市场。2015年企业出口市场外延至113个，出口国家（地区）增至129个，新增出口实绩企业14家，新增进出口经营权备案企业17家。

【技术创新】 对接“泉州制造2025”，重点组织实施纺织、鞋服等传统产业“数控一代”示范工程，推进“机器换工”、智能化改造，“数控一代”技术由点及面加速推广，有4家研发企业、10家应用企业、3个项目列入市第一批“数控一代”示范工程。实施省、市级重大科技项目10项，15个重点技改项目完成投资2.7亿元。特步公司被认定为国家两化融合贯标示范单位和省级工业设计中心。新增万龙公司省级企业技术中心。新增省市级知识产权优势企业6家，专利授权296件，每万人发明专利拥有量26.43件。

【新型业态】 建设创新创业新平台，打造开发区版众创空间。2.5产业园完成主体改造，已有深圳鼎创、国际医生集团、讯网科技等20

多家企业和高校创业设计团队意向入驻。圣弗兰产业综合体一期已有必维检测、菲拉品牌研发运营中心、名鞋库电商等10多家企业入驻。网商（虚拟）产业园区分园建设快速推进，核准入驻企业200多家，入驻企业数居全市分园区首位。三产占GDP份额10.37%，同比增长5.6%。95家规上企业全部“上网触电”，培育30家商业模式创新企业，锐驰、神州、天地星等一批企业在“互联网+”产业链不同环节，研发并量产无屏电视、NGB-W网络平台等新产品，生产性服务业和互联网经济渐成集聚发展态势。

泉州开发区建设仙公山健身路径，丰富全区群众业余文化生活

（图/泉州开发区）

【项目带动】 坚持推行“月初排，月中查，月底比”项目推进制度，多方协调解决项目建设过程中存在的问题，突破征地拆迁、手续办理等瓶颈制约，推进项目建设。纳入全省“三维”项目跟踪管理系统的30个项目，开工动工项目28个，占年度计划开动工项目数的215.3%。6个项目被列入市级专项基金项目盘子，2.5产业园、官桥园区一期、神州公司下一代广播电视无线网（NGB-W）等3个项目有望入选第五批国家专项基金重大项目。11个市级在建重点项目完成投资11.3亿元，超额完成年度投资计划。

【“金改”工作】 搭建股权投融资服务、交易、推介三个平台，集聚资本要素资源，创新金融产品，打造区域直接融资资本市场，企业股权投融资服务平台建设走在全省前列。推进危机企业重整。推进诺奇公司重整工作，引进罗马世家公司对诺奇公司进行重组，全国首例H股企业应用重组制度化解危机取得突破和阶段性成果，最大限度地为企业员工、金融机构、供应商及其他各类债权人争取合法权益。同时，对保持社会稳定，维护福建省企业在香港资本市场声誉发挥重要作用，也为各地处置类似问题提供可资借鉴的经验。提升平台运作实效。泉州股权投融资服务中心新引进10家投资公司，共引进各类投资机构及管理机构、中介服务机构共47家。出台实体金融产业人才聚集基地和培养和引进金融人才的扶持政策，打造金融人才集聚洼地。举办投融资对接会及“6•18”项目资本对接融资路演活动，完成福建省交办的小微企业发债增信基金、综合融资服务、新兴产业基金、泉州非上市企业股份登记托管四个业务创新方案。海峡股权泉州交易中心不断创新，实现“四个率先”：在全国区域股权交易市场率先开展委托债权投资业务，率先借助全国性市场开展挂牌企业投融资路演，率先与全国股转系统公司建立战略合作关系，在全省率先开展林权、排污权专场交易业务。已举办30多场企业挂牌业务推介会，新增挂牌企业88家，挂牌企业超400家。其中，挂牌交易企业19家；已有3家企业转板到新三板，挂牌企业实现直接融资9.5亿元。海峡金融资产交易中心主要开展金融资产证券化和不良资产流转服务，已实现融资118.33亿元，为多家银行完成多笔信贷资产、不良资产挂牌流转服务，涉及金额68.43亿元。帮扶企业改制上市。鼓励企业直接上市融资，做好上市服务，安记公司12月9日登陆A股市场，成为全市首家国内A股上市食品企业。全区已有上市企业8家，完成股改企业7家，省重点上市后备企业8家。防范化解金融风险。加强政银企协调和合作，解决企业融资问题。2015年，通过企业应急保障专项资金，为企业提供转贷过桥资金120笔共8.17亿元。

【社会事业】 强化城市功能建设。以园区“三横三纵三园”为重点，实施畅通工程、景观整治工程和管理精细化工程等“三大工程”，重点推进德泰路综合提升改造，做美宜业宜居环境。实施实验学校拓容。拓建实验学校圣弗兰教学点，推进学前教育扩容增量，义务教育扩容12个班级640个学位、学前教育扩容200个学位。满足员工子女就学需求，在校学生已达3500多人。推进“六个一”文化惠民项目，建设企业绿色网吧、文化走廊等公共文化设施，对接亚洲艺术节积极开展系列活动，丰富员工文化生活。

【民生保障】 开展职工医疗互助，建立完善医保和新农保服务机制，规范一批民办医疗机构，在全市首创签约医生驻企服务，全年开展健康讲座9场次、义诊5场次；建立健康档案41368份，接种疫苗23967人次，儿童体检2899人次。健全完善困难救助机制，设立民政专项资金，对困难群众、低保对象、残疾人等实行救助。推进社会保险“五险合一”制度，全区803人参加城镇居民基本医疗保险，扩大员工参保率。创新社会治安综合治理工作模式，推行社会稳定网格管理。开展创建“无欠薪工业园区”试点活动，加强劳动保障，营造和谐稳定的劳动关系。处理劳资纠纷案件178起、涉及人数779人、涉及金额482.6万元，受理劳动争议仲裁案件55件、涉及人数133人、涉案金额334.6万元。设立巡回法庭，做好诉调对接，强化社会矛盾化解能力，结案息访200多件。全面落实环境保护和生态建设目标责任制，强化污染综合整治，加强生态环境保护。开展安全生产标准化提升工程，全区国家安全生产标准化达标率位居全市前列。推进食品药品安全综合治理，加强道路交通安全综合整治，促进社会和谐稳定。

泉州台商投资区

【经济发展】 全年实现生产总值212.8亿元，增长10.7%。其中，第一产业增加值4.4亿元，增长1.3%；第二产业增加值160.6亿元，增长11%；第三产业增加值47.8亿元，增长10.5%。全社会固定资产投资183.6亿元，增长20.7%。公共财政总收入12.7亿元，增长0.7%；公共财政预算收入7.7亿元、增长3.3%。

农业 落实强农惠农政策，全年兑现农资综合补贴面积6826.67公顷，补贴资金494万元。发挥泉州国家农业科技园区果蔬分园作用，深化对台农业合作，园区入驻企业25家，承担国家、省、市科研项目20项，并依托泉州农村信息化综合服务平台，疏通农业信息传递渠道，促进农民增收。科学开发利用海洋资源，推进海洋渔业可持续发展，全区水产品总产量2.5万吨，其中海洋捕捞量7200吨。

工业 全年完成工业增加值146.5亿元，增长11.1%。实施精准施策，制定出台进一步推动产业转型升级、扩大有效投资、促进外经贸发展、“大众创业、万众创新”等扶持工业企业发展政策措施，兑现扶持企业资金6293万元，统筹调度资金1500万元设立3个应急保障周转资金池，区财政出资800万元作为原始资金设立大众创业发展基金。加快工业启动区建设，全面推进张坂、杏田、东园等三个工业启动区的“七通一平”。龙头企业带动日益凸显，全区形成绿色智能交通、高端装备制造、光电信息、临港物流和蓝色经济等产业园区格局。围绕玖龙纸业延伸打造纸包装制品行业，做大做强文松彩印、金百利包装等本地企业，在玖龙、力达等龙头企业带动下，纸品印刷业、机电装备业增速均高于全区平均增速，对全区规上产值增长的贡献率分别为20.8%、17.9%。规模企业运行良好，规模以上工业增加值135.21亿元，增长11.7%。纺织鞋服、造纸及纸制品、工艺制品、石化后加工、机电设备五大支柱产业完成产值446.2亿元，增长12.8%。新增13家规模以上工业企业，成为工业经济新增长点。

第三产业 全年完成社会消费品零售额58.5亿元，增长19.5%，服务业占GDP比重提高0.8个百分点。全面推进商贸服务业项目建设，22个商贸服务业项目完成投资34.57亿元。成立区电商协会，建设电子商务园，全区开展电子商务企业达400多家，电商销售额12.7亿元，增长20.5%。港口航运加快发展，泉州湾航道二期工程已完成航道疏浚工作，16号泊位已完成投资1.46亿元，秀涂人工岛项目完成设计、招商等工作，水上交通运输周转量增长17.6%。

【招商引资】 突出以台引台、以商招商，5次组织赴台开展经贸交流活动。在台北设立服务处，委托台湾海峡两岸医事交流基金会在台招募雇员，服务在台驻点招商工作。围绕智慧健康医疗产业链进行招商，以建设“立足泉州，面向福建，辐射全国”的智慧健康医疗产业基地为载体，依托泉州颐和医院项目，加快综合性医疗健康养老养生村（健康文创园区）项目建设，推动养老养生、医学教育、医学与生物技术、医疗器械等产业发展。全年新对接舒华三期、火炬电子等7个民营项目和巨大捷安特自行车等台资项目，其中，引进巨大捷安特自行车实现台湾百大工业企业零突破，引进颐和医院实现重大台资社会事业类项目零突破。储备重点在谈项目近30个，总投资近800亿元。

【城市建设】

重点项目建设 133个重点建设项目完成投资158.27亿元，完成年度计划的109.44%，其中在建省市重点项目完成投资101.79亿元，完成年度目标的118%。新开工项目72个，完成年度计划的102.86%；建成或部分建成项目31个，完成年度计划的103.33%。

城市建设 全区43个城建类重点项目完成投资73.23亿元，完成年度计划的117.98%。启动湖东片区、月亮湖片区城市综合开发建设，69个市政道路项目全年完成投资11.26亿元。通港公路拓改工程二期、张经12路等7个市政道路项目已完工，完成污水管道施工约15.51千米，南北主干道二期、东西主干道二期基本完成建设，锦厝安置小区、玉坂安置小区等在建工程按时序进度推进。

城市规划设计 坚持规划引领，加快推进全区建筑色彩与风格研究、总部经济区修建性详细规划等10个规划项目的编制工作和市政工程项目的设计。实施52个宜居环境建设项目，总投资47亿元，年度计划投资16.3亿元，完成投资17亿元，完成年度计划的104.3%。

城市环境建设　百崎湖公园提升为海上丝绸之路艺术公园亚洲园，邀请中央美术学院对公园进行优化设计，并于11月8日开园，成为台商区新的城市名片。东西主干道、南北主干道、通港路等主干道绿化工程基本完成，洛杏大道、洛沙大道、百崎湖东片区内道路绿化工程前期工作有序开展，东西主干道二期、南北主干道二期等道路照明工程基本完工，南北主干道入选全市十条“最美道路”之一。开展环境卫生整治，环境卫生及海岸带专项整治年度考评全市第一。

城市服务管理　建立道路园林绿化日常管养、户外广告管理、燃气安全管理、城市排水许可审批等城市管理长效机制，完善城市管理体系。开展制止“两违”专项行动和“拉网式”拆违行动，拆除“两违”51.11万平方米，完成年度任务的131%。提升公交服务水平，新开通2条公交支线，新增3处公交始末站，城乡公交客运体系逐步完善。加快百崎乡社会管理创新试点工作，探索“定网、定格、定人、定责”的网格化管理模式。

11月8日，海上丝绸之路艺术公园·亚洲园开园仪式在泉州台商投资区百崎湖畔举行　（图/泉州台商投资区）

【激发创新活力】　研究制定贯彻落实省、市扶持工业发展三个1号文件的配套政策，争取市级以上惠企资金1900万元。组织实施市级以上重点技改项目6项，总投资4.92亿元。加快高新技术产业园区主园区建设，中科院海西研究院泉州装备制造研究所、省特检院泉州分院等创新平台建设加快推进，区创新孵化基地建成并投入使用。加快众创空间建设，区孵化基地及创业园投入使用1.2万平方米，引进福州大学、华侨大学等创业导师10人，特种鞋业工程技术中心、消泡剂研发中试等研究及检测项目6个，入驻初创型企业18家，与高校签订合作协议5项。组织申报市级科技计划项目18项，省、市级科技奖、专利奖8项，培育市级科技创业领军人才1人、市级最具成长力科技小巨人企业1家，新增授权发明专利7件。鼓励引导具有竞争优势的企业推行技术标准战略，参与标准化活动，力达（中国）机电有限公司参与起草的2项国家标准已进入报批阶段。做好名牌产品培育，2015年有5家企业5个产品申报福建省名牌产品，福建日春实业有限公司等5家企业参加国家质检总局组织的2015年品牌价值评价。

【民生建设】　坚持“小财政办大民生”的惠民理念，把新增财力向重点民生方面倾斜，投入1.21亿元实施10件34项为民办实事项目，全年财政重点民生支出7亿元，占公共财政预算支出53.36%。投入7000多万元完善全区供水管网，推进自来水“一户一表”建设。创造充分就业机会，推动区、镇、村三级劳动保障平台建设。完成低保、新农合、新农保的提标扩面工作，启动10个农村居家养老服务站建设，全面提升社会保障水平。解决群众住房问题，落实困难群众住房保障，建设32户安居房；开展石结构房改造，拆除危旧房面积约196.3万平方米，开工168.7万平方米；完成锦溪花苑、凤浦安置小区安置回迁工作，其中锦溪花苑在7天内完成180户安置群众的回迁选房工作，回迁率100%，实现零纠纷、零投诉。

【社会事业】　深化“教育强区”五年规划，通过国家义务教育发展基本均衡区检查认定，投入1200万元为25所中小学建设塑胶运动场或直跑道塑化，投入700万元对37所中小学校舍进行修缮。实施文化惠民工程，全年在78个行政村放映电影936场，开展文艺精品公益性演出12场。加快体育基础设施建设，启动13个群众体育健身场所建设。组织参加各类竞技比赛，首次组团参加泉州市第十届运动会，获7枚金牌、5枚银牌、9枚铜牌。推进区医院等级医院创建工作，健全农村三级医疗卫生服务网络，87所村卫生所信息化建设上线率100%。投入3000万元启动区、镇、村公共安全视频监控系统“天网”工程建设，完成5个试点村建设任务，建成视频探头398个。加强平安建设，组织开展“多破案、控发案、挖团伙、重追赃”

大会战，开展各项治安专项整治行动，全区经济社会安定稳定。

【行政审批改革】 开展“树立服务新形象、打通最后一公里”活动，提升服务效能，压缩行政审批时限和环节，减少审批层级，29个事项取消75项申报材料，3项审批服务事项简化3个审批环节，49项审批服务事项压缩审批时限138个工作日，其中24个项目梳理成即办件，行政审批即办率达78.72%，公共服务审批即办率达99.78%。推进企业注册登记“三证合一、一照一码、证章同步、免费办理”改革，新办企业审批缩短到1天内办结，新增市场主体2401家。选取张坂镇作为试点，梳理下放区级行政审批和公共服务事项160项。

金门县（待统一）

【县情概况】 据金门县政府主计室数据表明，金门县总面积为153.056平方千米（含代管之乌坵2.6平方千米，不含大小嶝、角屿）。全县在籍人口130461人，其中男65385人，女65076人，总计37584户；可耕地面积6487.09公顷，主要农作物为高粱、小麦、芋头、甘薯和花生及部分蔬果栽培，高粱、小麦由政府保价收购，供酿造高粱酒之用。渔业发展以近海渔捞及浅养殖为主，内陆养殖为辅。设有畜产试验所、动植物防疫所以及梅花鹿野放场附设休闲游乐设施。现有森林总面积5141.98公顷，占全岛陆地面积的34.35%，森林蓄积材58.38万立方米。

【金门实行“陆客”落地签服务】 1月1日起，大陆旅客到金门、马祖、澎湖，可凭有效且尚余30日以上有效期之大陆地区旅行证件（不包含港澳通行证），如大陆居民往来台湾通行证、护照等，经由金门、马祖地区直接往返，入金门境时办理临时入境停留通知单，可停留15日。

【开放大二担为新观光点】 2月26日，金门县政府举行大二担岛移交接管工作管制会议，主要研讨议题有要塞堡地带法修、码头修缮、基础设施修缮、县府及岸警派驻、土地拨用、电信系统提升等十余项。依据大二担开放期程，初期（7月1日）主要以公务团体为主。中期预定接受台湾籍青少年团体或曾于岛上服役之退役官兵项目申请为主。至于远期开放期程，始开放申请上岛观光。

【旅客购物登陆免税额增至100万新台币】 4月，台湾海关修正离岛免税购物商店设置管理办法第17条规定，离岛免税购物商店销售货物予旅客，并由其随身携出离岛至大陆地区者（除烟品、酒类外），由原免税金额6万元新台币，放宽为100万元新台币，以优惠的离岛免税购物措施，利用邻近大陆之便，吸引旅客到金门观光，进而促进地区经济发展。

【世界闽南文化节在金门县举办】 9月17—19日，世界闽南文化节在金门县举办。世界闽南文化节由2010年在泉州举办的海峡两岸闽南文化节发展而来，继台湾、泉州、澳门后，金门成为世界闽南文化节的第四个举办地。2015世界闽南文化节内容丰富，包括世界闽南文化节开幕式及闽南艺文汇演、金门所在地文创展、闽南学术研讨会以及金门采风等，通过一系列活动弘扬闽南文化，促进闽南文化交流传承，同时也体现金门在闽南文化圈中的独特地位。开幕式上，金门县长陈福海代表2015世界闽南文化节主办城市欢迎闽南乡亲来到金门。陈福海表示，金门保留了不少闽南文化风貌，尤其是传统聚落、建筑及民俗文化，是一座“闽南文化的宝库”，希望借本次世界闽南文化节在金门举办的机会，展示金门与闽南文化的历史人文之美。陈福海还与2016世界闽南文化节举办地马来西亚马六甲市代表苏其香进行会旗交接。

【福建泉州向金门地区供水工程开工现场会在泉州举行】 10月12日，由福建省、水利部主办的福建泉州向金门地区供水工程开工现场会在泉州举行。水利部副部长刘宁、副省长黄琪玉，市领导郑新聪、康涛、周银芳、李建辉、陈荣洲、林万明出席现场会。台湾海基会、金门县嘉宾代表应邀参会。刘宁表示，福建向金门地区供水工程进入建设阶段，两岸同胞共饮一江水的美好愿景即将成为现实，将为金门百姓带来新福祉，为金门繁荣发展注入新动力，为两岸关系和平发展提供新范例。希望参建各方加强组织领导，加强建设管理，完善质量监控体系，抓好工程安全生产，落实目标责任，建立完善协商通报机制，及时解决工程建设中出现的各种问题，精心组织、精心管理、精心施工，打造优质工程、精品工程、样板工程。黄琪玉指出，福建向金门地区供水事关金门民生福祉和经济社会长远发展，一直牵动两岸同胞的心。福建省、泉州市、晋江市政府和有关部门，项目业主、设计、施工等参建单位要加强协作、严格要求、科学施工，打造一流工程、精品工程；水利、环保等部门要加强水源地保护和水质检测，确保水质安全。同时，希望金门也同步推进跨海管道工程建设等相关工作，通过双方共同努力，推动工程如期建成，让两岸共饮一江水的愿望早日实现。晋江市、金门县代表分别在会上致辞。双方表示将密切沟通协作，集中力量，全力以赴，加快项目建设，共促早日通水。

相关链接：福建泉州向金门地区供水水源来自泉州晋江流域，因

10月12日，福建泉州向金门地区供水工程开工现场会举行（图/陈起拓）

此，金门供水工程需由晋江流域金鸡水闸引水至晋江龙湖水库，随后由龙湖抽水泵站抽水输水至围头入海点，再经海底管道输送至金门。工程输水线路总长约27.62千米，其中陆地管道11.88千米、海底管道15.74千米，设计流量为每天3.4万立方米，工程总投资3.88亿元。

【金门县政府拜会张志军】 12月16日，金门县长陈福海偕议会议长洪丽萍、副议长谢东龙和议员、公访团成员，拜会国台办主任张志军。在拜会中，陈福海提出三案十五项攸关金厦发展的议题及建议，并强调在“建构两岸稳定关系，维系台海民生利益”的前提下，金门可据以发展出两岸间最紧密的关系，为两岸和平做出最大、最有利的贡献。张志军表示，金门在两岸关系中扮演一个关键角色和特殊地位，不管2016年如何，在既有两岸基础上，正确的走下去，并以两岸合作的成果事实来说明两岸关系这样做是对的。

【金门高粱酒获亚洲卓越品牌大奖】 亚洲周刊2015年“亚洲卓越品牌大奖”揭晓，来自亚洲五大区的18家获奖企业与200多位贵宾12月21日齐聚香港海逸君绰酒店举行颁奖典礼。金酒公司获评审团共同肯定推举获“亚洲卓越品牌大奖”。董事长陈永明致词时，除说明金门高粱酒的好处以外，更充当金门的宣传大使，邀约与会贵宾到金门及台湾旅游；并表示，金门高粱酒是已有六十几年的老品牌，一向坚持中国传统“纯粮固态发酵”工艺制酒，同时获得台湾与大陆优质酒认证，在获“亚洲卓越品牌大奖”的肯定后，金门高粱酒会珍惜此份荣誉，让更多的亚洲华人分享金门高粱酒的醇香。

依山傍水的醉美安溪不断刷新“颜值” （图/刘伯怡）

荣誉人物

RONG YU REN WU

责任编辑：刘志家

荣 誉（2015）

地方荣誉

表 38 泉州市荣誉称号名表

荣誉称号	授予机关	时间
国家信息消费试点城市	工信部	1月
全国文明城市	中央文明办	3月
国家园林城市	住建部	8月
国家生态市	环保部	12月
中国快递示范城市	中国邮政局	12月
国家知识产权示范城市	国家知识产权局	12月

表 39 各县（市、区）荣誉称号名表

县（市、区）	荣誉称号	授予机关
鲤城区	2015年国家知识产权强县工程示范县（区）	国家知识产权局
鲤城区	国家生态区建设通过考核验收	环保部
鲤城区	第四届福建省文明城区	省委、省政府
鲤城区	福建省2014年度计划生育工作先进县（市、区）综合奖一等奖	省人口计生领导小组
鲤城区	第一批省级核对平台部署推广运行试点地区	民政厅
鲤城区	第一批省级创新驱动助力工作示范区	省科协
鲤城区	2014年度社会治安管理综合治理先进县（市、区）	市委、市政府

续表 39

县（市、区）	荣誉称号	授予机关
丰泽区	福建省2014年度计划生育工作先进县（市、区）综合奖二等奖	省计生领导小组
洛江区	2015年全省创建“无传销县（市、区）省级达标单位	省工商局
洛江区	全国法治县（市、区）创建活动先进单位	司法部
洛江区	省级教育工作先进县	教育厅
泉港区	2015年度社会管理综合治理先进县（市、区）	市委、市政府
泉港区	省级文明城市创建工作先进城市	省文明委
泉港区	全省法治县（市区）创建活动先进单位	省依法治省领导小组办公室
泉港区	福建省2014年度计划生育工作先进县（市、区）综合奖三等奖	省计生领导小组
台商投资区	省级教育工作先进县	省教育厅
晋江市	2015年度计划生育工作创新奖	省计生领导小组
晋江市	福建省2014年度计划生育工作先进县（市、区）综合奖创新奖	省计生领导小组
晋江市	2015年度中国中小城市综合实力百强县市（第8位）	中国中小城市科学发展评价委员会
石狮市	2015年度中国中小城市综合实力百强县市（第17位）	中国中小城市科学发展评价委员会
石狮市	福建省2014年度计划生育工作先进县（市、区）综合奖三等奖	省计生领导小组
南安市	2015年度中国中小城市综合实力百强县市（第32位）	中小城市科学发展评价委员会
安溪县	2015年度中国中小城市综合实力百强县市（第68位）	中小城市科学发展评价委员会
安溪县	国家首批有机产品认证示范区	国家认监委
德化县	世界陶瓷之都	世界手工艺理事会
惠安县	世界石雕之都	世界手工艺理事会
惠安县	全国文明县城	中央文明办
惠安县	2015年度中国中小城市综合实力百强县市（第38位）	中小城市科学发展评价委员会
惠安县	省级教育工作先进县	省教育厅

先进单位

表 40　获得国家级部委表彰的先进单位名表

单位名称	荣誉称号	授予机关
晋江市地税局	全国文明单位	中央文明委
建行泉州分行	全国文明单位	中央文明委
泉州出入境检验检疫局	全国文明单位	中央文明委
福炼公司	全国文明单位	中央文明委
福建省邮政公司泉州市分公司	全国文明单位	中央文明委
清源山风景名胜区	全国文明单位	中央文明委

续表 40

单位名称	荣誉称号	授予机关
石狮市检察院	全国文明单位	中央文明委
石狮市公安局	全国文明单位	中央文明委
中国电信泉州分公司	全国文明单位	中央文明委
中国电信惠安分公司	全国文明单位	中央文明委
石狮市祥芝镇	全国文明乡镇	中央文明委
鲤城区海滨街道金山社	全国文明村	中央文明委
泉港区涂岭镇黄田村	全国文明村	中央文明委
洛江区罗溪镇前溪村	全国文明村	中央文明委
泉州源和1916创意产业园	国家AAAA级旅游景区	国家旅游局

先进个人

表 41　　获国家级部委表彰的先进个人名表

姓　名	工作单位	荣誉称号	授予机关
康清洁	泉州市公路局永春分局	全国先进工作者	国务院
林宝珠	石狮市地税局	全国五一巾帼标兵	全国总工会
林宝珠	石狮市地税局	全国五一巾帼标兵	全国总工会
黄丽玲	泉州金星大酒店	全国巾帼建功标兵	全国妇联
林秀珍	德化县龙浔镇宝美村	全国巾帼建功标兵	全国妇联
连于妹	山腰盐场（退休）	第五届全国道德模范提名奖	全国妇联、中宣部、中央文明办、解放军总政治部、全国总工会、团中央

表 42　　获省委、省政府表彰的先进个人名表

姓　名	工作单位	荣誉称号	授予机关
苏建堆	龙鹏集团有限公司	福建省优秀共产党员	省委

表 43　　获市委、市政府表彰的先进个人名表

姓　名	工作单位	荣誉称号	授予机关
王龙波	福建省迅达石化工程有限公司工程部	泉州市劳动模范	市委、市政府
王红军	泉州益龙纺织有限公司	泉州市劳动模范	市委、市政府
王良约	石狮市新狮印染织造有限公司	泉州市劳动模范	市委、市政府
王杰飞	中国电信永春分公司	泉州市劳动模范	市委、市政府
王新文	安溪县剑斗镇前炉村	泉州市劳动模范	市委、市政府
王德勋	泉永机械发展有限公司技术部	泉州市劳动模范	市委、市政府
石爱梅	安溪县蓝田水库三兴养殖场	泉州市劳动模范	市委、市政府

续表 43

姓 名	工作单位	荣誉称号	授予机关
刘　芬	福建省石狮市通达电器有限公司财务部	泉州市劳动模范	市委、市政府
刘伟洪	福建宇源轻工有限公司人力资源部	泉州市劳动模范	市委、市政府
刘征敏	福建省金正建设工程有限公司	泉州市劳动模范	市委、市政府
汤若狮	福建省八闽建设工程有限公司	泉州市劳动模范	市委、市政府
许万居	安溪县湖头镇美坂村	泉州市劳动模范	市委、市政府
许阳阳	达利食品集团	泉州市劳动模范	市委、市政府
许宏图	中国民生银行泉州分行	泉州市劳动模范	市委、市政府
许茵茵	泉州市自来水有限公司	泉州市劳动模范	市委、市政府
阮丽敏	南安市迈迪鞋业有限公司	泉州市劳动模范	市委、市政府
何中华	台商区洛阳镇陈坝村	泉州市劳动模范	市委、市政府
余　培	福建浔兴集团有限公司	泉州市劳动模范	市委、市政府
吴为荣	福建烟草机械有限公司	泉州市劳动模范	市委、市政府
吴月容	长城汽车出租有限公司	泉州市劳动模范	市委、市政府
吴自勇	晋江市磁灶镇磁灶社区	泉州市劳动模范	市委、市政府
吴阿宁	福建万龙金刚石工具有限公司	泉州市劳动模范	市委、市政府
吴金荣	南安市霞美镇金山村	泉州市劳动模范	市委、市政府
吴美莉	兴业皮革科技股份有限公司	泉州市劳动模范	市委、市政府
吴聪义	惠东建筑工程有限公司	泉州市劳动模范	市委、市政府
张飞鹏	福建百川资源再生科技有限公司	泉州市劳动模范	市委、市政府
张双海	台商区金茂生态渔业养殖	泉州市劳动模范	市委、市政府
张文山	泉州市无匠堂创意工艺制品有限公司	泉州市劳动模范	市委、市政府
张红林	福建隆盛轻工有限公司组合2车间生产管理组	泉州市劳动模范	市委、市政府
张志勤	晋江市五一票务服务有限公司	泉州市劳动模范	市委、市政府
张宝福	石狮市锦尚镇谢厝村	泉州市劳动模范	市委、市政府
张建奎	福建惠安振昌石制品有限公司	泉州市劳动模范	市委、市政府
张振文	福建省三宏再生资源科技有限公司技术中心	泉州市劳动模范	市委、市政府
李　鹤	鲤城区蔚林木业有限公司	泉州市劳动模范	市委、市政府

续表 43

姓 名	工作单位	荣誉称号	授予机关
李小松	泉州众志金刚石工具有限公司	泉州市劳动模范	市委、市政府
李白扬	泉州市汽车运输总公司晋江公司清濛车站	泉州市劳动模范	市委、市政府
李金贵	德化县龙浔镇英山村	泉州市劳动模范	市委、市政府
李青艺	德化腾艺陶瓷公司	泉州市劳动模范	市委、市政府
李荣任	泉州开发区官桥园区开发建设有限公司	泉州市劳动模范	市委、市政府
李景春	泉州市燃气有限公司抢修队	泉州市劳动模范	市委、市政府
杜财强	洛江区马甲镇新民村	泉州市劳动模范	市委、市政府
杨国坚	惠安县净峰镇杜厝海带场	泉州市劳动模范	市委、市政府
杨福龙	泉州市汉威机械制造有限公司	泉州市劳动模范	市委、市政府
苏友谊	德化县宁昌陶瓷有限公司	泉州市劳动模范	市委、市政府
苏少鹏	泉州市医药有限责任公司	泉州市劳动模范	市委、市政府
苏文莲	泉港区后龙镇	泉州市劳动模范	市委、市政府
苏文露	福建省锐驰电子科技有限公司	泉州市劳动模范	市委、市政府
苏永钢	永春县一都镇美岭村	泉州市劳动模范	市委、市政府
苏丽红	福建大中金属材料市场有限公司	泉州市劳动模范	市委、市政府
邱昭阳	泉州盛达轻工有限公司	泉州市劳动模范	市委、市政府
邵 军	福建安溪富华工艺品有限公司	泉州市劳动模范	市委、市政府
陈仁海	福建省德化县中国白陶瓷有限公司	泉州市劳动模范	市委、市政府
陈凤财	泉港区界山镇东张村	泉州市劳动模范	市委、市政府
陈加友	福建佳友茶叶机械智能科技股份有限公司	泉州市劳动模范	市委、市政府
陈北海	南安市梅山乡前进村	泉州市劳动模范	市委、市政府
陈庆新	达派（中国）箱包有限公司人力资源部	泉州市劳动模范	市委、市政府
陈岚波	福建华泰集团股份有限公司技术中心	泉州市劳动模范	市委、市政府
陈怀民	福建省燕京惠泉啤酒股份有限公司	泉州市劳动模范	市委、市政府
陈芳林	福建亚伦电子电器科技有限公司	泉州市劳动模范	市委、市政府
陈茂界	晋江市鑫盛茂渔业合作社	泉州市劳动模范	市委、市政府
陈培川	惠安县净峰镇莲峰村	泉州市劳动模范	市委、市政府

续表 43

姓 名	工作单位	荣誉称号	授予机关
陈清元	安溪县感德镇槐东村	泉州市劳动模范	市委、市政府
陈清节	德化县三班镇奎斗村	泉州市劳动模范	市委、市政府
卓开流	南安市翔云镇圳林村	泉州市劳动模范	市委、市政府
林四碧	永春县蓬壶镇	泉州市劳动模范	市委、市政府
林华珠	永春县一都镇茶农兼益农茶叶合作社	泉州市劳动模范	市委、市政府
林成基	汇盈化学品实业（泉州）有限公司	泉州市劳动模范	市委、市政府
林丽琴	南安南发毛织有限公司	泉州市劳动模范	市委、市政府
林坚固	南安市官桥镇山林村	泉州市劳动模范	市委、市政府
林秀圭	泉港区峰尾镇诚峰村	泉州市劳动模范	市委、市政府
林育生	安溪县虎邱镇湖坵村	泉州市劳动模范	市委、市政府
林金文	石狮市七彩云服饰有限公司	泉州市劳动模范	市委、市政府
林清海	永春县汉口村	泉州市劳动模范	市委、市政府
林章银	福建省水利水电工程局有限公司山西中部引黄工程08标项目部	泉州市劳动模范	市委、市政府
林福文	德化县雷锋镇朱紫村	泉州市劳动模范	市委、市政府
林韶阳	福建省韶盛网络科技有限公司	泉州市劳动模范	市委、市政府
欧阳明士	晋江市英林镇三欧村	泉州市劳动模范	市委、市政府
欧钟山	泉州市邮政分公司丰泽投递部	泉州市劳动模范	市委、市政府
郑金滨	德化县农村信用合作联社	泉州市劳动模范	市委、市政府
姚俊峰	福建省纳金网信息技术有限公司	泉州市劳动模范	市委、市政府
洪文艺	南安市石井镇古山村	泉州市劳动模范	市委、市政府
洪荣勇	福建三安钢铁有限公司	泉州市劳动模范	市委、市政府
胡永龙	虎都（中国）实业有限公司西裤厂	泉州市劳动模范	市委、市政府
胡建林	信和新材料股份有限公司技术	泉州市劳动模范	市委、市政府
赵正根	德化瓷国明珠酒店有限公司	泉州市劳动模范	市委、市政府
郭志阳	惠安县黄塘镇前郭回族村	泉州市劳动模范	市委、市政府
顾成东	福建纬璇织造有限公司	泉州市劳动模范	市委、市政府
高伟民	永春县石鼓镇	泉州市劳动模范	市委、市政府

续表 43

姓名	工作单位	荣誉称号	授予机关
章海木	富贵鸟股份有限公司	泉州市劳动模范	市委、市政府
黄　颖	福建省第一公路工程公司第二分公司	泉州市劳动模范	市委、市政府
黄世波	石狮市灵秀镇塘园村	泉州市劳动模范	市委、市政府
黄东方	安溪县茶叶科学研究所	泉州市劳动模范	市委、市政府
黄东望	晋江市安海镇坑边村	泉州市劳动模范	市委、市政府
黄再兴	向兴（中国）集团有限公司总裁	泉州市劳动模范	市委、市政府
黄宝珍	石狮市豪宇服饰有限公司	泉州市劳动模范	市委、市政府
黄秋明	晋江市天明服装织造有限公司	泉州市劳动模范	市委、市政府
黄种衍	南安市东田镇湖山村	泉州市劳动模范	市委、市政府
黄瑞谦	南安市洪梅镇山溪村	泉州市劳动模范	市委、市政府
黄锦富	福建省南安市第五建设有限公司	泉州市劳动模范	市委、市政府
龚飞程	石狮市永宁镇沙堤村	泉州市劳动模范	市委、市政府
龚国兴	国网福建南安市供电有限公司	泉州市劳动模范	市委、市政府
傅志森	泉州市天龙环境工程有限公司	泉州市劳动模范	市委、市政府
傅建忠	安溪县金谷镇金谷村支部	泉州市劳动模范	市委、市政府
傅鸿清	泉州台商投资区水务公司	泉州市劳动模范	市委、市政府
彭典生	洛江区虹山乡	泉州市劳动模范	市委、市政府
曾国兴	惠安县山霞镇垵固村	泉州市劳动模范	市委、市政府
曾淑婉	惠安县螺阳镇尾透村	泉州市劳动模范	市委、市政府
蒋钦全	泉州市古建筑有限公司	泉州市劳动模范	市委、市政府
詹文章	安溪县祥华乡白坂村	泉州市劳动模范	市委、市政府
樊凌云	贵人鸟股份有限公司	泉州市劳动模范	市委、市政府
颜娜丽	永春水力发电有限公司	泉州市劳动模范	市委、市政府
戴国煌	福建先创电子限公司	泉州市劳动模范	市委、市政府
万道虹	泉州市第九中学	泉州市先进工作者	市委、市政府
王　烽	泉州海事局	泉州市先进工作者	市委、市政府
王月娇	泉州市政协办公室人秘科	泉州市先进工作者	市委、市政府
王江波	泉州市委党校	泉州市先进工作者	市委、市政府

续表 43

姓 名	工作单位	荣誉称号	授予机关
王金星	泉州市纪委	泉州市先进工作者	市委、市政府
王昭昭	泉州市委统战部办公室	泉州市先进工作者	市委、市政府
王哲林	泉州国税局	泉州市先进工作者	市委、市政府
王铁光	南安市公安局	泉州市先进工作者	市委、市政府
任灿庭	晋江市灵源街道	泉州市先进工作者	市委、市政府
刘建民	晋江地税局	泉州市先进工作者	市委、市政府
刘金顺	安溪县纪委	泉州市先进工作者	市委、市政府
刘跃军	泉州市环境卫生管理处	泉州市先进工作者	市委、市政府
刘锡海	泉州市地税局	泉州市先进工作者	市委、市政府
刘靖玲	惠安县地税局	泉州市先进工作者	市委、市政府
庄丽芬	泉州市南音传承中心	泉州市先进工作者	市委、市政府
许玉蓉	南安市社保中心	泉州市先进工作者	市委、市政府
许清楷	晋江市东石镇发展服务中心	泉州市先进工作者	市委、市政府
何君虹	泉州市第二实验小学	泉州市先进工作者	市委、市政府
吴亚龙	惠安县国税局	泉州市先进工作者	市委、市政府
吴妹妹	泉州市委台工办	泉州市先进工作者	市委、市政府
吴明怀	石狮市自然门学校	泉州市先进工作者	市委、市政府
吴静峰	鲤城区浮桥街道延陵社区	泉州市先进工作者	市委、市政府
张小云	泉州市光前医院	泉州市先进工作者	市委、市政府
张金演	德化县市政公用事业管理局	泉州市先进工作者	市委、市政府
张金飚	泉州市龙门滩引水工程管理处	泉州市先进工作者	市委、市政府
张剑平	丰泽区公安局丰泽派出所	泉州市先进工作者	市委、市政府
张晓阳	泉州市市政工程管理处	泉州市先进工作者	市委、市政府
张素卿	泉州市审计局经济责任审计科	泉州市先进工作者	市委、市政府
李志燕	国家统计局泉州调查队商业调查科	泉州市先进工作者	市委、市政府
李臻辉	南安市纪委	泉州市先进工作者	市委、市政府
杨建新	泉州市中心血站血型研究室	泉州市先进工作者	市委、市政府

续表 43

姓 名	工作单位	荣誉称号	授予机关
杨锦凉	晋江市医院晋南分院	泉州市先进工作者	市委、市政府
肖美添	华侨大学化工学院师	泉州市先进工作者	市委、市政府
连海燕	洛江区会计核算中心	泉州市先进工作者	市委、市政府
陈元品	安溪白濑国有林场	泉州市先进工作者	市委、市政府
陈丽水	泉州市委编办	泉州市先进工作者	市委、市政府
陈志雄	泉港区地税局	泉州市先进工作者	市委、市政府
陈秀珠	安溪县凤城镇凤山社区	泉州市先进工作者	市委、市政府
陈宗仁	泉州市住建局	泉州市先进工作者	市委、市政府
陈智明	泉州市委办	泉州市先进工作者	市委、市政府
卓树丛	泉州市委组织部电教中心	泉州市先进工作者	市委、市政府
林文彬	泉州开发区创业服务中心	泉州市先进工作者	市委、市政府
林坚栋	泉州市经信委办公室	泉州市先进工作者	市委、市政府
林妙琅	安溪县疾控中心	泉州市先进工作者	市委、市政府
林松仁	晋江市劳动保障行政执法大队	泉州市先进工作者	市委、市政府
林金莲	泉州市发改委	泉州市先进工作者	市委、市政府
林顺清	鲤城区发改局	泉州市先进工作者	市委、市政府
林清伏	泉州市政府办综合科	泉州市先进工作者	市委、市政府
林渊辉	泉州市节能监测中心	泉州市先进工作者	市委、市政府
林盛春	永春县住建局	泉州市先进工作者	市委、市政府
林碧海	洛江区监察局	泉州市先进工作者	市委、市政府
郑玉治	丰泽区地税局	泉州市先进工作者	市委、市政府
郑宗星	泉州市安全生产执法支队	泉州市先进工作者	市委、市政府
郑洪波	泉州市公安局办公室	泉州市先进工作者	市委、市政府
郑顺辉	泉州市城建项目管理中心	泉州市先进工作者	市委、市政府
施世权	安溪县检察院	泉州市先进工作者	市委、市政府
施玫英	泉港区第二实验小学	泉州市先进工作者	市委、市政府
柯小华	南安市地税局	泉州市先进工作者	市委、市政府

续表 43

姓 名	工作单位	荣誉称号	授予机关
柯燕芹	丰泽区东湖街道铭湖社区	泉州市先进工作者	市委、市政府
洪志双	泉州市鲤城区财政局	泉州市先进工作者	市委、市政府
洪德南	南安市财政局	泉州市先进工作者	市委、市政府
郭钦亮	泉州市委宣传部	泉州市先进工作者	市委、市政府
郭培源	晋江市纪委监察局	泉州市先进工作者	市委、市政府
钱家强	石狮市医院	泉州市先进工作者	市委、市政府
黄文敬	石狮市公安局	泉州市先进工作者	市委、市政府
黄华泽	安溪县国税局	泉州市先进工作者	市委、市政府
黄秀云	泉州市质监局	泉州市先进工作者	市委、市政府
黄建辉	晋江市公安局	泉州市先进工作者	市委、市政府
黄建勤	南安市美林街道办事处	泉州市先进工作者	市委、市政府
黄美霞	晋江市府办	泉州市先进工作者	市委、市政府
黄海萍	泉州市水政水资源管理站	泉州市先进工作者	市委、市政府
黄维德	南安市总工会	泉州市先进工作者	市委、市政府
黄晴丽	鲤城区江南街道社区卫生服务中心	泉州市先进工作者	市委、市政府
傅子民	丰泽区检察院	泉州市先进工作者	市委、市政府
傅子君	南安经济开发区管理委员会	泉州市先进工作者	市委、市政府
傅彩虹	晋江市实验小学	泉州市先进工作者	市委、市政府
曾红华	福建医科大学附属第二医院	泉州市先进工作者	市委、市政府
曾国泉	泉州市城管局	泉州市先进工作者	市委、市政府
詹楸毅	鲤城区委党史研究室	泉州市先进工作者	市委、市政府
赖东升	泉州第一中学	泉州市先进工作者	市委、市政府
蔡　亮	泉州市检察院	泉州市先进工作者	市委、市政府
蔡明志	石狮市法院	泉州市先进工作者	市委、市政府
潘继红	泉州市中级法院	泉州市先进工作者	市委、市政府
颜呈矿	晋江市经济和信息化局	泉州市先进工作者	市委、市政府
颜硕丰	泉州市委农工办	泉州市先进工作者	市委、市政府
薛　蓉	泉州市公安局	泉州市先进工作者	市委、市政府
戴聪杰	泉州师范学院	泉州市先进工作者	市委、市政府

人物

领导名录

中共泉州市委员会

书　记　黄少萍（至2015年4月）
郑新聪（2015年7月任）
副书记　郑新聪（至2015年7月）
康　涛（2015年7月任）
周银芳
常　委　陈沈阳（至2015年10月）
沈耀钦（至2015年1月）
许昆贞
翁祖根
温惠榕（2015年1月任）
陈庆宗
林伯前
林俊其
李建辉（2015年10月任）
孔繁军（2015年12月任）
秘书长　翁祖根
副秘书长　陈文聪(2015年8月任)
张荣宝
吴达平
邓安娜
刘曙庆
黄文捷
郑少波

办公室
主　任　陈文聪(2015年8月任)
副主任　杨建辉
周顺安
郭从容
管东辉

系统党委
书　记　李艾克(至2015年9月)
专职副书记　郭建鹏

机要局
局　长　管东辉

市委保密委员会办公室（市国家保密局）
局　长　黄万成

市委政策研究室
主　任　刘曙庆
副主任　许友烈
陈辉煌

市委接待办
主　任　吴达平
副主任　罗亚扬
庄玉龙

市委党史研究室
主　任　侯小莹
副主任　叶芬蓉
高友土

市委档案局（市档案馆）
局　长　夏丽清
副局长　黄跃进
陈若波

市委组织部
部　长　陈沈阳（至2015年10月）
孔繁军（2015年12月任）
常务副部长　曾　巍（至2015年3月）
副部长　张翼翔
庄玉海
市直党群系统党委
专职副书记　陈晓蓉
市委非公企业工委
专职副书记　江振平

市委宣传部
部　长　陈庆宗
常务副部长　王松柏（至2015年9月）
副部长　李培德
黄景生（2015年9月任）
郑国防
林炯泉
叶燕民
许旭明
吴建生
市直宣传系统党委
专职副书记　庄仁哲
市委网络文化建设和管理办公室
主　任　林培煌

市委统战部
部　长　翁祖根
常务副部长　杨国昕
副部长　蔡文良
王庆祥
市直统战系统党委
专职副书记　黄子榕

市委政法委员会
书　记　许昆贞
常务副书记　曾焕楷
副书记　徐义平
何敬锡
综治办
主　任　徐义平
副主任　刘红生（2015年3月任）
610办
主　任　周炳忠
副主任　陈家祥
政治部
主　任　谢晓章
市直政法系统党委
专职副书记　汪祖培

市委台湾工作办公室
主　任　黄振奋
副主任　黄兴顺
李朝晖（2015年3月任）

市委机构编制委员会办公室
主　任　李元巍
副主任　黄振良
何志辉
叶舒城
市事业单位登记管理局
局　长　王淑绵

市委直属机关工作委员会
书　记　沈耀钦(至2015年1月)
常务副书记　黄春淮
副书记　郑天文
陈炯仁
委　员　王志强
吴志宏
谢江山
陈沙龙
庄　禾（2015年3月任）
纪工委书记　陈沙龙

市委老干部局

局　长　周文心

副局长　林丽燕

陈政实

周中华（2015年3月任）

市委文明办

主　任　林炯泉

副主任　吕宝贝

陈庆宗

洪金炼（至2015年9月）

市委党校

校　长　陈沈阳（至2015年10月）

孔繁军（2015年12月任）

常务副校长　王松柏（至2015年9月）

黄世界（2015年9月任）

副校长　彭丽花

陈毅生

黄雄彪

教务处主任　詹碧英

总务处主任　张益和

办公室主任　林昭永

组织处主任　庄锡耀

党史教研室主任　林常颖

继续教育处主任　郑燕波

公务员培训处主任　陈建文

哲学教研室主任　陈彩珍

经济学教研室主任　施美萍

市委讲师团

团　长　朱林果

中共泉州市纪律检查委员会

书　记　沈耀钦(至2015年1月)

温惠榕(2015年1月任)

副书记　郑建清

李占新

林志建

常　委　吴清水

张加萍

黄国庆

苏双喜

林开通

秘书长　苏双喜

监察局

局　长　郑建清

副局长　林振约

苏耿聪

办公室

主　任　陈泉木

组织部

部　长　洪冬青

宣传部

部　长　郑进锡

党风政风监督室

主　任　庄稼祥

信访室

主　任　朱仁雄

案件监督管理室

主　任　林添盛

第一纪检监察室

主　任　李岩华

第二纪检监察室

主　任　黄荣峰

第三纪检监察室

主　任　苏文笔

第四纪检监察室

主　任　陈蕴哲

第五纪检监察室

主　任　刘炳祥

案件审理室、申诉复查室

主　任　黄志强

纪检监察干部监督室

主　任　梅　永

机关党委

书　记　林开通

专职副书记　许振煌

效能办

主　任　廖丽芬

泉州市人民代表大会及其常委会

主　任　陈海基（至2015年3月）

陈万里（2015年3月任）

副主任　洪泽生

陈全顺（至2015年8月）

吕　竞

王远东

张建生

朱团能（2015年3月任）

曾　巍（2015年3月任）

秘书长　吴春林

副秘书长　廖伏树

苏进发（至2015年12月）

陈力平（至2015年8月）

兰　菁（至2015年8月）

庄丽雅（2015年8月任）

蔡碧毓（2015年8月任）

办公室

主　任　廖伏树

副主任　王文郴

黄克松

研究室

主　任　王伟明

副主任　叶睿葆

人事代表委

主　任　郑玉宝

副主任　刘　刚

财经委

主　任　傅天富

副主任　陈云毅

内司委

主　任　齐清秀

副主任　郭少梅

环城委

主　任　许华生

副主任　叶朝阳

农经委

主　任　庄金平

副主任　卓国明

教科文卫委

主　任　吴新文

副主任　胡佩玉

华侨委

主　任　兰　菁（2015年8月任）

副主任　庄丽雅（至2015年8月）

法工委

主　任　陈力平（2015年8月任）

信访局

局　长　蔡碧毓（至2015年8月）

机关党委

书　记　吴春林

副书记　张青阳

泉州市人民政府

市　长　郑新聪（至2015年7月）

康　涛（2015年7月任）

常务副市长　林伯前

副市长　陈荣洲
周真平
卢炳椿
李建辉（至2015年10月）
陈灿辉
林万明
张永宁（2015年10月任）
刘　忠
秘书长　吴友才
副秘书长　廖国文
黄文胜
林晋炼（2015年9月任）
傅春添
林琪伟
刘林霜（至2015年9月）
李国坤
陈向荣
黄瑷文

办公室
主　任　廖国文
副主任　黄文成
杨永裕
郑志勇
杨猛猛（至2015年8月）
纪检组长　黄清瑜
系统党委
书　记　苏文雅
专职副书记　张希伴
督查室
主　任　廖良结

市支援前线办公室
主　任　许礼哲
副主任　吴连金
陈洪生

市信访局
局　长　黄文胜
副局长　陈丽琨
庄谓聪
吴志耕

市发展和改革委员会
主　任　吕　刚
副主任　林合龙
陈小宝
纪检组长　马立星
副主任　陈招平
傅少明
王克思
系统党委
专职副书记　肖印章

市经济和信息化委员会
主　任　黄国富
党委书记　魏建谊
纪检组长　杜认真
副主任　吴金埔
王洪海
陈德庆
傅文星（至2015年10月）
张文卫
王春阳
总工程师　施金洋
系统党委
专职副书记　曾钟远

市教育局
局　长　郑文伟
副局长　陈少华
王瑞钦
毛伟雄
纪工委书记　陈进兴
副局长　刘姝芳
徐昌裕
系统党委
专职副书记　胡建军

市科技局
党组书记　吴中培（至2015年9月）
颜志煌（2015年9月任）
局　长　颜志煌
副局长　张育凯
陈建兴
黄珍霞
纪检组长　郑兴波
知识产权局局长　黄丹萍

市民族与宗教事务局
局　长　胡晓泉
副局长　黄尚模
兰德志
陈　鸿

市公安局
局　长　卢炳椿
副局长　柳新群
曾志敏
纪委书记　林　冰
副局长　卓庆忠
王连生
邱军炼
党委委员　刘尔钊
陈建新
马运根
赖建玲
副局长　庄文斌
陈文荣
党委委员　庄金山
副局长　林立成
总工程师　王仙龙
监察室主任　黄进乐
市打私办
主　任　曾志敏
副主任　马运根
市直公安系统党委
书　记　刘尔钊
专职副书记　傅维明
办公室
主　任　陈建新
政治部
主　任　赖建玲
副主任　贾常舜
警务督察支队
支队长　陈俊杰
政　委　张陆英（至2015年8月）
警务保障处
处　长　郑庆奎
国内安全保卫支队
支队长　蔡永义
政　委　陈　健
治安支队
支队长　万建平
政　委　傅庆生
刑事侦查支队
支队长　林元益
政　委　陶崇隆
经济犯罪侦查支队
支队长　方贞群
政　委　吴志锋
技术侦察支队
支队长　白建胜

政　委　易小克
禁毒支队
支队长　肖珍怀
政　委　李　群
公共信息网络安全监察支队
支队长　林起煌
政　委　吴天进
特警支队
支队长　陈万兴
政　委　张建才（至2015年9月）
交通巡逻警察支队
支队长　庄金山
政　委　谢希圣
出入境管理支队
支队长　李清洗
法制支队
支队长　黄建民
反恐怖支队
支队长　陈少贤
劳动教养工作办公室
主　任　朱德宏
打击走私工作处
处　长　张友平

市民政局
局　长　蒋耕霆
副局长　周振强
杜朴生
蔡永升
纪检组长　刘玉珊
副局长　薛文新
何志宏
党组成员　商黎霖
李国松
市老龄办
副主任　商黎霖
李国松

市司法局
局　长　郑建辉
副局长　赵运军
副局长　郭惠昆
柯秀丽
纪检组长　张永忠

市财政局
局　长　李健康
党组副书记　苏诺民
副局长　任秀斌
纪检组长　杨水永
副局长　陈昌隆
洪进星
庄尧森
总会计师　林文革

市人力资源和社会保障局
党组书记　邱银富
局　长　陈伟平
副局长　张庭侠
陈学东
刘炳华
纪检组长　谢　斌
副局长　骆靖宇
颜细财
李锦枝

市国土资源局
局　长　赖开族
副局长　刘敏坚（至2015年10月）
杨文龙
戴全福
纪检组长　杨戈辉
副局长　吴河安
总规划师　苏远红
副局长　郑建南
库区移民开发局
局　长　陈能语
市国土资源监察支队
支队长　何　伟
政　委　李启泽

泉州市住房和城乡建设局
局　长　钟文成
党委书记　苏庆福
纪检组长　郭木棍
副局长　王卫红
王惠萍
陈进平
张志铭
庄绍宁
陈拥军
陈　希
系统党委
专职副书记　郑葆飞

市城乡规划局
局　长　黄世清
党组书记　陈泽荣
副局长　刘文发
张春权
纪检组长　王建国
副局长　刘克华

市市政公用事业管理局
局　长　王天祥
党委书记　庄建宁
党组副书记　黄环生（至2015年9月）
纪检组长　曾伟平
副局长　陈大庆
系统党委
专职副书记　黄金华
副局长　吴家琅
总工程师　邱达敏
副局长　周金火
党组成员　王森江

市城市管理行政执法局
局　长　黄建奇（至2015年10月）
李伯群（2015年10月任）
党组书记　陈志勇（至2015年9月）
李伯群（2015年9月任）
副局长　李祖国（至2015年8月）
郭文田（至2015年8月）
林宇杰
卢章雄
纪检组长　罗放军

市交通运输委员会
主　任　刘志平
党组书记　林晋炼（至2015年9月）
刘志平（2015年9月任）
党委书记　郭建生
交战办主任　许笃慧
党组副书记　吴永德（至2015年10月）
副主任　许吉平（至2015年10月）
吴福荣
纪检组长　庄木才
副主任　黄俊杰
潘新雅
杨琦伟
总工程师　傅远辉
副主任　高黎明

系统党委
专职副书记 吴福铭
党组成员 郭根才
林达贤
洪小明
市公路局
局　长 郭根才
党委书记 陈理明
市道路运输管理处
处　长 林达贤
交通战备办公室
副主任 方向明
洪小明
市邮政管理局
局　长 高黎明
纪检组长 薛军军
市交通综合行政执法支队
支队长 郑怡中

市农业局
局　长 魏山国
党委书记 黄双九
副局长 吴晓雄
陈振荣
钱瑞峰
万文伟
总畜牧兽医师 陈德利
副局长 傅伟林(至2015年9月)
纪检组长 傅伟林(2015年9月任)
系统党委
专职副书记 傅旺隆
副局长 阮孟诚
市农科所
所　长 李锦泉
书　记 黄建洪
市农机总站
站　长 黄振辉

市林业局
局　长 林华伟
党组副书记 李丽玲（2015年9月任）
副局长 李丽玲（至2015年9月）
纪检组长 黄全承
副局长 黄衍庆
傅国建
市森林公安局
局　长 林建真
政　委 陈自力

市水利局
局　长 张一申
党委书记 章金良
总工程师 曾向明（至2015年8月）
副局长 苏杭生
系统党委
专职副书记 郑耀忠
纪检组长 江　渊
副局长 黄桂元（至2015年9月）
总工程师 黄桂元（2015年9月任）
副局长 谢招南
市政府防汛抗旱指挥部办公室
主　任 谢招南（至2015年9月）

市海洋与渔业局
局　长 陈文堃
副局长 庄　慧
纪检组长 郭介炮
副局长 黄前程
郑碧钦
王松青
海洋与渔业执法支队
支队长 郑碧钦

市商务局
局　长 刘明亮
党组副书记 张　良
副局长 黄金跋
洪良泉
郑金福
纪检组长 黄珊珊
副局长 黄庭瑜
粘学清
简国红

市文化广电新闻出版局
局　长 张镇国（至2015年10月）
陈荣法（2015年10月任）
党委书记 庄灿霞
副局长 黄景生（至2015年9月）
陈惠平
林育毅
出宝阳
陈仲阳
纪检组长 杨春煌
副局长 丁毓玲
系统党委
专职副书记 周梁升

市卫生和计划生育委员会
主　任 蔡丽静
党委书记 郑英兰（至2015年8月）
党组成员 蒋德明
副主任 曾奕民
纪检组长 傅蔚茹
副主任 吴宗桥
苏培聪
吴达辉
吴鹭阳
系统党委
专职副书记 邱　龙（2015年12月任）
副主任 白碧英（至2015年11月）
黄凤南

市体育局
党组书记 王珊珊（至2015年10月）
王家声（2015年10月任）
局　长 王家声
副局长 吴永江
谢文华
纪检组长 黄礼智
副局长 汪国庆（2015年12月任）

市审计局
局　长 蔡思红
纪检组长 蔡正确
副局长 骆振军
总审计师 李锦忠
副局长 徐情根

市统计局
局　长 李跃民
纪检组长 刘舒蓉
副局长 李植聪
施能宗
纪华宗

市环境保护局
局　长 郑志忠
总工程师 林榕加
副局长 黄　华
温双庆（至2015年1月）
纪检组长 廖德信
副局长 连益梅
郑天助
市物价局
局　长 施国宾

总经济师　黄巧丽
副局长　黄明十
王宗锋
刘建军
纪检组长　涂志斌

市旅游局
局　长　张锡坤
副局长　苏　悦
陈庆风
孙少磊
纪检组长　何国平

市粮食局
局　长　李　铭（至2015年10月）
副局长　陈锦霞
郑华江
纪检组长　王三华（2015年12月任）

市外事侨务办公室
主　任　李卫平
副主任　郑志强
倪景云
温锦辉
纪检组长　林志彬

市人防办
主　任　李建芳
党组书记　林田平（至2015年8月）
李建芳（2015年8月任）
副主任　崔　健
蔡永生
谢文生
党组成员　许和平（至2015年8月）
纪检组长　王团结

市安全生产监督管理局
局　长　洪顺昌
副局长　杨良木
纪检组长　倪怡方
副局长　刘烨明
戴天圣（至2015年9月）

市法制办
主　任　林庆扬
副主任　林荣奇
柳　璟

市国有资产管理委员会
党委书记　黄铃芳
主　任　庄鸿卿
副主任　李双莺
叶怀远
刘海洋（2015年10月任）
纪委书记　孙　斌（至2015年9月）
政治部主任　汪亚彬
总会计师　李维芳

市金融工作局
局　长　李清景
纪检组长　林明义
科技副局长　徐　悦
副局长　黄培群
金融分析师　陈丽蓉
副局长　朱　亮
梁晓钟（至2015年6月）
李学鸿（至2015年2月）

市政府驻北京联络处
主　任　黄汉川
副主任　吴炳煌
陈招平（至2015年9月）

市政府驻上海联络处
主　任　张宁滨

市政府驻深圳办事处
主　任　王志明

市政府驻福州办事处
主　任　陈万全

市政府驻成都办事处
主　任　经志远

市政府发展研究中心
主　任　胡毅雄
副主任　蒋建国

市行政服务中心管理处
主　任　李德雄
副主任　许玉斌

市住房公积金管理中心
主　任　黄金顺
书　记　郭希纯

市地震局
局　长　傅剑国（至2015年9月）
林田平（2015年9月任）
副局长　叶　威

市地方志编纂委员会
常务副主任　张惠评
副主任　林龙海
许晓松

市城镇集体工业联合社
主　任　郑金尧
副主任　余碧海
蔡文雄
黄飞鹏

市港口管理局
党组书记　齐永洁
局　长　蒋少怀
纪检组长　阮其如

市供销合作社
主　任　郑显章（2015年12月任）
副主任　林宗清
吴开元

市中级人民法院
院　长　欧岩峰
副院长　吴俊民
沈毅青
高智辉
陈慧瑛
韩天明
政治部主任　潘丰源
纪检组长　苏子凡
执行局局长　谢希鹏
党组成员　李小兴
洪完明

市人民检察院
检察长　欧秀珠（至2015年3月）
高扬捷（2015年3月任）
副检察长　樊美清
叶少风
邓世章
纪检组长　赵永奇
副检察长　陈世炎
政治部主任　齐丹璇

副检察长　孙志平
党组成员　刘锡杰
张维劲
邱仲华
检委会专职委员　陈建强
朱永峰
反贪污贿赂局
局　长　张维劲

政协泉州市委员会

主　席　杨俊峰
副主席　许连捷
吴共湖
苏小青
骆沙鸣
陈铭福
王祖耀
李冀平
王瑞强
陈　益
秘书长　洪川夫
副秘书长　田恭灿
陈振坚
许冬原
办公室
主　任　田恭灿
副主任　陈小民
王小良
研究室
主　任　李德志
副主任　侯守水
提案委
主　任　许耀明
专职副主任　郑瑞鑫
经济委
主　任　颜清平
专职副主任　黄清安
社会和法制委
主　任　黄惠聪
专职副主任　王木生
教科文卫体委
主　任　黄聪吟
专职副主任　王忠华
港澳台侨和外事委
主　任　骆志成
专职副主任　张月娥
民族宗教委
主　任　郭萍萍
专职副主任　吴绶莹
人口资源环境委
主　任　洪南福
专职副主任　林鸿扬
文史和学宣委
主　任　梁云南
专职副主任　黄丽红
机关党委
专职副书记　黄阳辉
委员工作室
主　任　孙丽珠

民主党派、群团

中国国民党革命委员会泉州市委员会
主　委　樊美清
专职副主委　郑云梅

中国民主同盟泉州市委员会
主　委　陈建通

中国民主建国会泉州市委员会
主　委　戴仲川
专职副主委　黄军红

中国民主促进会泉州市委员会
主　委　张锦川
专职副主委　黄金钟

中国农工民主党泉州市委员会
主　委　陈　益

中国致公党泉州市委员会
主　委　陈铭福
专职副主委　林丽华

九三学社泉州市委员会
主　委　王祖耀
专职副主委　李长江

台湾民主自治同盟泉州市委员会
主　委　骆沙鸣

泉州市工商业联合会
主　席　许连捷
党组书记　蔡文良
副主席　黄振骞
傅玉波
陈　晖

泉州市总工会
主　席　陈沈阳
常务副主席　赖畅水
副主席　江永清
纪检组长　黄金铭
副主席　王毅扬
陈宝芳
陈坤生（2015年12月任）

共青团泉州市委员会
书　记　林培新
副书记　李毓文
纪检组长　黄俊荣
副书记　吴艺晖
林曙铭

泉州市妇女联合会
主　席　梁玉华
副主席　苏淑勉（至2015年12月）
丁为华
李小玲
纪检组长　陈少青
党组成员　杨文忠

泉州市归国华侨联合会
主　席　陈晓玉
副主席　陈海涛（至2015年9月）
王巧丽
李荣生

泉州市科学技术协会
主　席　骆沙鸣
党组书记　陈永宝
副主席　陈永宝
魏隆福
郑华生

泉州市台湾同胞联谊会
会　长　陈严辉

泉州市文学艺术界联合会
主　席　许旭明
副主席　肖一鸣

泉州市社会科学界联合会

主　席　吴少锋

泉州市残疾人联合会

理事长　吕安娜（至2015年11月）
白碧英（2015年11月任）

副理事长　郑　虹
黄长春
陈纳新

中国国际贸易促进会泉州市支会

会　长　黄岩平

副会长　廖雅滨

泉州市计划生育协会

常务专职副会长　白碧英（至2015年11月）

专职副会长　黄凤南
赵文详（2015年2月任）

地方军警机构

泉州军分区

司令员　林俊其

政　委　郑　健

参谋长　王永春

政治部主任　姚晓明

后勤部部长　刘　华

武警泉州市支队

支队长　宋小峰（至2015年1月）
张　剑（2015年1月任）

第一政委　卢炳椿

政　委　吴　军

副支队长　黄智武
陈超勇

副政委　姚双清

参谋长　万小强

政治处主任　陈桂兵

后勤处处长　陈小发

福建省公安边防总队海警第二支队

支队长　叶　昇

政　委　杨　鹏

副支队长　黄利锦（2015年5月任）
金小龙

副政委　林登晶

泉州市公安边防支队

支队长　杨振亮

政　委　杜　强

副支队长　林小波

副政委　王新东

参谋长　兰建发

政治处主任　黄　洋

后勤处处长　方漫山

泉州市公安消防支队

支队长　李　隽

政　委　朱　峰

副支队长　徐恩飞
黄建伟

副政委　郑毅信

参谋长　陈武清

政治处主任　熊军华

后勤处处长　陈维悦

监督处处长　林启荣

泉州边防检查站

站　长　孙　德

政　委　朱甘顺

副站长　吴诚忠
蔡东晓

副政委　常　洁

参谋长　钟春鹰

政治处主任　赵良红

后勤处处长　刘晓华

肖厝边检站

站　长　谢庆凤

政　委　傅福利

副站长　向　丽
庄铭源

泉州警卫处

处　长　唐良元（至2015年3月）

副处长　王培钦（2015年3月任）

国家部委、省直驻泉机构

中国闽台缘博物馆

书　记　黄衆问

馆　长　林建春

副馆长　陈建鹰
粘秋生

国家统计局泉州调查队

队　长　潘诗耀

副队长　林秋元
洪幼松
何惠忠

纪检组长　张俊飞

泉州市国家税务局

局　长　林　滇

副局长　朱国彬
施维天
王　彬

纪检组长　何卫东

副局长　史风莲（2015年4—12月任）

总经济师　黄育文

总会计师　王庆福

稽查局局长　林保成

泉州市地方税务局

局　长　黄小平

副局长　骆跃建
余清雄
黄松青
颜伟宏

总经济师　周志望

纪检组长　林　清

总审计师　林丽珠

党组成员　黄雄伟

稽查局局长　洪建家

泉州市工商行政管理局

局　长　陈开基

党组副书记　李金育

副局长　王新新
林梓杰
苏秀梅

党组成员　李雪芬

泉州市质量技术监督局

局　长　叶华生（至2015年3月）
庄冰心（2015年11月任）

副局长　郑乙全
庄冰心（至2015年11月）

副局长　林志良

纪检组长　宋小峰（2015年12月任）

泉州市食品药品监督管理局

局　长　李志生

药品安全总监 蔡锦忠
纪检组长 黄金土
副局长 朱跃斌
吴艺阳
郑云超
食品安全总监 肖朝晖

泉州海关
关　长 齐忠平（至2015年8月）
张秀清（2015年8月任）
副关长 黄　榕
王阳生（2015年12月任）
张美景
赖永伟
杨志雄（2015年12月任）

泉州出入境检验检疫局
局　长 刘文敏（2015年8月任）
副局长 李寿崧（至2015年8月）
副局长 欧阳钦芬
许克忠
陈元俊
纪检组长 蔡金水

泉州海事局
局　长 王玉宝（至2015年1月）
李志强（2015年1月任）
政　委 王瑞琅（至2015年10月）
吴清平（2015年10月任）
副局长 郑乃龙
庄洪程（至2015年11月）
吴　展（至2015年9月）
王明强（2015年10月任）
张志坚（2015年10月任）
泉港海事处处长 张志坚（至2015年10月）
周文庆（2015年11月任）
晋江海事处处长 许增智

人民银行泉州市中心支行
行　长 阮玉盼
纪委书记 陈明安
副行长 陈东方
谢仲庆
毕桂枝（2015年4月任）

泉州银监局
局　长 汪其臻
副局长 方良川
纪委书记 林育新
副局长 陈伟凌

泉州气象局
局　长 李棠华
副局长 张夏林
李宏图
纪检组长 许德福

泉州烟草专卖局
局长、经理 詹小强
副经理 张　军
纪检组长 江　晟（至2015年11月）
副经理 李春发

泉州电业局
总经理 王智敏
党委书记 邹永增
副总经理 郭国文
纪委书记 林　红
副总经理 刘　强
朱宗毅
工会主席 郑皆得
总会计师 郑建江

泉州水文局
局　长 郭树山
书　记 陈丽辉

泉州市盐务局
局　长 陈旺生
副局长 陈章辉
姚锦渊

泉州监狱
监狱长 洪泉阳
纪委书记 陈志强
副监狱长 范群武
政治处主任 俞太洪
副监狱长 陈国书
党委委员 刘　松
何坚强

泉州司法强制隔离戒毒所
所　长 杜心得
政　委 李香平
党委副书记 梁长铜（至2015年3月）
副所长 张建华
政治处主任 张爱民
纪委书记 林　青
党委委员 李志强
陈卫锋（至2015年3月）

泉州无线电管理局
局　长 田伏鹏
副局长 黄白苇

各县（市、区）

鲤城区

区　委
书　记 苏庆赐
副书记 黄阳春
郭成宗
常　委 上官春安（至2015年10月）
张少前
陈劲松
黄天凯
陈恬波
费森平
陈伟群（2015年9月任）
汪国庆（至2015年8月）
康景彪
颜建安（2015年8月任）

区人大常委会
主　任 林建扬
副主任 蔡清泉
林友竹
王白瑜
党组成员 吴建星（至2015年1月）
谢青山（至2015年4月）

区政府
区　长 黄阳春
常务副区长 陈劲松
副区长 章新华
陈财水
洪奕蓉
黄向阳
陈燕飞
林希妍
侯建雄
党组成员 苏子卿（至2015年11月）

区政协

主　席　吴金球

副主席　黄绍芒

黄志煌

曾朝阳

叶传勇

区法院

院　长　黄继业

区检察院

检察长　程和平

高新区管委会

书　记　高云飞

主　任　吴保忠

丰泽区

区　委

书　记　许文贵

副书记　朱启平（至2015年9月）

黄景春

柯跃峰（至2015年12月）

常　委　黄黎波

廖春园

上官蓝波（至2015年12月）

陈伟群（至2015年10月）

刘建兴

吴毓舟

谢立新

骆　红

俞　涛

区人大常委会

主　任　郑进发

副主任　刘圣树

高炳州

李木火

区政府

区　长　朱启平（至2015年9月）

黄景春（2015年12月任）

常务副区长　上官蓝波（至2015年12月）

副区长　韩卫华

胡祥辉

张刺治

杨昌文

骆春玲

科技副区长　徐寅生（至2015年11月）

副区长　潘贤华

区政协

主　席　叶　恒（至2015年12月）

上官蓝波（2015年12月任）

副主席　张维斌

许景南

戴在平

区法院

院　长　杨武能

区检察院　许金约

洛江区

区　委

书　记　洪飞跃

副书记　苏汉庭

黄碧煌

常　委　许仰东

蔡永生（至2015年12月）

王伊景

尤剑国

林志强（至2015年8月）

黄清凯

赖根连

余庆锋（2015年9月任）

郭海松

区人大常委会

主　任　朱清辉（至2015年12月）

蔡永生（2015年12月任）

副主任　宋爱华

黄永固

吕剑文（至2015年4月）

林少槐

区政府

区　长　苏汉庭

常务副区长　蔡永生（至2015年12月）

副区长　余庆锋（至2015年9月）

杨文格

王明元

黄少山

杜韶山

金玲珊

李垂举

区政协

主　席　江贻万

副主席　廖志芳

林新平

许　鹏（至2015年4月）

王诗榕

党组成员　王泽淮

关裕平（至2015年1月）

区法院

院　长　蔡建南

区检察院

检察长　甘泽阳

泉港区

区　委

书　记　洪自强

副书记　吴礼源

颜朝晖

常　委　林荣川

陈守川

肖庆聪

林天虎（至2015年9月）

朱云鹏

张继红

施有良

马保师（2015年9月任）

区人大常委会

主　任　吴建民（至2015年12月）

陈守川（2015年12月任）

副主任　赵琼花

周允明

林志成

林锦聪

区政府

区　长　吴礼源

常务副区长　林荣川

党组副书记　刘敏坚（2015年12月任）

副区长　肖惠中

钟海平

傅文星（2015年10月任）

郭荣华
吕火渠
王晓莺
苏少波
杨凤翔
庞英丽（至2015年5月）

党组成员　陈国才

区政协
主　席　连启明
副主席　黄胜富
陈龙津
庄一鸣
陈庆堂

区法院
院　长　胡志南

区检察院
检察长　黄清源

泉港石化工业园区
党工委书记　颜朝晖（2015年9月任）
管委会主任　刘敏坚（2015年10月任）

石狮市

市　委
书　记　张永宁（至2015年9月）
朱启平（2015年9月任）
副书记　张贻山
常　委　林天虎（2015年9月任）
许锦聪
林自育
上官跃进
刘德旺
张桂森
李伯群（至2015年9月）
龚志阳
方章成

市人大常委会
主　任　陈贻萍
副主任　郭丽莲
陈贤明
丁东福
许赞成

市政府
市　长　张贻山
常务副市长　刘德旺
副市长　陈元生
杜举胜
庄宝玲
张鸰翔
张永安
蔡天守
林旺强

市政协
主　席　李丽月
副主席　黄章煌（至2015年12月）
施心新
吴清木
吕培榕

市法院
院　长　林明容

市检察院
检察长　张温龙（至2015年12月）

石狮高新区管委会
书　记　朱　贤
主　任　施汉杰

晋江市

市　委
书　记　陈荣法（至2015年9月）
李建辉（2015年9月任）
副书记　刘文儒
曾清金
常　委　张文贤
林仁达
陈坤生
吴清滨
陈晋永
许宏程
王金战
林惠玲
刘文成（2015年8月任）

市人大常委会
主　任　陈健倩
副主任　林庆峰
连泉富
姚志强
庄天怀

市政府
市　长　刘文儒
常务副市长　许宏程
副市长　曾献礼
丁　峰
王茂泉
李自力
张淑语
张朝阳
史思泉
科技副市长　王文晖
党组成员　黄少伟

市政协
主　席　周伯恭
副主席　朱永远
叶荣宗
洪元程
施能坑

市法院
院　长　李小兴

市检察院
检察长　邱仲华

福建深沪湾海底古森林遗迹自然保护区管理处
主　任　苏文伟

南安市

市　委
书　记　黄南康（至2015年6月）
王春金（2015年9月任）
副书记　王春金（至2015年9月）
林荣忠
张艺斌（2015年10月任）
常　委　丁瑞金
杨远志
许勤荣
蔡龙群（至2015年10月）
黄文福
吴跃达
黄辉灿（2015年10月任）

市人大常委会

主 任 黄永俊

副主任 林建辉

张国进

陈文举

叶维新

市政府

市 长 王春金（至2015年9月）

代市长 林荣忠（2015年9月任）

常务副市长 蔡龙群（至2015年10月）

黄辉灿（2015年10月任）

副市长 李清安

张瑞平

薛建明

黄景阳

张小红

黄辉灿（至2015年10月）

陈相成

郭 宁

陈约翰

市政协

主 席 戴景胜

副主席 谢连树

林树哲

周建宣

市法院

院 长 李瑞阳

市检察院

检察长 陈凤华

惠安县

县 委

书 记 肖汉辉

副书记 洪于权

黄春辉

常 委 林振海

张培坤

赖清正

蒋向群

谢丽华

陈海涛

欧阳其满

县人大常委会

主 任 曾玉山

副主任 曾伟民

谢秀玲

黄育聪

黄泉福

县政府

县 长 洪于权

常务副县长 赖清正

副县长 辜惠钦

黄松友

许贞丽

吕建成

汪水永

陈国栋

王也夫

高 娜（至2015年11月）

县政协

主 席 蔡荣清

副主席 陈锦满

刘宗斌

康丽红

张其聪

县法院

院 长 林德育

县检察院

检察长 许金标

安溪县

县 委

书 记 朱团能

副书记 高向荣

陈文聪(至2015年9月)

刘林霜(2015年9月任)

常 委 刘锦川

梁金良

许锦青

吕春香

苏松炎

陈文杰

邱忠民

邹德宝

县人大常委会

主 任 谢保家

副主任 卢宜岾

苏志雄

黄明哲

陈剑宾

县政府

县 长 高向荣

副县长 林荣超

郑清花

王金章

庄永智

丁建铭

杨学礼

马俊文

县政协

主 席 廖皆明

副主席 陈木根

袁霖辉

林毅敏

林秀成

县法院

院 长 胡金琪

县检察院

院 长 胡激洋

永春县

县 委

书 记 林锦明

副书记 蔡萌芽

郑显章（至2015年11月）

常 委 林 强

林金电（至2015年11月）

林海鸥

张金发

颜丽明

郑文良

高金全

徐联生

县人大常委会

主 任 林金星（至2015年12月）

副主任 余永坚

陈发源

颜松龄
郭美西

县政府
县　长　蔡萌芽
常务副县长　郑文良
副县长　余金南
王超万
颜一鹏
陈坚宏
陈伯熙
黄宝玲
赵存明
党组成员　梁文光
郑川辉

县政协
主　席　康思坚
副主席　张传统
张敏辉
周少华
党组成员　黄万民

县法院
院　长　陈水深

县检察院
检察长　陈　林

德化县

县　委
书　记　吴深生
副书记　欧阳秋虹
王传敬（至2015年12月）
陈金忠（2015年12月任）
常　委　吴顺情
温文英
叶长青
方建生
曾宪堡（至2015年9月）
王志安
沈俊旭

县人大常委会
主　任　涂健圻（至2015年12月）
王传敬（2015年12月任）
副主任　黄耀昆
徐明侃
张秋英
连继续

县政府
县　长　欧阳秋虹
常务副县长　吴顺情
副县长　陈祥端
林祖传
许华忠（至2015年8月）
苏毅君
苏锡培
刘惠煌
张传晖
党组成员　徐文福
石渊文

县政协
主　席　苏兴羽
副主席　陈明灿
李金鼠
刘志阳

县法院
院　长　洪志强

县检察院
检察长　林建平

福建戴云山国家级自然保护区管理局
局　长　涂青云

泉州开发区（出口加工区）

党工委
书　记　叶一帆
副书记　梁炳辉
王岳平
委　员　黄华强
李连生（至2015年8月）
连志富
吴忠溪（至2015年9月）
傅国明（至2015年9月）
许长春
陈　斌（至2015年9月）
吴福来（至2015年9月）
徐　悦（至2015年9月）

管委会
主　任　梁炳辉
副主任　黄华强（至2015年10月）
李连生（至2015年8月）
连志富
吴忠溪（至2015年10月）
傅国明
陈　斌
吴福来
科技副主任　徐　悦（至2015年9月）
副主任　傅再扬

纪工委
书　记　吴忠溪（至2015年9月）
黄华强（2015年9月任）

党务工作部
部　长　许长春

泉州出口加工区管委会
主　任　薛宗炎
副主任　黄溪洪

泉州台商投资区

党工委
书　记　吴汉宗
副书记　李永远
郭鸿荣
委　员　邱经良
李文生
林清泉
陈家强
骆育敏
丁尚光
陈爱民

管委会
主　任　李永远
副主任　邱经良
李文生
骆育敏
丁尚光
邵　俊

纪工委
书　记　陈家强

办公室
主　任　林清泉

党群工作部
部　长　李文生

先模人物选介

【全国劳动模范】

王菊蓉　泉州市邮政报刊发行局泉港分局投递员，高中学历，投递中级工职称。2009年，她被评为福建省邮政系统优秀投递员，2012年被评为泉州市劳动模范，2013年被评为福建省劳动模范，2015年被评为全国劳动模范。自1982年从事邮政投递工作，每天行程近50千米，其投递区域泉港区锦绣街和南山路，服务对象近万人。33年来，她默默工作，风雨无阻，为邮政投递事业付出青春。有一次，王菊蓉在投递途中摔裂腰骨无法动弹，她仅休息一星期就坚持带伤上班。由于丈夫常年在外务工，王菊蓉一肩挑起家庭重担。每年暑假是录取通知书投递的高峰期，晚上需要经常加班，她就动员家人一起帮忙。王菊蓉心系邮政，热心为客户服务，连续多年获泉港邮政分局报刊收订评比第一名。

龙曙东　湖北钟祥人，超越服饰（中国）有限公司职工，高中学历，中级电工，2010年被评为全国纺织工业劳动模范，2011年被评为省级劳动模范和先进工作者，2015年被评为全国劳动模范。龙曙东1998年离开家乡来到泉州鲤城区，应聘为超越服饰（中国）有限公司的一名水电工。因工作勤恳、业绩突出，他年年被评为企业优秀职工，还被选为该公司的职工代表。他每天第一个上班，最后一个下班，以厂为家，十几年如一日。他兢兢业业，干好本职工作，仅防止管线无破损和滴漏一项，每年就可为公司节约十多万元。2009年的一天，一间职工宿舍突然着火，正在巡查的龙曙东果断拉下电闸，操起灭火器，奋不顾身冲进宿舍，把一罐液化气及时地搬出，避免了一场大灾。

吴金程　晋江市磁灶镇大埔党支部书记、村委会主任，大专学历，2008年4月被评为福建省劳动模范，2011年6月被评为福建省“优秀共产党员”，2015年被评为全国劳动模范。吴金程自担任大浦村党支部书记、村委会主任后，潜心谋划实施大埔村的发展构想，一干就是十几年。他以完善“平安、民生、文明”三张网络和推进新农村建设为抓手，不断提高大埔村民的幸福指数，让曾经脏、乱、差的“赤土埔”变成了一座美丽的农村花园。在吴金程的带领下，大埔村2014年村财政收入440多万元，人均纯收入3.2万元，该村先后被评为全国美丽乡村创建试点乡村、福建省先进基层党组织。2013年11月3日人民日报头版报道《“算账书记”吴金程》。

李小平　重庆人，信和新材料股份有限公司工会主席，中共党员，大专学历，高级工，2013年被评为福建省劳模，2015年被评为全国劳动模范。李小平担任工会主席10多年，搜集职工关心的热点难点问题，及时向行政反映、协调解决。依法推动企业开展工资集体协商，组织职工与行政签订劳动合同，维护职工合法权益。组织职工岗位练兵、争创业务能手等活动。为职工争取福利待遇，替职工说话办事。坚持定期组织职工进行健康体检。协助行政完善文体活动设施，开展文体活动，丰富职工业余文化生活。关心职工冷暖，帮助他们解决困难，让其无后顾之忧。先后被评为泉州市双爱双评爱企业优秀职工、市劳动模范、福建省优秀工会积极分子等。

杨景队　安溪荣新矿产有限公司总经理，大专学历，省第十一、十二届人大代表，市第十三、十四、十五届人大代表，安溪县人大常委会常委，泉州市慈善总会常务理事，安溪县慈善总会副会长、永远荣誉会长，2013年被授予“全国五一劳动奖章”，2015年被评为全国劳动模范。杨景队开拓创新，攻克硫、硅含量超标技术难关，变废为宝。善于抓住机遇，推动企业紧跟时代步伐，走科学发展道路。尝试技术股、人员股模式，让全体职工拥有企业股份，使职工有归属感。近5年公司纳税20多亿元。他的积极参与推动，使潘田村整体移民工作顺利完成。热心桑梓，回馈社会，近五年为福建农林大学安溪茶学院建设捐资3500万元，向安溪慈善总会捐资2000万元，安溪十一中、感德卫生院建设捐资365多万元，安溪美丽乡镇建设、扶贫开发捐资近1000多万元，累计六千多万元。

陈一宇　中共党员，泉州市城建国有资产投资有限公司党委副书记、纪委书记、副总经理，在职研究生学历，工程硕士学位，高级工程师职称，2013年被评为福建省劳动模范，2015年被评为全国劳动模范。陈一宇20年来一直奋战施工一线，2009年5月赴四川彭州开展汶川地震灾后重建工作，任福建省第五建筑公司驻彭项目部总负责人，带领团队攻坚克难，提前完成援建任务，所建两项工程获评四川省优质工程“天府杯”金奖。援建项目一结束，又投入泉州市行政中心大楼重点项目建设。他负责建设的城东学园项目，通过科学合理安排施工，做到质量进度两不误，又好又快地完成建设任务。在调任现职后，他把开展特色党建工作融入企业经营实际，以党的群众路线教育实践活动为切入点，协调解决1000多户百姓200多万平方安置房工程各种扫尾问题。

陈随丽　九牧王股份有限公司培训师，初中文化，中共党员，2004年被授予“全国五一劳动奖章”，2015年被评为全国劳动模范。陈随丽自2001年到九牧王公司，从一名服装制作学徒工，到熟练地掌握服装制作的全部工艺流程和精湛的操作技术，成为一名服装制作技师、全国技术能手。她曾任质量检验员、车间主任等职。她主动传帮带新员工，将服装制作技术传授给新员工，所带的300多名新员工全部能熟练上岗，许多员工获企业每月技术能手评比第一名。她严把质量关，刻苦学习全程操作、工序安排、现场管理等知识，要求各位员工遵守工艺流程，精心护理设备，同时主动征求员工意见，力求建立完善的考核制度。在2004年全国服装制作工技能大赛上，她以54分钟制作一条优质西裤，夺得此次技能大赛的总冠军，并被授予全国服装制作技术能手称号。

罗龙祥　福建七匹狼集团有限公司工会副主席、公共事务部经理，中共党员，2013年被评为福建省劳动模范，2015年被评为全国劳动模范。罗龙祥来自龙岩上杭，从一名农民工成长为企业工会副主席，畅通员工与行政管理的沟通渠道，做到“有信必回、有问必答、有求必应、有难必帮”。每年慰问困难职工近50人次，组织全体一线职工参加泉州市职工医疗互助活动。强化职工培训，将工会大学校与企业大学有机融合，创建“七匹狼网络学院”，解决了职工培训难、学习难的问题。开展“双爱双评”，每月对质量、产量、安全卫生等工作进行考评，激发广大职工的爱岗敬业精神。组建职工科技攻关小组，他参与的10个科研项目被评为国内领先水平，其中“棉及天丝/棉混纺织物的成衣染色技术研究”获泉州市科技进步二等奖。

赖礼同　德化县博古陶瓷研究所艺术总监，大专学历，高级工艺美术师，2013年被评为福建省劳动模范，2015年被评为全国劳动模范。他30多年来钻研瓷雕技艺，曾历经3年创作的2.22米高孔子瓷雕塑像，获基尼斯世界记录审评表彰。先后获评国家高级技师、省工艺美术大师等，享受国务院特殊津贴。作品获国家级金、银、铜奖50多项。作品《山鬼》《富贵吉祥》《托起半边天》《倚貉披坐提书观音》被国家博物馆收藏；《吉祥花瓶》被北京故宫博物院珍藏的第一件现代陶瓷作品，其他10多件作品被省级文博单位收藏。以劳模创新工作室为载体，培育500多名优秀陶瓷专业技术人才，其中国家一级技师9人，省级工艺美术大师4人，市级工艺美术大师5人，高级工艺美术师2人，工艺美术师、技师50多人。在专业期刊发表专业学术论文6篇，出版专著《德化窑陶瓷雕塑史话》。

【全国先进工作者】

李云华　壮族，广西人，南安市疾病预防控制中心医师，中共党员，本科学历，初级医师职称，他先后获“全国道德模范提名奖”、全国及省“五一”劳动奖章、全国卫生系统先进工作者、第七届福建省“青年五四奖章标兵”、第二届福建省助人为乐道德模范、2011年“我最喜爱的健康卫士”提名奖、2011年度感动福建十大人物等称号，2015年获“全国先进工作者”称号。李云华1991年10月毕业于广西百色卫校医士专业，1994年1月应聘到南安市皮肤病防治院工作，甘当麻风病人康复点唯一的驻点医生。麻风病人康复点坐落在离市区二十几千米的偏僻山村，村里住着几十位麻风病人，大多肢体严重畸残，皮肉溃烂，生活困难。李云华摈弃一切世俗偏见，于1993年冬天，千里迢迢、背井离乡从广西到南安。他21年如一日，每天为病人打针、挂瓶、伤口冲洗、换药，精心护理和照顾这些病人，关心病人衣食住行，帮助解决生活困难，用行动书写着对病人的博大之爱。

李白燕　致公党员，泉州南音乐团副团长，大学学历，国家一级演员，2013年被评为福建省先进工作者，2015年获“全国先进工作者”称号。李白燕曾应邀出访法国、巴西、巴拉圭、东南亚国家和港澳台地区，多次获国家、省、市级奖项，并录制南音唱带、VCD专辑。她出版专著《中国泉州南音演唱教程》《老年大学南音演唱教程》，填补专业演唱理论的空白。她积极参与普及中小学南音的辅导工作，担任多届南音比赛评委，兼任泉州师范学院客座教授、研究生导师，培养大批南音学生，获得省级教学成果奖、省级人文社会科学研究项目奖。她被确定为省级非物质文化遗产代表性传承人。为促进海内外文化交流，扩大南音艺术的影响，她每年应邀赴海内外南音社团参加庆典演出。为推进南音申报“世界非物质文化遗产”，两次组团前往法国巴黎献演，并担任领队及主唱演员。2012年，她以南音创新曲目《出塞和亲》中的出色表现，从全国2000多名参评选手中脱颖而出，获评第七届中国曲艺牡丹奖个人表演奖。

康清洁　泉州市公路局永春分局玉斗公路站养护工，中共党员，大专学历，技术工三级，被评为福建省劳动模范、泉州市“最美养路工”，2014年被授予“全国五一劳动奖章”，2015年获“全国先进工作者”称号。康清洁作为第二代养护道班工人，1994年参加工作以来，他牢记父亲的嘱托，把道路养护作为自己应尽的职责和光荣使命，每天起早贪黑，任劳任怨，在老站长、老工人的带领下很快成为一名合格的养护工人。2002年，康清洁被选为玉斗公路站第一任站长。他从严治站，制定“全、细、实”的管理制度，使该公路站形成“用心、用力、用情”的工作氛围。他制定一套科学养护的工作方法，即根据不同季节，合理安排作业，把预防性养护工作做在前面，未雨绸缪，既节约了养护费用，又避免了肩损修肩、沟塞清沟的被动局面，该站平均好路率每年提高2个百分点。尤其是在历次防台防汛抗洪中，都能出色地完成任务，保障公路安全畅通，以青春谱写一曲敬业奉献的养路工人之歌。

【泉州市哲学社会科学领军人才】

陈彩棉　现任中共泉州市委党校哲学教研室教授、福建省哲学学会理事。她在生态文明与文化哲学方面颇有建树，多次承担福建省党校系统的课题并获奖，独立撰写了《环境友好型公民新探》一书，参与撰写了国家课题《中国国情丛书——百县市经济社会追踪调查•晋江卷》《非公有制企业党建工作》《生态文明建设概论》等专著；在《中央社会主义学院学报》《福建师范大学学报》等省级以上刊物发表论文数十篇。陈彩棉从事党校教学工作二十多年，教学实践经验丰富，是泉州市委党校马克思主义哲学学科建设和生态文明学科建设负责人，带领学科教师开展哲学学科和生态文明学科教学和科研工作，在做好青年教师传、帮、带等方面发挥作用。2015年被评为2014年度泉州市哲学社会科学领军人才。

【福建省第四届杰出人民教师】

徐明杰　1971年3月出生，泉州五中中学高级教师，省特级教师、省优秀教师、省学科教学带头人、省骨干教师，2015年被省委、省政府评为福建省第四届杰出人民教师。农村任教20年。有自己教育主张，获省教学研究成果一等奖。任教十届毕业班，学生2人获省总分前三、市单科第一。分管教学，近两届高考2人获省文、理最高分，7人进入省前10名。辅导2名学生数学联赛省一等奖，近三年指导数学组获联赛省一等奖14人，省第一名2人，入省队3人。担任中国教育学会数学教学委员会理事、人民教育出版社培训专家等，主持7个省级以上课题研究，出版专著1本，发表CN论文18篇，核心刊物5篇，多次送教下乡，开设市级以上讲座40多场。培养20多名中青年教师，5人评为市教坛新秀。负责学校多样化、信息化试点，成效显著，获省教育厅肯定，为浙江等5省高中校长近千人次开设讲座。负责新校区日常管理，为新校区有序运行作出突出贡献，其间无暇顾及，在外地就读中学的小孩患病后独自住院一个多月，出院后留下心理阴影。二十几年坚持利用节假日

田园风光　（图/康庆平）

无偿辅导学生，帮助多位困难学生成才。几十年没有周末、寒暑假，1999年治疗休养半年多，2014年胃息肉切除后第二天就返回课堂，敬业奉献精神带动一大批教师，福建电视台新闻频道曾作20分钟专题报道。

杨淑延 1967年5月出生，福建省南安第一中学高级教师。2010年8月省特级教师，并获得全国优秀教师、全国中小学优秀德育工作者，全国先进女职工、 省五一劳动奖章、省优秀教师、省“三八”红旗手、省“师德之星”、省“巾帼建功”标兵、省学科教学带头人等十几项省部级荣誉。2015年被省委、省政府评为福建省第四届杰出人民教师。她身患残疾，从教三十年来，在同不断折磨的病痛抗争中始终坚持站在三尺讲台上，以残废的身体承担起为人师的重任，在为社会创造价值的同时，实现自己的价值。她的励志故事、感人事迹广为传扬，福建教育电视台曾作专题报道，泉州电视台、《泉州晚报》曾多次报道。她的事迹入选教育部全国青少年“美德传统教育读本”《共和国的建设者》。三十年来，担任十多届初高中语文教学工作，以灵活、趣味、人文的风格，生动感人的课堂教学，赢得了师生以及同行的高度好评。先后开设省级、市级讲座、观摩课二十多次，足迹遍及福州、漳州、泉州，在泉州乃至全省中学语文教育中形成一定的影响力。长期积极致力于教育科研，具有先进的教育教学理念，先后承担了“十五”“十一五”“十二五”课题的研究，负责省级课题4个，核心成员省级3个，泉州市级2个；发表或获奖论文二十余篇，出版专著1部。

逝世人物

黄少萍 泉州人，1959年1月生，中共党员，第十二届全国人大代表，第八届、九届中共福建省委委员，先后被科技部评为全国科教兴市先进个人，两次被评为全国县市科技进步考核先进个人，被南京军区国动委表彰为南京战区首届“国防先锋”。担任泉州市党政主要领导以来，坚决贯彻省委、省政府科学发展跨越发展部署，主动对接“一带一路”战略，组织全市上下开展“增强忧患意识 谋划长远发展”大讨论，全身心推动“打造泉州经济升级版、改革创新示范区、生态宜居幸福城”三大战略。担任泉州市市长和市委书记期间，坚持“保稳、求进、攻坚”，主动适应新常态，充分依靠广大干部、群众、企业家的力量，组织推动全方位创新、“中国制造2025”泉州试点、“数控一代”示范工程等重点工作。她始终饱含“把家乡建设得更加美好”的深情，珍惜和把握每一丝机会，成功争取和运作“东亚文化之都”、“21世纪海上丝绸之路先行区”、国家级“金融服务实体经济综合配套改革试验区”、“民营经济综合改革试点”等重大支持，为泉州做了大量打基础、利长远的事。2015年4月4月25日3时59分因病逝世，享年56岁。

吕振万 1924年2月19日出生，又名吕辛，泉州南安人。1946年毕业于中国朝阳学院（系中国人民大学前身）经济系。1951年春赴中国香港及日本 、新加坡等地经商。定居香港，为香港建南财务有限公司董事长、香港厦门联谊总会永远名誉会长。任香港安全货仓有限公司（上市公司）主席兼常务董事、香港建南财务有限公司主席兼常务董事、香港蟠龙实业有限公司主席、香港闽信集团有限公司（上市公司）董事等职。在福建省创办数十家“南”字号的现代化企业工厂。1991年，回家乡斥资开发建设蟠龙工业综合开发区。捐资发展教育和其他公益事业，建起各类学校147所，仅在南安，他捐资兴建教学楼110多座，1400多间教室，覆盖16个乡镇，100多个村落。在中国人民大学、武汉大学、北京师范大学附属实验中学、厦门一中、漳州一中、泉州培元中学等设立奖教奖学金。他于2015年4月5日在香港逝世，享年91岁。

万维生 1932年6月生于日本神户，祖籍泉州。1955年从东北美术专科学校(后改鲁迅美术学院)绘画系毕业后，被分配到邮电部邮票发行局从事邮票设计。他是中国美术家协会会员，邮票印制局高级工艺美术师。2015年6月29日9点因病医治无效在北京去世，享年83岁。

王建智 厦门集美人，中共党员、泉州市公安局原副局长、享受地厅级待遇离休干部。他于1948年12月参加革命工作，1949年8月加入中国共产党，于2015年6月21日因病医治无效逝世，享年87岁。

李秀章 山西翼城人，1949年2月参加革命工作，1951年2月加入中国共产党，福建省公路局泉州分局原党委副书记，享受正处级待遇离休干部。2015年9月20日15时06分，因病医治无效，逝世，享年87岁。

王锡义 山东诸城人，1948年10月参加革命工作，1950年3月加入中国共产党，泉州军分区干休所正师职离休干部、三明军分区原政治委员，2015年6月10日13时30分，因病医治无效逝世，享年83岁。

《泉州年鉴》相关名词解释

三严三实：3月9日，习近平参加十二届全国人大二次会议安徽代表团审议时，在关于推进作风建设的讲话中，提出“既严以修身、严以用权、严以律己，又谋事要实、创业要实、做人要实”的论述。

“54321”计划：抓好50个以上重大生产性项目、40个以上重大基础设施项目、30个以上重大民生项目，培育200家以上主营业务收入超10亿元企业，力争今后五年“5+4+3”重大项目中有100个以上开工或建成。

“三个一”协调调度机制：市政府每月召开一次项目调度会，每月召开一次经济运行分析会，按季度召开片区企业座谈会，现场协调解决项目建设、经济运行、企业生产运营中遇到的困难和问题。

品牌泉州境外行：由市政府和省商务厅牵头，组织泉州重点企业、重点品牌赴境外参展办展，抱团开拓国际市场。

全国“数控一代”和“中国制造2025”试点：“数控一代”是将数控技术及产品与各行各业的机械设备有机融合，集机械技术、计算机技术、自动控制技术、信息技术等高新技术于一体，实现机械设备的数字化控制。2013年底，泉州市被列入国家“数控一代”机械产品创新应用示范工程区域试点城市。“中国制造2025”是指2013年1月，中国工程院联合国家发改委、科技部和工信部启动并开展“制造强国战略研究”重大研究课题，经过全国各地调研比较后，将泉州市作为“中国制造2025” 区域性实践范例的唯一地方试点。

不良贷款率：金融机构不良贷款占总贷款余额的比重，是评价金融机构信贷资产安全状况的重要指标之一。在评估银行贷款质量时，通常把贷款按风险大小分为正常、关注、次级、可疑和损失五类，其中后三类合称为不良贷款。

负面清单管理模式：政府规定哪些经济领域不开放，除了清单上的禁区，其他行业、领域和经济活动都许可。相当于投资领域的“黑名单”，列明企业不能投资的领域和产业。

关检“三个一”通关模式：海关与出入境检验检疫局合作实行“一次录入、分别申报；一次开箱、依法查验/检验检疫；关检联网、一次放行”的通关模式。

市政提升“五千工程”：具体指新建改造1200千米以上城区排水（污）管网，新建改造1200千米以上供水管网，新建改造1000千米以上燃气管网，新建1400千米以上绿道，新改扩建1000千米以上城市道路。

小流域“赛水质”活动：2013年5月，市政府启动开展第一批小流域“赛水质”活动，截至2014年底投入资金2.1亿元，整治河道55千米，21条参赛小流域有15条达到整治要求、19条水质有明显改善。

治安立体防控“七张网”：指路面巡逻防控网、城乡社区和村居防控网、单位和行业场所防控网、海上防控网、区域治安联防协作网、安全技术防控网、“虚拟社会”防控网。

安全生产标准化提升工程：2014—2016年，泉州市组织开展安全生产标准化建设提升工程三年行动，主要通过建立安全生产责任制，制定安全管理制度和操作规程，排查治理隐患和监控重大危险源，建立预防机制，规范生产行为，使各生产环节符合有关安全生产法律法规和标准规范的要求，加强企业安全生产规范化建设。

行政权力清理：在对政府各部门或其他主体行使的公共权力进行全面梳理基础上，将各部门或其他主体的职权目录、实施主体、相关法律依据、具体办理流程等以清单方式进行列举，并公之于众，确保行政机关行使职权，依法律、法规、规章及其清单进行。

四个全面：中共十八大以来，以习近平为总书记的党中央从坚持和发展中国特色社会主义全局出发，提出并形成全面建成小康社会、全面深化改革、全面依法治国、全面从严治党的战略部署。

一般公共预算总收入、一般公共预算收入：8月31日第十二届全国人民代表大会常务委员会第十次会议通过《关于修改〈中华人民共和国预算法〉的决定》，明确预算包括一般公共预算、政府性基金预算、国有资本经营预算、社会保险基金预算。因此将“公共财政总收入”“公共财政预算收入”相应表述为“一般公共预算总收入”“一般公共预算收入”。

PPP模式：公私合营模式，是指政府与私人组织之间，为合作建设城市基础设施项目，或是为提供某种公共物品和服务，以特许权协议为基础，彼此间形成一种伙伴式的合作关系，并通过签署合同来明确双方的权利和义务，以确保合作的顺利完成，最终使合作各方达到比预期单独行动更为有利的结果。

“海纳百川”人才聚集计划：主要通过实施“五个一百”人才计划（引进百名高层次人才和团队、评选百名特殊支持高层次人才、培养百名特色产业领军人才、激励百名优秀拔尖人才、资助百个优秀人才培养项目）、八项重点人才工程（创建民营企业人才聚集区、打造泉台人才交流合作示范区、建设金融产业人才高地、建设文化人才高地、建设海洋产业人才基地、建设一县一产业人才聚集基地、培育一批企事业单位人才高地、搭建五大工作平台），力争经过5年努力，实现人才资源总量、人才素质、人才竞争力和人才贡献率有较大提升。

农村“三留守”群体：指农村留守妇女、留守儿童、留守老人。

多规合一：主要是推动国民经济和社会发展规划、城乡规划、土地利用规划、生态环境保护规划等多个规划的相互融合，融合到一张可以明确边界线的市县域图上，实现一个县（市）一本规划、一张蓝图，解决现有的规划之间自成体系、内容冲突、缺乏衔接协调等突出问题。

城乡建设“五项行动”：增加城市停车场、提高城市透水率、扩大城市片林、保护城市湿地、推广绿色建筑等。

城市“三边三节点”整治：“三边”是指山边、路边、水边，“三节点”是指城市中心节点、市民活动节点、交通枢纽节点。

“点线面”攻坚：“点”就是抓好城乡社区的规划、整治和建设，打造完整社区；“线”包括快线和慢线，快线就是抓好高速公路、过境公路和铁路沿线两侧的绿化和整治，慢线就是抓好自行车和步行道系统的建设，打造人居环境走廊；“面”就是加强各地的小流域治理，打造青山绿水的田园风光。

企业登记“三证联办”：指企业开业所需的工商营业执照、质监部门的组织机构代码证和税务登记证这“三证”联合办理。

“海丝”先行区十大行动计划：包括泉州港口复兴行动计划，双向投资贸易行动计划，发挥侨力、携手共赢行动计划，阿拉伯新走廊拓展行动计划，绿色制造提升行动计划，金融创新行动计划，现代海洋城市建设行动计划，文化旅游合作行动计划，人才培养引进和人员往来行动计划等。

“海丝”先行区十项重点工程：包括21世纪海上丝绸之路国际枢纽港工程，金融服务海上丝路建设工程，“古城复兴”建设工程，“一湾两江”景观带整治提升工程，“一带一路”国际论坛基础设施建设工程，中国海上丝绸之路国际文化交流展示中心建设工程，民商、侨商参与21世纪海上丝绸之路建设工程，“海上丝路”友好交流平台建设工程，21世纪海上丝绸之路人才培养工程等。

南洋华裔族群寻根谒祖平台：该项目根据泉州市侨情和宗亲社团、姓氏分布等实际情况，通过面向全市大范围征集泉州百家姓族谱，建立谱牒资源库，并开发专门软件，实现谱牒资料的数字化管理和便捷查询。同时，建设配套的网站、微博、微信平台，组建“市、县、乡、村”四级寻根服务联络员队伍，为南洋华裔族群寻根谒祖提供系统化、专业性服务。

“双延伸”联络协调工作机制：力争粤港粤澳合作先行先试政策延伸到福建，闽台合作先行先试政策延伸到港澳，推动闽港澳台两岸四地更紧密互动。

河长制：由各级党政主要负责人担任“河长”，负责辖区内河流的污染治理。2014年，泉州市全面推行河长制，其中晋江、洛阳江、九十九溪由市领导担任河长，相关县（市、区）政府领导担任河段长。

第二轮学前教育三年行动：教育部、国家发展改革委、财政部联合决定，在巩固第一期学前教育三年行动计划成果的基础上，于2014—2016年实施第二期学前教育三年行动计划，重点化解城镇“入园难”问题，支持公办幼儿园建设，扩大公办学前教育资源，并通过政府购买服务等方式扶持民办幼儿园发展。

特教三年提升计划：2014—2016年，全面推进全纳教育，构建以特教学校为骨干、随班就读和特教辅读班为主体、送教上门为补充的办学格局，完善从学前教育到高中阶段教育布局合理、普特融合、普职融通特殊教育体系。到2016年，特教学校实现标准化建设目标，全市各类残疾儿童少年义务教育入学率达96%以上。

三张清单：李克强在出席2014天津夏季达沃斯论坛开幕式时给中国制度建设开出的三张清单——“权力清单”“责任清单”和“负面清单”。

《泉州年鉴》参编单位及审、撰稿人名单

单位	审稿人	撰稿人
市委办		
市人大办	王伟明	张权斌 陈意鸣 王虎文 戴小平 郑歆然
市政府办		
市政协办	李德志	杜加立
市纪委（监察局）	陈泉木	戴丽萍
市委组织部	杨德才	陈成业
市委宣传部		
市委统战部		
市委政法委	曾焕楷	洪　泓 尤爱萍
市综治办	林文超	洪学文
市委台工办	林国江	林千煌
市委编委办	何志辉	刘炳南
市委市直机关工委	黄春淮	吴金辉
市委老干局	周文心	林志彬
市委文明办	吕宝贝	卢远远
市委政研室	刘曙庆	黄小寅
市委保密局	黄万成	黄长胜
市委党史研究室	侯小莹	和秀鹏
市档案局	陈若波	黄金泽
市委党校	林昭永	苏展辉
市委讲师团	童宝平	连江淮
市信访局	庄谓聪	张雪萍
市政府法制办	柳　璟	苏秋香
市人防办	李建芳	许和平
市支前办		
市接待办	吴达平	徐晓燕 黄春英

单位	审稿人	撰稿人
市发改委		
市经信委	林坚栎 彭加乐 陈　佳	孙振汉 陈传芳 林建龙 曾　健 洪进科 陈银坝 苏湘华 吴长庆 苏莲花 陈金荣 杨向阳
市安监局		
市教育局		林美环
市科技局	颜志煌 王炳川	林峰龙
市民族与宗教事务局	兰德志	廖祥年
市公安局	陈建新	陈鹏程
市民政局	何志宏	傅一鸣
市老龄办	李国松	傅惠卿
市司法局	郑建辉 王荔生	张　杰
市财政局	庄尧森	郭智勇
市国资委	陈建新	陈一帆
市金融工作局		林艳旭
市人力资源和社会保障局	陈友爱	许旭颖 林联华 苏　斌
市国土资源局		
市住房和城乡建设局	许金城	郭文森
市市政公用事业局		
市行政执法局	王作彪	周少华
市城乡规划局		
市交通委	吴福荣	林晓亮
市水利局	章金良 陈梓年	黄　冰 林志贤 黄玉娇

单位	审稿人	撰稿人
市农业局	陈振荣	张迎芳
市海洋与渔业局		
市林业局	陈华文	林伟东
市商务局	林　琳	杨　澜
市文广新局		黄泽阳
市卫计委		
市体育局	高向阳	蔡诗芳 林文伟
市审计局	蔡思红	张志文
市统计局	颜俊伟 黄延聪 姚艳蓉 王伟亮 黄灿煌	刘晓莉 黄银杏 陈章祯 陈　进 蔡淑荟 齐玄飞 林家振 黄胜锋 吴彦珺 李诗颖 林　辉 吴秋明
市环保局		
市物价局		
市旅游局	孙少磊	马　宁
市粮食局	陈锦霞	张莉静
市外事侨务办	郑志强	林泓宇
市口岸办	黄文成	杨　铭
市政府驻北京联络处	黄汉川	侯爱存
市政府驻上海联络处		
市政府驻深圳办事处	王志明	林锡华 刘燕发
市政府驻福州办事处	王桂林	邱恒亮
市政府驻厦门办事处		
市政府驻成都办事处	经志远	于海龙
市政府发展研究中心		
市行政服务中心	林灿荣	林龙珠
市住房公积金管理中心	黄金顺	郑杰毅

单位	审稿人	撰稿人
市地震局	林　岚	刘蔚蔚
市城镇集体工业联合社	蔡文雄	郑旺兴
市港口管理局	施曲前	周清构 黄　锦
市供销社	傅建南	许丽芳
市中级法院	王佳华	郭财伍
市检察院	叶少风 曾闽宏	吴婉碧
泉州军分区		
武警泉州市支队		吴　军 陈桂兵 洪炳奋
福建公安边防总队海警二支队		苏海滨
市公安边防支队		施锦贵
市公安消防支队	陈世平	陈志忆
泉州边检站	杨清波	邵华剑
肖厝边检站		
民革泉州市委会	郑云梅	谢凤娟
民盟泉州市委会	王锦延	王锦斌
民建泉州市委会		
民进泉州市委会	黄金钟	吕效球
农工党泉州市委会		
致公党泉州市委会	林丽华	庄从福
九三学社泉州市委会	李长江	张章录
台盟泉州市委会	骆沙鸣	倪莹莹
市工商联（总商会）	傅玉波	谢　兵
市总工会	周必循	郑长青
团市委		郑志宏
市妇联		
市侨联	陈海涛	陈忠锋 赖彩凤
市台联	陈严辉	刘云燕
市科协		

单位	审稿人	撰稿人
市文联	许旭明	詹敏芬
市社科联	吴少锋	陈小华
市残联		
市金门同胞联谊会	张亚轮 林　荣	林子旭 许燕松
市计生协会	刘友水	蔡文彬
市贸促会		吴伟莉
市关工委	蓝荣田	潘新成
市老促会	黄太平	洪泽根
泉州学研究所	林丽珍 王　磊 林少川	彭志坚 吴镇国 尤丹萍 何　捷
市图书馆	许兆恺	王明雄
市老年大学	柳小燕	余清梅 叶岩春
中国闽台缘博物馆	林建春	吴雅菱
国家统计局泉州调查队	洪幼松 王小瑄 黄晓丹	颜福仁 郑月娇 修　瑞
市国税局		林　琳
市地税局	黄小平	陈　菁
市工商局	许煌灯	苏晓晖
市质监局	庄冰心	肖远鹏
市药监局	李志生	黄刚毅 傅子污
市公路局	郭根才	徐　斌
泉州海关		
泉州出入境检验检疫局	许克忠 黄晋峰	官志兵
泉州海事局	李志强	童国兴
泉州气象局	吴远志	蔡巧晖 黄光明 童华君
泉州邮政管理局	陈梅桂	王晓楠
泉州烟草公司	刘美霞	谢　哲
泉州电业局	陈海龙	郑日铃

单位	审稿人	撰稿人
泉州水文局	林元润	陈　欣
泉州盐务局	陈旺生	庄赞金
泉州监狱		
泉州司法强制隔离戒毒所		
泉州无线电管理局		
泉州出口加工区		
泉州广播电视台	杨旭东	林惠坤
泉州晚报社	彭耕耘	徐佳灵
石狮日报社		
晋江经济报社	李剑锋	卢古质
华侨大学	薛秀军	张丽萍
泉州师范学院	游小波 李清彪	黄江昆 李山宏 陈全宝
仰恩大学	沈　毅	冯国晨
泉州黎明职业大学	陈延民	李　琳
福建广播电视大学泉州分校	蔡金铭	黄章明
泉州医学高等专科学校	祁少华	林杨芳
泉州幼儿师范高等专科学校	陈景明	郑海平
泉州经贸职业技术学院		
中国人民银行泉州市中心支行	黄志向	陈金严
泉州银监局	陈伟凌	陈丽娟
中国工商银行		
中国建设银行		
中国农业银行	林文海	陈佳锟
中国农业发展银行		
中国银行		
兴业银行	刘曙寰	王　琳
泉州银行	陈世辉	林婧颖
华夏银行	王维贤	李彩霞
省农信联社泉州办事处		黄智星

单位	审稿人	撰稿人
中信银行	苏如兰	苏振强
招商银行		
民生银行		
交通银行	连华英	王佳妮
邮政储蓄银行		
市保险行业协会		
晋江机场	邱　华 林光荣	叶　扬
铁路公司	周　衡	丁一新
中国电信泉州分公司	郑佳蓉	江中杰
中国移动泉州分公司	王煌坡	姜虹桦
中国联通泉州分公司	马伟生	蔡艳萍
市煤炭公司		
市自来水公司	陈加珍	孟彦彦
市公交公司	洪景峰	黄艺荣
海外交通史博物馆		
南建筑博物馆		
石狮市博物馆		

单位	审稿人	撰稿人
德化陶瓷博物馆	郑炯鑫	王德槐
郑成功纪念馆	王振南	卢培峰
鲤城区	吴英明	曾玲玲
丰泽区		卢承志
洛江区	黄重庆	吴文宇
泉港区	林进辉	刘华军
石狮市	李秉源	王家超
晋江市		陈文敬
南安市	苏勇鹏	洪晓伟
惠安县	钱劲松	刘晓平
安溪县	林辉标	李启厚
永春县	林良金	陈东升
德化县	林其粮	阮崇文 涂明东
泉州开发区	杨枝平	赵金水
泉州台商投资区	许振兴	吴雅超

拼音检索

说明

一、本索引采用主题词分析法，按主题词首字汉语拼音字母顺序排列。
二、栏目、分目标题用黑体字。“特载”“专记”“大事记”“荣誉 人物”“《泉州年鉴》相关名词解释”“《泉州年鉴》参编单位及审、撰稿人名单”内容不作索引。
三、索引主题词后的数字表示页码，数字后的 a、b、c 表示栏别左中右。
四、空一字起排的款目为上一主题的“附见”。

A

B

C

D

E

F

G

H

J

K

L

M

N

P

Q

R

S

W

X

Y

Z